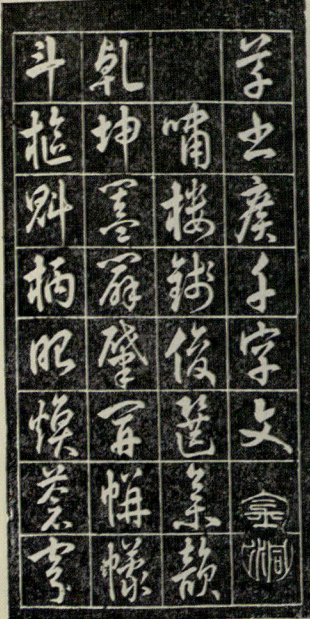

市河米庵『草書広千字文』　　　銭俊選『広千字文』

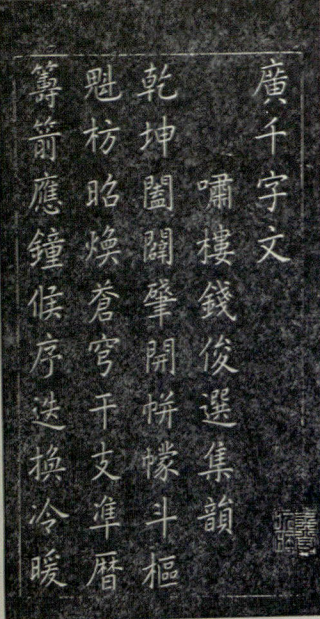

智永、欧、褚を初めとして、後世に至るまで、諸家これを書し、諸体こと〴〵く尽く備われり。

初学に授くるには、もとより『千文』に過ぐるものなし。後世、『千文』数種の中、ひとり銭氏の『広千文』は、『千文』に無き文字のみを摘って作りしものゆえ、併せて童蒙に授くるときは、およそ二千字異字を知るの稗益あり。ゆえに余は、まず『千文』を授け、次に『広千文』を書し与う。かつてこの二種を顔楷に倣って墨刻となし置けり。

周氏『千文』に就いて、諸本を検閲し、その異同一、二を録し示す。

日本著名汉学家市河米庵在《米菴墨谈》中讲述《广千字文》。该书创作日本文化九年（公元1812年）。

《米庵先生书三体广千字文》首页（左图）。

日本文政元年（公元1818年）青藜阁生花堂刻拓本（右图）。

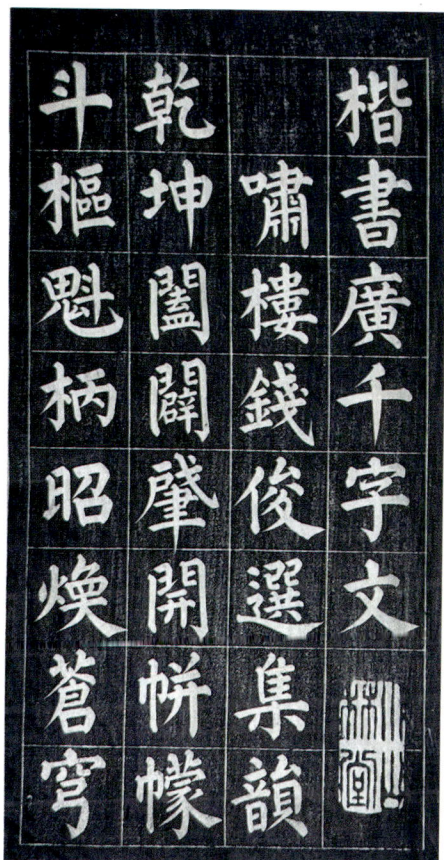

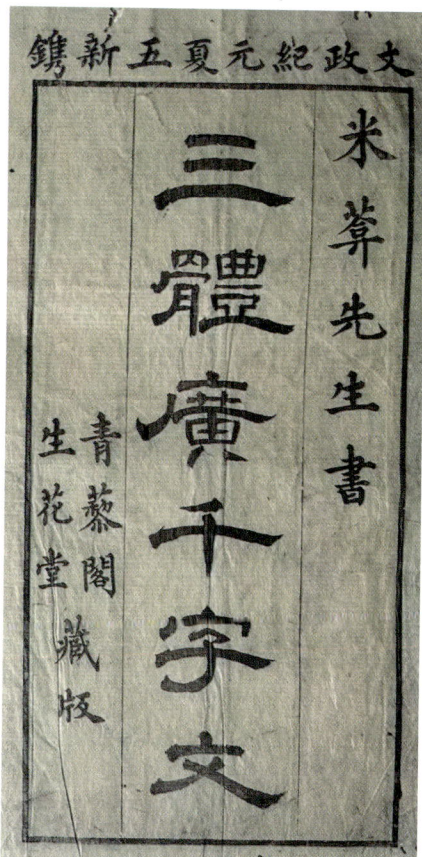

《米庵先生书三体广千字文》首页（左图）。

日本文政元年（公元1818年）青藜阁生花堂刻拓本（右图）。

市河米庵『草書広千字文』　　　　銭俊選『広千字文』

智永、欧、褚を初めとして、後世に至るまで、諸家これを書し、諸体尽く備われり。

初学に授くるには、もとより『千文』に過ぐるものなし。後世、『千文』数種の中、ひとり銭氏の『広千文』は、『千文』に無き文字のみを摘って作りしものゆえ、併せて童蒙に授くるときは、およそ二千字異字を知るの稗益あり。ゆえに余には、まず『千文』を授け、次に『広千文』を書し与う。かつてこの二種を顔楷に倣って墨刻となし置けり。

周氏『千文』に就いて、諸本を検閲し、その異同一、二を録し示す。

日本著名汉学家市河米庵在《米蓭墨谈》中讲述《广千字文》。该书创作日本文化九年（公元1812年）。

著名汉学家天野东畊将手书的隶、草二体《广千字文》尾页。
该书法作品出版于1937年。

更挑燈兀坐，思乙乙若繭抽字，纍纍如珠貫，猶想見其合毫呵凍，意匠惨澹時也。雪邨楊逢春跋

杨逢春《广千字文》跋文尾页

本书作者所藏《广千字文》清拓残本

# 广千字文笺释

钱俊选　著
姜建宏　编

吉林文史出版社

图书在版编目（CIP）数据

广千字文笺释 / 姜健宏著 . — 长春 : 吉林文史出版社 , 2025.3

ISBN 978-7-5472-9049-1

Ⅰ . ①广… Ⅱ . ①姜… Ⅲ . ①古汉语－启蒙读物②《千字文》－注释 Ⅳ . ① H194.1

中国版本图书馆 CIP 数据核字 (2022) 第 186684 号

广 千 字 文 笺 释
GUANG QIANZIWEN JIANSHI

著　　　者：姜健宏
出 版 人：张　强
责任编辑：程　明
出版发行：吉林文史出版社
电　　话：0431-81629375
地　　址：长春市福祉大路5788号
邮　　编：130117
网　　址：www.jlws.com.cn
印　　刷：吉林省优视印务有限公司
开　　本：880mm×1230mm　1/32
印　　张：20.25
字　　数：450千字
版　　次：2025年3月第1版
印　　次：2025年3月第1次印刷
书　　号：ISBN 978-7-5472-9049-1
定　　价：128.00元

# 前　言

　　本书笺释的对象是一篇流落日本的优秀蒙童教材《广千字文》，在中国它已失传了三百多年。《广千字文》的集韵者为钱俊选。

　　钱俊选，字宗启，号啸楼，江苏金匮（即今无锡）人，属于吴越王钱氏后裔在江苏金匮的湖头钱氏马桥分支。他的高祖钱尔登，字叔嘉，号蓉峰，又号涤翁，师事明代文学家、政治家，东林党"八君子"之一的高攀龙，是明代崇祯十六年（1643）进士，做过长兴（今属浙江湖州）知县；清军攻陷南京后，弃官乡居，著有《蓉峰存笥稿》。钱俊选自幼跟从爷爷钱用辛学习，通过童试考中秀才，很快又在岁、科两试中名列一等前列，成为廪膳生员，生活上可以享受一定的官府补贴。关于他的生卒年，柯玉春《清人诗文集总目提要》作者小传"钱俊选"条下说是生于雍正元年（1723），卒于嘉庆十年（1805）；《全清词·雍乾卷》作者小传"钱俊选"条下说是生于雍正元年（1723），卒于嘉庆八年（1803）；《清代诗文集珍本丛刊——总目·索引·提要》作者小传"钱俊选"条下说是生于公元1723年，卒于公元1805年。诸书所说生年一致，卒年则颇略有差。清代文学家、书法家钱泳是钱俊选的同乡族弟，他在《履园丛话》中两次提到他的这位"族兄"，其中一次是在"梦幻"卷"曹方广"条下记载:"嘉庆壬戌十月,族兄啸楼忽梦方广来,补服顶帽,招要同往,啸楼辞以足疾。曹曰:'此躯壳也,至此复何顾耶?吾先来致意,缓日再相请耳。'啸楼曰:'信如君言,则吾将死矣。'……隔数日,啸楼果殁,年八十一。"曹方广是钱泳父亲的一位文友,和钱俊选也有交往,但此时他已亡故多年,突然入梦"招要同往",还约定过几天再来相请,这无疑是一个凶兆。结果没几天,钱俊选就去世了。由这段记载可知钱俊选卒于"嘉庆壬戌"也就是公元1802年,享年八十一岁。从同乡族兄弟的身份看,钱泳所说似乎是笃定无疑的了,但在《钱氏宗谱》中还存有钱泳所撰的《岁贡生候补训导乡饮大宾啸楼钱君圹志》一篇,其中说钱俊选"嘉庆癸亥岁举乡饮大宾,即以其年八月廿三日卒,春秋八十有一。"所谓"嘉庆癸亥"即公元1803年,依此卒年推算则钱俊选的生年又应为公元1723年。同人而异辞,其中必有一误。《履园丛话》是凭借记忆随兴漫录的笔记体作品,不能保证对每一个人物、地点、时间以及事件的细节都作严格的复核,而墓志铭所载故实部分则是要经过作者、死者家属甚或族人及其他知情人认真审阅、核对的,差错率几近于零,可信度颇高。今存钱俊选《啸楼稿》抄本前有其挚友杨逢春颂寿之作题为《壬寅春正恭祝啸楼世兄六十初度》,乾隆年间只有一个"壬寅"年即公元1782年,进入壬寅年的正月钱俊选即可称为六十岁,依此推算钱俊选的生年仍为公元1723年,与其《圹志》所说正合,因知钱俊选的生年为雍正元年亦即1723年,确切卒年为嘉庆癸亥亦即公元1803年,享年八十一岁。

自高祖钱尔登之后,钱俊选的曾、祖、父三代人都不曾有像样的功名，这对长大后的钱俊选也许有很深的触动，所以他学习非常用功。钱泳在《圹志》中说"君少好学，奄贯百家，以经济自命"，虽然不免谀墓之嫌，但从由他集韵创作的《广千字文》来看，他所涉猎的知识面确乎十分广泛。"以经济自命"亦即以经邦济世为己任，这是古人论及读书目的时常见的冠冕堂皇之辞，不一定是真的，但要博取功名、重振家声或许是其发奋向学的重要动力。所以，他在考中秀才之后近半生的时间里，除了设馆教书外几乎都在科场中度过；然而时运有差，屡试屡踬。《全清词·雍乾卷》第七册所收《古诗赏析》作者张玉谷的一首《八声甘州》词，就是在钱俊选某次落第后，作为挚友特地写给他的安慰之作。其词云："论科名销得几何才，时来步瀛洲。看匡衡投疏，刘蒉献策，岂独君愁。只合倾壶舞剑，一笑付休休。媚世原无术，与世何尤。就是家贫母老，想喜生捧檄，不在营求。且承欢菽水，经术恣罗搜。会遭逢、明庭拜献，便沉沦、著作足千秋。吾衰矣，雪虚声诮，君莫悠悠。"这首词的题下自注云："宗启下第，赋此慰之。"三年一次的乡试，钱俊选连考了十三次，最终还是侘傺不遇，铩羽而归。四十年的拼搏与磨难，令他精疲力竭，心灰意冷，遂决定退出科场的漩涡，做了一名全职塾师，此后若干年里他一直从事蒙童教育工作。乾隆四十九年亦即公元1784年，六十二岁的钱俊选获得地方官府推举，进入国子监成为岁贡生，授予候补儒学训导的名分，亦称候选教谕。"岁贡生"并非功名，只是从地方学校进入最高学府享受教育的一种待遇；"候补儒学训导"就是州或县学里副学官的候补人员，清代的"候补儒学训导"绝大多数只是一种虚衔，能够获补实缺的机率微乎其微，只能算是对食廪多年的老秀才颁给的一种安慰奖。尽管如此，他毕竟还是在人品学问上得到了相当的肯定，身价也有些许的提升。此后他的生活依旧困顿，奔走于家乡附近的各个地方，靠坐馆教书维系养家生计。他在《蒲蕢菽清秋课子图序》中写道："余自少壮角逐名场，屡进屡蹶，迄今所就与蕢菽亦略相等，乃年逾六旬，两子正当待课之年。而余且未有以自养也，饥躯奔走，舍己芸人耳。"为了生活，拼舍老迈之身，不停地耕耘于蒙童教育的园地，其景况之凄凉可想而知。钱俊选的为人很好，《圹志》中说他"能孝于亲、惇于族、信于朋友，乡里称'善人'。"嘉庆癸亥也就是公元1803年，八十一岁的钱俊选被地方官府推举并获朝廷批准为当年的乡饮大宾。所谓"乡饮"，即古代年终岁尾时举行的一种含有庆祝丰收、尊老敬老意味的宴乐活动，一般都选取当地德高望重的几位长者为"乡饮宾"，与地方长官共同来主持这一活动。"乡饮宾"是旧时一项很隆重的礼仪制度，又有"大宾""僎宾""介宾""三宾""众宾"等不同的名分，统称"乡饮宾"。其中"大宾"名分最为尊贵，要由皇帝钦命授予，而钱俊选就是这个年度的"乡饮大宾"。可惜的是在这一年的农历八月二十三日，这位终生不得其志的老知识分子就与世长辞了。

　　钱俊选有过两任妻子，都出自书香门第。原配李氏，早年亡故；继配王氏，亦于十年后去世。公元1820年也就是钱俊选死后十七年，他和他的两位夫人才正式合葬于无锡军�山阳岐坞蒲扇峰的钱氏祖茔中。钱泳的《圹志》就写于他们卜葬之际。

二十世纪三十年代初，钱氏族人钱寿康在家传的破书籄中发现了钱俊选的遗稿一编，纸质残蚀，蠹痕累累，但有文字的地方尚且完好，依稀可读。他把此事告知了无锡人华樟。华樟读之累日，激赏之余把遗稿誊录了一份，经过一番鸠资筹措最终将其付梓出版。这就是苏州利苏印书社1934年1月出版的铅印本《啸楼遗文》，现于国家图书馆、吉林大学图书馆、苏州大学图书馆有藏。现代学界泰斗钱锺书的父亲钱基博在《啸楼遗文·序》中说："吾宗之啸楼老人逸事，见于梅溪居士《履园丛话》，风流未沫；而遗稿若存若亡者垂百年，予以乡晚宗末亦自愧不能道其只字。"最早著文为秋瑾被害鸣冤的近代文化名人钱育仁在《啸楼遗文》跋语中说："闻明经（指钱俊选）遗著颇多，其《春秋左传地名考》于本文序中见之，又有《广千字文》等稿，若再能继续搜求，俾成全璧，其嘉惠于后学者又何如耶？"可知钱俊选遗著凋零散佚，世间颇少流传，即使是同宗族人见到的也不多。2012年由南京大学出版社出版的《全清词·雍乾卷》第八册收录了钱俊选的词作四首，是从清人蒋重光《昭代词选》中辑入的。2017年由国家图书馆出版社出版的《清代诗文集珍本丛刊》，是较近推出的大型文献整理项目，其中收录了国家图书馆珍藏的稿钞本文献五百三十六部，其中第二百八十三、二百八十四两册即为钱俊选的《啸楼稿》钞本二十卷，内容包括古今体诗、论、信札、序、跋、寿言、传、记、墓志铭等。另知《梁基永仪清室藏明清稿钞珍本丛刊》第八册收有钱俊选撰《啸楼文稿》清末钞本二卷。这些出版物的面世，虽然仍不能代表钱俊选遗著的全貌，但也总算有了相当的规模。

钱俊选一生清贫，其著述自然也没有相应的经济实力付诸刊刻，遂只能以抄本传世。但钱育仁在跋语中提到的只闻其名而未见其实的《广千字文》倒还真的有过刊刻本，即乾隆四十三年姑苏姚清华斋刊刻本，由张元博书文，杨逢春作跋。乾隆四十三年为公元1778年，此时钱俊选56岁，正是他彻底脱离场屋角逐而全心从事蒙童教学的时期。俗语所说"三百千"中的《千字文》是当时学童课业的必修教材。

据史料记载，南朝梁武帝萧衍让殷铁石从王羲之的作品中拓出了一千个不同的字，又把这些杂乱无序的文字拓片交给周兴嗣，委托他将其编成有实际意涵的韵文，这就是流传于后世的《千字文》。它的初始功用只是帮助皇室子弟学习书法时方便记诵，与蒙学并无关系，其中所包含的契合蒙童学习需要的常用字比较有限，所以作为蒙童识字教材还不能尽如人意。另外，《千字文》的内容泛而不专，铺陈甚广，作为成人的韵文欣赏固无问题，但不都是蒙童阶段所急需掌握的。也许是出于诸如此类的考虑，钱俊选遂在肯定、尊重周兴嗣《千字文》的前提下，另撰千文予以广之，名为《广千字文》。

在选字上它灌注了大量与现实生活相关的常用字，在内容上则以四时节令为主线，穿插进与各个季候相关的岁时风俗、文化掌故及历史、文学知识，这些恰恰是生活在农业社会中的学子们最先应该了解和掌握的。这也体现了作为塾师的钱俊选在教学中殚精竭虑、独辟蹊径的敬业精神。杨逢春在《广千字文·跋》中说："更挑灯兀坐，思一一若茧抽，字累累如珠贯，犹想见其含毫呵冻，意匠惨淡时也。"表达出对作者创作态度的极大肯定。也许这一教学方法得到了当时人们的认同或效法，以致于姑苏姚清华斋遂迎合市场需求将《广千字文》予以刊印。姑苏姚清华斋是安徽旌德人姚继韬于康熙年间在姑苏（即今苏州）阊门内护龙街开设的一家法帖店，历经其子姚士斌、其孙姚学经三代人的经营，至乾隆时在当地已经颇有名气。钱泳在《履园丛话·卷九·伪法帖》中记载："嘉庆初年，有旌德姚东樵者，目不识丁而开清华斋法帖店，辄摘取旧碑帖，假作宋、元、明人题跋，半石半木，汇集而成，其名曰《因宜堂法帖》八卷、《唐宋八大家帖》八卷、《晚香堂》（即指《晚香堂苏帖》）十卷、《白云居米帖》十卷。皆伪造年月姓名，拆来拆去，充旧法帖，遍行海内，且有行日本、琉球者，尤可嗤鄙。"文中的"姚东樵"即姚学经，"东樵"是他的字，说他"目不识丁"则是泄愤之辞，不能当真的。钱泳也热衷于刊刻碑帖，甄选态度颇为严肃，对姚氏刻帖作伪唯利是图的行径自是鄙夷不屑。姚清华斋不只是经营法帖，也刊印诸如《三字经》《百家姓》《千字文》《紧要字》等蒙学必需教材，其中就包括了《广千字文》。正如钱泳所说，姑苏清华斋有着自己的国际发行渠道，《广千字文》也因之远渡重洋流传到了日本。现于大阪府立大学图书馆、公文书馆尚藏有当年姚清华斋的《广千字文》原刊本。

在日本，《广千字文》得到了汉学界的关注和赞赏。日本天明二年即《广千字文》在中国刊行四年后的公元1782年，就出现了日本活字刊本。幕府时期的著名汉学家、书法家市河米庵对《广千字文》青睐有加，他认为在他所见过的几种《千字文》的续作之中，钱氏《千文》才真正是与周氏《千文》没有一字重复的，最适合蒙童的识字教学；而他自己在授徒时即先教周兴嗣的《千字文》，接下来就教钱俊选的《广千字文》，这"二千异字"的掌握对初学汉文的人最有裨益。（说见市河米庵《米庵墨谈·卷一》）。他还用颜体楷书、孙过庭草书和自家本色的行书亲自书写了《三体广千字文》并付诸刻印以广流传，现于日本实践女子大学图书馆藏有日本文政元年亦即1818年青藜阁生花堂刻拓本《米庵先生书三体广千字文》，书后有日本的另一位学界泰斗级人物，即历史学家、汉学大师、书坛巨擘赖山阳为这部法帖写的跋文，并附有米庵门人三千渡的《广千字文旁译》，其中给每个汉字都作了日文音译。在这部法帖的"后记"中，市河米庵又具体评价说："梁周兴嗣作《千文》，同时有武帝《千文》、萧子范《千文》，其后唐有周逊《千文》，宋有侍其良器《续千文》、胡明仲《叙古千文》，明有周履靖《广易千文》，独兴嗣《千文》历代书家盛书行之。近世又有钱啸楼《广千文》者，词藻瑰丽，一字不复，较诸前人极为出色，宜乎张玉谷、张元博书以传刻，姚学经为笺以行焉。余平日授童蒙，先以兴嗣《千文》，次以啸楼《千文》，幼学能熟此二千字，其受用盖不少矣。"有了市河米庵、赖山阳这等人物的推助，使得《广千字文》在日本的影响十分深广，后来的汉学教育工作者用周兴嗣《千字文》与钱俊选《广千字文》配套使用的做法也成为了一个传统；书法爱好者亦以书写《广千字文》赠人为乐事。1932年，日本全国美术展览会在名古屋举行，七十二岁的著名汉学家天野东耕教授在名古屋市长大岩勇夫的盛情约请下，将手书的隶、草二体《广千字文》全纸（对幅）书法作品在展览会上展出。事后要求将此作品刊印流通的呼声很高，其门人也恐恿不已，但天野东耕为人低调，未肯付梓。直到1937年即天野东耕77岁时，才由"天野东耕先生喜寿记念出版后援会"正式出版发行，同时推出的还有天野东耕的《广千字文释义》一书。天野东耕在数十年的教学实践中亦始终厉行市河米庵提倡的周、钱二《千文》合璧使用的方法。他认为和唐代至明代相继出现的诸如周逖、侍其良器、胡明仲、陈鎏、李登、周履靖等各家的《千字文》续作相比较，只有钱俊选的《广千字文》能与周兴嗣《千字文》相匹畴，称赞它以有限的文字贯穿大量的天文、地理、人事等方面的知识，条理清晰，毫无错舛，并把周氏《千文》没有的紧要常用之字填补了进来；而市河米庵当年提出的观点和教学方法则是非常有道理的（说见《广千字文释义》自序）。他考虑到日本的学人对周兴嗣《千字文》还算有一定程度的熟悉，而对《广千字文》各字的特定含义、故实出典等则缺乏详尽的了解，于是就利用教学工作的余暇时间参看各种古籍，追根溯源，探幽抉微，又经过诸多学术同仁的献疑、补正或提供研究线索，最终完成了《广千字文释义》一书。时光荏苒，《广千字文》的这个日文注解本距今又已有八十余年的历史了，相信它对日本学界了解《广千字文》这一中国古代文化的优秀遗产有过相当的贡献。

据市河米庵在《三体广千字文》"后记"中所说"宜乎张玉谷、张元博书以传刻"的话，似乎《广千字文》还不止有姑苏姚清华斋乾隆四十三年张元博书写的版本，还应该有张玉谷书写的版本。市河米庵在《三体广千字文》"后记"中还说道："二张所书，系楷一体，余则并及行、草。"即是说市河米庵曾亲眼见到过张玉谷所书写的那个版本。张玉谷字荫嘉，号"乐圃居士",江苏吴县(即今苏州)人,曾先后游学于浦起龙和沈德潜两位清初著名学者的门下,有《古诗赏析》《乐圃吟钞》传世。他与钱俊选同岁,并杨逢春三人皆为密友。其人擅长书法,乾隆间不少文集的刊刻都是由他手书上板,如著名的《国朝诗别裁集》,原版每卷之末都题有"吴县张玉谷荫嘉校录"的字样。钱俊选的作品刊刻上板,张玉谷有所作为自在情理之中,只是这个版本今日已无遗存了。由于钱俊选只是封建社会最底层的一个家境清贫的老知识分子,名不彰而事不显,以致于他的《广千字文》在其身后未能得以进一步的普及和流传,终而在国内继姚清华斋张元博书写版和张玉谷书写版之后即逐渐湮灭无存了。

今存周兴嗣《千字文》的续作、重编和仿制的千文作品共有几十种之多,出现于钱俊选《广千字文》之前的有十几种。但无论是之前或是此后,钱俊选的《广千字文》都是其中的佼佼者,用今天的评判标准来看,其优胜之处也是相当明显的:

一、该文的结构很严谨。现存其他千字文一类的作品大都极事铺排,洋洋洒洒,妄图涵概天下的各个角落,结果往往是结构涣散,缺乏主线。《广千字文》则以四时节令为经,以围绕各个季候相关的史实、典故、风俗、历史典章或与古代文学名作之间的关联等为纬,编织了一个统罩在岁时文化掌故中的民间生活图景。虽然《广千字文》并非一部时令专著,但它以自身独特的方式帮助后人解读着古老岁时节令的精神内涵,呈现出传统文化中"时间生活"的美好记忆。

二、它的取材既不冷僻,却也并非常见,既展示了作者深广的学识修养和文化视野,也不像其他千字作品那样逞强斗巧，故作高深而失之卖弄。

三、其他续作都以不和周兴嗣《千字文》重复用字为准则，但最后大多都没有做到。《广千字文》自身没有重复，而且真正做到不与周文重字，这也是市河米庵明确提到它的一个优点。

四、周兴嗣《千字文》的用字，是受到了他人的限制，也就是梁武帝"御定"的文字，所以许多使用频率很高的常用汉字都没有收入，而《广千字文》恰好为之做了相当的补充，这也是日本的蒙童汉学教育要用两套千字文的原因。

五、由于作者是一个没有功名，不在朝堂法统之下的民间儒士，所以文中也几乎没有那些陈陈相因的封建思想意识的渲染和说教，表现出一种单纯的普及文化知识的倾向，也没有为封建道学礼法歌功颂德的成分，更与那些将千字文原本的蒙学基调修改得面目全非的做法大相径庭。

六、为中国文化争光。除了周兴嗣的《千字文》，钱氏千文是唯一受到包括市河米庵、卷菱湖和诗佛老人等在内的诸多日本汉学家高度崇敬的中国千文作品。

《广千字文》虽然没有过于古奥晦涩、刻意来掉书袋，但很多涉及的传统文化概念及内涵，对于今天的一般古典文学或国学爱好者来说解读上也不会是一帆风顺的，因为它的"学问"还是有相当的深度，知识层面也是很广博的。因此，既然有心把它"引渡"回国，还是应该直接奉献给国人一个通俗明了的笺释本为好。作为千字文这种特定文体，其属性决定了它的文句必须是精炼浓缩的，意涵必须是丰富凝重的，所以它自古就不是独立理解与欣赏的东西，而是蒙馆塾师之类的"老学究"逐字逐句讲授传习中的一个存在；尤其是生活和成长于现代语言环境中的今之读者，则更加离不开注释和疏解的引导或帮助。前述日本汉学家天野东耕的《广千字文释义》为其晚年时的精心之作，日人既然如此喜爱和重视这个《广千字文》，学者们则做出相应的释义助读工作也是理所当然的。但这个注释本是日文书籍，不可能为中国读者所广泛利用；同时其间的错解、失解、强解的地方太多，亦不堪大用。也许是因为作者掌握的汉学资料有限，抑或其中国传统文化知识底蕴和素养尚嫌不足，以致该注释本距离真确的、高层次的笺解和考释目标还很遥远。

作为钱氏千字的第一个中文笺释本，这部《广千字文笺释》在撰写过程中坚守了一些既定的体例和原则，相信对读者是有益的。具体表现在如下几个方面：

一、提示字体繁简。本《笺释》的行文一律使用规范的简体字，由于原作是繁体字，同一字的繁简不同，在含义上有时亦存在一些微妙的差异，标出该字的繁体有利于更深的解读。另外，千字文之类的作品一直是书法家暨爱好者书写的对象，标出繁体可以省却人们的检索之功。

二、注音。汉字多音是中国文字的特点，常常因为字义不同而音亦不同，音不同而字义也随之不同，注音自然也是释义的一个部分。

三、解释字义（其中也包括个别不可分割的词）。文中的字或词一般都见于字典或辞书的释义，为避抄撮字典辞书之嫌，本《笺注》的释义只限于该字或词在当前句（以四字为单位）中的含义。这样做也规避了因繁琐释义而把千字文弄成

"新说文解字"，致使湮灭了千字文原本的意义和价值。如果该字或词在当前句所用之义项于现今通行的字典辞书中有缺，则另行撰写。如果字或词的当前义项在现今通行的字典辞书中缺乏书证示例，则为之另行补充；如果其现有书证年代明显滞后，则直接补充更早的书证，一般不另作提示。释义中所征引的古文一律在文后的圆括号中作白话翻译。

四、列举字或词在当前句中所体现字义或词义的实际应用句例。原作因循千字文的固有体例，本身就是韵文，所以这些例句一般都出自韵文作品如诗、词、曲等。因为展示一下该字义在其他韵文环境中的具体运用和表现，对读者应该是极有益处的。例句选收的时代区分为：春秋、战国、汉、魏晋、南北朝、唐、宋、辽、金、元、明以及清代前期（即《广千字文》产生之前的年代）。这样既可以揭示《广千字文》字、词的使用与前人的承续关系，也可以清晰该字义或词义在历代的活动状况和历史嬗变的轨迹，同时也通过一定"量"的累积式观摩，和在多种语境中的体会，使读者能够更深刻地理解该字义或词义。如果某个时代找不到相应的韵文例句，自然付诸阙如。

五、以按语的形式疏解、考证当前句的实质意涵，这也是本《笺释》的主体部分。在《广千字文》所拥有的250个四字句中，涉及大量的史实、典故、风俗、历史典章、古天文、古历法、古音律或古代神话传说以及文学名作。在本《笺释》的按语部分将一一追溯当前句与它们之间的渊源或关联，并作出尽可能通俗易懂的诠释，其间所征引的古文一律在文后圆括号中作出白话翻译。某些需要读者特别关注的要点，亦会以按语的形式作出提请。

六、通过【本句译读】直接为当前句作白话释读。

经过上述种种努力，希冀《广千字文笺释》这个《广千字文》的中文注释本呈现给读者的是清晰明了、生动有趣的观感。《广千字文》与其他中国古籍一样，是一个储存中华民族传统文化的载体，拥有着历久弥新的价值。如果能够以恰切的解读方式，在浸身于现代社会环境中的人们与远祖先民的思想智慧之间建构起一道畅顺的文化链接，则更是本书作者期遇綦切的愿景。

姜健宏

写于长春南溪会心簃

2023年7月30日

# 广千字文 [清·钱俊选集韵]

乾坤阖辟 肇开栟幪 斗枢魁柄 昭焕苍穹 干支准历

筹箭应钟 候序迭换 冷暖递攻 乌兔奔走 鞭辔趋春

鲁戈蔑驻 吴斧摧锋 晷鲜滞影 驷讵停踪 蛇尾宵脱

鹑翼昏翀 句芒司角 太皞秩崇 泰符孕秀 蓂荚滋丰

冻溶泉乳 莩圻芳丛 藓润痕侵 梅疏香漏 杏脸绯匀

桃颜脂透 坞簇辛夷 梢含豆蔻 蜂喜蕊繁 蝶嫌粉瘦

燕剪裁花 莺梭织柳 鹦鹉恋乡 鸳鸯谐偶 怨血鹃啼

娇媒雉雊 懊恼呢喃 闲关栗溜 原隰堆茵 郊垧铺绣

叠嶂黛浓 回塘縠皱 晴窗检点 胜话偏饶 赐颁醽醁

寿颂柏椒 旛镂簪贴 额晕妆描 街衢溢马 瀛岛蟠鳌

爪偷笛谱 术变虹桥 羞鸾鬻镜 瑞鹊衔巢 謦蚩徇铎

迎祥舞翘 醉酣枌社 鳌祝麦苗 禊饮畅叙 濡翰挥毫

谑赠芍药 迟泛蕙肴 榆羹堪煮 厨烟禁烧 蹴球暂歇

鞦韆尚豪 陌头凝眄 艳侣戏邀 丰茸软踏 荼堇细挑

采桑皓腕 倚竹纤腰 匝堤翡幄 绕渚荪桡 斜曛缓送

惆怅魂消 嫩绿舒眉 坠红剩蒂 幽篁挺干 筱敷筠腻

淇澳菁猗 湘滨斑渍 鹓凰栖否 琅玕折未 藤荫乍迷

鞓葩才试　捻瓣凭妃　卷帘逞妓　算朵踌躇　煎酥饷遗

酴醾颤萼　蔷薇胃刺　江榴焰吐　蜀葵檀炷　菖蒲浸卮

艾虎粘髻　渡捐菰米　浪翻凫鹥　娟袖频低　锦标齐夺

岚蟲峰奇　涛涌阵黑　霖淋块破　霆轰电掣　沟洫泻潦

畎浍澌沫　网挂蟏蛸　穴穿蝼蝈　熠耀窥檐　螗蜋怒辙

鹧唤鸠呼　买铍撒谷　泥滑饼焦　趣种穜稑　披襟台榭

斗棋枰局　幕羡莲芬　簟除甑爨　苍卜茉莉　蒨粲轩屋

薜苫菡萏　沦涟漾渌　艇搴双桨　琲探一斛　碧藕玲珑

瓢瓜馥郁　炎氛却徙　渐叶清商　笼函蟋蟀　苔砌蚤蝥

蜻蜓款飔　络纬匆忙　巫峡萧森　征鸿嘹唳　惨叫巴猿

哀嘶胡骑　沅芷沣蘅　洲苇汀芰　湖飑芙蓉　堞牵薜荔

羁旅怵惕　迁客陨涕　放斥三闾　遭谗贾谊　嫱恨琵琶

班怜箧笥　拍诉姬愤　赋申后泪　博望乘槎　季鹰忆脍

缑岭乔升　鼻裤咸晒　嫁看须婆　媚耐嫦娥　骈舆婵媛

蟾窟婆娑　彩绳荡䍐　匹练涵波　粟抛桂粒　轮碾冰壶

剧萦衾枕　旋到边隅　闺砧捣杵　戍卒征襦　障邻遮虏

筎弄单于　骨攒弩簇　眼闪旌旗　弯挲弓样　还揣刀铍

箕摇参没　晨风噫嘘　响裂窍籁　酸砭肌肤　全欺蓬梗

迅扫茅庐　衰枫败荦　傲菊战篱　恩沾薏苡　宴衎糇粱

笨萸健把　纱帽狂欹　茬苒崦嵫　怆凄飙馆　寅饯圭测
卦占爻断　剥遇七复　灰扬六珇　绫袜共献　纹线徐添
颛顼苊坎　霰雪联翩　栋薨晶皎　堚庑琼填　崖巅缟些
村杪皑然　拟差盐絮　韵押叉尖　题渔蓑句　棹访戴船
尧崩鹤记　蔡溃鹅喧　枚延邹召　骚帜词源　醇醪鲸吸
炉炭貅燃　肉屏座拥　狐貉裘兼　骏蹄蹀躞　豹舄蹁跹
曾耕袁卧　范绨苏毡　摘蔬夸韭　跨蹇耸肩　负暄鳌誉
煨芋嫩残　先嗇飨蜡　傩翁禳厉　介胄装丞　翟祎娶婢
爆震山魈　馗嬉小妹　躔度穷纪　春雷又动　缱绻绸缪
螭驭畴系　倏尔数周　飘忽疾驶　逡巡暗忖　恍惚梦里
抚今追昔　前型渺矣　鹏分鷃耶　尘埃幻寄　樵欤鹿只
俄顷惧逝　仆产贫乏　箪瓢屡缺　萱闱尸饔　荆妻视舌
啜菽聊娱　茹藿免谪　架插缥签　案排芸帙　挟椠熙怡
研朱愉怿　牙慧剽拾　蠹编捃摭　抉奥搜赜　迫窘诘屈

# 目 录

1

3

5

# 1. 乾坤阖辟　肇开帡幪

## 乾坤［qián kūn］

指天地。"乾坤"本是《周易》卦名，即六十四卦中第一卦《乾》与第二卦《坤》的合称，出自《周易·系辞下》："黄帝、尧、舜，垂衣裳而天下治，盖取诸乾坤。"（大意：黄帝、尧、舜这些远古的圣君，始制丝麻布帛的衣裳，以此取代羽毛兽皮来抗御寒暑保护身体，通过这种推动人类文明变通与进步的举措，使国家达至良好的治理，就都是因为他们从《乾》卦和《坤》卦的某些道理中受到了启发的结果。）《周易·说卦传》说："乾为天……坤为地"，《序卦传》说："有天地，然后万物生焉。"意思是说，乾卦和坤卦之所以要排在最首要的位置上，就是因为它们代表着创造万物的天和地，所以古时经常以"乾坤"一词来指称"天地"。汉代郭苍《神汉桂阳太守周府君碑铭》："乾坤剖兮建两仪，刚柔分兮有险夷。"晋代成公绥《中宫诗二首·其二》："乾坤垂覆载，日月曜重光。"南朝宋代王韶之《宋四厢乐歌廿首·其一·肆夏乐歌》："齐明日月，比量乾坤。"唐代王维《华岳》："昔闻乾坤闭，造化生巨灵。"宋代柳开《楚南伟观楼》："坐当鸿鹄高飞处，身在乾坤灏气中。"金代元德明《雨后》："乾坤觉清旷，草棘有辉光。"元代耶律铸《谨和尊大人领省雷字韵》："乾坤昨夜净氛埃，春到南轩一树梅。"明代唐桂芳《和赋星源风景》："千岩万壑星源郡，恰似乾坤斧凿初。"清代白胤谦《湖南纪行》："乾坤再混辟，惨淡干戈后。"

## 阖辟［hé pì］繁体作闔闢

指闭合与开启。宋代晁补之《用无斁八弟永城相迎韵寄怀》："帝王所张弛，乾坤有阖辟。"元代柳贯《次韵鲁参政观潮》："倒排山岳穷千变，阖辟云雷竦百灵。"明代高逊志《适兴》："神理固莫测，阖辟无时停。"清代赵执信《游碧落洞》："杳冥积云日，阖辟生昼夜。"

按："乾坤阖辟"一语最早见于唐代杨炯《浑天赋》："乾坤阖辟，天地成矣；动静有常，阴阳行矣。"（大意：天地间有日夜的循环，大自然的变化也就随之产生了；动与静的对立统一关系都有恒常的规律，阴阳的道理也就蕴藏其中了。）"乾坤阖辟"是古时的常用语。宋代郑樵《漫兴·其四》："今古去来有数，乾坤阖辟无涯。"元代李道纯《为孚庵指玄牝》："乾坤阖辟无休息，离坎升沉有合离。"明代李时勉《岩岩亭送陈参政归山东》："圣贤大道谁不由，乾坤阖辟同周流。"清代爱新觉罗·玄烨《赋得万物静观皆自得》："天地浑元肃气象，乾坤阖辟识书林。"

## 肇开［zhào kāi］繁体作肇開

意同"肇始"，指开端、创始。最早见于南朝梁代沈约《宋书·礼志三·王公有司奏疏》："况高祖宣皇帝肇开王业，海外有截。"（大意：更何况高祖宣皇帝［司马懿］开创帝王的基业，海外的疆域也整齐划一。）唐代徐浩《谒禹庙》："肇开宅土业，永庇昏垫忧。"宋代周必大《进读三朝宝训终篇赐宴赐赍谢恩诗》："肇开讲席临青厢，赭袍玉斧光照廊。"金代无名氏《睿宗大和之曲》："维时祖功，肇开神基。"明代赵世英《谒仓帝墓》："肇开文史亿万年，至今纷纷竞诸子。"清代严遂成《宋文恪讷》："文教肇开三百年，亦复应诏言修边。"

**按**："肇开"一词，通行辞书首列书证为《元典章新集·国典·诏令》："洪惟太祖皇帝膺期抚运，肇开帝业。"始见例年代颇晚。

# 帡幪［píng méng］

指帐幕、帷帐，即今所谓"帐篷"。构成帐篷四围的部分叫作"帡"，覆盖其上的顶部叫作"幪"。因为帐篷的主要功能是遮风挡雨，所以"帡幪"一词也被用来指代"覆盖遮蔽之所"，最早见于汉代扬雄《法言·吾子》："震风陵雨，然后知夏屋之为帡幪。"（大意：经历过疾风暴雨，然后才知道高大的房屋是最好的覆盖遮蔽之所。）宋代洪炎《和曾仲共大风折木歌》："万斛之舟可弗论，大厦帡幪此焉有。"元代岑安卿《题庆元路太守雍吉剌氏传家录卷》："老农家居五云表，引领东望思帡幪。"明代苏伯衡《云林辞并序》："攀薜荔以帡幪兮，苔藓绣乎阶除。"清代戴亨《赠同年吴学使七云·其二》："青云已作帡幪覆，锡类应捐紫陌悲。"

## 【本句译读】

天地剖分，开始有了日夜的交替；也为自然万物开启了一个庇护之所。

## 2. 斗枢魁柄　昭焕苍穹

### 斗枢［dǒu shū］繁体作斗樞

古代天文学中的星宿名，既北斗七星中的第一星，名为"天枢"，所以古时也以"斗枢"泛指北斗星。唐代骆宾王《久戍边城有怀京邑》："璧殿规宸象，金堤法斗枢。"宋代晁说之《风雨纵横至》："凄凄向深夜，何处识斗枢。"元代马祖常《送刘侍仪祠祭北镇医无闾》："山椒云物异，天角斗枢偏。"明代黄淮《梦游仙吟》："昂身捩斗枢，挥手执其柄。"清代梁佩兰《赠言·其一》："上倚斗枢极，下郁地维隆。"

### 魁柄［kuí bǐng］

指北斗七星中"斗"的把柄部分。最早见于班固《汉书·杨胡梅福云传》："今乃尊宠其位，授以魁柄。"（大意：如今给了他们很尊贵的职位，授予很大的权力。）文中的"魁柄"指的是"极大的权力"，但唐代学者颜师古在后面的注解中说得很明白："以斗为喻也，斗身为魁。"意思是说"魁柄"这个词不过是用北斗七星的形状打的一个比方：北斗七星中"斗"的身体部分即所谓的魁星，就像"斗"的把柄，所以把斗身就称作了"魁柄"，喻指很重要的部位。《春秋纬·运斗枢》中说："第一至第四为魁，第五至第七为杓，合为斗。"（大意：［北斗星中的］第一星至第四星是为"魁"，第五星至第七星是为"杓"，合起来就是一个"斗"。）可知"魁"是北斗七星中前四星的合称，所以颜师古说它是"斗身"。自《汉书·杨胡梅福云传》以后，"魁柄"一词大都被用来指代"极大的权力"，但它作为"北斗把柄"的词义依然未泯。如宋代类书《锦绣万花谷》卷三十五"酒魁"条说："蜀中有酒器，名'酒魁'，诗人所谓'酌以大斗'遗制，象北斗有魁柄。"（大意：川蜀一带有一种酒器，名为"酒魁"，就是《诗经·大雅·行苇》中"酌以大斗，以祈黄耇"这个诗句里所说那种"大斗"的遗制，它的样子取象于北斗中的那个魁柄。）这里的"魁柄"与"权柄"无关，纯系自然天象的表达。宋代甄龙友《水调歌头》："北斗转魁柄，东海欲飞乌。"明代吕坤《开封南文明门联》："万丈文光，北射斗牛躔魁柄；三星物采，东联箕尾上台躔。"清代查慎行《送陈缄庵前辈视学山东二首·其一》："馆阁同时皆属目，又看魁柄指东方。"

## 昭焕 ［zhāo huàn］繁体作昭焕

指光亮、鲜明。南朝沈约《梁雅乐歌·禋雅·其一》："紫宫昭焕，太乙微玄。"唐代杜甫《舟中苦热遣怀奉呈阳中丞通简台省诸公》："宗英李端公，守职甚昭焕。"宋代周紫芝《仁宗皇帝飞白歌》："中人传赐宣口敕，雨露恩光极昭焕。"金代王处一《谢师恩·其二·赠众道友二首》："福星空外明昭焕，应化真无乱。"元代胡布《徐坚医师诗》："后来太素出，觇觎预昭焕。"明代虞谦《夜宿元阳观张大亨方台》："石室树贞碑，文彩尚昭焕。"

## 苍穹［cāng qióng］繁体作蒼穹

意为苍天、广阔的天空。唐代李白《短歌行》："苍穹浩茫茫，万劫太极长。"宋代李觏《赠日者邹生》："贤不必通愚不穷，悠悠无处问苍穹。"金代王渥《三门津》："层崖摩苍穹，四月号阴风。"元代黄公望《管夫人竹窝图》："飞仙遥闻驻鹤驭，威凤倾听来苍穹。"明代杨慎《恶氛行》："两重日晕围白虹，万家仰首呼苍穹。"清代毛先舒《宿韬光望海日》："苍穹仿佛欲摩顶，石气蒙蒙拂衣冷。"

## 【本句译读】

北斗七星等大小星辰高悬天际；辽阔的苍穹焕发出璀璨的光芒。

# 3. 干支准历　筹箭应钟

## 干支［gān zhī］

即"天干"和"地支"的合称，是用于历法排算的一个概念。"干支"一词最早源自"干枝"。成书于战国末年的史书《世本》说："大挠作甲子"，大挠是黄帝的臣子。东汉蔡邕的《月令章句》说大挠"始作甲乙以名日，谓之'干'；作子丑以名月，谓之'枝'。"（大意：黄帝的臣子大挠最先排列出甲、乙等等的顺序用来给日期定名，称作"干"；排列出子、丑等等的顺序用来给月份定名，称作"枝"。）"干"，是树干的意思，古人认为它强而为阳；"枝"，是树枝的意思，古人认为它弱而为阴。为了区别阴阳，所以就有了"干枝"的名称。构成天干的有十个元素：甲、乙、丙、丁、戊、己、庚、辛、壬、癸，被称为"十天干"；构成地支的有十二个元素：子、丑、寅、卯、辰、巳、午、未、申、酉、戌、亥，被称为"十二地支"。两者按固定的顺序互相配合，组成一种时间计算法。从殷墟出土的甲骨文来看，天干地支在我国古代主要用于纪日，此外还曾用来纪月、纪年、纪时等。到了西汉时期人们对它有了进一步的认知和梳理；王莽当政时它又得到了官方的正式推行和应用。东汉以后它就作为比较系统、完整而且固定的"干支纪年法"通行于世而且沿用至今。现当代的许多书画家在作品落款处记录书写日期时依然喜欢用干支纪年。唐代易静《兵要望江南·其三·占六壬》："若在干支虚事定，天空为煞最朦胧，虚妄祸重重。"宋代徐元杰《又赠日者曰清朝贵官》："木言造化穷天理，且据干支铺卦盘。"元代周伯琦《赋得莲花漏送宗正多尔济巴勒公惟中赴淮东监宪任》："潜机分昼夜，浮刻定干支。"明代程敏政《饮黄司训家限韵》："谈笑便应忘尔汝，年华何必问干支。"清代朱彝尊《焦山剔铭图为王副使煐作》："铭文不省谁氏作，纪年第有干支存。"

## 准 ［zhǔn］繁体作準

意为标准、准则、依据、准绳等。晋代殷仲文《南州桓公九井作》："四运虽鳞次，理化各有准。"南朝梁代萧纲《和赠逸民应诏诗》："准测天度，钟应星玑。"唐代杜甫《赠郑十八贲》："示我百篇文，诗家一标准。"宋代郑思肖《十四砺二

首·其二》：“星辰错乱历无准，天地阴寒气不和。”金代马钰
《满庭芳》：“有若浮云聚散，无准无凭。”元代程钜夫《寿李
秋谷》：“立言成准范，析理贯书诗。”明代周浈《池口舟中见
九华山》：“人德险未夷，天道明可准。”清代顾炎武《朱处士
彝尊过余于太原东郊赠之》：“书能搜五季，字必准先秦。”

## 历［lì］繁体作曆

指推算年月日和节气的历法。汉代乐府《孔雀东南飞·古
诗为焦仲卿妻作》：“视历复开书，便利此月内。”南朝宋代
何承天《天赞》：“容成造历，大挠创辰。”唐代孔德绍《观太
常奏新乐》：“大君膺宝历，出豫表功成。”宋代徐铉《奉和御
制早春》：“尧历永从新律正，皇恩散作万方春。”金代赵之杰
《除夜》：“日月不肯留，岁历倏云毕。”元代吴当《九江冬至
日》：“频年凤历催颁朔，曾插金貂侍玉皇。”明代王祎《次韵
朱一中新正试笔》：“颁春喜见新年历，问竹犹看旧日枝。”清
代黄叔璥《番社杂咏二十四首》：“历书不识岁时增，月几回圆
稻一登。”

## 筹［chóu］繁体作籌

也称“更筹”，是古代一种夜间计时的用具，多用竹子制
成；而更筹所体现的时辰也会由负责巡夜的更夫用呼喊的形式
报知给居民大众，叫作“唱筹”。南朝梁代何逊《与沈助教同
宿滢口夜别》：“华烛已消半，更人数唱筹。”唐代李德裕《岭
外守岁》：“冬逐更筹尽，春随斗柄回。”宋代宋庠《秋夕感
怀》：“风蟾成晕露成霜，玉箭添筹怨漏长。”金代段克己《水
调歌头·癸卯八月十七日逆旅平阳夜闻笛声有感而作》：“壮

志久寥落，不寐数更筹。"元代袁桷《书怀寄从子瑛二首·其二》："剪叶舞空山鬼泣，唱筹量日历人疑。"明代田登《古怨行·其三》："铜龙玉漏沉，筹箭遥更掣。"清代钟明进《郁林除夕》："不堪腊尽悲霜鬓，又听更残报晓筹。"

## 箭 [jiàn]

　　古代置于漏壶（计时器）下面用以指示时刻的物件。早在上古时期人们就以滴漏之法计算时间，其具体的做法是悬挂一个能够漏水的壶，壶的下面放置一个容器以承接从壶里滴漏下来的水；这个容器里有刻度，依照水面淹没的刻度来计算时辰。汉代学者郑玄在《周礼·夏官·挈壶氏》"分以日夜"（大意：区分白昼与黑夜的长短）这句话的后面注解说："漏之箭，昼夜共百刻"，可知古人把一昼一夜的时间划分为一百个刻度。所谓"箭"，就是竖立在漏壶里刻有一条条横道用来表示刻度的金属小物件。南朝梁代萧衍《赠逸民》："晨朝已失，桑榆复过。漏有去箭，流无还波。"唐代褚亮《奉和咏日午》："曦车日亭午，浮箭未移晖。"宋代徐铉《观灯玉台体十首·其二》："绮席金炉香正燃，铜壶银箭漏初传。"金代王寂《咏水碓》："浮沉刻漏箭，动息记里鼓。"元代耶律铸《终夕风雨早起书待旦斋壁》："银箭知传第几更，玉壶清漏不闻声。"明代沈炼《题东方朔图》："三千年开花结实不为迟，银箭壶中方一刻。"清代吴伟业《茸城行》："刻金为漏三更箭，错宝施床五色文。"

## 应钟 [yìng zhōng] 繁体作應鐘

　　古代乐律的名称，十二律之一。古人以音乐中的十二律与历法中的十二月相匹配，每一月都分别以一律对应之。应钟对应的是十月份。《礼记·月令》："孟冬之月，……其音羽，律中应钟。"（大意：孟冬十月，……和这个月相对应的是五音中的羽音，相对应的乐律是十二律中的应钟。）孟冬就是冬季的第一个月，即农历十月。唐代魏征《五郊乐章·黑帝羽音·雍和》："阳月斯纪，应钟在候。"宋代华镇《寿顾侍郎》："应钟司序两旬时，台座光凝照水湄。"明代李梦阳《苦寒行》："奏应钟，开玄堂，毡帏锦幄冬夜长。"清代尤侗《喜迁莺·立冬》："朝看月令。是律中应钟，神司元冥。"

**按**："干支""筹""箭""应钟"都是时间计算的典型词语，在这里它们只是笼统地泛指生活中的时间或历律的概念，并不实指其自身。

## 【本句译读】

天干地支的相互匹配创造了历法计算的不二准则，生活中也有了更筹、漏箭、十二月律等时间或历律的概念。

---

# 4. 候序迭换　冷暖递攻

## 候 [ hòu ]

即古代历法中的岁时计算单位，一候为五天。候的概念最早见于《黄帝内经·素问》："歧伯曰：'五日谓之候，三候谓之气，六气谓之时，四时谓之岁。'"（大意：歧伯说："五天叫作一个候，三个候为一个节气，六个节气为一个季，四个季就叫作一年。"）在古代，人们依据气候的变化把一年划分为四个季、二十四个节气和七十二个候。南朝宋代谢灵运《登池上楼》："衾枕昧节候，褰开暂窥临。"唐代赵彦昭《奉和圣制立春日侍宴内殿出剪彩花应制》："剪彩迎初候，攀条故写真。"宋代苏为《泛宛溪至敬亭》："南国初寒候，扁舟远客心。"金代赵秉文《杂拟十首·其一》："朱明变气候，大火向西流。"元代王恽《水龙吟》："初冬中候，应时呈瑞，几年未见。"明代杨基《梁园饮酒歌》："前途尚远节屡换，白露应候月在酉。"清代爱新觉罗·弘历《热》："德暑方司候，快晴亦阅时。"

# 序［xù］

指季、季度。最早见于《吕氏春秋·士容论》："夫四序参发，大畎小亩，为青鱼肤，苗若直猎，地窃之也。"（大意：四季中三次耕种，大块的低洼地和小块略高的农田，都像搁浅在沙滩上的青鱼，庄稼的小苗长得僵直生硬如同野兽颈上的鬣毛，这是土地治理不善的结果。）南朝梁代沈约《梁明堂登歌五首·其三·歌黄帝辞》："布德焉在，四序将收。"唐代许敬宗《五言后池侍宴回文诗一首应诏》："凉气澄佳序，碧汜澹遥空。"宋代刘筠《立夏奉祀太一宫五言十韵》："朱驾开炎序，琼科举旧仪。"金代马钰《浣溪沙·赠药赵仙》："四序不分真造化，五般霞彩结成形。"元代刘洗《山中五咏·其三》："方今冬序初，饘粥倘未缺。"明代金幼孜《瑞雪应制诗》："序属嘉平融瑞气，时逢大雪散祥光。"清代陈恭尹《寄方蒙章》:"凉风改秋序,永夜衣裳单。"

**按:**"候序"一词是对时节季候的泛称,最早见于唐高宗李治在总章二年(公元669年)农历三月丁亥颁发的诏令亦即《颁明堂制度诏》:"勾芒候序,入春圃而司仪;蓐收戒时,下秋园而奉职。"(大意:春神勾芒当值的时节,进入到春日的园圃去管理事务;秋神蓐收宣告来临,就到秋天的田园去奉行职守。)又,元代王祎《述说苑》:"景纬候序,靡或差舛,天之道也。"(大意:太阳、星辰以及时节季候的运行,没有一点偏差舛错,这是大自然的根本规律决定的。)明代宋濂《家庆图记》:"当候序和适,寿母出坐鞠隐堂中。"(大意:当节气季候温和适宜的时候,老母亲就会出来坐于鞠隐堂中。)取用的都是这个词义。

## 迭〔dié〕

意为更换、轮流。东汉许慎《说文解字》(下面简称《说文》):"迭,更递也。"《诗经·邶风·柏舟》:"日居月诸,胡迭而微。"晋代陆机《齐讴行》:"天道有迭代,人道无久盈。"唐代陈元光《候夜行师七唱·其六》:"迭起寒鸡犹未唱,铜壶先滴五更阑。"宋代杨亿《禁直》:"千庐迭唱传宵警,海山鳌背蓬壶顶。"金代段克己《月上海棠》:"日月两跳丸,迭送人间昏晓。"元代曹伯启《陪翟沈二文学岁暮登宴嬉台》:"功名殊未已,伏腊迭相催。"明代刘基《次韵和孟伯真感兴四首·其四》:"春秋迭代人先老,天地生成意不穷。"清代顾炎武《酬李处士因笃》:"上论周汉初,规模迭开创。"

## 换 ［huàn］繁体作换

意为变换、更替。南朝宋代鲍照《冬至》："景移风度改，日至晷回换。"唐代王勃《滕王阁》："闲云潭影日悠悠，物换星移几度秋。"宋代田锡《寄宋白拾遗》："碧落周星纪，青阳换岁时。"金代任询《永遇乐》："兴衰更换，妍媸淆混，造物大相愚弄。"元代张之翰《临江仙》："枉着黄尘三万丈，等闲换却沧波。"明代郭奎《滕王阁》："佩玉杂鸣銮，物换星亦更。"清代徐士俊《青衫湿·感旧》："岁华屡换，江山如梦，多少咨嗟。"

按："迭换"一词未见诸家辞书收录，其意为交替轮换，最早见于梁代道学家陶弘景编《真诰·卷八·甄命授第四》："隆代迭换运相推，明匠保德慎无思。"后人也有袭用，如：北宋向敏中《留别知己序》："迅速周天，迭换四稔，忽奉宸诏，俾归阙庭。"又如：明代徐弘祖《徐霞客游记·滇游日记四》："而回峰四辟，雾倏开合，日色山光，远近迭换，亦山中幻景也。"此词在清代尤为活跃。

## 冷暖 ［lěng nuǎn］

指因气候变化而引发的寒、凉或温、热的自然现象。最早见于东晋释慧远《庐山记》："下有甘泉涌出，冷暖与寒暑相变，盈灭经水旱而不异。"（大意：下面有甘甜的泉水涌出，泉水的冷热随着寒暑的季节而变化，其水流量的多少却不会因为发生水涝或干旱而有所不同。)唐代白居易《乌夜啼》："画堂鹦鹉鸟，冷暖不相知。"宋代韩淲《人身》："冷暖大冬与大夏，盛衰三春及三秋。"元代程钜夫《菩萨蛮·次韵郭安道探梅》：“风来元不约，冷暖凭斟酌。”明代张宁《己丑除夜》：
“炎凉冷暖年年在，每到今宵一醉休。”清代施闰章《姑江口
号》：“莫向青山问冷暖，梅花江上一时开。”

## 递〔dì〕繁体作遞

意为交替、相继。《说文》：“递，更易也。”战国时期楚
国宋玉《九辩》：“四时递来而卒岁兮，阴阳不可与俪偕。”
三国时期魏国阮籍《咏怀·其九》：“四时更代谢，日月递参
差。”晋代束晳《补亡诗六首·其四·由庚》：“四时递谢，八
风代扇。”南朝梁代沈约《八咏诗·其七·解佩去朝市》：“天
道有盈缺，寒暑递炎凉。”唐代高适《宋中十首·其八》：“五
霸递征伐，宋人无战功。”宋代魏野《怀寄河中表兄李征君》：
“三世往还为近戚，一时递互唤征君。”金代王中立《杂诗四
首·其三》：“云叶粼粼皱碧空，笙箫递响入天风。”元代邓文
原《题高尚书夜山图》：“山川更晦明，阴阳递消长。”明代黄
淮《戊戌正旦》：“二仪运神化，四序递迁易。”清代沈谦《寓
崇德县西寺作》：“至今谁在哉，强弱递烟化。”

## 攻〔gōng〕

本义指进攻；攻打，引申意为侵袭，冲击。《诗经·小
雅·鹤鸣》：“它山之石，可以攻玉。”晋代曹摅《赠王弘远》：
“采石他山，攻璞南荆。”南朝宋代谢灵运《登临海峤，初发疆
中作，与从弟惠连可见羊何共和之·其四》：“攒念攻别心，
旦发清溪阴。”唐代杜甫《秋野五首·其三》：“礼乐攻吾短，
山林引兴长。”宋代欧阳修《题荐严院》：“那堪多难百忧攻，
三十衰容一病翁。”金代赵秉文《舍元殿》：“譬如元气衰，百

疾攻四肢。"元代马祖常《画树》:"寒槎偃蹇风雨攻,蛰龙啮云磻石根。"明代释宗泐《病中作》:"始受寒热攻,恍然若沉醉。"清代钱谦益《冬至后京江舟中感怀八首·其一》:"懵腾心口自相攻,失笑禁啼梦呓中。"

## 【本句译读】

时令季候遵循着自身的秩序和规律反复变换,自然气候的冷暖凉热也交替着渗透、侵袭到整个世间。

---

# 5. 乌兔奔走 鞭辔趋春

**乌兔**「wū tù」繁体作烏兔

即太阳和月亮的代称。古代神话传说,太阳里面有一只三足乌,因此太阳的别称也叫作"阳乌""金乌";月亮里面有一只兔子,因此月亮的别称也叫作"玉兔""玄兔"。"乌兔"一词最早见于西汉京房《京房易传》卷三:"乌兔相冲,光盛威重,数盈理极。"(大意:当太阳和月亮处于相反的方向并把地球夹在中间形成三点一线的时候,天光庄重,天体运行的躔度之数已臻盈满而浑天历象之理也体现得至极至尽。)唐代权德舆《古兴》:"晦明乌兔相推迁,雪霜渐到双鬓边。"宋代郑侠《送林六秀才之广劝其早归》:"无情乌兔两相追,岁月蹉跎一箭飞。"金代丘处机《离苦海·步蟾宫》:"匆匆顶上旋乌兔，切莫把光阴虚度。"元代王丹桂《望海潮·自咏》："但乐贫闲过，任乌兔走东西。"明代李东阳《风雨叹》："阴阳九道错白黑，乌兔不敢东西奔。"清代汪琬《醉后放笔作醉乡歌》："不知耕桑艰，不识乌兔忙。"

**按**："乌兔"一词指代日月，通行辞书多认为其源头是晋代左思《吴都赋》："笼乌兔於日月，穷飞走之栖宿"这句话，其中似有误会。此句中所说的意思是把日中的"乌"和月中的"兔"捉来关进笼子里，并非指"乌兔"即为日月。

# 奔走 [bēn zǒu]

意为急速行走。《诗经·周颂·清庙》："对越在天，骏奔走在庙。"屈原《离骚》："忽奔走以先后兮，及前王之踵武。"汉代王逸《九思·其五·遭厄》："起奋迅兮奔走，违群小兮謏诟。"唐代李颀《杂曲歌辞·行路难》："世人逐势争奔走，沥胆堕肝惟恐后。"宋代田锡《进瑞雪歌》："时雪未呈盈尺瑞，百神奔走应祷祈。"金代宋九嘉《馆中纳凉书事》："宦游非不佳官府，奔走尘劳漫一生。"元代尹廷高《思乡二首·其一》："百里荒凉少鸡犬，十年奔走避豺狼。"明代李时勉《田家日晚歌》："里胥征税不得了，丁男出官多奔走。"清代吴嘉纪《逋盐钱逃至六灶河作·其十四》："奔走更谁向，自歌行路难。"

**按**："乌兔奔走"一语，用"奔走"来形容日月的行进，源自北宋诗人彭汝砺《和执中游山》："日月有底急，匆匆似奔走。"诗句的意思是：太阳和月亮有什么着急的事情，以至于这么匆忙地疾行迅走？暗寓岁月如梭、人生苦短的感慨。元代胡天游《醉歌行》："金乌从何出？玉兔从何来？……东升何所自？西没从何游？胡为天地间，奔走不暂休？"用的也是同一修辞方法。

## 鞭辔［biān pèi］繁体作鞭轡

驱策马匹的鞭子和驾驭马的嚼子、缰绳。北宋文字学家陆佃说："御驽马以鞭为主，御悍马以辔为主。"这两样东西都是驾御马匹的用具，引申意为驱策、驭驶。唐代杜甫《湖城东遇孟云卿复归刘颢宅宿宴饮散因为醉歌》："向非刘颢为地主，懒回鞭辔成高宴。"宋代苏轼《人日猎城南，会者十人，以"身轻一鸟过，枪急万人呼"为韵，得鸟字》："吟诗忘鞭辔，不语头自掉。"元代方回《李寅之招饮同登九江城·其八》："鞭辔惯驰奔，戈铠觊息偊。"明代李东阳《中元谒陵答体斋学士赠行韵二首·其二》："鞭辔停驱马，冠裳候入陵。"清代严遂成《况苏州钟》："神驹责千里，先请宽鞭辔。"

**按：** 在我国古代神话传说中，太阳是坐在车上被拉着走的，这辆车叫作"悬车"，也叫作"日车"。拉车的是六条没有角的龙，称为六螭，而驾御这辆车的人名叫羲和。屈原《离骚》中的"吾令羲和弭节兮，望崦嵫而勿迫"，说的就是这个人；晋代傅玄《日升歌》中的"羲和初揽辔，六龙并腾骧"，说的就是这辆车；唐杜甫《同诸公登慈恩寺塔》中的"羲和鞭白日，少昊行清秋"，用的就是羲和鞭策日车行进的神话。本句中的"鞭辔"一说即是由此而来。

## 趋［qū］繁体作趨

意为快速行进。《说文》："疾行曰'趋'。"《诗经·小

17

雅·绵蛮》："岂敢惮行，畏不能趋。"汉代乐府《陌上桑》："盈盈公府步，冉冉府中趋。"南朝梁代刘峻《自江州还入石头诗》："迅马晨风趋，轻舆流水散。"唐代高适《饯宋八充彭中丞判官之岭南》："举鞭趋岭峤，屈指冒炎蒸。"宋代郭昭乾《述怀二首·其二》："车马竞奔趋，穷达在片议。"元代刘因《宋徽宗赐周准人马图》："只除金粟呼风鸟，曾见昭陵铁马趋。"明代钱仲益《题江南春雨图》："自从江海困奔走，冲寒触暑趋长途。"清代张穆《送查邑侯内招》："清晨戒黄犊，老幼为奔趋。"

## 舂［chōng］

通"冲"字，意为冲击、冲刺、快速向前冲进。南朝梁代王筠《诗·其三》："猛将穷舂击，勇夫贪搏噬。"唐代李贺《猛虎行》："长戈莫舂，强弩莫抨。"宋代王禹偁《感流亡》："高舂已数丈，和暖如春天。"元代贡师泰《河决》："浊浪近翻雪，洪涛远舂天。"明代高启《城虎词》："怒拔长戈试一舂，目光落地伥魂走。"清代王士禛《梦游三山图歌为尤悔庵太史赋》："上有金银宫阙互亏蔽，下有云涛汩没相撞舂。"

## 【本句译读】

太阳和月亮飞快地奔走运行，日车在驱赶鞭策下奋力地疾行冲进。

# 6. 鲁戈薆驻　吴斧摧锋

## 鲁戈［lǔ gē］繁体作鲁戈

　　即"鲁阳戈"的省称，源自鲁阳公挥戈驻日的神话典故。事见西汉刘安《淮南子·览冥训》中的一段记载："鲁阳公与韩构难，战酣，日暮，援戈而撝之，日为之反三舍。"（大意：鲁阳公与韩国交战，当战斗正进行到难分难解的酣战阶段，天色却已入暮，太阳即将西沉。于是鲁阳公当此紧要关头对着太阳一挥大戈，太阳竟为之倒退，返回到之前三座星宿的位置。）文中的"鲁阳公"本名就叫鲁阳，《国语》中称之为"鲁阳文子"，是春秋时期楚国平王的孙子，司马子朝的儿子。他在楚国只是一个县级的长官，楚国以诸侯僭称王号，其守县大夫也都升级为公，所以《淮南子》中称他为"鲁阳公"。他当年的辖地如今仍叫鲁阳。这段记载实在很离奇，又承载于《淮南子》这样流布极广的名著，所以影响很大。他那支能拨回太阳的大戈就被后人称为"鲁阳戈"，如南朝梁代萧纪《同萧长史看妓》："想君愁日暮，应羡鲁阳戈。"而"鲁戈"一词则最早见于唐代皇甫湜《让风》"日回鲁戈，霜击燕庭"一语。宋代刘豫《登苏门山百泉》："胜概纷并接不暇，恨乏鲁戈延晷刻。"元代马麟《独酌谣》："鲁戈莫麾斥，羲车莫招摇。"明代吴与弼《次罗宪副见赠韵》："安得鲁戈回白日，重将旧业共君修。"清代王邦畿《丙申长至重游端水》："日暮高歌岩顶上，鲁戈何自挽红轮。"

## 蔑［miè］

意为无、没有。《小尔雅·广诂》："蔑，无也。"《诗经·大雅·板》："丧乱蔑资，曾莫惠我师。"晋代荀组《七哀诗》："辙兮辙兮，何其寂蔑。"南梁萧纲《咏舞诗二首·其一》："戚里多妖丽，重聘蔑燕余。"唐代薛能《赠歌者》："汉浦蔑闻虚解佩，临邛焉用枉当垆。"宋代蒋堂《飞来山》："平为土木基，蔑有苍翠色。"金代王庭筠《舍利塔》："石排方面蔑石段，铁锢瘦中腰鼓样。"元代吴莱《会稽山》："盛德蔑以过，遗祠尚兹歆。"明代王汝玉《述怀》："畜年蔑知识，负志颇傲岸。"清代薛始亨《赠李白子佺》："挥斥蔑留垩，洞札鲜虚觳。"

## 驻［zhù］繁体作駐

意为停止。《苍颉篇》："驻，止也。"汉代乐府《孔雀东南飞·古诗为焦仲卿妻作》："行人驻足听，寡妇起彷徨。"南朝梁代庾肩吾《奉使北徐州参丞御》："回天随辇道，驻日逐戈锋。"唐代司空图《有赠》："试问羲和能驻否，不劳频借鲁阳戈。"宋代晏殊《牡丹》："朱户曲房能驻日，酥盘金胜自生春。"金代元好问《古意二首·其二》："川流不肯驻，并与繁华东。"元代鲜于枢《高尚书夜山图》："古人无因驻清景，高侯有笔能夺移。"明代胡奎《登九天阁制步虚词·其一》："逍遥永无极，旸谷驻羲和。"清代杨思圣《山信》："浊酒堪扶老，黄金岂驻颜。"

# 吴斧［wú fǔ］

指月中仙人吴刚砍伐桂树用的斧子。吴刚斫桂是我国古代著名的神话故事，见于唐代段成式《酉阳杂俎·天咫》中的一段记载："旧言月中有桂，有蟾蜍。故异书言：月中桂高五百丈，下有一人常斫之，树创随合。人姓吴名刚，西河人，学仙有过，谪令伐树。"（大意：过去传说月亮里有桂树，有蟾蜍。古时记载离奇之事的书籍也说过，月中的桂树高达五百丈，树下有个人常年累月地在砍桂树，而树身的创伤随即就愈合了。这个人名叫吴刚，原本是西河人，因他在学仙时犯了过错，被罚到月亮上来砍桂树。）"吴斧"一词通行辞书未见收录，始见于明代，如：程敏政《和答朝宗都宪问难之作·其一》："吴斧可当新月鉴，秦灰那复故宫传？"谢廷柱《湘潭分司咏桂》："绝爱郜枝终日对，忽疑吴斧半空闻。"清代则见于爱新觉罗·弘历《江月》："如见古桂斫吴斧，复疑明珠呈鲛巾。"郑燮《念奴娇·石头城》："悬岩千尺，借欧刀吴斧，削成城郭。"

# 摧［cuī］

意为毁坏、挫损。汉代李陵《别歌》："路穷绝兮矢刃摧，士众灭兮名已隤。"南朝梁代刘峻《出塞》："陷敌挫金鼓，摧锋扬旆旌。"唐代李贺《雁门太守行》："黑云压城城欲摧，甲光向日金鳞开。"宋代宋祁《送郑天休》："春筍蒸遍摘锋摧，剡奏飘然别上台。"金代李俊民《雨雹》："交横散落星石陨，纷霍迸击冰山摧。"元代吴师道《留昌平四诗·其一·居庸关》："抚迹思往代，键钥每自摧。"明代胡俨《代菊答五首·其五》："洞庭风力劲，草木半摧残。"清代梁清标《渔阳老将行》："养士家财能立散，摧锋遍体无完肤。"

# 锋［fēng］繁体作鋒

指金属器具及金属兵器上刃或尖的部分。汉代刘桢《斗鸡》："丹鸡被华采，双距如锋芒。"三国时期魏国曹植《白马篇》："弃身锋刃端，性命安可怀。"南朝梁代吴均《咏怀诗二首·其一》："野战剑锋尽，攻城才智贫。"唐代杨炯《刘生》："剑锋生赤电，马足起红尘。"宋代陶弼《兵器》："遇迫开库兵，土蚀锋芒脆。"金代完颜亮《鹊桥仙·待月》："虬髯捻断，星眸睁裂，唯恨剑锋不快。"元代汪泽民《赠江东照磨秦裕之应南台掾史之辟》："洁如玉壶露，利若青萍锋。"明代杨基《皂角滩》："牛刀惯熟中肯綮，郢斧神捷回锋棱。"清代汪琬《赠勒石顾生》："锋力所至疑有神，波磔纵横俱逼真。"

## 【本句译读】

鲁阳公的大戈根本无力使呼啸奔跑的太阳驻足；吴刚的斧刃损坏崩钝也无法使桂树有所创伤。

# 7. 晷鲜滞影　駟讵停踪

# 晷［guǐ］

古代用来观测日影以确定时刻的仪器，称作"日晷""日规"。《说文》:"晷,日景也。"三国时期魏国曹睿《棹歌行》:"阳育则阴杀,晷景应度移。"晋代张华《游猎篇》:"驰骋未及倦,曜灵俄移晷。"南朝宋代傅亮《冬至》:"星昴殷仲冬,短晷穷南陆。"唐代孟浩然《晚春卧病寄张八》:"遥情每东注,奔晷复西驰。"宋代林逋《和酬杜从事题壁》:"佳话频移晷,清飙几拂襟。"金代段成己《嵩阳归隐图》:"百年能几日,山间有余晷。"元代宋褧《尧民图》:"日晷悠悠才过午,周人酒诰汉人酺。"明代徐贲《登戴山》:"亭亭日晷侧,肃肃征鸿驶。"清代李孔昭《遂情》:"好客懒赍酒,清谈顾移晷。"

## 鲜 [xiǎn] 繁体作鮮

意为少。《尔雅·释诂》:"鲜,罕也"。《诗经·郑风·扬之水》:"终鲜兄弟,维予与女。"屈原《离骚》:"固乱流其鲜终兮,浞又贪夫厥家。"三国时期魏国阮籍《咏怀·其七十一》:"人谁不善始,鲜能克厥终。"南朝宋代何承天《鼓吹铙歌十五首·其五·巫山高篇》:"力战而虐民,鲜不颠坠。"唐代刘太冲《送萧颖士赴东府得浅字》:"寸禄聊自资,平生宦情鲜。"宋代胡宿《杂兴》:"有酒聊自把,无萱良鲜欢。"金代王寂《泛舟用王子告节副韵二首·其二》:"十觞一举君须醉,念我区区亦鲜欢。"元代吴存《晦日风雨》:"因思穷达际,今古鲜卓识。"明代方孝孺《蜀府遇夏时教谕次韵叙德言怀》:"迩来一千年,文献鲜有征。"清代陈子升《感遇十八首·其十五》:"斯唯达士信,庸夫鲜不惊。"

## 滞 [zhì] 繁体作滯

本义指凝积、不灵活。《说文》:"滞,凝也。"引申意为

23

停止、停滞。屈原《九章·其二·涉江》:"船容与而不进兮,淹回水而凝滞。"汉代王粲《七哀诗三首·其二》:"荆蛮非我乡,何为久滞淫。"晋代陶潜《答庞参军并序》:"情通万里外,形迹滞江山。"南朝宋代鲍照《学陶彭泽体》:"保此无倾动,宁复滞风波。"唐代骆宾王《夕次旧吴》:"西北云逾滞,东南气转微。"宋代王操《喜故人至》:"话旧惊霜鬓,论诗滞酒杯。"金代段克己《雄飞亭主人张君器之有龙庭之行赋诗为饯》:"南溟久滞垂天翼,北阙谁飞荐鹗书。"元代胡炳文《新溪书堂诗》:"宇胡曰宙,古往来今;往者不滞,来者方新。"明代刘崧《观岸上人放船下水》:"漂流既无滞,运转宁有终。"清代龚鼎孳《王雪园侍御入都送别四首·其四》:"野人疏懒极,终拟滞樵渔。"

## 影 [ yǐng ]

人或物体因遮住光线而投下的暗影或阴影。《广韵》:"影,形影。"汉代石勋《费凤别碑》:"不悟奄忽终,藏形而匿影。"三国时期蜀国张翼《赠沙门竺法頵三首·其三》:"万物可逍遥,何必栖形影。"晋代陶潜《杂诗十二首·其二》:"欲言无予和,挥杯劝孤影。"南朝宋代鲍照《代苦热行》:"含沙射流影,吹蛊病行晖。"唐代李白《月下独酌》:"举杯望明月,对影成三人。"宋代张先《天仙子》:"沙上并禽池上暝,云破月来花弄影。"辽代张觉《来熏亭》:"林深兰芷香先到,地胜溪山影亦新。"金代李之翰《中京遇因长老》:"松声不断风吟细,月影无边露气寒。"元代郝经《次韵答王国范》:"薄寒孤影澹黄昏,步出空斋自掩门。"明代吴伯宗《题画三绝·其一》:"钓竿长在手,凉影一天秋。"清代袁于令《南侂饶令》："银河清影泻，珠斗澹明灭。"

## 驷［sì］繁体作駟

指四匹马所驾的车。《说文》："驷，马一乘也。"《诗经·郑风·清人》："清人在彭，驷介旁旁。"屈原《离骚》："驷玉虬以乘鹥兮，溘埃风余上征。"汉代仲长统《诗》："春云为马，秋风为驷。"三国时期魏国缪袭《挽歌》："白日入虞渊，悬车息驷马。"晋代郭璞《游仙诗十九首·其九》："登仙抚龙驷，迅驾乘奔雷。"南朝陈代江总《侍宴玄武观》："星宫移渡汉，天驷动行镳。"唐代孟迟《寄浙右旧幕僚》："由来恶舌驷难追，自古无媒谤所归。"宋代曾巩《郡楼》："黄金驷马皆尘土，莫诉当欢酒百瓯。"金代冯璧《雨后看并玉所控诸峰》："如天驷超轶，坰牧税羁靮。"元代卢挚《题李伯时九歌图》："苍龙驷车载初阳，绿天浮春开八荒。"明代杨士奇《张缉熙监丞挽诗·其四》："不知驷马高车客，身后如公有几人。"清代宋琬《赠裕源进士》："共道天闲收上驷，暂从海峤卧元龙。"

## 讵［jù］繁体作詎

反诘副词，意为岂、怎。汉代庄忌《哀时命》："愿舒志而抽冯兮，庸讵知其吉凶？"晋代潘岳《杨氏七哀诗》："先后讵能几，谁能弊金石。"南朝梁代沈约《咏篪》："曲中有深意，丹诚君讵知。"唐代上官仪《和太尉戏赠高阳公》："无情拂袂欲留宾，讵恨深潭不可越。"宋代石介《偶作》："讵足污斧钺，寻当投荆榛。"金代党怀英《和张德远伐松之什》："尘

25

埃讵能久，雷电会有时。"元代张养浩《庄遭兴自和二首·其一》："莫恨韶光太相促，若非衰暮讵能还。"明代金幼孜《偶兴》："秋意已飒然，残暑讵能久。"清代傅山《庚子二三月之间·其二》："秋冬无一诗，花鸟讵如许。"

# 停［tíng］

意为止住或中止不动。《说文》："停，止也。"《释名》："停，定也，定于所在也。"汉代乐府《长歌行》："岩岩山上亭，皎皎云间星。"三国时期魏国曹彪《答东阿王诗》："盘径难怀抱，停驾与君诀。"晋代傅玄《青青河边草篇》："悬景无停居，忽如驰驷马。"南朝齐代谢朓《移病还园示亲属》："停琴伫凉月，灭烛听归鸿。"唐代杜牧《山行》："停车坐爱枫林晚，霜叶红于二月花。"宋代李觏《索酒》："不醉多愁醉多病，几回爱酒又停杯。"金代蔡圭《饮陈氏第代主人留客》："停歌方待月，插羽且传觞。"元代吴景奎《寄徐景傅》："旧雨凄凉烟水阔，停云晻霭夕阳愁。"明代何景明《长春宫》："夜宿仙人馆，晨闻凤吹停。"清代王猷定《螺川早发》："月落秋山晓，城头鼓角停。"

# 踪［zōng］繁体作蹤

指人或动物留下的痕迹。《玉篇》："踪，迹也。"三国时期魏国嵇康《游仙诗》："长与俗人别，谁能睹其踪？"南朝宋代谢灵运《登庐山绝顶望诸峤》："峦陇有合沓，往来无踪辙。"唐代柳宗元《江雪》："千山鸟飞绝，万径人踪灭。"宋代梅尧臣《逢谢师直》："把酒语君悲且喜，流光冉冉去无踪。"金代朱自牧《过浑源留别田仲祥同知节使》："金台前梦杳无踪，一阻云山莫计重。"元代杨奂《谒庙》："飘零踪迹千年后，无复东西老一筚。"明代王彝《鄞江渔者歌赠陈仲谦》："潭云不碍山水色，百里尚见渔人踪。"清代张尔岐《壬寅春访元明先生张隐君归赋》："我欲访幽踪，披衣凌晨起。"

## 【本句译读】

日晷仪上的太阳阴影永远不会停止在某处；载着太阳的龙驷腾踏飞奔岂能说停就停？

---

# 8. 蛇尾宵脱　鹑翼昏翈

## 蛇［shé］

古代天文学里的星宿名，位居北方，最早见载于《左传·襄公二十八年》："岁在星纪而淫于玄枵，蛇乘龙。"（大意：按说今年的岁星应该是在星纪次里，［明年才会到玄枵次］，可它现在就跑到玄枵次里去了，形成了龙被蛇骑在身上的天象。）晋代经学家杜预在"蛇乘龙"句下作注说："蛇，玄武之宿，虚危之星。"古代天文学将黄道附近的可见星象划分成二十八个区域，称之为"二十八宿"。二十八宿在天空中各有其固定的方位，古人遂以此作为观测天象的参照物。二十八宿再按方位分为东、南、西、北四宫，每宫七宿。人们进一步又把各宫的七宿连缀起来，分别想象为一种动物，认为这是能够"以正四方"的"天之四灵"。这四个被认定的动物分别是青龙、白虎、朱雀、玄武，称为"四象"。依次代表东西南北四个方位。杜预所说的"玄武之宿"，就是指其中的北方玄武，它包含了斗、牛、女、虚、危、室、壁等七宿，共含六十五个星官，四百零八颗星，是含有星官和星星最多的一块天体区域。玄武是中国古代神话传说中一种由龟和蛇组合成的灵物。古人认为北方七宿就有龟和蛇的体状，遂以此命名。北方玄武的第六宿也就是室宿，包括十个星官，其中之一叫"腾蛇"。初唐天文学家李淳风编撰的《晋书·天文志》载："腾蛇二十二星在营室北，天蛇也，主水虫。"室和壁是玄武七宿里相连的两宿，连起来看呈四方形，仿佛宫室之象。《周礼·冬官考工记·辀人》："龟蛇四游，以象营室也"，说的就是这个意思。腾蛇就在它的北上方，即《左传》里面说的"蛇乘龙"的那个"蛇"。"蛇乘龙"是岁星贪行冒进乱了次序，提前介入到东方青龙星区的不正常天象。在《左传》中"蛇"字共出现过八次，上文中是唯一用来指称星名的一次，也是中国古籍中最早记载蛇星活动的文字。唐代卢仝《月蚀诗》："北方寒龟被蛇缚，藏头入壳如入狱。"宋代夏竦《送济南杜郎中》："星分北陆龟蛇内，位应哀乌太紫中。"元代黄玠《送钱若虚游武当》："北方龟与蛇，列舍应天星。"明代刘基《赠道士蒋玉壶长歌》："火乌入海阴液升，鹑蛇受约不敢腾。"

**按**：腾蛇由二十二颗星组成。农历十月至十一月间晚上八到十点钟，人们会看见腾蛇群星就在北方正中点附近的天空上，非常显眼。曹操于东汉建安十二年亦即公元207年农历八月北征乌桓大获全胜，九月从柳城（今辽宁朝阳县西南）正式撤兵返还，十一月行至易水（今河北易县境内）。在凯旋途中他用旧题写下了一组著名的乐府诗《步出夏门行》。其第四章《龟虽寿》中有"神龟虽寿，犹有竟时。腾蛇乘雾，终为土灰"的诗句。前人诠释其中的"神龟""腾蛇"时，多把它们当作长寿的灵物来解读，或不完全得当。曹操写作此章是在农历十月和十一月之间，途经碣石山登临观海时他看到的是"日月之行，若出其中；星汉灿烂，若出其里"，而此时最能令他瞩目的则是玄武（龟蛇）之宿的腾蛇星群。也就是说，引发曹操诗兴和感慨的是当时他眼中"神龟""腾蛇"的星象，他取用的是古代天象之说中的语汇。

## 尾［wěi］

　　古代天文学里的星宿名，位居东方。最早见于《左传·僖公五年》："童谣云：丙之晨，龙尾伏辰。"杜预注说："龙尾者，尾星也。"所谓"尾星"，就是东方苍龙七宿中的尾宿。尾宿最早的所属星官只有六个，共包括二十一颗星。在清代的《仪象考成》中又给它增补了十五颗星，共有三十六颗星。《吕氏春秋·孟春纪》："孟春之月，日在营室，昏参中，旦尾中。"（大意：在孟春正月，太阳运行的轨迹偏低，在营室的天区；黄昏时参星居于南方天中，黎明时尾星则会出现在这里。）由于尾宿排在苍龙七宿的第六位，故而也被人们看做是"苍龙之尾"，所以又叫"龙尾"。南朝梁代萧纲《斗鸡篇》："龙尾横津汉，车箱起戍楼。"唐代韩愈《酬司门卢四兄云夫院长望秋作》："终南晓望踧龙尾，倚天更觉青巉巉。"宋代李纲《次韵季弟善权阻雪古风》："千官朝贺未央里，仰视龙尾垂

29

蜿蜒。"金代王寂《哭王继昌·其一》:"天上玉楼应断手,便骑箕尾去堂堂。"元代郑元祐《六月六日初度有感》:"星辰不合躔龙尾,性命何嫌似鼠肝?"明代焦竑《帝京篇》:"星躔奠箕尾,光熠满皇州。"清代毛奇龄《诰赠中宪夫人执绋词·其一》:"行看龙尾上,彷佛娄星横。"

## 宵［xiāo］

指夜、半夜。《说文》:"宵,夜也。"《诗经·豳风·七月》:"昼尔于茅,宵尔索绹。"战国时期楚国宋玉《九辩》:"独申旦而不寐兮,哀蟋蟀之宵征。"晋代张华《情诗五首·其三》:"居欢惜夜促,在戚怨宵长。"南朝齐代陆厥《京兆歌》:"雁起宵未央,云间月将落。"唐代王绩《戏题卜铺壁》:"旦逐刘伶去,宵随毕卓眠。"宋代柳永《雨霖铃》:"今宵酒醒何处?杨柳岸,晓风残月。"金代刘汲《留别四弟》:"自是今宵雨,于人却有情。"元代龚璛《夜坐伤书台旅榇未归葬》:"凉宵坐无寐,萤火耿熠熠。"明代林鸿《元夕观灯之作》:"授历逢春正,张灯是此宵。"清代阎尔梅《钱牧斋招饮池亭》:"绛云楼外凿山池,剪烛春宵念夕时。"

## 脱［tuō］繁体作脱

意为离去、落掉、消逝。晋代陶潜《闲情赋并序》:"嗟温凉之异气,或脱故而服新。"南朝梁代萧纲《咏坏桥》:"斜梁悬水迹,画柱脱轻朱。"唐代李白《江上寄元六林宗》:"霜落江始寒,枫叶绿未脱。"宋代王禹偁《送冯中允之任婺州》:"岸上黍离经故国,湖边木脱正高秋。"金代赵秉文《松糕》:"髯龙脱赤鳞,三日浴波涛。"元代魏初《匏瓜诗·其二》:

"何如田亩间，脱落尘土星。"明代钱宰《豫让桥》："须发脱落癞以髡，口吻吞炭声哑呕。"清代谈迁《题徐道力壁上墨梅》："怨血流腥涌墨云，枯鳞脱尽三江冻。"

## 鹑［chún］繁体作鶉

即"鹑火"，古代天文学里的星宿名，最早见于《左传·僖公五年》："鹑之贲贲，天策焞焞。"杜预作注说："鹑，鹑火，星也。"现代学者杨伯峻在其《春秋左传注》中解释说："鹑音纯……此盖指柳宿。"在二十八宿中位居南方的朱雀七宿包括着井、鬼、柳、星、张、翼、轸七个成员，"鹑"就是指其中第三位的柳宿。柳宿有八星，我国古代专门介绍全天星官的著作《丹元子步天歌》中说："八星曲头垂似柳"，可知"柳宿"之名就是古人取象于垂柳的。三国时期魏国阮籍《咏怀·其二十》："是时鹑火中，日月正相望。"南朝齐代谢朓《侍宴华光殿曲水奉敕为皇太子作》："枌鹑列野，营绛分区。"唐代张良璞《览史》："建都用鹑宿，设险凭金城。"宋代晏殊《奉和圣制上元夜》："勾芒司节令，鹑火中星规。"金代赵秉文《仿玉川子沙麓云坞砚屏为吕唐卿藏》："鹑火贲贲尾伏辰，状如赤鸟云非云。"元代陈樵《伏蟾山》："斗临河曲侵鹑尾，露上莎根到草头。"明代罗洪先《归兴》："举耜看鹑火，占风俯鹊巢。"清代陆求可《秋蕊香·初秋》："一叶梧桐飘未几，日月会于鹑尾。"

**按**：这个"鹑"其实也并非仅指柳宿。"鹑"的本义就是我们今天常说的鹌鹑，在古代天文学家眼中，整个南方七宿就像一只鹌鹑。朱雀七宿也常被称为"朱鸟七宿"。东汉王逸在《楚辞章句》中把《惜誓》里的"飞朱鸟使先驱兮"这句解读为"朱雀神鸟，为我先导。"朱雀也就是神鸟"朱鸟"的另一个名字。"朱"指颜色，当然就是红色、赤色了，这个颜色象征火，南方属火；"鸟"指形体，是说七宿体状如鸟。那么这只神鸟到底是什么样子，在古人那里也是个模糊概念，不像青龙、白虎和玄武那么确定、那么清晰。古人但凡遇到说不清、道不明的事物时，往往会找一些能够让人明了、易懂的比喻体来帮忙"象形"一下，使人在脑海中建立起一个具有象征性的物象，这样说起事儿来就名正而言顺了。这个动作就是古人所谓的"取象"。北宋学者沈括就认为鹑鹑即是古代天文学家为"朱鸟"找的喻体。他在《梦溪笔谈·七·象数》中说："古人取象，不必大物也。天文家朱鸟乃取象于鹑，故南方朱鸟七宿曰鹑首、鹑火、鹑尾是也。"（大意：古人选择物象作为喻体的时候，不一定都取用高大显赫的东西。"朱鸟"就是古代天文学家们选用鹑鹑来做象征物的。所以南方朱鸟七宿有鹑首、鹑火和鹑尾的说法，这些称呼就是明证。）其中说的"鹑首"指的是井、鬼二宿；"鹑火"包括柳、星、张三宿，也叫作"鹑心"；"鹑尾"则为翼、轸二宿。古人用鹑鹑的不同部位来划分南方七宿，沈括认为这就证明了"朱雀神鸟"的样子如同一只鹑鹑。其实他所谓鹑鹑是为朱雀神鸟借来"取象"用的这一说法，有些牵强和武断了。实际上古人把鹑鹑和南方七宿关联在一起的事实，早在春秋战国时期就有了。在《春秋左氏传》中分别于僖公五年和襄公二十七年两次提到"鹑之贲贲"，又分别在僖公五年、襄公九年、昭公八年和九年四次提到"鹑火"。《国语·周语下》："昔武王伐殷，岁在鹑火。"在古代天文记载中"鹑鹑"的出现要比"朱雀"或"朱鸟"早得多，应是后者的滥觞或原型，而不是后来才启用的"替身"。

**又按**：《诗经·鄘风·鹑之奔奔》中的"鹑之奔奔，鹊之彊彊"，有学者用《左传》与之对校，说："《左传》作'贲贲'，'贲贲'同'奔奔'。"意似《诗经》中的"鹑"和《左传》中的"鹑"同为一物，应该是误会了。《诗经》记录的是出自卫国的一首民间讽刺诗，《左传》所说是出自当时流行的一个童谣，两者不是同一个作品。《诗经》描写的是现实生活中的鹌鹑，《左传》说的则是以"鹑"为名的星宿。《诗经》所说的"奔奔"据东汉经学家郑玄的注解是鹌鹑相随双飞的样子，《左传》所说的"贲贲"据杜预的注解是星体的形状。二者是互无交集的两回事。

# 翼［yì］

　　古代天文学里的星宿名，也就是翼宿，朱雀七宿中的第六位。因翼宿居朱雀翅膀的那个位置，故而得名"翼"。翼宿有二十二星，形状就像张开的鸟翼，主体属于巨爵座，部分位于长蛇座。《吕氏春秋·孟秋纪》："孟秋之月，日在翼。"（大意：孟秋七月的时候，太阳运行的轨迹在翼宿的位置。）《史记·天官书》："翼为羽翮，主远客。"（大意：翼宿是朱雀的羽翮，在星象占卜中专门预示远方之客方面的事宜。）《晋书·天文志》："翼，二十二星，天之乐府，主俳倡戏乐。"（大意：翼宿阵容庞大，有二十二星，是天府里的文艺部、娱乐圈，专门负责音乐、戏剧和各类演员等事宜。）旧时民间艺人所祀奉的行业神就叫"翼宿星"，其神像是个白脸小儿郎，但带有微微的胡须，所以又称为"小儿星""老郎星"。中国民间择吉术中有旧谚称："翼宿值日主吉祥，年年进禄入门堂。一切兴工有利益，子孙富贵置田庄。"在古人眼中翼宿专门主理人间的吉祥之事。唐代苏寓《喜陆侍御破石埭草寇东峰亭赋诗》："霜台雷电振，云汉翼箕张。"宋代王元《登祝融峰》："势疑撞翼轸，翠欲滴潇湘。"元代揭傒斯《送唐尊师祀武当》："星临翼轸南垂阔，神降虚危北极遥。"明代薛瑄《沅州杂诗十二首·其十二》："翼轸众星朝北极，岷嶓诸岭导南条。"清代黄景仁《平金川铙歌十章·其四·劲旅发》："度月在箕毕轸翼，迅焱施爝。"

## 昏［hūn］

意为傍晚、天色刚黑的时候。《诗经·陈风·东门之杨》："昏以为期，明星煌煌。"三国时期吴国张纮《瑰材枕箴》："冠御于昼，枕式于昏。"晋代夏侯湛《周诗》："夕定晨省，奉朝侍昏。"南朝宋代刘铄《拟青青河边草》："良人久徭役，耿介终昏旦。"唐代刘希夷《北邙篇》："南桥昏晓人万万，北邙新故冢千千。"宋代贾宜《题义门胡氏华林书院》："小圃花时三径雪，朝昏谁共对琴觞。"金代周昂《即事二首·其一》："目前却得晨昏力，碌碌无由似阿奴。"元代马致远《天净沙·秋思》："枯藤老树昏鸦，小桥流水人家。"明代史谨《题捕鱼图》："罢钓归来日已昏，荻花吹雪暗江村。"清代李腾蛟《山庄值月》："野兴随樵牧，行歌归渐昏。"

## 翀［chōng］

意为鸟类向上直飞，相当于"冲"。《玉篇·羽部》："翀，飞上天。"三国时期魏国杜挚《赠毋丘荆州》："鹄飞举万里，一飞翀昊苍。"唐代王维《恭懿太子挽歌》："翀天王子去，对日圣君怜。"宋代陈淳《和林叔己咏福寿林塘韵谢杨守举状》："西邻隐雾有豹黟，欲化龙虎九霄翀。"元代许恕《青田鹤》："一鸣能惊人，一飞亦翀天。"明代何乔新《题祖逖闻鸡起舞图》："洛阳双鹅飞翀天，兵尘颎洞如云烟。"清代张英《望岱》："远望百里外，霄汉若可翀。"

## 【本句译读】

北方的腾蛇、龙尾诸星会在夜里逐渐消逝；鹑火、鹑尾群星则会在黄昏时飞冲到南天中。

---

# 9. 勾芒司角　太皞秩崇

## 勾芒 [gōu máng]

中国古代民间神话中主管树木发芽生长的木神、春神。古代"勾""句"二字相通，因此"勾芒"亦作"句芒"。关于他的出身，见于《左传·昭公二十九年》中晋国大史蔡墨的一段话："少皞氏有四叔，曰重，曰该，曰修，曰熙。实能金木及水。使重为勾芒，该为蓐收，修及熙为玄冥。"（大意：上古帝王少皞氏有四个儿子，名为'重''该''修''熙'。他们都是治理金属、树木和水利的好手。少皞氏就让重做勾芒也就是木正，让该做蓐收也就是金正，修和熙相继做了玄冥也就是水正。）勾芒这个名字本身就带有物类初生的含义，汉代班固《白虎通义·五行》："其神勾芒者，物之始生，其精青龙。芒之为言，萌也。"（大意：所谓春神'勾芒'，就是所有草木最初生长的意思，其精魄是东方青龙。"芒"作为一个语词，也就是代表草木嫩芽的"萌"。）在我国古代神话中的方位神中勾芒是东方之神。《尚书大传》卷三："东方之极，自碣石至日出榑木之野，帝太皞神勾芒司之。"（大意：从碣石山起，到长着扶桑树的日出之处，这一片广袤的东方大地都归东方青木大帝太皞的下属神官勾芒负责管理。）勾芒作为主理植物生长的木神兼执掌三春时令的春神，无疑对农事的开展和一年之生计都是非常重要的。在我国古时一年一度的迎春祭祀活动与仪式里，他都是尊享祀奉的显赫主角之一；在旧时的农家年画中他也占有一席之地。在《山海经》奇幻怪诞的世界里，勾芒是一个鸟身人面乘着两条龙的怪物，但在人世间的年画里，他却是个在春日背景中骑着一头牛的牧童，头有双髻，手执柳鞭，稚态可掬，俗称"芒童"。屈原《远游》："撰余辔而正策兮，吾将过乎勾芒。"晋代张华《上巳篇》："仁风导和气，勾芒御昊春。"十六国时期前凉国张骏《春游诗》："勾芒御春正，衡纪运玉琼。"唐代裴谐《观修处士画桃花图歌》："勾芒若见应羞杀，晕绿匀红渐分别。"宋代孔舜亮《手植桧》："毓灵全木帝，钟秀极勾芒。"明代刘基《枯树图》："忆昔勾芒肇初政，百卉腾达随呵嘘。"清代田雯《读李泌传二首·其二》："凭君重改中和节，不赛勾芒二月神。"

# 司 [sī]

意为主管、职掌。《说文》："司，臣司事于外者。"（大意：所谓"司"，就是指为上官在外头管事的人。）《礼记·曲礼》注疏："凡言'司'者，总其领也。"（大意：但凡说到"司"这个字的，一般都是指总管其事的人。）晋代傅咸《与尚书同僚诗》："出司万里，牧彼朔滨。"南朝梁代范云《州名诗》："司春命初铎，青耦肆中樊。"唐代陈元光《恩义操·其二》："禄养生成忘义恩，不如鸡犬司门晨。"宋代陆游《春残》："庸医司性命，俗子议文章。"金代郝俣《应制状元红》："巧移倾国无双艳，应费司花第一功。"元代许衡《六气不用味》："更有寒酸同一理，司天司地不区分。"明代杨士奇《寄李祭酒·其一》："端坐司成馆，高怀今若何。"清代钱澄之《庐居杂感又十首·其二》："为司茶火候，专报竹平安。"

## 角 ［jiǎo］

古代天文学里的星宿名，位居东方。最早见于屈原《天问》："角宿未旦，曜灵安藏？"（大意：东方的角宿还没有破晓，太阳的光芒藏匿在哪里？）二十八宿中的东方七宿包括角、亢、氐、房、心、尾、箕这八个成员，角宿是其中的第一位。东方七宿里的十六个星座共三百多星排列起来就像一条庞大的龙，所以也叫苍龙七宿或青龙七宿。角宿居于它的顶部，就是龙犄角的那个位置，被古人视为"龙角"。南朝宋代颜延之《侍东耕诗》："题封经地域，辰角丽天部。"唐代卢仝《月蚀诗》："东方苍龙角，插戟尾捭风。"宋代郑獬《晓凉》："银河垂角斗星稀，晓簟微凉梦破迟。"元代黄元实《濉阳八景·其二·河潭秋月》："木犀香湿露满山，斗角光动风生澜。"明代张萱《陈集生太史以诸将诗五章见贻次来韵赋答·其四》："文昌裣入中黄暗，左角光摇太白连。"清代姚燮《笑天狮子岭》："角为苍龙精，一拳此钟秀。"

**按**：农历二月二是中国民间一个重要的传统节日，被称为春耕节、农事节、春龙节等，但是叫得最响亮的还是"龙抬头"。这个"龙"就是指东方苍龙七宿。每年仲春卯月之初的黄昏时分，"龙角星"（即角宿一星和角宿二星）就从东方地平线上出现，非常耀眼，故称"龙抬头"。龙抬头这天处于卯月也就是农历二月的惊蛰与春分之间，"卯"是干支历中"十二地支"之一，五行属木，卦象为震。《史记·律书》中说："卯之为言，茂也，言万物茂也。"古汉语中"卯"通于"茂"，而这个"茂"字又有"冒"的含义，万物冒地而出，为生发之大象，代表着生机茂发。龙抬头是中国古代农耕文化对于节令的反映，标示着阳气自地底而出，春雷震动，雨水增多，万物生长，春耕由此开始。这一天人们会举行祭龙祈雨、放生等活动，以求一年吉祥和丰收，其中"剃龙头"（其实也就是给自己剃头）最为流行。龙抬头时节的祭龙习俗，体现了在中国古代"天人合一"的理念中角宿和农耕生活的密切关系。

## 太皞 ［ tài hào ］

亦作"太昊""太皓""大皞"，民间神话中的上古帝王。传说上古时期华胥国的女首领华胥看到一个巨人的脚印，便踩了上去，因此而受孕生下了太皞——也就是上古三皇之一的伏羲氏。他的氏族居于陈地（即今天的河南淮阳），以龙为图腾，号称龙师，并且以龙命名部落中的官职。炎帝神农氏和黄帝轩辕氏都是他的后代，他是所有"龙的传人"和"炎黄子孙"的共同祖先。他观察天地万物的变化，推演出了八卦；又创作了文字，厘定婚嫁的礼法，传授百姓畜牧方面的技能，制作十五根弦的瑟。据说他在位一百一十年，后世阴阳家取法五行，在圣王死后取五行与之相配，认为他以木德管理天下，所以配木，按方位配在东方，象征太阳的光明，所以叫"太暤"。暤，就是光明的意思。《淮南子·天文训》说"东方，木也，其帝太暤，其佐勾芒，执规而治春。"（大意：东方是一切植物冒土而生的地方，统治者是死后诧祀于东方的太暤，他的得力助手勾芒，手持象征天地准则的"规"打理四时中春季的各项事宜。）在古人眼中，太暤和勾芒都是司春之神——太暤是大政方针的制定者，而勾芒则是落实各项具体工作的执行总裁。屈原《远游》："历太皓以右转兮，前飞廉以启路。"汉代王逸《九思·其三·疾世》："访太昊兮道要，云靡贵兮仁义。"唐代姚合《杏园宴上谢座主》："得陪桃李植芳丛，别感生成太昊功。"宋代胡宿《皇帝阁春帖子·其二》："苍玉新旗祀木神，今朝太暤始司春。"元代叶懋《怀古二首·其一》："淳庞太昊氏，暤暤羲皇年。"明代苏葵《左蠡阻风作讼风伯》："吾闻太昊正司令，长养万物敷春阳。"清代曹申吉《宛丘春日行》："上巳清明烟色浓，太暤陵畔数株松。"

## 秩［zhì］

意为秩序、次序、常规。《广韵》："次也，常也，序也。"《诗经·小雅·宾之初筵》："是曰既醉，不知其秩。"南朝梁代沈约《梁北郊登歌二首·其一》："盛典弗愆，群望咸秩。"唐代陈叔达《州城西园入斋祠社》："农教先八政，阳和秩四时。"宋代欧阳修《班班林间鸠寄内》："君恩优大臣，进退礼有秩。"元代曹伯启《和傅岩山九日秋闱》："藩臣喜扬激，宾筵秩觥觞。"明代吴伯宗《题庐陵曾氏耕耘轩》："举趾秩东作，土膏润菑畬。"清代毛奇龄《赠胡少宗伯八韵》："秩序追前哲，文章奖后人。"

## 崇［chóng］

意为崇高、尊贵、至高。《尔雅》："崇，高也。"《诗经·周颂·良耜》："获之挃挃，积之栗栗，其崇如墉，其比如栉。"汉代班固《灵台诗》："乃经灵台，灵台既崇。"三国时期魏国嵇康《酒会诗》："百卉吐芳华，崇台邈高跱。"晋代傅玄《明堂飨神歌》："赫赫上帝，既高既崇。"南朝宋代谢惠连《三月三日曲水集》："解辔偃崇丘，藉草绕回壑。"唐代陈子昂《与东方左史虬修竹篇》："峰岭上崇崒，烟雨下微冥。"宋代姜特立《居室》："王侯第宅他崇贵，麋鹿山林我性灵。"金代麻秉彝《题广胜寺》："盘云梯石上崇冈，殿阁峥嵘古道场。"元代刘诜《送艾幼玉赴南安儒教》："一官岂足偿，跋涉压崇岭。"明代叶子奇《石门茅屋》："不见崇墉贮歌舞，春风容易长蓬蒿。"清代梁佩兰《送毛青苕司训惠来·其三》："大雅纵沦替，吾道原尊崇。"

## 【本句译读】

春神勾芒掌控着代表春天的龙角星的正常运行；东方大帝太皞规定的时令秩序至高无上，神圣之极。

# 10. 泰符孕秀　蓂荚滋丰

## 泰符［tài fú］

我国古代占星术中"泰阶"和"六符"这两个概念的合称。古代占星学家把北部天空的星官分为三垣，即紫微、太微、天市三个星官群。其中太微垣的星官有二十座，位于北斗七星的南边。"三台星"是属于太微垣的六颗恒星，由两两一组的六星组成，称作"六符"；每两星一组，自上而下排列，遥遥望去仿佛是三个台阶悬挂在天上，所以被喻为"天之三阶"，称作"泰阶"。这两个概念其实说的是同一个事物："六符"表达的是构成三台星官的六颗星星，"泰阶"表达的是这六颗星星排列的形状。它们在古代天文星象中占有相当重要的地位。宋代王洋《赠吉父得女孙》："两两星阶协泰符，为嘉瑞雪胜维旟。"元代胡布《若之何歌》："沧海桑田终变更，理有极否泰符徵。"清代陈廷敬《圣德万寿诗·其一》："泰符运启帝图昌，还识流虹绕电祥。"

**按**："泰阶六符"一语最早见载于《汉书·东方朔传》，出自东方朔对汉武帝的一句谏言："愿陈《泰阶六符》，以观天变，不可不省。"谏言的起因是当时汉武帝为了提高享乐的档次打算大兴土木扩建上林苑。按照工程的预算其规模是空前的庞大，恨不得要倾国之力兼而举国之劳了。东方朔对这样一个劳民伤财隐患无穷的项目忧心忡忡，果断犯颜直谏，犀利地阐述了穷奢极欲的危害，说："当初商纣王于宫中开设买卖百货的九市而引发诸侯造反；楚灵王在章华大兴土木历经数年建造亭台阁榭而使其国民流亡离散；秦始皇不计后果地兴建阿房宫而导致天下大乱。"接着，他把古圣先贤搬出来说事儿，称引古书《泰阶六符》，讲天象感应之理。隋唐时期的大经学家颜师古在《汉书注》中引三国时期魏人孟康的话说："泰阶，三台也。每台二星，凡六星。符，六星之符验也。"（大意：所谓"泰阶"，说的就是三台星。每台为二星，共有六星。所谓"符"，就是这三阶六星的星象变化在人世间应验的现实状况。）除了《汉书·东方朔传》中提到"泰阶六符"外，在《汉书·艺文志》的天文类里也著录有存书《泰阶六符》一卷。东汉的大经学家应劭在《汉书·东方朔传》的注解中称其为《黄帝泰阶六符经》，可知它是托名于黄帝而流行于当时的星经类著作。它能够被称为"经"，则又可见在古代星占和阴阳图纬领域它有多么重要。据应劭记载，《黄帝泰阶六符经》里对泰阶有详细的介绍："泰阶者，天之三阶也。上阶为天子；中阶为诸侯、公卿、大夫；下阶为士、庶人。上阶上星为男主，下星为女主；中阶上星为诸侯、三公，下星为卿大夫；下阶上星为元士，下星为庶人。"（大意：泰阶，就是上天划分的三个政治等级。上阶对应的是天子，中阶对应的是诸侯、公卿、大夫；下阶对应的是士和庶民。每一组星又细分为两个等级：上阶的上面那颗星对应的是男性人主，下面那颗星对应的是女性人主；中阶的上面那颗星对应的是诸侯，下面那颗星对应的是三公和卿大夫；下阶的上面那颗星对应的是元士，下面那颗星对应的是庶民百姓。）东方朔那个时代的人讲天文星象，关注的是星占功能，也就是它在人世间的具体应验和反映。《史记·天官书》载有三台星的占辞："三能色齐，君臣和；不齐，为乖戾。"（大意：三台六星的光色和谐统一，人世间的君王和辅臣们的关系也是融洽和合的；否则的话，就会相互抵牾、乖悖违戾。）这个占辞是从星体的光色上观察的结果，按应劭记载的《黄帝泰阶六符经》介绍，还可以从六星排列的形态观察："三阶平，则阴阳和、风雨时；社稷神祇，咸获其宜；天下大安，是为太平。"（大意：三个台阶是中正平衡的，则阴阳和合，风雨适时；主管土地和庄稼的各位神祇，也都处于最恰当适宜的状态。国家安定，天下太平。）如果三阶的排列倾斜偏歪，那自然是老天很生气，后果很严重了。由于泰阶六符之说影响深远，其间又蕴含着明确的而且是"天定"的封建等级概念，在后人的诗词文章中逐渐演化为称赞盛世升平或辅臣精良的一种赞颂之词。如：宋代张元幹《奉送李叔易博士被召赴行在所》："公家自有中兴相，雅意泰阶光六符"；元代周权《阙下遥瞻·其二》："丹心　寸葵倾处，夜夜泰阶明六符"；明代李昱《喜雨歌》："生泰阶六符，如砥之平。甘露零，朱草生，圣人出，黄河清"；清代梁佩兰《祝同年钱蔗山明府·其二》："泰阶表六符，薇垣昭三光。"

## 孕秀 ［yùn xiù］

"孕"，本义是妇女怀胎，引申为"孕育"或"孕毓"，比喻尚未显露，但却包含在现有某物本质中的另外事物。"秀"，本义为植物吐穗开花，后常指美丽而不俗气的事物。"孕"和"秀"动宾连缀组成"孕秀"一词后，则常用来指称天地灵气所孕育的特别优异的人材。此词虽未见辞书收录，但历代应用不绝。唐代顾云《送崔致远西游将还》："傍边一点鸡林碧，鳌山孕秀生奇特。"宋代张榘《木兰花慢》"记分野三台，家山双阙，孕秀名流。"元代周伯琦《天马行应制作》："乃知感召由真龙，房星孕秀非偶尔。"明代王绂《呈太常少卿云岩先生》："孕秀钟奇才，灵气蔼寰宇。"清代洪饴孙《入峡书所见·其一》："乾坤萃清气，孕秀归精英。"

## 蓂荚 [ míng jiá ]

古代传说中的瑞草，又叫"历荚"。《竹书纪年》卷上记载："有草夹阶而生，月朔始生一荚，月半而生十五荚；十六日以后，日落一荚，及晦而尽；月小，则一荚焦而不落。名曰'蓂荚'，一曰'历荚'。"（大意：有一种祥瑞之草生长在室外台阶的两侧，它从每月初一开始一天生出一个荚果，到月中一共生出十五个；从十六日开始每天脱落一个荚果，直至月终全部落尽；如果这个月不足三十天则会有一个荚果干枯了但不脱落。这种瑞草名叫"蓂荚"，又叫"历荚"。）晋代葛洪《抱朴子·对俗》还说道："唐尧观蓂荚以知月。"（大意：上古圣贤帝王唐尧就经常用观察蓂荚的状态及荚数多少的方法，获知当日是哪一月中的哪一天。）南北朝萧纲《和藉田》："三春润蓂荚，七月待鸣蝉。"唐代杜审言《晦日宴游》："日晦随蓂荚，春情着杏花。"宋代王禹偁《和陈州田舍人留别·其二》："道畔棠阴同召伯，阶前蓂荚别唐尧。"元代许桢《瑞莲歌次可行叔韵》："昔闻蓂荚曾表异，乃因土阶与采椽。"明代陈琏《和少师杨公侍斋宫韵二首·其二》："喜看蓂荚长尧阶，雨露恩深及草莱。"明代郑善夫《人日得诸友书六首·其四》："蓂荚生无尽，璚花采末由。"清代钱陆灿《花朝遵王侄招饮，即用朝字为韵》："一自桃花忘汉世，翻如蕢莩数唐尧。"

## 滋［zī］

意为滋生繁衍、增益繁殖。《说文》："滋，益也。"三国时期魏国曹植《艳歌行》："夏节纯和天清凉，百草滋殖舒兰芳。"南朝宋代刘义庆《游鼍湖》："暄景转谐淑，草木日滋长。"唐代许稷《闰月定四时》："月桂亏还正，阶蓂落复滋。"宋代晏殊《奉和圣制立春日·其一》："云裔千祥集，风条万类滋。"金代李奎报《与儿辈行园中》："凡草莫教长，芳兰幸自滋。"元代韩奕《生查子·夏日》："屦滑旧苔滋，衣润残香腻。"明代杨士奇《赋得滕王阁送别》："时平还出领旌节，富贵非常骄逸滋。"清代钱澄之《伤心言·其十五》："朝廷法重徒滋弊，制府符严只益冤。"

## 丰［fēng］繁体作豐

意为繁多。清代顾炎武撰《左传杜解补正·卷下》："丰者，繁多之意。"屈原《九章·其五·怀沙》："重仁袭义兮，谨厚以为丰。"汉代王粲《公宴诗》："昊天降丰泽，百卉挺葳蕤。"晋代张华《轻薄篇》："志意既放逸，赀财亦丰奢。"南朝宋代谢惠连《前缓声歌》："滑滑相混同，终始福禄丰。"唐代卢纶《送马尚书郎君侍从归觐太原》："塞屯丰雨雪，虏帐失山川。"宋代田锡《樽前吟呈宋白小著》："三年多谢主人翁，杯酒相宽礼数丰。"金代李奎报《九日》："如今禄稍丰，瓮有浮蚁绿。"元代吴当《委羽山潘氏隐居》："连俗幸无累，寡欲不期丰。"明代刘璟《天山行》：

"虽无重裘御寒冻，此地幸喜丰嘉禾。"清代施闰章《酒间赠妹夫张次周》："绿沼明山楼，田园丰芋栗。"

**按**："滋丰"一词，意指某种事物的滋生蔓延、兴盛繁多。此词虽不见录于辞书，但历代应用颇多，如：《左传·昭公六年》："乱狱滋丰，贿赂并行，终予之世，郑其败乎"；《大唐西域记》："谷稼时播，宿麦滋丰"；宋代郊庙朝会歌辞《五方帝·其八》："帝乘中央，沉载函蒙。经纬四方，物性滋丰"；《册府元龟·台省部·害贤》："既曲直之相异，则嫌隙之滋丰，以至诱劻危机"；明代陈祖念《易用·卷一》："盖当泰之世，民物滋丰，不惟小人杂，而君子亦杂也"；清代汤右曾《万年宝历诗·其六》："一夫非辜，爰匽帝衷。敬尔由狱，无俾滋丰。"

## 【本句译读】

从泰阶六符的星象中能看到天地灵气孕毓的优异人材；祥瑞的神草蓂荚滋蔓繁多昭示着当世精英将层出不穷。

# 11. 冻溶泉乳　荈垆芳丛

**冻**〔dòng〕繁体作凍

意为液体结成的冰。《说文·仌部》："冻，仌也。"所谓

"仌"就是古文的"冰"字。战国时期楚国宋玉《招魂》:"挫糟冻饮，酎清凉些。"汉代王逸《九思·其四·悯上》:"霜雪兮灌澄，冰冻兮洛泽。"南朝梁代吴均《从军行》:"怀戈发陇坻，乘冻至辽川。"唐代王绩《秋园夜坐》:"浅溜含新冻，轻云护早霜。"宋代王操《并州道中》:"风劈面疑裂，冻粘髭有声。"金代张公药《往郿州》:"埽冻村童烧积叶，趁春田妇鬻新蔬。"元代朱德润《十一月二十七日冬至》:"江南水暖不成冻，溪叟穿鱼换酒来。"明代王翰《再用前韵》:"冻坚玉漏应难滴，力劲雕弓不易张。"清代曹溶《万年欢·济武同诸子过周雨文山房》:"今宵纵、冻影遮窗，不妨峰顶寻月。"

## 溶 [ róng ]

意为溶解、溶化。宋代范仲淹《鹧鸪天·其二》:"溶铅用釜非土池，热火冷铅急熏蒸。"元代魏初《赐蒙固岱平章海青》:"春水才溶千顷绿，头鹅已落半天风。"明代杨爵《送人》:"风寒谷岸松犹翠，日淡城头雪未溶。"清代爱新觉罗·弘历《仲春瀛台·其一》:"冰溶开玉镜，鸟咔按银簧。"

## 泉乳 [ quán rǔ ]

指山泉溜淌下来的甘美如乳的泉水。宋代李石《直方大》:"泉乳发深窦，竹萌抱新籊。"金代赵秉文《郎山杂咏十首·其八·泓云泉》:"蔼蔼春云滋，岩溜滴泉乳。"元代马祖常《舟中望邹峄山》:"灵岩溜泉乳，仙游道霞耕。"明代林光《承陈谢二侍御顾纂修局》:"喜傍云山开眼孔，细烹泉乳泛茶芽。"清代爱新觉罗·弘历《夏日北远山村泛舟·其二》:"润逼林皋当首夏，甘流泉乳想余姚。"

## 莩 ［fú］

指植物籽芽的外皮。北魏贾思勰在《齐民要术》中说："梨叶微动为上时，将欲开莩为下时。"（大意：梨树的叶芽开始萌动之际是嫁接的上等时机；等叶芽的外皮都要绽开了则为下等的时机。）唐代李商隐《百果嘲樱桃》"珠实虽先熟，琼莩纵早开。"宋代宋祁《寿州十咏·其二·白莲堂》："钿叶矗新团，玉莩粲繁蘤。"元代熊鉌《寄张廉访》："两耕不供餐，俭岁即有莩。"明代袁华《梦草池为谢伯诚赋》："弱鳞依密藻，莩甲冒游丝。"清代王士禛《春不雨》："春莩作饭藜作羹，吁嗟荆益方用兵。"

## 坼 ［chè］

意为裂开、分裂。《说文》："坼，裂也。"在这里指植物的种子或花草萌芽的绽开。《周易·解卦·彖》："天地解，而雷雨作；雷雨作，而百果草木皆甲坼。"（大意：天地由冬季的冻结闭塞中缓解过来，春雷春雨就兴起了；雷雨大作，各种果蔬草木的种子莩甲就都绽裂，萌芽生长。）唐代孟浩然《李氏园林卧疾》："春雷百卉坼，寒食四邻清。"宋代寇准《甘草子》："暖日笼啼鸟，初坼桃花小。"金代师拓《曲江秋望》："凉风芡实坼，久雨藕花肥。"元代王恽《满江红》："烂醉春风能几度，桃花未了杨花坼。"明代邝露《咏草书势答董思白宗伯》："草木待甲坼，鳞羽自联串。"清代王时翔《惜余春慢二首·其一》："春院静、小坼琼莩，轻流星耀，莺嘴隔枝衔堕。"

**按**："莩坼"一词，源自宋代赵汝砺《北苑别录》："方春灵芽莩坼，常先民焙十余日。"（大意：正当春天来临，北苑官焙中珍异品种的茶叶萌芽就已绽裂，常常比民焙的品种提前十几天。）

## 芳丛 [fāng cóng] 繁体作芳叢

即聚堆生长的花丛、草丛、树丛等。最早见于南朝齐代谢朓《曲池之水》："芙蕖舞轻带，苞笋出芳丛。"（大意：已开放的莲花随着长长的花梗轻盈飞舞，冬笋也从花草丛中破土而出即将生出小竹。）此后"芳丛"一词成为古诗词中使用率较高的常用词。南朝梁代鲍泉《咏蔷薇》："佳丽新妆罢，含笑折芳丛。"唐代骆宾王《夏日游德州赠高四》："鸟声流向薄，蝶影乱芳丛。"宋代欧阳修《浪淘沙·把酒祝东风》："总是当时携手处，游遍芳丛。"金代段克己《满江红》："漫临风、三嗅绕芳丛，歌还泣。"元代刘秉忠《江边梅树》："江边缭绕惜芳丛，绝笔天真在眼中。"明代高启《东池看芙蓉》："天公似厌秋冷淡，故发芳丛媚清晓。"清代朱彝尊《咏白杜鹃花应东宫教》："银榜璇题一道通，仙花移植冠芳丛。"

## 【本句译读】

春暖大地，冰解之后的山泉流淌出甘美如乳的泉水；花草的萌芽纷纷绽裂，到处都是馥郁芬芳的花簇和草丛。

# 12. 藓润痕侵　梅疏香漏

## 藓〔xiǎn〕

即苔藓，隐花植物，无根，多生在墙垣、崖岩或阴湿的地方。南朝梁代江淹《杂三言五首·其一·构象台》："苔藓生兮绕石户，莲花舒兮绣池梁。"唐代苏颋《利州北佛龛前重于去岁题处作》："卧石铺苍藓，行縢覆绿条。"宋代王禹偁《送牛学士知润州》："茅君仙洞披图见，张祜诗碑拂藓看。"金代杨之休《海会寺宴集以禅房花木深为韵得房字》："碧玉千竿荫藓墙，水声山色近禅房。"元代郝经《青州山行》："柴关见星稀，枕石余藓腻。"明代梁以壮《柴门》："松风度山外，石藓上烟痕。"清代吴伟业《题登封两烈妇井梧遗恨诗》："早题藓石留贞史，却写椒浆事礼宗。"

## 润〔rùn〕繁体作潤

本义为不干枯、湿燥适中。《广雅》："润，渍也。"在这里用如动词，意为滋润、润泽。汉代陈琳《诗》："春天润九野，卉木涣油油。"晋代陆云《赠鄱阳府君张仲膺》："何以润之，德被苍生。"唐代杜甫《春夜喜雨》："随风潜入夜，润物细无声。"宋代吴淑《题义门胡氏华林书院》："溪云蒸柱础，岚气润衣裳。"金代冯延登《春雨二首·其二》："小雨蒙蒙润土膏，谷风习习不惊条。"元代刘因《夏日饮山亭》："露引松香来酒盏，雨催花气润吟笺。"明代贺一弘《过隐溪》："石生苍藓润，沙睡白鸥闲。"清代沈光文《感怀·其二》："花枯邀雨润，山险倩云封。"

## 痕 [hén]

意为痕迹、斑迹。南朝梁代萧纲《和萧侍中子显春别诗四首·其三》："泪痕未燥讵终朝，行闻玉佩已相要。"唐代刘长卿《寻南溪常山道人隐居》："一路经行处，莓苔见履痕。"宋代张咏《喜雨》："积霭消残影，枯源涨旧痕。"金代李晏《潞州形胜》："削玉远排圭首锐，晕痕轻拂黛眉弯。"元代耶律楚材《弹琴逾时作解嘲以呈万松老师》："高趣酿成真有味，烦襟洗尽了无痕。"明代陶宗仪《题墨芙蓉》："只恐夜深青女妒，洗妆研沼墨痕香。"清代纳兰性德《虞美人·秋夕信步》："愁痕满地无人省，露湿琅玕影。"

## 侵 [qīn]

意为渐近、侵进；渗透进他物中。《说文》："侵，渐进也。"晋代陶潜《癸卯岁十二月中作与从弟敬远》："劲气侵襟袖，箪瓢谢屡设。"南朝梁代萧绎《和鲍常侍龙川馆诗》："桂影侵檐进，藤枝绕槛长。"唐代孔德绍《夜宿荒村》："故乡万里绝，穷愁百虑侵。"宋代曾巩《盆池》："苍壁巧藏天影入，翠奁微带藓痕侵。"金代高士谈《志隐轩》："家居潇洒似江村，花草侵阶水映门。"元代萨都剌《和权上人》："风霜侵客鬓，鼓角入边愁。"明代吴与弼《除夜书怀兼束子贞九韶》："幸得简编常满眼，敢辞尘土暂侵衣。"清代笪重光《山中杂咏》："细草侵芒屩，新凉到葛衣。"

# 梅［méi］

一种落叶小乔木，性耐寒，梅的花蕊在寒冬腊月之前就能坼裂绽开；及至冬春之交，梅花已然开得很烂漫了。它的老干、叶、花都有些像杏树，但梅花的香味要比杏花的香味更浓重一些。梅花有白、红、绿、墨等颜色，分五瓣。梅花的最大价值是供人观赏，因而它也是古今文人诗词歌咏和其它艺术创作的最重要、最常见的题材之一。晋代陶潜《蜡日》："梅柳夹门植，一条有佳花。"南朝宋代鲍照《采桑》："季春梅始落，女工事蚕作。"唐代崔知贤《晦日宴高氏林亭》："柳摇风处色，梅散日前花。"宋代吕夷简《江南立春》："细风先动柳，残雪不藏梅。"金代郦权《夷门遣怀》："雪压老梅香不起，问君消得几多春。"元代李京《元日大理》："明年此日知何处，醉捻寒梅一泫然。"明代林鸿《送人之京》："梅边飞雪行人度，雨外空江去雁微。"清代陈恭尹《即事赠木月宗兄》："未信溪山久寥寂，一阳消息在寒梅。"

# 疏［shū］

指事物间的距离大、稀疏而有空隙。《玉篇》："疏，阔也。"汉代刘章《耕田歌》："深耕概种，立苗欲疏。"晋代夏侯湛《寒苦谣》："草械械以疏叶，木萧萧以零残。"南朝梁代吴均《登寿阳八公山》："疏峰时吐月，密树不开天。"唐代高适《送李少府贬峡中王少府贬长沙》："青枫江上秋天远，白帝城边古木疏。"宋代林逋《山园小梅二首·其一》："疏影横斜水清浅，暗香浮动月黄昏。"金代边元勋《七夕》："独倚南窗夜岑寂，一钩凉月下疏桐。"元代李士行《留题时思精舍》："日暮下山去，疏钟烟雾中。"明代周是修《秋夜忆禾川旧友》：

"云开疏雨断，月落众星明。"清代戴明说《蜀还行送杨莪蒿入都》："杨子长征入蜀时，疏林落叶相扶持。"

# 香 ［xiāng］

本义指谷物粮食成熟后的芳香气息。《说文》："香，芳也。"后来常被引申泛指一切好闻的气味，称为香味、香气。《诗经·大雅·生民》："其香始升，上帝居歆。"汉代东方朔《七谏》："联蕙芷以为佩兮，过鲍肆而失香。"晋代刘琨《扶风歌》："被之用丹漆，薰用苏合香。"南朝梁代江淹《杂三言五首·其一·构象台》："栽异木而同秀，钟杂草而一香。"唐代虞世南《侍宴归雁堂》："竹开霜后翠，梅动雪前香。"宋代韩维《和提刑千叶梅·其一》："层层玉叶黄金蕊，漏泄天香与世人。"辽代张觉《来熏亭》："林深兰芷香先到，地胜溪山影亦新。"金代张建《杂诗二首·其二》："不是暗香来，梅花寻不得。"元代蒲道源《西江月·九日南城郊行》："堤柳风前影瘦，池荷雨后香残。"明代黎贞《冬至咏雪》："万树梅花同一色，但闻清香不复识。"清代程康庄《渔父·梨花》："寂寞梨花带雨香，轻风不动意难偿。"

# 漏 ［lòu］

意为漏泄。南朝宋代鲍照《代陆平原君子有所思行》："蚁壤漏山阿，丝泪毁金骨。"唐代杜甫《腊日》："侵陵雪色还萱草，漏泄春光有柳条。"宋代王圭《宫词·其二十九》："奇花深院门门闭，总被春风漏泄香。"金代王元粹《东楼雨中七诗·其五》："云漏斜阳雷渐远，东边飞雨到琼华。"元代梅德明《和汪叔志晚望山门韵》："石漏窗中月，岩通洞底泉。"明代刘玭《东山八景并序·其六·聚圣塔》："千里江山来远近，四时日月漏光明。"清代朱鹤龄《新月》："清光潋潋到高楼，旋漏松阴一点幽。"

## 【本句译读】

青碧的苔痕薛斑向四周蔓延侵进，悄然润物；梅枝疏阔，暗香在空气中飘浮流溢。

# 13. 杏脸绯匀　桃颜脂透

## 杏脸［xìng liǎn］繁体作杏臉

对杏树花苞和花朵的一种拟人化称谓。最早见于宋代诗人、画家王诜《花发沁园春》中的词句："桃腮杏脸，嫩英万叶，千枝绿浅红深。"用少女白嫩透红的脸颊比拟杏树花苞和花朵，唐代诗人即已肇开先河，如：唐代韩偓《御制春游长句》："柳带似眉全展绿，杏苞如脸半开香"；吴融《和张舍人》："杏花向日红匀脸，云带环山白系腰。"王诜词中直呼"杏脸"，此后遂为常语。宋代吕胜已《蝶恋花·其四·长沙送同官先归邵武》："到得故园春正好，桃腮杏脸迎门笑。"元代胡布《张子玄画梅诗》："碎冰和墨幻璃真，桃腮杏脸惭丰神。"明代韩邦靖《春兴》："柳眉杏脸桃花泪，各有春愁谁最多。"清代周贻繁《捣练子·春晚》："杏脸羞人红半瘦，今年又是落花时。"

**按**："杏脸"一词在通行辞书中只有一种解释，即"形容女子白里透红的美丽容颜。"元代以后，话本、戏曲、小说相继兴盛，而这些体裁都特别注重人物象形的刻画，因此作家们更多地将"杏脸"当作美女容颜的描摹之词。但此词作为以少女脸颊比拟杏树花苞和花朵的拟人化古义却始终有所传承。

## 绯［fēi］繁体作緋

即红色；深红色。唐代段成式《酉阳杂俎》："狒狒……血可染绯。"可知绯色比较接近血红。晋代僧支遁《咏八日诗三首·其三》："黄裳罗帕质，元服拖绯青。"唐代杜甫《相逢歌赠严二别驾》："乌帽拂尘青螺粟，紫衣将炙绯衣走。"宋代陈文蔚《题赵守飞霞亭》："醉脸丹时歌雪白，碧山深处染桃绯。"金代马钰《捣练子·赠中条山无为子》："刀圭饮，胜香醪。六三公子着绯袍。"元代张弘范《打球》："半空彩仗翻残月，一点绯球迸落星。"明代边贡《题章郡守琼林醉归图》："长安陌头二三月，杏萼离离缀绯雪。"清代华长发《南乡子》："帘外红云凝不动，休猜。数树绯桃似雪开。"

## 匀［yún］

意为均匀、匀称。唐代杜甫《杂曲歌辞·丽人行》："态浓意远淑且真，肌理细腻骨肉匀。"宋代王禹偁《杏花·其三》："桃红李白莫争春，素态妖姿两未匀。"金代韩玉《贺新郎·咏水仙》："试新妆、娇黄半绿，汉宫匀注。"元代王恽《谢徐容斋赠梅》："燕钗宫额蜡妆匀，梦绕罗浮雪里村。"明代朱诚泳《南园对景偶书》："槛花红已遍，庭草绿初匀。"清代叶方蔼《寓舍花》："傅粉施朱恰正匀，天然幽意自宜人。"

# 桃［táo］

一种蔷薇科桃属植物中的落叶小乔木。桃实略呈球形，表面有短绒毛，味甜，有大核，核仁可入药。桃树结子极多，"桃"字从木、从兆；一兆等于十亿，令人可以想见其硕果累累的景况。桃树的品种很多，按花期属于早花，一般在农历的二月就可以开花；花有红、白、粉红、深粉红等颜色，烂漫芬芳，以妩媚称胜，是一种观赏性极强的植物。古代文人笔下的"桃"，有时指的是桃花，有时指的是桃的果实。《诗经·周南·桃夭》："桃之夭夭，灼灼其华"，说的是桃花；而《大雅·抑》里的"投之以桃，报之以李"，说的就是桃的果实。晋代谢尚《大道曲》："青阳二三月，柳青桃复红。"南朝梁代柳恽《赠吴均二首·其一》："山桃落晚红，野蕨开初紫。"唐代李白《赠汪伦》："桃花潭水深千尺，不及汪伦送我情。"宋代王观《高阳台》："红入桃腮，青回柳眼，韶华已破三分。"金代刘汲《高阳道中》："杏花开过野桃红，榆柳中间一径通。"元代刘敏中《水龙吟》："看取明年，四围松菊，一番桃李。"明代区元晋《施介洲诞招饮赋贺》："不知蓬岛春多少，灿烂溪桃已映颜。"清代徐士俊《忆秦娥桃花初放逢雪》："回风舞，小桃红晕，一时愁聚。"

# 颜［yán］繁体作顔

指面容、容颜、脸蛋儿。《诗经·郑风·有女同车》："有女同车，颜如舜华。"屈原《远游》："玉色頵以脕颜兮，精醇粹而始壮。"汉代繁钦《定情诗》："我既媚君姿，君亦悦我颜。"三国时期魏国阮籍《咏怀·其五十二》："朱颜茂春华，辩慧怀清真。"南朝梁代沈约《少年新婚为之咏》："丰容好姿颜，便僻工言语。"唐代崔融《留别杜审言并呈洛中旧游》：
"斑鬓今为别，红颜昨共游。"宋代赵恒《励学篇》："娶妻莫
恨无良媒，书中自有颜如玉。"金代元好问《别李周卿二首·其
一》："古交松柏心，今交桃李颜。"元代鲜于枢《戊午十二月
十二日别家》："强颜辞老亲，低首恋蓬庐。"明代乌斯道《翁
妇行》："十年凤城悲远道，暗惜花颜为谁好。"清代沈光文
《戏题》："十五年来一故吾，衰颜无奈白髭须。"

**按：**"桃颜"一词见于北宋朱长文《次韵司封使君和推官早梅山
茶二首·其二》："柏叶元同翠，桃颜未比红。"意思是说：山
茶的叶子和柏树的叶子同样地翠绿；而桃花的容颜却并不比山
茶花更红艳。本句中的"桃颜"，指的是桃树的果实（即桃子）
所拥有的少女容颜一般的粉红鲜艳，是人们对桃实感观的一种
拟人化说法，如唐代李绅《忆春日太液池亭候对》："草承香
辇王孙长，桃艳仙颜阿母栽"，用"仙颜"喻西王母的仙桃；宋
代赵福元《桃木》："云鬟绕绕梳翡翠，赪颜滴滴匀猩红"，用
"赪颜"喻桃实的猩红色；明代黄佐《瑟调曲四首寿陈天游府
尹·其四》："千年桃实如枣瓜，荐以云液朱颜酡"，用"朱颜"
喻桃实红得像喝醉了酒。这个手法类同于"杏脸"。更与其相
似的是古人形容桃实的美艳也喜欢用"脸"字，如唐代李峤
《桃》："山风凝笑脸，朝露泫啼妆"，用"笑脸"作喻；温庭筠
也有"夏园桃已熟，红脸点胭脂"之句，用"红脸"作喻；宋
代张埴《小园桃熟》："天风暗拽云裳褪，晓日浓潮酒脸回"，则
用"酒脸"（即醉脸）作喻。

**又按：**温庭筠"夏园桃已熟，红脸点胭脂"之句仅见于《群芳
谱·果谱一》"桃"条下录引。《群芳谱》初刻于明代天启元

年（公元1621年），今各本温庭筠诗集、词集均未载有此句，疑为佚句。

## 脂〔zhī〕

指胭脂或口脂。晋代陶潜《闲情赋并序》："悲脂粉之尚鲜，或取毁于华妆。"南朝梁代萧纲《美人晨妆》："散黛随眉广，燕脂逐脸生。"唐代张柬之《杂曲歌辞·东飞伯劳歌》："谁家绝世绮帐前，艳粉芳脂映宝钿。"宋代夏竦《宫词·其一》："绛唇不敢深深注，却怕香脂污玉箫。"金代范墀《和高子初梅》："玉粉更妆前夜雪，口脂犹注昔年香。"元代刘诜《和东坡四时词·其四》："烛暗睡轻闻画角，玉盆脂水红冰薄。"明代汤胤绩《妓》："闲临金鲫小方池，自掬清泉洗面脂。"清代尤侗《南乡子·其四·闺中元旦》："瓜子满阶人莫扫，纤纤。曾带脂香唾舌尖。"

## 透〔tòu〕

意为透露、显露。晋代张君祖《咏怀诗三首·其三》："遭动透浪迹，遇靖恬夷性。"唐代白居易《杨柳枝二十韵》："身轻委回雪，罗薄透凝脂。"宋代赵以夫《一落索·牡丹次谢主簿韵》："露沁香肌娇秀，燕脂微透。"金代元好问《后芳华怨》："白玉搔头绿云发，玫瑰面脂透肉滑。"元代柯九思《春日病起看花走笔呈座上诸友》："锦绣薄流霞，胭脂透疏雨。"明代袁宏道《迎春歌和江进之》："青莲衫子藕荷裳，透额垂髻淡淡妆。"清代丁澎《醉花阴·其一·春暮和清照韵》："弹泪上花梢，一霎风吹，片片胭脂透。"

## 【本句译读】

适值花期的杏花闪耀着撩人的色彩，像美少女的脸颊泛着均匀的绯红；成熟的桃子浮现着鲜艳的红晕，就像美少女脸上的胭脂隐约渗透出来一般。

# 14. 坞簇辛夷　梢含豆蔻

## 坞［wù］繁体作坞

即山坳，也泛指地形为四面高、中间凹的小块地方。南朝梁代萧衍《子夜四时歌十六首·其四》："花坞蝶双飞，柳堤鸟百舌。"唐代李商隐《宿骆氏亭寄怀崔雍崔衮》："竹坞无尘水槛清，相思迢递隔重城。"宋代王禹偁《听罗评事话太湖洞庭之景因赋十韵》："明月峰高欺少室，桃花坞好似瀛洲。"金代孟宗献《苏门花坞》："从君小筑繁香坞，不负长腰玉粒春。"元代魏初《雁鹜图》："晴溪沙暖鸳鸯睡，小坞花浓蛱蝶飞。"明代高启《过海云院赠及长老》："紫藤坞里归逢雪，煨芋曾烦慰客愁。"清代汤右曾《葛氏庄》："天边月到平台迥，春际花藏曲坞深。"

## 簇［cù］

意为聚集、丛凑、丛聚成堆。唐代杜甫《晚出左掖》："昼刻传呼浅，春旗簇仗齐。"宋代柳永《抛球乐》："是处丽质盈盈，巧笑嬉嬉，争簇秋千架。"金代任诟《济南黄台三首·其三》："绿柳桥边簇锦鞍，红纱影里照烟鬟。"元代陈孚《潭州》："百万人家簇绮罗，丛祠无数舞婆娑。"明代夏原吉《山市晴岚》："翠微深处簇村廛，茅屋参差树色鲜。"清代纳兰性德《于中好》："依树歇，映林看。黄羊高宴簇金盘。"

# 辛夷 ［xīn yí］

一种玉兰属木兰科的落叶乔木。最早见于屈原《九歌·湘夫人》："桂栋兮兰橑，辛夷楣兮药房。"（大意：桂木做房梁啊木兰为屋橼，辛夷木做门楣啊白芷装饰卧室。）宋代学者洪兴祖在《楚辞补注》中解释"辛夷"一词时引录《本草》的话说："辛夷，树大连合抱，高数仞。此花初发如笔，北人呼为'木笔'。其花最早，南人呼为'迎春'。"（大意：辛夷这种植物，树很粗，需要几个人一起才能把它合抱住，有好几丈高。它的花刚发出来的时候像一支笔，北方人称之为"木笔"。辛夷花开得很早，南方人称之为"迎春"。）屈原在其作品中共有三次提到辛夷，可见他对这种植物关注之殷切。辛夷花有点像莲花，小如杯盏，紫苞红焰，香味和莲花、兰花相似；亦有白色的，人们称之为"玉兰"。玉兰的花蕾干燥后可作中药材。汉代刘向《九叹·其五·惜贤》："结桂树之旖旎兮，纫荃蕙与辛夷。"南朝梁代沈约《奉和竟陵王药名诗》："阳隰采辛夷，寒山望积雪。"唐代杜甫《偪仄行赠毕曜》："辛夷始花亦已落，况我与子非壮年。"宋代陆游《东园小饮四首·其二》："高枝濯濯辛夷紫，密叶深深踯躅红。"金代马定国《怀高图南》："今年清明饮，高花见辛夷。"元代张雨《题理妆士女》："谁见新妆出绣帏，辛夷花下六铢衣。"明代吴宽《辛夷牡鸡图为笔翁张士行题》："辛夷花发照晴川，独立春风亦竦然。"清代许德苹《卖花声》："树上辛夷舒木笔，笔笔书空。"

**按：**"坞簇辛夷"一语出自"辛夷坞"的语典。"坞"和"辛夷"本来各为一事，但因唐代王维的一首五言绝句《辛夷坞》而结下了绵延千余年的不解之缘。王维是唐代山水田园派诗歌创作的重要作家，其晚年曾寓居陕西蓝田的辋川，并在这里写下了二十首非常精湛的山水诗，后来收在他与诗友裴迪的诗歌合集《辋川集》里。《辋川集》二十首是王维山水诗的最佳代表作，《辛夷坞》就是其中的第十八首。其诗云："木末芙蓉花，山中发红萼。涧户寂无人，纷纷开且落。"由于这首诗受到历代诗人和评论家的极高评价，而它的作者又是诗坛的顶级人物，因而在后世的诗词创作中"坞"和"辛夷"总会被人有意或无意地联系起来，乃至于作为一个热门语典流传着。如：宋代僧人德洪的《十六夜示超然》："风光如辋川，窈窕辛夷坞"；元代冯子振的《题郭主簿摩诘本辋川图卷》："辛夷坞外黄沁隔，亦复扁舟春荡漾"；明代欧大任的《泛舟高家庄看辛夷花》："谁知辋口庄，犹有辛夷坞"；清代黄之隽的《壶中天·四叠韵和赋绿阴·其四》："应为廿四番风，吹完花信，绿暗辛夷坞"。

# 梢［shāo］

指树枝的末端；树梢。《说文》："梢，梢木也。"南朝梁代沈约《寒松》："梢耸振寒声，青葱标暮色。"唐代李贺《昌谷北园新笋四首·其四》："古竹老梢惹碧云，茂陵归卧叹清贫。"宋代欧阳修《生查子·元夕》："月上柳梢头，人约黄昏后。"金代蔡松年《西京道中》："来时绿水稻如针，归日青梢没鹤深。"元代刘秉忠《晚游》："归来小院松梢上，新月低斜玉一钩。"明代吴宽《倪云林墨竹》："扁舟日暮过甫里，竹梢落纸含清风。"清代曹尔堪《满庭芳·其一·山怜》："偏不出，倦支石枕，醉卧松梢。"

## 含［hán］

本义指东西放在嘴里，不咽下也不吐出。《说文》："含，嗛也。"引申意为一事物对另一事物的含容。屈原《九歌·其九·山鬼》："既含睇兮又宜笑，子慕予兮善窈窕。"汉代蔡邕《翠鸟》："庭陬有若榴，绿叶含丹荣。"晋代司马彪《诗》："百草应节生，含气有深浅。"南朝宋代刘铄《三妇艳诗》："小妇端清景，含歌登玉殿。"唐代杜甫《绝句四首·其三》："窗含西岭千秋雪，门泊东吴万里船。"宋代蒋堂《题山亭》："梅萼破香知腊近，柳梢含绿认春归。"元代张翥《东风第一枝·忆梅》："背阴未返冰魂，阳梢已含红萼。"明代方孝孺《郭西精舍士友同宿》："含悲静自慨，抱独招群怪。"清代赵执信《清明登云门山》："悠然会意谁与语，溪桃涧柳空含情。"

## 豆蔻［dòu kòu］

亦作"荳蔻"，一种多年生常绿草本植物，外形像芭蕉，果实扁球形，种子像石榴子，有芳香气味；果实和种子可入药。唐代韩翃《送客游江南》："月净鸳鸯水，春生豆蔻枝。"宋代吕造《刺桐城》："鹧鸪啼困悲前事，豆蔻香销减旧容。"元代赵孟頫《巫山一段云·望霞峰》："碧水鸳鸯浴，平沙豆蔻红。"明代胡应麟《闻沈纯父将还有寄》："豆蔻花前千里客，

桄榔树底十年人。"清代李雯《眼儿媚·秋思》:"梧桐半落,
蒹葭相对,豆蔻无枝。"

**按**:"梢含豆蔻"一语,源于唐代杜牧"豆蔻梢头"的语典。
唐代大和七年亦即公元833年,杜牧被淮南节度使牛僧孺授予
"推官"一职,居住在扬州,平日里特别喜欢宴游。两年后被
朝廷征为监察御史,赴长安任职,临行之际他送给一位很要好
的扬州歌伎两首赠别诗。第一首原文为:"娉娉袅袅十三余,豆
蔻梢头二月初。春风十里扬州路,卷上珠帘总不如。"其中的
"娉娉袅袅"是说对方的身姿轻盈曼妙;"十三余"是说她的
年龄。接下来笔触转向二月初开的豆蔻,则是以花喻人,极赞
伊人的香嫩美丽。李时珍的《本草纲目》形容豆蔻花蕊初开之
际,总是半含半吐地包蕴于花叶里面。这种花叶渐渐舒展,花
蕊慢慢吐出的情状有如妊娠之象,因此古人也把豆蔻叫做"含
胎花"。扬州歌伎"十三余",正是这样一个含苞待放的花样
年华。由于杜牧的这首诗名气太大,"豆蔻梢头"遂为语典,
为历代诗词家所惯用,如:宋代晁端礼《雨中花慢·其二》:
"豆蔻梢头,鸳鸯帐里,扬州一梦初惊";金代王寂《减字木兰
花》:"湖山明秀,豆蔻梢头春欲透";元代吴存《摸鱼儿·扬
州》:"来寻豆蔻梢头梦,二十四桥明月";明代凌义渠《蜀
客谈蜀事·其四》:"豆蔻梢头珍重意,凭郎验取女儿胎";清
代黄之隽《芳年·其七》:"海棠花底三年住,豆蔻梢头二月
初。"

## 【本句译读】

　　山坳里辛夷丛生,绽放着迎春的紫苞红焰,活力四射。豆

蔻的梢头长满了半含半吐、欲放还收的鲜嫩花蕊，生机勃勃。

# 15. 蜂喜蕊繁　蝶嫌粉瘦

## 蜂［fēng］

一种膜翅目蜜蜂科昆虫，会飞，多有毒刺，能蜇人，性喜群居。《本草纲目·虫部·蜜蜂》："蜂尾垂锋，故谓之'蜂'。"（大意：蜂的尾部有尖锐的蜂针，所以叫它作"蜂"。）蜂最早见载于《诗经·周颂·小毖》："莫予荓蜂，自求辛螫。"（大意：没有谁让蜂来蜇我，是我自己惹来的灾祸。）蜂能作窠酿蜜。东汉王充《论衡·言毒》里说："蜜为蜂液，蜂则阳物也。"（大意：蜜是蜂的分泌物，蜂在物类中属于阳性之物。）汉代蔡琰《胡笳十八拍》："牛羊满野兮聚如蜂蚁，草尽水竭兮羊马皆徙。"南朝梁代王僧孺《至牛渚忆魏少英》："绿草闲游蜂，青葭集轻鸮。"唐代杨乘《南徐春日怀古》："露滴蜂偷蕊，莺啼日到轩。"宋代欧阳修《伤春》："蜂催酿蜜愁花尽，絮扑暄条妒雪飞。"金代朱澜《寒食不出》："蝇沾香篆浑伤字，蜂蟵瓶花半堕书。"元代张弘范《春寒》："往来忙煞蜂儿翅，偷采崖花酿蜜甜。"明代袁宏道《和江进之杂咏·其二》："残帙有芸犹被蠹，空阑无蕊亦招蜂。"清代严绳孙《瑞龙吟·李迎侍儿扫镜于吴门》："蜂子怜新蕊，香破也、报来幽窗病起。"

# 喜［xǐ］

意为爱好、喜欢。汉代刘向《九叹·其七·悯命》："昔皇考之嘉志兮，喜登能而亮贤。"晋代陶潜《丙辰岁八月中于下潠田舍获》："悲风爱静夜，林鸟喜晨开。"南朝宋代鲍照《阳岐守风》："役人喜先驰，军令申早发。"唐代张说《侍宴浐水赋得浓字》："云霞交暮色，草树喜春容。"宋代赵湘《送韩屿秀才南游》："仆懒嫌书重，驴幽喜骨轻。"金代赵秉文《游箭山》："马亦喜风摇玉环，兴来不觉过青山。"元代熊铁《荒城步月》："出门喜清旷，兴尽唤归船。"明代高启《射柳》："马骄嫌辔急，人勇喜弓强。"清代汪懋麟《爪茉莉·抹丽》："最喜炎天，趁熏风放蕊。"

# 蕊［ruǐ］

指花蕊、花心。南朝宋代谢灵运《山居赋》："畦町所艺，含蕊藉芳。"南朝梁代何思澄《奉和湘东王教班婕好》："虚殿帘帷静，闲阶花蕊香。"唐代杜甫《徐步》："芹泥随燕觜，花蕊上蜂须。"宋代徐铉《依韵和令公大王蔷薇诗》："嫩蕊莺偷采，柔条柳伴垂。"金代王寂《被檄平田讼投宿兔山院留题》："花蕊香蜂穴，芹泥落燕巢。"元代耶律楚材《河中游西园四首·其二》："衔泥紫燕先迎客，偷蕊黄蜂远趁人。"明代孙蕡《题陈隐君菊庄卷后》："此花不比桃与李，万木凋零方吐蕊。"清代彭孙遹《蜜色菊花》："蜂蕊初交黄未褪，鹅肪细缕玉无瑕。"

# 繁［fán］

意为多、繁多。《诗经·小雅·正月》："正月繁霜，我心忧伤。"屈原《离骚》："佩缤纷其繁饰兮，芳菲菲其弥章。"三国时期魏国阮籍《咏怀·其十八》："多言焉所告，繁辞将诉谁。"南朝宋代谢惠连《秋怀》："耿介繁虑积，展转长宵半。"唐代李咸用《远公亭牡丹》："蕊繁蚁脚黏不行，甜迷蜂醉飞无声。"宋代刘筠《召入翰林别同僚》："入奉清朝同一德，晨趋岂叹鬓霜繁。"金代李汾《汴梁杂诗四首·其二》："衣冠繁会文昌府，旌戟森罗部曲侯。"元代袁易《送潘鹤臞归侍母》："穷冬霜雪繁，陟冈行旅稀。"明代陈琏《瞿塘歌》："蜀山发岷峨，支派何其繁。"清代叶方蔼《杏花》："开时犹恨少，落处不为繁。"

## 蝶［dié］

蝴蝶的简称。《玉篇》："蝶，胡蝶"。明代梅鹰祚《字汇·虫部》里说："蝴，蝴蝶。古惟单'胡'字，后人加虫。"（大意："蝴"，就是蝴蝶。古时候只有一个"胡"字，后来人们给加上了虫字偏旁。）蝴蝶色彩鲜艳，身上有很多条纹，色彩较丰富，翅膀和身体有各种花斑；蝴蝶飞翔时波动很大，姿态优美，应该算是大自然中最美丽的一种昆虫。汉代乐府《蝶蝶行》："蝶蝶之遨游东园，奈何卒逢三月养子燕。"晋代张协《杂诗十首·其八》："借问此何时，胡蝶飞南园。"南朝梁代王僧孺《春闺有怨》："悲看蛱蝶粉，泣望蜘蛛丝。"唐代李白《春感诗》："尘萦游子面，蝶弄美人钗。"宋代潘阆《落花》："可惜多情蝶，徘徊晚照中。"元代张翥《玉蝴蝶·春梦》："蝶粉寒、羞薰翠被，灯花瘦、懒叠香衾，倚春纤。"明代黄淮《伤春》："梦随飞蝶迷芳草，泪逐残红送落晖。"清代毛奇龄《蝶恋花·其二》："日暖秾桃红照水。粉蝶飞来，水上衔香蕊。"

## 嫌 ［xián］

意为怨、不满。汉代乐府《孔雀东南飞·古诗为焦仲卿妻作》："三日断五匹，大人故嫌迟。"晋代曹摅《答赵景猷诗三首·其一》："识归要会，岂嫌涂轨。"南朝梁代刘遵《应令咏舞》："举腕嫌衫重，回腰觉态妍。"唐代沈佺期《同狱者叹狱中无燕》："食蕊嫌丛棘，衔泥怯死灰。"金代党怀英《应制粉红双头牡丹二首·其二》："春意应嫌芍药迟，一枝分秀伴双蕤。"元代白朴《金盏儿》："我为君王犹妄想，你做皇后尚嫌轻。"明代金幼孜《为叶仲畴题兰竹·其二》："莫嫌空谷无人到，岁晏相看有此君。"清代顾贞观《东风第一枝·用史梅溪韵》："攀来暗绿嫌深，折去残红怨浅。"

## 粉 ［fěn］

本义指谷、麦等农作物子实的粉末，引申特指花粉，即植物花药里的粉粒。花粉是种子植物特有的结构，由雄蕊中的花药产生，也称为植物的"精子"，是植物生命的精华。它通过各种方法到达雌蕊，使胚珠授粉，籍此繁衍植物的生命。南朝陈代徐陵《侍宴》："嫩竹犹含粉，初荷未聚尘。"唐代赵彦昭《侍宴桃花园咏桃花应制》："红萼竞妍春苑曙，粉茸新向御筵开。"宋代宋白《牡丹诗十首·其十》："霞英散焰烧纤手，药粉飘香着步摇。"金代王寂《三逸堂白芍药》："萼粉雨余沾蝶翅，蕊香风暖上蜂须。"元代元淮《立春日赏红梅》："应是化工嫌粉瘦，故将颜色助花娇。"明代释妙声《花殇》："飘香坠粉无人拾，游梦妖魂归不得。"清代丁澎《蝶恋花·其三·初夏》："胡蝶也知春意尽。花须乱落轻黄粉。"

## 瘦［shòu］

指肌肉不丰满，与"肥""胖"为反义词。《说文》："瘦，臞也。"引申亦指其它事物的消损、不丰盈。唐代孟郊《秋怀·其七》："秋草瘦如发，贞芳缀疏金。"宋代李清照《如梦令》："知否？知否？应是绿肥红瘦。"金代蔡松年《一剪梅》："幅巾扶我醉谈玄，竹瘦溪寒，深寄余龄。"元代冯子振《奉皇姊大长公主命题展子虔游春图卷》："红桥瘦影迷远近，缓勒仰面何人看。"明代文征明《和答石田先生落花十首·其四》："春雨卷帘红粉瘦，夜凉踏影月明多。"清代王策《玉女摇仙佩·春游偶感》："总蛛多蝶少，草肥花瘦。"

## 【本句译读】

花丛中蜜蜂翻飞，蝴蝶曼舞；对蜜蜂来说花蕊越繁茂越好，多多益善；对蝴蝶来说则更是贪欲无极，总要嗔怪花粉清臞寡淡。

.

# 16. 燕剪裁花　莺梭织柳

## 燕［yàn］

一种对农作物有益的候鸟，俗称"燕子"。它体小翅长，尾为剪刀状，常在人家屋内或屋檐下用泥做巢居住，捕食昆虫。在上古的甲骨文中即已有了"燕"字，取象于燕子的形状，是我国最古老的文字之一。《诗经·邶风·燕燕》："燕燕于飞，差池其羽。"屈原《九章·其二·涉江》："鸾鸟凤皇日以远兮，燕雀乌鹊巢堂坛兮。"三国时期魏国曹睿《长歌行》："哀彼失群燕，丧偶独茕茕。"晋代陶潜《杂诗十二首·其十一》："春燕应节起，高飞拂尘梁。"南朝宋代鲍令晖《古意赠今人》："谁为道辛苦，寄情双飞燕。"唐代刘禹锡《金陵五题·其二·乌衣巷》："旧时王谢堂前燕，飞入寻常百姓家。"宋代钱惟演《苦热》："更怜乳燕翻飞处，深入卢家白玉堂。"金代侯册《寒食》："燕子不来寒食过，满城风雨落红多。"元代叶森《蝶恋花·西湖感旧》："一阵东风吹柳絮。又随燕子西泠去。"明代魏时敏《折杨柳》："嫩叶柔条拂短檐，莺啼燕语晓风恬。"清代程康庄《柳梢青·海棠》："池内菱妆，楼前飞燕，的的倾城。"

## 剪［jiǎn］

即剪刀，或称"剪子"，是用于剪裁布帛、纸张、绳线等的两刃交错、可以开合的铁质工具。唐代贺知章《咏柳》："不知细叶谁裁出，二月春风似剪刀。"宋代胡宿《惜花》："彩笔题诗易，金刀下剪难。"金代刘仲尹《浣溪纱·其一》："戏镂宝钿呈翡翠，笑拈金剪下酴醾。"元代郏经《方寸铁赠朱伯盛》："并剪分江龙喷月，昆刀切玉凤窥云。"明代胡奎《夏日即事·其二》："绿窗五月南风起，金剪新裁白苎衣。"清代龚鼎孳《寒甚善持君送被夜卧不成寐口占答之·其二》："金猊深拥绣床寒，银剪频催夜色残。"

**按**："燕剪"亦作"燕翦"，喻指燕尾，因燕尾分叉如剪刀，故称。"燕"与"剪"的组合最早见于宋代翁溪园《水调歌头·寿常州刘守》："麟记当年绣绂，燕剪今朝彩胜，淑气逐椒盘。"诗句的意思是：麒麟还记得孔子诞生之前，其母颜征在系于自己头角上的锦绳；再看今朝，燕尾形的剪子剪出节日的花幡，春天的温和气息融入子女们敬献椒酒的食盘之中。后人袭用为词。明代朱之蕃《烟柳》："莺梭忙织绡纹薄，燕剪平分匹练长。"清代彭孙贻《剪春罗》："裁尽春工双燕剪，舞衫零落委花钿。"

## 裁［cái］

意为裁剪、剪裁。《说文》："裁，制衣也。"汉代班婕妤《怨诗》："裁为合欢扇，团团似明月。"南朝陈代李爽《山家闺怨》："竹巾君自折，荷衣谁为裁。"唐代张乔《笛》："剪雨裁云一节秋，落梅杨柳曲中留。"宋代杨亿《秋日有怀乡国》："书裁尺素鸿难托，梦绕重湖蝶自狂。"金代高士谈《梨花》："芳心点深紫，嫩叶裁轻碧。"元代程钜夫《木兰花慢·寿胡涧泉》："梅南早迎驷辔，凛霜威、风裁肃蛮烟。"明代张娴倩《菩萨蛮·连城山房》："风卷落红愁不歇，枝头燕剪裁桃叶。"清代张令仪《沁园春·三月晦日》："东风细，看波纹如縠，燕剪轻裁。"

## 花［huā］

即各种花卉的总称。通常说的花，由花冠、花萼、花托、花蕊组成，还有产生生殖细胞的雄蕊与雌蕊。花有各种各样的品种与颜色，一般会有香味。花字最早写作"華"，从艸，表现着华叶垂敷的形象；"花"字是后来人们造出来的，作为"華"字的俗写。汉代宋子侯《董娇饶》："花花自相对，叶叶自相当。"三国时期吴国陆凯《赠范晔》："折花逢驿使，寄与陇头人。"晋代贺循《赋得庭中有奇树》："香风飘舞花间度，好鸟和鸣枝上飞。"南朝齐代王俭《春诗二首·其一》："轻风摇杂花，细雨乱丛枝。"唐代黄巢《不第后赋菊》："待到秋来九月八，我花开后百花杀。"宋代苏轼《新葺小园二首·其一》："身闲酒美谁来劝，坐看花光照水光。"金代高士谈《春愁曲》："压花晓露万珠冷，金井咿哑转纤绠。"元代关汉卿《越调斗鹌鹑》："只合低唱浅斟，莫待他花残月缺。"明代智及《示寿知客》："客路如天春似海，子规啼断落花枝。"清代纳兰性德《入直西苑》："叶密莺先觉，花繁径不迷。"

## 莺［yīng］繁体作鶯

即黄莺，又称"黄鹂""仓庚"等，喜欢吃昆虫，是对农业和林业有益的一种鸟类。莺的身体很小，多为褐色或暗绿色，嘴短而尖。莺的一大特色就是叫声清脆，非常好听。《禽经》说："鸣，'嘤嘤'，故名。"（大意：莺在鸣叫时，发出的声音为"嘤嘤"，所以就叫了这个名字。）晋代张华《答何劭诗三首·其一》："属耳听莺鸣，流目玩儵鱼。"南朝齐代谢朓《隋王鼓吹曲十首·其九·登山曲》："风荡飘莺乱，云行芳树低。"唐代王绩《春园兴后》："歌莺辽乱动，莲叶绕池生。"宋代梅尧臣《楝花》："莺舌未调香萼醉，柔风细吹铜梗斜。"金代刘昂《客亭》："啼莺为向行人道，离别何时是尽时。"元代张可久《绿头鸭·和马九皋使君湖上即事》："蝶抱愁香，莺吟怨曲，残红一片洗胭脂。"明代胡俨《北京八咏·其五·蓟门烟树》："晓寒花影留残月，日暖莺声度好风。"清代冯班《和钱耐翁次先师韵》："草发陈根山自碧，莺啼宰木梓空长。"

# 梭［suō］

也叫"梭子"，织布时往返牵引纬线（即横线）的工具，形状像枣核，中间粗，两头尖，由硬质木料制成。南朝宋代鲍照《代堂上歌行》："晖晖朱颜酡，纷纷织女梭。"唐代何仲宣《七夕赋咏成篇》："日日思归勤理鬓，朝朝伫望懒调梭。"宋代寇准《和茜桃》："将相功名终若何，不堪急景似奔梭。"金代周昂《中秋夜高阳对月》："尚识王良策，难知织女梭。"元代关汉卿《收江南》："乌飞兔走疾如梭，猛回头青鬓早皤皤。"明代虞谦《拟古·其一》："轻杼轧长丝，飞梭不同声。"清代丁耀亢《瓜洲》："双舟对过如梭急，爱听船娘转舵声。"

按："莺梭"一词是指莺在花间草丛疾飞往来如同梭子在织机上穿行。宋代储泳《齐天乐》："柳线经烟，莺梭织雾，一片旧愁新怨。"元代张养浩《遂闲堂独坐自和三首·其三》："苔垣蜗篆斜行玉，柳岸莺梭巧织蓝。"明代张潮《游流杯次许盱川孝廉韵》："醉余漫立垂杨侧，吟眺莺梭锦欲成。"清代丁澎《柳初新·本意》："蝶香未染，莺梭犹涩，梦稳池塘轻雾。"

# 织［zhī］繁体作織

本义指用丝、麻、棉纱、毛线等编织成布或丝帛。《说文》："织，作布帛之总名也。"引申意为各种形式的编织行为。南朝梁代沈约《直学省愁卧》："网虫垂户织，夕鸟傍檐飞。"唐代骆宾王《秋晨同淄川毛司马秋九咏·其一·秋风》："乱竹摇疏影，萦池织细流。"宋代姜夔《霓裳中序第一》："幽寂，乱蛩吟壁；动庾信、清愁似织。"金代党怀英《煦山道中三首·其二》："吴歌楚语海山间，织苇苫菰便自安。"元代萨都剌《赠刘云江宗师》："天上赐衣沾雨露，山中诗锦织云霞。"明代于谦《蚤春登楼遣兴》："千条柳线织春愁，不放韶光入画楼。"清代周贻繁《绮罗香·春景》："织愁纹、柳线莺梭，遮望眼、乱山斜日。"

# 柳［liǔ］

一种杨柳科柳属的落叶乔木，树枝柔韧，树叶狭长，春天开黄绿色花；种子上有白色毛状物，成熟后随风飞散，即柳絮。柳也叫作"小杨""杨柳"。《说文》："柳，小杨也。"唐代中药学家陈藏器在《本草拾遗》里说："江东人通名'杨柳'，北人都不言'杨'。"由于柳的枝条长软，轻柔袅娜，形象楚楚动人，特别招致文人雅士的喜爱，因而它也是我国文学作品中歌咏频率最高的题材之一。《诗经·小雅·采薇》："昔我往矣，杨柳依依。"汉代刘桢《赠徐幹》："细柳夹道生，方塘含清源。"三国时期魏国曹丕《于玄武陂作》："柳垂重荫绿，向我池边生。"北朝齐代颜之推《和阳纳言听鸣蝉篇》："细柳高飞夕，长杨明月曙。"隋代王胄《枣下何纂纂二首·其一》："柳黄知节变，草绿识春归。"唐代李白《望汉阳柳色寄王宰》："汉阳江上柳，望客引东枝。"宋代苏轼《刁同年草堂》："岁久酝酿浑欲合，春来杨柳不胜垂。"金代朱自牧《郊行》："小溪烟重偏宜柳，平野云垂不碍花。"元代耶律铸《四公子廆辞体四首·其二》："莺穿杨柳金梭织，蝶落宫花玉钱坠。"明代王夫之《唐如心见过·其二》："玟瑁云痕开远碧，流莺柳色竞新黄。"清代郑青藊《赋得绿树阴浓夏日长》："莺梭乱织千条柳，蛙吹时喧半亩塘。"

## 【本句译读】

轻盈的燕子带着剪刀般的燕尾在花朵丛中差池掠过，仿佛在尽情地剪裁着眼前的花团锦簇；黄莺彷如梭子般在柳树林间往返疾飞，似乎要把那些如丝如线的枝条编织起来。

# 17. 鹦鹉恋乡　鸳鸯谐偶

## 鹦鹉 ［yīng wǔ］繁体作鸚鵡

一种鹦形目的对趾足鸟，头圆，具有特别粗壮、弯曲而且有蜡膜的尖钩喙，上嘴大，有羽冠，羽毛鲜艳多彩，能模仿人说话。晋代董京《答孙楚诗》："鹦鹉能言，泗滨浮磬。"北朝周代庾信《忝在司水看治渭桥》："春洲鹦鹉色，流水桃花香。"隋代薛道衡《和许给事善心戏场转韵》："共酌琼酥酒，同倾鹦鹉杯。"唐代李白《鹦鹉洲》："鹦鹉西飞陇山去，芳洲之树何青青。"宋代王禹偁《量移后自嘲》："便似人家养鹦鹉，旧笼腾倒入新笼。"金代元好问《青玉案·代赠钦叔所亲乐府郑生》："爱鹦鹉、垂帘语。一捻娇春能几许。"元代白朴《油葫芦》："怪玉笼中鹦鹉知人性，不住的语偏明。"明代夏完淳《绝句口号八首，勿以风雅观·其八》："三月故乡消息断，更呼鹦鹉报谁家？"清代董俞《沁园春·其一·潮阳太守宋让水远惠词稿兼饷方物赋此寄赠》："鹦鹉群飞，荔枝初熟，绝胜江南樱笋乡。"

## 恋［liàn］繁体作戀

意为眷恋、思念。汉代王粲《从军诗五首·其二》："征夫怀亲戚，谁能无恋情。"三国时期魏国嵇康《五言赠秀才诗》："徘徊恋俦侣，慷慨高山陂。"晋代陶潜《归园田居五首·其一》："羁鸟恋旧林，池鱼思故渊。"南朝梁代萧子云《东郊望春酬王建安隽晚游》："蛱蝶恋残花，黄莺对妖葶。"唐代韩愈《会合联句》："病添儿女恋，老丧丈夫勇。"宋代刘敞《题鲁氏老桧堂》："犹余双白鹤，终恋主人恩。"金代赵元《村居夏日》："何如山鹿痴，呦呦恋长林。"元代黄公望《王维秋林晚岫图二首·其一》："岂是村翁恋秋色，故将轻舸下横塘。"明代高启《次韵杨礼曹雨中卧疾·其一》："阶前曝药雨来收，寒似人情恋故裘。"清代阮元《题柳径停云图卷子三叠万柳堂诗韵·其二》："人远梦犹恋，图新诗更多。"

## 乡［xiāng］繁体作鄉

指自己生长的地方或祖籍。屈原《离骚》："陟升皇之赫戏兮，忽临睨夫旧乡。"汉代刘邦《大风歌》："大风起兮云飞扬，威加海内兮归故乡。"南朝宋代鲍照《还都至三山望石头城》："流连入京引，踯躅望乡歌。"唐代宋之问《送李侍御》："去国夏云断，还乡秋雁飞。"宋代范仲淹《送何白节推宰晋原二首·其一》："多年望乡泪，万里倚门心。"金代赵秉文《寒食遥奠西山寺二首·其一》："野祭一盂饭，乡愁千里余。"元代虞集《题欧阳文忠公祠》："金石旧文藏劫火，丹青遗庙祀乡贤。"明代李贽《九日坪上·其三》："身在他乡不望乡，闲云处处总凄凉。"清代文廷式《金缕曲·寿李木斋前辈即送其还京之作》："默数吾乡谁健者，定琼琚、玉佩追欧九。"

按："鹦鹉恋乡"一语源自我国古代文化中对鹦鹉品性的传统认知。在古人的眼中，鹦鹉的个性特征有二，其一是能够学说人语的本领，其二就是具有深恋故乡的情结。最早揭举鹦鹉恋乡情结的是东汉末年文学家祢衡的《鹦鹉赋》，其中描写鹦鹉说："眷西路而长怀，望故乡而延伫。"（大意：还记得从西方而来的漫漫长路，眷恋之情时刻萦怀；久久地站立于樊笼之中，伸长颈项遥望着家乡。）又："怀代越之悠思，故每言而称斯。"（大意：总是心怀着同代郡的马、越国的鸟同样的悠悠乡思，故而一说话就要提及这种眷恋之情。）此后还有唐代李百药《鹦鹉赋》中的"怀故乡之远思，恋羁雌之旧侣。"（大意：心头萦绕着对故乡的遥远思念，深深眷恋着羁拘在它处的雌性爱侣。）郝名远《白鹦鹉赋》中的"梦乡山而欲恋，思恩波而不飞。"（大意：梦到了故乡的山林真的好生思恋，只是想到主人的豢养之恩才没有飞离这里。）对"鹦鹉恋乡"这一认知最有影响力的是《旧唐书·东夷传·新罗》中的一段记载："贞观五年，遣使献女乐二人，皆鬈发美色。太宗谓侍臣曰：'朕闻声色之娱，不如好德。且山川阻远，怀土可知。近日林邑献白鹦鹉，尚解思乡，诉请还国。鸟犹如此，况人情乎！朕愍其远来，必思亲戚，宜付使者，听遣还家'。"（大意：贞观五年亦即公元631年，新罗国进献两名女伎乐人，都很年轻美貌。唐太宗李世民就对身边的侍从说："我听过一句话，说是'喜欢声色，不如修炼德行。'再者说，远隔千山万水，这两个姑娘怀念故土的心情可想而知。近些日子林邑那个地方贡献来白鹦鹉，它们尚且懂得思念故乡，有回乡的请求。作为一只禽鸟，都有这样的情结，何况是人啦！我很体谅这两个姑娘远道而来，必定非常思念她们的亲人，觉得最好还是把她们交还给新罗国的使者，听任她们返乡回家吧。"）鹦鹉的故乡，在古人的传统观念中，就是所谓的"陇右"之地，亦即陇山以西，黄河以东地区。事实上鹦鹉在我国广泛分布在四川、云南、海南、广西、广东及西藏东南部地区。上述引文中所说的"林邑"，即在现今越南的中部。关于鹦鹉恋乡的故事屡见于古人的记述，其中最具"小说家言"色彩也最为人所乐道的是明代敖英《绿雪亭杂言》里记载的一个故事："宋高宗宫中养鹦鹉数百，皆能言。高宗一日问之曰：'思乡否？'曰：'思乡。'遂遣中贵送归陇山。后数年有使臣过陇山，鹦鹉问曰：'上皇安否？'使臣曰：'上皇崩矣。'鹦鹉悲鸣不已。使臣赋诗云：'陇口山深草木荒，行人到此断肝肠。耳边不忍听鹦鹉，犹在枝头说上皇。'"（大意：宋高宗宫中豢养了好几百只鹦鹉，都能学说人语。有一天高宗问它们说："思念故乡不？"鹦鹉回答："思念故乡。"高宗就派遣宫中的太监把鹦鹉送回陇山。过了几年有朝廷的使臣路过陇山，鹦鹉问他说："太上皇还安好吧？"使臣回答说："太上皇已经不在人世了。"鹦鹉听后悲鸣不已。使臣因此赋诗道：'陇口山深草木荒，行人到此断肝肠。耳边不忍听鹦鹉，犹在枝头说上皇。'）这个故事流布很广，如《戒庵老人漫笔》《贤奕编》《山堂肆考》《虞初新志》《坚瓠集》《宋稗类钞》等著名文人笔记都有转载，此外还有把"宋高宗"改为"宋徽宗"、把"使臣"改为"郭浩"的版本。

## 鸳鸯 ［yuān yāng］繁体作鴛鴦

亦名"官鸭""匹鸟""邓木鸟"。"鸳"指雄鸟，"鸯"指雌鸟，在动物分类学里属于雁形目鸭科鸳鸯属。鸳鸯的形状和羽毛非常艳丽可爱，是我国著名的观赏鸟类，在古代文学作品歌咏频率极高。《诗经·小雅·鸳鸯》："鸳鸯于飞，毕之罗之。"汉代乐府《相逢行》："鸳鸯七十二，罗列自成行。"晋代郑丰《答陆士龙诗四首·鸳鸯·其一》："鸳鸯于飞，在江之浚。"南朝陈代江总《闺怨篇·其一》："池上鸳鸯不独自，帐中苏合还空然。"唐代顾况《溪上》："惊起鸳鸯宿，水云撩乱红。"宋代邵雍《春游五首·其二》："烟晴翡翠飞平岸，日暖鸳鸯下浅沙。"金代元好问《论诗三首·其三》："鸳鸯绣了从教看，莫把金针度与人。"元代王士熙《题扇三首·其二》："横波清浅露平洲，沙暖鸳鸯得意游。"明代郑鹏《洗衣行》："鸳鸯双飞看渐杳，何事人生不如鸟。"清代吴绮《虎丘竹枝词·其四》："当时岂少同心侣，何不鸳鸯葬一双。"

## 谐［xié］繁体作諧

意为匹配、和合、和谐。《广雅》："耦也。"《玉篇》："合也，调也。"汉代司马相如《琴歌二首·其二》："交情通意心和谐，中夜相从知者谁。"三国时期魏国曹植《怨诗行》："浮沈各异路，会合当何谐。"晋代郭璞《答王门子》："藻艳三秀，响谐韶音。"南朝宋代谢惠连《西陵遇风献康乐·其五》："萧条洲渚际，气色少谐和。"唐代李郢《为妻作生日寄意》："鸳鸯交颈期千岁，琴瑟谐和愿百年。"宋代梅尧臣《松风亭》："始闻清吹度，似欲绿琴谐。"金代雷渊《赠答麻信之》："圭璋自是清朝器，律吕偏谐治世音。"元代雅琥《大堤曲》："纂制远游履，愿谐比目鱼。"明代刘炳《董娇娆为周郁赋》："得配鸳鸯死亦判，愿谐鱼水生相托。"清代王士禛《赠叶井叔三首·其一》："岂忘樊上居，出处理亦谐。"

# 偶 [ǒu]

意为配偶、爱恋的双方。三国魏曹睿《长歌行》:"哀彼失群燕,丧偶独茕茕。"晋代陆机《为陆思远妇作》:"二合兆嘉偶,女子礼有行。"南朝梁代王僧孺《古意》:"宁能偶鸡鹜,寂寞隐蓬蒿。"唐代王绩《山中叙志》:"张奉娉贤妻,老莱藉嘉偶。"宋代孙光宪《生查子·其四》:"醉金尊,携玉手,共作鸳鸯偶。"金代马钰《满庭芳·劝道友》:"都缘媒妁配偶,贪淫欲、败坏精神。"元代郝经《渡江书所见四首·其一·野莲》:"无言恨最深,失偶情更浓。"明代王汝玉《鹌鹑》:"雌雄各安偶,所乐同鹡鸰。"清代查慎行《旅壁见钱亮功徐学人唱和诗戏次其韵》:"共道子綦初丧偶,岂知灵运久忘家。"

**按:**"鸳鸯谐偶"一语源自我国古代文化中对鸳鸯品性的传统认知。鸳鸯这种鸟以感情专一著称,与配偶相爱相守,至死不渝。西晋学者崔豹在《古今注》中说:"鸳鸯,凫类也。雌雄未尝相离,人得其一,一思而死,故谓之'匹鸟'。"(大意:鸳鸯这种鸟,属于野鸭、水凫一类。雌性和雄性互不分离,人类捕获其中的一只,另一只会哀思至死,所以它也叫作"匹鸟"。)鸳鸯"天性唯一"的爱恋观实在是动物世界中的一个奇异现象,或许这样的动物还有其它,但鸳鸯毕竟是其中最为极致的典型代表。它们的忠贞不二、生死相随的情操甚或可以达到至惨至烈的境地。北宋黄休复《茅亭客话》中记载了一个鸳鸯追随爱偶赴死的故事:"章子朋者,善书勒大字,妙放小弩弹丸,发无不中,常自炫其能。至道丙申岁,往嘉州书僧院额。自州乘船所至处,弹获飞禽供同船人食。至青神县,维舟见二鸳鸯,因发弹毙雄者,将归烹之。其雌者随至其船,见雄

79

者在锅，不顾沸汤投其中，伸颈鼓翼长叫数声而卒。"（大意：有个名叫章子朋的人，擅长写榜书大字，并且还精于射弹弓，百发百中，时常爱炫耀一下。至道二年亦即公元996年，他去嘉州为某寺院题写匾额。自嘉州乘船出发，在所经过的地方时时用弹弓射猎一些飞禽提供给同船的人来吃。行至青神县，停泊休息的时候，看见一对鸳鸯，于是发射弹丸，击毙了其中的雄鸟，准备回到船上煮了来吃。另外的那只雌鸟则一路尾随跟到了船上，当它见到那只被煮在热锅里雄鸟，便不顾一切地投身到滚动的热汤之中，引颈向天鼓动翅膀，哀叫几声之后也死掉了。）我国古代文学作品中有许多歌咏和描写鸳鸯的感人篇章，表达出人类对其贞洁品质的嘉许与颂扬，其中也不乏这一类很震撼、很悲催的故事。人类说到"虐恋"，往往是当成一个奇葩故事来讲，但对鸳鸯而言，却是一种天性。

## 【本句译读】

鹦鹉跟人类有着同样浓烈的思恋家乡的情结；鸳鸯与爱侣双宿双飞生死相依的匹鸟特质更是出于天赋的本性。

## 18. 怨血鹃啼　娇媒雉雏

怨 [ yuàn ]

意为悲伤、哀伤。《吕氏春秋·仲夏纪·侈乐》中有言：

"乐不乐者，其民必怨，其生必伤。"东汉学者高诱为其中的"怨"作注解说："怨，悲。"（大意："怨"，就是悲哀的意思。）《诗经·卫风·氓》："及尔偕老，老使我怨。"宋玉《九辩》："蓄怨兮积思，心烦憺兮忘食事。"西晋陆机《叹逝赋》："痛灵根之夙陨，怨具尔之多丧。"南朝梁代陶弘景《寒夜怨》："情人不胜怨，思来谁能忍。"唐代上官仪《王昭君》："琴悲桂条上，笛怨柳花前。"宋代晏殊《采桑子·其二》："蝶怨莺悲，满眼春愁说向谁。"金代党怀英《西湖芙蓉》："脉脉怀春情，悄悄惊秋怨。"元代萨都剌《寒夜闻角》："长门美人怨春老，新丰还惜少年好。"明代刘基《踏莎行》："冷雨笼晨，凄风催晚，杜鹃哀怨黄莺懒。"清代徐灿《虞美人·有感》："江上莼丝秋未采，莫怨朱颜改。"

## 血［xuè］

即血液、人或动物体内循环系统的不透明液体。红色，主要成分为"血浆""血细胞"和"血小板"。《诗经·小雅·信南山》："执其鸾刀，以启其毛，取其血膋。"汉代东方朔《七谏·其七·濯谏》："和抱璞而泣血兮，安得良工而剖之？"三国时期魏国曹植《鼙舞歌五首·其五·孟冬篇》："死禽积如京，流血成沟渠。"南朝梁代萧纲《乐府三首·其二·艳歌篇十八韵》："控弦因鹊血，挽强用牛蜎。"唐代贾岛《子规》："自有沾花血，相和雨滴新。"宋代苏辙《奉使契丹二十八首·过杨无敌庙》："行祠寂寞寄关门，野草犹知避血痕。"金代元好问《江城子·效花间体咏海棠》："蜀禽啼血染冰蕤。趁花期。占芳菲。"明代沈周《秋宵》："梦到衰年随血少，事寻闲感累心忙。"清代全祖望《瞿将军行》："弯弓未殉沙场血，倚剑时伤国士魂。"

# 鹃［juān］繁体作鵑

指杜鹃。它的别名很多，如"子规""杜宇""怨鸟"，"布谷"等。杜鹃是一种常见的鸟，上体灰褐色，下体白色而具暗色横斑。它以虫蠹为食，是有益于人类生活的益鸟。它不能自建鸟巢，把自己的卵都产在别的鸟巢里，由别的鸟类为它代孵。南朝宋代鲍照《拟行路难十八首·其七》："中有一鸟名杜鹃，言是古时蜀帝魂。"唐代李郢《江亭春霁》："蜀客帆樯背归燕，楚山花木怨啼鹃。"宋代郭祥正《将归行》："肯学腐儒空有言，辜负春鹃口流血。"元代黎伯元《读史有感》："鹃啼地气真能验，风去河流未肯清。"明代邢宥《题海天春晓图送海南道副使致政》："啼血鹃寒还树叫，寻香蜂倦绕林飞。"清代叶方蔼《雒阳花》："天津桥上啼鹃血，一夜春风染遍开。"

# 啼［tí］

指鸟兽的鸣叫。南朝宋代谢灵运《登石门最高顶》："活活夕流驶，嗷嗷夜猿啼。"隋代杨广《舍舟登陆示慧日道场玉清玄坛德众》："孤鹤近追群，啼莺远相唤。"唐代张继《枫桥夜泊》："月落乌啼霜满天，江枫渔火对愁眠。"宋代梅尧臣《寄达观禅师》："忽闻乘杯江上归，月下碧鸡啼不已。"金代高士谈《春愁曲》："芙蓉帐暖春眠重，窗外啼莺唤新梦。"元代马祖常《题简天碧画山水》："岷关巫峡冬气清，猿啼鸟啸天一尺。"明代释妙声《题焦元尚山水》："竹间鸟啼春雨歇，洞口花落晴云闲。"清代陈廷敬《大陵河夜风雷》："空城鬼火出，废垒戍乌啼。"

**按:**"怨血鹃啼"一语源自我国古代文化中对杜鹃品性的传统认知。杜鹃最显著的特性是它的啼叫声带有双音节,特别地哀怨凄厉,而且叫起来不止不休,甚至可以达到口中流血的地步。杜鹃啼血事最早见于南朝宋代刘敬叔的《异苑·卷三》:"杜鹃始阳相催而鸣,先鸣者吐血死。"(大意:杜鹃在阳气刚刚生发的时候就为了催促春天而成群地鸣叫,最先鸣叫的那只会一直叫到吐血而死。)我国历代的诗歌中也都不乏对啼血杜鹃的描写,如:唐代杜甫《杜鹃行》:"其声哀痛口流血,所诉何事常区区";宋代韦骧《和叔康首夏书怀五首·其一》:"催得春归始自安,杜鹃啼血血应干";金代元好问《俳体雪香亭杂咏十二首·其十》:"啼尽杜鹃枝上血,海棠明日更应红";元代华仲庸《暮春山中即事》:"布谷催耕知雨足,杜鹃啼血怨春残";明代边贡《挽诗》:"鹃啼芳树血痕鲜,转首东风又一年";清代范承谟《百苦吟·其六十一·炭痕》:"月下杜鹃摇素影,一团碧血一团声。"

## 娇 [jiāo] 繁体作嬌

本义是柔美的姿态,《玉篇》:"娇,娇姿也。"后常用来泛指一切美好可爱的状貌。汉代乐府《孔雀东南飞·古诗为焦仲卿妻作》:"云有第五郎,娇逸未有婚。"晋代左思《娇女诗》:"吾家有娇女,皎皎颇白晰。"南朝梁代吴均《大垂手》:"垂手忽迢迢,飞燕掌中娇。"唐代卢照邻《长安古意》:"百丈游丝争绕树,一群娇鸟共啼花。"宋代湛道山《荷花》:"涌金门外凉生早,无数荷花斗娇好。"辽代萧观音《回心院》:"张鸣筝,恰恰语娇莺。"金代郝天挺《莲花菊》:"依径香生妃子步,绕篱嫩比六郎娇。"元代关汉卿《【双调】碧玉箫·其十》："笑语喧哗，墙内甚人家？度柳穿花，院后那娇娃。"明代唐寅《题拈花微笑图》："佳人见语发娇嗔，不信死花胜活人。"清代仓央嘉措《情诗·其四》："欲题新词寄娇娘，风吹雨蚀半微茫。"

# 媒 [méi]

指雉媒，即被猎人所驯养，以勾引者的角色来帮助猎人诱捕同类的鸟。西晋文学家潘岳在《射雉赋序》中说："余徙家于琅邪，其俗实善射。聊以讲肄之余暇而习媒翳之事，遂乐而赋之也。"（大意：我家迁徙到琅邪，这地方的民俗是擅长射猎。我曾用讲学之外的闲暇时间跟当地人学习过有关"媒翳"的知识和方法，因此也乐于写这篇诗赋来说说相关的事情。）南朝刘宋时期的文学家徐爰给其中的"媒翳"一词作注解说："媒者，少养雉子，至长狎人，能招引野雉，因名曰'媒'；翳者，所隐以射者也。"（大意：所谓'媒'，就是从小即被驯养的野鸡幼雏。幼雏长大后和猎人亲昵无间，能为猎人招引其他野鸡，因而这个带有中介性质的"诱饵野鸡"就被叫作"媒"；所谓"翳"，就是隐藏射猎者的遮蔽设施。）南朝宋代鲍照《代雉朝飞》："雉朝飞，振羽翼，专场挟雌恃强力。媒已惊，翳又逼。"唐代孙逖《长洲苑》："山静吟猿父，城空应雉媒。"宋代王禹偁《赠种放处士》："媒雉不诱凤，由鹿不致麟。"元代戴良《艾如张》："泽中青草深且茂，莫听尔媒登垄雊。"明代刘基《雉子斑》："野人拄翳潜置媒，和声相应无惊猜。"清代钱谦益《再次敬仲韵十二首·其十》："雉雏有媒逢弩镞，鹿生无命系庖厨。"

**按**：媒翳之事最早见载于西汉学者刘歆《西京杂记·卷四》：
"茂陵文固阳，本琅琊人，善驯野雉为媒，用以射雉。每以三春之月，为茅障以自翳，用觟矢以射之，日连数百。茂陵轻薄者化之，皆以杂宝错厕翳障，以青州芦苇为弩矢，轻骑妖服，追随于道路，以为欢娱也。阳死，其子亦善其事，董司马好之，以为上客。"（大意：茂陵的文固阳，本来是琅琊那里的人，善于驯养野雉为雉媒也就是诱饵野鸡，用来猎射其它的野鸡。在每年的农历三月，用茅草铺设成隐蔽自己的掩体，用母羊角磨成的小箭头射击那些被诱饵野鸡勾引来的野鸡，每日能猎获好几百只。茂陵的一些纨绔子弟改进了他的方法，用各色的珍宝参差错落地装饰在掩体上，又用青州的芦苇为箭矢，骑着快马，穿着奇装异服，追随文固阳到处打野鸡，以此为乐。后来文固阳死了，他的儿子也擅长媒翳之事，董司马很欣赏他，待之如上宾。）

**又按**：历史上并非只有雉（野鸡）可以驯养成"媒"，唐代韩翃《送丹阳刘太真》"下箸已怜鹅炙美，开笼不奈鸭媒娇"，说的是以鸭为"媒"；陆龟蒙《和袭美寄毗陵魏处士朴》"溪籁自吟朱鹭曲，沙云还作白鸥媒"，说的是以白鸥为"媒"；其《鹤媒歌》"盘空野鹤忽然下，背翳见媒心不疑"，又明代高启《鹤媒歌》"鹤媒独步荒陂水，仰望云间飞不起"，说的是以鹤为"媒"；元代郝经《雁媒》"饮啄养为媒，朋俦总相忘"，说的是以雁为"媒"。猎人诱鸟之术大抵相类，当然其中还是以雉为媒者比较普遍。

# 雉 ［zhì］

即野鸡，其别名很多，比较常见的有"山鸡""锦鸡"。由于它可以用来做诱捕同类的中介鸟，所以又有"介鸟"之名。雄雉的头上有冠，羽毛很美，尾长，很善斗；雌雉呈淡淡的黄褐色，尾较短。它们善走，不能久飞，飞起来动作迟缓，喜欢扇动羽毛。《诗经·邶风·雄雉》："雄雉于飞，泄泄其羽"，说的就是它们的这个样子。它们能够边飞边叫，一副悠然自得的神态。其肉可食，古人会用雄雉的羽毛制作高档装饰品。雉的特性是爱美。西晋张华《博物志》上说："山鸡有美毛，自爱其色，终日映水，目眩则溺死。"（大意：山鸡有非常美丽的羽毛，它们深爱自己的姿色，整天对着水面顾影自怜，甚至能因为头晕目眩而掉进水里淹死。）又说："翟雉长尾，雨雪降，惜其尾，栖高树杪，不敢下食，往往饿死。"（大意：山鸡的尾巴很长，每当雨雪降临，它们会因为爱惜自己美丽修长的尾巴而躲栖在很高很高的树梢上，不敢下来觅食，往往因此而被饿死。）汉代王褒《九怀·其三·危俊》："钜宝迁兮砏磤，雉咸雊兮相求。"唐代李颀《送刘四赴夏县》："男耕女织蒙惠化，麦熟雉鸣长秋稼。"宋代梅尧臣《鸣雉词》："雄雉鸣桑林，雌雉雊麦陇。"元代朱德润《雪竹双雉图》："雪压林梢竹倒垂，石边双雉欲惊飞。"明代蒋主孝《晓行》："小圃惊飞雉，长林噪乱鸦。"清代曹秉哲《和吴梅村宫扇》："雉尾移来云五色，蛾眉捧出日双轮。"

# 雊 ［gòu］

野鸡的鸣叫。这个字由"隹"和"句"组成，"隹"指雉，即野鸡，"句"指弯曲，"句"与"隹"结合起来表示

"野鸡弯曲脖子用力鸣叫"的意思。《诗经·小雅·小弁》："雉之朝雊，尚求其雌。"三国时期魏国曹丕《十五》："雊雊山鸡鸣，虎啸谷风起。"晋代潘岳《射雉赋》："麦渐渐以擢芒，雉鷕鷕而朝雊。"唐代王维《渭川田家》："雉雊麦苗秀，蚕眠桑叶稀。"宋代宋庠《宿斋太一宫即事五首·其二》："卧闻野雉宫前雊，应有神光坛上来。"元代赵孟頫《采桑曲》："野雉朝雊雊且飞，谁家女儿采桑归。"明代胡应麟《琴操十一首·其四·残形操》："雉朝飞，雉雊于田号，维雌则随。"清代顾炎武《少林寺》："坏壁出游蜂，空庭雊荒雉。"

## 【本句译读】

吐血的杜鹃发出哀怨悲伤的啼声，娇艳的雉媒为了招引同类"勾勾"地叫个不停。

# 19. 懊恼呢喃　间关栗溜

## 懊恼 ［ào nǎo］繁体作懊惱

指鹧鸪鸟的叫声，语出唐末前蜀韦庄七言律诗《鹧鸪》的最后一句："懊恼泽家非有恨，年年长忆凤城归"。在这句诗的后面作者自己作注解说："懊恼泽家，鹧鸪之音也。"后世诗人在描写鹧鸪时即用"懊恼"作"懊恼泽家"的省称，表现它鸣叫的声音。明代何绛《珠崖杂咏·其一》："错被鹧鸪频懊恼，原来佳物不逢时。"清代朱彝尊《洞仙歌》："数邮签万里，岭路千重，行不得，懊恼鹧鸪啼遍。"

## 呢喃［ní nán］

指燕子的鸣叫声。《玉篇》："呢喃，小声多言也。"表现燕子软语低送、絮絮不休的状貌。唐代孙郃《宫词二首·其二》："双双紫燕语呢喃，怪引春宫梦不甘。"宋代秦观《夜游宫》："巧燕呢喃向人语，何曾解、说伊家、些子苦。"金代王寂《燕》："呢喃似说经岁别，念我穷愁加慰劳。"元代虞集《风入松》："御沟冰泮水挼蓝，飞燕又呢喃。"明代汤显祖《上巳燕至》："花自无言春自老，却教归燕与呢喃。"清代毛奇龄《寄远公八侄》："河鱼终疾病，越燕又呢喃。"

## 间关［jiān guān］繁体作間關

指鸟类滑润宛转的鸣叫声。十六国时期前凉国张骏《春游诗》："鸠鹊与鹂黄，间关相和鸣。"北朝齐代魏收《看柳上鹊》："间关拂条软，回复振毛轻。"隋代李孝贞《听百舌鸟》："间关既多绪，变转复无穷。"唐代陶翰《柳陌听早莺》："间关难辨处，断续若频惊。"宋代石延年《莺》："何处传新咔，间关出建章。"金代丘处机《忆江南·四时四首·春》："红白野花千种样，间关幽鸟百般啼。"元代于立《胡琴谣赠张猩猩》："新莺出谷调高声，间关泻出春风情。"明代朱高炽《桃园春晓》："隔林莺语滑，两两间关啭。"清代彭桂《夜饮阁再彭席上听孙良侯挝鼓歌》："徵如呜咽滩流水，羽如间关莺滑语。"

# 栗溜 ［lì liú］

即黄莺，亦名"黄鸟""黄鹂"。三国时期吴国陆玑在《毛诗草木虫鱼疏》中给《诗经·周南·葛覃》"黄鸟于飞"这句诗作注解说："黄鸟，或谓之'黄栗留'。当葚熟时，来在桑间，故里语曰：'黄栗留，看我麦，黄葚熟。'"所谓"栗溜"，就是黄莺别名"黄栗留"的省称。"溜"字古时有很多用法，其中之一就是与"留"字通同。宋代编纂的《集韵》注解"溜"字时说："力求切，音留，义同。"意思是它读第二声，和"留"字音、义俱同。"黄栗留"也被写做"黄鹂鹠""黄鹂留"。古人对黄莺别名的用字殊无定制，意会而已。黄莺的别名很多，但比较流行的只是这几个。宋代欧阳修《夏享太庙摄事斋宫闻莺寄原甫》："凤城绿树知多少，何处飞来黄栗留。"金代路铎《高唐刘氏驻春园》："醉乡天地白日永，鹁鸠栗留皆好音。"元代张仲深《挟弹图》："栗留多在高树枝，好音恰恰伤春啼。"明代戴浩《春晓闻莺》："东风微度栗留声，羌笛轻调百啭清。"清代庄述祖《述梦》："几亩柔桑栗留语，一池浅水活东书。"

## 【本句译读】

山林里的鹁鸪喊着"懊恼泽家"，燕子则是一片呢喃低语；发出"间关、间关"鸣叫声的，是大自然的歌手黄莺在清唱。

# 20. 原隰堆茵　郊垌铺绣

## 原隰［yuán xí］

意为广平而低湿之地。《国语·周语》："犹其原隰之有衍沃也。"韦昭注解说："广平曰'原',下湿曰'隰'。"晋代张载《登成都白菟楼》："蹲鸱蔽地生,原隰殖嘉蔬。"南朝宋代谢灵运《从游京口北固应诏》："原隰荑绿柳,墟囿散红桃。"唐代韩偓《雨》："坐来簌簌山风急,山雨随风暗原隰。"宋代晁补之《送八弟无斁宰宝应》："冲湍顺涂路,游波汇原隰。"元代袁易《春日雪中》："纷纷渐填委,势若包原隰。"明代张宇初《送别王仲缙先生歌》："湿云到地绕原隰,啼鸟深林昼阴寂。"清代汪由敦《种慧庵偶作·其三》："乌犍三两头,驱之下原隰。"

## 堆［duī］

聚集;累积在一起。《说文》："堆,聚土。"唐代李白《太华观》："怪石堆山如坐虎,老藤缠树似腾蛇。"宋代张咏《寄傅逸人》："落叶堆荒径,澄泉照白衣。"金代韩玉《贺新郎·其二·咏水仙》："门外落花风不定,糁糁乱红堆径。"元代王丹桂《洞仙歌·九日》："正披岩、红叶接径黄花,堆锦绣，袅袅清香依旧。"明代董其昌《咏盆菊》："积紫照朱茵，堆黄象金埒。"清代董元恺《虞美人·其二·闺恨》："南园满地堆轻絮。梁燕双来去。"

## 茵［yīn］

本义是指车上的垫褥。《说文》："茵，车重席。"引申为一般铺垫用品如垫子、褥子、座垫等的通称。《汉书·五行志》："御者在茵上。"（大意：驾车的人坐在座垫上。）唐代经学家孔颖达为《诗经·秦风·小戎》："文茵畅毂，驾我骐骝"这句诗作注解说："茵者，车上之褥，用皮为之。言文茵，则皮有文采，故知虎皮也。"（大意：所谓"茵"，就是马车上的褥垫，用兽皮做的。称作"文茵"，则是皮子上有纹彩，因此可知诗中说的是虎皮。）可见"茵"可以是素色的，也可以是彩色的，古代高级的辇舆座垫就有用斑驳的虎皮做成的。因为"茵"字形从"艸"，所以古时人们更乐于用它来形容大地上如同巨型垫子的花圃草坪。南朝梁代萧子显《燕歌行》："洛阳梨花落如雪，河边细草细如茵。"唐代徐夤《蒲》："濯秀盘根在碧流，紫茵含露向晴抽。"宋代韩维《和景仁湖中》："繁花乱委茵铺锦，弱柳交垂绿作笼。"金代无名氏《玉楼春·闺情》："杂花满地绣成茵，人坐绣茵深处醉。"元代耶律铸《西行留别诸人》："绿杨飞絮草铺茵，到处春光随意新。"明代谢应芳《老病》："幅巾方竹杖，青草落花茵。"清代陈子升《赋得花丛乱数蝶》："不堪垂手伎，烂漫舞茵斜。"

## 郊坰［jiāo jiōng］

泛指郊外广阔的原野。《说文·冂部》："邑外谓之郊，郊外谓之牧，牧外谓之野，野外谓之林，林外谓之冂，象远界也。"（大意：国都的外围叫作"郊"，郊之外叫作"野"，野之外叫作"林"，而林之外就叫作"冂"，用象形的方式表示遥远广阔的域界。）这里的"冂"就是古文字"坰"的或体。"郊坰"一词最早见于晋代葛洪《抱朴子·崇教》："或建翠翳之青葱，或射勇禽於郊坰。"（大意：或设伏于翠叶遮蔽的山峦，或射杀凶猛的飞禽于郊坰。）南朝梁代何逊《赠江长史别》："饯道出郊坰，把袂临洲渚。"唐代高适《送蔡少府赴登州推事》："公才征郡邑，诏使出郊坰。"宋代苏轼《南歌子》："夜来微雨洗郊坰，正是一年春好，近清明。"元代柯九思《宫词十五首·其十四》："元戎承命猎郊坰，敕赐新罗白海青。"明代陈邦彦《闻变·其六》："谁为绘图持入告，郊坰元亦是黔黎。"清代屈大均《送王观察之官蜀中二十四首·其十六》："花潭春水满郊坰，玉垒诸峰尽作屏。"

## 铺［pū］繁体作鋪

作动词解，意为东西散开置放、陈设开来。《广雅》："铺，陈也。"《集韵》："音通，设也。"《诗经·大雅·常武》："铺敦淮濆，仍执丑虏。"汉代乐府《艳歌》："青龙前铺席，白虎持榼壶。"南朝梁代朱超《咏贫》："藁湿铺床冷，荷脆补衣难。"唐代宋之问《答田征君》："风泉度丝管，苔藓铺茵席。"宋代吕陶《寒食》："南亩如云铺秀色，西楼照日起祥烟。"元代王丹桂《满庭芳》："园林铺秀，桃李正芳菲。"明代倪谦《世医堂》："丹砂夜伏芙蓉鼎，红杏春铺锦绣茵。"清代陈维崧《翠楼吟·小院》："此日重来，剩榆荚漫天，苔钱铺地。"

## 绣［xiù］繁体作繡

本义指用锦线绣成的有纹彩的物品。《周礼·冬官考工记·缋人》："五采备，谓之'绣'。"《说文》采用了这个解释："绣，五采备也。"《史记·项羽本纪》："富贵不归故乡，如衣绣夜行，谁知之者？"（大意：富有而且尊贵了却不回故乡，就像穿着五彩的衣服在黑夜里行走，谁能看到你的富有和尊贵？）也常被用来引申泛指如同丝织品般精美鲜艳的东西。晋代谢安《与王胡之》："绣云绮构，丹霞增辉。"南朝宋代鲍照《拟行路难十八首·其三》："璇闺玉墀上椒阁，文窗绣户垂罗幕。"唐代孟浩然《同张明府碧溪赠答》："绮筵铺锦绣，妆牖闭藤萝。"宋代苏颂《寒食后一日作和林秀才》："宫花铺绣浅深红，蜀柳垂丝千万缕。"金代党怀英《赵飞燕写真》："春回太液花如绣，花底轻风扶翠袖。"元代耶律铸《大道曲》："春风吹绣陌，花满帝乡树。"明代刘基《满江红》："几处处、莓苔铺绣，碎红堆缬。"清代彭孙遹《满宫花·南园》："试青鞋，褰翠袖。春色南园堆绣。"

## 【本句译读】

起伏的洼地平原堆聚着繁花密草，就像铺着一层厚厚的地毯；广褒的郊野大地更是五彩缤纷，如锦如绣。

# 21. 叠嶂黛浓　回塘縠皱

## 叠嶂［dié zhàng］繁体作疊嶂

亦作"叠障"，指重迭的山峰。南朝梁代萧衍《直石头》："夕池出濠渚，朝云生叠嶂。"隋代薛道衡《豫章行》："前瞻叠障千重阻，却带惊湍万里流。"唐代孟浩然《经七里滩》："叠障数百里，沿洄非一趣。"宋代陆游《还家》："叠嶂出云明客眼，澄江涨雨濯京尘。"金代周昂《晚望》："叠嶂何时出，荒城落日低。"元代梅致和《寿宪使继学王公》："叠嶂清风凛凛寒，绣衣于此偶跻攀。"明代张和《泰山绝顶作》："叠嶂纷开阖，浮岚互吐吞。"清代姚鼐《翠微亭》："排空叠嶂穿城入，铺地横江隔树明。"

## 黛［dài］

指青黑色。南朝宋代谢庄《自浔阳至都集道里名为诗》："青溪如委黛，黄沙似舒金。"唐代李白《对酒》："青黛画眉红锦靴，道字不正娇唱歌。"宋代曾巩《郡斋即事二首·其二》："满轩山色长浮黛，绕舍泉声不受尘。"金代丘处机《月中仙·对松》："出群常羡此，岁寒重、孤凝黛色。"元代胡祗遹《鹧鸪天·甥孙以红叶扇索乐府》："流水远，夕阳迟。秋山敛黛让晴晖。"明代金幼孜《北京八景·其一·居庸叠翠》：

"千山黛色落平野，万里烟光明远空。"清代郭金台《元日新晴漫吟》："今朝山色青如黛，只合楼头望蚤春。"

## 浓［nóng］繁体作濃

意为事物含量的厚重或稠密，与"淡"相对。《增韵》："浓，淡之对。"晋代陆机《为顾彦先作诗》："肃肃素秋节，湛湛浓露凝。"隋代卢思道《春夕经行留侯墓》："坟荒隧草没，碑碎石苔浓。"唐代李贺《昌谷读书示巴童》："虫响灯光薄，宵寒药气浓。"宋代范成大《题蜀果图四首·其一·木瓜》："沉沉黛色浓，糁糁金沙绚。"金代赵秉文《济源四绝·其三》："夏山如醉无人画，远处微茫近处浓。"元代耶律楚材《过济源登裴公亭用闲闲老人韵·其一》："风回一镜揉蓝浅，雨过千峰泼黛浓。"明代李昌祺《题张宪副山水》："昼阴作寒云雾密，树色凝黛岚烟浓。"清代彭孙遹《绮罗香·春尽日有寄》："翠远如空，黛浓欲滴，帘卷青山无数。"

## 回塘［huí táng］

指回环曲折的水池。唐代温庭筠《商山早行》："因思杜陵梦，凫雁满回塘。"宋代王安石《蔷薇·其三》："北山输绿涨横陂，直堑回塘滟滟时。"元代顾瑛《柳塘春口占四首·其四》："柳垂新绿枝枝弱，水转回塘漫漫流。"明代屠隆《润州怀古》："潮满空濠集暮樯，雁冲寒树下回塘。"清代洪亮吉《夜抵桃源宿江上行馆》："涉江何处江波狭，欲向回塘问鸂鶒。"

## 縠 [hú]

指带有皱纹的纱。《释名》："縠,纱也。"这种纱以轻薄著称,秦汉时期即已用做贵重服饰的原料。战国时期楚国宋玉《神女赋》:"动雾縠以徐步兮,拂墀声之珊珊。"南朝梁代沈约《四时白纻歌五首·其一·春白纻》:"兰叶参差桃半红,飞芳舞縠戏春风。"唐代白居易《和梦游春诗一百韵》:"袖软异文绫,裾轻单丝縠。"宋代宋祁《玉楼春·春景》:"东城渐觉风光好,縠皱波纹迎客棹。"金代赵沨《留题西溪三绝·其二》:"波光湛碧冷无痕,眇眇轻风起縠纹。"元代耶律铸《玉津池早春》:"嫩漪縠皱浴鸳鸯,信逐轻鸥下野塘。"明代王宠《与王工部玄成游泛分咏横塘》:"鱼戏縠纹乱,鸟鸣山籁长。"清代纳兰性德《柳枝词二首·其二》:"池上闲房碧树围,帘纹如縠上斜晖。"

## 皱 [zhòu] 繁体作皺

本义指皮肤因松弛而起的细纹,《玉篇》:"面皱也。"引申泛指各种物体表面上的褶纹。唐代韩愈《南山诗》:"前低划开阔,烂漫堆众皱。"宋代晏殊《渔家傲·其二》:"倚遍朱阑凝望久,鸳鸯浴处波文皱。"金代邢安国《过唐州西李口》:"西风吹皱一溪水,水光日影金鳞鳞。"元代关汉卿《叨叨令》:"碧粼粼绿水波纹皱,疏剌剌玉殿香风透。"明代方凤《乘月登矫翁新叠山》:"小洞著云梅雨细,方池皱绿竹风匀。"清代汪懋麟《浣溪沙·咏被》:"晴昼戏翻红浪皱,良宵双抱翠帏宽。"

重叠的山峦郁郁葱葱，闪烁着浓重的青黑光色；环曲的池塘里微波泛动，有如褶皱的薄纱。

# 22. 晴窗检点　胜话偏饶

## 晴窗 ［qíng chuāng］

指明亮的窗户。唐代杜牧《闺情》："暗砌匀檀粉，晴窗画夹衣。"宋代邵雍《岁暮自贻》："一枕晴窗睡初觉，数声幽鸟语方休。"金代元好问《赋南中杨生玉泉墨》："晴窗弄笔人今老，孤负松风入砚声。"元代冯子振《题米敷文楚山清晓图》："晴窗开卷作三叫，看得米家神气小。"明代杨士奇《寄袁止安》："早晚归来访真馆，晴窗共阅紫霞编。"清代吴敬梓《题王溯山左茅右蒋图》："箧藏此图三十载，晴窗拂拭无纤尘。"

## 检点 ［jiǎn diǎ］繁体作檢點

意为查看、翻检、盘点。唐代敦煌曲子《三冬雪·其十五·望寄寒衣》："回身检点箧箱中，施交御彼三冬雪。"宋代苏轼《次韵子由书清汶老所传〈秦湘二女图〉》："检点凡心早除拂，方平神鞭常使物。"元代戴元《三洲岩》："我来检点浮生事，顿觉壶天日月闲。"明代张弼《题画二首·其二》："检点残编坐碧窗，不知庭外桂花黄。"清代王士禛《浪淘沙·和漱玉词》："砚匣日随身，检点残春。"

**按**："晴窗检点"语出唐代诗人杜甫《赠献纳使起居田舍人澄》："晓漏追趋青琐闼，晴窗检点白云篇。"（大意：伴随着佛晓时分的更漏声匆匆赶去皇宫里，在明亮的窗前翻检一下我那些有待整理的诗文。）后人多有袭用，如元末明初胡奎《集杜少陵诗句一首奉寄云庵法师》："陶冶性灵存底物，晴窗检点白云篇。"明代汤显祖《皂罗袍带》："招司马，进仲宣，晴窗检点白云篇。"清代蒋畹《卖花声·柬外》："买卜费金钱，愁绝离鸾，晴窗检点白云篇。"

## 胜话［shèng huà］繁体作勝話

指佳话、美好的话题。宋代陈傅良《次韵奉酬丁少詹见过同游仙岩遇雨而别》："欲与溪山成胜话，却因风雨得空回。"明代陈献章《菊节后五日丁明府彦诚携酒来饮白沙社赋补会·其一》："江门赋补会，胜话无穷年。"

## 偏饶［piān ráo］繁休作偏饒

意为最多；特别丰富。唐代韩溉《柳》："世间惹恨偏饶此，可是行人折赠稀。"宋代曹勋《临江仙·其一》："连夜阴云开晓景，中秋胜事偏饶。"元代宋褧《满庭芳·汴中寒食》："对酒唱、归时多忘，惜花心、醉后偏饶。"明代王绂《相如驷马桥》："富贵如何才满意，白头吟里恨偏饶。"清代董俞《满庭芳·其一·春游》："岩腹欹红，湖唇罨绿，春光此处偏饶。"

【本句译读】

在明亮的窗前盘点一下以往的岁时掌故，其间可称道的胜事和佳话实在太多啦。

## 23. 赐颁醹醁　寿颂柏椒

### 赐［cì］繁体作賜

旧时指上级对下级或长辈对小辈的给赏。《说文》："赐，予也。"《正字通》："上予下曰'赐'。"屈原《天问》："雷开阿顺，而赐封之？"汉代曹操《气出唱》："上到天之门，来赐神之药。"南朝梁代江淹《杂体诗三十首·其六·刘文学桢感怀》："微臣固受赐，鸿恩良未测。"唐代王绩《阅家书》："张氏前钞本，班家旧赐余。"宋代杨徽之《禁林宴会之什》："诏出紫泥封去润，朝回莲烛赐来香。"金代蔡松年《闲居漫兴》："但要追莲社，何须赐镜湖。"元代陈孚《呈张上卿》："尚方敕赐紫金冠，诏领诸仙玉府班。"明代杨士奇《水龙吟·寿建安少傅》："黄封赐酒，翠盘仙脯，画堂张宴。"清代吴伟业《赠文园公》："先帝斋居好鼓琴，相如召入赐黄金。"

### 颁［bān］繁体作頒

指上对下的分赏、下发。南朝梁代江淹《杂体诗三十首·其二十七·袁太尉淑从驾》："和惠颁上笏，恩渥浃下筵。"

唐代沈佺期《九日临渭亭侍宴应制得长字》："魏文颁菊蕊,汉武赐萸房。"宋代苏颂《和胡完夫侍郎再次前韵见寄》："恩颁玉醴同霑醉,坐簇宫花任折携。"金代王处一《行香子·谢圣水会众》："谢诸公、颁赐衣粮。"元代柯九思《宫词十五首·其七》："传宣太府颁宫锦,近侍承恩拜榻前。"明代刘炳《宫果》："每蒙明主念微臣,宫果频颁品味新。"清代曹尔堪《浣溪沙·晓起》："宿砚频催童子涤,好花颁与侍儿簪。"

## 醹醁［rú lù］

即古时湘州醽湖出产的美酒,《集韵》："湘东美酒。"也泛指所有的美酒佳酿。最早见于西晋潘尼《皇太子集应令》："羽觞飞醹醁,芳馔备奇珍。"(大意:插着催酒翠羽的杯爵飞溅出醹醁美酒,精美的食物中尽是些奇品珍馐。)唐代李世民《赐魏征诗》："醹醁胜兰生,翠涛过玉瓒。"宋代苏辙的《答孔武仲》："后车载鸱夷,下马泻醹醁。"金代完颜璟《命翰林待制朱澜侍夜饮诗》："三杯淡醹醁,一曲冷琵琶。"元代洪希文《酹江月·酒边》："一年佳景,又新橙快意,重呼醹醁。"明代俞彦《玉女摇仙佩·佳人》："从今愿,年年畅好斟醹醁。"清代华长发《满江红旅中感怀》："沽醹醁,裘常典;题诗句,髯空捻。"

**按**:"赐颁醹醁"典出晋代李轨《晋咸康起居注》："十二月庚子诏曰:'正会日,百僚增禄,赐醹酒,人二升'。"(大意:农历十二月的庚子日皇帝下诏说:"元旦早朝时,给百官增发俸禄,赏赐醹醁美酒,每人二升。")清代华希闵《广事类赋·岁时部·元旦》"赐醹醁于朝堂"句下收辑此段记载作为元旦的岁时掌故。

## 寿［shòu］繁体作壽

指年岁，寿命。《韩非子·显学》："寿，命也。"《诗经·豳风·七月》："跻彼公堂，称彼兕觥，万寿无疆。"屈原《九章·其二·涉江》："登昆仑兮食玉英，与天地兮比寿，与日月兮同光。"汉代高彪《清诫》："又不养以福，使全其寿年。"三国时期魏国嵇康《幽愤诗》："永啸长吟，颐性养寿。"唐代李百药《笙歌·其二》："不惜妾身难再得，方期君寿度千秋。"宋代王禹偁《乾明节观群臣上寿觞诗》："甲观正储祥，群臣献寿觞。"辽代沙门郎思孝《天安节题松鹤图》："四时有变此无变，愿与吾皇圣寿同。"金代高士谈《玉楼春·为伯永作》："百花元是仙家酒，千岁灵根能益寿。"元代白朴《水调歌头·至元戊寅为江西吕道山参政寿》："南土爱王粲，东阁寿平津。"明代练子宁《寄友人胡子温重午日作》："遥忆故人家庆处，彩衣寿酒献菖蒲。"清代陈廷敬《立春日漫兴》："人寿古稀忽已半，岁华春到几分多。"

## 颂［sòng］繁体作頌

指以颂扬或祝福为主题的诗文。《释名》："称颂成功，谓之'颂'。"屈原《九章·其四·抽思》："道思作颂，聊以自救兮。"晋代傅玄《答程晓诗》："穆穆雍雍，兴颂作歌。"南朝梁代江淹《杂体诗三十首·其二十七·袁太尉淑从驾》："岷谣响玉律，邑颂被丹弦。"唐代元结《题孟中丞茅阁》："请达谣颂声，愿公且踟蹰。"宋代李宗谔《清风十韵》："贤哉吉甫颂，千载有遗音。"金代赵秉文《庆学士叔献七十寿二首·其二》：

"文章不逐年龄改，能为开兴作颂无。"明代金幼孜《元夕午门赐观灯·其一》："传柑当此日，献颂愧非才。"清代屈大均《佛手柑·其六》："作颂应先汝，辞华取次倾。"

## 柏［bǎi］

指柏树，一种常绿乔木。叶鳞片状，结球果，有"扁柏""侧柏""圆柏""罗汉柏"等多个品种。柏树木质坚硬，纹理致密，可供建筑及制造器物之用。《诗经·小雅·天保》："如松柏之茂，无不尔或承。"屈原《九歌·其九·山鬼》："山中人兮芳杜若，饮石泉兮荫松柏。"晋代何劭《游仙诗》："青青陵上松，亭亭高山柏。"南朝梁代刘瑗《在县中庭看月》："柏叶生鬓内，桃花出鬓心。"唐代白居易《效陶潜体诗十六首·其一》："松柏与龟鹤，其寿皆千年。"宋代魏了翁《谒金门》："娘亦祝君如柏寿，相看霜雪后。"金代王若虚《猴山庙》："猴山突兀上空虚，古柏森森几万株。"元代吴全节《中岳庙投龙简》："老柏浮苍烟，古殿蚀丹腜。"明代邱云霄《别梅山寺惠上人》："坛静藤花细，廊回柏影冥。"清代吴绮《卞侍中墓》："古柏化身留劲节，秋棠血染点遗痕。"

## 椒［jiāo］

指花椒树，一种落叶灌木或小乔木。果实球形，暗红色，种子黑色，可供药用或调味。屈原《离骚》："杂申椒与菌桂兮，岂维纫夫蕙茝？"晋代成公绥《椒花颂》："嘉哉芳椒，载繁其实。"南朝梁代庾肩吾《从皇太子出玄圃应令》："春光起丽谯，屐步陟山椒。"唐代陆畅《成都送别费冠卿》："红椒花落桂花开，万里同游俱未回。"宋代宋祁《和枢密晏太尉元日雪》："繁影未能藏夜燎，薄花仍欲伴春椒。"金代段克己《赠答封仲坚》："种椒盈百区，栽竹仅万个。"元代马祖常《上京翰苑书怀·其一》："六月椒香驼贡乳，九秋雷隐菌收钉。"明代张宁《戊子除夕》："最喜家门尽强健，彩衣称庆醉椒觞。"清代汤右曾《再叠前韵送陈季方》："贫家蔬薇愧宾筵，柏叶椒花已判年。"

**按**："寿颂柏椒"一语，源自北朝北周庾信《正旦蒙赵王赉酒》："柏叶随铭至，椒花逐颂来。"（大意：柏叶酒随着祝福的铭文而至，椒花酒追着贺寿的颂辞而来。）诗题中的"正旦"是指我国农历的正月初一日。古时农历正月初一日有进酒上寿的民间习俗。东汉崔寔《四民月令·正月》记载："正月之朔，是谓'正日'，躬率妻孥，洁祀祖祢。前期三日，家长及执事，皆致斋焉。及祀日，进酒降神。毕，乃室家尊卑，无小无大，以次列坐于先祖之前，子妇孙曾各上椒酒于其家长，称觞举寿，欣欣如也。"（大意：正月的第一天，叫作"正日"，这天要亲自带着妻子孩儿们到家族的宗庙里，以洁敬之心虔诚地祭祀先祖和先父。此前三天，家长和主持祭祀的人要行斋戒之礼。到了正式祭祖这天，要有进酒的仪式和请神的仪式，做完相关的事宜后就结束了。于是家中的尊长和晚辈，无论年纪大小，都以既定的次序排坐在先祖的灵位前，儿子们、儿媳们及孙子、曾孙等各向家长敬献椒酒，举杯贺寿，呈现着喜乐和美的家庭氛围。）南朝梁代宗懔的《荆楚岁时记》也记载说："正月一日……长幼悉正衣冠，以次拜贺，进椒柏酒，饮桃汤。"（大意：正月初一……家中的成年人和小孩子都要端正服饰冠带，依既定的次序给老人拜年贺寿，敬献椒柏酒，并请喝下能够辟邪的桃汁。）所谓"椒柏酒"，即"椒花酒"和"柏叶酒"的合称，是把椒花若干片或侧柏叶若干片捣碎，置于容器中，加入白酒，密封，浸泡七天后过滤去渣，即成寿酒。这种酒也被省称为"椒柏"或"柏椒"。"寿颂柏椒"一语在柏椒称觞、祝颂长寿的意涵之外，也隐寓着《椒花颂》的暗典。事见《晋书·列女传·刘臻妻陈氏传》，其中记载："刘臻妻陈氏者，亦聪辩能属文。尝正旦献《椒花颂》，其词曰：'旋穹周回，三朝肇建。青阳散辉，澄景载焕。标美灵葩，爰采爰献。圣容映之，永寿于万。'"后人常把"椒花颂"作为典实，喻指新年敬酒祝寿之意。唐代戴叔伦《二灵寺守岁》："无人更献椒花颂，有客同参柏子禅"；宋代丁谓《句·其十五》："即席椒花颂，延年柏叶觞"；元代王冕《丙申元旦守母制因感而作》："今日椒花颂，无能献老亲"；明代李东阳《除日追和坡诗三首·其三·守岁》："高堂椒花颂，欢乐勿蹉跎"；清代顾光旭《蝶恋花》："半额鸦黄双彩凤，灯前恰献椒花颂"，都是用的这个典故。清代华希闵《广事类赋·岁时部·元旦》"柏叶椒花，并堪铭颂"句下收辑此风俗作为元旦的岁时掌故。

## 【本句译读】

正月初一这天，朝堂上君王分赏醽醁佳酿给朝廷百官以示恩宠；百姓家晚辈敬献柏椒美酒给自己的长辈以表达贺岁祝寿的孝心。

# 24. 幡镂簪贴　额晕妆描

## 幡 [ fān ]

即"春幡"的简称。春幡也叫做"春幡胜""幡胜",是缀簪在头上的一种装饰物,其间是一枚用金银镂刻而成的簪子;簪尾和一片长条形小银片相连,小银片悬于簪尾的样子看上去很像一面小小的幡旗。人们在立春时佩戴它以表示迎春、辟邪之意,故名"春幡"。南朝陈代徐陵《杂曲》:"立春历日自当新,正月春幡底须故。"唐代韦庄《立春》:"雪圃乍开红菜甲,彩幡新剪绿杨丝。"宋代范成大《鞭春微雨》:"幡胜丝丝雨,笙歌步步尘。"元代赵孟頫《人日立春》:"霜鬓彩幡浑不称,强题新句慰羁情。"明代储巏《立春日》:"白发银幡聊作戏,青衫竹马自成行。"清代俞樾《沁园春·丁丑立春日作,索竹樵翁和》:"处处春幡,家家春酒,花胜人人簪上钗。"

## 镂 [ lòu ] 繁体作鏤

意为在坚硬物质上两面通透的雕刻、很深很立体的镂刻。《正韵》:"镂,雕刻也"。但"镂"决不是简单粗糙的雕与刻,而是一种非常精湛细腻的操作,而且往往是施用在比较贵重的材质上面,比如金质、银质或玉质的装饰物等。《诗经·秦风·小戎》:"蒙伐有苑,虎韔镂膺。"晋代刘琨《扶风歌》：“谁能刻镂此，公输与鲁班。”唐代韦渠牟《杂歌谣辞·其二·步虚词》：“镂玉留新诀，雕金得旧编。”宋代欧阳修《忆山示圣俞》：“巉巉起绝壁，苍翠非刻镂。”金代刘仲尹《浣溪纱·其一》：“戏镂宝钿呈翡翠，笑拈金剪下酴醾。”元代何中《莆阳歌五绝·其二》：“镂银合子槟榔片，戏喷猩红散唾花。”明代陆粲《送汪金事之湖南三首·其二》：“骢马长鸣饮碧流，花银镂带鹔鹴裘。”清代曹贞吉《花发沁园春·咏司马相如私印》：“辛苦临邛书剑，倩何人昆刀，刻镂风雅。”

## 簪［zān］

意为把簪子或其它什么东西插戴在头上的动作。南朝宋代谢惠连《捣衣》：“簪玉出北房，鸣金步南阶。”唐代李峤《皇帝上礼抚事述怀》：“小臣滥簪笔，无以颂唐风。”宋代寇准《县斋春书十二韵》：“衰容常懒栉，病发岂胜簪。”金代赵秉文《塞上四首·其一》：“随分坡田罢，还簪野草花。”元代刘诜《再用韵酬同游诸公》：“簪花泥饮田间老，我自不如渠兴浓。”明代孙仁孺《六犯宫词》：“爱妾眉方翠，怜侬笄未簪。”清代徐釚《卜算子·春恨》：“簪柳过清明，斜插凭纤手。”

## 贴［tiē］繁体作貼

意为粘合、把一种东西粘在另一种东西上。北朝魏代无名氏《木兰辞》：“当窗理云鬓，对镜贴花黄。”南朝梁代吴均《赠柳真阳》：“南窗贴云母，北户映琉璃。”唐代卢照邻《长安古意》：“生憎帐额绣孤鸾，好取门帘贴双燕。”宋代晏殊《拂霓裳·其三》：“风日好，数行新雁贴寒烟。”金代刘仲尹《浣溪纱·其一》：“贴体宫罗试袂衣，冰蓝娇浅染东池。”元代周伯琦《宫词·其二》："木难火齐当缠头，贴地金莲步欲羞。"明代魏学洢《长水怨·为友人妾赋》："临镜贴花钿，可怜体无比。"清代沈岸登《十二时·人日对雪，悼七弟子襄》："卯酒犹寒，辛盘未熟，彩胜无心贴。"

**按：**"幡镂簪贴"一语，源自立春日簪戴春幡的古老民俗。宋代孟元老《东京梦华录·立春》记载："春日，宰执、亲王、百官皆赐金银幡胜。入贺讫，戴归私第。"（大意：立春这天，宰相和执政大臣、皇室亲王，还有朝廷百官，都被皇上赐予金质或银质的春幡胜。大家进宫给皇上贺岁后，就可以戴着这种昂贵头饰各回各家了。）宋代周密的《乾淳岁时记》也记载："是日，赐百官春幡胜。宰执亲王以金，余以金里银及罗帛为之。系文思院造进，各垂于幞头之左入谢。"（大意：立春这天，皇上给朝廷百官分赐春幡胜。宰相和执政大臣们以及皇室亲王的春幡是金质的，其他各官是金包银的或是用绫罗和丝帛做的。这些春幡系由文思院承办制造的。大家簪插在轻纱小帽的左侧入宫致谢。）春幡的样式非止一种。南宋陈元靓《岁时广记》"簪春幡"条下转引《提要录》的记载："春日刻青缯为小幡样，重累十余，相连缀而簪之，亦汉之遗事也。"（大意：立春这天人们把青色的丝绸或棉布缕刻成小旗帜的样子，罗叠起来，多的可以累积到十几层，然后用簪子将其连缀起来戴在头上作为迎春的特定头饰。这也是自汉代就遗留下来的风俗了。）大概起初用的都是青色，后来就多用彩色的了。宋代高承在《事物纪原·岁时风俗·春幡》里介绍说："《后汉书》曰：'立春，皆青幡帻'，今世或剪彩错缯为幡胜。"（大意：《后汉书》说："立春之日，都戴青色的春幡"，当今之世则多用剪裁的彩绸和错落编织的麻线做春幡。）《岁时风土记》记载："立春之日，士大夫之家，剪彩为小幡，谓之春幡。"可知春幡的材质和颜色都因时因地而有所不同。

**又按：** 在本句中，"镂""簪""贴"都是以春幡胜为对象做出的行为、动作。"镂"是对春幡胜的雕镂加工。唐代李商隐《人日即事》："镂金作胜传荆俗"；宋代韩琦《谢春盘幡胜状》："镂胜俯遵于俗尚"。宋代庞元英《文昌杂录》记载当时的官宦人家在立春这天相互赠予的幡胜"莫不镂金刻缯，加饰珠翠，或以金银，穷极工巧"。"簪"是把春幡胜插戴在头上的特定动作。宋代张耒《立春三首·其一》："懒将白首簪幡胜"；周必大《立春帖子·其四·太上皇帝阁》："彩胜宝幡簪帽巧"；清代洪亮吉《里中十二月词·其七·七月》："斜簪茉莉作幡胜"。春幡胜可以簪戴，也可以粘贴。梁代宗懔在《荆楚岁时记》里记载："立春之日，悉剪彩为燕以戴之；亲朋会宴，啗春饼、生菜，贴'宜春'二字。"（大意：立春这天，大家都用彩色的绸帛剪成燕子形的幡胜戴在头上；亲戚朋友一起会餐，吃春饼和生菜；并给燕子幡胜贴上'宜春'两个字。）"宜春"二字出自西晋文学家傅咸的《燕赋》："御青书以赞时，著宜春之嘉祉。"唐代苏颋《人日重宴大明宫恩赐彩缕人胜应制》："初年竞贴宜春胜"；宋代苏辙《同外孙文九新春五绝句·其一》："佳人旋贴钗头胜"；元代张宪《端午词》："彩胜金花贴鼓腰"；明代李攀龙《人日同元美子与公实集子相宅得寒字》："贴屏皆彩胜"；明代胡直《人日立春喜雪和胡子文太史》："禁扉同贴胜"；清代尤侗《河传·戏拟闺中十二月乐词·其一·正月》："华胜妆钗，宜春贴字。"这些都说明

"贴"也是春幡胜的一个展示方式。《荆楚岁时记》里说："正月七日为人日，以七种菜为羹，剪彩为人，或镂金箔为人，以贴屏风，亦戴之头鬓。"（大意：正月初七是"人日"。按照习俗，人们在这天要吃七种蔬菜混合在一起的菜粥；用彩帛剪出人形的春幡胜，或把薄薄的金片镂刻成人形的春幡胜，把它贴在屏风上，也可以簪戴在头上。）在这段记载中，把春幡胜和"镂""簪""贴"三个动作全都联系在一起了。

## 额［é］繁体作額

即额头，人脸中眉毛以上，发际线以下的部分。晋代左思《娇女诗》："鬒发覆广额，双耳似连璧。"唐代李白《杂曲歌辞·长干行》："妾发初覆额，折花门前剧。"宋代宋白《宫词·其九十七》："绣额珠帘窣地重，微风吹动牡丹枝。"金代王寂《三逸堂白芍药》："寿阳宫女妆梅额，姑射仙人莹雪肤。"元代张仲深《酬族兄润父韵》："青青草色裙腰绿，白白梅花粉额明。"明代杨慎《水龙吟·咏梅》："汉宫娇额涂黄，风流早露春消息。"清代黄之隽《芳年·其九》："依约年应十六七，柳眉梅额靓妆新。"

## 晕［yùn］繁体作暈

指光影或色彩四周模糊、渐淡的部分。南朝梁代萧纲《夜游北园》："星芒侵岭树，月晕隐城楼。"隋代杨广《白马篇》："进军随日晕，挑战逐星芒。"唐代杜牧《偶作》："惊杀东邻绣床女，错将黄晕压檀花。"宋代虞俦《和万舍人折赠蜡梅韵·其二》："晕紫檀心真似假，娇黄妆额自能媒。"辽代萧观音《回心院》："偏是君来生彩晕，对妾故作青荧荧。"金代李晏《虞美人》：“佳人酒晕红生颊，滟滟霞千叠。”元代张翥《水龙吟·郑兰玉赋蜡梅，工甚，予拾其遗意补之》：“沉水全熏，檗丝密缀，额黄深晕。”明代沈周《赏玉楼春牡丹》：“春粉腻霞微着晕，露红渐玉淡生痕。”清代黄之隽《一丛花·见乞花人》：“停梭软语窗纱里，晕红颊、欲出伴迟。”

## 妆［zhuāng］繁体作妝

本义是指女子对容貌进行的修饰。《说文》：“妆，饰也。”引申意为妆饰的式样。女子的“妆”，是古代诗文作家在创作中最关注的焦点之一。汉代乐府《孔雀东南飞·古诗为焦仲卿妻作》：“鸡鸣外欲曙，新妇起严妆。”南朝梁代王僧孺《咏宠姬》：“及君高堂还，值妾妍妆罢。”唐代白居易《琵琶行》：“曲罢曾教善才服，妆成每被秋娘妒。”宋代范仲淹《和提刑赵学士探梅三绝·其二》：“静映寒林晚未芳，人人欲看寿阳妆。”辽代萧观音《怀古》：“宫中只数赵家妆，败雨残云误汉王。”金代党怀英《感皇恩·赋叠罗花》：“汉额妆浓，楚腰舞怯，襞积裙余旧宫褶。”元代王恽《题张梦卿双清图》：“淡妆疏影两依依，点缀横斜画总宜。”明代费元禄《金陵咏怀古迹四首·其一·含章殿》：“点额新妆招不起，黄鹂衔出旧时花。”清代余上泗《蛮洞竹枝词·其四》：“似解寿阳妆制好，额间长晕墨梅花。”

## 描［miáo］

本义为依样摹写或绘画。《正韵》：“音苗，摹画也。”也多作为女子化妆时的典型动作来用。唐代江采蘋《谢赐珍珠》：“桂叶双眉久不描，残妆和泪污红绡。”宋代陈允平《小重山》："眉尖愁两点，倩谁描。"元代王实甫《三煞》："想著他眉儿浅浅描，脸儿淡淡妆。"明代王彦泓《闺人礼佛词·其一》："轻妆淡服堪描画，鹦鹉笼前捻数珠。"清代龚翔麟《齐天乐·蝉》："唤起残妆，为他描上鬓边去。"

**按**："额晕妆描"一语，源自女子"人日"描画额妆的岁时风俗。"人日"又称"人节""人生日"等，是古老的中国传统节日，时在农历的正月初七。传说女娲初创生灵，依次造出了鸡、狗、猪、羊、牛、马等动物后，于第七天造出了人，所以这一天被认为是人类的生日。《北史·魏收传》引录晋代董勋《答问礼俗》的话说："正月一日为鸡，二日为狗，三日为猪，四日为羊，五日为牛，六日为马，七日为人。"这就是"人日"之名的由来。人日有戴"人胜"（人形春幡胜）的习俗，所以也叫作"人胜节"。最初它和民间的占卜活动有关。汉代东方朔的《占书》记载："岁后八日，一日鸡，二日犬，三日豕，四日羊，五日牛，六日马，七日人，八日谷。其日晴，所主之物育，阴则灾。"古人相信天人感应，认为通过观察从初一到初八每天的阴晴，就可以预测到鸡、狗、猪、羊、牛、马、人和谷在接下来的一整年里是安泰旺盛还是灾祸衰耗。魏晋以后，人日逐渐演变成为集庆祝、祭祀、风俗、时尚于一身的节日，其中一个重要的节日活动就是女子们描画"梅花妆"。《太平御览》卷三〇转录《杂五行书》的一段记载说："宋武帝女寿阳公主，人日卧于含章殿檐下，梅花落公主额上，成五出花，拂之不去。皇后留之，看得几时。经三日洗之乃落。宫女奇其异，竞效之，今'梅花妆'是也。"（大意：南朝的宋武帝刘裕之女阳寿公主，在"人日"这天躺在含章殿的檐下回廊里闭目小憩，有一片梅花飞落在她的额头上，形成了一个五瓣的花印，而且怎么也擦拂不掉。她母亲也就是皇后叫她留下这个花印，看看多久能够消除。结果三天之后才洗得掉。宫里的侍女们对这件怪事很好奇，竞相效仿，也在额头上描绘五瓣的花印，现今叫作'梅花妆'的女子额妆，就是当年那个妆式流传下来的。）在《太平御览》卷九七〇中又一次提到了这个故事，只是这次转录的是《宋书》，说："《宋书》曰：'武帝女寿阳公主，人日卧于含章殿檐下，梅花落公主额上，成五出花，拂之不去。皇后留之，自后有梅花妆。后人多效之。'"这个"梅花妆"的出现，给女子们的额妆提供了新异的式样。后来每年的"人日"这天，年轻的女子们都喜欢描画梅花妆，争妍斗艳，遂成风尚。宋代朱翌《人日雪》："细挑生菜羹鼎香，落尽梅花妆额巧"；吴则礼《满庭芳·立春》："妆台弄粉，梅额故相夸"；明代朱诚泳《人日喜晴》："花缕迎新快，梅妆带艳明"；冯裕《人日》："野客共传栢叶酒，丽人争学梅花妆"；郭之奇《人日将旦得微雪四律·其四》："白头羞彩胜，点额念梅妆"，说的都是这个风俗。这种梅花妆或者变相的梅花妆，事实上至今仍有沿用，只是和正月初七这个"人日"没什么关系了。宋代陈元靓《岁时广记·人日》"效梅妆"条下、明代彭大翼《山堂肆考·时令·人日》"梅妆"条下都将梅花额妆事收辑为人日的岁时掌故。

**又按**：在南朝梁代沈约编撰的《宋书》里未见记载寿阳公主这段有关梅花妆的故事，《太平御览》所引录的"宋书曰"云云，应是指徐爰编撰的《宋书》。南朝宋孝武帝（刘裕）大明六年亦即公元462年，徐爰任职著作郎，他参照前人的旧稿编成"国史"，上自东晋义熙元年亦即公元405年刘裕实际掌权开始，下讫刘宋大明八年为止。《隋书·经籍志》著录徐爰《宋书》有六十五卷，可知他的书在历史上曾和沈约的《宋书》并行，但后来失传了。今天所能见到的只是通过《太平御览》等类书转录而保存下来的残篇断简。

## 【本句译读】

立春时节，人们兴高采烈地把镂刻精美的各种幡胜簪戴在头上或粘贴于屏风、床帐；人日这天，年轻的女子在额头上打好底色，细细地描画梅花额妆。

## 25. 街衢溢马　瀛岛蟠鳌

### 街衢［jiē qú］

指四通八达的街道。《说文》："街，四通也"；《尔雅》："四达谓之'衢'。"最早见于西汉学者桓宽的《盐铁论·力耕》："诸殷富大都，无非街衢五通，商贾之所凑，万物之所殖者。"（大意：凡是很富庶的都会，无不道路四通八达，商人聚集，各种商品都由此而发送至各地。）南朝宋代鲍照《拟古诗八首·其四》："街衢积冻草，城郭宿寒烟。"唐代王泠然《寒食篇》："今夜无明月作灯，街衢游赏何曾歇。"宋代陆游《书生叹》："夜归无事唤俦侣，醉倒往往眠街衢。"元

代杨载《喜晴》："楼外斜阳放晚晴，街衢前后听欢声。"明代
沈炼《送海滨公八十诗》："冠盖溢街衢，尊俎四座罗。"清代
吴省钦《观景德镇所造内窑瓷器》："街衢洞达万家聚，人不得
顾车难还。"

## 溢［yì］

本义是指水多而满，涌出于外，《广雅》："溢，满也。"
引申意为充满、充塞。汉代刘桢《公宴诗》："芙蓉散其华，菡
萏溢金塘。"晋代陆机《前缓声歌》："清辉溢天门，垂庆惠皇
家。"唐代魏徵《奉和正日临朝应诏》："声教溢四海，朝宗引
百川。"宋代和岘《导引》："森罗仪卫振华缨，载路溢欢声。"
金代赵秉文《明惠皇后挽歌词四十首·其二十一》："俭德高千
古，仁声溢两朝。"元代释明本《送禅者归乡》："狂心未向机
前歇，溢目家山转弃捐。"明代王绅《同袁公弼饮吴邦辅家》：
"珠玑溢篇帙，肴核间壶觞。"清代陈廷敬《上元夜扈从出永定
门作》："对仗金床下殿行，玉街车马溢春声。"

## 马［mǎ］繁体作馬

草食性动物，在4000年前被人类驯服为家畜，家马可以杂
交，有可育的后代。马在古代曾是农业生产、交通运输和军事
等活动的主要动力来源之一。《诗经·周南·卷耳》："陟彼崔
嵬，我马虺隤。"屈原《离骚》："步余马于兰皋兮，驰椒丘且
焉止息。"汉代刘胥《瑟歌》："奉天期兮不得须臾，千里马兮
驻待路。"晋代嵇康《四言赠兄秀才入军诗》："良马既闲，丽
服有晖。"唐代李白《相逢行》："朝骑五花马，谒帝出银台。"
宋代陈宗道《洗马行》："马高如屋长如龙，四蹄如铁声如

钟。"元代本诚《感兴二首·其二》："清晨入廛郭，间巷溢车马。"明代唐之淳《赏春》："日日东风处处春，六街车马蹴香尘。"清代汤右曾《元日次卢舜徒光禄除夕见贻原韵·其二》："正旦九衢车马散，冷烟湿雪寂寥中。"

**按**："街衢溢马"一语，源自古代上元之夜解除宵禁以便市民观赏灯会的岁时习俗。唐代韦述《西都杂记》记载："京师街衢有金吾，晓暝传呼，以禁夜行。唯正月十五夜敕许弛禁，前后各一日。"（大意：京城的街道有负责治安的官员专门管理，从黄昏到第二天清晨会不时地喊话，实行宵禁不许居民夜间行走。只有到了元宵节大办灯会才由皇帝敕令解除宵禁，解禁的时间为节日及前后各一天共计三日。）长期的宵禁一旦开解，自然会给本来就很喜庆的人们又增添出几分亢奋，不论达官贵人亦或平民百姓，都会借此机会争相夜游，观灯玩乐，而香车宝马充溢街衢更加重了节日的气氛。唐代长孙正隐《上元夜效小庾体同用春字》："薄晚啸游人，车马乱驱尘。"韩仲宣《上元夜效小庾体》："歌钟盛北里，车马沸南邻。"陈嘉言《上元夜效小庾体》："宝马金为络，香车玉作轮。"李商隐《正月十五夜闻京有灯恨不得观》："月色灯光满帝都，香车宝辇溢通衢。"佚名古籍《雍洛灵异小录》也记录了那种热闹火爆的场面："唐朝正月十五夜，许三夜夜行……其寺观、街巷灯明如昼，士女无不夜游，车马塞路。"宋代孟元老的《东京梦华录》用了很大的篇幅详细地记录了当时京城官民上元节夜游观灯的盛况，其中也描写道："阡陌纵横，城阖不禁……宝骑骎骎，香轮辘辘。"（大意：街道纵横交错，城门自由出入……那些名贵的宝马纵情疾驰，贵妇们的香车辘辘奔跑。）诗人们的记录更是当时街衢车马活跃情景的真实描绘：宋代晏殊《丁卯上元灯夕·其一》："九衢风静烛无烟，宝马香车往复还"；梅尧臣《送张著作孟侯宰上元》："天衢车马迹，急若机上梭"；苏轼《次韵王晋卿上元侍宴端门》："相从穿万马，衰病若为陪"；晁补之《次韵校理盛居中上元》："四见都城灯火春，看驱肥马走朱轮"等等，不一而足。"街衢溢马"说的就是元宵灯会期间万众出游车马塞路的景况。宋代陈元靓《岁时广记·上元上》"弛禁夜"条下、明代彭大翼《山堂肆考·时令·元宵》"金吾弛禁"和"香车宝辇"条下、清代华希闵《广事类赋·岁时部·上元》"金吾放夜""香车宝辇"句下均收辑这个风俗作为元宵节的岁时掌故。

## 瀛［yíng］

指大海。《玉篇》："瀛，海也。"南朝宋代谢庄《世祖孝武皇帝歌》："泽牣九有，化浮八瀛。"唐代李白《东海有勇妇》："舍罪警风俗，流芳播沧瀛。"宋代范仲淹《依韵酬毋湜推官》："好励图南志，翱翔览四瀛。"金代无名氏《进第二爵登歌奏天子万年之曲》："惟明后，驭寰瀛，跻升平，飞英声。"元代张翥《寄副枢董抟霄孟起》："王师前后压瀛河，万里风云入荡摩。"明代陶安《黄鹤楼》："月借金波染素身，天风吹度大瀛滨。"清代朱彝尊《乍浦》："乍浦逼瀛壖，孤城小于瓮。"

## 岛［dǎo］繁体作島

指江河湖海中被水环绕的陆地。《尚书·禹贡》："岛夷皮服"，唐代经学家孔颖达为其中的"岛"字作解释说："岛是海中之山"。汉代曹操《观沧海》:"东临碣石,以观沧海;水何澹澹,山岛竦峙。"南朝宋代谢灵运《入彭蠡湖口》:"洲岛骤回合,圻岸屡崩奔。"隋代杨广《步虚词二首·其一》:"俯临沧海岛,回出大罗天。"唐代顾况《曲龙山歌·其一》:"遥指丛霄沓灵岛,岛中晔晔无凡草。"宋代梅尧臣《依韵和王中丞忆许州西湖》:"跨桥寻岛入,疏窦出城流。"金代李晏《赠燕》:"海阔迷烟岛,楼高近落晖。"元代谢宗可《龙涎香》:"瀛岛蟠龙玉吐馨,轻氛飞绕博山青。"明代陆深《瀛海图为李宗易谕德歌》:"我闻弱流三万远隔扶桑外,六鳌三岛空传呼。"清代王士禛《荷兰刀剑》:"忆战金门岛,王师大合围。"

## 蟠 [ pán ]

盘曲,盘结。《韵会》:"音盘。伏也,曲也,屈也。"三国时期魏国阮侃《答嵇康诗二首·其一》:"潜龙尚泥蟠,神龟隐其灵。"唐代岑参《送王大昌龄赴江宁》:"潜虬且深蟠,黄鹄举未晚。"宋代黄庭坚《题子瞻枯木》:"胸中元自有丘壑,故作老木蟠风霜。"金代蔡松年《雨中花慢·送赵子坚再赴辽阳幕》:"化鹤城高,山蟠辽海,参天古木苍烟。"元代赵孟頫《咏逸民十一首·其九》:"凤雏隐中林,卧龙蟠其渊。"明代罗伦《湖西八景次陈石斋韵·其三·金鳌霁雪》:"东极蟠金鳌,寒通雪山白。"清代纳兰性德《扈驾西山》:"凤翥龙蟠势作环,浮青不断太行山。"

## 鳌 [ áo ] 繁体作鼇

指神话传说中海里的大龟或大鳖。三国时期魏国曹植《远游篇》:"灵鳌戴方丈,神岳俨嵯峨。"唐代王勃《观音大士

117

神歌赞》："宝陁随意金鳌藏，云现兜罗银世界。"宋代蔡襄《游灵峰院龙龛山》："天柱支南极，蓬山压巨鳌。"金代王明伯《失题》："钓鳌公子铁心胸，兴在三山碧海东。"元代薛汉《闲闲宗师生朝》："更向何方觅鳌岛，帝垣东畔是蓬莱。"明代王世贞《登金山·其二》："地涌楼台千蜃结，天回波浪六鳌蟠。"清代蒋士铨《摸鱼儿·王琴德比部三泖渔庄册子》："且斫脍蓬池，钓鳌瀛岛，岂必食河鲤。"

**按**："瀛岛蟠鳌"一语，源自北宋末年兴起的元宵节"鳌山观灯"的风俗。元宵节期间人们用彩灯堆叠成山，其形状如同传说中的巨鳌，所以叫作"鳌山"。鳌山灯火是元宵佳节里一个非常重要的景观。元代凌准《艅艎日疏》中记载，"宣和五年，令都城自十二月初一日放鳌山灯，至次年正月十五日止，谓之预赏元宵。徽宗日观之。"宣和五年即公元1123年，这时距离北宋的灭亡还剩不到四年，然而京城之内依然是盛世之景，鳌山灯竟然整整亮了一个半月，而徽宗皇帝赵佶还每天都去看热闹。赵佶本人也有诗纪实云："彩缔鳌山耸禁街，端门帘捲五云开。元宵佳景同民乐，不禁人行近露台。"（《宣和宫词·其九十六》）可以想见，当时是怎样的盛况。《水浒全传》第三十三回"宋江夜看小鳌山　花荣大闹清风寨"中描写宋江、花荣等人观看元宵鳌山灯的情节说："当晚，宋江和花荣家亲随梯己人两三个，跟随着宋江缓步徐行。……来到土地大王庙前，看那小鳌山时，怎见的好灯？但见：'山石穿双龙戏水，云霞映独鹤朝天。金莲灯，玉梅灯，晃一片琉璃；荷花灯，芙蓉灯，散千团锦绣。银蛾斗采，双双随绣带香球；雪柳争辉，缕缕拂华幡翠幕。村歌社鼓，花灯影里竞喧阗；织女蚕奴，画烛光中同赏玩。虽无佳丽风流曲，尽贺丰登大有年。'当下宋江等四人在鳌山前看了一回，迤逦投南看灯。"宋代的鳌山灯居然还给明代的作家留下了如此深刻的历史记忆！如果说这时的满城人群和灯火像是一片海洋，那么鳌山就是这片海洋里的一座巨岛。事实上当时的诗人词客就不乏这样的想象；北宋向子諲《鹧鸪天·其六·有怀京师上元，与韩叔夏司谏、王夏卿侍郎、曹仲谷少卿同赋》："紫禁烟花一万重，鳌山宫阙倚晴空。玉皇端拱彤云上，人物嬉游陆海中。"释大观《偈颂五十一首·其三十三》："莲开陆地，海涌鳌山。不知今夕是何夕，山林城市约同看。"宋代无名氏《鹧鸪天·其三·上元词》："紫禁烟光一万重，五门金碧射晴空。梨园羯鼓三千面，陆海鳌山十二峰。"而本句中的"瀛海蟠鳌"也就是这种景况的写照。宋代陈元靓《岁时广记·上元上》"观灯山"条下、明代彭大翼《山堂肆考·时令·上元》"凤辇鳌山"条下、清代华希闵《广事类赋·岁时部·上元》"驾鳌山于海峤"句下均收辑"鳌山观灯"事作为元宵节的岁时掌故。

## 【本句译读】

元宵灯节，宵禁解除，人们争相出游观灯，香车宝辇络绎不绝，大街小巷马头攒动；灯火辉煌的鳌山巍峨高耸，就像茫茫人海和灯海中的一座形同仙鳌蟠卧的巨岛。

# 26. 爪偷笛谱　术变虹桥

## 爪［zhǎo］

本义指抓、挠，后衍生为名词，用以指人的指甲。南朝陈代陈叔宝《听筝》："促柱点唇莺欲语，调弦系爪雁相连。"唐代李白《寓言三首·其一》："武王昔不豫，剪爪投河湄。"宋代苏轼《过木枥观》："洞府烟霞远，人间爪发枯。"元代王恽《双庙怀古》："已矣君不忘，握爪掌为穿。"明代黄镐《魏家宰公惠柑子致谢》："琼瑶乏报诗空写，指爪留香酒半酣。"清代李符《翻香令·指环》："托香腮睡梦初醒，强痕斜带爪痕生。"

## 偷［tōu］

意为窃取、盗为己有。《广韵》："偷，盗也"。唐代沈佺期《移禁司刑》："埋剑谁当辨，偷金以自诬。"宋代王禹偁《代答》："君看白日冲霄者，多是偷桃窃药人。"金代赵秉文《吊袁用之》："架上残书灰烬冷，囊中妙药鬼神偷。"元代王实甫《离亭宴带歇拍煞》："悔过了窃玉偷香胆，删抹了倚翠偎红话。"明代蒋主孝《题梁楷画钟馗》："偷花窃笛浑闲事，忍见三郎万里桥。"清代赵执信《过苏州》："楚江烟雨送行舟，偷得吴阊一段秋。"

# 笛［dí］

即笛子。《说文》："笛，七孔龠也。"《广雅》："龠谓之'笛'。"是一种古老的乐器，单管横吹，用竹子或金属管制成，形制大小不一，上面有一排供吹气、蒙笛膜和调节发音的孔。笛子发音清脆嘹亮，用于独奏、伴奏及合奏，是中国乐器中最具代表性、最有民族特色的吹奏乐器之一。汉代乐府《王子乔》："当究天禄永康宁，玉女罗坐吹笛箫。"晋代刘伶《北芒客舍诗》："长笛响中夕，闻此消胸襟。"隋代卢思道《夜闻邻妓》："笙随山上鹤，笛奏水中龙。"唐代卢照邻《和吴侍御被使燕然》："关山有新曲，应向笛中吹。"宋代周敦颐《牧童》："归路转鞭牛背上，笛声吹老太平歌。"辽代刘珂《登黄鹤楼》："江湄萍蓼年年换，不见楼前铁笛吹。"金代王庭筠《赠益公和尚还超山》："短艇得鱼撑月去，一声渔笛破寒烟。"元代潘纯《桐华烟为吴国良赋》："卧吹长笛看青天，岁扫桐烟三百石。"明代王汝玉《芦汀夜笛》："风卷芦花雪满洲，笛声飞送一江秋。"清代陈维崧《玲珑四犯·月下闻笛》："更偷把、宁王玉笛，吹彻谁知道。"

# 谱［pǔ］繁体作譜

指乐谱，是记录乐曲音高、声调、节奏等各种有组合规律的书面符号。中国在唐朝之前的乐谱都是直接用文字记载的文字谱，后来晚唐时的曹柔发明了减字谱，乐谱记载得以简化。目前现存的中国最古老的乐谱是古琴曲《碣石调·幽兰》的谱子，相传为南朝梁代的丘明传谱。它也是流传到今天唯一的一份文字谱，为唐朝手写卷，原件现存日本东京博物馆。唐代喻坦之《留别友人书斋》："背俗修琴谱，思家话药畦。"宋代方蒙仲《以诗句咏梅·玉笛冰滩索同赋》:"笛谱久无传,冷落孤山社。"金代刘迎《题刘德文戏彩堂》:"形容何止入画图,歌咏亦须流乐谱。"元代刘敏中《鹊桥仙·书合曲诗卷》:"无情枯竹,多情软语。谁按梨园新谱。"明代程敏政《度扶车岭将至大坂寄汪希颜佥宪》:"泉声可入宫商谱,山色真开紫翠屏。"清代孙星衍《别长安诗·其五》:"曲名新谱句新裁,声妓传呼起夜来。"

**按**:"爪偷笛谱"一语,源自唐代元稹乐府诗《连昌宫词》里的一条自注文。校宋明嘉靖刊本《唐文粹》收录的《连昌宫词》在"李谟擪笛傍宫墙,偷得新翻数般曲"句下有作者自作注解一条,说:"玄宗幸上阳宫,夜后新翻一曲,属明夕正月十五日潜游灯下。忽闻酒楼上有笛奏前夕新翻之曲者,大骇之。明日,密捕笛者诘验之。自云:'某其夕窃于天津桥上玩月,闻宫中奏曲,爱其新声,遂于天津桥柱以爪画谱记之。问其谁氏,奏云'臣即长安少年李谟也。'玄宗异之,赐物遣去。"(大意:唐玄宗李隆基驾临上阳宫,当晚在那里创作了一首新的曲子,同时也吩咐大家做好准备,第二天微服出宫去看元宵灯会。次日夜里大家在市井中漫步游玩的时候,玄宗皇帝忽然听到一处酒楼里传出笛声,而吹奏的恰恰就是自己昨晚新谱写的那首曲子,心中大吃一惊。天亮后派人秘密地把吹笛人逮来审问。那人自供说:"我前晚上独自在天津桥上赏月,听到皇宫里有人吹笛子,太喜欢那曲子的新颖别致,于是就用手指甲在桥的栏柱上刻画曲谱把它记录了下来。"玄宗又问他是哪里人氏,答说;"小臣是长安城里一少年,叫李谟。"玄宗很诧异他的艺术天分,特别给了些赏赐,打发他走了。)由于《连昌宫词》和它的作者在历史上名气都很大，因而偷笛谱事件也藉以流传下来，为后人所乐道。如：唐代张祜《李谟笛》："无奈李谟偷曲谱，酒楼吹笛是新声。"宋代田锡《李谟吹笛歌》："不怕金吾禁夜严，偷得新翻禁中曲。"王炎《临江仙·莫子章郎中买妾佐酒，魏倅以词戏之，次韵》："谁能闻一曲，偷向笛中传。"元代陈樵《中秋月》："《霓裳》月里亲偷得，却怪李谟偷廖笛。"清代陈维崧《鹊踏花翻·健儿吹笛》："曾在仆射营门，塞女如花，偷谱李谟银雁笛。"宋代陈元靓《岁时广记·上元中》"偷新曲"条下、明代彭大翼《山堂肆考·时令·元宵》"李谟记曲"条下、清代华希闵《广事类赋·岁时部·上元》"乃尔笛偷宫调"句下均收辑这个故事作为上元节的岁时掌故。

**又按：**《连昌宫词》"李谟"句下自注中"以爪画谱记之"一语，《全唐诗》作"插谱记之"。除了校宋明嘉靖刊本《唐文粹》收录的《连昌宫词》自注文之外，宋代陈元靓《岁时广记·上元·偷新曲》引录的《明皇实录》、宋代祝穆《事文类聚·天时部·上元》"李谟番笛"条引录《连昌宫词注》及明代彭大翼的《山堂肆考·时令·元宵》"李谟记曲"条下引录《连昌宫词注》均作"以爪画谱记之"。

## 术［shù］繁体作術

本义是指城邑中的道路。《说文》："术，邑中道也。"《广雅》："术，道也。"后来引申为方法、技能、学说、方术等。在这里则指"法术"。晋代阮籍《咏怀·其十二》："独有延年术，可以慰我心。"隋代鲁范《神仙篇》："王远寻仙至，栾巴访术回。"唐代李世民《伤辽东战亡》："未展六奇术，先亏一篑功。"宋代魏野《谢刘小谏寄惠双鹤》："仙术无能骑谢去，青云未免阻闲过。"金代王璹《游太宁寺》："泉石有情容避俗，轩裳无术可逃形。"元代任士林《晓发衡山访子昂学士》："浩荡襟期别，艰难道术穷。"明代吕时臣《江上怀峨眉道者兼寄空尘山人》："长生无术炼黄金，书剑俱忘不废琴。"清代田雯《茅山绝句·其五》："待予小试神仙术，去割乖龙左耳来。"

# 变 ［biàn］繁体作變

意为和原来的不同、变化、更改。《说文》："变，更也。"《小尔雅》："变，易也。"战国时期楚国宋玉《九辩》："变古易俗兮世衰，今之相者兮举肥。"汉代王嫱《怨旷思惟歌》："虽得喂食，心有徊徨。我独伊何，改往变常。"晋代郭璞《游仙诗十九首·其四》："淮海变微禽，吾生独不化。"唐代武则天《赐姚崇》："依依柳色变，处处春风起。"宋代钱惟演《谪居汉东撰曲》："情怀渐变成衰晚，鸾鉴朱颜惊暗换。"金代王处一《满庭芳·赠莱阳县宰刘显武》："云光聚，三田结秀，返老变童颜。"元代张之翰《金缕曲·乙未清明》："便做松江都变酒，醉里眉头休聚。"明代陶安《次韵画松二首·其二》："回枝忽变老蛟形，托根不向悬崖石。"清代曾懿《送孟昭大姊归新都同游桂湖时值中秋桂花正开》："风光转眼千万变，人生聚散等浮萍。"

# 虹桥 ［hóng qiáo］繁体作虹橋

彩虹形状的拱桥，也叫做"飞桥""无脚桥"。宋代画家张择端在《清明上河图》中曾以很写实的手法描绘过这种桥。

"虹桥"一词最早见于南朝梁代萧绎《玄览赋》："七重迢递，千柱玲珑，虹桥左跨，雁苑南通。"（大意：七层的宫殿高峻雄伟，上千根的屋柱明亮光洁，左边有彩虹形状的拱桥，南面通向花木青葱的园囿也就是雁苑。）后人多有袭用。隋代卢思道《后园宴》："竹殿遥闻凤管声，虹桥别有羊车路。"唐代宋之问《游云门寺》："雁塔骞金地，虹桥转翠屏。"宋代柳永《早梅芳慢》："映虹桥倒影，兰舟飞棹。"元代陈廷言《幔亭峰》："虹桥宴罢仙童报，昨夜松关鹤有孙。"明代胡奎《题敬赐内侍桂岩道人李吉之天香深处手卷》："霓裳歌，羽衣舞，足蹋虹桥上天府。"清代爱新觉罗·弘历《良乡行宫奉皇太后观烟火即事得句》："大野春镫民共乐，广陵却笑蹑虹桥。"

**按：** "术变虹桥"一语，源自唐代牛僧孺《玄怪录·开元明皇幸广陵》中的一个故事："开元十八年正月望夕，帝谓叶仙师曰：'四方之盛，陈与此夕，师知何处极丽？'对曰·'灯烛华丽，百戏陈设，士女争妍，粉黛相染，天下无踰于广陵矣。'帝曰：'何术可使吾一观之？'师曰：'侍御皆可，何独陛下乎？'俄而虹桥起于殿前，板阁架虚，栏楯若画。师奏：'桥成，请行，但无回顾而已。'于是帝步而上之，太真及侍臣高力士、黄幡绰、乐官数十人从行，步步渐高，若造云中。俄倾之间，已到广陵矣。月色如昼，街陌绳直，寺观陈设之盛，灯火之光，照灼台殿。士女华丽，若行化焉，而皆仰望曰：'仙人现于五色云中！'乃蹈舞而拜，阗溢里巷。帝大悦焉，乃曰：'此真广陵也？'师曰：'请敕乐官奏《霓裳羽衣》一曲，后可验矣。'于是作乐云中，瞻听之人纷纷相蹋。曲终，帝意将回，有倾之间，已到阙矣。帝极喜。"（大意：开元十八年正月十五夜，玄宗皇帝对叶仙师说："天下的繁盛荣华全都会展现于今晚这个上元之夜，仙师知不知道哪里为最？"答说："论到灯会的兴盛，各种杂技杂耍的表演，青年男女们争艳媲美的风采和装扮，各地没有超过广陵的了。"皇帝问："有没有什么法术能让我看一眼呢？"叶仙师说："那些御前的侍者都可以的，怎会唯独陛下不行呢？"不一会儿的工夫，一座彩虹状的拱桥就出现在大殿的前面。桥上的阁楼凌空而立，栏杆上漆彩如画。叶仙师奏报："桥已经造好了，请起驾去广陵吧，但要一直往前走，别往回看哦。"于是玄宗皇帝一步一步地走上去，杨玉环以及侍臣高力士、黄幡绰、乐团官员等数十人随行，越走越高，好像到了云朵里似的。转瞬之间，大家已来到了广陵。但见这里月色明亮如同白天，街衢就像有准绳规范般笔直，寺庙道观装饰繁华，灯火辉煌照耀着亭台楼阁。城里的男男女女衣着华美，仿佛是幻术中的人物，全都仰望过来大呼："仙人出现在五色云彩里啦！"于是乎起舞膜拜的人群充满街巷。皇帝看到这些很是高兴，问道："这是真的广陵吗？"仙师说："请下旨乐官，叫乐人们演奏一曲《霓裳羽衣》，事后就方便验证了。"于是奏乐云间，瞻望倾听的人们纷纷跟随节奏翩翩起舞。乐曲演奏完毕，皇帝想回去了，不大一会儿就到了皇宫。皇帝非常高兴。）宋代陈元靓《岁时广记·上元下》"游广陵"条下、明代彭大翼《山堂肆考·时令·元宵》"观灯广陵"条下、清代华希闵《广事类赋·岁时部·上元》"曲按霓裳"句下均收辑这个故事作为上元节掌故。

## 【本句译读】

在正月十五上元节的前夜，长安少年李谟曾以灵活的指甲在天津桥的栏柱上准确地偷记下唐玄宗创作的笛谱；开元年间，也是在一个上元节，叶仙师施展法术为使唐玄宗能观赏一下广陵灯会的盛况而化变出了一座虹桥。

# 27. 羞鸾鬶镜　瑞鹊衔巢

## 羞 ［xiū］

意为害臊、腼腆、因惭愧而难为情。汉代陈琳《诗》："辙轲固宜然，卑陋何所羞。"晋代傅玄《豫章行·苦相篇》："长大逃深室，藏头羞见人。"唐代李白《长干行》："十四为君妇，羞颜未尝开。"宋代柳永《木兰花·其一》："解教天上念奴羞，不怕掌中飞燕妒。"辽代萧观音《回心院》："铺翠被，羞杀鸳鸯对。"金代蔡圭《燕山道中三首·其三》："明日都门选官路，逢人羞道见山来。"元代关汉卿《叨叨令》："涩涩的轻把我裙儿拽，煴煴的羞得我腮儿热。"明代高启《题理发美人图》："石后理梳羞未出，怕人猜是倦妆时。"清代徐灿《永遇乐·寄索庵》："镜里分鸾，灯前瘦影，羞把湘帘揭。"

## 鸾 ［luán］繁体作鸞

指青鸾，又名"鸾鸟""青鸟"等，是我国古代神话传说中的神鸟，凤凰的一种。《广雅》："鸾鸟，凤皇属也。"由于鸾鸟是美丽的象征，因此在中国古典文学中"鸾"也经常被用来指代美女，在这里即取此义。唐代王昌龄《萧驸马宅花烛》："青鸾飞入合欢宫，紫凤衔花出禁中。"宋代柳永《木兰花》："坐中年少暗消魂，争问青鸾家远近。"金代韩玉《贺新郎·其二·咏水仙》："零乱云鬟慵梳掠，傍菱花、羞对孤鸾影。"元代白朴《木兰花慢·感香囊悼双文》："镜里舞鸾空在，人间后会无涯。"明代杨珽《龙膏记·错媾》："偷看，分明旧识青鸾，却做双栖新燕。"清代陈维崧《贺新郎》："妾本成都良家子，叹息鸾分钗股。"

## 鬻 ［yù］

意为贩卖；出售。晋代陆机《赠纪士》："琼环俟丰价，窈窕不自鬻。"唐代杜甫《送重表侄王砅评事使南海》："自陈剪髻鬟，鬻市充杯酒。"宋代王禹偁《竹䉛》："膏血尚淋漓，携来入市鬻。"元代赵孟頫《李氏种德斋诗》："鬻书之利虽云薄，要令举世沾膏馥。"明代鲁铎《三农苦》："贫者为耕治，鬻儿营种粮。"清代厉鹗《除夕雪中读唐摭言四首·其四》："一事差赢随计者，雪中不作鬻驴人。"

## 镜 ［jìng］繁体作鏡

俗称"镜子"，用来映照影像的器物。《玉篇》："镜，鉴也。"《说文》："镜，景也。"古时以铜或铁铸成镜子，也有用玉做的；盘状，正面磨光发亮，可以反照景物，背面有纹饰。战国时期楚国宋玉《九辩》："今修饰而窥镜兮，后尚可以窜藏。"晋代湛方生《天晴诗》："青天莹如镜，凝津平如研。"唐代骆宾王《代女道士王灵妃赠道士李荣》："龙飙去去无消息，鸾镜朝朝减容色。"宋代梅尧臣《得王介甫常州书》："菱叶已枯镜面凉，月色飞上白石床。"金代周昂《感秋》："顾谓镜中发，尔衰安得迟。"元代郝经《湖水来》："鸥鸟静尽波不起，澄清无瑕玉镜开。"明代胡俨《暮春口号五首·其三》："临镜理衰鬓，萧疏雪一簪。"清代梁清标《锦堂春·闺情》："鸾镜羞窥瘦影，鸳衾愁里春眠。"

**按**："羞鸾鬻镜"一语，源自唐代孟棨《本事诗·情感》中记载的一个故事："陈太子舍人徐德言之妻，后主叔宝之妹，封乐昌公主，才色冠绝。时陈政方乱，德言知不相保，谓其妻曰：'以君之才容，国亡必入权豪之家，斯永绝矣。倘情缘未断，犹冀相见，宜有以信之。'乃破一镜，人执其半，约曰：'他日必以正月望日卖于都市，我当在，即以是日访之。'及陈亡，其妻果入越公杨素之家，宠嬖殊厚。德言流离辛苦，仅能至京，遂以正月望日访于都市。有苍头卖半镜者，大高其价，人皆笑之。德言直引至其居，设食，具言其故，出半镜以合之，仍题诗曰：'镜与人俱去，镜归人不归。无复嫦娥影，空留明月辉。'陈氏得诗，涕泣不食。素知之，怆然改容，即召德言，还其妻，仍厚遗之。"（大意：陈朝的太子舍人徐德言之妻，是陈后主陈叔宝的妹妹，封号"乐昌公主"，是个才貌双绝的美人。当时陈朝的政局相当混乱，徐德言料定国家将亡，他们做为皇室的亲属恐怕也不能相互保全了，于是他就对妻子说："以你的才华和容貌，陈国灭亡后一定会被新朝的权贵人家所占取，咱俩将永远诀别啦。倘若今生情缘没有断绝，还希望再相见，那最好要有一件东西作为信物，以便来日相逢时知道对方的心思。"于是剖开一面铜镜，两人各保存半块，对妻子作约定说："日后你一定要在每年的正月十五那天，于都市的热闹之

129

处来售卖这半块铜镜，我如果还在人世，就会在这个日期寻访你。"陈朝灭亡后，徐德言的妻子果然被新政府收没，进了隋朝越国公杨素的府里。杨素对这位美人还真的宠爱有加。徐德言四处流离，辛苦求生，最后挣扎着来到了隋朝的京城，并在正月十五那天到都市大街上寻访妻子的踪影。这时街上有个老奴仆模样的人正在卖一块半面的铜镜，要的价格还特别昂贵，大家都当他是个傻瓜来嘲笑。徐德言赶紧把他领到自己的住所，弄了些好吃的，并把这半块铜镜的来龙去脉讲给他听了，又拿出自己保存的那半块来对合——天衣无缝恰好就是一面完整的镜子。最后徐德言写了一首诗让老奴仆带回去给他的女主人，诗云："镜与人俱去，镜归人不归。无复嫦娥影，空留明月辉。"陈氏看到了这首诗后，整天哀伤哭泣，悲痛得连饭都吃不下去。杨素了解到他们俩人的情况后，非常同情，把徐德言召到家里来，把陈氏还给了他，并给了他非常丰厚的赠予。）清代华希闵《广事类赋·岁时部·上元》"或寻鸾镜"句下收辑这个故事作为上元节的岁时掌故。

# 瑞 ［ruì］

意为吉祥或带着吉祥之兆的事物。汉代班固《白雉诗》："启灵篇兮披瑞图，获白雉兮效素乌。"三国时期魏国王肃《宗庙颂》："祥瑞嘉应，其集如雨。"南朝梁代徐摛《咏笔》："本自灵山出，名因瑞草传。"唐代张九龄《奉和圣制同二相南出雀鼠谷》："瑞云丛捧日，芳树曲迎春。"宋代赵普《雪中驾幸敞庐恭纪》："瑞凝三殿瓦，欣动五云车。"金代王处一《归朝欢》："无限神光常围簇，瑞霭祥云盈满目。"元代王恽《木兰花慢》："和气一家瑞霭，慈颜九十柔仪。"明代杨士奇《清平乐·其八·赐从游万岁山词》："瑞禽灵兽，自古希奇有。"清代邹祗谟《壶中天·七夕》："便是薄幸灵乌，多情瑞鹊，恩怨天然别。"

## 鹊［què］繁体作鵲

即喜鹊。喙尖，尾长，体羽大部为黑色，肩和腹白色；叫声响亮，主食昆虫，属于益鸟。民间传说听见它的叫声将会有喜事来临。《诗经·召南·鹊巢》："维鹊有巢，维鸠居之。"晋代傅玄《杂诗三首·其三》："鹊巢丘城侧，雀乳空井中。"唐代钱起《罢官后酬元校书见赠》："穷巷闻砧冷，荒枝应鹊疏。"宋代梅尧臣《送王宗说寺丞归南京》："庭鹊还先喜，池鸿去始闻。"金代郝俣《七月十五日夜显仁寺东轩对月》："暗萤依露草，惊鹊绕风枝。"元代萨都剌《腊尽过练湖》："明朝乌鹊桥头闹，应是人家出户迎。"明代杨慎《鹊桥仙·七夕》："多情瑞鹊，填桥度我，何不晓来回避。"清代毛奇龄《一剪梅·其二·前半》："木槿花间乳鹊栖，鹊也能飞，花也能飞。"

## 衔［xián］繁体作銜

意为嘴含着或叼着。《正字通》："凡口含物曰'衔'。"汉代乐府《艳歌何尝行》："吾欲衔汝去，口噤不能开。"三国时期魏国曹丕《短歌行》："呦呦游鹿，衔草鸣麑。"晋代左思《悼离赠妹诗二首·其二》："衔杯不饮，涕洟纵横。"隋代薛道衡《和许给事善心戏场转韵》："竟夕鱼负灯，彻夜龙衔烛。"唐代沈佺期《哭道士刘无得》："吐甲龙应出，衔符鸟自归。"宋代林逋《又咏小梅》："寄语清香少愁结，为君吟罢一衔杯。"金代党怀英《孤雁集句》:"万里衔芦至,寒空半有无。"元代吴澄《为舒景春赋东皋》:"收谷虎卫道,衔珠蛇报恩。"明代夏原吉《题方尚书万竿烟雨图》:"龙潜九地喷灵霭,凤入层霄衔瑞图。"清代顾炎武《精卫》:"长将一寸身,衔木到终古。"

# 巢 [ cháo ]

禽鸟的窝;《小尔雅》:"鸟之所乳谓之'巢'。"《说文》:"鸟在木上曰'巢'。"《诗经·召南·鹊巢》:"维鹊有巢,维鸠居之。"屈原《远游》:"顺凯风以从游兮,至南巢而壹息。"汉代无名氏《古诗十九首·其一》:"胡马依北风,越鸟巢南枝。"隋代卢思道《赠李若》:"庭空野烟合,巢深夕羽迷。"北朝周代庾信《杨柳歌》:"可怜巢里凤凰儿,无故当年生别离。"唐代宋之问《游韶州广界寺》:"巢飞衔象鸟,砌蹋雨空花。"宋代寇准《点绛唇》:"定巢新燕,湿雨穿花转。"金代元好问《怀秋林别业》:"高树有巢鸠笑拙,空墙无穴鼠嫌贫。"明代徐渭《张家槐》:"张家槐,鹊巢枝,使君才出户阖扉。"清代叶方蔼《大雨屋坏说岩学士贻诗相慰,为赋六章奉答·其一》:"鹊巢缘风迁,蚁穴因雨移。"

按:"瑞鹊衔巢"一语,源自南宋周密《齐东野语》中记载的一个和元宵灯会相关的故事:"寿和谢太后选进时,史卫王夜梦谢鲁王深甫,衣金紫求见,致祷再三,以孙女为托。及明,则谢后至。是岁天台郡元夕,有鹊巢灯山间,众颇惊异,识者以为鹊巢乃后妃之祥。是岁,谢果正中宫之位。"(大意:寿和圣福皇太后谢道清当初竞选皇后时,正当权的宰相史弥远夜间梦见已故宰相、追赠"鲁王"封号的谢深甫穿着正式的金紫朝服前来拜见，再三致以求告之意，希望将孙女竞选之事托付于他，希望给以帮助。到了天刚亮的时候，即传来消息说谢老爷子最小的那个孙女谢道清中选入主后宫了。这年的正月十五日，谢道清的家乡天台郡依循上元节的风俗照例举办灯会，扎缚山棚并张灯结彩做成高大的灯山。紧接着就有喜鹊居然在灯山上筑起巢来了。人们都觉得这事挺怪异的，有会"看事儿"的人就说了，这是有关皇后或嫔妃的一种祥瑞之兆。也就在这一年，谢道清果然在后宫博弈中获取中宫正位，做了皇后。）明代陈耀文的《天中记》有一段条目为"鹊巢灯山"的文字，说的也是这个故事，只是添加了一些细节上的演绎成分。

## 【本句译读】

正月的十五，美貌而深情的才女陈氏派人卖镜街头，期盼能和自己的爱人再次相逢；也是上元节的时候，叽叽喳喳的喜鹊竟然肯在张灯结彩的人间假山上衔泥筑巢，昭示出某种祥瑞的异常征兆。

---

# 28. 警蛰徇铎　迎祥舞翘

## 警 ［jǐng］

意为戒敕、诫示。《说文》："警，戒也。"南朝梁代徐悱

《古意酬到长史溉登琅邪城》:"甘泉警烽候,上谷抵楼兰。"隋代许善心《奉和还京师》:"雷警三辰卫,星陈七萃驱。"唐代姚合《新昌里》:"以此当自警,慎勿信邪谗。"宋代张咏《赠刘吉》:"冒死雪忠臣,谠言警贵侍。"元代汪泽民《送胡伯恭赴婺源州任判官遂有先墓之托》:"先声警俗山无盗,后日寻春卷有诗。"明代韩雍《知止为乡人陆仲玑题》:"因之号知庵,恒警知止足。"清代李果《示两儿·其一》:"困穷亦何常,天意默示警。"

## 蚩 [ chī ]

意为愚蠢、痴呆。《释名》:"蚩,痴也。"汉代曹操《秋胡行》:"存亡有命,虑之为蚩。"宋代刘攽《刘九经》:"早知刘氏无蚩者,深信宣尼畏后生。"元代丁复《赠缝人》:"士蚩工乃慧,曷敢贱视其。"明代何乔新《送族孙垕会试》:"我家诸儿愚且蚩,有书不读惟遨嬉。"清代查慎行《洪武御碑歌》:"明明天眼识王气,故以险怪惊愚蚩。"

## 徇 [ xùn ]

意为巡行示众、对众宣告。唐代张九龄《奉使自蓝田玉山南行》:"匪唯徇行役,兼得慰晨昏。"宋代苏舜钦《寄守坚觉初二僧》:"木铎不徇路,薰风难和琴。"金代元好问《送钦叔内翰并寄刘达卿郎中白文举编修二首·其一》:"持论恨太高,徇俗恨太卑。"元代王恽《拜奠宣圣林墓》:"藐聆徇铎音,元化雷雨解。"明代孙承恩《和戴龙山丁祭十二韵》:"木铎疑徇座,弦歌或近屏。"清代刘绎《柝声》:"土风操掌柜,木铎效徇遒。"

# 铎［duó］繁体作鐸

古代宣布政教法令或有战事时，摇击发声警示人们注意所使用的大铃。形如铙、钲，体腔内有舌。舌分木制与铜制两种，木舌的叫作木铎，铜舌的叫作金铎。宣布政教法令时用木铎，宣布战事则用金铎。《周礼·天官冢宰·小宰》："徇以木铎"，意思就是说政府宣布新的政策和法令，就会摇动木铎发出响亮的铃声以警示人们注意，好好聆听巡行宣令人员的宣讲。南朝梁代范云《州名诗》："司春命初铎，青耦肆中樊。"唐代元稹《和李校书新题乐府十二首·其八》："又遣遒人持木铎，遍采讴谣天下过。"宋代杨亿《表弟章廷评得象知邵武军归化县》："元方惠化传遒铎，令伯欢心献寿卮。"元代王士熙《送危伯明教授南归》："好为圣朝宣教铎，育才取次进明光。"明代黄淮《杂咏八首·其二》："时往时来警铎，半明半灭残灯。"清代查慎行《上大司成翁铁庵先生》："方当发贲镛，岂独警遒铎。"

**按：**"警蛊徇铎"一语，源自《尚书·虞夏书·胤征》："每岁孟春，遒人以木铎徇于路，官师相规，工执艺事以谏，其或不恭，邦有常刑。"（大意：负责宣示法令的官员摇动着木舌铃铎巡行各地进行宣传，使天下四方都能够知晓天子的施政方针。地方的官员们则相互劝勉守规，以防过失；各种工匠艺人也应以其知识和专业经验直言自己的意见和建议。倘若有不遵循王法恭行职责的人，国家自有既定的刑法予以惩处。）这种"以木铎徇于路"，警示天下的例行公事每年都在正月里进行，算是一个很古老的岁时习俗。又，《东京梦华录·卷六·十六日》："西朵楼下，开封尹弹压，幕次罗列罪人满前，时复决遣，以警愚民。楼上时传口勅，特令放罪。"（大意：西朵楼下，开封府主官派遣兵丁布置警戒维持秩序，观看灯火的帐幕前排列的罪犯站得满满的。主官时不时地发布裁决和宣判，以儆诚那些无视法令的愚顽小民。而西朵楼的城楼上也不时地传下皇上的口谕，对某些罪犯又特许赦罪予以释放。）北宋时期上元节正月十六的这个判决罪人以儆效尤的"特别节目"正是上古遗风，变相的"以木铎徇于路"。本句中的"警蛊"就是《梦华录》里所谓"以警愚民"的意思。

## 迎 [ yíng ]

意为迎接，是"送"的反义词。送是一个顺向的动作，迎则是一个逆向相对的动作。《诗经·大雅·大明》："文定厥祥，亲迎于渭。"屈原《离骚》："百神翳其备降兮，九疑缤其并迎。"汉代乐府《孔雀东南飞·古诗为焦仲卿妻作》："不久当归还，还必相迎取。"晋代张协《杂诗十首·其四》："朝霞迎白日，丹气临旸谷。"隋代杨素《赠薛播州·其七》："迎风含暑气，飞雨凄寒序。"唐代刘希夷《代秦女赠行人》："遥想行歌共游乐，迎前含笑著春衣。"宋代魏野《送王辟太博赴阙呈刘正言》："唯应刘小谏，到阙始相迎。"金代周昂《早起》："文字工留滞，尘沙管送迎。"元代赵孟頫《题孤山放鹤图·其一》："处处青山独往，翩翩白鹤迎归。"明代杨慎《扶南曲·其三》："誓好同心结，迎祥百子图。"清代张淑芳《即事分韵三十首·其二·吟诗》："不道迎春多好句，口香吹出静如兰。"

# 祥 ［xiáng］

　　意为喜、福、吉利或吉利的征兆。《诗经·小雅·斯干》：
"大人占之：维熊维罴，男子之祥；维虺维蛇，女子之祥。"
汉代刘弗陵《黄鹄歌》："自顾菲薄，愧尔嘉祥。"三国时期魏
国王肃《宗庙颂》："祥瑞嘉应，其集如雨。"唐代杜审言《望
春亭侍游应诏》："万寿祯祥献，三春景物滋。"宋代王禹偁
《四时和为玉烛诗》："祥光长赫矣，佳号得温其。"金代史学
《过太室》："三辅祥开表圣期，三呼禾寿与天齐。"元代胡炳
文《题休宁夏氏双应堂》："诗人只是夸祥瑞，孝感那知心上
来。"明代方孝孺《宿峰顶次济定韵》："元气昆仑磅礴外，祥
光隐见有无中。"清代朱彝尊《风怀二百韵》："问年愁豕误，
降日叶蛇祥。"

# 舞 ［wǔ］

　　指表演舞蹈，即按一定的节奏转动身体表演各种姿势。
《诗经·小雅·车辖》："虽无德与女，式歌且舞。"屈原《远
游》："使湘灵鼓瑟兮，令海若舞冯夷。"三国时期魏国曹睿
《棹歌行》："重华舞干戚，有苗服从妫。"南朝齐代谢朓《永
明乐十首·其十》："彩凤鸣朝阳，玄鹤舞清商。"唐代褚遂良
《安德山池宴集》："亭中奏赵瑟，席上舞燕裾。"宋代柳永
《黄莺儿》："恣狂踪迹，两两相呼，终朝雾吟风舞。"金代赵
秉文《冷山行》："纷纶十指终不乱，双鸾对舞扬哀音。"元代
鲜于枢《湖上曲》："低回忍泪并人船，贪得缠头强歌舞。"明
代张萱《甲戌正月八日立春呈陆岱瞻令公》："花前彩胜开双
篆，竹下云翘舞两同。"清代范承谟《祝朱母张太夫人》："舞
一回，酒一杯，愿得长年长见万华开。"

# 翘［qiáo］繁体作翹

《云翘》舞的省称。《后汉书·祭祀志》注引《魏氏缪袭议》："汉有《云翘》《育命》之舞，不知所出。旧以祀天，今可兼以《云翘》祀圆丘，兼以《育命》祀方泽。"（大意：汉代有叫作《云翘》和《育命》的舞蹈，不知道是什么来历。旧时是用来祭祀上天的。现如今在圆丘大坛祭祀天神的各项活动中要加上《云翘》舞，在方泽大折祭祀地祇的各项活动中要加上《育命》舞。）唐代薛曜《舞马篇》："充云翘兮天子庭，荷日用兮情无极。"宋代晏殊《立春日词·其一·内廷》："朱户未闻迎彩燕，东郊先报舞云翘。"明代刘澄甫《人日逢春》："云翘翻袖舞，彩帐揭华闿。"清代黄景仁《春风怨》："云翘舞彻椒花筵，东风昨夜来无边。"

按："迎祥舞翘"一语，源自《后汉书·祭祀志》："立春之日，迎春于东郊，祭青帝句芒。车旗服饰皆青。歌《青阳》，八佾舞《云翘》之舞。"（大意：立春那天，朝廷要在京城的东郊举办迎接春天的国家祀典，祭祀春神青帝和句芒。车辆的帷幕、各种旌旗、人员的服装以及所有装饰用品都必须是草木初生时呈现出来的那种青色。高唱《青阳》之歌，用六十四个舞者组成的方队来表演名为《云翘》的舞蹈。）宋代吴淑《事类赋注·春》"舞云翘"句下、明代彭大翼《山堂肆考·时令·立春》"歌《青阳》"条下、清代华希闵《广事类赋·岁时部·立春》"妙舞云翘"句下都收辑这段记载作为立春的岁时掌故。

## 【本句译读】

在初春的时候公开判决罪人，用这样的做法宣示法制，儆诫那些无视法规的愚顽之徒；在立春之日欢跳《云翘》之舞，用这样的节俗活动来祈祷、迎接一年的吉祥。

# 29. 醉酣枌社　釐祝麦苗

## 醉〔zuì〕

指因为饮酒过量而导致的神志不清的状态。《诗经·大雅·既醉》："既醉以酒，既饱以德。"汉代王粲《公宴诗》："常闻诗人语，不醉且无归。"晋代陶潜《形影神并序·其三·神释》："日醉或能忘，将非促龄具？"唐代李白《赠郭将军》："平明拂剑朝天去，薄暮垂鞭醉酒归。"宋代辛弃疾《破阵子·其二·为陈同甫赋壮语以寄》："醉里挑灯看剑，梦回吹角连营。"辽代刘慎行《真率会》："德将谅无醉，既醉不失真。"金代高士谈《次韵东坡定州立春日诗》："落日窥愁绝，东风半醉酣。"元代关汉卿《幺篇》："休道是苏妈妈，也不是醉驴驴。"明代谢榛《邹子序见过有感》："遥思社日邻翁醉，燕子飞来空闭门。"清代冯登府《社日招饮》："社酒谙方法，相邀醉一尊。"

# 酣 [ hān ]

指饮酒所致畅快尽兴的状态。《说文》："酣，酒乐也。"汉代王逸《九思·其七·伤时》："咸欣欣兮酣乐，余眷眷兮独悲。"三国时期魏国曹丕《善哉行》："朝日乐相乐，酣饮不知醉。"晋代张华《宴会歌》："欢足发和，酣不忘礼。"唐代陈子昂《感遇诗三十八首·其六》："世人拘目见，酣酒笑丹经。"宋代欧阳修《伏日赠徐焦二生》："酒美宾佳足自负，饮酣气横犹骄矜。"金代蔡松年《水龙吟》："待酒酣、妙续珠帘句法，作穿云唱。"元代陈栎《金菊对芙蓉·九月二十五日寿金桐冈》："醉蓉初莹凝脂面，酣天酒、芳脸潮红。"明代唐之淳《春词》："春气熏人浓似酒，不曾饮去也须酣。"清代廖燕《饮酒》："微酣意自佳，兴至境多适。"

# 枌社 [ fén shè ]

枌榆社的省称，本义是指汉高祖刘邦的故里，后用来泛指家乡、故里。《史记·封禅书》："高祖初起，祷丰枌榆社，后天下已定，诏御史令丰谨治枌榆社，常以四时，春以羊彘祠之。"（大意：汉高祖刘邦刚刚起义的时候，曾在家乡丰县的枌榆社祈祷土地神保佑其成功。后来平定天下做了皇帝，让执掌监察的官员传令丰县地方官府用心修缮枌榆社，将四时祭祀定为常规，春祀更要杀猪宰羊以隆重祀奉。）据《西京杂记》记载，刘邦还特意仿照家乡丰县的格局在皇城附近建了一座"新丰城"，同时把枌榆社也移植到了新丰城内。清代段玉裁《说文解字注》说："枌榆者，榆之一种，汉初有'枌榆社'是也。"所谓"社"，就是祭祀社神亦即土地神的场所。其实古人建立社坛还是很简陋的，找一块大石头、大树干或者大竹片写上文字，立个牌位，就算是"社"了。唐代颜师古注解《汉书》"枌榆社"一词说："以此树为社神，因以立名也。"（大意：用枌榆树做社神的象征，因而就叫了这个名字。）由于刘邦对枌榆社表现出了特殊的故乡情怀，后来"枌榆"也就成了家乡、故里的代名词。南朝梁代庾肩吾《奉使北徐州参丞御》："枌榆谅昔社，朱方有旧塘。"隋代王胄《奉和赐酺》："皇情感时物，睿思属枌榆。"唐代王绩《被征谢病》："枌榆三晋地，烟火四家邻。"宋代梅尧臣《送李泰伯归建昌》："忽怀枌榆下，归思独绵绵。"金代元好问《九日读书山用陶诗露凄暄风息气清天旷明为韵赋十诗·其一》："枌榆虽尚存，岁晏多霜露。"元代徐孜《旅中苦病·其二》："枌榆祷社家家少，桃李春风处处同。"明代王世贞《王爱川先生归冯翊诗以送之》："莫恋枌榆好，西方行路难。"清代钱谦益《再题奚川八景画卷》："柳阴蔼蔼连枌榆，竹箭森森胜桃李。"

**按：**"醉酣枌榆"一语，源自古代仲春二月"社日祭神"的岁时风俗。《礼记·月令》："仲春之月……择元日，命民社。"（大意：在仲春二月里……选择一个元吉的好日子，叫老百姓祭祀社神。）"社"即主管土地的神，也就是所谓"皇天后土"中的"后土"。祭祀此神是为了能够得其护佑，求取一个大地丰收的好年景。祭祀社神的这个日子就叫作"社日"。社日要选择一个好日子，古人认为挨近春分前后的两个"戊日"都属于元吉之日，所以"春社"一般都选在或前或后的这两个日子里举办。南方各地在这一天要演戏酬神，称为"社戏"。鲁迅先生的小说《社戏》，就是取材于这个岁时风俗。社日的祭祀活动很多，其中最为流行的就是"饮福杯"，也叫"喝治聋酒"。

宋人张洎《贾氏谈录》说："社酒，号'治聋酒'。"（大意：社日的酒，被称为'治聋酒'。）叶廷珪《海录碎事》也有记载："俗言，社日酒治聋。"（大意：民俗传说，社日的酒喝了可以治疗耳聋。）治聋未必是真的，但社日饮酒，以酣醉为乐事，竟成风俗，而且千年不易。唐代王驾《社日》："桑柘影斜春社散，家家扶得醉人归。"宋代朱熹《社日诸人集西冈》："笑语欢成旧，尽醉靡归期。"元末明初陈谟《徐韶州追和仆叙别韵见寄用韵答之》："枌榆社日家家酒，莺燕江亭在在春。"明代黄钥《癸丑五十作》："枌榆社酒浑忘醉，明月清风且放歌。"清代陈廷敬《对酒戏作》："回怜社日酒，烂醉不辞倾。"宋代陈元靓《岁时广记·二社日》"西汉社"条下、明代彭大翼《山堂肆考·时令·社日》"祷枌榆"条下、清代华希闵《广事类赋·岁时部·社日》"枌榆汉代之遗风"句下均收辑这个风俗作为社日的岁时掌故。

# 釐〔lí〕

"釐"字的简写就是现今的"厘"字，但它有"厘"字不具备的词义。《汉书·孝文帝纪》："诏曰：'今吾闻祠官祝釐，皆归福于朕躬。'"三国时期魏国学者如淳注解说："釐，福也。"清代段玉裁《说文解字注》解释"釐"字时又把它的含义精确化了一下，说："家福也。家福者，家居获祐也。"（大意：釐，就是家福的意思。所谓"家福"，就是指自己家庭的方方面面都得到老天的护祐。）唐代王维《送韦大夫东京留守》："名器苟不假，保釐固其任。"宋代宋庠《次韵和张丞相摄南郊喜王畿大稔》："福釐前席问，元首载歌明。"金代无名氏《皇太子入门奏肃宁之曲》："国本既隆，繁釐永享。"元代元明善《跋南岳寿宁观碑后》："千秋万岁受鸿釐，星图景运永以丕。"明代夏良胜《天寿山三十韵》："分行拜釐祝，五云和露零。"清代魏裔介《怀犹龙杨方伯时在四川》："可喜保釐舒化日，重教妇子庆春阳。"

## 祝［zhù］

意为祝愿、祝福、祷告求福。《诗经·小雅·楚茨》："祝祭于祊，祀事孔明。"南朝梁代沈约《献雅》："我有馨明，无愧史祝。"唐代张说《安乐郡主花烛行》："先祝圣人寿万年，复祷宜家承百禄。"宋代司马光《和王介甫巫山高》："丛祠象设俨山椒，巫祝纷纷非一朝。"金代王若虚《生日自祝》："举觞聊自祝，醉语尽情实。"元代马祖常《送刘侍仪祠祭北镇医无闾》："祝禧孚感格，锡福待敷宣。"明代来复《同朝天宫道士朝回口号》："共祝太平朝帝阙，蓬莱兜率五云中。"清代吴敬梓《石城晚泊》："焚香祝奇相，愿借一帆风。"

## 麦苗［mài miáo］繁体作麥苗

麦的幼苗。唐代韩愈《游城南十六首·其一·赛神》："麦苗含穟桑生葚，共向田头乐社神。"宋代梅尧臣《川上田家》："皋垄生麦苗，青青尚堪把。"金代史肃《春雪》："漫说春来膏泽好，其如垄上麦苗稀。"元代姚燧《留别和杜紫微韵》："花信正愁风骀荡，麦苗还喜雨霏微。"明代于谦《平阳道中》："杨柳阴浓水鸟啼，豆花初放麦苗齐。"清代阮元《梁湖道中》："暮色浮松顶，清香动麦苗。"

**按**："釐祝麦苗"一语，源自古代季春也就是农历三月"祈麦"

的岁时风俗。《礼记·月令·季春之月》："是月也，天子乃荐鞠衣于先帝。命舟牧覆舟。五覆五反，乃告舟备具于天子焉。天子始乘舟，荐鲔于寝庙，乃为麦祈实。"（大意：在这个月份，天子要给东方木德大帝也就是伏羲的神像换上崭新的黄桑色衣装。命令掌管船只的官员检查御用的船只。船底、船面翻过来调过去地反复查看五次，确认完全没有问题后奏报给天子。天子乘坐御舟，前往皇族的宗庙祭献大个儿的白鲟鱼，为五谷中最先结实的麦子祷告祝颂，祈求主管草木滋长的东方大帝护佑本年的麦子如期成熟。）《礼记》中记载的是正式的国家祭典中的"祈麦"礼仪，而民间的祈麦活动也是很普遍而且很火爆的。祈麦是人们对丰收的祈盼和祝福，所以也是备受古人重视和关注的一个岁时风俗。宋代吕陶《城西龙祠二首·其二》："竹村迎路堪行乐，麦垄连云已应祈。"王十朋《为麦祈实》："时羞方庙献，麦实为民祈。"林希逸《为麦祈实》："麦事家家作，宸旒轸意微。无虚民所望，为实我先祈。"元末明初的诗人胡奎《过戚姬港作·其一》："昨日鸡豚赛春社，丁男祈麦女祈桑。"明代霍与瑕《催郿西赏莲兼谢祈晴见奖之作·其二》："祈麦晨参罢，殷忧独绕庭。"清代于成龙《除夕·其四》："祈得麦新熟，平安报有年。"明代彭大翼《山堂肆考·时令·社日》"祈农"条下、清代华希闵《广事类赋·岁时部·社日》"处处皆祈麦"句下均收辑这个风俗作为社日的岁时掌故。

## 【本句译读】

　　人们在家乡祭祀土地神的社日里，尽情酣饮，无醉不归；在三月里家家祈麦，为有一个五谷丰登的好年景而祷告祝福。

# 30. 禊饮畅叙　濡翰挥毫

## 禊饮［xì yǐn］繁体作禊飲

所谓"禊"，是指古代春、秋两季为消除不祥而在水边举行的祭祀。"禊饮"即指农历三月上巳之日在这种祭祀活动中的群聚宴饮。南朝齐代王融《三月三日曲水诗·序》："禊饮之日在兹，风舞之情咸荡。"唐代陈子昂《三月三日宴王明府山亭》："群公禊饮，于洛之滨。"宋代柳永《笛家弄》："水嬉舟动，禊饮筵开。"金代王寂《上大人通奉寿三首·其三》："每年禊饮饮须醉，尽日送穷穷奈何。"元代如阜《续兰亭会补任城令吕本诗》："禊饮秘图湖，天气淑且柔。"明代许宗鲁《三月二日作》："谁能修禊饮，一浣望乡思。"清代吴伟业《画兰曲》："何似杜陵春禊饮，乐游原上采兰人。"

## 畅叙［chàng xù］

意为畅快尽情地叙谈，出自晋代王羲之《三月三日兰亭诗序》："虽无丝竹管绞之盛，一觞一咏，亦足以畅叙幽情。"（大意：虽然没有丝竹管绞等乐器演奏的盛况，但是大家喝一点酒，作一些诗，也足以使在座的各位痛快淋漓地表达内心的情感了。）宋代王十朋《和喻叔奇集兰亭序语四绝·其四》："畅叙幽情有齐契，一觞一咏细论文。"元代王恽《醉歌行》："山阴修禊晋诸贤，畅叙幽情差可拟。"明代文肇祉《登金陵谢公墩宿寺中追和李白韵》："幽情颇畅叙，无劳丝竹繁。"清代安鼎奎《竹林饮酒》："竹深留客共徘徊，畅叙幽情酒一杯。"

## 濡翰［rú hàn］

意为蘸墨写作或绘画。汉代刘桢《赠五官中郎将诗四首·其三》："终夜不遑寐，叙意于濡翰。"南朝梁代萧纲《登城》："远瞩既濡翰，徒自劳心目。"唐代李咸用《谢友生遗端溪砚瓦》："寻常濡翰次，恨不到端溪。"宋代韦骧《和太守临清阁》："绘工忧措手，诗将勇濡翰。"明代王行《高房山寒江孤岛图》："古称珠玉在我侧，濡翰自愧言非工。"清代吴士玉《玉带生歌奉和漫堂先生》："濡翰端可斡玄化，作歌雅欲亲典型。"

## 挥毫［huī háo］繁体作揮毫

指书画家或作家运笔作画或书写文字。唐代李白《访道安陵遇盖还为余造真箓临别留赠》："挥毫赠新诗，高价掩山东。"宋代王安石《和王微之登高斋三首·其三》："挥毫更想能一战，数窜乃见诗人才。"金代赵晍《暮春》："苦被啼莺诉花老，挥毫聊作送春忙。"元代黄溍《赠夏德颂》："挥毫成风墨成雨，瑞锦披张分制作。"明代夏原吉《题所翁龙》："缅想挥毫欲画时，所翁应与龙相随。"清代王士禛《周文矩庄子说剑图》："千年奇论佐奇笔，挥毫泼墨皆飞鸣。"

**按**：本句中的"禊饮""畅叙""濡翰""挥毫"均系我国古代上巳节的典型岁时活动。古人以农历三月里的第一个巳日为

"上巳"。《论语·先进》："暮春者，春服既成，冠者五六人，童子六七人，浴乎沂，风乎舞雩，咏而归。"（大意：在暮春的时节，春装都做好了，邀约五六个青年朋友，再带上六七个少年，到沂河里沐浴一下，再到舞雩台上去兜兜风，尽兴之后大家唱着歌一同归来。）说的就是在三月上巳这天的活动，文中的"舞雩"即是鲁国祭祀求雨的神坛。汉代时确定这一天为节日，即"上巳节"。《后汉书·礼仪上》记载："是月上巳，官民皆洁于东流水上，曰洗濯祓除，去宿垢疢，为大洁。"（大意：三月份第一个巳日，官民上下都会到流动的河水里沐浴，这就叫通过盥洗除灾驱邪，去掉身体上的沉积污垢和疢病隐患，这是'大洁'的祭祀活动。）魏晋以后上巳节改在每年的三月三日，而且祭祀的意味逐渐减轻，虽然还是要顶着禊祭、祓禊等"修禊之事"的名义，但已蜕变成一种以流觞聚饮、吟诗作赋、濡墨挥毫、郊外游春、踏青采兰、男女私会以及其它若干岁时活动为主的民俗节日。王羲之在《兰亭序》里所描绘的群贤聚饮、畅叙幽情的场景就是这个节日最著名的"历史画面"。明代彭大翼《山堂肆考·时令·上巳》"饮东流""兰亭禊事"条下、清代华希闵《广事类赋·岁时部·上巳》"须信蓬池禊饮，才子蘸笔而争题"句下均收辑这个风俗作为上巳节的岁时掌故。

## 【本句译读】

在上巳节临水禊祭之日，人们群聚宴饮，尽情地交流畅谈，抒放胸臆；更须濡墨蘸笔，竞相题咏，书写下自己得意的诗文篇章。

# 31. 谑赠芍药　迟泛蕙肴

## 谑［xuè］繁体作謔

意为开玩笑；戏闹。《尔雅》："谑，浪笑。"《说文》："谑，戏也。"《诗经·卫风·淇奥》："善戏谑兮，不为虐兮。"南朝宋代谢灵运《拟魏太子邺中集诗八首·其六》："调笑辄酬答，嘲谑无惭沮。"隋代王胄《答贺属》："高文拟杂佩，善谑间瑶琼。"唐代李白《玉壶吟》："揄扬九重万乘主，谑浪赤墀青琐贤。"宋代张咏《悼蜀四十韵并序》："兵骄不可戢，杀人如戏谑。"金代王寂《自责》："我初无意聊相谑，不意此翁反见诮。"元代何中《了娘团》："廊阴同伴笑相谑，话字难通知有情。"明代王汝玉《杂诗十首·其五》："婉娈通衢子，遨游恣欢谑。"清代杭世骏《送同年金甡之东昌》："神明既不关，欢谑又何助。"

## 赠［zèng］繁体作贈

把东西无代价地送给别人。《说文》："赠，玩好相送也。"《诗经·秦风·渭阳》："何以赠之，琼瑰玉佩。"汉代秦嘉《赠妇诗三首·其三》："愧彼赠我厚，惭此往物轻。"三国时期魏国邯郸淳《赠吴处玄诗》："饯我路隅，赠我嘉辞。"唐代骆宾王《晚憩田家》："旅行悲泛梗，离赠折疏麻。"宋代王禹偁《放言·其五》："放言诗什谁堪赠，焚赠微之与乐天。"
金代许安仁《游法轮院》："题诗古壁赠山僧，略记衰翁曾到
此。"元代刘因《送成从事》："求赠攀前例，将诗认故人。"明
代宋濂《送黄伴读东还故里》："持此赠尔行，棹发龙江麋。"
清代魏象枢《送汤荆岘学士巡抚下江》："临歧赠一言，怀抱慎
忧郁。"

## 芍药 ［sháo yào］繁体作芍藥

亦名"别离草"，属毛茛目，毛茛科芍药属的多年生草本。
其块根由根颈下方生出，肉质，粗壮，呈纺锤形或长柱形；
夏初开花，有红、白、紫等颜色。芍药被人们誉为"花仙"
和"花中丞相"，又被称为"五月花神"。南朝陈代江总《宛
转歌》："欲题芍药诗不成，来采芙蓉花已散。"唐代钱起《故
王维右丞堂前芍药花开凄然感怀》："芍药花开出旧栏，春衫
掩泪再来看。"宋代苏轼《送笋芍药与公择二首·其二》："园
中亦何有，芍药袅残葩。"金代蔡松年《浣溪沙》："芍药弄香
红扑暖，酴醾趁雪翠绡长。"元代郝经《芍药》："夜来风雨洗
残春，芍药还开春又新。"明代杨士奇《题梅送钟沔·其三》：
"牡丹芍药无清趣，只看梅花到岁寒。"清代黄之隽《春·其
十》："雨残红芍药，风艳紫蔷薇。"

**按**："谑赠芍药"一语，源自《诗经·郑风·溱洧》："洧之
外，洵訏且乐。维士与女，伊其相谑，赠之以勺药。"（大意：
看那洧河之滨冶游的情景，实在是其乐无穷的样子。年轻的
小伙儿和姑娘，尽情地戏耍嬉闹，用芍药花作为赠物送给对
方。）《诗经》中的《郑风》是战国时期郑国（今河南郑州一

带）的乡土民歌，其中绝大部分是情诗。《溱洧》里描写的就是上巳节时聚会游玩于溱河与洧河岸边的郑国青年男女嬉闹笑谑、谈情说爱的场面。"赠之以芍药"的涵义因对"芍药"理解的侧重点不同而有所不同。有的认为芍药是象征爱情的"香草"，所以赠送芍药是表示缔结恩爱之情，有的认为芍药是"别离"之草，赠送芍药是表达惜别之情；汉代董仲舒认为芍药也叫"可离"，在"伊其相谑"之后，赠送芍药是告诉对方"你该回去了"。清代华希闵《广事类赋·岁时部·上巳》"采兰赠芍，传郑国之遗风"句下将此收辑为上巳节的岁时掌故。

## 迟［chí］繁体作遲

本义是指慢慢地行走，《说文》："迟，徐行也。"后泛指慢、缓慢。《广雅》："迟，缓也。"《诗经·邶风·谷风》："行道迟迟，中心有违。"晋代张协《杂诗十首·其四》："畴昔叹时迟，晚节悲年促。"唐代宋之问《早春泛镜湖》："但爱春光迟，不觉舟行疾。"宋代张维《十咏图·其三·玉蝴蝶花》："雪朵中间蓓蕾齐，骤开尤觉绣工迟。"金代元好问《南柯子》："澹澹催诗雨，迟迟入梦云。"元代关汉卿《醉中天》："若到荆州内，半米儿不宜迟。"明代方孝孺《远违阙庭·其一》："欲知去国迟迟意，三日只趋一日程。"清代钱谦益《闸吏》："疾如离弦箭，迟如上阪车。"

## 泛［fàn］

意为漂浮。旧时也写作"汎"。《说文》："汎，浮貌。"《诗经·鄘风·柏舟》："泛彼柏舟，在彼中河。"屈原《卜居》："宁昂昂若千里之驹乎，将泛泛若水中之凫，与波上下，偷以全吾躯乎？"汉代刘弗陵《淋池歌》："秋素景兮泛洪波，挥纤手兮折芰荷。"晋代陆机《豫章行》："泛舟清川渚，遥望高山阴。"隋代虞世基《奉和幸江都应诏》："泽国翔宸驾，水府泛楼船。"唐代李世民《咏雨》："罩云飘远岫，喷雨泛长河。"宋代王禹偁《寒食》："妓女穿轻屐，笙歌泛小舠。"金代段继昌《春早二首·其一》："鱼儿水泛鸭头绿，野马尘飞羊角风。"元代王恽《水调歌头·次前韵》："玉成事海无际，泛若一轻舟。"明代朱元璋《卢汀洲隐浦》："泛入遥江渐渺茫，芦花飞落雪飞扬。"清代吴雯《集阮亭先生宅得秉字》："空泛洞庭波，积雨愁舴艋。"

## 蕙肴 [ huì yáo ]

以蕙草熏制的肉类食品；古时常用来泛指香洁的菜肴。屈原《九歌·东皇太一》："蕙肴蒸兮兰藉，奠桂酒兮椒浆。"南朝陈代周弘让《春夜醮五岳图文》："蕙肴荐神享，桂醑达遥诚。"宋代辛弃疾《河渎神·女城祠》："山头人望翠云旗，蕙肴桂酒君归。"元代周巽《门有车马客行》："冰鲙切鲜鲤，蕙肴杂芳荪。"明代慧秀《阻风华阳镇谒三闾庙》："蕙肴桂酒乡人荐，修幕灵衣估客张。"清代朱彝尊《谒泰伯庙四十韵》："但令巫史祝，罕睹蕙肴蒸。"

**按**："迟泛蕙肴"一语，意为缓缓浮泛在水流中的佳肴，源自我国古代上巳节"曲水流觞"的风俗活动。南朝梁代宗懔《荆楚岁时记》："三月三日，士民并出江渚池沼间，为流杯曲水之饮。"（大意：三月三日上巳节的时候，人们都到水边或小岛上，举办一种酒杯逐水漂流的宴饮。）既然是宴饮，就少不了佐酒的菜肴。酒杯是在水中漂流的，那么菜肴自然也是在水中漂流的。梁简文帝萧纲《三月三日曲水诗序》："羽觞沿沂，蕙肴沓来。"（大意：酒杯顺流而下，香洁的菜肴也纷至沓来。）南朝齐代王融《三月三日曲水诗序》："授几肆筵，因流波而成次；蕙肴芳醴，任激水而推移。"（大意：宴饮的筵席沿着曲折的水岸依次摆设；佳肴和美酒任由流水的自动力推助前行。）说的都是这个景况。《唐文拾遗》卷五十三有佚名作者《春赋》一篇，里面罗列了许多有关三月三上巳节的故实，其中一段说道："集彼张裴，玩兹洧溱。复有蕙肴轻泛，犊车见寻。"（大意：精通历史和掌故的张华和裴逸民在禊饮宴会上高谈阔论，年轻的男男女女在洧河或溱河的水边嬉戏玩闹。还有美味的菜肴轻缓地飘泛在水中，三月三也发生过卢充幽婚的故事。）"迟泛蕙肴"就是其中"复有蕙肴轻泛"的翻版。宋代吴淑《事类赋·岁时部·夏》"复有蕙肴轻泛"句下将此收辑为上巳节的岁时掌故。

## 【本句译读】

上巳节郊游嬉闹的年轻女子不乏戏谑意味地赠送芍药花给男士；在曲水流觞的宴饮中香洁的菜肴缓缓地浮泛于荡漾的水流。

# 32. 榆羹堪煮  厨烟禁烧

## 榆羹［yú gēng］

指用榆荚和榆面煮成的糊状或粥状食物。唐代韦应物《清明日忆诸弟》："杏粥犹堪食，榆羹已稍煎。"宋代晁说之《寒食书事》："杏粥榆羹浑不见，蓬池春色梦中看。"元代邵永《次复菴学士贤姪寒食雅韵》："郊原春色正丰茸，蓝酒榆羹引兴浓。"清代朱晓琴《赋得蒲酒》："味合榆羹配，香应杏酪陪。"

## 堪［kān］

意为能够、可以。汉代班固《竹扇诗》："来风堪避暑，静夜致清凉。"晋代贺循《赋得庭中有奇树》："长条本自堪为带，密叶由来好作帷。"南朝梁代沈约《八咏诗·其四·霜来悲落桐》："薜荔可为裳，文杏堪作梁。"隋代卢思道《从军行》："庭中奇树已堪攀，塞外征人殊未还。"唐代杜审言《秋夜宴临津郑明府宅》："酒中堪累月，身外即浮云。"宋代赵炅《逍遥咏·其一》："此语苞含堪赏咏，丹台羽客善铺陈。"金代高士谈《晓起戏集东坡句二首·其一》："困卧北窗呼不起，老夫风味也堪怜。"元代许衡《辞召命作》："一天雷雨诚堪畏，千载风云漫企思。"明代陶安《鹤笼》："童子放开欣客至，孤山祠下迹堪寻。"清代朱中楣《木兰花·秋雨》:"芙蓉醉雨真堪玩,户外一声初度雁。"

## 煮［zhǔ］

指把东西放在有水的锅里加热使熟。汉代乐府《乌生》:"黄鹄摩天极高飞,后宫尚得烹煮之。"三国时期魏国曹植《七步诗》:"煮豆持作羹,漉豉以为汁。"隋代卢思道《联句作诗》:"共甑分炊水,同铛各煮鱼。"唐代杜荀鹤《山中寡妇》:"时挑野菜和根煮,旋斫生柴带叶烧。"宋代邵雍《古琴吟》:"近日僮奴恶,须防煮鹤时。"金代赵秉文《听雪轩》:"萧然煮茶兴,似倩此君说。"元代何中《安上人兰若》:"道人煮春茗,离坐与晤言。"明代程本立《铜梁县》:"香芹煮羹饭有稻,木棉纺丝衣有裳。"清代朱昆田《食鲥鱼和止渊韵》:"罟师雪浪煮霜鳞,夜傍山根然老竹。"

**按**:"榆羹堪煮"一语,源自韦应物《清明日忆诸弟》:"杏粥犹堪食,榆羹已稍煎",是表现寒食、清明期间禁火冷餐的写真之语。

## 厨烟［chú yān］繁体作厨煙

指厨房烟囱里冒出的烟。唐代钱起《过山人所居因寄诸遗补》:"厨烟住峭壁,酒气出重林。"宋代苏辙《寒食前一日寄子瞻》:"寒食明朝一百五,谁家冉冉尚厨烟。"元代张雨《和坡仙寒食诗》:"寒食今年二月晦,又分新火到厨烟。"明代徐熥《山楼卧病喜清甫见过》:"酒气凌花架,厨烟出翠微。"清代洪亮吉《后游仙诗·其十四》:"更与种桃园里异,天街行遍少厨烟。"

# 禁［jìn］

意为禁止、制止。《广雅》:"禁,止也。"屈原《九章·惜往日》:"封介山而为之禁兮,报大德之优游。"汉代刘桢《赠徐干》:"拘限清切禁,中情无由宣。"三国时期魏国阮籍《咏怀·其十三》:"一为黄雀哀,涕下谁能禁?"唐代王绩《病后醮宅》:"龙行初禁火,鸟步即凌烟。"宋代韩琦《寒食祀坟二首·其一》:"禁烟时重展先茔,今日躬为拜扫行。"元代郝经《二月二十三日犹在仪真馆二首·其二》:"从今休禁火,一雨万家生。"明代宋濂《出门辞为苏鹏赋》:"不忍出门别,难禁君去时。"清代毛奇龄《送何使君出守牂柯·其二》:"部远不辞穿赤甲,官廉常禁采朱提。"

# 烧［shāo］繁体作燒

意为使物体着火。晋代陶潜《戊申岁六月中遇火》:"正夏长风急,林室顿烧燔。"南朝梁代王筠《诗·其一》:"烧山多诡怪,苍岭复迢遰。"唐代白居易《赋得古原草送别》:"野火烧不尽,春风吹又生。"宋代柳永《煮海歌》:"晨烧暮烁堆积高,才得波涛变成雪。"金代李晏《鹧鸪天》:"曾随晓泪撩诗思,又向春风入烧痕。"元代徐世隆《蒿里》:"世传蒿里蹑灵魂,庙宇烧残敝复新。"明代宗林《补瓢·其一》:"贫里有谁分米送,禁山无处觅柴烧。"清代薛始亨《客舍寒食》:"寒食吾乡土,无饧不禁烧。"

按:"榆羹堪煮"和"厨烟禁烧"均出自我国古代"寒食节"禁火冷食的风俗。梁代宗懔《荆楚岁时记》说:"去冬至一百五日,即有疾风甚雨,谓之'寒食'。禁火三日,造饧大麦粥。

155

据历，合在清明前二日，亦有去冬至一百六日者。"（大意：冬至后一百零五日，一般会出现疾风暴雨，叫做'寒食'。禁止庖厨生火三天，人们只能煮点大麦稀粥喝。据历法计算，寒食日应该在清明的前两天，也有的年份是在冬至后的第一百零六天。）"禁火"的起因，据传说是因为复国成功后的晋文公重耳封赏功臣，而对忠心耿耿的患难之交介子推却没有给予官职。于是介子推也就功成身退，隐居于介山。其实对他非常有感情的晋文公找不到他，一时情急就下令烧山，想逼他出来，结果介子推被大火烧死在山中。此后，晋文公颁发禁令，在介子推死难的这天，全民不许燃火，以此来纪念他。此后，这一天也被当作一个有纪念性质的节日。由于不能生火做饭，人们只能吃些冷食，所以名为"寒食节"。晋代陆翙在《邺中记》里就明确说过："寒食断火，起于子推"。其实"禁火"之事可以上溯到远古时代。《周礼·司烜氏》里记载"仲春以木铎修火禁于国中，为季春将出火也。"（大意：春季过了一半的时候，掌管用火事宜的司烜氏就要摇响木铎走街串巷宣示禁火的训令，为的是防止因春季气候干燥而发生火灾。）古人在这个月份要把上一年传下来的火种全部熄灭，是为"禁火"；然后重新钻木取火，作为新一年生产与生活的起点，谓之"改火"或"请新火"。此时还要举行隆重的祭祀活动，将谷神"稷"的象征物焚烧掉，称为"人牺"。相沿成俗，就是后来的禁火节，也叫"禁烟节"。禁火与改火之间有间隔的时间，据史料记载有三日、五日、七日等不同的说法，而在这段不动烟火的时间里，人们必须准备足够的已熟食品以冷餐的方式度日。寒食节的食物包括寒食粥、寒食面、寒食浆、青精饭及饧等，但主要的还是粥类。清代华希闵《广事类赋·岁时部·寒食清明》"例禁春城之火，都缘介子之焚"句下、"杏酪榆羹"句下均收辑禁火、冷餐事作为寒食、清明时节的岁时掌故。

## 【本句译读】

到了寒食节，人们预备好一些用榆荚和榆面煮成的粥做为节日中的冷食；所有庖厨中的烟火都要熄灭，决不可以点燃。

# 33. 蹴毬暂歇　鞦韆尚豪

## 蹴毬［cù qiú］

亦作"蹵毬"，唐代开始流行的一种类似足球的游戏运动，由战国时就已出现的"蹴鞠"发展演变而来，因此也是"蹴鞠""蹋鞠"的别称。"毬"同"球"字，唐代蹴毬所用的球已经是可以充气的了。《文献通考·乐二十》："蹴毬盖始于唐，植两修竹，高数丈，络网于上，为门以度毬。毬工分左右朋，以角胜负。岂非蹵鞠之变欤？"（大意：蹴毬开始于唐代。玩家立起两枝长竹竿，有几丈高，在上面结一张网做为'门'，玩家就是要把球踢进这个'门'。下场踢球的人分左右两伙儿，通过角逐分出胜负。这不就是蹴鞠的变种吗？）蹴毬比赛是在一块10米乘10米的正方形平整场地上进行，有固定的规则，分两队进行比赛，每队两名运动员，并有了需要守护以防"度毬"的球门，已然很类似现代的足球赛了。据史书记载，唐代的德宗、宪宗、穆宗、敬宗等几个皇帝都很喜欢蹴毬这个运动。唐代白居易《洛桥寒食日作十韵》："蹴毬尘不起，泼火雨新晴。"宋代陈耆卿《鹧鸪天·其二·再赋》："艳朵珍丛间舞衣，蹴毬场外打红围。"元代武汉臣《那咤令》："一簇簇兰桡画船，一攒攒蹴毬场。"明代汤显祖《送臧晋叔谪归湖上》："深灯夜雨宜残局，浅草春风恣蹴毬。"

## 暂［zàn］繁体作暫

时间副词，意为暂时、暂且。汉代乐府《孔雀东南飞·古诗为焦仲卿妻作》："卿但暂还家，吾今且报府。"汉代蔡琰《胡笳十八拍》："四时万物兮有盛衰，唯我愁苦兮不暂移。"晋代王羲之《兰亭诗二首·其二》："造新不暂停，一往不再起。"唐代卢照邻《临阶竹》："聊将仪凤质，暂与俗人谐。"宋代苏舜钦《蓝田悟真寺作》："我嫌世累欲暂居，又云此地无留宿。"金代边元鼎《新香》："绣被暂同巫峡梦，银鞍多负景阳钟。"元代许谦《题延月楼》："人迷梦觉月晦明，终古相摩宁暂歇。"明代瞿佑《乌镇酒舍歌》："小桥侧畔有青旗，暂泊兰桡趁午炊。"清代汤右曾《寄淮南友人》："依人暂就皋伯通，乞米应思谢仁祖。"

## 歇［xiē］

意为休息；停止。《说文》："歇，息也。"汉代蔡琰《胡笳十八拍》："城头烽火不曾灭，疆场征战何时歇。"晋代陆机《放歌行》："容华凤夜零，无故自消歇。"唐代李峤《倡妇行》："红妆楼上歇，白发陇头新。"宋代潘阆《瓜州临江亭留题》："夜来雨歇蛙声乱，忆着嵩阳千万峰。"金代元好问《春风来》："春风去后瑶草歇，来鸿去雁遥相望。"元代关汉卿《南吕一枝花》："明知道雨歇云收，还指望待天长地久。"明代童冀《燕衔泥》："海棠花开春雨歇，绿窗半掩珠帘揭。"清代钱曾《辛亥岁暮杂诗二十首·其三》："愁绝五更钟欲歇，寺门无奈雨声多。"

## 鞦韆 ［qiū qiān］

　　我国古代传统的民间游戏活动。旧题隋炀帝杨广编撰的《古今艺术图》介绍说："以彩绳悬木立架，士女坐立其上，推引之，谓之'鞦韆'。"即在木架上悬挂两条彩色的绳索，下拴横板，人在板上或站或坐，两手紧握绳索，再由他人帮忙推拉，利用绳索悠荡的力量，身躯随之在空中前后摆动以为戏乐。相传这个玩法为春秋齐桓公时期从北方少数民族"山戎"那里学习引进的。"鞦韆"一词，史上也有人认为本作"千秋"，为汉武帝宫中祝寿之词，取"千秋万岁"之义，后来被倒读为秋千，又转为"鞦韆"。南朝梁代宗懔的《荆楚岁时记》和宋代高承的《事物纪原·岁时风俗》都备注了这个说法。唐代王泠然《寒食篇》："画阁盈盈出半天，依稀云里见鞦韆。"宋代苏轼《寒食夜》："漏声透入碧窗纱，人静鞦韆影半斜。"金代赵秉文《暮春用寒字韵二首·其一》："柳阴彩舰系朱栏，楼外鞦韆搭画杆。"元代谢宗可《卖花声》："韵传杨柳门庭晚，响彻鞦韆院落深。"明代黎贞《寒食遇雪》："歌管声中银作屋，鞦韆影里玉为竿。"清代屈大均《从塞上偕内子南还赋赠·其三十五》："去年寒食在平凉，汝妹催上鞦韆场。"

## 尚［shàng］

炫耀、矜夸。南朝梁代丘迟《旦发渔浦潭》："坐啸昔有委，卧治今可尚。"唐代王绩《古意六首·其六》："凤言荷深德，微禽安足尚。"宋代蔡襄《移居转运宇别小栏花木》："余畦十数种，亦自尚风格。"元代耶律楚材《游河中西园和王君玉韵四首·其三》："字老本来遵雅淡，吟成元不尚新奇。"明代李东阳《昆仑战》："将军贵实不尚功，世上安有将军忠。"清代吴伟业《即事·其六》："故事已除将作监，他年须尚执金吾。"

## 豪［háo］

意为奢侈、豪华。南朝宋代刘义庆《世说新语·汰侈》："石崇与王恺争豪，并穷绮丽，以饰舆服。"（大意：石崇与王恺比拼谁家更为豪华富有，二人都尽可能地拿出最漂亮华美的东西，用来装饰车马与冠服的仪仗。）南朝陈代张正见《轻薄篇》："聊持自娱乐，未是斗豪奢。"唐代卢照邻《长安古意》："别有豪华称将相，转日回天不相比。"宋代朱淑真《元夜三首·其一》："争豪竞侈连仙馆，坠翠遗珠满帝城。"金代王寂《题刘德文乐轩》："又不见朱门钱痴豪且奢，氍毹按舞催筝琶。"元代杨载《古木诗》："有如豪侈士，踪迹困尘埃。"明代杨士奇《寄长儿韵语·其十五》："临财能让真君子，恃力夸豪总恶徒。"清代彭孙通《送兰皋之滇中·其二》："底是人豪忕，依然土沃瀛。"

**按**："鞦辔尚豪"一语，源自南宋诗人陆游《春晚感事》："寒食梁州十万家，鞦辔蹴鞠尚豪华。"诗句的意思是说：寒食节到来了，拥有十万人家的汴梁城，会有多少人在打秋千、赛蹴鞠，忘记了家国之痛，心安理得地炫耀着生活的豪侈？

**又按：**"蹴毬暂歇·鞦韆尚豪"一句中的"蹴毬""鞦韆"，指的并非平常时的娱乐游戏，均是作为寒食节中的典型岁时活动而言的。汉代刘向《别录》记载："寒食，蹴鞠，黄帝所造。"可知在汉代寒食节的时候，就流行蹴毬这种古老的岁时活动。宋代陈元靓《岁时广记》引录《古今艺术图》说："寒食鞦韆。本北方戎狄之戏，以习轻趫者也。后人因之，每至寒食而为戏乐之事。"（大意：寒食节荡鞦韆。〔鞦韆〕本来是北狄和西戎少数民族的一种游戏，是用来练习身体轻盈矫捷的。后人因袭，每到寒食节的时候用来当作一个游戏取乐的项目。）唐末王仁裕《开元天宝遗事》记载："天宝宫中至寒食节，竞竖鞦韆，令宫嫔辈戏笑，以为宴乐。"（大意：天宝年间也就是公元742年至756年期间，皇宫里每到寒食节的时候，宫中各院会赶紧架起鞦韆，令深居宫中的嫔妃们荡着鞦韆嬉戏笑闹，以此取乐。）唐代杜甫有诗云："十年蹴踘将雏远，万里鞦韆习俗同。"清初著名的杜诗研究专家仇兆鳌给此句作注解时引录梁代宗懔《荆楚岁时记》："寒食有打毬、鞦韆、施钩之戏。"寒食节中的蹴鞠和鞦韆活动，在宋、明时仍很流行，如宋代刘攽《许州寒食》："鞦韆冷飐梨花雨，蹴鞠高腾燕子风。"明代区大枢《寒食客中作》："九陌风香来蹴鞠，四郊云影落鞦韆。"可见彼时的盛况。宋代陈元靓《岁时广记·寒食下》"鞦韆戏""蹋踘戏"条下、清代华希闵《广事类赋·岁时部·寒食清明》"听街头之蹴鞠，爱墙里之鞦韆"句下均收辑这两个游戏活动为寒食节的岁时掌故。

## 【本句译读】

在寒食节里，角逐中的蹴毬健儿精疲力尽需要歇息一下了；年轻姑娘们的鞦韆竞显装饰的奢华。

# 34. 陌头凝眄　艳侣戏邀

## 陌头［mò tóu］繁体作陌頭

指郊外大道或田间小路的尽头。南朝梁代萧衍《白铜鞮歌》："陌头征人去，闺中女下机。"北朝周代王褒《燕歌行》："遥闻陌头采桑曲，犹胜边地胡笳声。"唐代王昌龄《闺怨》："忽见陌头杨柳色，悔教夫婿觅封侯。"宋代王安石《东门》："迢迢陌头青，空复可藏鸦。"元代赵孟𫖯《东城》："野店桃花红粉姿，陌头杨柳绿烟丝。"明代杨士奇《君马黄》："陌头春日游人多，复恐红尘暗玉珂。"清代顾彩《梅花驿》："马迹车尘暗陌头，遥看古驿入南州。"

## 凝［níng］

本义是指结冰。《说文》："凝，水坚也。"引申意为精神、注意力的凝聚、集中。晋代孙绰《赠谢安》："凝神内湛，未醨一浇。"南朝梁代江淹《渡西塞望江上诸山》："望古一凝思，留滞桂枝情。"唐代朱庆余《望九疑》："倚杖何凝望，中宵梦往频。"宋代田锡《池上》："烛烬垂花飘砚席，月华凝雪映帘栊。"金代马钰《如梦令》:"仙梦。仙梦。气结神凝无梦。"元代耶律铸《苍官台》:"凤阙凝眸云掩霭,鸡林指掌树冥蒙。"明代黎民表《大科峰望日出》:"骎陟忧鬓发,凝眄披心胸。"清代王士禄《两同心·和韵宗梅岑咏鸳鸯》:"晚归去、凝视红衾,黯然无语。"

## 眄 [ miàn ]

本义是指眼睛斜看,放射着很审视的目光;《苍颉篇》:"旁视曰'眄'。"后泛指很专注地看、望、注视等。汉代乐府《艳歌行》:"夫婿从门来,斜柯西北眄。"三国时期魏国阮籍《咏怀·其十五》:"飘飖恍惚中,流眄顾我傍。"唐代元稹《曹十九舞绿钿》:"凝眄娇不移,往往度繁节。"宋代张先《卜算子慢》:"欲上征鞍,更掩翠帘回面,相眄。"金代段克己《乙巳清明游青阳峡》:"前逾百步落石瓮,黛蓄膏渟那敢眄。"元代孙辙《拟古四首次杨志行韵·其二》:"孟冬寒气至,眄彼庭中树。"明代郑真《清流关》:"前登最上头,目力穷视眄。"清代朱彝尊《双双燕·别泪》:"含辛欲堕,转自把人凝眄。"

**按**:"陌头凝眄"是和寒食节"踏青""会男女"风俗相关的一个岁时掌故。事见宋代杨湜《古今词话》:"泸南营二十余寨,各有武臣主之。中有一知寨,本太学士人,为壮岁流落随军边防,因改右选。最善词章。尝与泸南一妓相款,约寒食再会。知寨者以是日求便相会,既而妓为有位者拉往踏青。其人终日待之不至。次日又逼于回期,然不敢轻背前约,遂留《驻马听》一曲以遗之而去。其词曰:'雕鞍成漫驻。望断也不归,院深天暮。倚遍旧日,曾共凭肩门户。踏青何处所。想醉拍,春衫歌舞。征辔举。一步红尘，一步回顾。　行行愁独语。想媚容，今宵怨郎不住。来为相思苦。又空将愁去。人生无定据。叹后会，不知何处。愁万缕。凭仗东风，和泪吹与。'亦名《应天长》。妓归见之，辄逃乐籍，往寨中从之，终身偕老焉。"（大意：四川泸南军营有二十多个军寨，各有武官主事。其中有一个军寨的知寨即负责人，本来是一名出身于太学的士子，壮年时因故流落，随军队到边境驻防，所以也就改成了武官编制。非常擅于诗词文章。他曾经和泸南的一名地方乐妓结识，有过一夜情，他们相约寒食节踏青时再会。知寨到了寒食那天寻求到了一个便利从部队出来和她相见，恰巧这天那个乐妓被高官拉去踏青游玩了。知寨在郊野大道边苦等一整天，也不见乐妓归来。他第二天是必须回到军寨里的，因此无法再等。但他又不肯背负和乐妓的前约，于是就写了《驻马听》词一首留在乐妓的住所，自己返回了驻地。这首词写道：'雕鞍成漫驻。……。'这首词的词牌也叫作《应天长》。乐妓回来后看到了这首词，大为感动，私逃乐妓的户籍，奔赴边防的军寨去投靠了那个知寨。后来他们终身相守，白头偕老。）"陌头凝眄"就是描绘有情郎在郊野大道旁苦等心爱女人时的情景。宋代陈元靓《岁时广记·寒食下》"约乐妓"条下收辑这个故事作为寒食节的岁时掌故。

## 艳［yàn］繁体作豔

本义是指人或物的容色鲜明美丽，也常用于有关男女情爱方面的人、事、物。在这里是指后一种用法。《诗经·小雅·十月之交》："楀维师氏，艳妻煽方处。"南朝梁代萧衍《子夜歌二首·其一》："朱口发艳歌，玉指弄娇弦。"唐代白居易《新乐府·采诗官》："郊庙登歌赞君美，乐府艳词悦君意。"宋代穆修《烛》："佳人盼影横哀柱，狎客分光缀艳诗。"金代刘仲尹《鹧鸪天·其二》："当年艳态题诗处，好在香痕与泪痕。"元代王逢《奉寄赵伯器参政尹时中员外五十韵》："织贝殊珍粲，红楼艳曲萦。"明代徐贲《晚步》："艳情杯里融，幽意琴中度。"清代王夫之《读甘蔗生遣兴诗次韵而和之七十六首·其四十九》："细剖香魂邀篆尾，幽寻艳迹记花趺。"

## 侣 [lǚ]

意为同伴。汉代乐府《艳歌何尝行二首·其一》："踌躇顾群侣，泪下不自知。"三国时期魏国曹睿《步出夏门行》："夜失群侣，悲鸣徘徊。"晋代郭璞《游仙诗十九首·其十》："永偕帝乡侣，千龄共逍遥。"隋代杨素《赠薛播州·其十四》："独飞时慕侣，寡和乍孤音。"唐代杜甫《王阆州筵奉酬十一舅惜别之作》："沙头暮黄鹄，失侣自哀号。"宋代欧阳修《赠梅圣俞》："择侣异栖息，终年修羽仪。"金代马钰《满庭芳》："将来去，向蓬瀛，添个仙侣。"元代张弘范《青玉案·寄刘仲泽》："吟风赋月，论文说剑，无个知音侣。"明代林鸿《送林一归山中》："求侣暗惊春草色，还家愁逐暮江声。"清代陈鹏年《漫兴·其三》："日话黄冠侣，三茅近弗迷。"

## 戏 [xì] 繁体作戲

意为嘲弄、捉弄的意思。《诗经·卫风·淇奥》："善戏谑兮，不为虐兮。"南朝梁代萧衍《十喻诗五首·其五·梦》："违从竟分净，美恶相戏弄。"唐代张说《伤妓人董氏四首·其二》："夜台无戏伴，魂影向谁娇。"宋代赵炅《缘识·其

165

九十七》："莫把我言为戏弄，轮回断定不迁延。"金代王寂《寄题蜀先主庙·其一》："当年竹马戏儿曹，笑指篱桑五丈高。"元代吴存《横塘秋晚图》："折苇枯荷绿一洼，游鱼戏蟹小生涯。"明代董纪《世情》："青天在上管何事，造物戏人当咎谁。"清代杨芳《永州返棹经三浯步元次山龛尊原韵》："时时发醉语，嘲戏余深情。"

## 邀 [ yāo ]

意为约请、邀约。魏晋无名氏《长干曲》："逆浪故相邀，菱舟不怕摇。"隋代卢思道《城南隅燕》："城南气初新，才王邀故人。"唐代李白《月下独酌四首·其一》："举杯邀明月，对影成三人。"宋代司马光《独乐园七咏·其七·浇花亭》："作诗邀宾朋，栏边长醉倒。"金代李晏《游龙门回投超化寺二首·其二》："还邀二三子，共到凿龙游。"元代虞集《苏武慢》："是谁家、酒熟仙瓢，邀我共看明月。"明代胡俨《春晴纵步》："忽逢一老翁，招邀过茆屋。"清代李锴《雨后病起赴邻家饮》："邻家邀痛饮，醉影恣东西。"

按："艳侣戏邀"是和清明节相关的一个岁时掌故。事见唐代皇甫枚《三水小牍》："观察使李庾之女奴，曰却要，美容止，善辞令。朔望通礼谒于亲姻家，惟却要主之。李侍婢数十，莫之偕也，而巧媚才捷，能承顺颜色，姻党亦多怜之。李有四子，长曰延禧，次曰延范、延祚、延祐，所谓大郎而下四郎也，皆年少狂侠，咸欲悉却要而不能也。尝遇清明节，时纤月娟娟，庭花烂发，中堂垂绣幕，皆银缸。而大郎与却要遇于樱桃花影中，乃持之求偶。却要取茵席授之，绐曰：'可，于厅中东南隅伫立相待。候堂前眠熟，当至。'大郎既去，却要至廊下，又逢二郎调之，却要复取茵席授之，曰：'可，于厅中东北隅相待。'二郎既去，又逢三郎束之，却要复取茵席授之，曰：'可，于厅中西南隅相待。'三郎既去，又与四郎遇，握手不可解。却要复取茵席授之，曰：'可，于厅中西北隅相待。'四人皆去。延禧于角中屏息以待，厅门斜闭，见其三弟比比而至，各趋一隅，心虽讶之，而不敢发。少顷，却要燃密炬，疾向厅事，豁双扉而照之，谓延禧辈曰：'阿堵贫儿，争敢向这里觅宿处？'四子皆弃所携，掩面而走，却要复从而哈之。自是诸子怀惭，不敢失敬。"（大意：观察使李庚有一个侍婢，叫却要，容貌举止都很美艳，又很有口才。每月初一、十五例行的亲戚间往来问候之类的事宜，都由却要来操持打理。李庚有好几十个侍婢，没有谁能与之比肩。却要机灵妩媚并且做事干练，又善于察言观色迎逢众人，内外亲族的人大都很喜爱她。李庚有四个儿子，老大叫延禧，弟弟们依次叫延范、延祚、延祐，所谓"大郎""二郎"以至"四郎"，都是年少浮浪的轻狂小子，他们都对父亲的这个侍婢存有非分之想，但始终没能得到机会。某年的清明节，当晚的未弦之月光色娇美，庭院里的花开得十分烂漫，正厅大堂垂挂着带刺绣的帷幕，院子里摆满了银白色的灯盏和烛台。此际大郎和却要相遇在樱桃花的阴影里。大郎搋着她要求"成其好事"，却要取来一张草席子交给他，哄骗说："可以。你到大厅的东南角落里站那儿等我，等府中的人都睡熟了，我会来的。"大郎走后，却要来到廊下时，又遭到二郎的纠缠，却要又取来一张草席子交给他，说："可以。到大厅的东北角落里去等我。"二郎走后，又碰到三郎截住她不让走，却要又取来一张草席子交给他，

167

说："可以。到大厅的西南角落里去等我。"三郎走后，又遇到了四郎，拉住她的手不肯撒开。却要又取来一张草席子交给他，说："可以。到大厅的西北角落里去等我。"至此，四个人都离去了。大郎延禧在自己的角落里屏住呼吸等待却要，厅门斜掩，透过窄窄的门缝他看到三个弟弟相继而来，各奔一个角落，心中虽觉奇怪，却也不敢作声。不一会儿，却要把摆放在庭院里的所有灯烛全部点燃，快步走进大厅，打开两扇大门，厅内霎时被烛光照得通亮。却要冲着大郎他们四个人说："你们这几个贱小子，大过节的怎么跑到这地方找宿来啦？"四个人各自仍掉草席子，捂着脸往外跑，却要还追着他们讥笑不止。从此李家这几个儿子总是心怀羞愧，再不敢对却要无礼了。）宋代陈元靓《岁时广记·清明》"惭父婢"条下收辑这个故事作为清明节的岁时掌故。

## 【本句译读】

寒食节的时候，痴情的汉子在郊外的大道边凝神远眺，苦苦地等待心上人的到来；清明节的时候，妄想做成"一夜艳侣"的傻小子们赶赴了一场备受嘲弄戏耍的约会。

# 35. 丰茸软踏　茶堇细挑

## 丰茸［fēng róng］

指草木茂盛的样子。《集韵》："丰茸，草盛貌。"南朝梁代刘孝绰《三日侍华光殿曲水宴》："复以焚林日，丰茸花树舒。"唐代李白《于五松山赠南陵常赞府》："松兰相因依，萧艾徒丰茸。"宋代陆游《梦中作》："路平沙软净无泥，香草丰茸没马蹄。"元代袁桷《梁山泊》："嫩草丰茸间软蒲，一川晴绿映春芜。"明代李昌祺《题猗兰图》："莽平原兮丰茸，伤极目兮棘丛。"清代王恕《牧牛词》："童知牛性不择草，遇丰茸处俱堪留。"

按："丰"字最早见于甲骨文，与它后来的所谓繁体"豐"字原本是两个不同的字："丰"的含义仅限于草木的茂盛，在本句的"丰茸"一词中所用的即是这个含义；"豐"的本义是指在上古时代的礼仪活动中盛放贵重物品的礼器，与"丰"异体假借后词义也有了大幅度的拓展，如可以指多种事物的旺盛、多、大、丰富等，在前面第10句的"冀莛滋丰（豐）"中取用的即是"繁多"之义，而古体的"丰"则无此义。

# 软［ruǎn］繁体作軟

意为柔软。晋代陆机《咏老》："软颜收红蕊，玄鬓吐素华。"隋代王胄《奉和赐酺》："展辂齐玉软，式道耀金吾。"唐代王维《登辨觉寺》："软草承趺坐，长松响梵声。"宋代邵雍《过温寄巩县宰吴秘丞》："风软玉溪腾醉骑，花繁石窟漾歌舟。"金代马定国《招康元质》："诗成重墨题飞叶，睡起轻芒踏软莎。"元代张弘范《述怀》："肯似少年场上客，笙箫日醉软香中。"明代于谦《题金璧山水二首·其二》："花发东风软，鸟啼春昼闲。"清代张英《入夏即事四首·其三》："软红怕踏丰台路，剪向银瓶尽日看。"

# 踏［tà］

也作"蹋"，意为践踏；踩。《说文》："蹋，践也。"三国时期魏国缪袭《魏鼓吹曲十二曲·其七·屠柳城》："但闻悲风正酸，踏顿授首，遂登白狼山。"唐代宋之问《花烛行》："玉樽交引合欢杯，珠履共踏鸳鸯荐。"宋代释慧远《颂古四十五首·其四十二》："踏破草鞋跟已断，巍然独坐大雄峰。"金代王寂《马上漫成四首·其三》："踏青挑菜共嬉游，不识风前月下羞。"元代许有壬《新秋即事》："莫踏苍苔破，茨门昼亦关。"明代顾梦圭《招卢驾部游西山》："卢郎逸兴古来少，瘦马年年踏芳草。"清代高士奇《红桥篇》："三月三日天气和，相邀女伴踏青歌。"

**按**："丰茸软踏"一语，源自古代上巳、清明时节"踏青"习俗的岁时活动。踏青，又叫"探春""踏春"，指上巳、清明时节人们到郊野去赏景游玩。踏青的习俗在我国由来已久，隋炀帝杨广《望江南·其六》诗中已有"玉管朱弦闻尽夜，踏青斗草事青春"之句；唐代李淖在《秦中岁时记》中记载："上巳，赐宴曲江，都人于江头禊饮，践踏青草，谓之'踏青履'。"孙思邈在《千金月令》中说："三月三日，上踏青鞋履。"唐代佚名《辇下岁时记》中也说道："唐人上巳日，在曲江倾都禊饮、踏青。"可知踏青之事在隋唐时就是一个很重要、很活跃的岁时风尚了。元代邵永有一首题为《次复庵学士贤侄寒食雅韵》的诗，其前半部分写道："郊原春色正丰茸，蓝酒榆羹引兴浓。寒食庖厨烟灶冷，踏青巷陌翠帘重。"本句中的"丰茸软踏"，即取意于此。清代华希闵《广事类赋·岁时部·寒食清明》"泼火晴来，春光旖旎，踏青人去，草色芊眠"句下收辑踏青事为寒食、清明时节的岁时掌故。

## 荼［tú］

一种苦菜，苣菜属和莴苣属植物。《尔雅·释草》："荼，苦菜。"《诗经·邶风·谷风》；"谁谓荼苦？其甘如荠。"晋代孙绰《与庾冰》："哀兼黍离，痛过茹荼。"唐代独孤及《季冬自嵩山赴洛道中作》："甘心赴国难，谁谓荼叶苦。"宋代梅尧臣《巧妇》："莠荼时补缀，风雨畏漂摇。"金代麻九畴《和伯玉食蒿酱韵》："微香能侣菊，小苦贤于荼。"元代戴良《苦斋》："荼生缘阶上，栎长荫轩多。"明代郑文康《庐墓儿》："田间来取蓼与荼，覆得新庵大如笠。"清代陆陇其《田家行》："闻说朝廷上，方问民苦荼。"

# 堇〔jǐn〕

指堇菜。草本植物，普遍生于草地或山坡，花白色，带紫色条纹，它的茎和叶是苦的，蒸煮之后会变甜。《说文》："堇，堇草也；根如荠，叶如细柳，蒸食之甘。"《诗经·大雅·文王之什·绵》中的"周原膴膴，堇荼如饴"（大意：周原的土地多肥美啊，像堇荼这样的苦菜也跟糖那样甜），把"堇"和"荼"当作苦菜的典型来说，《尔雅·释草》又称之为"苦堇"，释作"苦菜"，于是后人也常把它作为苦菜的泛称。汉代王逸《九思·其七·伤时》："堇荼茂兮扶疏，蘅芷彫兮莹嫇。"南朝宋代鲍照《代放歌行》："蓼虫避葵堇，习苦不言非。"唐代柳宗元《游南亭夜还叙志七十韵》："螟蛉愿亲燎，荼堇甘自薅。"宋代宋祁《敝俗》："谁与迁荼堇，移甘膴膴原。"金代麻九畴《复次韵二首·其二》："不义获八珍，弃之犹堇荼。"元代周霆震《蕨根叹》："爨灰一旦死复燃，功与堇荼相什伯。"明代王称《存耕堂》："原田积荼堇，莆田莠骄骄。"清代钱谦益《送何士龙南归兼简卢紫房一百十韵》："或云盘飧内，鸩堇实稻粱。"

# 细〔xì〕繁体作細

意为仔细、详细。唐代杜甫《春日忆李白》："何时一尊酒，重与细论文。"宋代朱翌《人日雪》："细挑生菜羹鼎香，落尽梅花妆额巧。"金代蔡松年《满江红·和高子文春津道中》："花径酒垆身自在，都凭细解丁香结。"元代许衡《大暑登东城·其二》："何时太华高峰上，细嚼松阴六月冰。"明代宋濂《送叶明府之官郫县》："饮罢细观循吏传，莫缘山色忆芙蓉。"清代全祖望《逸田以人日祭苍翁得三绝句·其一》："毕竟揽兰家法在，细挑七种菜丛丛。"

## 挑［tiāo］

意为挑选、挑剔。唐代姚合《天竺寺殿前立石》："苔黏月眼风挑剔，尘结云头雨磕敲。"宋代苏轼《游杭州山》："诗人工讥病，此欲恣挑抉。"金代周驰《箸诗》："蒸豚挑项脔，汤饼拌油葱。"元代秦简夫《东堂老·第一折》："抛撒了这丑妇家中宝，挑踢着美女家生哨。"明代陶宗仪《寄赠叶子澄》："养亲上堂具甘旨，留客煮饭挑嘉蔬。"清代吴伟业《白洋河》："却闻挑白马，此处渡黄河。"

**按**："茶蕈细挑"一语，源自古代农历二月二"挑菜节"的岁时活动。所谓"挑菜节"，是指春季刚到，菜园里的蔬菜尚未成熟，而原野中那些易生易长的野菜却已经遍地都是了。因此，人们要提前吃到新鲜一点的青菜，就必须到野外的大地里去挖取，后来人们把挖野菜的活动固定成了一个节日，就叫"挑菜节"。挑菜的"挑"，音tiǎo，意为挖、掘取。南朝梁代宗懔的《荆楚岁时记》中记载："寒食，挑菜。"又作按语说："如今人春日采菜。"可知"挑菜"的习俗在南北朝以前就很流行，而时间则是在寒食期间即我国农历的二月下旬。唐代李淖在《秦中岁时记》中记载："二月二日，曲江采菜，士民游观极盛。"（大意：二月初二，曲江这个地方有采野菜的风俗，届时所有人都出来游玩观赏，景况非常热闹火爆。）宋代司马光在《涑水记闻》中记载："二月二日，上幸后苑，命后宫挑生菜。"（大意：二月初二，皇上驾临皇后和嫔妃们居住的后宫林苑，要求后宫的女子们都参与挑菜节的活动，挖取些生鲜的野菜。）周密在《乾淳岁时记》中记载："二月二日，宫中排办挑菜御宴。"（大意：二月初二，皇宫里按例要用野外挖来的野菜操办皇上的宴膳。）可知唐宋时期的挑菜节都是在农历的二月二日。这天还有另外一个俗称，即是"龙抬头"。挑菜节名义上是挖取野菜，其实更多的是郊游玩耍，踏春赏景，青年男女互动、约会等节令内容。唐代白居易《二月二日》："二月二日新雨晴，草芽菜甲一时生。轻衫细马春年少，十字津头一字行。"宋代秦观《沁园春·暖日高城》："绮陌上，见踏青挑菜，游女成行。"清代陈维崧《闺怨无闷》："正挑菜年光，湔裙时节。阵阵内家车子，漾绡帏、吹乱千堆雪。"这些都是描写挑菜节的绝妙好词。春日的原野上植被丰富，品种复杂，良莠不齐，甘苦不一，需要挑菜人仔细分辨，谨慎挑剔，以资择优录取，这就是"荼堇细挑"的意蕴所在。清代华希闵《广事类赋·岁时部·寒食清明》"争挑野菜"句下收辑挑菜事为寒食、清明时节的岁时掌故。

## 【本句译读】

踏青时节，游人们踩在茂密厚实的草地上，脚下是一种绵软舒适的感觉；挑菜节里，最重要的是细心分辨甘苦良莠，必须挑拣出好的野菜带回家。

# 36. 采桑皓腕　倚竹纤腰

## 采桑 [cǎi sāng] 繁体作採桑

即采摘桑叶。每年蚕期的桑树，不断生长桑叶。采桑人在树上选摘绿中带黄的芽梢顶端自上而下的第二、第三叶作为收蚁用叶，选摘嫩绿色的第三、第四叶供一龄的蚕吃，选摘将要转浓绿色的第四、第五叶供二龄的蚕吃，选摘浓绿色的三眼叶给三龄的蚕吃。这个工作就叫"采桑"。汉代乐府《陌上桑》："罗敷善蚕桑，采桑城南隅。"晋代傅玄《秋胡行》："睹一好妇，采桑路傍。"南朝梁代萧衍《河中之水歌》："莫愁十三能织绮，十四采桑南陌头。"隋代薛道衡《昔昔盐》："采桑秦氏女，织锦窦家妻。"唐代刘希夷《采桑》："谁家采桑女，楼上不胜春。"宋代晏殊《破阵子·春景》："巧笑东邻女伴，采桑径里逢迎。"元代揭傒斯《春日杂言二首·其一》："夭夭谁家妇，采桑临路岐。"明代陆深《江南行》："道旁采桑女，湖中木兰船。"清代周馨桂《古意》："三月蚕苦饥，不辞采桑艰。"

## 皓腕 [hào wàn]

意为洁白的手腕，多用于女子。魏晋无名氏《子夜四时歌·其十一》："愿欢揽皓腕，共弄初落雪。"南朝梁代丘迟《答徐侍中为人赠妇》："长眉横玉脸，皓腕卷轻纱。"唐代

175

卢纶《宴席赋得姚美人拍筝歌》："微收皓腕缠红袖，深遏朱弦低翠眉。"宋代徐积《送李端叔》："把酒一卮轻皓腕，得诗一句胜蛾眉。"金代李奎报《代人书寝屏四时词·其一·春日》："美人睡起心烦闷，皓腕擎花吸露红。"明代袁宏道《江南子·其一》："皓腕生生白藕长，回身自约青鸾尾。"清代吴绮《捣衣篇》："双砧不敌离情重，双袖频将皓腕扬。"

## 倚竹［yǐ zhú］

本意指人的身体以竹干为支撑依靠着，引申喻指娇弱无力的体态。唐代徐凝《游安禅寺》："倚竹并肩青玉立，上桥如踏白虹行。"宋代苏轼《跋王进叔所藏画五首·其二》："倚竹佳人翠袖长，天寒犹着薄罗裳。"金代郦掞《宴会成趣园诗》："寻梅雪没履，倚竹霜粘须。"元代王恽《点绛唇·春雨后小桃》："倚竹佳人，翠袖娇无力。"明代李梦阳《落星石》："搴裳入松寺，倚竹望风渚。"清代钱孟钿《代书三十韵寄弟妇循之》："临风调玉琯，倚竹整湘弦。"

## 纤腰［xiān yāo］繁体作纖腰

指女子纤细柔弱的腰肢。晋代陆云《为顾彦先赠妇往返诗四首·其二》："雅步袅纤腰，巧笑发皓齿。"南朝梁代刘缓《杂咏和湘东王诗三首·其二·寒闺》："纤腰转无力，寒衣恐不胜。"唐代许浑《赠萧炼师》："旄节纤腰举，霞杯皓腕斟。"宋代柳永《合欢带》："妍歌艳舞，莺惭巧舌，柳妒纤腰。"金代元德明《贵公子咏》："高堂红烛鼓声齐，舞遍纤腰月未西。"元代冯子振《杨花二首·其一》："微扑妆楼啼半面，乍黏舞席折纤腰。"明代边贡《柳塘杂兴四首·其四》:"不傍御园歌舞地,只愁宫女妒纤腰。"清代朱彝尊《浣溪沙》:"七泽三湘道路重,纤腰来自楚王宫。"

**按**:"采桑皓腕·倚竹纤腰"一语,源自三国时期魏国曹植的古体诗《美女篇》,这是一首专门描写采桑女子的著名作品,其中开篇就写道:"美女妖且闲,采桑歧路间。柔条纷冉冉,落叶何翩翩。攘袖见素手,皓腕约金环。头上金爵钗,腰佩翠琅玕。"女子采桑必然要挽起袖子,露出素洁的双手,继而高高举起攀够桑叶,令诗人清晰地看到对方带着金手镯的洁白而光滑的手腕。接下来诗人又注意到她的头上戴着上端制成雀形的金钗,腰间佩饰着有如翠竹般青绿的玉石。"采桑皓腕"和"倚竹纤腰"即是其中"皓腕约金环"和"腰佩翠琅玕"两句的翻写。

**又按**:此处描写采桑事,源自古代农历三月天子的后妃亲自参与采桑劳作的时令风俗。后妃采桑是在我国上古文明中受到严格礼教规范的活动之一。《礼记·月令》中记载:"季春之月……后妃斋戒,亲东向躬桑;禁妇女毋观;省妇使,以劝蚕事。"(大意:在三月份的时候……天子的后妃们沐浴更衣,戒绝嗜欲,使身心处于洁净的状态,然后虔敬地面向春气生发的东方,亲自采摘养蚕用的桑叶。这期间禁止妇女们过分地修饰打扮自己,同时也减少她们的劳役,使其能够很好地从事养蚕方面的种种工作。)又,《周礼·天官·内宰》中记载:"中春,诏后帅外、内命妇始蚕于北郊,以为祭服。"(大意:春天过了一半的时候,天子就诏告王后率领有敕命封号的士大夫之母或妻等"外命妇"以及后宫有敕命封号的妇女等"内命妇"，开始到纯阴之地的北郊外去从事采桑饲蚕的工作，以后将用这些通过亲自劳动产出的蚕丝制作祭服。）天子后妃亲自到田里采桑这种国家的礼教典仪，后世亦有传承。如北魏郦道元的《水经注·漳水注》记载："漳水，对赵氏临漳宫。宫在桑梓苑，多桑木，故苑有其名。三月三日及始蚕之月，虎帅皇后及夫人采桑于此。"（大意：漳水，对着后赵王朝的临漳宫。临漳宫在桑梓苑，这里生长着很多的桑树，所以就叫了这个名字。每年三月三日及开始育蚕的月份里，后赵武帝石虎都要领着皇后及夫人到这里亲自采桑。）又如《新唐书·礼乐志》记载："皇后岁祀。季春，吉，巳享先蚕，遂以亲桑。"（大意：皇后每年有例行的祭祀活动。三月份，选定吉日，祭祀最早教授人类育蚕的神—先蚕娘娘，接下来就亲临桑田去采桑。）《新唐书·礼乐志》还非常详细地记录了皇后及内外命妇采桑典仪的程序和细节。皇家的后妃女子固不必说，都是一些纤弱的美人，即使是在民间，采桑也大都是要由年轻女子们来完成的工作，所以除了前面说到的"皓腕"，自然还要有许多的"倚竹纤腰"了。明代彭大翼《山堂肆考·时令·三月》"后妃躬桑"条将此风俗收辑为农历三月的岁时掌故。

## 【本句译读】

季春三月，年轻的女子挽袖采桑，露出洁白光滑的手腕；桑树林中尽是袅娜纤弱的美人身影。

# 37. 匝堤翡幄　绕渚荪桡

## 匝［zā］

　　意为遍；满。南朝宋代鲍照《日落望江赠荀丞》："乱流
灢大壑，长雾匝高林。"唐代卢照邻《七日登乐游故墓》："中
天擢露掌，匝地分星徼。"宋代强至《依韵奉和司徒侍中壬子三
月十八日游御河二首·其一》："锦绣匝堤箫鼓沸，风光流动一
城春。"金代刘志渊《满庭芳》："真消息，清风匝地，透骨自
绵绵。"元代杨舟《华楼》："萧疏古院闲来步，匝砌苔钱雨后
绿。"明代陈政《黄鹤楼图为岑知府题》："鄂渚春回湘树匝，
洞庭云尽楚山孤。"清代吴绮《种字林闲居杂咏》："卧起高斋
总自由，尽教匝月不梳头。"

## 堤［dī］

　　指河堤、堤坝、围水的土坝。汉代王粲《从军诗五首·其
四》："逍遥河堤上，左右望我军。"三国时期魏国应璩《百一
诗·其四》："细微可不慎，堤溃自蚁穴。"南朝齐代谢朓《登
山曲》："天明开秀崿，澜光媚碧堤。"唐代杨炯《和石侍御山
庄》："阔堑防斜径，平堤夹小渠。"宋代王禹偁《送李中舍罢
萧山赴阙》："吴苑醉逢梅弄雪，隋堤吟见柳垂烟。"金代密璹
《梁园》："一十八里汴堤柳，三十六桥梁苑花。"元代李简

《李及郊雪》："漠漠长堤温絮漫，使君来扣隐君关。"明代吕渊《城西别墅为素轩钱公作》："杨柳四堤张翠幄，稻粱千顷布黄云。"清代徐灿《河满子·闺情》："楼外金堤堤上月，昔人几度偷圆。"

## 翡［fěi］

本义是指赤羽雀，又名"赤翡翠"。有蓝、绿色的羽毛，生活在水边，羽毛可做装饰品。《说文》："翡，赤羽雀也。雄赤曰'翡'，雌青曰'翠'。"引申指可做装饰品的翡翠羽毛。《楚辞·招魂》："翡帷翠帐，饰高堂些。"汉代杜笃《京师上巳篇》："窈窕淑女美胜艳，妃戴翡翠珥明珠。"南朝梁代江淹《爱远山》："香枝兮嫩叶，翡累兮翠叠。"隋代李巨仁《钓竿篇》："不惜黄金饵，唯怜翡翠竿。"唐代贾至《长门怨》："莺喧翡翠幕，柳覆郁金堂。"宋代李新《王中玉生辰》："露蠲仙掌生寒光，翡幄华帐飘晚凉。"金代马钰《巫山一段云》："醉卧琉璃帐，闲看翡翠帘。"元代耶律铸《阿延川诗》："数间带叶松棚下，指绿莎为翡翠茵。"明代黄佐《瑟调曲四首寿陈天游府尹·其一》："翡帷翠幕华烛光，朱明承夜乐未央。"清代朱彝尊《瑶花·午梦》："翡帷翠幄，看展尽忘却东风帘户。"

## 幄［wò］

指形如房屋的大帐幕、帷帐。《小尔雅·广服》："幄，幕也。"汉代隐士四皓《采芝操》："严居穴处，以为幄茵。"晋代陆机《招隐诗》："轻条象云构，密叶成翠幄。"隋代杨素《赠薛播州·其六》："及尔陪帷幄，出纳先天眷。"唐代卢照邻《芳树》："结翠成新幄，开红满故枝。"宋代梅尧臣《送王乐道太丞应瀛州辟》："幄中欲寄画，才智莫有君。"金代刘仲尹《窗外梅蕾二首·其一》："玉儿秀稚云幄藏，鼻观已觉瓶水香。"元代陈思济《惜花》："高张翠幄朱阑护，山雨溪风未易防。"明代周是修《长安古意》："烨烨珠屏交彩幄，隐隐罗帏分玳筵。"清代邹祗谟《渔家傲·春夜》："可奈风光今又昨，伤心独对葡萄幄。"

**按**："匝堤翡幄"一语，源自古代农历"三月三"上巳节的岁时掌故。事见晋代陆翙《邺中记》："石虎三月三日临水会，公主、妃主、名家妇女无不毕出。临水施帐幔，车服粲烂，走马步射，饮宴终日。"（大意：十六国时期的后赵武帝石虎在三月三上巳节这天于郊外河边举办祓禊集会，公主、皇妃以及官宦大户人家的妇女无不前来游玩观赏。各家都在水边的堤坝上支设帷幄，妇女们的彩色车辇和华丽的服饰真是美艳耀眼；男人们或赛马或比箭兴致盎然。人们一边玩乐一边吃喝，一整天都沉浸在节日的气氛当中。）王羲之的《兰亭序》写的是江南地区过三月三的情形，《邺中记》里的这一段是北方邺城过三月三的记载，大概北方人还是感觉这时节天气稍凉，所以会支设帷幄。"匝堤翡幄"即是北方上巳节的写实之语。宋代陈元靓《岁时广记·上巳上》"出临水"条下收辑石虎临水会事作为上巳节的岁时掌故。

# 绕［rào］繁体作繞

意为缠绕、围绕，引申意为围着转动。汉代王逸《九思·其九·守志》："绕曲阿兮北次，造我车兮南端。"晋代陆机《答张士然》："回渠绕曲陌，通波扶直阡。"唐代谢偓《乐府新歌应教》："紫燕欲飞先绕栋，黄莺始咔即娇人。"宋代司马光《同舍会饮金明沼上书事》："惊沙飒飒绕洲渚，鱼龙迁去避我曹。"金代马定国《登历下亭有感》："伤哉不见桓公业，千古绕城空水流。"元代陈樵《永日观》："月车长绕吴天角，石影生从太极前。"明代袁华《再用韵怀钱塘旧游》："柳洲数过拾遗宅，绕屋清泉甘若肪。"清代顾炎武《重至京口》："江水绕城回，山云傍驿开。"

## 渚［zhǔ］

指水中的小洲、水中的小块陆地。《尔雅》："小洲曰'渚'。"《诗经·召南·江有渚》："江有渚，之子归，不我与。"屈原《九歌·湘君》："朝骋骛兮江皋，夕弭节兮北渚。"北朝周代庾信《咏画屏风诗二十五首·其三》："停车小苑外，下渚长桥前。"隋代刘臻《河边枯树》："奇树临芳渚，半死若龙门。"唐代李世民《帝京篇十首·其六》："飞盖去芳园，兰桡游翠渚。"宋代曾巩《喜雪二首·其一》："已塞茅蹊人起晚，更迷沙渚鸟飞迟。"金代完颜亮《昭君怨·雪》："昨日樵村渔浦，今日琼川银渚。"元代许谦《白鸟二章章八句》："鸿雁在渚，鹡鸰在原。"明代唐之淳《决河》："高者为洲渚，下者为沮洳。"清代吴敬梓《全椒道上口占六首·其一》："山凹晓日上三竿，兰渚停舆露未干。"

## 荪桡［sūn ráo］繁体作荪橈

意为用荪草作为装饰的船桨。屈原《九歌·湘君》："薜荔柏兮蕙绸，荪桡兮兰旌。"宋代赵彦端《点绛唇·其五·题西隐》："天外离居，为我荪桡举。"明代袁华《赋得江上女》：

"苏桡送桂旌，沿洄多冶情。"清代李符《丰乐楼》："凌波军散，便拨苏桡，秣陵寄倦旅。"

**按**："绕渚苏桡"一语，源自农历三月三上巳节洛河祓禊的一个典实。事见唐代白居易《三月三日被禊洛滨并序》："开成二年三月三日，河南尹李待价以人和岁稔，将禊于洛滨。前一日，启留守裴令公。令公明日召太子少傅白居易、太子宾客萧籍、李仍叔、刘禹锡、前中书舍人郑居中、国子司业裴恽、河南少尹李道枢、仓部郎中崔晋、司封员外郎张可续、驾部员外郎卢言、虞部员外郎苗愔、和州刺史裴俦、淄州刺史裴洽、检校礼部员外郎杨鲁士、四门博士谈弘谟等一十五人，合宴于舟中。出斗亭，历魏堤，抵津桥。登临溯沿，自晨及暮。簪组交映，歌笑间发。前水嬉而后妓乐，左笔砚而右壶觞。望之若仙，观者如堵。尽风光之赏，极游泛之娱。美景良辰，赏心乐事，尽得于今日矣。若不记录，谓洛无人。晋公首赋一章，铿然玉振，顾谓四座继而和之，居易举酒抽毫，奉十二韵以献。"（大意：开成二年的三月初三，河南郡的主官李待价为祈祷天下太平五谷丰登，打算按照时令的风俗在洛水举行净垢祛病、消除不祥的祭祀活动。此前一天，他给河南留守裴度裴令公写信说了这个情况。裴令公就在第二天召集太子少傅白居易、太子宾客萧籍、李仍叔、刘禹锡、前中书舍人郑居中、国子司业裴恽、河南少尹李道枢、仓部郎中崔晋、司封员外郎张可续、驾部员外郎卢言、虞部员外郎苗愔、和州刺史裴俦、淄州刺史裴洽、检校礼部员外郎杨鲁士、四门博士谈弘谟等十五人，到船上聚会禊饮。船由斗亭出发，经过魏王堤，抵达津桥。大家或者在沿途的洲渚登临游赏，或者顺水而下再逆流而上，从早上直到黄昏，各色的冠簪和腰带交相辉映，歌咏声和欢笑声参杂在一起；船头有人玩水嬉戏，后面有乐伎弹奏；左边是笔砚横陈，右边是觥筹交错。远远望去，好像是一群游仙之人，岸上围观的群众积聚成一道厚厚的人墙。真是风光观赏的最佳，游山玩水的极致。所谓的良辰美景、赏心乐事，全都在一日之内体会到了。如果不把今天的情形记录下来，真好像洛阳没人了似的。晋国公裴度首先赋诗一首，音律铿锵，有如玉石之声。他环视四座，叫大家一起唱和，于是我向大家举酒致意之后，也挥毫赋诗十二韵奉献给了大家。）白居易的这篇《三月三日祓禊洛滨并序》及所说的十二韵诗，保存在他的《白氏长庆集》里，可是后来写作上巳节题材的诗词文章却很少使用到这个典实。宋代陈元靓《岁时广记·上巳上》"宴洛滨"条下、明代彭大翼《山堂肆考·时令·上巳》"居易献诗"条、清代华希闵《广事类赋·岁时部·上巳》"和留守之诗篇"句下均辑录这次洛水宴游事作为上巳节的岁时掌故。

## 【本句译读】

三月初三上巳节举办临水会，河堤上遍地都是临时休息用的精美帷幄；绕泛于洲渚间的禊饮游船，飞荡着用荪草装饰的木浆。

## 38. 斜曛缓送　惆怅魂消

### 斜曛 ［xié xūn］

　　指落日的余辉。唐代张叔良《寄姜窈窕诗》："几上博山静不焚，匡床愁卧对斜曛。"宋代李龏《喜宥寺梅屋》："欠得玉人相共住，金樽檀板送斜曛。"金代赵秉文《散策》："桑麻深畏景，水竹淡斜曛。"元代陈旅《题韩伯清所藏郭天锡画》："岁晚怀人增感慨，晴窗展玩到斜曛。"明代朱诚泳《竹窗写兴·其四》："读罢武公淇澳句，不知帘外已斜曛。"清代孙卓《莱芜道中》："崎岖历古道，踯躅背斜曛。"

### 缓 ［huǎn］繁体作緩

　　意为慢、不急迫，与"急"相对。晋代湛方生《游园咏》："任缓步以升降，历丘墟而四周。"南朝陈代顾野王《罗敷行》："风轻莺韵缓，露重落花迟。"隋代李衍《题剑门》："缓辔踰双剑，行行蹑石稜。"唐代卢照邻《山行寄刘李二参军》："草碍人行缓，花繁鸟度迟。"宋代洪迈《送制置使王刚中帅蜀》："回首翔鸾一梦中，玉箫缓送成都酒。"金代刘志渊《南柯子》："坐卧常澄湛，连绵缓吸呼。"元代魏初《送杨子裕参政赴江西省》："才谋知缓急，肝胆见清忠。"明代文征明《晚雨饮子重园亭》："潦倒莫言归更缓，习家池馆爱山公。"清代张廷玉《山中暮归》："疲驴缓缓行，斜阳在溪水。"

# 送［sòng］

本意为将某种东西运出或推送出去，引申指送行、送别。《诗经·国风·邶风》"之子于归，远送于野。"屈原《九歌·河伯》："子交手兮东行，送美人兮南浦。"汉代乐府《陇西行》："送客亦不远，足不过门枢。"晋代陶潜《咏荆轲》："素骥鸣广陌，慷慨送我行。"南朝宋代鲍照《登黄鹤矶》："木落江渡寒，雁还风送秋。"隋代诸葛颖《赋得微雨东来应教》："风起还吹燕，云来本送龙。"唐代卢照邻《咏史四首·其二》："悠悠天下士，相送洛桥津。"宋代宋祁《齐云亭·其一》："凭高徙倚不成下，把酒直送斜阳曛。"金代杜仿《马嵬道中》："海棠正好东风恶，狼藉残红送马蹄。"元代陈孚《出门别亲友》："长揖二三子，目送西征鸿。"明代林弼《南宁府三首·其一》："万里关山入塞云，高城纵目送斜曛。"清代谈迁《徐旷侯先辈北上》："春风吹送木兰舟，秋色犹怜桃叶渡。"

**按**："斜曛缓送"一语，源自《增补事类统编·岁时部·社日》"绿芜寒雀"条下引录的明代石珫《社日》："东风帘幕驻晴云，社酒杯深我对君。燕子未来花不语，绿芜寒雀共斜曛。"这首诗描写的是人们在祭祀社神祈求丰收的"社日"里把酒畅饮，直到黄昏的时候才伴送着夕阳的余晖各自回家的情形。

# 惆怅［chóu chàng］繁体作惆悵

意为伤感、意兴落魄。战国时期楚国宋玉《九辩》："惆怅兮，而私自怜。"晋代陶潜《归去来兮辞》："既自以心为形役，奚惆怅而独悲。"南朝陈代昙瑗《游故苑》："萧条四野望，惆怅将如何。"隋代王胄《卧疾闽越述净名意》："抱影私自怜，沾襟独惆怅。"唐代韦瓘《周秦行纪》："共道人间惆怅事，不知今夕是何年。"宋代苏轼《梦中绝句》："落英满地君方见，惆怅春光又一年。"金代李晏《白云亭》："独倚西风一惆怅，数声柔橹下汀洲。"元代吴澄《赠人求赙》："其子泣告予，听之为惆怅。"明代黎贞《谒三闾祠二首·其一》："惆怅独醒人已远，空余哀怨寄离骚。"清代全祖望《示诸生·其一》："服勤真古谊，惆怅别征车。"

**按：**"惆怅"一词在本句中特指人们在寒食节令中最易生发的典型情感。如：唐代韩愈的《寒食日出游》："走马城西惆怅归，不忍千株雪相映"；宋代陆游描写寒食节的名作《极相思》："惆怅东君堪恨处，也不念、冷落尊前。"此外如宋代李好古《念奴娇·其二》："休教惆怅，梅花飞尽寒食"；明代徐熥《过郑惠州墓·其一》："每逢寒食倍惆怅，风落残花满路飞"；邓云霄《寒食雨》："孤城细雨中，惆怅度佳节"；易训《兴陵》："惆怅西郊寒食节，春风谁与荐芳兰"；清代傅作楫《西陵·其二》："惆怅年年寒食节，越王台上鹧鸪啼"；陈维岱《浪淘沙》："惆怅几番憔悴也，寒食花朝"。可见历代文人都习惯把寒食节和"惆怅"情结联系在一起。

## 魂消 [ hún xiāo ]

亦作"魂销"，意为心神极度沮丧，好像失去了灵魂。唐代顾甄远《惆怅诗九首·其七》："浓醪艳唱愁难破，骨瘦魂消病已成。"宋代柳永《轮台子》："但黯黯魂消，寸肠凭谁表。"元代严士贞《春草亭》："王孙信断家千里，楚客魂消天一方。"

明代王希文《送别》："几宵风雨暗溪山，相对魂消话别难。"
清代徐盛持《螺墩偕同人宴集·其一》："琵琶声咽潇潇雨，环珮魂消瑟瑟波。"

**按**："魂消"一词，源自唐代杜牧的七言绝句《清明》里的诗句："清明时节雨纷纷，路上行人欲断魂。"本句中的"魂消"即是诗中"断魂"一词的翻版。明代彭大翼《山堂肆考·时令·清明》"雨销魂"条下、清代华希闵《广事类赋·岁时部·寒食清明》"杏花沽酒还吟杜牧之篇"句下均收辑杜牧此诗作为清明节的岁时掌故。

## 【本句译读】

社日的畅饮之后，村民们伴送着夕阳的余晖缓缓回家；寒食节最易令人感伤失落而清明雨更叫人心神沮丧，失魂落魄。

# 39. 嫩绿舒眉　坠红剩蒂

**嫩绿**［nèn lǜ］

指新生的绿叶或绿草。唐代张复元《风光草际浮》："浅深浮嫩绿，轻丽拂余香。"宋代柳永《西平乐》："正是和风丽日，几许繁红嫩绿。"金代元好问《青玉案》："萱堂日日春生貌，嫩绿依然鬓边好。"元代赵孟頫《纪旧游》："落红无数迷歌扇，嫩绿多情妒舞衣。"明代陈琏《郊偶赋》："柳堤萦嫩绿，苔径落残红。"清代爱新觉罗·弘历《清明郊行》："嫩绿如油旋撩眼，落红成阵已伤神。"

## 舒眉 ［shū méi］

指狭长的树叶或草叶刚刚长开的状貌。宋代张景修《选冠子·其一》："春易老，细叶舒眉，轻花吐絮，渐觉绿阴垂暖。"元代邵享贞《春从天上来·次南金早春韵》："渐红蕖照眼，黄柳舒眉。"明代朱元璋《善世禅师游方归朝》："樱花才脸笑，柳眼正舒眉。"清代郑文焯《浣溪沙·其一》："梅萼有情红到骨，柳条无恨翠舒眉。"

**按**："嫩绿舒眉"一语源自华希闵《广事类赋·岁时部·端午》"榴花吐焰，萱草舒眉"赋句的下半句。

## 坠红 ［zhuì hóng］繁体作墜红

意为在风中或雨中坠落的红色花瓣或叶子。唐代李贺《鼓吹曲辞·巫山高》："古祠近月蟾桂寒，椒花坠红湿云间。"宋代余靖《暮春》："草带全铺翠，花房半坠红。"元代朱德润《次韵王继学参政题美人图·其一·红叶题诗》："金殿风微拾坠红，题诗聊寄御沟东。"明代区大相《伏暑对景作》："草悴频消翠，荷倾欲坠红。"清代屈大均《古调笑二首·其一》："休教乱舞春风，搅起苔间坠红。"

## 剩 ［shèng］

意为余留下的、剩余。唐代李峤《筝》："莫听西秦奏，筝筝有剩哀。"宋代张先《御街行》："余香遗粉，剩衾闲枕，天把多情付。"金代元好问《赋瓶中杂花》："华边剩有清香在，木石痴儿自不知。"元代李谷《雨中独坐》："莫言病客无聊赖，剩得疏帘一枕凉。"明代于谦《孝义县怀古》："落花飞絮迷征旆，剩水残山恼客情。"清代叶封《大仙峡》："云破鸣泉落，春寒剩雪多。"

# 蒂〔dì〕

指花、叶或瓜、果与枝茎连结的部分。晋代左思《娇女诗》："红葩掇紫蒂，萍实骤抵掷。"南朝梁代江淹《清思诗五首·其五》："草木还根蒂，精灵归妙理。"唐代王勃《采莲曲》："牵花怜共蒂，折藕爱连丝。"宋代苏轼《和子由记园中草木十一首·其二》："葵花虽粲粲，蒂浅不胜簪。"金代赵秉文《下直》："满地绿苔承步幛，楸花无蒂落深宫。"元代萨都剌《次和清凉寺长老韵》："缟衣送酒一壶冰，霜蒂悬香九月橙。"明代王洪《红白荷花图为湛知县题》："并蒂芙蕖出水新，翠裳红袖玉精神。"清代赵翼《和友人落花诗·其三》："尚余旧蒂成鸡肋，剩有残香衬马蹄。"

按："剩蒂"一词，意为残留在植物枝茎上的花蒂，见于清初著名经学家、教育家和诗人张自超《咏怀》："摇落感剩蒂，飘漾如飞蓬。"

又按："坠红剩蒂"一语，源自我国南方农历五月"落梅风"的季候现象。《汉书·五行志》援引汉代应劭《风俗通》说："五月有落梅风，江淮以为信风。"（大意：五月有"落梅风"，在长江以北、淮河以南这一带的人们认为这是梅花的季候风。）
宋代陆佃《埤雅》："江湘二浙，四五月间，梅欲黄落，则水
润土溽，柱础皆汗，蒸郁成雨，谓之'梅雨'也。"（大意：
长江和湘江及浙江东路与浙江西路这一带地区，四、五月份的
时候，梅花开始发黄坠落。此时水土湿润，气候闷热，房屋木
柱下边的石礅子都会潮湿。地气蒸发形成雨水，人们把它叫作
"梅雨"。）在季候风雨的作用下，暮春初夏时节的梅花坠落
也成为了古代审美生活中的一个关注点，历代诗词名家多有吟
咏。如：唐代徐夤《岳州端午日送人游郴连》："北风吹雨黄梅
落，西日过湖青草深"；裴说《夏日即事》："笋抽通旧竹，梅
坠立闲枝"；宋代宋祁《暮春》："蕙残已觉铜盘冷，梅落犹烦
玉笛吹"；王安石《酬微之梅暑新句》："江梅落尽雨昏昏，去
马来牛漫不分"；明代陆卿《暮春雨中过荷村访舒菊泉夜宿吴仲
书山房》："坐久逢梅落，棋深听子疏"；王恭《夏夜闻笛·其
二》："零落梅花片，萧条杨柳枝"；清代张英《绣球花》："黄
鹂声唤东风急，吹落梅花在暮春"；厉鹗《春雨有怀徐丈紫山湖
上》："官梅开后野梅落，湖水满时河水新"。当然，最著名的
还是唐代李白《与史郎中钦听黄鹤楼上吹笛》中的那句"黄鹤
楼中吹玉笛，江城五月落梅花。"宋代陈元靓《岁时广记·夏》
"落梅风"条下将此收辑为五月的岁时掌故。


## 【本句译读】

端午前后，遍野的草木生出新鲜淡绿的细叶，就像少女舒
展的黛眉；而风雨中的梅花却红瓣飘坠，只留下残蒂在兀立的
枝头。

# 40. 幽篁挺干　筱敷筠腻

## 幽篁 [ yōu huáng ]

意为幽深的竹林，出自屈原《九歌·山鬼》："余处幽篁兮终不见天，路险难兮独后来。"东汉王逸注解说："幽篁，竹林也。"南朝宋代谢灵运《发归濑三瀑布望两溪》："阳鸟尚倾翰，幽篁未为邅。"唐代李峤《军师凯旋自邕州顺流舟中》："芳树吟羌管，幽篁入楚词。"宋代寇准《微凉》："高桐深密间幽篁，乳燕声稀夏日长。"元代虞集《柯敬仲画古木疏篁》："不见丹丘四五年，幽篁古木更苍然。"明代方孝孺《竹》："不禁俗物败人意，忽见幽篁眼为明。"清代戴梓《图司寇定斋赠墨竹因为长句》："安得一纸复百纸，此身坐老幽篁里。"

## 挺 [ tǐng ]

本义指把某物拔取出来。《说文》："挺，拔也。"引申为伸直、凸出、耸立等义。晋代卢谌《赠崔温》："平陆引长流，冈峦挺茂树。"南朝梁代沈约《赠沈录事江水曹二大使》："允兹二秀，挺干朝阳。"唐代杜甫《奉赠韦左丞二十二韵》："自谓颇挺出，立登要路津。"宋代文彦博《依韵谢运使陈虞部生日惠双鹤灵寿杖·其四》："美干非缘削治成，挺然修直体坚轻。"金代王寂《墨竹颂四首·其四·古节》：“尊者老不枯，魁然挺高节。”元代杨维桢《大树歌为冯渊如赋》：“两株老桧挺霜干，青如连弁翘双鳌。”明代文彭《庭中一竹生意萧然春来忽生数笋喜而赋之》：“亭亭一竹挺高寒，正对先生苜蓿盘。”清代厉鹗《次韵顾丈月田以罗浮竹叶符见赠》：“亭亭挺明玕，主人后天老。”

## 干［gàn］繁体作幹

指树木的主干。汉代王粲《灵寿杖颂》：“奇干贞正，不待矫揉。”三国时期魏国阮籍《咏怀诗十三首·其十一》：“仰攀瑶干，俯视素纶。”晋代刘琨《答卢谌八首·其五》：“亭亭孤干，独生无伴。”南朝梁代何逊《苦热》：“遗金不自拾，恶木宁无干。”隋代虞世基《零落桐》：“零落三秋干，摧残百尺柯。”唐代张九龄《杂诗五首·其一》：“疏阴不自覆，修干欲何施。”宋代曹勋《题人舫斋》：“竹干巧同檐影直，帘波寒并水光浮。”金代郦权《竹林寺矮松》：“南山耸千嶂，百干排风云。”元代郝经《楷木杖笏行》：“崔嵬枯干尚生意，千古堂堂孟韩力。”明代陶安《夜梦作诗二句觉后续之》：“出山还似山中物，岁晚霜松铁干坚。”清代朱彝尊《德藏寺咏古迹五首·其四·松风台》：“松树已无干，松风旧有台。”

## 筿［xiǎo］

即小竹、细竹。《说文》：“筿，箭属，小竹也。”《尚书·禹贡》：“筿簜既敷，厥草惟夭，厥木惟乔。”（大意：小竹和大竹遍布各处，这里的草很茂盛，这里的树也很高大。）汉代学者孔安国解释说：“筿，竹箭。簜，大竹。”南朝宋代

193

谢灵运《过始宁墅》："白云抱幽石，绿筱媚清涟。"隋代薛道衡《展敬上凤林寺》："高筱低云盖，风枝响和钟。"唐代李白《金门答苏秀才》："缘溪见绿筱，隔岫窥红蕖。"宋代丁谓《嵩岳闻笙》："烟筱裁圆直，霜苞镂密深。"金代元好问《同雷渊希颜再登箕山》："挂树不复见，秃藓余秋筱。"元代周权《清溪深》："连娟数里洲，翠筱何森森。"明代薛瑄《泊舟贻溪宿阳楼山下》："微径入丛筱，蒙笼行欲迷。"清代钱大昕《题随园雅集图·其四》："背郭依山只数椽，红渠冉冉筱娟娟。"

# 敷［fū］

意为展布、铺展、铺布开来。战国时期楚国宋玉《九辩》："窃悲夫蕙华之曾敷兮，纷旖旎乎都房。"晋代傅咸《诗》："淫雨弥旬日，河流若奔渠，春敷和气百鸟鸣。"唐代董思恭《咏云》："带月绮罗映，从风枝叶敷。"宋代苏颂《和刁推官蓼花二首·其二》："莲疏菊未破，野艳独敷荣。"金代冯璧《雨后看并玉所控诸峰》："春深木叶敷，秀色益濡润。"元代陈栎《水调歌头》："婉婉幕中画，行矣细敷陈。"明代黎光《嘉禾》："离披翠叶敷，璀璨珠颗聚。"清代吴雯《问橘》："春寒既以过，盛夏必敷荣。"

# 筠［yún］

即竹子的青皮。《说文新附·竹部》："筠，竹皮也。"《广韵·真韵》："筠，竹皮之美质也。"唐代刘禹锡《许给事见示哭工部刘尚书诗因命同作》："特达圭无玷，坚贞竹有筠。"宋代欧阳修《渔家傲·其四》："风雨时时添气候，成行新笋霜筼厚。"元代成廷珪《三月十八日同饶介之冯仁伯张道源王伯纯雅集城东李氏园亭赋此》："金刀刻字碧筼上，玉卮行酒青松间。"明代谢元汴《哭先民部贞穆先生·其九》："兰皋木末存神理，石骨苍凉偎竹筼。"清代王采薇《离居曲》："露华网户参差光，碧筼粉薄如栖霜。"

## 腻〔nì〕繁体作膩

意为光滑。战国时期楚国宋玉《招魂》："靡颜腻理，遗视矊些。"东汉王逸为其中的"腻"字作注解说："腻，滑也。"唐代元稹《和东川李相公慈竹十二韵》："纤粉妍腻质，细琼交翠柯。"宋代秦观《促拍满路花》："轻红腻白，步步熏兰泽。"金代边元鼎《阅见一十首·其十》："腻发堆云镜舞鸾，五云仙洞接清欢。"元代王国器《踏莎行·金盆沐发》："宝鉴凝膏，温泉流腻，琼纤一把青丝坠。"明代沈周《赏玉楼春牡丹》："春粉腻霞微着晕，露红渐玉淡生痕。"清代李符《祝英台近·其二·烧香词》："几回顾，人影归绿杨中，鬓腻惹香絮。"

**按**："筼腻"一词指竹皮浮泛出的光滑色泽，见于唐代元稹《出门行》："求之果如言，剖出浮筼腻。"

**又按**：此句写竹，影射指古代农历五月十三"竹醉日""竹迷日"的岁时风俗。《农政全书·仲夏事宜》："仲夏十三，是竹醉日，可移竹。"（大意：农历五月十三是"竹醉日"，适合分栽竹子。）宋代陈元靓《岁时广记·夏》援引《笋谱》说："民间说竹有生日，即五月十三。移竹宜用此日。"（大意：民间传说竹子是有生日的，就是五月十三。在这天分栽竹子最为适

195

宜。）宋代范致明《岳阳风土记》："五月十三日，谓之'龙生日'，可种竹，《齐民要术》所谓'竹醉日'也。"（大意：五月十三日，称为"龙生日"，这天适合分栽竹子，《齐民要术》所说的"竹醉日"也就是这天。）宋代刘子翚作《此君传》说："此君（指竹）常斋居，每岁惟五月十三日沾醉，醉则外其形骸，或为人徙至他所不知也。"（大意：竹先生常年吃斋食素，每年只有到了五月十三日这天必定酩酊大醉，醉后则形体躯骸暴露无遗，甚或被人迁徙到别处去了也不知道。）其实早在东汉崔寔创作的《四民月令》里就有"是日（指五月十三）谓之竹醉，栽竹多盛"的说法了。宋代刘延世《种竹》："梅蒸方过有余润，竹醉由来自古云"；明代吴宽《五月十三日移竹》："今朝竹醉教移竹，荷锸穿云去路赊"；清代彭孙贻《竹醉日诗》："不知竹醉日，竹与我谁醉"，说的都是这个风俗。《岁时广记·竹迷日》："一云：'竹迷日栽竹，年年生笋。'然则竹迷亦正此日也。"宋代刘攽《西省种竹偶书》："五月十三竹迷日，今年仍自晏阴初"；郑将《和李侍郎移竹》："仲夏竹迷日，长竿带笋移"，可知这一天也叫"竹迷日"。古人认为在五月十三这天无论栽竹还是移植，都是好日子。宋代陈元靓《岁时广记·夏》："竹迷日"条下、明代彭大翼《山堂肆考·时令·五月》"竹醉"条下均收辑竹迷竹醉事作为五月的岁时掌故。

## 【本句译读】

仲夏五月，幽深的竹林枝干挺拔；初生的小竹遍布各处，光滑秀美。

# 41. 淇澳菁猗　湘滨斑渍

## 淇 [qí]

　　指淇水，今名淇河。发源于山西陵川县棋子山，全长161公里，流经林州、辉县、鹤壁，在浚县新镇镇淇门注入卫河。《诗经·邶风·泉水》："毖彼泉水，亦流于淇。"南朝宋代鲍照《送别王宣城》："发郢流楚思，涉淇兴卫情。"唐代杨师道《阙题》："二月桑津期结伴，三春淇水逐关情。"宋代司马光《送龚章判官之卫州》："淇园春竹美，军宴日椎牛。"金代路铎《卫州赠子深节度》："淇上风光萃一楼，尊前北海百无忧。"元代王恽《水龙吟·送焦和之赴西夏行省》："邂逅淇南，岁寒独在，故人襟抱。"明代袁华《竹林高士图》："有斐古君子，燕坐淇之涯。"清代王士禧《百泉》："毖彼百泉流，洋洋入淇沚。"

## 澳 [yù]

　　意为依临水边的弯曲地带。晋代郑丰《答陆士龙诗四首·其二·南山》："瞻彼江澳，言咏其潭。"南朝齐代谢朓《和王著作融八公山》："二别阻汉坻，双崤望河澳。"隋代杨素《赠薛播州·其五》："尘芳金马路，澜清凤池澳。"唐代赵冬曦《和燕公别潊湖》："湾澳陪临泛，岩峿共践窥。"宋代梅尧臣《送王正仲》："黄流半泥沙，势浅见蹩澳。"元代袁士元《满庭芳·寿范竹友老乡长》："淇澳风清，渭川月朗，此时天产耆英。"明代谢肃《题吕继道运使乃父孝感诗卷》："异事昔闻淮水澳，新图今见浙江湾。"清代程可则《舟晚》："回舟转清澳，落日照前岑。"

# 菁〔jīng〕

　　指丰茂华美的样子。《诗经·唐风·杕杜》："有杕之杜，其叶菁菁。"唐代杜甫《秋日夔府咏怀奉寄郑监李宾客一百韵》："筋力妻孥问，菁华岁月迁。"宋代刘筠《受诏修书述怀感事三十韵》："菁英咸采撷，疣赘尽销除。"明代邢宥《琼台杂兴七首·其五》："稻田秋敛冬还种，药圃菁芳雨更嘉。"清代胡健《澎湖歌》："又无飞禽与走兽，又无花木与菁篁。"

# 猗〔yī〕

　　指美好盛大的样子。汉代王璜《题淇河》："猗猗竹何有，卫武德犹芬。"晋代陆云《赠郑曼季诗四首·高冈》："瞻彼高冈，有猗其桐。"唐代韩愈《寄崔二十六立之》："四隅芙蓉树，擢艳皆猗猗。"宋代欧阳修《桐花》："猗猗井上桐，花叶何蓁蓁。"金代李奎报《次韵吴东阁世文呈诰院诸学士三百韵诗》："使星还入汉，猗竹仂瞻淇。"明代刘基《有柏一章为吴太常作》："猗彼箓竹，君子植之。"清代吴苑《到家》："巷竹猗猗垂，山桂亭亭覆。"

　　**按**："淇澳菁猗"一语，出自《诗经·卫风·淇奥》："瞻彼淇奥，绿竹猗猗。"诗句的意思是说：眺望淇河那弯转深曲的水岸，成片的碧绿竹林真是茂盛华美啊!诗句中的"淇"，指的就是前面说的淇水；"奥"，《毛诗注疏》解释说："奥，隈也"，即指山脚或水流等弯曲的地带。关于"淇奥"的读音，《毛诗注疏》说："淇奥，上音其，下音于六反，一音乌报反。"也就是说"奥"有两个读音，即yù和ào，但按传统习惯都会读作"yù"。清代段玉裁在《说文解字注》里说："'隩'与'澳'字异而音义同。今毛诗'瞻彼淇奥，字作'奥'，古文假借也。"（大意："隩"与"澳"字形有异但读音和词义是相同的。现今通行《诗经》里"瞻彼淇奥"这个句子写作"奥"，是古文字之间的借用现象。）《礼记·大学》引用这个诗句时就把其中的"奥"写作了"澳"，所以后来"淇奥"亦作"淇澳"。由于《诗经》的影响巨大，"淇澳"这个词也和竹子结下了不解之缘，甚至在古代诗歌作品中的某些语言环境下它都可以被当成竹子的代名词。如：宋代戴埴《和王教暮春出游》："依然苍筤丛，檀栾旁淇澳"；元代应梦虎《墨竹》："轩屏得此数竿足，淇澳从教丅亩阴"，明代邓林《题画竹二首·其二》："淇澳猗猗玉万竿，和烟和雨翠成团"；清代查慎行《种竹》："规将寻丈地，远景收淇澳"。本句中的"淇澳菁猗"，也是喻指竹子。

# 湘 [ xiāng ]

指湘江。发源于广西，流经湖南，注入洞庭湖。《楚辞·渔父》："宁赴湘流，葬于江鱼之腹中。"汉代王逸《九思·其五·遭厄》："悼屈子兮遭厄，沉玉躬兮湘汨。"晋代陶潜《赠长沙公》："遥遥三湘，滔滔九江。"南朝梁代江淹《灯夜和殷长史》："此心冀可缓，清芬在沅湘。"隋代孙万寿《远戍江南寄京邑亲友》：“贾谊长沙国，屈平湘水滨。”唐代上官仪《高密长公主挽歌》：“湘渚韬灵迹，娥台静瑞音。”宋代王著《吟赠梦英大师》：“墨池阔类湘江水，笔冢高齐太华峰。”金代李献能《江城梅花引·为飞伯赋青梅》：“冉冉孤鸿，烟水渺三湘。”元代崔斌《吊李肯斋》：“湘水一川骸骨满，肯斋千古姓名香。”明代陶宗仪《题纨扇折枝竹》：“明月照清影，一握湘江秋。”清代丁澎《蝶恋花·其一·别意》：“明日送郎湘水曲，闻到巫山，欲情香魂逐。”

## 滨［bīn］

意为水边、近水的地方。《诗经·召南·采苹》：“于以采苹，南涧之滨。”晋代何劭《洛水祖王公应诏》：“薄云饯之，于洛之滨。”南朝陈代江总《宛转歌》：“已言采桑期陌上，复能解佩就江滨。”隋代虞世基《初渡江》：“敛策暂回首，掩涕望江滨。”唐代李白《嘲鲁儒》：“时事且未达，归耕汶水滨。”宋代苏辙《龙川道士》：“送我出重岭，长揖清江滨。”金代王寂《上大人通奉寿三首·其一》：“柱下相君能漱石，颍滨遗老悟休阴。”元代刘因《六华峰》：“入山采灵芝，濯足东涧滨。”明代薛瑄《卫河咏古》：“太师遗表当官路，西伯荒台在水滨。”清代王时翔《寄范声佩进士都门》：“我占湖滨一钓竿，相思有梦到长安。”

## 斑［bān］

意为杂色的花纹或斑点。屈原《离骚》：“纷总总其离合兮，斑陆离其上下。”南朝陈代顾野王《有所思》：“还闻雉子斑，非复长征赋。”隋代薛道衡《和许给事善心戏场转韵》：

"狻猊弄斑足，巨象垂长鼻。"唐代元稹《斑竹》："一枝斑竹渡湘沅，万里行人感别魂。"宋代张咏《再任益州回留题剑门石壁》："剑门山势碧摩天，匹马重来鬓已斑。"金代冯延登《射虎得山字》："田翁太息论三害，猎骑俄惊见一斑。"元代白朴《叫声》："酒注嫩鹅黄，茶点鹧鸪斑。"明代李东阳《长沙竹枝歌十首·其七》："行人试看君山竹，竹不成斑君始归。"清代严遂成《顾钱塘德辉·其二》："觞政横流翠竹间，婆娑乐部落花斑。"

## 渍［zì］

意为积存在物体表面造成斑迹的东西。南北朝高丽定法师《咏孤石》："偃流还渍影，侵霞更上红。"唐代元稹《野节鞭》："我有鞭尺余，泥抛风雨渍。"宋代魏野《陪留台李学士筵上赋得文石酒杯分得杯字》："洼似泉春出，痕如藓渍来。"元代瞿智《次韵元章先生简奉讷斋判府相公一笑》："浓薰酒渍红螺甲，清梦华生玉兔毫。"明代邵迎恩《谭节妇》："血渍尚能留赤璧，心贞端不愧黄泉。"清代沈皞日《摸鱼子·其一·舟中读雪客梨庄词漫题》："认纸上霞飞，江间墨渍，两两伴愁处。"

**按**："湘滨斑渍"一语，源自"斑竹"的典故。"斑竹"之说最早见于西晋张华《博物志·史补》："尧之二女，舜之二妃，曰'湘夫人'。舜崩，二妃啼，以涕挥竹，竹尽斑。"（大意：尧帝的两个女儿，也就是后来舜帝的两个妃子，人称"湘夫人"。舜帝去世，二妃痛哭，泪水挥洒到身边的竹子上，竹子都被浸染上了眼泪的斑渍。）到了南朝梁代的时候，任昉更在《述异记》里细化了这个故事："湘水去岸三十里许有相思宫、望帝台。昔舜南巡而葬于苍梧之野，尧之二女娥皇、女英追之不及，相与恸哭，泪下沾竹，竹文上为之斑斑然。"（大意：距离湘江大约三十里的地方有相思宫、望帝台。昔日舜帝在南巡视察的途中去世，葬在九嶷山的山野之间，尧帝的两个女儿娥皇和女英追寻不到她们的丈夫，相对痛哭，落下的眼泪沾染到身边的竹子，竹子的纹理都成了泪渍斑斑的样子。）这种有泪斑的竹子后来就被称为"斑竹"，也叫"湘妃竹"。由于湘妃竹是中小型竹，质地良好，观赏性强，所以自古就是竹制品的优选用材。在唐代李贺《十二月乐词·六月》里就有"裁生罗，伐湘竹，帔拂疏霜簟秋玉"的说法，也就是裁剪未漂煮过的丝绸制成薄衫，伐下湘妃竹编成凉席以避酷暑的意思。

## 【本句译读】

生长在淇河水边地里的绿竹是一片丰茂华美的景象；生长在湘江边上的湘竹则是泪渍斑斑，另有一番风韵。

---

# 42. 鹓凰栖否　琅玕折未

鹓［yuān］繁体作鵷

"鹓雏"的省称。《永乐大典》辑录汉代太史令蔡衡的言论说："凡像凤者有五色，多赤者凤，多青者鸾，多黄者鹓雏，多紫者鸑鷟，多白者鸿鹄。"（大意：大凡描摹凤凰都用五种颜色，红色多者画的是"凤"，青色多者画的是"鸾"，黄色多者画的是"鹓雏"，紫色多者画的是"鸑鷟"，白色多者画的是"鸿鹄"。）南宋学者王应麟的《小学绀珠·卷十》亦载此说，可知在古代神话传说中"鹓雏"是凤凰的一种。南朝梁代范云《答句曲陶先生》："乘鹓方履汉，笮鹤上腾天。"唐代宋之问《春日宴宋主簿山亭得寒字》："帝城归路直，留兴接鹓鸾。"宋代柳永《玉楼春·其三》："凤楼十二神仙宅，珠履三千鹓鹭客。"金代元好问《南冠行》："王孙上客生光辉，竹花不实鹓雏饥。"元代张之翰《水调歌头》："旧时沙上鸥鹭，此地别鹓鸿。"清代杨廉《送宫保徐公致仕》："鹓侣天边长作别，鸥盟溪上复相寻。"王夫之《烛影摇红·十月十九日》："彩鹓飞舞，日暖霜轻，小春佳节。"

# 凰 [ huáng ]

即凤凰中的雌鸟。《荀子》引逸诗："其声若箫，有凤有凰。"南朝陈代吴思玄《闺怨》："灯前羞独鹄，枕上怨孤凰。"唐代薛涛《别李郎中》："花落梧桐凤别凰，想登秦岭更凄凉。"宋代欧阳修《读蟠桃诗寄子美》："众鸟谁敢和，鸣凤呼其凰。"金代李节《满江红》："求凰意，传新曲，骖鸾梦，从渠续。"元代王恽《喜迁莺》："倦客芳踪，佳人幽思，愁满彩笺金凰。"明代胡奎《题雷节妇》："凤兮一去不复返，孤凰绕树鸣声悲。"清代梁佩兰《燕歌行·其一》："小弦何促大何长，一为凤音一为凰。"

按："鹓凰"犹如说"鹓凤"，即黄凤凰和红凤凰的合称，亦泛指各色凤凰。本句之所以不用比较流行的"鹓凤"一词，是因为在周兴嗣《千字文》"鸣凤在竹"句中已有"凤"字，特此作出避让。"鹓凰"一词虽然很冷僻，辞书亦未收录，但也确为一个独立的词汇。该词最早见于南朝梁代周舍《上云乐》："响震钧天，声若鹓凰。"又见于宋代李新《跨鳌集·表·皇帝即位贺表》："望九重之深，第倾于葵藿；称万年之寿，阻缀于鹓凰"；明代吴骐《杂诗六首·其四》："潜波出游鱼，遥空下鹓凰"；清代爱新觉罗·允礼《鹤》："鹓凰频接羽，丹穴许同窥。"

# 栖［qī］繁体作棲

意为鸟在树枝或巢中停息。汉代王粲《杂诗》："上有特栖鸟，怀春向我鸣。"晋代支遁《述怀诗二首·其一》："惚恍回灵翰，息肩栖南嵎。"南朝梁代王僧孺《朱鹭》："愿识昆明路，乘流饮复栖。"隋代魏澹《咏桐》："愿寄华庭里，枝横待凤栖。"唐代崔湜《杂诗》："宁知猗梧凤，亦欲此栖宿。"宋代姜夔《次韵诚斋送仆往见石湖长句》："只今击节乌栖曲，不愧当年贺鉴湖。"辽代郎思孝《天安节题松鹤图》："千载鹤栖万岁松，霜翎一点碧枝中。"金代马定国《村居五首·其四》："柿叶经霜菊在溪，天寒落日见鸡栖。"元代何中《春郊二首·其一》："幽禽未栖宿，来往自翩翩。"明代吴伯宗《赋得罗汉洞送陈宗进归会稽》："鸾凰讵栖枳，览辉谩徘徊。"清代孙祈雍《萧寺夜泊》："啼乌栖断岸，徙倚不成眠。"

# 否 ［fǒu］

疑问副词，用在疑问句末，构成是与非的问句。屈原《九章·其七·惜往日》："君含怒而待臣兮，不清澈其然否。"汉代繁钦《远戍劝戒诗》："可否相济，阙则云补。"魏晋无名氏《青骢白马》："借问湖中采菱妇，莲子青荷可得否。"南朝梁代吴均《边城将四首·其四》："但问相知否，死生无险易。"隋代无名氏《襄阳乐·其三》："但问相随否，何计道里长。"唐代王维《杂诗三首·其一》："常有江南船，寄书家中否。"宋代欧阳修《送王学士赴两浙转运》："平昔壮心今在否，江山犹得助诗豪。"金代田紫芝《夜雨寄元敏之昆弟》："对床曾有诗来否，为问韦家好弟兄。"元代文矩《九叠屏》："清水黄尘一回首，庐君此意今知否。"明代殷奎《除夕戏简万丞》："归来有喜君知否，瑞雪飞天满大田。"清代万树《苏幕遮·离情》："相约相思须应口，春暮归来，春暮归来否。"

**按**："鹓凤栖否"一语，源自北魏孝文帝拓跋宏的一句问话，见于《魏书·彭城王勰传》："高祖与侍臣升金墉城，顾见堂后梧桐、竹，曰：'凤凰非梧桐不栖，非竹实不食，今梧桐、竹并茂，讵能降凤乎？'"（大意：北魏高祖拓跋宏和侍臣们登临洛阳西北角一个叫做金墉城的小城上，回头看到城下殿堂后面的梧桐和竹林，就问道："凤凰不遇到梧桐就不会来栖息，不见到竹子的果实就不会来吃，现在正是梧桐和竹子都很茂盛的时节，难道真的能吸引来凤凰栖息吗？"）在古人的文化意象中，凤凰是鸟中之王，而凤凰最喜欢栖息在梧桐树上。最早定下这个基调的是《诗经·大雅·卷阿》，其中说道：

"凤凰鸣矣，于彼高冈。梧桐生矣，于彼朝阳。萋萋萋萋，雍雍喈喈。"（大意：凤凰鸣叫起来了，就在那边高高的山岗上。那里生长着梧桐树，就在山岗上朝着太阳的地方。梧桐的枝叶茂密旺盛，凤凰在树上"雍雍""喈喈"地鸣叫歌唱。）最早揭举凤凰"非梧桐不栖"的是庄子。《庄子·秋水》："南方有鸟，其名为'鹓雏'，子知之乎？夫鹓雏发于南海，而飞于北海；非梧桐不止，非练实不食，非醴泉不饮。"（大意：南方有一种鸟，名字叫做"鹓雏"，您知道吗？鹓雏来自南海，而翱翔于北海；不遇到梧桐树它就不会栖息，不是竹子开花结出的果实就不会去吃，不见到薄酒般甘甜的泉水就不会去喝。）句中的"鹓雏"就是蔡衡所说的黄色羽毛比较多的那种凤凰。凤凰非梧桐不栖，非竹实不吃，非甘泉不饮的特性，表现着它们独有的高洁品质。

## 琅玕 [ láng gān ]

即竹子的美称。三国时期魏国阮籍《咏怀·其四十三》："鸿鹄相随飞，随飞适荒裔。双翮临长风，须臾万里逝。朝餐琅玕实，夕宿丹山际。"诗中的"鸿鹄"是指白色羽毛比较多的那种凤凰；它早餐吃的"琅玕实"则是指"非竹实不食"的竹实。以此可知我国古代文人早在三国时期就有把"琅玕"作为竹子美称的修辞手法了。南朝梁代江淹《杂体诗三十首·其八·嵇中散康言志》："朝食琅玕实，夕饮玉池津。"唐代李白《古风·其四十》："凤饥不啄粟，所食唯琅玕。"宋代梅尧臣《和公仪龙图新居栽竹二首·其二》："闻种琅玕向新第，翠光秋影上屏来。"金代庞铸《墨竹三首·其二》："弥川急雨暗秋空，无限琅玕淡墨中。"元代曹伯启《题竹枝画眉图》："飘飘独占碧琅玕，湛湛秋波月一弯。"明代刘璟《种竹斋》："琅玕出海底，枝叶何扶疏。"清代吴伟业《又题董君画扇》："湘君浥泪染琅玕，骨细轻匀二八年。"

## 折［shé］

意为断，多用于长条形的东西。汉代王逸《九思·其一·逢尤》："车轙折兮马虺颓，慭怅立兮涕滂沱。"三国时期魏国曹睿《步出夏门行》："卒逢风雨，树折枝摧。"南朝梁代陆倕《释奠应令·其九》："夜露方涂，朝流已折。"隋代无名氏《送别诗》："柳条折尽花飞尽，借问行人归不归。"唐代王绩《古意六首·其四》："不知岁月久，稍觉枝干折。"宋代魏野《哭钱观察》："明堂欲建栋梁折，巨海将浮舟楫倾。"金代刘迎《连日雪恶用聚星堂雪诗韵》："参天松顶老犹强，抢地竹头低欲折。"元代耶律铸《早春歌》："朔风战野地擘裂，震匣瑶琴弦冻折。"明代高启《石崇墓》："虬须欲怒珊瑚折，步障围春锦云热。"清代顾陈垿《豹留皮》："吾枪可折，吾膝胜铁，谁能向斗鸡小儿屈。"

## 未［wèi］

疑问副词，用在句末，表示疑问。唐代王维《杂诗》："来日绮窗前，寒梅着花未？"宋代赵汝鐩《汪丞招饮问梅》："把酒问梅开也未？巡檐搜见两三枝。"金代蔡松年《庚申闰月从师还自颍上对新月独酌十三首·其五》："青镜发萧萧，及此霜雪未？"元代黄澄《绮罗香·斗草》："缩胸带、空系宜男，情郎归也未？"明代李汛《陪云坡访友人不至》："数问主人来也未，手谈残局已黄昏。"清代金俊明

《生查子·北平驿秋夜》："日落旅魂惊，嘶马停还未？"

**按**："琅玕折未"一语，源自宋代王禹偁《苦热行》："仙芝瑶草不敢苗，湘川竹焦琅玕折。"诗句的意思是说：夏日炎炎，气候燠热，万物不堪其苦，连仙草都不敢生长冒头，竹子也被烤焦折断。由于王禹偁的名气和影响都很大，其诗中"琅玕折"之语遂为后世诗词作家所效习。如：宋代周邦彦《促拍满路花·仙吕》："风扉不定，竹圃琅玕折"；元代于立《胡琴谣赠张猩猩》："珊瑚击碎琅玕折，凤凰夜叫离鸾惊"；明代刘基《梅花引》："冰蚕丝断琅玕折，湘妃竹死青冥裂"；清代王贞仪《满江红·甲寅冬至日雪》："三径外，琅玕折，一室里，珠帘揭。"

## 【本句译读】

夏日里梧桐丰茂，凤凰真的能来栖息吗？这个时节的竹子，有没有因烈日灼焦而折断呢？

## 43. 藤荫乍迷　鞓葩才试

**藤**［téng］

本义是指木本蔓生植物的枝茎，后常用来泛指蔓生植物，如白藤、紫藤等。唐代卢照邻《初夏日幽庄》："瀑水含秋气，垂藤引夏凉。"宋代周绛《太虚观》："绿草晚烟梅雨发，朱藤余葶麦风开。"金代李晏《高丽平州中和馆后草亭》："藤花满地香仍在，松影拂云寒不收。"元代吴师道《和黄晋卿北山纪游韵》："水际朱藤荫，岩阿青桂丛。"明代袁宏道《和江进之杂咏·其三》："藤叶常悬四五葩，闲随方罫过邻家。"清代毛奇龄《饮王大司马园林八首·其四》："回廊屈曲画栏低，紫蔓苍藤到处迷。"

# 荫［yīn］繁体作蔭

　　意为林木遮蔽日光所形成的阴影。《荀子·劝学》："树成荫而众鸟息焉"，说的就是树叶茂密遮住阳光形成阴影，各种鸟类都聚集其间栖息纳凉。晋代陶潜《桃花源诗》："桑竹垂余荫，菽稷随时艺。"南朝宋代刘铄《过历山湛长史草堂》："溜泉夏更寒，林交昼常荫。"唐代包何《阙下芙蓉》："庆云垂荫开难落，湛露为珠满不倾。"宋代孙仅《题潜山》："烟萝交密荫，瀑布落飞湍。"金代段克己《鹧鸪天·其二·春阳峡对酒》："古木寒藤荫小溪，溪边更着好山围。"明代沈周《友人索雪图误写蕉石》："蕉荫小簟竹飔凉，即事便图忘所说。"清代蔡新《题汪文端公松泉图》："种树添新荫，先当培其根。"

**按**："藤荫"一词，泛指蔓生植物的攀缘茎形成的可遮光纳凉的地面阴影，见于元代鲜于必仁《普天乐·烟寺晚钟》："树藏山，山藏寺。藤荫杳昔，云影差差。"又，明代袁宏道《和丘长孺》："藤荫朵朵碎光白，古寺闲房坐佳月"；清代宋荦《上自塞外网得松花江鱼，遣使进献皇太后，分赐九卿有差，臣荦得拜四尾，敬赋二首·其一》："白头藤荫下，不少素餐讥"；郑珍《系哀四首·其二·双枣树》："晚凉朝露午晴天，柳阴藤荫藕香边。"

## 乍 ［zhà］

时间副词，意为刚刚；起初。南朝梁代沈约《登玄畅楼》："云生岭乍黑，日下溪半阴。"隋代辛德源《东飞伯劳歌》："合欢芳树连理枝，荆王神女乍相随。"唐代李百药《赋得魏都》："乍进仙童药，时倾避暑杯。"宋代李清照《声声慢》："乍暖还寒时候，最难将息。"金代李晏《潞州形胜》："游客乍醒尘土眼，仙扃谁指扣玄关。"元代李简《登封台》："珠帘乍卷红云拥，清跸声中翠辇来。"明代赖世隆《九龙行》："三龙乍过四龙还，鲸波拂面舟人惊。"清代严绳孙《瑞龙吟·李迎侍儿扫镜于吴门》："柔枝乍结春愁，盈盈才道，涂妆绾髻。"

## 迷 ［mí］

意为模糊不清。南朝宋代谢灵运《登石门最高顶》："连岩觉路塞，密竹使径迷。"隋代卢思道《赠李若》："庭空野烟合，巢深夕羽迷。"唐代卢照邻《元日述怀》："草色迷三径，风光动四邻。"宋代刁衎《代意》："秦岭树高迷陇塞，楚天云淡隔潇湘。"金代周昂《宿西蓝》："步屧迷深竹，题诗惜暮烟。"元代陈宜甫《和吏部赵子昂久雨见寄》："阴迷山寂寞，冷滴树萧森。"明代廖文炳《嘉会楼宴集次韵》："树色乍迷村径合，潮声初动海门开。"清代庄棫《夜飞鹊·落叶》："可否回思前度，深深荫喝，草绿还迷。"

## 才 [cái] 繁体作纔

时间副词，意为刚刚。南朝梁代沈约《咏新荷应诏》："微根才出浪，短干未摇风。"唐代谢偃《杂曲歌辞·其三·踏歌词》："裙轻才动佩，鬟薄不胜花。"宋代徐钧《始皇》："速死趋亡皆自取，鲍鱼才歇火咸阳。"金代刘仲尹《初秋夜凉》："小虫机杼月西厢，风雨才分半枕凉。"元代张之翰《金缕曲》："道人生、百年才半，未为衰暮。"明代杨柔胜《扑灯蛾》："封侯万里，那其间才是男儿。"清代顾贞观《采桑子》："登临已改双逢鬓，才度边关。"

## 试 [shì] 繁体作試

意为尝试。三国时期魏国杜挚《赠毌丘俭》："骐骥马不试，婆娑槽枥间。"晋代陶潜《连雨独饮》："试酌百情远，重觞忽忘天。"南朝宋代鲍照《和王护军秋夕》："开轩当户牖，取琴试一弹。"隋代李月素《赠情人》："试作帷中音，羞开灯前目。"唐代沈佺期《绍隆寺》："试将有漏躯，聊作无生观。"宋代苏轼《浣溪沙》："酒困路长惟欲睡，日高人渴漫思茶。敲门试问野人家。"金代完颜亮《喜迁莺·赐大将军韩夷耶》："试展卧龙韬韫，果见成功旦莫。"元代黄公望《题李成所画十册·其二·山人观瀑》："试诵谪仙清俊句，浩然天地与神游。"明代魏时敏《残年书事》："待到春风二三月，石垆敲火试新茶。"清代李良年《踏莎行·送陈云铭之蕲水》："竹间试谱竹枝歌，如闻横笛凌风语。"

## 【本句译读】

藤荫渐渐浓郁，地上的光影有些扑朔迷离；深红色的滕花悄悄地绽放，吐露着隐隐的芳香。

---

# 44. 捻瓣凭妃　卷帘逗妓

### 捻［niǎn］

指用手指搓转；拿捏。魏晋无名氏《月节折杨柳歌十三首·其四·四月歌》："捻香散名花，志得长相取。"隋代无名氏《读曲歌八十九首·其四十二》："茱萸持捻泥，龟有杀子像。"唐代马云奇《怀素师草书歌》："自倚能书堪入贡，一盏一回捻笔弄。"宋代柳永《尾犯》："咏新诗，手捻江梅，故人赠我春色。"金代完颜亮《鹊桥仙·待月》："虬髯捻断，星眸睁裂，唯恨剑锋不快。"元代李京《元日大理》："明年此日知何处，醉捻寒梅一泫然。"明代李坚《沈天祥宅赏莲有并头品字二种·其一》："双头绾就同心结，千瓣妆成一捻红。"清代黄之隽《五彩结同心·咏荷包牡丹》："挂得轻匀处，也曾惹、带醉杨妃捻扁。"

### 瓣［bàn］

指组成花冠的各个花片。唐代陈元光《公庭春宴》："信手捻红瓣，粘衣尽紫蕤。"宋代周敦颐《观巴岳木莲》："枝悬缟带垂金弹，瓣落苍苔坠玉杯。"金代王庭筠《残菊》："幽花寂寞无多子，瓣与黄蜂实密脾。"元代宋褧《朝元宫白牡丹》："东门偷种来尘嚣，开云镂月百千瓣。"明代李东阳《梅涧》："风吹落瓣仍低陨，石压傍枝却倒生。"清代缪公恩《立夏前偶成》："鸟声宿雨少，花瓣落风多。"

## 凭［píng］繁体作憑

意为依靠、借助。三国时期魏国曹睿《棹歌行》："蠢尔吴中虏，凭江栖山阻。"晋代陶潜《闲情赋并序》："若凭舟之失棹，譬缘崖而无攀。"南朝梁代刘孝威《思归引》："胡地凭良马，怀骄负汉恩。"唐代苏颋《饯泽州卢使君赴任》："政凭循吏往，才以贵卿除。"宋代向敏中《桃花》："凭君莫厌临风看，占断春光是此花。"辽代萧观音《回心院》："拂象床，凭梦借高唐。"金代段克己《微雨后偶成·其一》："孤愤凭谁诉，长歌聊自怡。"元代柳贯《北山招隐词题李卿月小隐图·其三》："赖凭故箧书千轴，领取虚名水一杯。"明代郑真《题梅花图》："疏枝冷蕊孤檐下，妙手凭君写图画。"清代马之瑛《赴邓柬之饮》："身世纷多感，全凭一醉消。"

## 妃［fēi］

古时帝王的配偶，位次于皇后；亦指太子、王、侯的妻子。晋代成公绥《中宫诗二首·其二》："二妃济有虞，三母隆周王。"北朝周代庾信《谨赠司寇淮南公》："促歌迎赵瑟，游弦召楚妃。"唐代陈子昂《居延海树闻莺同作》："明妃失汉宠，蔡女没胡尘。"宋代宋白《宫词·其十》："龙脑天香撒地衣，锦书新册太真妃。"金代王寂《和黄山谷读杨妃外传五

首·其一》："却将妃子比飞燕，何物谪仙能屈人。"元代吴存
《水龙吟·落梅》："莫恨玉妃浑老，半面妆、风流仍绝。"明
代高启《明皇秉烛夜游图》："只忧风露渐欲冷，妃子衣薄愁成
娇。"清代戴梓《七十自寿十首·其九》："杨妃幸蜀胭脂冷，
西子归湖粉黛斜。"

**按：**"捻瓣凭妃"是一个和牡丹有关的掌故，事见北宋秦醇的
《骊山记》："帝又好花木，诏近郡送花赴骊宫。当时有献牡丹
者，谓之'杨家红'，乃卫尉卿杨勉家花也。其花微红，上甚爱
之，命高力士将花上贵妃。贵妃方对妆，妃用手拈花，时匀面
手脂在上，遂印于花上。帝见之，问其故，妃以状对。诏其花
栽于先春馆。来岁花开，花上复有指红迹。帝赏花惊叹，神异
其事，开宴召贵妃，乃名其花为'一捻红'。后乐府中有《一捻
红》曲。"（大意：唐玄宗皇帝还喜好花草，下诏让附近的郡县
送花到骊山宫。当时有人献来牡丹，叫作"杨家红"，是卫尉卿
杨勉家的品种。这种牡丹的花呈微红色，皇帝非常喜爱它，叫
高力士把花进献给杨贵妃。贵妃刚好在对镜梳妆，就用手指拈
了一下花瓣，这时抹面涂唇的胭脂还在手指尖，于是就印到了
花瓣上。皇帝见了花上的胭脂印，就问怎么回事，贵妃把拈花
瓣时的情形告知了皇帝。皇帝下诏把这种牡丹栽种在先春馆。
第二年牡丹花开了，人们发现新开出的花瓣上也都有指印形的
红色痕迹。皇帝赏花时很是惊叹，觉得这个事非常神奇怪异，
开办宴席召请贵妃，并把这种牡丹命名为"一捻红"。后来教坊
里又多了一个叫作《一捻红》的曲牌。）《骊山记》在北宋刘
斧的《青琐高议》中有全篇的转载，而其中的这个故事在宋代
曾慥的《类说》、潘自牧的《记纂渊海》、陈景沂的《全芳备

祖》、谢维新的《古今合璧事类备要》、明代陈耀文的《天中记》、陈禹谟的《骈志》以及清代吴宝芝的《花木鸟兽集类》等书中也都有详略不同的引述。唯宋代高承的《事物纪原》在引述后加了一句"亦见《明皇杂录》也"的话，而今本《明皇杂录》里未见贵妃拈花事。据《骊山记》的叙述，杨贵妃的这桩逸事是主人公张俞通过对九旬老叟田翁的亲自采访而得知并记录下来的，《骊山记》应是这个故事的第一源头。

## 卷［juǎn］

意为把某物弯转，裹成圆筒形。《诗经·邶风·柏舟》："我心匪席，不可卷也。"汉代秦嘉《赠妇诗三首·其一》："忧来如循环，匪席不可卷。"三国时期魏国曹睿《燕歌行》："秋草卷叶摧枝茎，翩翩飞蓬常独征，有似游子不安宁。"晋代何劭《赠张华》："四时更代谢，悬象迭卷舒。"南朝宋代王僧达《和琅琊王依古》："仲秋边风起，孤蓬卷霜根。"隋代明余庆《从军行》："风卷常山阵，笳喧细柳营。"唐代李白《侍从游宿温泉宫作》："霜仗悬秋月，霓旌卷夜云。"宋代钱若水《禁林宴会之什》："日上花砖帘卷后，柳遮铃索雨晴初。"金代李俊民《扫晴妇》："卷袖褰裳手持帚，挂向阴空便摇手。"元代龚璛《次陈响林并答王录事》："宿昔风雨多，卷我茅一把。"明代林鸿《无诸钓龙台怀古三首·其二》："朝夕卷寒潮，隐隐闻雷风。"清代沈佳《春雨寄王子》："南山终日沉烟雾，卷帘忘却湖中树。"

## 帘［lián］繁体作簾

意为用布、竹子、苇子等做的有遮蔽作用的器物。《说文》：“帘，堂帘也。”《声类》：“帘，户蔽也。”汉代乐府《孔雀东南飞·古诗为焦仲卿妻作》：“箱帘六七十，绿碧青丝绳。”晋代张华《情诗五首·其三》：“清风动帷帘，晨月叹幽房。”南朝梁代王台卿《咏风》：“乍见珠帘卷，时觉洞房清。”隋代侯夫人《看梅二首·其一》：“砌雪无消日，卷帘时自颦。”唐代孟浩然《秋宵月下有怀》：“惊鹊栖未定，飞萤卷帘入。”宋代李清照《如梦令·其二》：“试问卷帘人，却道海棠依旧。”金代高士谈《睡起》：“睡起不知春已老，一帘红雨杏花风。”元代龚璛《次马唐卿与高参政八诗·其六》：“垂帘昼闲寂，岂无读书声。”明代史谨《题古木回岩楼》：“一枕松声都作雨，半帘山色正宜秋。”清代赵吉士《柯城送任交阶还阳羡》：“一帘烟雨难为别，千里江云共此心。”

## 逞［chěng］

意为显示、炫耀、卖弄。晋代石崇《赠枣腆》：“博弈逞妙思，弓矢威边疆。”唐代释智严《十二时·普劝四众依教修行·日出卯》：“斗文才，逞词藻，三箧五车何足讨。”宋代柳永《夏云峰》：“越娥兰态蕙心。逞妖艳、昵欢邀宠难禁。”金代马钰《苏幕遮·劝李哥》：“休逞威风，真性宜调习。”元代无名子《吊秦王伯颜》：“人臣位极更封王，欲逞聪明乱旧章。”明代程敏政《铜雀妓》：“当时美人浪自许，各逞新妆奉新主。”清代孙星衍《题胡孝廉说经图》：“宋儒逞臆说，章句繁言词。”

## 妓［jì］

指古代表演歌舞的女子。《广韵》：“妓，女乐也。”晋代张华《轻薄篇》："新声逾激楚，妙妓绝阳阿。"北朝齐代萧放《冬夜咏妓》："歌还团扇后，舞出妓行前。"隋代弘执恭《和平凉公观赵郡王妓》："小堂罗荐陈，妙妓命燕秦。"唐代李白《出妓金陵子呈卢六四首·其四》："小妓金陵歌楚声，家僮丹砂学凤鸣。"宋代欧阳修《浪淘沙令·其五》："好妓好歌喉，不醉难休。"元代张翥《多丽》："待苏堤、歌声散尽，更须携妓西泠。"明代王文启《姚江会沈尤诸公宴陈元帅楼上》："筵开玉帐元戎醉，酒劝金杯小妓歌。"清代方式济《玉笛引》："歌台小妓惯偷吹，误渍残脂口香满。"

**按**："卷帘逗妓"也是一个和牡丹有关的掌故，事见宋代周密的《齐东野语·张功甫豪侈》："张镃功甫，号约斋。循忠烈王诸孙，能诗，一时名士大夫，莫不交游。其园池声妓服玩之丽甲天下。……王简卿侍郎，尝赴其牡丹会，云：众宾既集，坐一虚堂，寂无所有。俄问左右云：'香已发未？'答云：'已发。'命卷帘，则异香自内出，郁然满坐。群妓以酒肴丝竹，次第而至。别有名姬十辈，皆衣白。凡首饰衣领，皆牡丹，首带'照殿红'一枝，执板奏歌侑觞，歌罢，乐作乃退。复垂帘谈论自如。良久，香起，卷帘如前。别十姬易服与花而出。大抵簪白花则衣紫，紫花则衣鹅黄，黄花则衣红。如是十杯，衣与花凡十易，所讴者皆前辈牡丹名词。酒竟，歌者、乐者，无虑数百十人，列行送客。烛光香雾，歌吹杂作。客皆恍然如仙游也。"（大意：张镃张功甫，号"约斋"。循忠烈王张俊的孙子，擅长写诗，当时有点名气的士大夫，无不和他交好往来。他家的园林、池塘、歌姬、服饰以及各种好玩的东西，其堂皇华丽的程度都算得上是最上乘的了。……王简卿侍郎曾经出席过他家举办的牡丹会，据他说，那天各位嘉宾都到齐了，大家坐在一个空旷的大堂上，里面静悄悄的一点儿声音都没有。过了一会儿，主人问身边的侍从说："香料都发好了没有？"侍从回答："都发好了。"主人就吩咐卷起大堂的帘幕，立即就有一种特异的香料气息从内堂里散发出来，馥郁浓重，随之充满了大堂。一大群家妓捧着美酒佳肴和管弦乐器一个接一个地涌入大堂。另外还有十位颇具名气的歌姬，她们的衣着都是白色的，首饰和衣领都是牡丹的造型，头上戴着一枝"照殿红"品种的山茶花，她们打着檀板唱起歌曲佐酒助兴，一歌唱罢，演奏者们就都退下去了。大堂的帘幕又垂了下来，大家开始正常的谈话交流。过了好一会儿，异香再次扑鼻而来，侍从也再次卷帘，其它程序和上回一样。出场的却是另外十位名姬，并且改易了服饰和花。大致是簪戴白色花的，身穿紫色的服装；簪戴紫色花的，则身穿鹅黄色的服装；簪戴黄色花的，身穿红色的服装。就这样，大家喝了十杯酒，歌者、服饰和所簪戴的花也随之改换了十次。席间所唱的歌词，都是前辈大师级人物吟咏牡丹的名篇名作。酒宴结束时，唱歌的、奏乐的，足有好几百人，排成队列恭送客人。整个过程中，烛光摇曳，香烟缭绕，吹拉弹唱之声交替不断，客人们恍恍惚惚地仿佛身处仙境一般。）"卷帘逞妓"一语说的就是张功甫家牡丹会上家妓们这场炫耀意味十足的大型时装秀兼歌舞表演的场景。

**又按：**"捻瓣凭妃"和"卷帘逞妓"这两个与牡丹相关的掌故，在这里暗示着"谷雨"之后春夏相交时节的岁时节候。南朝宗懔《荆楚岁时说》说："始梅花，终楝花，凡二十四番花信风。"所谓"二十四番花信风"，是指每月有两个"节气"，每个节气有三个"候",每个候为五天。每五天中有一个花信,也就是说有一种花在此时绽蕾开放。从小寒一候的梅花、到谷雨三候的楝花,共二十四番花信风。自然界的花草树木都是按照一定的季节时令活动的,其活动与气候变化息息相关,因此它们的各种表现亦成了季节的标志。牡丹在谷雨一候。清代文士顾禄《清嘉录》记载:"牡丹花,俗呼'谷雨花',以其在谷雨节开也。谚云:'谷雨三朝看牡丹'。"我国南方的民谚中也有"谷雨过三天,园中看牡丹"的说法。当然,地域不同,花期也不尽相同。北宋诗人梅尧臣就有"已过谷雨十六日,犹见牡丹开浅红"的诗句(见《四月三日张十遗牡丹二朵》)。谷雨是春季的最后一个节气,其花信风是:一候牡丹,二候荼蘼,三候楝花。楝花开罢,春天即告结束,大地也就进入了夏季。

## 【本句译读】

牡丹花开,上面的指印是贵妃昔日手捻花瓣时留下的痕迹;牡丹会上,每次帘幕卷起,都显耀出张府家妓们惊世的靓丽和非凡的才艺。

# 45. 算朵踌躇　煎酥饷遗

## 算 ［suàn］

意为计算数目。《说文》:"算,数也。"晋代陆机《拟今日良宴会》："四座咸同志，羽觞不可算。"唐代释智严《十二时·普劝四众依教修行·黄昏戌》："莫言遇夜得身闲，算钱彻曙犹啾唧。"宋代张昪《满江红》："算筭瓢金玉，所争多少。"金代马钰《清心镜·赠马先生》："算三次、海变桑田，是仙家一饷。"元代蒲道源《木兰花慢·寿刘邢公》："白麻制词新宠，算一家、四世被皇恩。"明代郑文康《题舟人吹笛图》："壮夫饥饿尽成鬼，水上漂流不可算。"清代沈谦《玲珑四犯·闰六月初七日作》："问几年、积下余剩，算出恁般节令。"

## 朵［duǒ］

意为植物的花或苞，即习惯语中的"花朵"。唐代杜甫《题新津北桥楼》："白花檐外朵，青柳槛前梢。"宋代晁端礼《永遇乐》："道当年、蓬莱朵秀，又来作蓬莱主。"元代程钜夫《清平乐·寿王楚山》："松菊深深香缥缈，萱朵兰芽交照。"明代薛瑄《钧州分司槿花盛开戏作》："坐客正看新朵盛，游蜂仍逐暗香来。"清代屈大均《佛桑花·其一》："玉瓶多丽朵，人插佛桑稀。"

## 踌躇［chóu chú］繁体作躊躇

意为考虑、研究、反复思量。唐代韩愈《符读书城南》："思义有相夺，作诗劝踌躇。"宋代杨亿《春郊即事》："坲上劝耕聊问讯，棠阴听讼且踌躇。"元代关汉卿《红绣鞋》："他两个眉来眼去，不由我不暗暗踌躇。"明代朱同《题菊堂》："甲子千年谁解得，为题君卷倍踌躇。"清代敦敏《题敬亭弟松崖披卷图·其四》："想见庐山面目殊，丹青临墨费踌躇。"

# 广千字文笺释

**按**："算朵踌躇"一语，承接上句，也是一个和牡丹有关的掌故。事见宋代陶谷《清异录》："诸葛颖精于数。晋王广引为参军，甚见亲重。一日共坐，王曰：'吾卧内牡丹盛开，试为一算。'颖布策，度一二子，曰：'开七十九朵。'王入，掩户，去左右，数之，政（通"正"）合其数。有二蕊将开，故倚栏看传记伺之。不数十行，二蕊大发，乃出谓颖曰：'君算得无左乎？'颖再挑一二子曰：'过矣！乃八十一朵也。'王告以实，尽欢而退。"（大意：隋朝的诸葛颖精于数算之学。晋王杨广招揽他做参军一职，非常亲近敬重他。某日两人闲坐聊天，晋王说："我家后苑的牡丹花开得很旺盛，能不能算一下开了多少朵？"诸葛颖就摆布好算筹，拨动了一两枚筹子说："开了七十九朵。"晋王走进后苑，关上院门，支开身边的侍从，细数已开的花朵，正好就是诸葛颖说的那个数。此时还有两朵花要开还没有开，晋王就倚着栏杆翻阅一本传奇杂书等候花开。看了还不到几十行字，那两朵花骤然绽放，于是晋王走出来对诸葛颖说："先生您算得有没有错呀？"诸葛颖再次拨动一两枚筹子，说："真的错了！应该是八十一朵啊。"晋王把刚才发生的真实情形告诉给诸葛颖，两人开怀大笑，当日尽欢而散。）文中说到的"布策"，就是布置、排列算筹的意思，"策"是用以运算的筹子，即算筹。古代的算筹实际上是一根根相同长短和粗细的小签子，一般长为13—14厘米，径粗0.2—0.3厘米，多用竹子制成。算筹计数法是通过特定的排列方式来运算的，筹子大约以二百七十几枚为一束，放在一个布袋里，系在腰间随身携带，需要记数和运算时就把它们取出来，放在桌上、炕上或地上都可摆布。在珠算发明以前它是我国古代独创而且非常有效的计算工具。

## 煎 [ jiān ]

一种烹饪方法，即锅里放油加热后，把食物放进去，使表面变成焦黄。汉代杨孚《摩厨》："馨香馥郁，可以煎熬。"三国时期魏国曹植《七步诗》："本是同根生，相煎何太急。"唐代张九龄《自始兴溪夜上赴岭》："非梗胡为泛，无膏亦自煎。"宋代赵炅《逍遥咏·其七》："灵草灵砂起自然，却将非外乱烹煎。"元代杨弘道《吊解飞卿》："与客谒茶去，点酥尝自煎。"明代陈昌《瞻绿轩》："客来几度问平安，旋挑紫笋煎龙团。"清代孙云凤《念奴娇·玉兰寄仙品妹》："摘粉香清，煎酥色腻，庭下曾攀折。"

## 酥 [ sū ]

意为酪，由牛羊乳制成，又称"酥油"。唐代杜甫《病后遇王倚饮赠歌》："长安冬菹酸且绿，金城土酥静如练。"宋代宋庠《送谢沂进士》："别路云霞交友阔，庆门酥酪弟兄贤。"金代麻九畴《和伯玉食菁酱韵》："酷烈变醯醯，薰酿破脂酥。"元代袁桷《上京杂咏十首·其八》："炙熟牛酥苇，醅深马乳浇。"明代唐寅《和沈石田落花诗·其十》："门掩黄昏花落尽，牛酥且荐掌中杯。"清代胡承珙《张瑕瑀为予写扶桑一幅因题其上·其二》："牡丹只许和酥黏，金凤惟能蘸甲尖。"

## 饷 [ xiǎng ] 繁体作餉

意为给予、馈赠。南朝宋代鲍照《春羁》："染翰饷君琴，新声忆解子。"唐代白居易《绣妇叹》："连枝花样绣罗襦，本拟新年饷小姑。"宋代苏轼《洞庭春色》："既醉念君醒，远饷为我寿。"金代刘勋《戏郑秀才》："张老豆新频见饷，郑家米凿不须赊。"元代何中《李千户至自南海分遗椰实戏赋》："来饷山中人，意重千金遗。"明代吴宽《圣驾郊坛看牲次玉汝韵》："石鼎不逢狂道士，铜炉还饷老门生。"清代钱澄之《从兄叔颖六十·其二》："岁时置酒招群从，风雨携筐饷老亲。"

## 遗［wèi］繁体作遺

意为给予、馈赠。《诗经·大雅·云汉》："昊天上帝，则不我遗。"屈原《九歌·其三·湘君》："采芳洲兮杜若，将以遗兮下女。"汉代蔡邕《饮马长城窟行》："客从远方来，遗我双鲤鱼。"晋代张载《拟四愁诗四首·其一》："佳人遗我筒中布，何以赠之流黄素。"南朝宋代鲍令晖《代葛沙门妻郭小玉作二首·其二》："君子将遥役，遗我双题锦。"唐代皎然《饮茶歌诮崔石使君》："越人遗我剡溪茗，采得金牙爨金鼎。"宋代钱易《蝶恋花》："娇态翠颦愁不语，彩笺遗我新奇句。"金代朱之才《谢孙寺丞惠梅花》："朝来佳公子，遗我梅花新。"元代陈孚《燕山除夜简唐静卿待制张胜非张幼度编修》："奴星有柳祠穷鬼，臣朔无柑遗细君。"明代胡翰《湘筠辞》："将以遗予兮琅玕，抱幽贞兮永固。"清代周亮工《群鸦寒话图歌》："鸠乐闲房鹊笑大，来遗我酒群相贺。"

**按**："饷遗"亦作"饟遗"，意思仍然为给予、馈赠，是古代汉语中的常用词。最早见于《东观汉记·李恂传》："无田宅财产，居山泽，结草为庐，饷遗无所受。"（大意：李恂家中没有田亩和房产，居住在山野水泽，捆结茅草做为房屋，他人赠予的东西一概拒不接受。）

**又按**："煎酥饷遗"一语还是一个和牡丹有关的掌故。事见宋代阙名作者的《客退纪谈》："孟蜀时，兵部尚书李昊每春时，将牡丹花数枝分遗朋友，以兴平酥同赠，且曰：'俟花凋卸，即以酥煎食之，无弃秾艳也'。"（大意：五代十国的后蜀时期，兵部尚书李昊每到春季牡丹花盛开的时候，就会送几枝给朋友们，同时还随赠兴平县特产的用牛羊乳炼制的酥油，并且嘱咐说："等牡丹花期过了，花朵凋谢了下来，就把花瓣放在这些酥油里煎炸了来吃，花香一点都不会减损。"）这个故事反映了我国古代"花馔"即以花入馔为食的风尚。以花作为美食在我国已有两千多年的历史。屈原《离骚》中"朝饮木兰之坠露兮，夕餐秋菊之落英"的诗句，在描绘诗人品性高洁的同时，也间接地反映出战国末期已见食用花卉的端倪。鲜花入馔之风盛行于唐代。明代彭大翼《山堂肆考·饮食·糕》"花糕"条下记载："唐武则天花朝日游园，令宫女采百花，和米捣碎蒸糕，以赐从臣。又，赵宋九日以花糕法酒赐近臣。"（大意：唐代的武则天于花朝日也就是每年农历的二月十五日到皇家的园圃中游园，令宫女采集百花，和米一起捣碎蒸成百花糕，分赐给随行的大臣们。又，宋朝的皇帝于每年"九月九"也会用花糕和宫廷酒赏赐给比较亲近的大臣。）李昊随花赠送朋友们的"兴平酥"，则是一种很有名的地方特产。专门研究唐代长安史实的北宋学者宋敏求所著《长安志》就提到"京兆府岁贡兴平酥、咸阳梨。"唐代杜甫《病后遇过王倚饮赠歌》："长安冬菹酸且绿，金城土酥静如练。"其中"金城土酥"说的也是兴平酥，"金城"即兴平的旧称。五代时李昊倡导的酥煎牡丹的做法，入宋之后非常流行，更经常被写入诗篇，如北宋晏殊《牡丹》："朱户曲房能驻日，酥盘金胜自生春"；苏轼《雨中看牡丹三首·其三》："未忍污泥沙，牛酥煎落蕊"；南宋杨万里《张功父送牡丹续送酴醾且示酴醾长篇和以谢之》："牡丹未要煎牛酥，酴醾相领入冰壶"；陈郁《赵园看白牡丹》："几欲宝酥煎洛蕊，迟回未忍折云裳。"

## 【本句译读】

牡丹盛开的时节，计算花朵的数量颇费思量；准备好煎食花瓣的酥酪馈赠给友人。

# 46. 酴醾颠萼　蔷薇胃刺

## 酴醾［tú mí］

花名，亦作"酴醿""酴糜"，属于蔷薇科的一种落叶小灌木，初夏开花，夏季盛放，有香气。宋代张邦基《墨庄漫录·卷九》记载："酴醾花，或作'荼蘼'。"《王直方诗话》记载："酴醾，本酒名也，世以其开花颜色似之，故以取名。"可知这种荼蘼花因为颜色近似酴醾酒，所以就加了西部偏旁"以酒名花"了。宋代欧阳修《渔家傲·其三》："更值牡丹开欲遍，酴醾压架清香散。"金代元好问《蓦山溪》："芳草绿铺砌，正酴醾、牡丹时候。"元代张翥《江城子·惜花》："绿阴篱落暗香来，野酴醾，刺玫瑰。"明代吴宽《记园中草木二十首·其十二·刺醾》："酴醾有数种，同名而异字。"清代曹尔堪《春晚柬届甫寅仲》："绿暗池塘春事稀，酴醾染紫木香肥。"

## 颤 ［chàn］繁体作顫

本义是指头部的摇摆不定，后引申意为轻微的抖动。唐代白居易《画竹歌》："萧郎萧郎老可惜，手颤眼昏头雪色。"宋代王禹偁《戏和寿州曾秘丞黄黄诗》："别母语娇空有泪，对人声颤未成歌。"金代王庭筠《夏日》："花影未斜猫睡外，槐枝犹颤鹊飞边。"元代关汉卿《双调碧玉箫·其十》："媚孜孜整绛纱，颤巍巍插翠花。"明代高濂《汉宫春·牡丹》："花如解意，向人前摇红颤绿。"清代宋琬《哀辞》："语罢雕梁燕子悲，泣来翠凤搔头颤。"

## 萼 ［è］

即花萼，包在花瓣外面的一圈绿色叶状薄片，花开时托着花瓣。晋代束皙《补亡诗六首·其二·白华》："白华朱萼，被于幽薄。"南朝宋代谢灵运《酬从弟惠连·其五》："山桃发红萼，野蕨渐紫苞。"隋代魏澹《咏石榴》："新枝含浅绿，晚萼散轻红。"唐代颜真卿《谢陆处士杼山折青桂花见寄之什》："绿黄含素萼，采折自逋客。"宋代司马光《早春·其一》："梅梢柳萼未全开，日澹风和春意来。"金代乔宸《兴庆夜月绝句》："花萼楼倾有故基，行人空读火余碑。"元代刘敏中《满江红》："爱日回春，恰开放、江头梅萼。"明代王廷相《晚步》："池秀含香萼，沙抽带雨荑。"清代钱载《题仇实父人物册四首·其四》："生死恩深发一缭，鼓鼙愁散花千萼。"

# 蔷薇［qiáng wēi］

即蔷薇属部分花卉的通称。大多是一类藤状爬篱笆的小花，花期一般从每年的暮春开始次序开放，可达半年之久。其茎直立、攀缘或蔓生，枝上密生小刺，而且一般的刺上都带有小钩。《广群芳谱·花谱·蔷薇》里说"蔷薇，一名'刺红'"，就缘于它的这一特点。南朝梁代柳恽《咏蔷薇》："当户种蔷薇，枝叶太葳蕤。"唐代杜审言《都尉山亭》："紫藤萦葛藟，绿刺罥蔷薇。"宋代张孝祥《鹧鸪天》："芍药好，是金丝，绿藤红刺引蔷薇。"金代王特起《绝句二首·其二》："清明寒食因循过，萱草蔷薇次第开。"元代李元珪《江行春暮》："江岸蔷薇也自红，可怜夜雨落花丛。"明代杨基《夏初临》："记得当时，水晶帘、一架蔷薇。"清代叶宏缃《浣溪沙·初夏》："开遍蔷薇小院香，乍晴梅雨蝶飞忙。"

# 罥［juàn］

意为悬挂、缠绕。《玉篇》："挂也，系取也。"南朝梁代庾肩吾《同萧左丞咏摘梅花》："垂冰溜玉手，含刺罥春腰。"唐代王绩《过汉故城》："宫阙谁家域，蓁芜罥我裳。"宋代苏轼《南歌子》："笑怕蔷薇罥，行忧宝瑟僵。"金代段克己《乙巳清明游青阳峡》："葛屦偏宜苔藓滑，行襟时被蔷薇罥。"元代周巽《怨王孙》："草绿花飞春又暮，忆君心绪罥斜晖。"明代王立道《咏园中杂花十三首·其六·蔷薇》："红芳虽自媚，绿刺罥人衣。"清代李佩金《疏帘淡月·梦》："裙线蔷薇，刺罥胆虚娇喘。"

# 刺 [cì]

泛指尖利如针之物。南朝宋代谢晦《悲人道》："霍芒刺而幸免，卒倾宗而灭族。"唐代阎朝隐《采莲女》："莲衣承玉钏，莲刺胃银钩。"宋代种放《酴醾》："丛阴周曲干，纤刺比锋芒。"元代黄玠《期戴彦季不至》："君看针头小于刺，摩挲生涩无光辉。"明代于谦《闺思》："欲向花间扑双蝶，生憎绿刺牵人衣。"清代沈谦《青玉案·美人足》："月堤苔滑，碧天露冷，满地蔷薇刺。"

按：宋代王之道《和徐季功舒薪道中二十首·其二十》："芍药酴醾看正好，一尊能共送春归。"朱翌《过秀野亭观赵昌花》："牡丹酴醾送春归，南风亦复吹戎葵。"唐代裴度《蔷薇花联句》："似锦如霞色，连春接夏开。"宋代董嗣杲《蔷薇花》："接夏连春秀可夸，东山云月满谁家。"可知依照古时花信之说，酴醾和蔷薇都有送春、接夏的岁时涵义。

## 【本句译读】

送春的酴醾盛开，嫩绿的花萼在微风中轻轻颤动；入夏的蔷薇艳丽，攀悬的茎杆上却暗藏着无数的小刺。

# 47. 江榴焰吐　蜀葵檀炷

## 江 [ jiāng ]

本义是长江的专称，后泛指所有较大的河流。北方的大河通常叫做"河"，南方的大河多半称作"江"。《诗经·周南·汉广》："江之永矣，不可方思。"汉代贾谊《惜誓》："观江河之纡曲兮，离四海之霑濡。"南朝宋代鲍照《赠故人马子乔六首·其六》："雌沉吴江里，雄飞入楚城。"隋代弘执恭《刘生》："英名振关右，雄气逸江东。"唐代欧阳宾《訾家洲》："春风日暮江头立，不及渔人有钓舟。"宋代丁谓《鱼·其一》："濠梁宁足乐，相忘在江湖。"辽代刘慎行《真率会》："江汉日云远，道义日益亲。"金代李之翰《岁暮》："对雪莫吟秦岭句，拨醅且醉汉江春。"元代陈宜甫《谢张畴斋惠笔》："造化宁无补，江山助有灵。"明代卢昭《过吴淞江》："何处吴歌闻《白苎》，满江秋色坐青天。"清代冯应榴《七盘关》："七盘路入星河影，一线江分陇蜀天。"

## 榴 [ liú ]

即石榴。是一种落叶灌木，开红花，果实球状，内有很多种子，种子上的肉可以吃，根和皮可做驱虫药。汉代张骞出使西域时自安石国带回，所以称作"安石榴"，后省称作"石榴"，简称"榴"。汉代蔡邕《翠鸟诗》："庭陬有若榴，绿叶含丹荣。"晋代潘岳《金谷集作诗》："灵囿繁石榴，茂林列芳梨。"南朝梁代吴均《行路难五首·其二》："青琐门外安石榴，连枝接叶夹御沟。"隋代无名氏《黄门倡歌》："点黛方初月，缝裙学石榴。"唐代明解《因致酒欢会述志为诗》："幕齐云叶卷，酒度榴花飞。"宋代寇准《顶山》："竹叶一尊酒，榴花五月天。"金代刘仲尹《南歌子》："榴破猩肌血，萱开凤尾黄。"元代韩奕《清平乐·寿内》："此去白头相守，榴花无限薰风。"明代王越《次韵》："榴火带风红满地，草烟和雨碧连天。"清代纪昀《乌鲁木齐杂诗之物产·其十一》："只怜常逐春归去，不到榴红蓼紫天。"

# 焰 [yàn]

指火一般的光亮。晋代傅咸《烛铭》："煌煌丹烛，焰焰飞光。"南朝梁代刘孝威《禊饮嘉乐殿咏曲水中烛影》："火浣化心犹未长，金枝密焰已流芳。"隋代诸葛颖《奉和通衢建灯应教》："逐轮时徙switch，桃花生落枝。"唐代杜甫《天育骠骑歌》："毛为绿缥两耳黄，眼有紫焰双瞳方。"宋代胡宿《皇帝阁端午帖子·其十二》："宝岐麦色黄云重，御苑榴花丹焰深。"金代党怀英《雪中四首·其三》："浓烟久伊郁，微焰方晶荧。"元代朱德润《大长公府群花屏诗·其三·石榴》："绡囊蹙红巾，光焰当林丽。"明代王弘诲《火树篇》："红学石榴全带焰，绿偷杨柳半浮烟。"清代纳兰性德《生查子》："短焰剔残花，夜久边声寂。"

# 吐〔tǔ〕

意为使东西从嘴里吐出来。《诗经·大雅·烝民》："柔则茹之，刚则吐之。"汉代刘安《八公操》："含精吐气嚼芝草兮，悠悠将将天相保兮。"晋代庾阐《三月三日》："清泉吐翠流，渌醽漂素濑。"南朝梁代萧纲《赋得蔷薇》："回风舒紫萼，照日吐新芽。"唐代卢仝《月蚀诗》："今夜吐焰长如虹，孔隙千道射户外。"宋代刘兼《对雨》："濯枝霡霂榴花吐，吹渚飘飖暑气微。"金代赵秉文《和渊明拟古九首·其五》："芝兰吐幽芳，山水发清弹。"元代袁士元《瑞鹤仙·寿倚云楼公》："榴花红半吐，记仙翁此夕，城南别墅。"清代梁清标《贺新郎·其五·午日贺友人约姬》："卷湘帘、冰纨初展，红榴争吐。"

按："江榴焰吐"一语，源自清代华希闵《广事类赋·岁时部·端午》的赋句："榴花吐焰"。所谓"江榴"，是指生长在江边的石榴。所谓"焰吐"，是"吐焰"的反写，意为火红的光焰被吐射出来。因石榴花盛开时红艳似火，故称之为"吐焰"或"焰吐"。

又按：石榴花是我国农历五月的岁时标记。按照古代岁时风俗的说法，五月又被称为"榴月"，因为这是石榴花盛开的时节。明代的屠本畯在《瓶史月表》花卉排名中列石榴为"五月花盟主"，在民间"十二月花神"排名中，石榴被尊为五月花神。唐代韩愈《题张十一旅舍三咏·榴花》："五月榴花照眼明，枝间时见子初成。"宋代欧阳修《渔家傲·五月》："五月榴花妖艳烘，绿杨带雨垂垂重。"金代元德明《从赵敷道觅石榴》："猩猩染花开五月，已觉秋实悬庭除。"明代朱同《端午中黄亲招饮齐明楼分韵得榴字》："五月春花树，墙头有火榴。"清代丘逢甲《己亥五月二日东山大忠祠祝文信国公生日·其一》："是为夏五月，万树榴花红。"可见在历代诗人的笔下，石榴花也千古不易地被作为五月的岁时标签。

## 蜀葵［shǔ kuí］

植物名，由于它原产于四川，故名"蜀葵"；又因为它长成后可长达丈许，花又多为红色，所以又名"一丈红"。蜀葵是二年生草本植物，茎干直立，高可达两米多，叶子呈手掌状；夏季开花，花腋生，自下向上顺次开放，红、紫、黄或白色，为我国重要的观赏植物之一。唐代岑参《蜀葵花歌》："请君有钱向酒家，君不见，蜀葵花。"宋代葛天民《小亭》："苍藓静连湘竹紫，绿阴深映蜀葵红。"元代许衡《继人葵花韵》："蜀葵花色耀深浓，偏称修丛映短丛。"明代区越《午日节集便观竞渡》："蜀葵相映海榴红，小院春光日日同。"清代佟世南《鹊桥仙·其三·端阳前一夕饮顾向中园》："蜀葵似锦，海榴如火，风拂小亭无暑。"

## 檀炷［tán zhù］

即燃着的檀香。唐代韦庄《使院黄葵花》："乍开檀炷疑闻语，试与云和必解吹。"宋代刘兼《芳春》："微雨微风隔昼帘，金炉檀炷冷慵添。"明代贺颜登《菩萨蛮》："檀炷袅薰笼，罗衣三两重。"清代李佩金《东风第一枝·癸亥元旦喜雪次蕊渊二姊韵》："漫揎罗袖，拨炉火、重添檀炷。"

233

**按：**"蜀葵檀炷"一语，源自五代时期前蜀韦庄《使院黄葵花》中"乍开檀炷疑闻语，试与云和必解吹"的诗句。句中的"乍开檀炷"是说蜀葵的花心刚刚绽放。蜀葵的花是金黄色的，而中间的部分则呈褐色，很像檀炷点燃时的紫红色。"疑闻语"是说花蕊的光色微微颤动仿佛在说什么，暗寓它很像美人的香唇小嘴。句中的"云和"一词出自《周礼·春官·大司乐》："孤竹之管，云和之琴瑟。"云和是一座山的名字，据说制作乐器的最佳原材料都出产在这里，所以它也就成了所有精美乐器的代称。"试与云和必解吹"的意思就是说：如果把云和山的竹管乐器给了蜀葵，没准儿它的小嘴还真的能够吹奏呢！其实这句诗里关于香唇小嘴的联想也是另有来头儿的，那就是唐初诗人张祜的《黄蜀葵花》诗，其中有句云："无奈美人闲把嗅，直疑檀口印中心。"意思是说看着蜀葵的花心，真的很怀疑是不是哪个美人闲来嗅花的时候，不小心把自己的唇印留在上面了。蜀葵和石榴一样，身上也烙着五月的岁时印记。明代屠本畯《瓶史月表》："五月花盟主石榴……花客卿蜀葵。"也就是说，在五月份，百花盟主是石榴，盟主的首席客座幕僚就是蜀葵。在古代诗词里它们也常常被联系在一起，如：宋代李之仪《四时词拟徐陵用今体次东坡旧韵·夏》："蜀葵易过红榴永，鳞鳞莹角波纹冷"；陆游《幽居戏赠邻曲》："雨悭葵叶未吐甲，露重榴房初坼罅"；喻良能《天申节望阙口号》："葵影缓随羲驭转，榴花高映御袍红"；许及之《次韵转庵喜雨二首·其二》："榴绽千重束，葵开一丈红。"其例很多，不遑枚举。

**又按：**把蜀葵和五月联系起来的还不止是因为它的五月花身

份，更和我国古代端午"收蜀葵"的岁时风俗有关。宋代陈元靓《岁时广记·端午中》"收蜀葵"条下引录唐代韩鄂撰著的著名农书《四时纂要》说："端午日，收蜀葵，赤、白者各收，阴干，治妇人赤白带下。为末，酒服，赤者治赤，白者治白。"（大意：五月五日端午节那天，采收蜀葵，赤仔和白仔分别收取，阴干后的蜀葵能够治疗妇女白带混有血丝或有血性白带的病症。要研成粉末，用酒送服，有赤带症状的会解决赤带问题，有白带异常的会解决白带问题。）宋代官修药方书《太平圣惠方》中记载："石淋破血：五月五日，收葵子炒研，食前温酒下一钱，当下石出。"（大意：治疗石淋破血的方法：五月五那天，采收葵花仔炒熟后研成粉末，饭前用温酒送服一钱，马上就会有结石排出。）"石淋"之疾就是今天所说的尿道结石。东晋葛洪著《肘后备急方》中记载："蜂蝎螫毒：五月五日午时，收蜀葵花、石榴花、艾心等分，阴干为末，水调涂之。"（大意：治疗蜂蝎螫毒的方法：端午那天的中午，采收蜀葵花、石榴花、艾心各相同的分量，阴干后研成粉末，用水调匀了涂在被螫咬的地方。）古时候人们在适当的时间采集适当的药材，也是当地的重要岁时风俗之一。

## 【本句译读】

初夏五月，江畔的石榴花红艳耀眼就像火焰在喷吐；蜀葵的花心光色微颤如同燃着的檀香。

# 48. 菖蒲浸卮　艾虎粘髻

## 菖蒲［chāng pú］

植物名，也叫做"白菖蒲""藏菖蒲"。它属于多年生草本植物；生在水边，叶子形状像剑，肉穗花序，花为黄绿色，地下根茎为淡红色；根状茎可做香料，也可入药。菖蒲多生于沼泽地、溪流或水田边。汉代阙名诗人《菖蒲》："石上生菖蒲，一寸八九节。"南朝梁代吴均《与柳恽相赠答诗六首·其三》："杜蘅色已发，菖蒲叶未齐。"唐代乔知之《定情篇》："君爱菖蒲花，妾感苦寒竹。"宋代王珪《端午内中帖子词·其六》："波生碧海露晨曦，争剽菖蒲集御卮。"金代元好问《鹧鸪天》："年年此日称觞处，留得菖蒲驻玉颜。"元代马祖常《次韵端午行》："围坐屏风罨画剧，杯中菖蒲笑回春。"明代王越《端午》："角黍堆盘酒满壶，喜逢佳节泛菖蒲。"清代张玉纶《成妇四时词·其二》："记曾五日指为期，预酿菖蒲绿满卮。"

## 浸［jìn］

意为泡在液体里，使水份渗入。《诗经·曹风·下泉》："冽彼下泉，浸彼苞稂。"汉代繁钦《咏蕙诗》："寒泉浸我根，凄风常徘徊。"南朝齐代陆厥《京兆歌》："芳露浸紫茎，秋风摇素萼。"隋代李衍《宫词》："月华如水浸宫殿，有酒不醉真痴人。"唐代薛能《题河中亭子》："蒲根旧浸临关道，沙色遥飞傍苑风。"宋代黄敏求《初秋白云道院·其三》："闲来汲水浸菖蒲，净洗尘埃半点无。"元代刘永之《题扇·其二》："五粒松交九节蒲，铜瓶分水浸珊瑚。"明代陆深《登楼》："连日南风吹不歇，自添新水浸菖蒲。"清代范承谟《蝶恋花·西园霁月》："素影年年同浸酒，相看只觉人非旧。"

# 卮［zhī］

古同"巵"，盛酒的器皿。《玉篇》："卮，酒浆器也，受四升。"可知它的容量为古制的四升。汉代无名氏《琴引》："借连娟之寒态兮，假卮酒酌五般。"三国时期魏国曹丕《大墙上蒿行》："前奉玉卮，为我行觞，今日乐不可忘。"晋代傅玄《惟汉行》："空卮让霸主，临急吐奇言。"隋代于仲文《侍宴东宫应令》："金卮倾斗酒，琼筵列八珍。"唐代陈元光《晚春旋漳会酌》："拍掌横弓槊，徘徊索酒卮。"宋代朱淑真《端午》："榴花照眼能牵恨，强切菖蒲泛酒卮。"金代王璹《谒狄武襄祠》："过客烦诗句，乡人奉酒卮。"元代黄玠《题章德》："欲持一卮酒，酹此千岁魂。"明代顾开雍《滇南月令词五首·其一·端阳采菊》："菖蒲初进石榴卮，忽报黄花香满篱。"清代卞梦钰《齐天乐·湖上午日》："蒲泛琼卮，丝缠玉臂，竞渡遥同荆楚。"

按："菖蒲浸卮"一语，源自清代华希闵《广事类赋·岁时部·端午》"酌蒲酒兮金卮"的赋句，是指农历五月五日端午

237

节用菖蒲泡酒的岁时风俗。该句下引录梁代宗懔的《荆楚岁时记》："五日，以菖蒲或镂或屑，以泛酒。"端午日饮菖蒲酒，是我国古代非常流行的一项民间习俗，至宋代尤盛。北宋欧阳修《端午帖子词》："共荐菖蒲酒，君王寿万春。"郭祥正《午日送酒与元舆》："前岁菖蒲酒，临汀共一樽。"南宋任希夷《五日东宫赐酒肴》："重来六泛菖蒲酒，储禁黄封岁岁效。"戴复古《端午丰宅之提举送酒》："海榴花上雨萧萧，自切菖蒲泛浊醪。"宋代官修药方书《太平圣惠方》里记载："菖蒲酒，主大风十二，通血脉，治骨立萎黄，医所不治者。"（大意：菖蒲酒，主治十二种"风症"，疏通血脉，还可以治疗由邪热伤肾，阴精耗损，骨枯髓虚导致的腰脊酸软，下肢痿弱而又久医无效的病症。）明代医学家李时珍的《本草纲目》中也记载："菖蒲酒，治三十六风、一十二痹，通血脉、治骨痿，久服耳目聪明。"（大意：菖蒲酒，能治三十六种"风症"、十二种"痹症"，能疏通血脉，治疗由邪热伤肾，阴精耗损，骨枯髓虚所导致的肾痿。经常饮用会令人耳聪目明。）据说菖蒲酒还具有提神、化痰、轻身坚骨等保健功效，常饮可补脑益智、增寿延年。也许正是因为菖蒲酒有这么多的好处，所以人们就把它纳入到了节日的佳饮珍酿当中。宋代陈元靓《岁时广记·端午上》"菖花酒"条下、明代彭大翼《山堂肆考·时令·端午》"蒲酒"条下均收辑饮菖蒲酒的风俗活动作为端午节的岁时掌故。

**又按**：《荆楚岁时记》中说的"五月五日，……以菖蒲或镂或屑，以泛酒。"这段话中的"镂"字，殊不可解。唐代孙思邈《千金月令》："端午，以菖蒲或缕或屑，以泛酒。"宋代陈元靓《岁时广记·端午上》引录《岁时杂记》："端午，以菖蒲或缕或屑，泛酒。"都是易"镂"为"缕"的。缕的本义是麻线，引申可泛指细而长的东西，这句话用"缕"字，意思就通顺明朗了，是说："端午这天，把菖蒲或切成细丝或研成碎末，用来泡酒。"

# 艾虎 ［ài hǔ］

即用艾草编制成的虎形饰物。旧俗端午节将艾虎给妇女儿童戴在头上，认为可以辟邪祛秽。宋代王仲修《宫祠·其三十一》："艾虎钗头映翠翘，菖蒲泛酒舞宫腰。"明代游朴《午日黄闻野参知席上赋》："石羊山近人难觅，艾虎心惊鬓共华。"清代施闰章《午日东莱》："艾虎簪花儿女事，龙舟竞渡醉游时。"

# 粘 ［zhān］

意为用胶、糨糊等把纸张或其他东西贴在另一物上。南朝陈代释洪偃《游钟山之开善定林，息心宴坐，引笔赋诗》："石苔时滑屦，虫网乍粘衣。"唐代李元纮《绿墀怨》："宝屋粘花絮，银筝覆网罗。"宋代王禹偁《杏花·其一》："红芳紫萼怯春寒，蓓蕾粘枝密作团。"金代王郁《春日行》："东风着意寒食时，游丝粘人困无力。"元代华幼武《雁来红》："翠羽粘猩血，丹砂炼日华。"明代桑悦《游仙二首·其二》："日月委菁鬓，风霜粘紫裘。"清代黄之隽《踏青游·即事》："风到谁边，残红乱粘衣带。"

# 髻〔jì〕

即在头顶或脑后盘成各种形状或体现某种样式的头发。汉代乐府《陌上桑》："头上倭堕髻，耳中明月珠。"三国时期魏国曹植《闺情》："红颜韡烨，云髻嵯峨。"南朝齐代谢朓《咏落梅》："用持插云髻，翡翠比光辉。"隋代薛道衡《昭君辞》："钗落终应弃，髻解不须萦。"唐代刘行敏《嘲崔生》："幞头拳下落，高髻掌中擎。"宋代晏几道《临江仙·其五》："霞觞熏冷艳，云髻袅纤枝。"金代刘仲尹《墨梅一十首·其八》："高髻长蛾满汉宫，君王图玉按春风。"元代吴当《环翠楼》："娟娟晓日开眉黛，蔼蔼春云拥髻鬟。"明代张弼《假髻曲奉许天爵》："西家美人发及肩，买妆假髻亦峨然。"清代董以宁《鹊踏花翻·语内》："醒时叉手月中吟，醉时双髻风前舞。"

**按**："艾虎粘髻"一语，源自我国古代端午节簪戴艾虎头饰的岁时风俗。梁代宗懔《荆楚岁时记》："今人以艾为虎形，或剪彩为小虎，粘艾叶戴之。"（大意：端午这天，人们用艾草扎成老虎的形状，或用彩布剪出一个虎形，然后再用艾叶粘上去，簪戴在头上。）可知这个风俗在我国民间已是由来甚久的了。宋代赵长卿《醉蓬莱·其二·端午》："艾虎宜男，朱符辟恶，好储祥纳吉。金凤钗头，应时戴了，千般忔戏。"端午节女子们簪戴以艾虎为题材的头饰，体现着盼生男孩、驱邪辟恶和祈求吉祥等愿望，同时也满足着她们在节日期间靓妆打扮的美感需求。宋代陈元靓《岁时广记·端午上》"掺艾虎"条下、明代彭大翼《山堂肆考·时令·端午》"戴艾虎"条下均收辑这个风俗活动作为端午节的岁时掌故。

端午佳节，用菖蒲浸泡的美酒斟满了酒杯；艾草编成的虎形头饰粘贴于祥云般的发髻。

---

# 49. 渡捐菰米　浪翻凫鹬

## 渡［dù］

指由水域的此岸去到彼岸、水道的通过。屈原《九章·其三·哀郢》："当陵阳之焉至兮，淼南渡之焉如？"汉代刘彻《瓠子歌》："河汤汤兮激潺湲，北渡回兮迅流难。"南朝梁代萧绎《乌栖曲四首·其一》："沙棠作船桂为楫，夜渡江南采莲叶。"隋代王眘《七夕二首·其二》："却镜看斜月，移车渡浅河。"唐代陈子良《七夕看新妇隔巷停车》："只言更尚浅，未是渡河时。"宋代刘克庄《端午五言三首·其三》："杂沓今观渡，依稀昔浴沂。"金代史肃《晓出东卢》："朝阳生野渡，湿尽马蹄霜。"元代陈孚《望台》："北道将军铁锁开，火旗万阵渡河来。"明代唐之淳《望辽阳》："渡处水横朝洗马，望边月黑夜翻营。"清代佟世南《华胥引·端午述怀》："画鹬争飞，渡头箫鼓缭绕。"

## 捐［juān］

意为献出财物。晋代陆机《饮马长城窟行》："师克薄赏行，军没微躯捐。"三国时期魏国曹植《杂诗七首·其二》："类此游客子，捐躯远从戎。"隋代王胄《白马篇》："志勇期功立，宁惮微躯捐。"唐代崔湜《至桃林塞作》："怀璧常贻训，捐金讵得邻。"宋代陈造《谢龚养正病后分药》："遽能捐药物，分惠及吾徒。"金代元好问《元鲁县琴台》："旁舍高以华，大豪日捐金。"元代耶律楚材《和抟霄韵代水陆疏文因其韵为诗十首·其一》："尘世捐财矜苦厄，寒林洒饭拔幽沉。"明代于慎行《古意十二首·其十一》："所以古达士，四海捐鸿毛。"清代彭孙贻《匡庵五首呈南音和尚·其三》："王珣方舍宅，庞蕴欲捐赀。"

## 菰［gū］

一种水生草本植物，生在浅水里，开淡紫红色小花；嫩茎经过菰黑粉菌寄生后膨大，叫"茭白"，果实叫"菰米"，均可食。晋代张载《泛湖诗》："春菰芽露碧，水荇叶连青。"南朝宋代谢灵运《从斤竹涧越岭溪行》："苹萍泛沉深，菰蒲冒清浅。"唐代张潮《江南行》："茨菰叶烂别西湾，莲子花开犹未还。"宋代杨亿《早秋》："江东菰米熟，归梦隔寒潮。"金代党怀英《昫山道中三首·其二》："吴歌楚语海山间，织苇苫菰便自安。"元代周某《同陆书隐范君平和伯长客中端午韵》："沧浪意远苹花老，菰黍清香楚客狂。"明代樊阜《舟中作》："细雨一江菰叶老，西风两岸柳条衰。"清代高以永《大水百韵》："伊余菰芦中，往往念禹迹。"

## 米［mǐ］

即谷物和其他植物去壳后的子实。《说文》："米，粟实也。"汉代曹操《谣俗辞》："粒米不足春，寸布不足缝。"南朝梁代庾肩吾《奉和太子纳凉梧下应令》："黑米生菰叶，青花出稻苗。"隋代王申礼《赋得马援》："唯称聚米势，无惭薏苡情。"唐代王维《送李员外贤郎》："少年何处去，负米上铜梁。"宋代王安石《题正觉相上人箨龙轩》："不须乞米供高士，但与开轩作胜游。"金代宗端修《漫书》："冷面宜教冷眼看，只惭索米向长安。"元代鲜于枢《水荒子歌二首·其一》："城中米贵丐者众，崎岖一饱经千门。"明代殷奎《渑池道中》："抱薪事晨炊，粝米不暇浙。"清代王紫绶《旧宫人·其二》："碧玉搔头镌赐字，朝来易米到人间。"

**按：**"渡捐菰米"一语，源自我国古代端午日凭吊战国时期楚国的爱国诗人屈原的岁时风俗。梁代宗懔《荆楚岁时记》："五月五日竞渡，俗为屈原投汨罗日，伤其死，故并命舟楫以拯之。至今竞渡是其遗俗。"（大意：五月五日要举行划船大赛，民间相传这天是屈原在汨罗江投水自尽的日子，人们悲伤于他的死难，所以都到江中驾船寻觅拯救他。如今的划船竞赛就是当年这件事遗留下来的风俗。）《隋书·地理志》："屈原以五月望日赴汨罗，土人追至洞庭不见。湖大船小，莫得济者，乃歌曰：'何由得渡湖！'因尔鼓櫂争归，竞会亭上，习以相传，为竞渡之戏。"（大意：屈原于五月十五日这天投身汨罗江，当地人划船追到洞庭湖也寻觅不到。洞庭湖面积太大，人们所驾的小船根本无法渡过，于是悲歌道："有什么办法啊能够巡游此湖？"因为实在不能够前行，故而撑动长桨争着往回赶，比赛谁先回到出发点。这个比赛后世传袭，形成了一种习俗，就是所谓"竞渡"的划船比赛活动。）本句

243

中的"菰米"，不是指菰结出的果实（菰米），而是指用菰叶包裹的黏米，也就是粽子。东汉应劭《风俗通义》说："五月五日，……先节一日，以菰叶裹黏米、栗、枣，以灰汁煮，令熟。一名粽，一名角黍。盖取阴阳包裹之象也。"（大意：五月五日……端午节的前一天，用菰的叶子包裹黏米再加上栗子或枣，用植物灰浸泡过滤后所得的汁来煮熟。这个东西叫粽子，也叫角黍。它的样子是阴阳融合相互依存的象征。）晋代周处《风土记》说："荆楚人，是日……以菰叶裹黏米，以象阴阳相包，今粽子是也。"（大意：湖北及其周边一带的人，端午这天……用菰的叶子包裹黏米，象征阴阳融合相互依存，也就是如今的粽子。）南朝梁代吴均《续齐谐记》说："屈原五月五日投汨罗水，楚人哀之，至此日，以竹筒贮米，投水以祭之。汉建武中，长沙区回，白日忽见一士人，自云三闾大夫。谓回曰：闻君常见祭，甚善。常年为蛟龙所窃，今若有惠，当以楝叶塞其上，以彩丝缠之。此二物，蛟龙所惮。回依其言。今五月五日作粽，并带楝叶五花丝，遗风也。"（大意：屈原于五月五日在汨罗江投水自尽，楚国人民很哀伤，每年的这一天，人们用竹筒子装米，扔到江中来祭祀他。汉朝建武年间，长沙人区回偶然间遇见一位文士模样的人，自称是三闾大夫屈原。他对区回说："听说先生每年都用竹筒装满米食投进江中祭祀我，这非常好。但这些祭品常年被蛟龙中途劫取偷吃，今年如果还有这样的惠赠，请用楝树的叶子包在上面，再用彩色的丝线缠住它。这两样都是蛟龙忌惮的东西。"后来区回再往江里投米祭祀时就依照此人所说的去做了。如今每年五月五日人们都做粽子，并且还要缠上五花丝，就是那时遗留下来的风俗。）《巢县志》记载："五月五日端阳节，龙舟之戏，因屈子沉江以五月五日。楚人思之，故于是日投食以祭，恐为鱼虾所夺，乃作舟象龙形，鼓乐喧阗，而投角黍于水中。"（大意：五月五日端阳节，有赛龙舟的活动，缘于屈原是在这天投水的。楚国地方的人们怀念他，所以就在这天往江中投放食物用以祭祀。因为怕这些食物被鱼虾截夺，就把送食物的船装扮成龙的模样，而且还要打鼓奏乐，大声喊闹着把粽子投掷到水里去。）《怀宁县志》记载："五月五日，习水者，制龙舟，竞渡于江。暮以色线缚角黍投之江中，以祠三闾大夫。"（大意：五月五日这天，谙习水性的人们，扎制龙形的赛船，在江中竞渡。到了晚上用彩线扎缚粽子投到江里，以此祭祀屈原。）巢县和怀宁今属安徽，但在战国时期却都是楚国旧地，当地的风俗自有其历史的渊源。宋代吴淑《事类赋·岁时部·夏》"投汨罗而楝叶斯在"句下、明代彭大翼《山堂肆考·时令·端午》"吊屈"条下、清代华希闵《广事类赋·岁时部·端午》"吊屈子于湘潭"句下均收辑投粽事作为端午的岁时掌故。

# 浪［làng］

即波浪。《玉篇》："浪，波浪也。"晋代夏侯湛《江上泛歌》："洪浪兮云转，阳侯兮奔起。"南朝梁代庾肩吾《山池应令》："荷低芝盖出，浪涌燕舟轻。"隋代弘执恭《奉和出颍至淮应令》："清流含日彩，奔浪荡霞晖。"唐代李白《行路难》："长风破浪会有时，直挂云帆济沧海。"宋代郭震《诗二首·其二》："沽酒店藏花影内，打渔村在浪声中。"金代王绘《江天秋晚图》："万顷波间踏浪儿，潇湘秋晚趁归时。"元代方澜《金山寺》："楚浪夜喧寺，浙山晴到门。"明代史谨《南浦渔舟》："云迷短棹穿荷叶，笛弄西风起浪花。"清代沈进《季秋月夜书怀十八韵》："巨鱼吹浪静，细草杂花妍。"

## 翻［fān］

意为反转、上下或内外交换位置。屈原《九章·其九·悲回风》："漂翻翻其上下兮，翼遥遥其左右。"汉代司马相如《琴歌二首·其二》："双翼俱起翻高飞，无感我思使余悲。"晋代陆机《诗·其三》："曾不如老鼠，翻飞成蝙蝠。"南朝梁代萧衍《十喻诗五首·其二·如炎》："金波扬素沫，银浪翻绿萍。"隋代孙万寿《远戍江南寄京邑亲友》："如何载笔士，翻作负戈人。"唐代岑文本《安德山池宴集》："鸟戏翻新叶，鱼跃动清漪。"宋代刘敞《初雪》："海水翻从九天落，龙沙却渡五湖来。"金代邢具瞻《出塞》："楼外青山半夕阳，寒鸦翻墨点林霜。"元代赖益岊《元日朝会》："香唾翠云龙阙润，酒翻金海凤箫酣。"明代张宁《方洲八景八首·其四》："芃芃翠浪翻，蕲蕲绿云涌。"清代梁清标《春云怨·闺怨》："把三生誓约，翻云覆雨。"

## 凫［fú］繁体作鳧

即水鸭，俗名野鸭。《广韵》："凫，水鸭也。"鸟纲，雁鸭目，雁鸭科；体长六十余厘米，喙宽而扁平且短，除繁殖期外，都过群集生活。后常被用来喻指画着鸭形的船。南朝齐代谢朓《三日侍宴曲水代人应诏诗》："既停龙驾，亦泛凫舟。"唐代卢照邻《七夕泛舟二首·其二》："凤杼秋期至，凫舟野望开。"宋代元绛《句·其十八》："丝竹渐高桡鼓急，瑶津亭下竞凫车"明代谢肃《自君之出矣三章·其三·济江》："扣船发清讴，飞凫为回顾。"清代陆求可《送入我门来·端午》："信是怀沙堪吊，飞凫一时竞渡，泽畔悲凉。"

## 鹢 ［yì］繁体作鷁

即鹢鸟，古书上所说的一种像鹭鹚但比它大一些的水鸟，能高飞。《集韵》："水鸟也。似鹭而大。"后常被用来喻指船头画着鹢鸟的船，也用作一般船只的美称。晋代张协《采菱鸿》："乘鹢舟兮为水嬉，临芳洲兮拔灵芝。"南朝宋代鲍照《还都口号》："旌鼓贯玄涂，羽鹢被长江。"唐代萧钧《晚景游泛怀友》："浪随文鹢转，波逐彩鸳浮。"宋代刘放《送冯当世移金陵》："潮迎彩鹢来瓜步，山映朱旗转白门。"金代王琢《雨夕感寓》："盐车竞垂耳，风鹢忌干霄。"元代宋褧《送姚子中参政江浙行省》："牙旌辞紫禁，鹢舫下黄河。"明代王慎中《破阵子·观竞渡作》："正远惊看龙午起，渐近微分鹢两来。"清代曹禾《毗陵观竞渡》："彩鹢竞时歌吹乱，锦标夺罢水云浮。"

**按**："凫鹢"一词，喻指船只，见于唐代张说《侍宴隆庆池应制》："鱼龙百戏纷容与，凫鹢双舟较溯洄。"明代卢龙云《和钱使君与大司马王公月下泛舟酌别薛明府》："五马鸥相狎，双凫鹢并流。"清代罗泽南《和曾涤生侍郎会合诗》："水师驶凫鹢，陆师飞熊罴。"

**又按**："浪翻凫鹢"一语，源自清代华希闵《广事类赋·岁时部·端午》："于是飞凫水马，画鹢鬃船"的赋句，描写的是端午（也叫"端五"）日"竞渡"的情形。宋代潘自牧《记纂渊海》卷八十九引录梁代宗懔《荆楚岁时记》："竞渡者治其舟使轻利，谓之'飞凫'，又曰'水车'，又曰'水马'。"（大意：竞渡者制作并使用的船，务求轻便伶俐，称之为"飞凫"，又叫作"水车""水马"。）《淮南子·本经训》："龙舟鹢首，浮吹以娱。"东汉学者高诱为"鹢首"一词作注解说："鹢，大鸟也，画其像着船头，故曰'鹢首'。"（大意：鹢，是一种大鸟，人们把它的形象画在船头上，所以叫做"鹢首"。）此后"画鹢"就常被用作船的别称。宋代陈元靓《岁时广记·端五上》"竞龙舟""治凫车"条下、明代彭大翼《山堂肆考·时令·端午》"楚江竞渡"条下均收辑竞渡风俗作为端午节的岁时掌故。

## 【本句译读】

端午这天，人们到江中竞赛划船，投掷粽子祭祀屈原；赛手们驾驭着翻飞的赛船破浪疾行。

---

# 50. 娟袖频低　锦标齐夺

## 娟［juān］

意为秀丽、美好的样子，多指姿态的美好。屈原《远游》：

"雌蜺便娟以增挠兮，鸾鸟轩鬐而翔飞。"汉代东方朔《七谏》："便娟之修竹兮，寄生乎江潭。"南朝宋代孔宁子《棹歌行》："炊飞激逸响，娟娥吐清辞。"唐代宋之问《下桂江龙目滩》："鸟游溪寂寂，猿啸岭娟娟。"宋代梅尧臣《邵郎中姑苏园亭》："薄城万竿竹娿娟，藤缆系桥青板船。"金代元好问《感皇恩》："佩霞符梦，初诞灵妃娟妙。"元代段成己《题秋暮山行图》："高风凄其脱木叶，向来面目仍增娟。"明代解缙《三峰岩真寺重修法堂》："佳花美竹秀以娟，艳艳岩窟开金莲。"清代钱谦益《有美一百韵，晦日鸳湖舟中作》："生小为娇女，容华及丽娟。"

## 袖［xiù］

即衣袖。汉代班婕妤《怨诗》："出入君怀袖，动摇微风发。"晋代傅玄《前有一樽酒行》："舞袖一何妙，变化穷万方。"南朝梁代何逊《苑中见美人》："罗袖风中卷，玉钗林下耀。"隋代孙万寿《远戍江南寄京邑亲友》："细尘梁下落，长袖掌中娇。"唐代张九龄《感遇十二首·其十》："袖中一札书，欲寄双飞翼。"宋代孙光宪《何满子》："歌袖半遮眉黛惨，泪珠旋滴衣襟。"金代周昂《窦氏园亭二首·其一》："翠袖擎诗罢，银壶得酒倾。"元代卢挚《鹊桥仙》："醉扶红袖听新声，莫惊起、同盟鸥鹭。"明代郑真《送林生归乐清》："彩袖庭阶朝进鲤，青编灯火夜听鸡。"清代田种玉《海淀》："静悟疑身隐，荷香满袖携。"

## 频［pín］繁体作頻

作副词用，意为屡次地、频繁地。三国时期魏国嵇康《幽

愤诗》："性不伤物，频致怨憎。"晋代陆云《答兄平原》："黄
钺授征，锡命频繁。"南朝陈代沈炯《咏老马》："渡水频伤
骨，翻霜屡损蹄。"隋代薛道衡《梅夏应教》："幸逢为善乐，
频降济时才。"唐代杜淹《咏寒食斗鸡应秦王教》："长翘频扫
阵，利爪屡通中。"宋代苏轼《寄汝阴少师》："见说新堂频燕
会，故时宾客定相容。"金代王渥《驿口桥看白莲》："杖屡频
来约他日，不妨先筑钓鱼矶。"元代任士林《上虞客中》："于
于风力紧，滴滴雨声频。"明代杨士奇《望昌平》："夏霖频泛
滥，秋谷竟虚无。"清代章在兹《都中杂兴之一》："入洛诚多
事，游梁亦已频。"

# 低 ［dī］

意为位置在下，与"高"相对。汉代刘向《九叹·其
三·离世》："凌黄沱而下低兮，思还流而复反。"晋代翔风
《怨诗》："突烟还自低，鄙退岂所期。"南朝宋代颜师伯《自
君之出矣》："自君之出矣，芳帷低不举。"唐代孟浩然《登望
楚山最高顶》："石壁疑削成，众山比全低。"宋代姜夔《春日
书怀四首·其四》："武昌十万家，落日紫烟低。"金代冯延登
《春雨二首·其二》："晨烟半湿低平野，春水初生没断桥。"
元代马臻《题画杂诗六首·其五》："知是夜来风雨深，村外
野桥低二尺。"明代朱同《奉赠唐佐衡老师》："谈诗抵掌唾壶
缺，把酒临风江月低。"清代嵇永仁《京口讯潘江如》："水活
宜栽柳，山低好负薪。"

**按**："娟袖频低"一语，源自唐代骆宾王《扬州看竞渡序》：
"便娟舞袖，向渌水以频低；飘扬歌声，得清风而更远。"这

个句子描写的是端午节"竞渡"盛会中歌舞表演的情形。"便娟舞袖"是说美貌舞女们的长袖回旋飞舞,"频低"是摹状舞姿的变幻与娇俏。此句中的"便娟"也作"嫿娟",意为美貌;"频低"一词,在《文苑英华》《古俪府》版本的骆宾王《扬州看竞渡序》中均作"全低",在《四六法海》《全唐文》版本中都作"频低"。"全低"意为很低,而"频低"则是女子形体或神态变幻的表现,似更传神。如唐末五代诗人韦庄《女冠子·其二》:"依旧桃花面,频低柳叶眉。"宋代周紫芝《生查子·其三》:"眉翠莫频低,我已无多泪。"清代华希闵《广事类赋·岁时部·端午》"歌声舞袖波月皆穿"句下收辑骆宾王《扬州看竞渡序》描写的歌舞活动作为端午节的岁时掌故。

## 锦标 [jǐn biāo] 繁体作锦標

即锦织的一种标志物,古代用以赠给竞渡的领先者。此词最早见于唐代白居易《和春深二十首·其十五》:"齐桡争渡外,一匹锦标斜。"后来也以此指称各种类型竞争活动中胜出者所得的奖赏。唐代花蕊夫人徐氏《宫词·其五十一》:"第一锦标谁夺得,右军输却小龙船。"宋代文天祥《端午感兴》:"楚人犹自贪儿戏,江上年年夺锦标。"金代王寂《人月圆·再过真定赠蔡特夫》:"锦标彩鹢追行乐,管领镇阳春。"元代马臻《西湖春日壮游即事·其十》:"文章太守开华宴,预报龙舟夺锦标。"明代史鉴《哨遍·端午日饮都玄敬于豫章堂》:"觑水马争驰,锦标平插,浪华卷雪轰旗鼓。"清代董以宁《满江红·乙巳述哀十二首·其六·午日》:"只听彩船喧竞渡,锦标未夺终怜我。"

## 齐［qí］繁体作齊

作副词用，意为共同；同时；都。三国时期魏国曹丕《饮马长城窟行》："武将齐贯鍒，征人伐金鼓。"晋代杨羲《云林与众真吟诗十一首·其八》："大小同一波，远近齐一会。"南朝宋代丘渊之《赠记室羊徽其属疾在外》："连镳朔野，齐棹江湘。"隋代葛玄《空中歌三首·其二》："太上辉金容，众仙齐应声。"唐代李颀《弹棋歌》："坐中齐声称绝艺，仙人六博何能继。"宋代张先《定西番》："齐学汉宫妆样，竞婵娟。"金代王处一《满庭芳》："逍遥乐，圆坛罢散，齐唱满庭芳。"元代王艮《过花村将台怀答刺罕丞相》："旌头不动军容肃，鹍首齐飞将令催。"明代程通《较猎》："击射竞夸谁得隽，凯歌齐向月中归。"清代毛奇龄《吴二太保初度》："弟兄齐列戟，少小独追锋。"

## 夺［duó］繁体作奪

意为争先获得。三国时期魏国嵇康《答二郭三首·其三》："权智相倾夺，名位不可居。"南朝梁代王同《奉和往虎窟山寺》："野花夺人眼，山莺纷可喜。"唐代沈佺期《览镜》："时芳固相夺，俗态岂恒坚。"宋代王曾《送李文定移镇兖海》："锦标夺得曾相继，金鼎调时亦践更。"金代马钰《满庭芳·示同流》："大慈大悲心起，助真功、夺取仙标。"明代袁亮《题莫状元祠》："幼学当年未夺魁，仙人曾许列三台。"清代钱谦益《拂水竞渡曲十首·其八》："呼噪儿童口尚黄，争标夺采斗身强。"

**按**："锦标齐夺"一语，源自清代华希闵《广事类赋·岁时部·端午》："画鼓朱旗，锦标齐夺。"描写的是端午节"竞渡"活动中鼓乐喧阗、百舸齐发、争强斗胜的场面。《雷州府志》："端午，众往观竞渡。好事者悬银钱于竿，龙舟竞夺之，谓之'夺标'。"（大意：端午节这天，大家都会去看划船比赛。那些爱热闹的人就把银钱悬挂在长竿上，参赛的龙舟拼命向前冲刺争而取之，叫作"夺标"。）所谓"标"，就是给竞争中胜出者的悬赏品，它"表明"或"标示"着谁是最终的赢家。它可以是一根挂上银钱的长竿，也可以是别的什么东西，大概要因地、因时而有所不同。北宋陶谷《清异录》："梁祖自初起，每令左右持大赤旗，缓急之际，用以挥军，祖自目为'火龙标'。"（大意：五代时期后梁太祖朱温自打刚刚起兵的时候，就每每令身边的近卫士兵预备好一面红色的大旗，在缓冲或是急进的关键当口上，用它来指挥军队，朱温自己把它叫作"火龙标"。）这段话明确地表达出"标"也可以是一面"旌旗"。竞渡夺标是一项竞技性和趣味性极强的民俗活动，很受人喜爱，所以在古代非常流行也很普遍。观竞渡、看夺标成了我国古代民俗生活中的一件赏心乐事。明代彭大翼《山堂肆考·时令·端午》"夺标"条下引录北宋诗人郭祥正描写夺标的《竞渡》诗作为端午的岁时掌故。

## 【本句译读】

在端午节的竞渡盛会上，舞女们长袖飞旋身姿优美；江面上百舸争流齐向锦标冲刺。

# 51. 岚矗峰奇　涛涌阵黑

## 岚［lán］繁体作嵐

即山林中的雾气。晋代夏侯湛《山路吟》："冒晨朝兮入大谷，道逶迤兮岚气清。"南朝梁代江淹《山中楚辞六首·其四》："烟色闭兮乔木桡，岚气暗兮幽篁难。"唐代萧翼《留题云门》："绝顶高峰路不分，岚烟长锁绿苔纹。"宋代范成大《夔州竹枝歌九首·其一》："五月五日岚气开，南门竞船争看来。"金代李之翰《题密云州学壁》："留连暮雨侵疏牖，宛转飞云扫翠岚。"元代陈孚《邯郸怀古》："数点寒峰拥翠岚，丛台落日见漳南。"明代周忱《凝岚轩》："峰头有岚气，旦暮生晴空。"清代李元贞《剑池》："寒凌碧汉横霜气，清浴晴岚澈水涯。"

## 矗［chù］

意为直立、高耸。唐代李绅《泛五湖》："风帆同巨壑，云矗成高岸。"宋代韩琦《登大安寺阁》："浮图逼槛抽双笋，埤堄排云矗万峰。"金代萧贡《汉歌》："大蛇斩断素灵号，蚩尤祭罢朱旗矗。"元代华幼武《养竹轩歌为周庄吴逵子道赋》："猗猗绕户矗琅玕，含雾连烟比淇澳。"明代谢复《东山》："絷我书屋东，屹然矗高峰。"清代厉鹗《题沈石田蹇驴觅雪图》："两崖对矗寒空峭，雾色云端迥相照。"

# 峰［fēng］

即山的尖顶。三国时期蜀国张翼《赠沙门竺法頵三首·其一》：“郁郁华阳岳，绝云抗飞峰。”晋代孙统《兰亭诗二首·其二》：“时禽吟长涧，万籁吹连峰。”南朝宋代谢灵运《会吟行》：“连峰竞千仞，背流各百里。”隋代卢思道《春夕经行留侯墓》：“疏芜枕绝野，逦迤带斜峰。”唐代钱起《省试湘灵鼓瑟》：“曲终人不见，江上数峰青。”宋代宋祁《题北郭巨然山水》：“钿点峰头尽太虚，远帆遥岸水平铺。”金代陈庚《题师岩卿蒲中八咏·其六·西岩叠巘》：“螺发烟鬟尽万峰，行人指点梵王宫。”元代黄溍《采芝曲赠永嘉林道士》：“碧峰尽起三十六，老芝千年琢红玉。”明代黎贞《岳阳楼晚眺》：“回雁峰高云路杳，吹箫人去凤台空。”清代黎士弘《舟过建武夜行》：“月上千峰立，霜深一雁鸣。”

# 奇［qí］

意为奇异、怪异。《说文》：“奇，异也。”汉代唐蕞《歌诗三章·其一·远夷乐德歌》：“闻风向化，所见奇异。”三国时期魏国阮籍《咏怀·其十二》：“北里多奇舞，濮上有微音。”晋代陶潜《四时》：“春水满四泽，夏云多奇峰。”南朝梁代沈约《早发定山》：“夙龄爱远壑，晚莅见奇山。”唐代崔湜《九龙潭作》：“结侣寻绝径，周流观奇迹。”宋代杜衍《新居感咏》：“城隅最穷僻，匠者宁求奇。”金代完颜亮《念奴娇》：“六出奇花飞滚滚，平填了、山中丘壑。”元代马臻《西湖春日壮游即事》：“娇民技艺也天生，斗巧搜奇事事能。”明代王绅《咏逸民六首·其二》：“西郊获奇兽，鲁史终笔削。”清代钱大昕《罗两峰鬼趣图》：“奇诡到笔端，似闻谇出叫。”

# 涛［tāo］繁体作涛

即大的波浪。《说文新附》："涛，大波也。"晋代夏侯湛《山路吟》："渌水兮长流，惊涛兮拂石。"南朝梁代萧绎《姓名诗》："涛来如阵起，星上似烽然。"唐代李白《梦游天姥吟留别》："海客谈瀛洲，烟涛微茫信难求。"宋代苏轼《念奴娇·赤壁怀古》："乱石穿空，惊涛拍岸，卷起千堆雪。"辽代刘珂《登黄鹤楼》："风涛如许相冲激，栋宇屹然无改移。"金代元好问《清平乐·太山上作》："井蛙瀚海云涛，醯鸡日远天高。"元代韩奕《瑞龙吟·钱塘怀古》："寂寞涛响空城，草深荒垒。"明代何景明《普缘塔》："雁沼波涛涌，龙宫日月围。"清代王士祯《答刘子羽见怀》："海气秋逾远，涛头日几回。"

# 涌［yǒng］

本义为水或云气的升腾和冒出。《广雅》："涌，出也。"东汉王充《论衡》："泉暴出者曰'涌'。"也引申指云、雾、烟、气等的上腾或冒出。汉代曹操《观沧海》："秋风萧瑟，洪波涌起。"南朝齐代谢朓《秋夜讲解》："惠唱摛泉涌，妙演发金相。"唐代贾岛《慈恩寺上座院》："井甘源起异，泉涌渍苔封。"宋代苏洵《游陵云寺》："足踏重涛怒汹涌，背负乔岳高崔嵬。"金代高永《跋贾天升所藏段志宁山水》："苍壁云气涌，长松风雨寒。"元代王士熙《奉题袁伯长开平百首诗后》："滦江一夕秋风到，瑟瑟珊瑚涌翠涛。"明代李时勉《久雨》："江上看涛涌，林间断鸟啼。"清代颜光敏《望华山》："天鸡晓彻扶桑涌，石马宵鸣翠辇过。"

## 阵［zhèn］繁体作阵

本义指军队作战方阵外围的战车防护队列，后泛指作战部队的阵式和阵容，引申代指其他类似军阵的事物。南朝陈代徐陵《关山月二首·其一》："星旗映疏勒，云阵上祁连。"唐代窦威《横吹曲辞·出塞》："看云方结阵，却月始连营。"宋代梅挚《新繁县显曜院》："苔阵暗连僧榻古，蕉旗低映佛窗凉。"金代朱之才《南越行》："莫言女子无雄心，置酒宫中潜结阵。"元代姜彧《鹧鸪天·晋祠石刻二阙》："花作阵，酒为浆，晋祠风物正重阳。"明代邓云霄《湖南九歌·其八》："雁阵远题天外字，湖光平写镜中山。"清代王士禄《千秋岁·其四·寿戴绅黄司李》："文澜笔阵，早岁惊神骏。"

## 黑［hēi］

意为像煤或墨的颜色，与"白"相对。《说文》："黑，火所熏之色也。"引申意为昏暗无光。《诗经·邶风·北风》："莫赤匪狐，莫黑匪乌。"屈原《九章·其五·怀沙》："变白以为黑兮，倒上以为下。"三国时期魏国曹植《赠白马王彪》："苍蝇间白黑，谗巧令亲疏。"南朝梁代江淹《赤亭渚》："水夕潮波黑，日暮精气红。"唐代王昌龄《箜篌引》："其时月黑猿啾啾，微雨沾衣令人愁。"宋代李清照《声声慢》："守着窗儿，独自怎生得黑。"金代朱之才《暴雨》："颓山黑雾倾浓墨，倒海冲风泻急湍。"元代周权《鸡鸣台》："横空阵气长云黑，戈鋋照耀旌旗色。"明代刘炳《出塞》："战云连阵黑，烽烟照汉青。"清代龚鼎孳《同年大司寇李五弦侍养归里·其二》："受钺中原事已非，黑云压阵战旗归。"

## 【本句译读】

竞渡舟楫中流击水，翻搅得雾气冲天，彷如奇丽的山峰；江面上浪涛汹涌，健儿们奋力拼搏，阵头上战云昏黑！

---

# 52. 霖淋块破　霆轰电掣

## 霖［lín］

即久下不停的雨。《说文》："霖，雨三日以往也。"可知超过三天不停的雨就叫作"霖"了。战国时期楚国宋玉《九辩》："皇天淫溢而秋霖兮，后土何时而得干。"三国时期魏国曹丕《黎阳作三首·其一》："霖雨载涂，舆人困穷。"南朝宋代鲍照《山行见孤桐》："奔泉冬激射，雾雨夏霖浮。"唐代杜甫《阻雨不得归瀼西甘林》："三伏适已过，骄阳化为霖。"宋代范仲淹《天平山白云泉》："游润腾龙飞，散作三日霖。"金代李献能《赠王飞伯杂言一首》："寸云起泰山，霖雨满人间。"元代安熙《次韵答友见赠》："无用野夫宜揣分，商家元自有甘霖。"明代胡俨《踏车行》："三日甘霖，天下乃丰。"清代唐梦赉《祈雨茶话》："只愁十日淫霖苦，双蟹朋尊欲自携。"

## 淋［lín］

意为浇、让水或其他液体自上落下。汉代庄忌《哀时命》：

"虹霓纷其朝霞兮，夕淫淫而淋雨。"唐代寒山《诗三百三首·其二百四十二》："直待血淋头，始知自摧灭。"宋代梅尧臣《胡公疏示祖择之卢氏石诗和之》："埋没尚存三四分，雨淋日炙如皱皵。"金代王寂《和黄山谷读杨妃外传五首·其五》："飞雁秋风汾水上，淋铃夜雨蜀山前。"元代行端《拟寒山子诗六首·其四》："瀑水淋苔磴，湫云渍草扉。"明代陈琏《铁索桥》："昔人以竹为索桥，风雨飘淋岂能固。"清代彭孙遹《紫铃》："晓风撼索偏惆怅，夜雨淋花易怆凄。"

## 块［kuài］繁体作塊

指大地、田土。汉代无名氏《引声歌》："枕块寝处，乐在其央。"晋代张华《答何劭三首·其二》："洪钧陶万类，大块禀群生。"唐代李峤《雨》："十旬无破块，九土信康哉。"宋代魏野《新栽竹》："苍翠两三枝，亲和冻块移。"金代赵秉文《和渊明拟古九首·其四》："凭高俯九州，块如蚁聚场。"元代萨都剌《讨岭至崇安方命棹之建溪》："人牛天地间，驰马历大块。"明代谢迁《和雪湖喜雨长句用旧韵》："祁祁霡霂连三朝，风条不鸣块不破。"清代汤右曾《道中遣怀》："一雨得破块，投种冀晚收。"

## 破［pò］

意为某事某物的破碎、坏损。《说文》："破，石碎也。"《广雅》："破，坏也。"《诗经·豳风·破斧》："既破我斧，又缺我斨。"南朝梁代庾肩吾《九日侍宴乐游苑应令》："尘飞金埒满，叶破柳条空。"唐代李贺《李凭箜篌引》："女娲炼石补天处，石破天惊逗秋雨。"宋代向子諲《点绛唇·其七·别代香严》："点点真个，块土何曾破。"金代李晏《题武元直赤壁图》："云破小蟾分树暗，夜深孤鹤掠舟飞。"元代杨果《小桃红》："采莲人和采莲歌，柳外兰舟过，不管鸳鸯梦惊破。"明代杨基《江村杂兴·其三》："燕迟双垒破，蜂早一房通。"清代陈之遴《秋日偶成·其八》："三更梦破孤城笛，六月寒生久客裘。"

**按**："霖淋块破"一语，源自西汉董仲舒《雨雹对》："雨不破块"。其原文是"太平之世则风不鸣条，开甲散萌而已；雨不破块，润叶津茎而已。"（大意：升平盛世的年份，风都是轻缓和煦的，不会让树枝发出鸣响，只是令种子破壳，萌芽生发而已；雨也是应时适量的，不会冲毁田地，只是令庄稼的叶子和茎秆得以滋润而已。）唐代王起《雨不破块赋》："国有休征，天作零雨。不为霖以破块，自呈祥而润土。既霈既足，克成五稼之丰。"也是同样的意思。"霖淋块破"恰好与之相反，是说大雨淋漓不止，田地为之毁坏。晋代周处《风土记》："仲夏大雨，名'濯枝雨'，六日方止。"北魏农学家贾思勰《齐民要术》："五月芒种节后，阳气始亏，……霖雨将降。"每当五月来到，我国中部的长江中下游地区，雨量增多，而且这时候的雨水往往连绵不断，很容易发大水，田地也会遭遇不同程度的毁坏，对年景和收成都有不良的影响。农谚云："有钱难买五月旱"。可见这也是一种自古就受到人们特别关注的岁时特征。

## 霆 ［tíng］

即暴雷、霹雳。《尔雅·释天》："疾雷为'霆'"。《诗经·小雅·采芑》："啴啴焞焞，如霆如雷。"北朝周代庾信《周祀五帝歌十二首·其二·皇夏》："将回霆策，暂转天文。"唐代孟郊《石淙·其五》："疾流脱鳞甲，叠岸冲风霆。"宋代沈中行《游九锁》："奔霆白昼鞭玉虹，铁花冰激青蒙蒙。"金代任诟《浙江亭观潮》："浙江亭下击飞霆，蛟蜃争驰奋髯鬣。"元代何中《苦热得雨》："林端动虚籁，殿角摇飞霆。"明代屠应埈《高阳行赠范司成菁山》："九逵车马若霆击，中台咳吐如春温。"清代朱智《急雨》："云聚黑生霆，前山顿失青。"

# 轰［hōng］繁体作轟

本义是指很大的声响，引申意为雷电的爆发或击打。唐代吕岩《七言·其三十三》："电激离门光海岳，雷轰震户动婆娑。"宋代汪兼山《黄山遇雨·其二》："碑翻荐福雷轰碎，舟近蓬莱风勒回。"金代元德明《山中雨后》："雷轰一雨去，云擘两山开。"元代王玠《沁园春·龙》："雷轰电掣，雾霭云从。"明代袁宏道《秋日苦雨和退如太史·其二》："霆轰电射不终朝，何事阴淫怒不消。"清代倪本毅《诸葛洞》："雷轰电骇浪花溅，水势争与石势触。"

# 电［diàn］繁体作電

在古文中指雷电、闪电，即携带大量电荷的云块，与带有相反电荷的云块相互接触时产生的激烈放电现象。放电产生的火光就叫闪电，产生的轰鸣就是雷声。《诗经·小雅·十月之交》："烨烨震电，不宁不令。"汉代刘向《九叹·其九·远游》："凌惊雷以轶骇电兮，缀鬼谷于北辰。"三国时期魏国嵇康《赠兄秀才入军》："风驰电逝，蹑景追飞。"隋代王胄《纪辽东二首·其二》："天威电迈举朝鲜，信次即信旋。"唐代薛能《春雨》："电阔照潺潺，惊流往复还。"宋代司马光《和宋复古大雨·其二》："雷公推车电施鞭，飞腾九泽舞百川。"金代王特起《喜迁莺·题郝仙女庙壁》："故山晚，叹流年一笑，人间飞电。"明代虞淳熙《仿杜工部同谷七歌·其三》："六月六日夜飞电，坐草畏风不敢扇。"清代仓央嘉措《情诗·其十九》："浮生一刹逝如电，画楼辜负美人缘。"

## 掣［chè］

意为极快地闪过。南朝梁代吴均《入关》："马头要落日，剑尾掣流星。"唐代岑参《白雪歌送武判官归京》："纷纷暮雪下辕门，风掣红旗冻不翻。"宋代华岳《平政桥》："石唇喷尽寒崖雪，雪中电掣金蛇赤。"金代朱之才《暴雨》："掣电奔雷晻霭间，崩腾白雨袭人寒。"元代胡长孺《题崔录事女真总马图》："漠漠空川望不尽，电光掣过须臾间。"明代尹耕《出塞曲》："铁骑不嘶沙碛草，牙旗飞掣桔槔风。"清代张綦毋《秋日杂感·其二》："雕弓掣电开，矢发如风猋。"

**按**：东汉王充《论衡·雷虚篇》："盛夏之时，雷电迅疾。"又："五月阳盛，故五月雷迅。"宋代陈元靓《岁时广记·夏》引录唐代皇甫松的《醉乡日月》说："暑月大雷霆时，收雨水淘米酿酒，名'霹雳酒'。"夏天阳气旺盛，暑热多雨，因此雷击电闪也就成了夏季的岁时特征。

**再按**："霆轰电掣"一语最早见于清代查继佐《明书》载录的元末文人詹鼎为方国珍撰写的《谢罪表》："曩者陛下霆轰电掣，

至于婺州。"（大意：当初陛下您的军队挟带着有如霆轰电掣般的气势，攻进了婺州城。）清初词人陈维崧的《读孚若长歌，即席赋赠仍用孚若原韵》亦有句云："霆轰电掣，算君才真似，怒涛千斛。"雷霆霹雳既是一种自然现象，同时也体现为一种无可抵拒的巨大能量，文人借此来比喻某种气势的宏伟。

**又按**：本句"霖淋块破·霆轰电掣"与清初诗人龚鼎孳《五月初八日雨雹》的诗意似乎有借鉴或化生的关系。其诗原文为："轰雷掣电搅昼眠，起看庭树飞黄烟。翻檐骤雨愁瓦裂，堕地碎雹惊珠圆。泛蒲悬艾正夏令，鸣条破块仍尧年。斋宫露祷无虚日，手调化瑟劳群贤。"（大意：雷鸣电闪搅醒了白天里的睡眠，起身看到庭院的树梢上飞腾着昏黄的水雾。狂击屋檐的暴雨真令人担心会使房瓦断裂，坠落地面的散碎冰雹仿如滚圆的珠子。泡着菖蒲的酒和门前悬挂的艾虎正应着仲夏端午的时令，尽管出现了令枝条凄鸣的狂风和毁坏田地的霖雨，但内心仍是希望今年还能有好一些的光景。斋堂里的祷告祈求未曾敢有一日的停歇，调整出应对灾沴的切实政策和办法，就全要偏劳朝堂上的诸位贤臣啦。）

## 【本句译读】

在仲夏五月，霖雨连绵不断，田地为之毁坏；雷霆时而炸响，闪电划过长空。

# 53. 沟洫泻潦　畎浍澌沫

## 沟洫［gōu xù］繁体作溝洫

即田间的水道。《周礼·考工记·匠人》："匠人为沟洫……九夫为'井'，井间广四尺，深四尺，谓之'沟'。方十里为成，成间广八尺，深八尺，谓之'洫'。"（大意：九个农夫共同耕种的田地叫作"井"，井和井之间所开掘的宽四尺、深四尺的水道，称为'沟'。十里见方的田地叫作"成"，成和成之间所开掘的宽八尺、深八尺的水道就叫"洫"。）东汉经学家郑玄注解"沟洫"说："主通利田间之水道。"也就是为了使田间的雨水流淌或排泻畅通而修建的沟渠。南朝宋代鲍照《代贫贱愁苦行》："运圯津途塞，遂转死沟洫。"唐代储光羲《同王十三维偶然作十首·其九》："浮云蔽川原，新流集沟洫。"宋代李光《海外谣》："焚荡玉石俱，老弱转沟洫。"元代曾褐夫《耍孩儿》："堤防着雨涝开沟洫，准备着天晴浍水坑。"明代韩上桂《古意》："金火终煎然，老死同沟洫。"清代田雯《清河县》："沟洫垂功日，宣房下诏年。"

## 泻［xiè］繁体作瀉

意为液体很快地流走。《玉篇》："泻，倾也。"汉代乐府《孔雀东南飞·古诗为焦仲卿妻作》："手巾掩口啼，泪落便如泻。"南朝梁代丘迟《石门山》:"扪天倒明玉,蔽地泻隋珠。"隋代元行恭《秋游昆明池》:"欹荷泻圆露,卧柳横清阴。"唐代丘丹《秋夕宿石门馆》:"潭月漾山足,天河泻涧中。"宋代陆游《雨夜》:"急雨如河泻瓦沟,空堂卧对一灯幽。"金代丁炜仁《游王官谷》:"细帘垂丈室,琼液泻方壶。"元代丁复《寄题金鹅泉石轩》:"厓雨溜云青玉泻,海天澄日碧莲开。"明代吾邱瑞《甘州歌》:"洪流泻影,想英雄破浪飞腾。"清代冯敏昌《河津观龙门歌》:"河流怒喷风回埃,建瓴一泻无垠垓。"

## 潦［lǎo］

意为雨后沟中的积水。《诗经·召南·采苹》:"于以采藻,于彼行潦。"晋代傅玄《作苦雨》:"霖雨如倒井,黄潦起洪波。"南朝宋代鲍照《喜雨》:"平洒周海岳,曲潦溢川庄。"唐代张祜《江南杂题·其二十四》:"积潦池新涨,颓垣址旧高。"宋代周邦彦《次韵周朝宗六月十日泛湖·其一》:"霖潦合支流,洲浦迷片段。"金代王庭筠《舍利塔》:"崧山归山夏秋雨,雨潦从衡岁相荡。"元代刘永之《秋怀》:"原野何萧条,流潦方漫漫。"明代刘基《杂诗四十首·其十》:"急雨涨潢潦,沟池成五湖。"清代爱新觉罗·弘历《度永济桥作歌》:"长桥接岸亘逦迤,留孔多缘泻潦水。"

## 畎浍［quǎn kuài］繁体作畎澮

亦作"甽浍",意为田间的水沟。《尚书·益稷》:"予决九川距四海,浚畎浍距川。"郑玄注解说:"畎浍,田间沟也。"后也常用来泛指溪流、沟渠。南朝梁代何逊《临行公车》：“以兹畎浍质，重与沧溟舍。”唐代李咸用《和殷衙推春霖即事》：“忽起江湖兴，疑邻畎浍流。”宋代梅尧臣《水轮咏》：“利才畎浍间，功欲霖雨并。”元代王祯《水栅》：“畎浍距川惟禹功，田间濬治方成农。”明代阮大铖《久客还鸠岭草堂》：“明农安旧隐，畎浍自依然。”清代顾炎武《常熟县耿侯橘水利书》：“畎浍遍中原，粒食诒百姓。”

## 澌［sī］

意为水流的竭尽。《说文》：“澌，水索也。”南唐文字训诂学家徐锴解释说：“索，尽也。”汉代扬雄《方言》：“澌，尽也。”引申意为某事物的竭尽、消亡。宋代宋祁《巡视河防置酒晚归作二首·其二》：“岸石危相倚，桥澌暮不流。”明代宋濂《秋夜与子充论文退而赋诗一首因简子充并寄胡教授仲申》：“六代骈枝与俪叶，气澌辞颖犹骄矜。”清代梅文鼎《喜半公归自新都柬寄索画》：“路转层云峰出没，水澌古涧石逶迤。”

## 沫［mò］

“沫”，意为竭尽、终止。《广雅·释诂四》：“沫，已也。”屈原《离骚》：“芳菲菲而难亏兮，芬至今犹未沫。”唐代韩愈《谴疟鬼》：“祖轩而父顼，未沫于前徽。”宋代叶茵《己酉生日敬次靖节先生拟挽歌辞三首·其三》：“人归天已沫，纸钱悬枯条。”元代黄溍《晋卜将军墓》：“孤衷耿未沫，足以孚豚鱼。”明代阮大铖《群社初集共享群字》：“钟陵曾未沫灵芬，光岳难分圣代文。”清代周之琦《永遇乐·其一·成都武侯祠》：“炎灵邈矣，讴思未沫，长诵大名千古。”

按："渐沫"一词，意思仍为某种事物的终结、消亡。虽然此词颇为冷僻，辞书亦未收录，但也是一个独立的词汇。见于明代欧大任《五怀诗·其一·孙蕡》："鹏鶪一逍遥，丘园竟渐沫。"王世贞《五子篇·其一·济南李攀龙》："却笑羡门者，长生等渐沫。"胡应麟《二怀诗·其一·玄真子张志和》："富贵轻鸿毛，轩冕等渐沫。"又《于生歌赠凤鸣》："高冠大盖等渐沫，电光石火徒张皇。"

## 【本句译读】

在仲夏霆雨的日子里，田间的水道疏导着过量的积水，地里的排水沟发挥着它的作用，使多余的水流排泄殆尽。

# 54. 网挂螨蛸　穴穿蝼蝈

## 网［wǎng］繁体作網

本义指捕鱼鳖鸟兽的工具，也泛指多孔而状如网的物件。《诗经·邶风·新台》："鱼网之设，鸿则离之。"汉代王粲《诗》："投网引潜鲤，强弩下高飞。"三国时期魏国阮籍《咏怀·其六十五》："天网弥四野，六翮掩不舒。"隋代薛道衡《昔昔盐》："暗牖悬蛛网，空梁落燕泥。"唐代刘长卿《狱中闻收东京有赦》："持法不须张密网，恩波自解惜枯鳞。"宋代徐铉《观灯玉台体十首·其五》："玓瓅银鞍连绣毂，晶荧珠网挂琼钩。"金代侯善渊《西江月》:"割断铜绳铁网,敲开玉锁金枷。"元代刘诜《草虫》:"蛛丝撒网专攫饕,缚蝇似缚白门布。"明代王子鲁《郑桥》:"老翁掉船四五叶,鸣榔举网兼蒹葭秋。"清代丁炜《新淦舟行》:"柳边过雨鹭窥网,花外夕阳人倚楼。"

## 挂 [ guà ]

意为悬挂、下垂。战国时期楚国宋玉《招魂》:"砥室翠翘,挂曲琼些。"三国时期魏国阮籍《咏怀·其四十八》:"弯弓挂扶桑,长剑倚天外。"南朝梁代何逊《渡连圻二首·其二》:"鱼游若拥剑,猿挂似悬瓜。"唐代释圆鉴《十偈辞·其九》:"尘染御书悬户额,风飘蛛网挂林梢。"宋代严羽《古懊恼歌六首·其五》:"蛛网挂风里,遥思无定时。"金代元德明《览镜》:"直教随牒去,也是挂冠时。"元代严士贞《方山》:"枯藤倒挂长松上,峻瀑斜飞两峡间。"明代朱有燉《元宫词·其十八》:"吹彻洞箫天似水,半钩新月挂西楼。"清代凌廷堪《齐天乐·豆棚》:"渐挂蟏蛸,潜移蟋蟀,都向茅檐横亚。"

## 蟏蛸 [ xiāo shāo ] 繁体作蠨蛸

即蜘蛛的一种,身体很小,但脚很长,俗呼为"蟢子";一般在夏天的雨季之后开始活跃。它们生活在水田或苇塘的植株上,或在小水沟两岸的植株间布结水平或垂直的网,而它居身其中。《诗经·豳风·东山》:"伊威在室,蟏蛸在户。"唐初经学家孔颖达解释说:"蟏蛸,长踦,一名'长脚'。荆州河内人谓之'喜母',此虫来着人衣,当有亲客至有喜也。幽州人谓之'亲客',亦如蜘蛛为罗网居之是也。"(大意:蟏蛸，也就是长踦，还有一个名字叫作"长脚"。荆州与河内地区的人叫它作"喜母"，这个小虫若是爬到人的衣服上，就预示要有亲人归家或有朋自远方来的好消息。幽州一带人们所谓的"亲客"，和蜘蛛一样结网而居的，其实也就是这种蟏蛸。）唐代卢汝弼《秋夕寓居精舍书事》："疏檐看织蟏蛸网，暗隙愁听蟋蟀声。"宋代刘攽《还家》："果蠃施于宇，蟏蛸巧相炫。"金代赵秉文《野菊》："荒丛鸣蟋蟀，寒叶挂蟏蛸。"元代徐甫《寓言》："妾自守空房，蟏蛸网妾门。"明代童轩《感寓·其二十三》："蟏蛸矜小智，结网挂高楹。"清代朱彝尊《曹先生溶挽诗六十四韵》："空床吟蟋蟀，暗牖网蟏蛸。"

## 穴 ［xué］

本义指土窟窿、地洞，引申泛指地上或某些建筑物上的坑洞或孔，包括动物的窝。屈原《天问》："伏匿穴处，爰何云？"三国时期魏国应璩《百一诗·其四》："细微可不慎，堤溃自蚁穴。"晋代左思《招隐诗二首·其一》："岩穴无结构，丘中有鸣琴。"隋代薛道衡《奉和临渭源应诏》："高峰凌青冥，深穴万丈坑。"唐代于濆《古征战》："鸾旗历岩谷，龙穴暂经过。"宋代周行己《迁居有感示二三子》："鸟鼠有巢穴，我居无定室。"金代刘铎《三阳述怀》："蚁穴吾犹梦，蜗庐此仅容。"元代周砥《送李生北上》："愿为丹穴凤，飞入五云间。"明代杨甲《腊日游梅龙得树字》："欲将老大傲风雪，穴蚁窠虫已无数。"清代刘文嘉《知命》："先为同牢人，入穴驱蝼蚁。"

## 穿 ［chuān］

本义指穿通、穿破，引申指挖掘、开凿。《诗经·召南·行露》："谁谓雀无角，何以穿我屋。"南朝梁代庾肩吾《奉使江州舟》："莫言相送浦，不及穿针楼。"隋代杨广《晚春》："窥檐燕争入，穿林鸟乱飞。"唐代杜甫《病柏》："鸱鸮志意满，养子穿穴内。"宋代徐瑞《九月廿一自虎林回同程晓崖游梅岩》："下有苔磴峙，上有孔穴穿。"元代郑东《仲雍墓》："野鼠穿黄穴，遗封百草深。"明代周瑛《翠湖杂咏·其十·昔曾亭》："笋芽穿壁入，菌茸傍栏蒸。"清代来集之《金缕曲·哀江南》："虎踞龙蟠养貔貅，依堑江淮表里。不一载、穴穿蝼蚁。"

## 蝼蝈［lóu guō］繁体作螻蟈

即蝼蛄，俗称"拉拉蛄"。宋代罗愿《尔雅翼》："蝼，小虫，穴土中，好夜出，今人谓之'土狗'。"蝼蝈各地都有，所以异名也很多。李时珍在《本草纲目》里说："蝼蛄穴土而居，有短翅四足。雄者善鸣而飞，雌者腹大羽小，不善飞翔。吸风食土，喜就灯光。入药用雄。"（大意：蝼蛄居住在自己打的洞穴里，有很短的翅膀和四只脚。雄性的善于鸣叫而且能飞，雌性的肚腹比较大而翅膀小，飞不多远。它们只吃泥土，喜欢凑近灯光。医家用它做药时，只取雄性的。）唐代张碧《山居雨霁即事》："古路绝人行，荒陂响蝼蝈。"宋代洪刍《学韩退之体赋虾蟆一篇》："月令纪蝼蝈，语默亦有时。"元代汪珍《仆射山人山中四时词·其二·夏》："草泥聒聒吠蝼蝈，枣花落尽桐阴密。"明代鲁铎《连雨中因读少陵大雨诗次韵一首》："崇朝雨不断，蝼蝈仍嗷嗷。"清代陈维崧《水调歌头·睢阳寓馆感旧题壁》："风摇葵子薰叶，蝼蝈上空墙。

按：《礼记·月令》："孟夏之月……蝼蝈鸣，蚯蚓出。"《汲冢周书·时训解》："立夏之日，蝼蝈鸣。又五日，蚯蚓出。又五日，王瓜生。蝼蝈不鸣，水潦淫漫；蚯蚓不出，嬖夺后；王瓜不生，困于百姓。"（大意：立夏这一天蝼蝈开始鸣叫，过五天蚯蚓从地下爬出。又过五天，土瓜开始生长。蝼蝈不叫，地面积水漫溢；蚯蚓不出，宠妃会夺去王后的性命；土瓜不生，老百姓要遭困穷。）本句中的"蟏蛸""蝼蝈"都是入夏之后非常活跃的虫类，在这里用以表现立夏时节的岁时特征。

## 【本句译读】

立夏到来之后，蜘蛛开始到处结网，蝼蝈打洞穿行也十分活跃。

# 55. 熠燿窥檐　螳螂怒辙

## 熠燿 ［ yì yào ］

即萤火虫，一种尾部能发光的昆虫。《诗经·豳风·东山》："町畽鹿场，熠燿宵行。"《毛诗正义》："熠燿者，萤火之虫飞而有光之貌。"《神农本草经》："萤火，一名'夜光'，一名'熠燿'。"南朝梁代任昉《答刘居士》："庭飞熠燿，室满伊威。"唐代元稹《江边四十韵》："断帘飞熠燿，当户网蟏蛸。"宋代苏轼《秋怀二首·其一》："熠燿亦有偶，高屋飞相追。"元代周巽《暗牖悬蛛网》："当户螽蛸坠，穿帘熠燿飞。"
明代何景明《中秋十七夜留康德涵饮二首·其二》："屏营独抚
膺，仰观熠燿流。"清代宋荦《绮罗香·萤》："借草生情，因
风弄影，熠燿飘来何处。"

## 窥［kuī］繁体作窺

意为从小孔、缝隙或隐蔽处偷看。战国时期楚国宋玉《九
辩》："今修饰而窥镜兮，后尚可以窜藏。"南朝齐代谢朓《咏
竹》："青扈飞不碍，黄口得相窥。"唐代张说《赴集贤院学士
上赐宴应制得辉字》："贺燕窥檐下，迁莺入殿飞。"宋代吴泳
《七夕闻鹊·其二》："熠燿渡机石，鸬鹚窥汉津。"辽代萧观
音《怀古》："惟有知情一片月，曾窥飞燕入昭阳。"金代元德
明《观柘枝伎》："帘间飞燕时窥影，鉴里惊鸾易断肠。"元代
陈野云《友人同旅宿》："月窥孤榻梦，风约半城钟。"明代朱
瑆尧《落叶》："高枝全见月，低鸟暗窥灯。"清代宋琬《胡
去骄罗以献步访南园漫成·其一》："入馔河豚贱，窥檐海燕
骄。"

## 檐［yán］繁体作簷

即屋顶向旁伸出的边沿部分。晋代夏侯湛《秋夕哀》："寻
修庑之飞檐，览明月之流光。"南朝梁代何逊《秋夕仰赠从兄
寅南》："凄怆户凉入，徘徊檐影斜。"隋代王胄《枣下何纂纂
二首·其一》："复道含云影，重檐照日辉。"唐代萧德言《咏
舞》："对檐疑燕起，映雪似花飞。"宋代姜夔《雪中六解·其
三》："万马行空转屋檐，高寒屡索酒杯添。"金代刘邦彦《海
会寺宴集以禅房花木深为韵得深字》："虚檐列坐茶酺战，小径

闲行酒旋斟。"元代陆润玉《村庄雨霁》："锦鸠鸣树头，一雨茅檐过。"明代张萱《百慵室·其一》："早眠罕见窥檐月，渴睡稀闻报晓钟。"清代翁瑞恩《望江南·春日苦雨》："帘外鹦哥初解语，檐前燕子乍衔泥。"

**按**：《礼记·月令》："季夏之月，腐草为萤。"（大意：农历六月，腐败的草在湿热的地气作用下化生成萤火虫。）《汲冢周书·时训解》："大暑之日，腐草化为萤。又五日，土润溽暑。又五日，大雨时行。腐草不化为萤，谷实鲜落。"（大意：大暑这一天，腐草变为萤火虫。过五天，土地潮湿，空气暑热。又过五天，大雨按季节下起来。腐草不变为萤火虫，庄稼颗粒就很难按时脱落。）明代李时珍《本草纲目·释名》引录宋代药物学家寇宗奭的话说："萤，常在大暑前后飞出，是得大火之气而化，故明照如此。"（大意：萤火虫，常在大暑到来的前后这几天飞出来，它是受暑日炎热之气的作用化生的，所以能够照明。）可知萤火虫的出现和活跃，是夏季大暑节气的岁时特征。

## 螳螂 [ táng láng ]

昆虫名，也作"螳蠰""蟷蜋"。全身绿色或土黄色，头呈三角形，触角呈丝状，胸部细长，翅两对，前脚呈镰刀状。捕食害虫，对农业有益。汉代王逸《九思·其八·哀岁》："巷有兮蚰蜒，邑多兮螳螂。"晋代郭璞《螳螂赞》："螳螂飞虫，挥斧奋臂。"唐代周昙《春秋战国门·少孺》："螳螂定是遭黄雀，黄雀须防挟弹人。"宋代王令《鲁仲连辞赵歌》："螳螂何怒兮辙下，蚁何斗兮穴间。"元代耶律铸《述实录》："若然仍不畏天威，曷异螳螂怒当辙。"明代刘崧《题萧鹏举所藏草虫杂图》："螳螂怒臂乃当辙，蜂蚁君臣谁敢争。"清代张方高《海吼行》："当车怒臂笑螳螂，讵知根柢厚难量。"

## 怒［nù］

意为奋起、鼓动起。《庄子·逍遥游》"怒而飞，其翼若垂天之云"，就是描写大鹏鼓动翅翼奋迅而飞。南朝梁代萧纲《祠伍员庙》："洪涛犹鼓怒，灵庙尚凄清。"唐代钱珝《江行无题一百首·其二十三》："帆翘初张处，云鹏怒翼同。"宋代冯山《和徐之才巡按见寄》："怒臂犹轻展，惊魂已暗挤。"金代任诇《浙江亭观潮》："海门东向沧溟阔，潮来怒卷千寻雪。"元代郭君彦《海东青》："八月风高度海来，剑翮怒斫云阵开。"明代谢迁《叠前韵答雪湖》："车辙怒当矜尔勇，鱼池争聚许谁私。"清代董元恺《雪狮儿·都门洗象词》："正殷鼻成雷，怒蹄捲雪。"

## 辙［zhé］繁体作轍

本义指车轮碾压出的痕迹，引申代指车子。晋代郭璞《螳螂赞》："当辙不廻，勾践是避。"南朝宋代谢灵运《九日从宋公戏马台集送孔令》："河流有急澜，浮骖无缓辙。"唐代伍乔《僻居谢何明府见访》："马嘶穷巷蛙声息，辙到衡门草色开。"宋代赵郡守《赠令狐使》："度材仿飞鞏，开径通游辙。"金代冯子翼《岐山南显道冷香亭》："门庭可张罗，陌巷车辙静。"元代张仲深《哀故单良能先生》："行方交自寡，居陋辙长停。"明代王弼《古词二首·其二》："君行辙不返，妾泪长在眼。"清代厉鹗《宿迁》："冰劲妨行辙，尘轻袭客衣。"

按："螳螂怒辙"一语，出自《庄子·人间世》："汝不知夫螳螂乎？怒其臂以当车辙，不知其不胜任也，是其才之美者也。"（大意：你不知道那个螳螂吗？奋力举起它的爪臂要挡住长车大辙，不知道自己的力量根本不能胜任这样的事情，它的自信是来源于那点儿自以为很不错的小本事。）后来"怒其臂以当车辙"这句话被改造成"螳臂挡车"并衍生出"自不量力"之类的贬义，其实庄子本人并没有贬低螳螂的意思，相反他认为螳螂还是有一点可炫耀的小本事的。只是这点儿小本事和挡住长车大辙所需要的力量太不成比例，无法胜任这样的行为。在本句中出现的"螳螂怒臂"，是用它来做夏虫的代表。《礼记·月令》："小暑至，螳螂生。"（大意：小暑节气来临，螳螂开始繁殖起来。）《汲冢周书·时训解》："芒种之日，螳螂生。"（大意：芒种节气来临，螳螂开始繁殖起来。）《易稽览图》："夏至日，景风至，蝉始鸣，螳螂生。"（大意：夏至这天，东南风渐渐到来，知了开始鸣叫，螳螂开始繁殖起来。）芒种、夏至和小暑都相距十五天，但这不能说螳螂出没和活动的时间没有准儿，而是因为古籍所述的南北方地区气候有相对的差异。

## 【本句译读】

夏日的夜晚，萤火虫藏在房檐下向屋内窥视；暑天的土道上，螳螂奋举起前臂好像要挡住来往的大车。

# 56. 鹧唤鸠呼　买鉹撒谷

## 鹧［zhè］繁体作鷓

鸟名，即鹧鸪的省称。鹧鸪鸟形似雌雉，头如鹑，胸前有白圆点，如珍珠；背毛有紫赤浪纹，足黄褐色；以谷粒、豆类和其他植物种子为主食，兼食昆虫。汉代杨孚《鹧鸪》："鸟象雌鸡，自名鹧鸪。"唐代储嗣宗《早春怀薛公裕》："失意怨杨柳，异乡闻鹧鸪。"宋代杨万里《南海陶令曾送水沉报以双井茶二首·其二》："黑藏骨节龙筋瘠，斑出文章鹧翼张。"元代王恽《赋西域鹦鹉螺杯》："鹧斑渍粉垂金蕊，鹦喙嫌寒缩翠窠。"明代贝琼《赴召留别诸友》："中田泽雉雊，古木鸧鹧吟。"清代陈维崧《送江辰六之任益阳》："鹿走晴岩，鹧啼斑竹，细雨黄陵古庙。"

## 唤［huàn］繁体作喚

本义指呼叫、叫喊。《说文新附》："唤，呼也。"引申指禽鸟发出叫声。汉代乐府《鸡鸣歌》："东方欲明星烂烂，汝南晨鸡登坛唤。"魏晋时期无名氏《邺人金凤旧歌》："凤阳门内天一半，上有金凤相飞唤。"隋代杨广《舍舟登陆示慧日道场玉清玄坛德众》："孤鹤近追群，啼莺远相唤。"唐代元稹《西州院》："感怆正多绪，鸦鸦相唤惊。"宋代陆游《园中杂书四首·其四》："幽梦欲成谁唤觉，半窗斜日鹧鸪啼。"元代滕斌《吟到》："午窗唤醒华胥梦，古木岩头闻鹧鸪。"明代张适《过湘潭》："牛背栖鸪鸪，杯间唤鹧鸪。"清代陈之遴《春雪篇》："入梦每伤莺唤后，怀人多在燕来前。"

## 鸠［jiū］繁体作鳩

鸟名，鸠鸽科鸟类的泛称。古籍记载鸠有五种，即祝鸠、鸤鸠、爽鸠、雎鸠、鹘鸠。在这里是指鸤鸠，也就是布谷鸟，亦名杜鹃、杜宇、子规等。鸤鸠体形大小和鸽子相仿，但较细长，上体暗灰色，腹部布满了横斑；脚有四趾，二趾向前，二趾向后，飞行急速无声。《诗经·召南·鹊巢》："维鹊有巢，维鸠居之。"汉代刘向《九叹·其三·怨思》："孤雌吟于高墉兮，鸣鸠栖于桑榆。"三国时期魏国曹植《赠徐幹》："春鸠鸣飞栋，流飙激棂轩。"唐代元稹《咏廿四气诗·谷雨春光晓》："鸣鸠徒拂羽，信矣不堪听。"宋代刘子寰《玉漏迟·其一·夏》："翠草侵园径，阴阴夏木，鸣鸠相应。"金代周昂《春日即事》："欲寻把酒浑无处，春在鸣鸠谷谷中。"元代范梈《赠答吴二奉礼》："妒晴鸠狎唤，怯冷燕频回。"明代顾清《上苑闻鸠》："农人望雨心如渴，鸠啼日暮声不歇。"清代钱澄之《初夏·其二》："唤晴唤雨树头鸠，处处农忙为麦秋。"

## 呼［hū］

意为大声地叫喊。《广韵》："呼，唤也。"战国时期楚国宋玉《招魂》："招具该备，永啸呼些。"汉代刘向《九叹·其六·忧苦》："遵野莽以呼风兮，步从容于山薮。"晋代傅玄《杂诗三首·其二》："清响呼不应，玄景招不来。"南朝宋代鲍照《拟古诗八首·其五》："呼我升上席，陈觯发瓢壶。"唐代王绩《春日》："遥呼灶前妾，却报机中妇。"宋代方岳《麦叹》："禽声快活真成误，鸠妇流离空自呼。"金代马定国《郓州城西》："秋江白水浪花粗，墟落人归鸟自呼。"元代王国器《踏莎行》："林鸠呼我出华胥，恍然枕石听流水。"明代童翼《古诗十首·其四》："开轩缅遥岑，好鸟鸣相呼。"清代华长发《沁园春·登谪仙亭》："而今豪放谁传，道天子呼来不上船。"

**按**："鹧唤鸠呼"一语，是通过鹧鸪和布谷鸟啼叫声的频繁和活跃表现夏天的岁时特征。西晋崔豹《古今注》："鹧鸪出南方，鸣常自呼。常向日而飞，畏霜露。早晚稀出，有时夜飞。夜飞则以树叶覆其背上。"（大意：鹧鸪鸟产自南方，它的叫声像是自己呼唤自己。常向阳光充足的地方飞，畏寒怕冷，很少在早晨和晚上出来活动，有时在夜里飞翔。夜里飞的时候则要用树叶子盖在自己的背上。）可见鹧鸪是典型的夏候鸟。旧题师旷撰著、西晋张华注解的《禽经》说："鸤鸠，亦曰'获谷'。春耕候也。"（大意：鸤鸠，也叫"获谷"。它的叫声一旦活跃，就说明到了春耕的节候了。）西汉刘安《淮南子·天文训》说："孟夏之月，以熟谷禾，雄鸠长鸣，为帝候岁。"（大意：孟夏四月，其阳气使谷物成熟，雄性的鸤鸠不停地啼鸣，为天帝报道岁时的节候。）《汲冢周书·时训解》："谷雨之日，萍始生。又五日，鸣鸠拂其羽。又五日，戴胜降于桑。萍不生，阴气愤盈；鸣鸠不拂其羽，国不治兵；戴胜不降于桑，政教不中。"（大意：谷雨这一天，水面生出浮萍。过五天，鸣叫的布谷擦磨翅膀。又过五天，戴胜鸟飞落桑枝上。水面不生浮萍，阴气过盛；班鸠不擦摩翅膀，国家不能治军；戴胜鸟不落桑树上，政令教化会落空。）明代李时珍在《本草纲目》里说："布谷名多，皆各因其声似而呼之如俗，呼'阿公阿婆''割麦插禾''脱却破裤'之类，皆因其鸣时可为农候故耳。"（大意：布谷鸟的别名太多，都是因为各地以自己的方言来和它的叫声谐音，并用当地的俗语称呼它，比如说它的叫声是"阿公阿婆""割麦插禾""脱却破裤"之类，都不过是因为这些叫声可以表达农时的节候特征而已。）在民间的相关传说中一般也认为布谷的叫声就是"布谷布谷！布谷布谷！""快快割麦！快快割麦！""快快播谷！快快播谷！"可见在"鸠"身上的节候色彩还是相当浓重的。

## 买［mǎi］繁体作買

意为购买、以钱易物，与"卖"相对。南朝梁代王僧孺《咏宠姬》："再顾连城易，一笑千金买。"唐代戴叔伦《宫词》："贞心一任蛾眉妒，买赋何须问马卿。"宋代辛弃疾《鹧鸪天·其三·鹅湖归病起作》："只因买得青山好，却恨归来白发多。"明代张惟本《打蕨歌》："四邻田父日招饮，买醉不用青铜钱。"清代屈大均《买鱼词·其二》："小姑鱼贵人偏买，用尽金钱为买鱼。"

## 鲯［guǐ］

一种掘土农具。《说文》："銛、䤤、鲯，皆臿属。"所谓"臿"就是今天常说铁锹、铁锨一类的掘土工具。宋代葛立方《满庭芳·胡汝明罢帅归，坐间次韵作》："归来，何早计，白蘋洲畔，鲯获深耕。"明代张萱《甲寅春兴十章·其八》：“数亩老荒鉌锸健，一沟新水桔槔闲。”清代爱新觉罗·弘历《赋得鸠唤雨》：“耕已买鉌插，耘欣荷笠蓑。”

**按：** “买鉌”一词，古时指布谷鸟的一个别名。西汉扬雄《反离骚》“徒恐鹈鹕之将鸣兮，使夫百草为不芳”句下唐颜师古注解说：“鹈鹕，鸟。一名‘买鉌’，一名‘子规’，一名‘杜鹃’。常以立夏鸣，鸣则众芳皆歇。……韦昭曰：‘鹈鹕，趣农鸟也。’”（大意：鹈鹕，是一种鸟。它又名“买鉌”，又名“子规”，又名“杜鹃”。常在立夏时开始鸣叫，它们一叫则百草的芳香都消歇了。……三国时期吴国训诂学家韦昭说：“鹈鹕，是催促人们投入农时作业的一种鸟。”）《渊鉴类函》引《汉书·扬雄传》的注解说：“布谷，一名‘买鉌’。盖闻其声则农买鉌甾以布谷也。”（大意：布谷，别名“买鉌”。是因为一听到它的鸣叫声活跃起来后，庄稼人就要购买鉌甾等农具准备撒谷播种了。）但在本句中，“买鉌”则为购买鉌甾的意思，是爱新觉罗·弘历《赋得鸠唤雨》中“耕已买鉌插”诗句的翻版。

## 撒［sǎ］

意为把细碎状的东西分散着扔出去；散布。《集韵》：“撒，散之也。”魏晋无名氏《绵州巴歌》：“豆子山，打瓦鼓；扬平山，撒白雨。”唐代韩愈《月蚀诗效玉川子作》：“星如撒沙出，攒集争强雄。”宋代吕胜已《满江红·其九·观雪述怀》：“雪压山颓，谁撒下、琼花玉蕊。”金代元好问《骤雨打新荷》：“骤雨过，珍珠乱撒，打遍新荷。”元代欧阳玄《渔家傲》：“东家撒雪西家噀，纤指柔长宫线弱。"明代张宪《大腹儿》："华清玉瓮汤作泉，洗儿果撒黄金钱。"清代缪公恩《雪》："漠漠春云重，飞花撒玉团。"

## 谷［gǔ］繁体作穀

本义是谷类作物的总称，在古代也经常泛指庄稼和粮食。《诗经·小雅·大田》："播厥百谷，既庭且硕，曾孙是若。"战国时期楚国宋玉《招魂》："五谷不生，丛菅是食些。"三国时期魏国曹丕《歌》："一鸣五谷生，再鸣五谷熟。"北朝周代庾信《拟咏怀诗二十七首·其二十五》："谷皮两书帙，壶卢一酒樽。"唐代于鹄《山中寄樊仆射》："无谋还有计，春谷种桑榆。"宋代楼璹《耕图二十一首·其一·浸种》："筠篮浸浅碧，嘉谷抽新萌。"金代史肃《立秋日》："旧谷催新谷，今秋似去秋。"元代徐天逸《田家词》："二月新丝五月谷，如何解折今年穷。"明代邓林《存耕堂》："高堂揭扁号存耕，种德尤如种嘉谷。"清代吴嘉纪《归里与胡右明二首·其一》："潦后复大旱，谷价贵荆吴。"

## 【本句译读】

鹧鸪鸟连声呼唤，布谷鸟也叫着"快快播谷"，提醒人们赶紧置办农具，抢时种地。

# 57. 泥滑饼焦　趣种穜稑

## 泥滑 [ ní huá ]

鸟名，"泥滑滑"的省称。泥滑滑是竹鸡的别名，又称"竹鷓鸪"或"扁罐罐"；因其鸣叫时的发音很像"泥滑滑"，故得此名。旧题晋代李石撰著的《续博物志》里说："白蚁闻竹鸡之声化为水，竹鸡自呼'泥滑滑'是也。"（大意：白蚁听到竹鸡的叫声就会化成水。竹鸡，就是自呼"泥滑滑"的那种鸟。）明代李时珍《本草纲目·禽二·竹鸡》："蜀人呼为'鸡头鹘'，南人呼为'泥滑滑'，因其声也。"（大意：四川人称它为"鸡头鹘"，南方人称之为"泥滑滑"，因为它鸣叫的发声像"泥滑滑"。）这种鸟形如乌鹊，多居处于竹林，褐色多斑，有赤色的纹理，食之味道甘美；据说它一叫就预示着天要下雨了。宋代刘学箕《七禽咏·泥滑滑》："使君祈祷走阡陌，汝切勿啼泥滑滑。"元代尹廷高《银岭书怀》："泥滑滑，泥滑滑，竹鸡雨声相间发。"明代虞堪《山家书壁遗老农》："竹迳鸟啼泥滑滑，稻畦蛙叫鼓阗阗。"清代姚燮《临城驿五更冒雨至阴平杂咏题壁四绝句·其四》："上陌慢歌泥滑滑，横箫好唱月弯弯。"

# 饼焦 ［bǐng jiāo］繁体作餅焦

　　鸟名，婆饼焦的省称。宋代王质《林泉结契·卷一》：
"婆饼焦，身褐，声焦急，微清，无调。作三语，初如云'婆
饼焦'，次云'不与吃'，末云'归家无消息'。后两声若微于初
声。"（大意：婆饼焦，羽毛是褐色的，发出的鸣叫听上去很焦
急，声音微小但很清丽，没有固定的调门。叫起来好像是三句
话，第一句是说"婆饼焦"，第二句是说"不与吃"，最后一句
是说"归家无消息"。后两声好像更小于第一声。）婆饼焦的
羽毛类似雀，颜色如褐鹊，形体像鹰但比鹰小。宋代高承《事
物纪原·虫鱼禽兽·婆饼》记载："昔人有远戍，其妇山头望
之，化为石。其母为饼，将以为饷，使其子侦之，恐其焦不可
食也。往已无及矣，因化此物，但呼'婆饼焦也'。今江淮所
在有之。"（大意：过去有个人从军去了很远的地方，他的媳妇
思夫心切就到山头上去眺望，结果竟化身为山顶的一块石头。
家里的婆婆烙了一锅饼，准备给儿媳妇送去吃，过了一会儿，
婆婆让儿媳的男孩仔细查看一下那些饼，唯恐焦糊了不能吃。
小男孩就去了厨房，但已经来不及了，于是他就化身成了这种
鸟，只叫"婆饼焦也"这一个调。如今长江和淮河流域一带的
地方到处都有这种鸟。）北宋诗人梅尧臣的《禽言四首·其
三·山鸟》用诗的形式也记叙了这个故事："婆饼焦，儿不食。
尔父向何之，尔母山头化为石。山头化石可奈何，遂作微禽啼
不息。"（大意：婆婆的面饼烙焦了，小儿子也不吃了。那个父
亲不知在远方的哪里，那个母亲在山头变成了山石。变成了山
石孩子又能怎么办呢？于是就化身为小鸟啼叫个不停。）宋代
周紫芝《禽言·其一·婆饼焦》："云穰穰，麦穗黄，婆饼欲焦
新麦香。"元代汪珍《故乡》："无端唤觉乡园梦，竹外一声婆

饼焦。"明代樊阜《禽言六首·其五》:"婆饼焦,饼不焦,年丰麦贱充征苗。"清代查慎行《禽言九章·其三》:"直待夏麦黄,重看婆饼焦。"

## 趣［cù］

古时通"促",意为催促、督促。唐代韦应物《晚出沣上赠崔都水》:"首起趣东作,已看耘夏田。"宋代陈造《布谷吟》:"官中催科吏如虎,告时趣耕尔能许。"金代路铎《遂初园诗二首·其二·思玄堂》:"慨然趣予装,云旗渺遐征。"元代曹伯启《酷雨》:"伐罪观兵交趾路,趣工兴利太湖田。"明代王绅《送徐庭舒省亲》:"寸心常爱日,千里趣旧舟。"清代田雯《初至水关有作·其二》:"农家趣东作,将耕原上田。"

## 种［zhòng］繁体作種

意为播种、散布农作物的种仔。《周礼·地官司徒·草人》:"草人掌土化之法以物地,相其宜而为之种。"(大意:负责农耕事务的"草人",掌管改良、优化土壤的各种方法,观察某农作物和某地相适宜,于是就选在这里进行播种。)汉代刘章《种田歌》:"深耕概种,立苗欲疏。"北朝周代庾信《幽居值春》:"钱刀不相及,耕种且须深。"唐代王绩《解六合丞还》:"彭泽有田唯种秫,步兵从宦岂论钱?"宋代陈耆卿《种麦》:"今年种麦如去年,去年满屋今空田。"元代倪瓒《北里》:"鸠鸣桑上还催种,人语烟中始焙茶。"明代黄相《题张步兵怀椿寿萱卷》:"负郭石田二顷余,种秫年丰催酿酒。"清代方维仪《出塞》:"赋重无余饷,边荒不种田。"

# 穜稑［tóng lù］

指先种后熟的谷类和后种先熟的谷类。语出《周礼·天官冢宰·内宰》：“上春，诏王后帅六宫之人，而生穜稑之种，而献之于王。”东汉经学家郑玄注解“穜稑”一词时引用前辈学者郑众的话说：“先种后孰谓之‘穜’，后种先孰谓之‘稑’。”（大意：种得早而成熟晚的谷类叫作“穜”，种得晚而成熟早的谷类叫作“稑”。）后来常用以泛指庄稼。南朝齐代谢朓《迎神·其二》：“阳律亢，阴晷伏。耗下土，荐穜稑。”唐代陆龟蒙《村夜二篇·其二》：“专专望穜稑，揖揖条桑柘。”宋代华镇《古风》：“铫耨不及时，终然废穜稑。”元代马祖常《斋宿太社署·其五》：“稑穜及人饥，报祀百礼隆。”明代徐时进《徐缪歌为隐士徐翁赋》：“一年穜稑几番收，一片松篁远蔽楼。”清代吴嘉纪《远村即事》：“饥馁水声中，无地寻穜稑。”

**按**：东汉经学家、天文学家贾逵为《左传·昭十七年》“九扈为九农正”这句话作注解说：“春扈鸠鹋，相五土之宜，趣民耕种者也。夏扈窃玄，趣民耘苗者也。”（大意：春季的候鸟蜡嘴雀，勘察清楚了山林、川泽、丘陵、水边平地、低洼地这五种土地的特性以及它们适宜耕种的农作物，用自己的鸣叫声催促农民抓紧农时进行播种。夏季的候鸟窃玄，用自己的鸣叫声催促农民给禾苗锄草。）可知我国古代劳动人民至少在春秋时期就对自然物种的活动与农时之间的关系有所观察和总结。东汉王充《论衡》：“虎出有时，犹龙见有期也。阴物以冬见，阳虫以夏出。出应其气，气动其类。参伐以冬出，心尾以夏见。参伐则虎星，心尾则龙象。象出而物见，气至而类动，天地之性也。”（大意：天空中白虎七宿的出没会遵循一定的时辰，好比

285

青龙七宿的隐现有固定的日期一样。阴物在冬天出现，阳虫在夏天出现。阴物或阳虫的出现是应和着阴气或阳气的，阴气和阳气能够分别感召它们的同类。参宿中的伐星冬季出现，心宿和尾宿夏季出现。参星和伐星代表白虎诸星的征象，心宿和尾宿则反映着青龙诸星的征象。天上的征象出现了，地上和它相感应的东西也就现身了；阴阳之气到来了，对应的事物也就蠢蠢欲动了，这是天地的本性。）东汉崔寔《政论》："夏扈趣耕锄"（大意：夏侯鸟的叫声催促人们赶紧耕耘）；宋代吴淑《事类赋·夏》："知离气之初来，见阳虫之乍出。"（大意：感知夏至的日中正气逐渐到来，可见各种阳性的小虫都蠢蠢欲动。）这类岁时格言也都是秉承这种物候相应的理念。本句中的"趣种穜稑"说的就是自然界禽鸟"泥滑滑""婆饼焦"的鸣叫声和播种庄稼的连带关系；此前出现的"蟏蛸""蝼蝈""熠燿""螳螂""鵙""鸠"等虫禽的活动也都是时令现象或节候征兆的体现。

## 【本句译读】

雨中的泥滑滑鸣叫不息，婆饼焦也急呼不已，这是在催促人们抓紧农时快种庄稼。

# 58. 披襟台榭　斗棋枰局

## 披襟〔pī jīn〕

　　披，意为把衣服搭在肩背上或把衣服披散开。襟，本义指上衣领口相交的部分，后来衍生义指上衣或袍子的胸前部分。它们结合而成的"披襟"一词，意为敞开衣襟。晋代谢安《与王胡之》："五弦清激，南风披襟。"南朝梁代沈约《侍宴乐游苑饯吕僧珍应诏》："函輼方解带，峣武稍披襟。"唐代上官婉儿《游长宁公主流杯池二十五首·其十五》："霁晓气清和，披襟赏薜萝。"宋代彭征《真人·其二》："散发披襟万仞冈，天池风度碧莲香。"金代乔扆《凌虚堂》："晚凉山更好，风处一披襟。"元代燮元圃《过锦湾望岳亭》："雄风入座披襟好，静看渔舟上锦湾。"明代邓雅《有感》："昨日天气热，披襟步林间。"清代钱谦益《寄答广东孙方伯恭甫》："会得故人酬赠意，披襟分取北窗凉。"

　　按："披襟"一词，最早见于战国时期楚国宋玉《风赋》："楚襄王游于兰台之宫，宋玉、景差侍。有风飒然而至，王乃披襟而当之曰：'快哉此风！'"（大意：楚襄王到兰台的宫殿去游玩，宋玉和景差陪侍。忽然有一股很急的风刮过来，于是楚襄王敞开上衣的前大襟迎着风头，说："好痛快呀这股

287

风！"）北宋诗人梅询《武林山十咏·其六·冷泉亭》："六月期客游，披襟苦徂暑"；丁谓《途中盛暑》："下程欲选披襟处，满眼赭桐兼佛桑"；柳永《夏云峰》："楚台风快，湘簟冷、永日披襟"；欧阳修《早夏郑工部园池》："披襟楚风快，伏槛更临流"；郑刚中《阑暑》："弄影试新月，披襟招好风"；黄庭坚《次韵叔父台源歌》："暑风披襟著菡萏，夜月洗耳听潺湲"；陆游《初夏幽居四首·其四》："东园梅熟杏初丹，老子披襟每不冠"，用的都是这个典故。由于这些名人名句影响很大，所以后来"披襟"一词就烙印上了夏季避暑纳凉的时令色彩。宋代李曾伯《避暑赋》："顾无地之可避，姑惟意之是适。于是举羲扇，披楚襟，拄西爽之笏，揖南薰之琴，枕桃笙而高卧，倚胡床而长吟。"（大意：环视天下真的没有地方可以避暑，姑且跟着感觉走吧。于是举着草编的遮阳扇，披敞着楚襄王的大襟，挂着当官不管事的朝笏，操着舜帝弹奏过《南薰》的五弦琴，或躺在桃枝竹编的凉席上睡上一觉，或靠在可卷折的轻便小凳上长声吟诗诵赋。）这篇赋是宋赋中的名篇，影响更大，有了它的推波助澜，"披襟"一词的暑夏色彩更加浓厚，终而固化为一个标签式的岁时典故之语。《增补事类统编·岁时部·夏·摘对》"举羲扇·披楚巾［襟］"条下收辑披襟事为夏季避暑的岁时掌故。

## 台榭［tái xiè］繁体作臺榭

台，是指平而高的建筑物，便于在上面远望。榭，是指搭建在台上或水面上的木屋。"台"与"榭"结合成的"台榭"一词，最早见于《尚书·泰誓上》："惟宫室、台榭、陂池、侈服，以残害于尔万姓。"（大意：［商纣王］兴建宫殿、台榭和大型的池塘，追求华丽奢侈的服饰，为了这些不惜残害你们老百姓。）唐代经学家孔颖达疏解其中"台榭"一词的时候引录东汉李巡的话说："台，积土为之，所以观望也；台上有屋谓之'榭'。"后来"台榭"一词常用来泛指亭台阁榭等建筑物。南朝梁代刘缓《和晚日登楼》："所以登台榭，正重接烟霞。"隋代杨广《江都宫乐歌》："扬州旧处可淹留，台榭高明复好游。"唐代杜牧《题吴兴消暑楼十二韵》："台榭罗嘉卉，城池敞丽谯。"宋代米芾《萧堂书壁》："插云台榭压西兴，笑语风生潲暑清。"金代元好问《俳体雪香亭杂咏十二首·其五》："禁苑又经人物散，荒凉台榭水流迟。"元代陈旅《吴王纳凉图》："吴王台榭满汀洲，湖上风来暑雨收。"明代李梦阳《王孟寺北望》："暑路尘沙淹客心，晚原台榭慰登临。"清代吴伟业《滇池铙吹·其一》："碧鸡台榭乱云中，旧是梁王避暑宫。"

**按：**《礼记·月令》："仲夏之月，日在东井，……是月也，毋用火南方。可以居高明，可以远眺望，可以升山陵，可以处台榭。"（大意：仲夏五月，太阳的位置是在井宿的方位上，……在这个月里，不可在南方用火，以免火气过旺伤了阴气；人们可以住在地势较高视野敞亮的地方，可以眺望远方，可以游山，可以居处在高台上搭建的木屋里。）这些建议都是有关夏季避暑方法的提示，所以后来"台榭"一词也成了暑热时令的标签式语汇。

## 斗棋［dòu qí］繁体作鬭棋

斗，本义指搏斗，后衍生出比赛胜负、争胜之类的词义。

棋，本义是指围棋的棋盘，后引申指围棋，又泛指各种棋类。二字组合成的"斗棋"即人们常说的"下棋"，是对弈争胜的娱乐活动。宋代赵令畤《浣溪沙·其四》："日正长时春梦短，燕交飞处柳烟低。玉窗红子斗棋时。"明代胡应麟《寄李景颖》："宁知斗棋夕，梦入烂柯山。"清代钱谦益《次韵何慈公岁暮感事四首·其四》："斗棋小试行军法，撒豆频夸却敌方。"

**按**：《太平御览》卷七五五引《梁冀别传》："冀好弹棋，暑夏之月，露首袒体，唯在拇蒱弹棋。"（大意：梁冀喜好玩弹棋，每当暑夏炎热的月份，就光着头，袒露着身子，沉溺于五木博戏和赌斗弹棋。）可见弈棋在我国汉代即已是夏季避暑的热门活动之一。南宋周密《武林旧事》："宣和间，公公每遇三伏，多在碧玉壶及风泉馆、万荷庄等处纳凉。命小内侍宣张婉容至清心堂抚琴，并令棋童下棋。"（大意：宣和年间，徽宗皇上每到三伏天，都要到碧玉壶、风泉馆、万荷庄这几个地方去避暑。这期间经常让小太监宣召张婉容到清心堂弹琴，并令棋童们陪他下棋以消遣长夏。）这是古代宫廷中避暑的重要记录。以避暑为目的之下棋对弈活动也经常出现在历代暑夏诗赋中，如：三国时期魏国曹丕《夏日诗》："棋局纵横陈，博弈合双杨"；宋代陆游《剧暑》："或欲溪上钓，或思竹间棋"；元代陈润《竹深处诗》："客来倒屣邀偕去，击筑弹棋不知暑"；明代郭谏臣《夏日书斋二绝·其二》："苦暑忘冠履，消闲对弈棋"；清代彭孙贻《晚坐·其一》："画帖自消长日暑，棋声能助草堂幽。"

# 枰局［píng jú］

　　枰，下棋用的棋盘。《玉篇·木部》："枰，博局也。"局，亦指棋盘。《说文》："一曰'博'，所以行棋。"二字组合成的"枰局"一词依然是棋盘的意思。宋代廖刚《舟次严子陵钓台当时出舟中所作一篇依韵和之》："回首戏事空，白黑扫枰局。"明代区怀瑞《寻青溪鬼谷洞》："履綦尘梦断，枰局古仙留。"清代张英《种菜诗用钝菴韵》："画地为畦似枰局，手种芜菁随雨绿。"

　　**按**：此句中的"枰局"，暗寓一个和暑热有关的时令掌故，源出南朝宋代刘义庆的《世说新语·排调第二十五》。原文为："刘真长始见王丞相，时盛暑之月，丞相以腹熨弹棋局，曰：'何乃渹？'刘既出，人问：'见王公云何？'，刘曰：'未见他异，唯闻作吴语耳。'"（大意：刘惔第一次拜见丞相王导的时候，正是夏天最热的月份，王导把弹棋的棋盘压在肚皮上，说："怎么这么凉快啊？"刘惔出去后，有人问他："见到王公感觉怎么样？"刘惔说："没看出他有什么特别的地方，只是听他卖弄卖弄吴地的方言而已。"）王导话里的"渹"，是吴地方言，即凉快的意思。晋建武年间，晋元帝司马睿率中原汉族臣民从京师洛阳南渡，迁都南京。之后好多北方士族都说原来的洛阳官话，所以和南方士族有很深的文化隔阂，互相看不惯。丞相王导为了疏解双方的隔阂与矛盾，自己带头学习吴语，说当地话。王导和刘惔都是北方人，刘惔前来拜见时，王导习惯性地说了吴语"何乃渹"，刘惔没能理解到王导的政治意图和远见，所以听着别扭，心中感觉有些不爽。由于《世说新语》影响太大，这段对话中的"棋盘"也就此打上了暑夏的时令色彩。宋代吴淑《事类赋·岁时部·夏》"王公见真长而吴语"
句下、明代彭大翼《山堂肆考·时令·夏》"王导熨局"句下
均收辑此故事为夏日避暑的岁时掌故。

## 【本句译读】

在暑热难当的日子里，或敞开衣襟登上高台去吸风纳凉，
或找人对弈斗棋于枰局之上以消遣长夏。

## 59. 幕羡莲芬　簟除甑燠

### 幕［mù］

指古时军政大吏的府署里聘用的僚属、幕宾。唐代卢纶
《送朝长史赴荆南旧幕》："元瑜思旧幕，几夜梦旌旃。"宋代
叶适《送方书记兼简府主》："幕僚无过只论功，登秩荐贤来
衮衮。"金代赵元《钦若遽有商于之行作长语为别兼简仲泽弟一
笑》："行参幕宾亦大可，把酒当为帅君贺。"元代张仲深《哀
通山尹严子仪》："自怜为幕客，每得与斋郎。"明代刘崧《紫髯
使君歌为本拙吕金宪赋》："忆我兵曹初释属，看君两历中书
幕。"清代吴伟业《嘉湖访同年霍鲁斋观察·其三》："看云堪
挂笏，幕客莫思家。"

# 羡 ［xiàn］

意为心向往之、羡慕。《广韵》："羡，贪慕也。"《诗经·大雅·皇矣》："无然畔援，无然歆羡。"汉代无名氏《成帝时歌谣》："故为人所羡，今为人所怜。"晋代杨方《合欢诗五首·其五》："我心羡此木，愿徒着予家。"南朝齐代谢朓《和刘西曹望海台》："临川徒可羡，结网庶时营。"隋代王胄《白马篇》："不羡山河赏，谁希竹素传。"唐代元结《宿洄溪翁宅》："吾羡老翁居处幽，吾爱老翁无所求。"宋代姜夔《三高祠》："沉思只羡天随子，蓑笠寒江过一生。"金代折元礼《望海潮·从军舟中作》："恨儒冠误我，却羡兜鍪。"元代王哲《渔家傲·赠道友》："这个王风重拜见，珍珠水饭诚堪羡。"明代解缙《赠写真萧士信》："谓予眉宇照今古，鸳鸯岂羡为乌鸦。"清代伊秉绶《赈灾·其四》："去年典牛幸未赎，羡尔得生且生犊。"

# 莲 ［lián］繁体作蓮

植物名，也叫"荷""芙蓉"。生在浅水中，地下茎肥大而长。叶子圆形，有波状边缘，高出水面。上面深绿色，下面浅绿色，有香气。地下茎叫藕，种子叫莲子，都可以吃。汉代乐府《江南》："江南可采莲，莲叶何田田。"晋代刘琨《胡姬年十五》："虹梁照晓日，渌水泛香莲。"南朝梁代庾肩吾《过建章故台》："夏莲犹反植，秋窗尚左开。"唐代李商隐《崇让宅东亭醉后沔然有作》："密竹沉虚籁，孤莲泊晚香。"宋代蒋堂《和梅挚北池十咏·其一》："藓印文綦绿，莲依桂楫香。"元代袁桷《挽王尚书四首·其一》："秋水双莲孕，英英吐异芬。"明代陆深《叠韵答严介溪赏莲》："红衣翠盖玉阑边，一曲新凉闻采莲。"清代黄之隽《采莲櫂歌·其十九》："有时极浦采莲归，无限荷香染暑衣。"

# 芬 ［fēn］

即香气。《广雅》："芬，芬香也。"《诗经·小雅·信南山》："是烝是享，苾苾芬芬。"汉代张衡《同声歌》："洒扫清枕席，鞮芬以狄香。"晋代傅玄《飞尘篇》："秋兰岂不芬，鲍肆乱其芳。"南朝宋代颜延之《夏夜呈从兄散骑车长沙》："岁候初过半，荃蕙岂久芬。"唐代崔涂《幽兰》："不如当路草，芬馥欲何为。"宋代向子諲《减字木兰花》："更有难忘，十里清芬扑鼻香。"金代赵秉文《九日登繁台寺》："九日独何日，寒花发幽芬。"元代周巽《梅香》："旖旎来东阁，芬菲满洞房。"明代王彦泓《擘莲》："露冷莲房翠茧匀，玻璃指爪擘清芬。"清代陈子升《家兄云淙落成·其一》："蒲涧瀑飞烟翠湿，桂林秋爽露华芬。"

**按：**"幕羡莲芬"一语，源自唐代段成式《酉阳杂俎·酒食》中记载的一个关于夏日避暑的岁时掌故。原文为："历城北有使君林，魏正始中，郑公慤三伏之际，每率宾僚避暑于此。取大莲叶置砚格上，盛酒三升，以簪刺叶，令与柄通。屈茎上轮菌如象鼻，传吸之，名'碧筒杯'。历下学之，言酒味杂莲气，香冷胜于水。"（大意：历城的城北有个地方叫使君林，三国时期魏国正始年间，历城刺史郑慤每当三伏的时候，就带领着他的幕僚们到这里来避暑。他把很大很大的莲花叶放置在摆砚台的大木格上，装进三升酒，用发簪刺出小眼儿，让这个小眼儿和莲花叶的叶柄相通。再拗曲枝茎使它卷屈如同大象的鼻子，大家轮番用它来吸饮酒水，名之为"碧筒杯"。历城的人都争相效仿，说这样的酒夹杂着莲花的芳香气息，而且不觉酒的燥热，比喝凉水还清爽。）宋代苏轼《泛舟城南会者五人分韵赋诗得人皆苦炎字四首·其三》："碧筒时作象鼻弯，白酒微带荷心苦"；陆游《桥南纳凉》："碧筒莫惜颓然醉，人事还随日出忙"，用的都是这个典故。宋末元初著名学者陆文圭读了这个故事后曾以此为题赋诗十一首，其十云："樽罍自古宴嘉宾，末世风流意转新。筒叶卷来由郑氏，杯荷制出始唐人。一时花草空传玩，他日宾僚但饮醇。外直中通比君子，输他光霁满怀春。"他认为这是令宾客僚友们感觉很新颖的聚饮方式。宋代陈元靓《岁时广记·三伏节》"吸碧筒"条下、明代彭大翼《山堂肆考·时令·伏日》"荷叶饮宾"条下、清代华希闵《广事类赋·岁时部·伏日》"碧筒之酒宜赊"句下均收辑了碧筒酒的故事作为伏日避暑的岁时掌故。

# 簟［diàn］

　　指用蕲竹编制的凉席。据明代嘉靖时所修《蕲州志·竹类·蕲竹》载："蕲竹，一名'笛竹'，以色润者为簟，节疏者为笛，带须者为杖。"（大意：蕲竹，也叫"笛竹"，人们用色泽光润的来做凉席，用间节疏阔的来做笛子，用带有竹须的来做手杖。）唐代皮日休《独在开元寺避暑颇怀鲁望因飞笔联句》："筠簟临杉穗，纱巾透雨丝。"宋代文彦博《暑中书事》："寝簟冷便铺蘋叶，门裾轻爱曳橦华。"金代田紫芝《夜雨寄元敏之昆弟》："枕簟先秋失残暑，湖山彻晓看新晴。"元代吴景奎《旅夜对月有怀尹舜卿》："朱帘卷雨初消暑，冰簟含风不耐秋。"明代林光《避暑》："蕲竹簟铺松榻矮，池荷香泛水波深。"清代查慎行《暑中坐敬如西斋竟日》:"笛簟一床书万卷,纸窗南北绿阴交。"

## 除 [ chú ]

意为去掉、消灭。屈原《远游》:"保神明之清澄兮,精气入而粗秽除。"汉代庄忌《哀时命》:"撅尘垢之枉攘兮,除秽累而反真。"南朝陈代岑之敬《对酒》:"唯有将军酒,川上可除寒。"唐代白居易《赠韦处士六年夏大热旱》:"脱无白栴檀,何以除热恼。"宋代苏轼《杜介送鱼》:"陋巷关门负朝日,小园除雪得春蔬。"金代孙铎《癸亥清明日》:"习气未除私自笑,短檠还对读书灯。"元代丁复《题山庄晚霁图为杨元清赋》:"老托西园灌,乡愁赖酒除。"明代王汝章《简心斋席炼师·其二》:"青山不下乌皮几,留客先除白葛巾。"清代毛奇龄《赠胡生》:"歌残白石天将旦,裁就青衫暑未除。"

## 甑 [ zèng ]

古代炊具,底部有许多透蒸汽的小孔,放在鬲上用来蒸煮食物。三国时期魏国应璩《百一诗·其十》:"灶下炊牛矢,甑中装豆饭。"南朝梁代周兴嗣《答吴均三首·其三》:"谁学莱芜甑,本得王乔履。"唐代韩愈《郑群赠簟》:"自从五月困暑湿,如坐深甑遭蒸炊。"宋代陆游《杂题六首》:"朝甑米空烹芋粥,夜缸油尽点松明。"金代冯延登《藤花得春字》:"斋厨晚甑清香满,未信侯门有八珍。"元代陈樵《山堂》:"石甑寒来雪易凝,北峰良夜月盈盈。"明代文肇祉《避暑山庄》:"城中如在甑,避暑到林堂。"清代姚允迪《苦热》:"斗室浑同深甑蒸,当檐恨不栽榆柳。"

# 燠［yù］

意为热，《说文》："燠，热在中也。"《诗经·秦风·无衣》："岂曰无衣六兮，不如子之衣，安且燠兮。"屈原《天问》："投之于冰上，鸟何燠之？"晋代陆机《春咏》："和风未及燠，遗凉清且凛。"南朝梁代萧子范《夏夜独坐》："凭轩仁凉气，中筵倦烦燠。"唐代戴叔伦《喜雨》："闲居倦时燠，开轩俯平林。"宋代梅尧臣《睡意》："花时啼鸟不妨喧，清暑北窗聊避燠。"金代朱弁《炕寝三十韵》："收功在岁寒，较德比时燠。"元代王哲《减字木兰花·化破帛》："海畔长居，漫燠凡躯性自如。"明代薛瑄《五盘山》："今夏喜北归，四月暑未燠。"清代朱孝纯《仲夏郊外作》："夏日出郊原，聊以消炎燠。"

**按**："簟除甑燠"一语，源自唐代韩愈《郑群赠簟》诗意。《郑群赠簟》是咏簟诗的名作，其中说道："自从五月困暑湿，如坐深甑遭蒸炊。手磨袖拂心语口，慢肤多汗真相宜。"（大意：自从五月以来，被又热又湿的天气所困扰，犹如坐在锅上的甑盆里遭受热气的熏蒸。用手擦抹它，用袖子拂拭它，心想它对于我这多汗的皮肤真的是再适合不过的了。）唐顺宗永贞元年亦即公元805年，韩愈自阳山县令调任江陵法曹参军。次年五月，天气炎热，韩愈体胖多汗，不堪酷暑，好友郑群就把自己珍爱的蕲州竹席赠给了他，以消除其甑燠之苦，韩愈至为感激，写下这首七言古诗表达谢意。

## 【本句译读】

在消夏的聚饮中，幕客僚友们都惊羡碧筒里酒味的莲香；在炎热的暑季，蕲州的竹席消解掉了人们如坐蒸锅般的酷热。

# 60. 薝卜茉莉　葥粲轩屋

## 薝卜［zhān bǔ］

也作"薝葡"，佛经中记载的一种花，梵语Campaka的音译，意译为郁金花。色黄，香浓，树身高大。古人也认为薝卜即是栀子。唐代卢纶《送静居法师》："薝卜名花飘不断，醍醐法味洒何浓。"宋代张元幹《与富枢密》："伊蒲馔设无多客，薝卜花繁正恼人。"金代毛麾《魏城马南瑞以异香见贻且索诗为赋二首·其二》："留残一点蔷薇水，幻出诸天薝卜花。"元代丁复《次韵铦上人龙河月夜谩兴二首·其一》："翻经夜月旃檀室，满座香风薝卜开。"明代于若瀛《栀子》："萱花薝卜亚枝柔，夏艳春娇取次收。"清代朱景英《夏夜咏庭前杂卉》："薝卜入林香近远，晚风吹上十眉图。"

**按：**薝卜是古代消夏清供中的重要花卉之一。宋代杨万里《栀子花》："树恰人来短，花将雪样看。孤姿妍外净，幽馥暑中寒。"朱淑真《栀子》："一根曾寄小峰峦，薝卜香清水影寒。玉质自然无暑意，更宜移就月中看。"蒋梅边《薝卜花》："清净法身如雪莹，肯来林下现孤芳。对花六月无炎暑，省爇铜匜几炷香。"《事类统编·岁时部·夏热补》："薝卜生香"句下自注引录明代黄云《夏日书事寄吴水部德征》："遗音过耳栗留语，余馥清心薝卜香。"

## 茉莉 ［mò lì］

植物名，常绿小灌木或藤本状灌木，性喜温暖，不耐霜冻，高可达一米。据说它原产于印度，因此其名称为梵语音译，在佛经翻译上又有"抹利""鬘华""抹厉"等名号。唐代李群玉《法性寺六祖戒坛》："天香开茉莉，梵树落菩提。"宋代刘克庄《念奴娇·其六·居厚弟生日》："素馨茉莉，向炎天、别有一般标致。"元代屠性《和西湖竹枝词》："清歌一曲放船去，买得新妆茉莉花。"明代朱有燉《宫词四首·其一》："一天明月星河澹，满殿风吹茉莉香。"清代史承谦《女冠子二首·其一》："一角芙蓉帐，双头茉莉花。"

**按**：茉莉是古代消夏清供中的重要花卉之一。宋代郑刚中《茉莉》："小锸移根带藓苔，暑中相对亦佳哉。"范成大《谢袁起岩知府送末利二槛·其二》："燕寝香中暑气清，更烦云鬟插琼英。"朱熹《奉酬圭父茉莉之作》："爽致销繁暑，高情谢晓云。"方岳《茉莉》："闽雨揉香摘未稀，钩帘顿觉暑风微。"许棐《茉莉》："荔枝乡里玲珑雪，来助长安一夏凉。"明代于玉班《念奴娇·茉莉》："艳雪肌肤，蕊珠标格，消尽人间暑。"

## 蒨粲 ［qiàn càn］

意为光彩、鲜丽明亮。出自战国末期著名的思想家、哲学家荀子的一段言论："桃李蒨粲于一时，时至而后杀；至于松柏，经隆冬而不凋，蒙霜雪而不变，可谓得其真矣。"（大意；桃树李树光鲜亮丽于短暂的一时，时令一过就枯萎掉了；而松树和柏树，历经严冬都不会凋谢，遭受霜雪都不会伤损，可以说是坚守住了自己的本性。）荀子的这段话不见于今本《荀子》一书，它最早载录于唐代李善在《文选》中为西晋左思《招隐诗》："峭蒨青葱间，竹柏得其真"这句所作的注文。唐代李商隐《戊辰会静中出赠同志二十韵》："蒨粲玉琳华，翱翔九真君。"宋代梅尧臣《依韵和吴冲卿新葺南斋》："红穗拂栏何蒨粲，绿丛无水亦萧疏。"清代柯劭慧《咏菊》："蒨粲杂朝露，参差映夕阳。"

**按：**"蒨粲"一词在世俗文学中颇少见，却屡见于道藏典籍中，自北周道教《步虚词》中出现"炜烨玉林华，蒨粲曜珠实"的诗句后，此词在道藏中就非常活跃，大概是由于北周《步虚词》对后世道教文学的深远影响所致。

## 轩［xuān］繁体作軒

意为以敞朗为特点的建筑物。汉代乐府《鸡鸣》："黄金为君门，璧玉为轩堂。"三国时期魏国嵇康《赠兄秀才入军》："闲夜肃清，朗月照轩。"晋代曹摅《赠石崇·其三》："峻墉亢阁，层楼辟轩。"南朝宋代刘铄《七夕咏牛女》："广檐含夜阴，高轩通夕月。"唐代杨师道《侍宴赋得起坐弹鸣琴二首·其二》："北林鹊夜飞，南轩月初进。"宋代徐铉《题碧岩亭赠孙尊师》："凭轩临树杪，送目极天南。"金代李永安《宴会成趣园诗》："亭轩喜幽静，绿荫多佳树。"元代刘跃《与自观同醉因和对菊韵》："东篱移得两三枝，坐对晴轩可共怡。"明代杨荣《听松轩》："雅志尚林壑，轩居绝尘嚣。"清代沈荃《寄怀张冷石先生》："何时再访东轩下，浊酒黄花好细论。"

## 屋［wū］

即房舍、房屋。《说文》："屋，居也。"《诗经·小雅·正月》："瞻乌爰止，于谁之屋。"屈原《九歌·其三·湘君》："鸟次兮屋上，水周兮堂下。"南朝梁代吴均《登钟山燕集望西静坛》："风云生屋宇，芝映被仙室。"唐代杜甫《禹庙》："荒庭垂橘柚，古屋画龙蛇。"宋代章云心《竹》："万朵奇云绕屋飞，云心修竹绿猗猗。"金代元德明《山中雨后》："绕屋湍声转，临崖老树摧。"元代萨天锡《隐屏精舍》："大隐屏前小隐居，竹房松屋听猿呼。"明代瞿佑《阿娇金屋》："黄金作屋成何事，只办相如买赋资。"清代周光纬《元日立春五亩园看雪》："当轩风尚竦，隔屋云犹浓。"

按：宋代周密《乾淳岁时记》："禁中避暑，多御复古、选德等殿及翠寒堂纳凉。长松修竹，浓翠蔽日；层峦奇岫，静窈萦深；寒瀑飞空，下注大池，可十亩。池中红白菡萏万柄，盖园丁以瓦盎别种，分列水底，时易新者，庶几美观。又置茉莉、素馨、建兰、麝香藤、朱槿、玉桂、红蕉、阇婆、蒼葡等南花数百盆于广庭，鼓以风轮，清芬满殿。"（大意：宫中避暑，御驾大都到复古殿、选德殿以及翠寒堂纳凉。那里高高的松树和竹林，翠绿浓郁遮蔽着阳光；重叠的山峦和奇特的峰顶，是那样的幽深秀美；散发着寒气的瀑布从天而下，注入到大大的水池里。那个水池足有十亩大的面积。水池里面有红、白两色的菡萏上万株，都是园丁们用瓦盆分别栽种，分布在水底，时常再换新的，这样才能保障它们鲜艳好看。又在宽绰的庭院里放置好几百盆诸如茉莉、素馨、建兰、麝香藤、朱槿、玉桂、红蕉、阇婆、薝葡等南方的花卉，并且用风轮鼓动起凉风吹送它们的气息，大殿里充斥着这些花的清香。）“蒨灿轩屋”一语即是取意于其中的避暑场景。

## 【本句译读】

一到暑期，正是薝卜和茉莉这些南方花卉勃然怒放的时候，它们使避暑的屋舍和房间显得鲜丽而明亮。

## 61. 薢茩菡萏　沦涟漾渌

### 薢茩［xiè hòu］

即菱的别称。“菱”字古时也写作“蔆”。《说文》：“蔆，芰也。楚谓之‘芰’，秦谓之‘薢茩’。”东汉王逸在《楚辞章句》中给屈原《离骚》里“制芰荷以为衣兮”这句作注解说：“芰，菱也，秦人作‘薢茩’。”菱属于一年生水生草本植物，叶子略呈三角形，叶柄有气囊，夏天开花，白色。其果实有硬壳，有角，可供食用，俗称“菱角”。明代李时珍《本草纲目·芰实》：“其叶支散，故字从支；其角稜峭，故谓之‘蔆’，而俗呼为‘蔆角’也。”南朝梁代伍安贫《武陵记》：

"三角、四角者为芰，两角者为菱。"

**按：**《列子·说符篇》："柱厉叔事莒敖公，自以为不知己，去，居海上。夏日则食菱芰，冬日则食橡栗。"（大意：柱厉叔在莒国的国君莒敖公手下为臣，他认为莒敖公不赏识自己，于是就离去，居住在一个海岛上。他夏天以菱角为食，冬季就吃栎树的果实。）南宋名物学家罗愿《尔雅翼·菱》："菱叶覆被水上，其花黄白色，其实饵之，可以断谷。古者洲泽之利，与民共之。吴楚风俗，当菱熟时，士女相与采之。"（大意：菱的叶子覆盖在水面上，它的花或黄或白，它的果实能吃，可以代替粮食。古时候江河湖泽出产的好东西，都是和老百姓共享的。按照长江中下游一带的地方风俗，每当菱芰成熟的时候，男女青年们都会结伴去采菱芰。）《宋史·志·礼十一》："景祐二年……礼官、宗正定：（夏）季月荐果，以芡以菱。"中国古代素有以时令鲜物祭祖的礼俗，只有祖先享用过了，人们才可以食用，古称"荐新"之礼。宋代在公元1035年把菱芰也归入了夏季月祭品之中。夏季月即夏季的第二个月，也就是菱角新成熟的时候。以上可见薢茩身上的夏令色彩。

# 菡萏［hàn dàn］

菡萏，古人称尚未绽开的荷花为菡萏，即荷花的花苞。后引申泛指荷花、莲花，古称"水芙蓉""芙蕖"。菡萏属莲科多年生水生草本植物，六月开花，花大，有粉红、白色两种，中央的莲蓬逐渐长大成熟，呈蜂窝状；它的地下茎肥大而长，有节，称"藕"；种子和地下茎均可食用。《诗经·陈风·泽陂》："彼泽之陂，有蒲菡萏。"汉代刘桢《公宴诗》："芙蓉散其华，菡萏溢金塘。"三国时期魏国曹丕《秋胡行二首·其二》："芙蓉含芳，菡萏垂荣。"南朝齐代谢朓《咏蒲》："间厕秋菡萏，出入春凫雏。"唐代孟郊《送从舅端适楚地》："江花折菡萏，岸影泊梧桐。"宋代周邦彦《南浦·中吕》："菡萏里风，偷送清香，时时微度。"元代舒頔《雨》："于时我方高枕卧，池上菡萏花初开。"明代石珤《秋莲曲》："西塘菡萏初破红，小舟荡漾东南风。"清代傅山《间关上陀罗山》："陆离云粉凝晴雪，菡萏峦蒉演石波。"

**按**：宋代叶梦得《避暑录话》："欧阳文忠公在扬州作平山堂，壮丽为淮南第一堂。据蜀冈，下临江南数百里，真、润、金陵三州，隐隐若可见。公每于暑时，辄凌晨携客往游。遣人走邵伯湖，取荷花千余朵，以画盆分插百许盆，与客相间。酒行，即遣妓取一花传客，以次摘其叶，尽处则饮酒，往往侵夜载月而归。"（大意：文忠公欧阳修在扬州建了一座平山堂，其壮观瑰丽当推淮南第一堂。它背靠蜀冈，俯瞰江南数百里，真州、润州和金陵这三个地方都好像隐约可见。欧阳公每当夏季暑期总喜欢在凌晨时分带着客人到那里去游玩。他派人去邵伯湖采来上千朵荷花，用带有绘画的花盆把这些花分插成大约百十来盆，他领客人们与这些花相间而坐。酒宴开始，他叫妓女取来一朵花让客人们传递，每人依次摘掉一片叶子，花到谁的手里没有叶子了，谁就喝酒。这样一直玩到深夜，大家才戴月而归。）明代李昌祺《题一干三蕚芍药画》："菡萏秀夏暑，芙蓉傲秋霜。"饶相《和阳道中即事》："菡萏初开夏日长，垂杨修竹俨成行。"胡应麟《江右来相如过访同唐惟良夜集分冬字韵》："结夏西湖眠菡萏，高秋南浦落芙蓉。"清代张英《乙丑五月寄吴门学博三兄生日十六韵》："翘首当夏五，菡萏吴门花。"王企堂《水淀荷花》："夏日菡萏开，尤令烦襟爽。"可见菡萏也是古人避暑的热门清供之品。

## 沦涟 [lún lián]

　　意为水波、微波。出自《易纬·乾坤凿度》："洌涉沦涟，上下无息。"（大意：急速地趟水过河，荡起的水波会忽上忽下没有间歇。）南朝梁代刘孝绰《望月》："流光照淅瀺，波动映沦涟。"隋代何妥《奉敕于太常寺修正古乐》："肃穆皇威畅，沦涟河水清。"唐代元稹《献荥阳公诗五十韵》："过箫资响亮，随水涨沦涟。"宋代刘敞《杂诗二十二首·其十三》："伯鱼不可作，涕流为沦涟。"元代魏初《赵公泉》："微雨乍添春荡漾，轻风细蹙秋沦涟。"明代顿锐《皋湖秋晚》："轻飙漾沦涟，碧绿交掩映。"清代夏炜如《题章芸台水流花放图》："泠泠涧中水，猗猗漾沦涟。"

## 漾 [yàng]

　　意为水面泛动、荡起。南朝梁代何逊《夕望江桥示萧谘议杨建康江主簿》："风声动密竹，水影漾长桥。"唐代储光羲《舟中别武金坛》："漾舟清潭里，慰我别离魂。"宋代张矩《应天长·其九·三潭印月》："桂轮逼采，菱沼漾金，潜虬暗动鲛室。"金代赵秉文《扈从行》："年年扈从春水行，裁染春山波漾绿。"元代曹伯启《题黄秋江钓月图二首·其二》："桂影扶疏漾碧流，高人归隐坐垂钩。"明代李汛《舟中》："翼翼孤亭秋水曲，瘦影萧萧漾寒渌。"清代李良年《天香·龙涎香》："远市浮银，长鱼漾渌，掠取梦中铅露。"

# 渌〔lù〕

意为水的清澈。晋代刘琨《胡姬年十五》:"虹梁照晓日,渌水泛香莲。"南朝梁代庾肩吾《咏美人看画》:"镜前难并照,相将映渌池。"唐代李白《梦游天姥吟留别》:"谢公宿处今尚在,渌水荡漾清猿啼。"宋代王安石《山鸡》:"山鸡照渌水,自爱一何愚。"金代韩玉《念奴娇》:"吴东清胜,是吴山苍翠,吴江澄渌。"元代岑安卿《偶成》:"水汲龙津渌,茶烹凤苑香。"明代归有光《壬戌南还作·其一》:"自出皇都门,渌水明可掬。"清代洪亮吉《励志诗三十首·其二十九》:"喜餐湖渌,喜采湖菱。"

**按**:唐代朱休《春水绿波》有句云:"混漾滋兰杜,沧涟长芰荷。"意思是说:摇荡的江水浸润着兰杜花;轻微的水波里生长着蘋苣和菡萏。这后面的一句即是"蘋苣菡萏·沧涟漾渌"的来源。菱芰与荷花都是发芽、生长于春水之中,盛开、成熟于夏热末期。

## 【本句译读】

蘋苣与菡萏都悄然盛开,它们遍布于泛动而清澈的水中。

# 62. 艇搴双桨　琲探一斛

## 艇［tǐng］

　　轻快的小船。《说文》："艇，小舟也，形狭而长。"南朝梁代萧纲《采菱曲》："桂棹浮星艇，徘徊莲叶南。"唐代岑参《六月三十日水亭送华阴王少府还县》："荷叶藏鱼艇，藤花胃客簪。"宋代李建中《杭州望湖楼》："小艇闲撑处，湖天景物微。"金代元好问《后平湖曲》："十里平湖艇子迟，岸花汀草伴人归。"元代贡师泰《河决》："顷筐摘余穗，小艇收枯莲。"明代韩雍《朱挥使昆仲南园八咏·其七·采莲舟》："水花开满池，小艇自寻摘。"清代吴玉麟《泛莲花潭同柯绳书》："秋泠万顷夜偏清，小艇凌虚一櫂轻。"

## 搴［qiān］

　　通"褰"，意为撩起、拨动起。先秦无名氏《越人歌》："今夕何夕兮，搴舟中流。"汉代石勋《费凤别碑》："荚马循大路，搴裳而涉洧。"南朝梁代沈约《休沐寄怀》："凭轩搴木末，垂堂对水周。"唐代刘禹锡《晚步扬子游南塘望沙尾》："卑湿久喧浊，搴开偶虚清。"宋代卫元卿《齐天乐·填温飞卿南曲》："弄影萍开，搴香袖胃，鹩鹕双双飞去。"元代胡布《题方壶所画山川出云图》："搴舒弥六合，卷退归无垠。"

明代区大相《山中赠丁元父给谏》："搴霞上高岭，采秀入幽谷。"清代姚燮《舟行杂诗十章·其七》："惜别泪犹在，搴春情已违。"

## 双［shuāng］

意为一对，用于成对的东西。《玉篇》："两也。"《诗经·齐风·南山》："葛屦五两，冠緌双止。"汉代乐府《汉铙歌十八曲·其十二·有所思》："何用问遗君，双珠玳瑁簪。"南朝宋代鲍令晖《古意赠今人》："谁为道辛苦，寄情双飞燕。"唐代李冶《结素鱼贻友人》："尺素如残雪，结为双鲤鱼。"宋代汪存《步蟾宫》："明年二月桃花岸，棹双桨、浪平烟暖。"元代刘诜《和萧天叙山行》："交交双鸣禽，见客已惊移。"明代孙绪《濯足》："双脚曾为万里行，断崖依旧水深清。"清代张玉纶《七夕》："银河一带影迢迢，此夕双星渡鹊桥。"

## 桨［jiǎng］

划船用具，多为木制，上半圆柱形，下半扁平而略宽。《正字通》："长大曰'橹'，短小曰'桨'。"魏晋无名氏《西洲曲》："西洲在何处，两桨桥头渡。"南朝梁代刘孝威《采莲曲》："金桨木兰船，戏采江南莲。"唐代冯延巳《菩萨蛮·其八》："敧鬟堕髻摇双桨，采莲晚出清江上。"宋代吕胜己《渔家傲·其二》："满月当空川晃晃，却呼艇子摇双桨，几阵浓香新酝酿。"元代丁鹤年《武昌南湖度夏》："日暮菱歌动南浦，女郎双桨荡舟来。"明代区大相《泛舟》："鱼拨菱花动，鸥冲桂桨飞。"清代刘本杰《舟过西湖》："一叶扁舟双画桨，载将归梦过西湖。"

按："艇箪双桨"一语紧承"薜苫""菡苕"之后，是暗寓一种
与时令有关的季节性活动，即水生植物成熟果实的采撷，诸如
采莲藕、采菱角、采芡实等。艇是最小也是最轻便的水上作业
工具，它虽然不是为采撷水生植物而设，但在古代它却是采莲
藕、采菱角、采芡实等水上作业所必需的专用工具。

## 琲［bèi］

意为成串的珠子、珠串子，也常用来泛指珠子。南朝梁代
王筠《奉和皇太子忏悔应诏》："睿艳似烟霞，栏杆若珠琲。"
唐代卢仝《走笔谢孟谏议寄新茶》："仁风暗结珠琲瓓，先春
抽出黄金芽。"宋代蒲寿宬《与石岩方常簿游白水塘观龙湫》：
"龙湫一瞬息，珠琲万斛强。"元代张仲深《畴昔》："踏霜采
杞琲盈把，拂晓题诗云满壁。"明代祝允明《草阁玩水图》：
"瑚琲探富获，存之无轻开。"清代卓肇昌《七鲲身行》："排
琲走金盘，影射北斗里。"

## 探［tàn］

意为用手去够取。《尔雅》："探，取也。"汉代王粲
《诗》："探怀授所欢，愿醉不顾身。"南朝梁代王筠《行路
难》："探揣箱中取刀尺，拂拭机上断流黄。"唐代吴融《海棠
二首·其一》："太尉园林两树春，年年奔走探花人。"宋代
吕蒙正《岳阳楼望洞庭》："探珠直待骊龙睡，莫遣迷津浩渺
中。"金代赵秉文《题东坡与佛印帖》："鲁公食粥已数月，苏
子探囊无一钱。"元代陈文瑶《石穴洞天》："到处摩崖探白
云，小山花鸟度深春。"明代黎禧《游鸯岩》："欲探骊龙珠，
莫觊骑羊竖。"清代钱谦益《题孟阳仿大痴仙山图》："爱画都

于画筒探，湖桥东畔石城南。"

# 一斛［yī hú］

　　"一"，数目名，最小的原始计数单位，最小的正整数。"斛"，古时代表一定容量单位的计量器。唐朝之前，斛为民间对"石"的俗称，一斛等于一石，一石等于十斗等于一百二十斤。《仪礼》："十斗曰斛"；《说文》："斛，十斗也。"宋朝开始改为一斛等于五斗，而一石等于二斛。明代张自烈《正字通·斗部》："斛，今制五斗曰'斛'，十斗曰'石'。"在江苏、浙江、安徽的很多地方，古时一斛也曾经等于二斗五升。晋代刘伶《咒辞》："一饮一斛，五斗解醒。"唐代李白《玉真公主别馆苦雨赠卫尉张卿二首·其二》："何时黄金盘，一斛荐槟榔。"宋代黄庭坚《平原宴坐二首·其二》："金钱满地无人费，一斛明珠薏苡秋。"元代赵孟頫《海子上即事与李子构同赋·重用韵》："姬姜自爱千金貌，游侠轻量一斛珠。"明代丁晋《黄河歌》："船头只载一斛酒，醉倚柁楼鼓棹讴。"清代赵执信《食槟榔戏题二绝句·其二》："忽忆金盘盛一斛，丹阳老尹是男儿。"

按："琲探一斛"一语，源自北宋诗人梅尧臣《采芡》中的诗句："莫论一斛贵与贱"。诗的全文是："猬毛苍苍磔不死，铜盘蠹蠹钉头生。吴鸡斗败绛帻碎，海蚌抉出真珠明。磨沙漉水荸壳滑，斫桂煮釜风波声。齿如编贝嚼明月，曼倩不复饥肠鸣。莫论一斛贵与贱，堂上狼藉无由行。"第一句说芡实浑身是毛如同刺猬，里面有许多状如钉头的鸡头米；第二句写加工过程，即用力把"鸡头"打碎，从里面抉取出来的鸡头米像蚌壳里的珍珠一样圆润明澈；第三句则是说将鸡头米碾碎，水洗，提取淀粉；第四句是说吃着芡粉做成的糕饼，连牙都沾染得像贝壳似的明亮，句中的"曼倩"指汉代的东方朔，说有了芡实可吃，他就不再会饿肚子了，表达的是芡粉可以充饥；最后一句描写餐堂之上大家吃得一塌糊涂，不舍得离席，而这"一斛珠琲"要花费掉多少钱，此刻已经显得很不重要了。在古人的艺术创作意念中，珍珠（亦称真珠）几乎是芡实的特定喻体。如：宋代曾巩《寄郓州邵资政》："芡老含珠实，鱼惊跃锦鳞"；苏辙《西湖二咏·其二·食鸡头》："森然赤手初莫近，谁料明珠藏满腹"；黄庭坚《次韵王定国扬州见寄》："飞雪堆盘鲙鱼腹，明珠论斗煮鸡头"；杨万里《食鸡头子二首·其一》："江妃有诀煮真珠，菰饭牛酥软不如。"同样，菱芰和莲藕的子实也常被比喻作"珠"。写菱实的如：北宋苏轼《皂罗特髻》："千金买、采菱拾翠，更罗裙、满把珍珠结"；刘挚《六月二十日湖上四绝句·其一》："冰浆未见菱腰折，珠实何时芡觜开"；南宋杨万里《食老菱有感》："幸自江湖可避人，怀珠韫玉冷无尘"；明代刘祖满《集李年姒西园采菱》："蕴怀珠玉泛清波，采采旁人劝渡河"；区怀瑞《下灵羊峡和康世》："菱香曲镜发，桂影夜珠涵。"写藕实的如：唐代温庭筠《罩鱼歌》："鱼尾迸圆波，千珠落湘藕"；北宋苏轼《水龙吟》："但丝莼玉藕，珠粳锦鲤，相留恋、又经岁"；南宋释道璨《和余山南金判清溪观荷》："明珠散不论斛斗，清溪化作骊龙宫。"

## 【本句译读】

夏末时节，架起小艇摆动双桨，把珍珠般的芡实、菱芰还有莲藕采回来成斛论斗地煮来享用。

---

# 63. 碧藕玲珑　瓠瓜馥郁

## 碧［bì］

本义指青绿色的玉石，《说文》："碧，石之青美者。"后泛指青绿色。汉代乐府《孔雀东南飞·古诗为焦仲卿妻作》："箱帘六七十，绿碧青丝绳。"晋代庾阐《游仙诗十首·其九》："芳津兰莹珠隧，碧叶灌清鳞萃。"南朝宋代谢灵运《入彭蠡湖口》："金膏灭明光，水碧缀流温。"唐代白居易《天宫阁秋晴晚望》："霞光红泛艳，树影碧参差。"宋代臧鲁子《满庭芳》："青莲碧藕，芡实与鸡头。"辽代郎思孝《天安节题松鹤图》："千载鹤栖万岁松，霜翎一点碧枝中。"元代吴仁杰《送汪水云入湘》："碧水波翻海亦摧，奋身鳌背护蓬莱。"明代乌斯道《送陈省之之永嘉二首·其二》："乌氏斋中春草碧，梦中幽趣得相同。"清代李雯《玉楼春·美人午睡》："碧绡正好贮行云，花骨闲支随梦蝶。"

## 藕［ǒu］

又称"莲藕"，即睡莲科植物的根茎，因其地下茎是白色的，所以又叫“白茎”。藕微甜而脆，可生食也可煮食，是常用餐菜之一。藕也是药用价值相当高的植物，它的根叶、花须、果实都可入药。南朝梁代刘孝威《都》：“镂玉同心藕，杂宝连枝花。”隋代卢思道《采莲曲》：“擎荷爱圆水，折藕弄长丝。”唐代于鹄《巴女谣》：“巴女骑牛唱竹枝，藕丝菱叶傍江时。”宋代李清照《南歌子》：“翠贴莲蓬小，金销藕叶稀。”金代师拓《曲江秋望》：“凉风芡实坼，久雨藕花肥。”元代范梈《离扬州》：“孤篷如磨绕汀沙，叶满平湖藕未花。”明代倪谦《鹭丝画》：“白雪毵毵好羽衣，藕花洲渚恣鸣飞。”清代丁如琦《解佩令·题友人渔隐图》：“藕花千顷，桃花一棹。”

**按**：本句中的“碧藕”一词，源自解暑圣品“千常碧藕”，事见东晋王嘉《拾遗记》里的一个神话。其中记载西王母会见周穆王时送上的礼品清单有“洞渊红花、嵚州甜雪、昆流素莲，阴岐黑枣、万岁冰桃、千常碧藕、青花白橘。”关于这里的“千常碧藕”，文中介绍说：“扶桑东五万里，有磅磄山。上有桃树百围，其花青黑，万岁一实。郁水在磅磄山东，其水小流，在大陂之下，所谓‘沉流’，亦名‘重泉’。生碧藕，长千常。七尺为常也。”（大意：在扶桑神树东面五万里的地方，有座磅磄山。山上有桃树，一百来个人才能围抱起来那么粗，树上的桃花是青黑色的，一万年才能结出一次果实。郁水就在这座磅磄山的东边。它的水流很小，河水在很大的山坡下存积，形成所说的“沉流”，也叫作“重泉”。“沉流”的水中出产一种青绿色的莲藕，长达千常。一“常”等于七尺。）西王母所献的这些礼品，都是些清凉解暑的东西。

## 玲珑 ［líng lóng］繁体作玲瓏

意为明亮、清彻、剔透。西汉扬雄《甘泉赋》："前殿崔巍兮，和氏玲珑。"李善注解引用西晋学者晋灼的话说："玲珑，明见貌也。"南朝梁代庾肩吾《芝草》："桂丛方偃蹇，芝叶正玲珑。"唐代卢纶《赋得彭祖楼送杨德宗归徐州幕》："四户八窗明，玲珑逼上清。"宋代姜夔《卜算子·其四》："梅雪相兼不见花，月影玲珑彻。"金代商政叔《越调天净沙》："玲珑堪画，一枝瘦影窗纱。"元代孙存吾《春日游黄鹤楼》："插天栋宇接云霞，八面玲珑望眼赊。"明代王在晋《朱陵洞》："翠华掩映玉玲珑，一片空明断太蒙。"清代史承谦《清平乐五首·其二》："临摹讵减关穜，崔徐化朵玲珑。"

按：本句中的"玲珑"一词，源自"玲珑玉"的神话。事见唐人笔记《树萱录》："张确尝游雪上，于白苹溪见二碧衣女子，携手吟咏云：'碧水色堪染，白莲香正浓。分飞俱有恨，此别几时逢。藕隐玲珑玉，花藏缥缈容。何当假双翼，声影暂相从。'确逐之，化为翡翠飞去。"（大意：张确曾经到湖州游玩，在白苹溪看见两个身穿青绿色衣服的女子，携手吟诗。诗云："碧水色堪染，白莲香正浓。分飞俱有恨，此别几时逢。藕隐玲珑玉，花藏缥缈容。何当假双翼，声影暂相从。"张确尾随过去，最终看到她们化作翡翠鸟飞走了。）诗中的"藕隐玲珑玉"是说莲藕里面蕴藏着明亮剔透的珠玉。后来人们常用"玲珑"或"玲珑玉"来代指莲藕。如：宋代范成大《同游石湖诗卷七首·其四》："红皱黄团熟暑风，甘瓜削玉藕玲珑"；刘过《酒楼》："藕白玲珑玉，柑黄磊落金"；赵汝鐩《暑酌》："擘莲房拍塞，雪藕孔玲珑"；元代杨维桢《玉莲曲为金陵张氏妓

赋》:"饥餐玲珑玉,渴饮醍醐浆。"《事类统编·岁时部·夏》
"雪藕"条下自注引录唐代杜甫《陪诸贵公子丈八沟携妓纳凉
晚际遇雨二首·其一》:"公子调冰水,佳人雪藕丝。"意思是
说公子哥们忙着调制冰水,佳丽女子则用冰雪做着凉拌藕丝。
夏日食藕消解暑热,是古时的一个岁时习惯。

## 瓤〔ráng〕

指瓜、果、柑桔等内部包着种子的部分。唐代白居易《题
郡中荔枝诗十八韵兼寄万州杨八使君》:"紫罗裁衬壳,白玉裹
填瓤。"宋代梅尧臣《得王介甫常州书》:"洞庭绿橘包甘浆,
旧楚黄橙绵作瓤。"元代耶律楚材《赠高善长一百韵》:"采杏
兼食核,餐瓜悉去瓤。"明代刘崧《北平十二咏·其五·红瓤
瓜》:"皮绿何曾别,瓤红故异常。"清代朱彝尊《延平晚宿》:
"瓜瓤豆荚迎船卖,只欠南乡泽泻花。"

## 瓜〔guā〕

蔓生植物,叶子像手掌,花多是黄色,果实可以吃。瓜的
种类很多,如西瓜、香瓜、南瓜、黄瓜等。《诗经·豳风·七
月》:"七月食瓜,八月断壶。"汉代乐府《君子行》:"瓜田
不纳履,李下不正冠。"三国时期魏国曹睿《种瓜篇》:"与君
新为婚,瓜葛相结连。"晋代陶潜《饮酒二十首并序·其一》:
"邵生瓜田中,宁似东陵时。"唐代骆宾王《夏日游德州赠高
四》:"一顷南山豆,五色东陵瓜。"宋代黄庭坚《代书》:"阿
熊去我时,秋暑削甘瓜。"元代袁士元《送柴养吾先生游四明
山》:"林壑夏凉宜避暑,主人瓜熟许分餐。"明代樊阜《田间杂
咏八首·其七》:"夏至熟黄瓜,秋来酿白酒。"清代宋荦《雨

中用至韵》：“谢堂闲对酒，冒雨摘新瓜。”

## 馥郁［fù yù］繁体作馥鬱

意为香气的浓厚。汉代杨孚《摩厨》：“馨香馥郁，可以煎熬。”唐代吕从庆《献题金鳌山》：“闲花老树满馥郁，飞走异类争蹁跹。”宋代寇准《惜花》：“深谢暖风传馥郁，长忧夜雨暗摧残。”金代刘志渊《大江东去》：“馥郁香尘，味能实腹，净体今相见。”元代陈樵《雨香亭》：“氛氲入几席，馥郁侵衣裳。”明代林景清《梅竹图为刘锦衣乃弟题》：“雪霁暗香浮馥郁，月明清影弄扶疏。”清代周铣《登大像山》：“山花袭我衣，归来尚馥郁。”

**按**：“瓠瓜馥郁”一语，出自宋代赵师侠《柳梢青·其一·和张伯寿紫笑词》中的词句：“蒳苔轻盈，甘瓜馥郁，叶萼相重。”但在本句中它则暗寓一个夏季消暑的岁时掌故。事见宋陶谷《清异录·百果门·瓜战》：“吴越称雪上瓜，钱氏子弟逃暑，取一瓜，各言子之的数，言定剖观，负者张宴，谓之‘瓜战’。”（大意：吴越一带最可称道的是湖州瓜。当地望族钱氏家的子弟夏日消暑，拿出一个瓜来，大家围在一起猜瓜瓤里面瓜子的确切数量，猜错的就要排摆宴席请客吃酒。人们把这个吃瓜的游戏叫作“瓜战”。）清代厉鹗《吴瓯亭席上食哈密瓜分韵》：“要知六师征，讵独为瓜战”；徐熙珍《感怀》：“暗卜鱼仙参仰覆，共猜瓜战判输赢”；俞樾《咏西瓜灯四首·其一》：“一场瓜战夜初停，幻出团团满月形”，用的都是这个掌故。

## 【本句译读】

　　暑热之际人们最容易想起的消暑食品，莫过于蕴藏着玲珑玉的莲藕，还有瓤肉里散发着浓郁清香的时鲜瓜果。

# 64. 炎氛却徙　渐叶清商

## 炎氛［yán fēn］

　　意为夏日的热气、暑气。汉代张衡《七辩》："驾应龙，戴行云，枹弱水，越炎氛。"南朝梁代虞骞《拟雨诗》："清风送凉气，薄暮荡炎氛。"唐代蔡瑰《夏日闺怨》："桃径李蹊绝芳园，炎氛炽日满愁轩。"宋代朱熹《登阁》："横空敞新阁，高处绝炎氛。"元代文矩《题中庆学庙壁二首·其一》："祥曦洞幽暗，化雨清炎氛。"明代杨士奇《夏日馆阁赋柬马学士曹侍讲》："九重盛夏净炎氛，停讲经帷已二旬。"清代罗天闿《夏日喜静山诸君过我留饮赋此》："山居卧病苦炎氛，诸君过我何殷勤。"

## 却［què］繁体作卻

　　意为消除、消退。《广韵》："退也。"汉代王粲《公宴诗》："凉风撤蒸暑，清云却炎晖。"晋代陆云《赠鄱阳府君张仲膺》："却愚以化，崇贤以仁。"南朝宋代谢灵运《善哉行》："凉来温谢，寒往暑却。"唐代陈子昂《卧病家园》："还丹奔日御，却老饵云芽。"宋代李纲《喜迁莺·其一·自池阳泛舟》："几时得向尊前，销却许多烦恼。"辽代萧观音《回心院》："解却四角夜光珠，不教照见愁模样。"金代王寂《题画》："茶瓜却去香火冷，曦驭不转松阴迟。"元代耶律楚材《醉义歌》："胸中渐得春气和，腮边不觉衰颜却。"明代刘璘《遣兴五首·其二》："秀色凌烟霞，清阴却炎炽。"清代尤侗《满江红·其九》："却暑但挥蝉雀扇，登高请进蒲桃杖。"

## 徙［xǐ］

意为迁移、离去。《广雅》："徙，移也。"屈原《九章·其八·橘颂》："深固难徙，廓其无求兮。"汉代蔡琰《胡笳十八拍》："草尽水竭兮羊马皆徙，七拍流恨兮恶居于此。"北朝周代庾信《移树》："酒泉移赤柰，河阳徙石榴。"唐代薛戎《游烂柯山·其三》："二仙行自适，日月徒迁徙。"宋代苏舜钦《迁居》："上都一岁内，前后七徙居。"元代周午《题显烈庙》："奋髯北伐将徙都，白衣狙诈芳仁呼。"明代张弼《高邮城》："鲸鲵南徙三江水，汩日滔天乱天纪。"清代赵执信《泊修仁水口对新月》："天池何处徙，北斗不胜悬。"

## 渐［jiàn］繁体作漸

副词，意为慢慢地、逐渐地。汉代东方朔《七谏·其二·沉江》："日渐染而不自知兮，秋毫微哉而变容。"晋代张载《诗》："气力渐衰损，鬓发终以皓。"唐代王绩《初春》："春来日渐长，醉客喜年光。"宋代王禹偁《对雪示嘉祐》："况我眼昏头渐白，安能隐几勤校雠。"金代王元粹《东楼雨中七诗·其五》："云漏斜阳雷渐远，东边飞雨到琼华。"元代段成己《幽怀用梦庵张丈韵·其一》："老去始知身世幻，病来渐觉鬓丝稠。"明代林鸿《寄右讲经春日早朝·其二》："风光渐报三眠柳，佳气长浮万岁山。"清代陈丹赤《晚泊乍雨》："涛声都带白，霜叶渐留红。"

# 叶［xié］

同"协"，意为声音乐律上的谐调一致，引申指事物之间的和洽、相合。唐代孔德绍《观太常奏新乐》："八音动繁会，九变叶希声。"宋代李景和《石钟山》："安得置太庙，同声叶时雍。"元代王伯成《滚绣球》："一声声不叶音律，倒不如小槽边酒滴真珠。"明代郑真《和韵寄开城县丞孙大年先生》："烽火台词谐玉律，古长城调叶清徽。"清代陈恭尹《韶石歌韶州陈使君席上赋》："和鸣嗈嗈叶律吕，紫庭阿阁增光辉。"

# 清商［qīng shāng］

即"秋风"的代称。我国古代最早的音乐采用的是不带半音的五声音阶，相当于现行简谱中的1、2、3、5、6。古代叫宫、商、角、徵、羽。比商调高半个音的就是所谓的"清商"，其调凄清悲凉。古人把五音与四季相配，商音在四时中匹配的是秋，因此"商"也是秋季的代称，而"清商"也就被后人借喻为秋风了。晋代潘岳《悼亡诗三首·其二》："清商应秋至，溽暑随节阑。"唐代刘禹锡《聚蚊谣》："清商一来秋日晓，羞尔微形饲丹鸟。"宋代韩琦《初伏避暑》："将令炎暑收残虐，何使清商预伏藏。"金代雷琯《古意四首·其三》："清商忽用事，霜飙飔已凄。"元代刘因《九日携诸生登西山》："清商失摇落，生气浮林丘。"明代王英《秋初有怀呈曾侍讲彭修撰二公》："律应清商动，凉生大火流。"清代顾贞观《步蟾宫·闰六月七夕》："早收回、溽暑换清商，翻借作、兰秋重闰。"

**按**：宋代吴淑《事类赋·岁时部·秋》"溽暑阑而清商至"句下自注引录晋代潘岳《悼亡诗三首·其二》："皎皎窗中月，照我室南端。清商应秋至，溽暑随节阑。"本句"炎氛却徙·渐叶清商"即是翻写此意。

## 【本句译读】

大自然的暑热氛围开始消退，天气应和着季候渐渐进入到秋风瑟瑟的时节。

---

# 65. 笼函蟋蟀  苔砌蚣螫

## 笼［lóng］繁体作籠

本义指用竹篾编制的笼子，在这里是指关羁禽鸟或其它动物的樊笼。汉代庄忌《哀时命》："为凤皇作鹑笼兮，虽翕翅其不容。"南朝陈代江总《赋得泛泛水中凫》："春鹦徒有赋，还笑在金笼。"唐代卢照邻《失群雁》："愿君弄影凤凰池，时忆笼中摧折羽。"宋代陆游《新秋》："梧桐败叶飘犹少，蟋蟀雕笼卖已多。"金代赵秉文《和渊明饮酒二十首·其十》："鸷鸟闭笼中，举翮触四隅。"元代吴澄《次韵玉清避暑》："谈边了悟蝉蜕壳，区中局促鸟在笼。"明代管讷《敬赋白鹰》："出笼一脱红锦鞲，随人指顾无虚掷。"清代汪琬《春日偶成二首·其一》："开笼放松鼠，洗钵荐棕鱼。"

## 函［hán］

意为包含、容纳。晋代陆云《答大将军祭酒顾令文》："心犹水鉴，函景内照。"南朝梁代江淹《悼室人十首·其五》："我心若函烟，蓊蓊满中怀。"唐代李白《安州应城玉女汤作》："沸珠跃明月，皎镜函空天。"宋代寇准《早春》："溪水觉暖微函碧，山杏经春半吐红。"元代郑元祐《昆山石》："昆冈曾蕴玉，此石尚函辉。"明代陶宗仪《听琴行》："体修三尺六寸奇，负阴抱阳函四时。"清代施闰章《醉歌寄研山开府》："当年柱史乘花骢，心函冰雪临河东。"

## 蟋蟀［xī shuài］

昆虫名，也叫"促织"，有的地区叫"蛐蛐儿"。身体黑褐色，触角很长，后腿粗大，善于跳跃，尾部有尾须一对。雄性的好斗，两翅摩擦能发声。蟋蟀生活在阴湿的地方，吃植物的根、茎和种子，对农业有害。蟋蟀在古代是常见的宠玩和赛斗的动物之一。《诗经·唐风·蟋蟀》："蟋蟀在堂，岁聿其莫。"战国时期楚国宋玉《九辩》："独申旦而不寐兮，哀蟋蟀之宵征。"汉代王粲《从军诗五首·其三》："蟋蟀夹岸鸣，孤鸟翩翩飞。"晋代傅玄《短歌行》："蟋蟀何感，中夜哀鸣。"南朝梁代江淹《效阮公诗十五首·其十四》："夕云映西山，蟋蟀吟桑梓。"唐代王维《赠祖三咏》："蟏蛸挂虚牖，蟋蟀鸣前除。"宋代赵湘《秋夕旅馆言事》："梧桐自管秋来雨，蟋蟀谁妨夜后人。"元代麻革《秋夜感怀》:"疏雨梧桐夜,西风蟋蟀床。"明代林光《宿三水》:"未有悲秋意,何如蟋蟀吟。"清代方维仪《旅夜闻寇》:"蟋蟀吟秋户,凉风起暮山。"

**按**:"笼函蟋蟀"一语源自有关秋季的一个岁时掌故。事见五代王仁裕《开元天宝遗事·金笼蟋蟀》:"每至秋时,宫中妃妾辈,皆以小金笼捉蟋蟀闭于笼中,置之枕函畔,夜听其声。庶民之家皆效之也。"(大意:每到秋天的时候,皇宫中的嫔妃们都拿着小金丝笼子抓蟋蟀并把它们关在笼子里,放在中间可以藏东西的枕头旁边,晚上欣赏它们的叫声。普通百姓家也都跟着效法。)蟋蟀的鸣声颇有特色,不同的音调、频率能表达不同的意思。据研究,蟋蟀夜晚发出的响亮而有较长节奏的鸣声,既是在警告其它的同性不得进入,又是向异性发出求偶的信号。我国黄河以南地区的蟋蟀一般在夏末开始鸣叫,通常在零上二十度时鸣叫得最欢,十月份下旬气候转冷时即停止鸣叫,十一月份亦即农历的十月就开始找温暖一点的地方藏匿了,《诗经·豳风·七月》"十月蟋蟀,入我床下",说的就是蟋蟀的这个特点。宋代陈元靓《岁时广记·秋》"蟋蟀吟"条下收辑上述故事作为初秋的岁时掌故。

## 苔砌〔tái qì〕

"苔",植物名,又名"地衣""水衣",苔属隐花植物类。它的根、茎、叶区别不明显,有青、绿、紫等色,多生于阴湿地方,延贴地面,所以称之为"地衣"。"砌"就是台阶。"苔砌",意为长着苔藓的石阶或土阶。唐代郑絪《奉酬宣上人九月十五日东亭望月见赠因怀紫阁旧游》:"松斋月朗星

初散，苔砌霜繁夜欲分。"宋代邹浩《慎夺堂》："风度绮疏香
漠漠，月移苔砌竹幽幽。"元代郑德辉《上马娇》："竹窗外响
翠梢，苔砌下深绿草。"明代史谨《慈乐堂》："花覆板舆春宴
后，鹤迎苔砌晚游时。"清代沈岸登《疏影·题何侍御古藤书
屋》："赤阑宛转连苔砌，总不羡、江梅湘竹。"

## 蛩螀 [ qióng jiāng ]

即蟋蟀与寒蝉的合称，多用来泛指包括蟋蟀和寒蝉在内的
秋季鸣虫。宋代黄庭坚《新凉示同学》："蛩螀何苦不自聊，
入我夜床鸣唧唧。"元代刘因《夏日即事》："闲从鸟雀分晴
昼，静与蛩螀共晚凉。"明代谢榛《石门秋夜有怀》："坐里蛩
螀乱，愁边乌鹊飞。"清代赵执信《柔橹行》："纤纤岸草蛩螀
鸣，袅袅湖风凫雁声。"

按：秋季的石阶或土阶都比较潮湿，是蟋蟀和寒蝉最常见的栖
身藏匿之所。唐代李峤《九月奉教作》："曲池朝下雁，幽砌夕
吟蛩"；明代何乔新《读曾南丰诗》："有如苔砌蛩，竟夕鸣声
悲"；清代纳兰性德《清平乐·忆梁汾》："绕砌蛩螀人不语，
有梦转愁无据"，都是"苔砌蛩螀"一语的先声。

## 【本句译读】

秋天到了，富贵人家的笼子里装满了叫声活跃的蟋蟀；长
着苔藓的台阶缝隙里蟋蟀和寒蝉鸣声交织令人生悲。

# 66. 蜻蜓款飏　络纬匆忙

## 蜻蜓［qīng tíng］

昆虫名，古时亦作"蜻蝏"，身体细长，胸部的背面有两对膜状的翅，生活在水边，捕食蚊子等小飞虫，能高飞。南朝梁代萧纲《晚日后堂》："花留蛱蝶粉，竹翳蜻蜓珠。"唐代陈子昂《南山家园林木交映盛夏五月幽然清凉独坐思远率成十韵》："蛱蝶怜红药，蜻蜓爱碧浔。"宋代晏殊《渔家傲·其十四》："嫩绿堪裁红欲绽，蜻蜓点水鱼游畔。"金代元好问《后平湖曲》："鸳鸯惊起东西去，惟有蜻蜓接翅飞。"元代郭庸《西湖竹枝词二首·其一》："鸳鸯惊散东西去，唯有蜻蜓蛱蝶飞。"明代薛瑄《行台杂咏简黄宪长暨诸宪僚二十首·其九》："水满方塘盖锦萍，软风高下飏蜻蜓。"清代奕绘《莺啼序二首·其一》："破凝碧、款款蜻蜓，飞来还又飞去。"

## 款［kuǎn］

意为迟缓、慢。唐代元稹《早春寻李校书》："款款春风澹澹云，柳枝低作翠椓裙。"宋代柳永《长相思慢·京妓》："巷陌纵横，过平康款辔，缓听歌声。"金代赵秉文《春游四首·其二》："无数飞花送小舟，蜻蜓款立钓丝头。"元代关汉卿《玉镜台·第三折·幺篇》："教他款慢里，劝谏的俺夫妻和会。"

明代汤胤绩《题薛四公子湖山游乐卷》："江心款试惊雷荚，海口徐回贯月查。"清代沈谦《浪淘沙·戏赠幼妓》："殢酒更娇痴，款抱轻携，晓寒深护绣帘垂。"

## 飏 [ yáng ]

　　意为飞扬、飘扬。《说文》："飏，风所飞扬也。"战国时期楚国宋玉《九辩》："何曾华之无实兮，从风雨而飞飏。"汉代宋子侯《董娇饶》："纤手折其枝，花落何飘飏。"三国时期魏国曹睿《乐府诗》："微风冲闺闼，罗帷自飘飏。"晋代王胡之《答谢安》："鸟养养之，任其沉飏。"北朝齐代萧悫《奉和济黄河应教》："钟声飏别岛，旗影照苍流。"唐代郑世翼《登北邙还望京洛》："嚣尘暗天起，箫管从风飏。"宋代郑伯玉《绿野亭·其一》："鹅毛絮轻飏晴日，鸭头波暖摇青空。"金代宗道《宝岩僧舍》："寂寂钟鱼柏满轩，午风轻飏煮茶烟。"元代许谦《萧兄临行索诗即席赋赠》："舟飏西流水，明朝定向东。"明代方孝孺《应教恭赋静妙轩》："斋居乐康时，炉熏飏微风。"清代庄盘珠《凤凰台上忆吹箫·夏日骤雨》："趁画帘半飏，扑入蜻蜓。"

**按**："蜻蜓款飏"一语，源自唐代杜甫《曲江二首·其二》："穿花蛱蝶深深见，点水蜻蜓款款飞。"蜻蜓是在初秋时节表现活跃的昆虫之一。清代翁元圻《困学纪闻注·礼记》"元圻案"引《易通卦验》："阊阖风至而蜻蜓吟。"（大意：秋分时节的风刮来，蜻蜓开始活跃，吟鸣不绝。）明代沈周《经尚湖望虞山》："鸬鹚群栖竹叶暗，蜻蜓特立荷花秋。"陈昂《立秋夜作》："舞觉蜻蜓爽，声添蟋蟀工。"

325

## 络纬［luò wěi］繁体作絡緯

昆虫名，即莎鸡，俗称"络丝娘""纺织娘"。夏秋夜间振羽作声，声如纺线，故名。南朝宋代鲍照《秋日示休上人》："今兹亦何早，已闻络纬鸣。"唐代李白《长相思》："长相思，在长安，络纬秋啼金井阑。"宋代林逋《句·其十二》："天寒络纬悲向壁，秋高风露声入怀。"金代李献甫《秋风怨》："络纬吊月啼不断，莲漏压荷夜未半。"元代赵孟頫《秋夜曲·其二》："暗蚤栖草鸣不平，无丝络纬空劳促。"明代徐有贞《感寓三首·其二》："熠耀飞荒除，络纬鸣虚壁。"清代张镠《秋夜作》："索索阶前络纬鸣，萧萧林屋变秋声。"

## 匆忙［cōng máng］

意为忙碌、急急忙忙。唐代杜甫《新婚别》："暮婚晨告别，无乃太匆忙。"宋代彭汝砺《答周考功惠黄丝棕心席玉面界方》："人世匆忙疑是梦，鬓毛感慨欲成丝。"元代魏初《襄城即席送何侍御》："相逢汉皋上，鞍马又匆忙。"明代王廷相《夏日饮孙贞甫园亭用韵》："行杯方潋滟，落日太匆忙。"清代吴俊卿《赠野僧青望》："输与山僧摊粥饭，笑人行役太匆忙。"

**按**：南朝宋代鲍照《秋日示休上人》："今兹亦何早，已闻络纬鸣。"意思是说：今年的秋季提前了吗？为什么络纬这么早地就忙着发出纺线般的鸣叫了呢？这里的"络纬匆忙"一语即源于这一诗句的意涵。络纬鸣叫是秋季的岁时特征之一。宋代吴淑《事类赋·岁时部·秋》"络纬悲啼"句下自注收辑鲍照"络纬鸣"诗句作为秋季的岁时掌故。

## 【本句译读】

蜻蜓在秋风中款款飞飏；络纬也忙不迭地开始了凄厉的鸣叫。

# 67. 巫峡萧森 征鸿嘹唳

## 巫峡〔wū xiá〕繁体作巫峽

即"长江三峡"的第二峡。巫峡位于重庆市巫山县与湖北省巴东县之间，全长四十二公里，山高入云，有巫山十二峰擅奇天下。南朝梁代萧绎《折杨柳》："巫山巫峡长，垂柳复垂杨。"唐代杨炯《巫峡》："三峡七百里，唯言巫峡长。"宋代王禹偁《酬安秘丞见赠长歌》："独得归州近巫峡，十二晴峰长在睫。"元代李俊民《襄阳咏史·其八·宋玉宅》："往事一场巫峡梦，秋风摇落在东墙。"明代何景明《峡中》、"江穿巫峡隘，山凿鬼门深。"清代刘大櫆《送李生入蜀》："巫峡扁舟上，岷江溯发源。"

## 萧森〔xiāo sēn〕繁体作蕭森

意为肃杀阴森，多用来形容秋冬天气寒冷、草木枯落的景象。唐代张九龄《郡舍南有园畦杂树聊以永日》："江城何寂历，秋树亦萧森。"宋代郭印《八月十四至十六日无月二首·其一》："秋中景色正萧森，月色超然重古今。"金代赵秉文《冷山行》："一声两声风萧森，三弄五弄天沉沉。"元代虞集《题画》："当时执戟今白头，却对萧森倚秋昊。"明代危素《后买琴歌》："萧森岩壑秋气肃，汹涌天地霜风清。"清代屈大均《秋声》："秋声乱庭树，片雨助萧森。"

**按**："巫峡萧森"一语，出自唐代杜甫《秋兴八首·其一》："玉露凋伤枫树林，巫山巫峡气萧森。"此句是写秋季巫峡凄凉寒冷、草木凋伤的景象。由于杜诗影响极大，"巫峡萧森"遂成语典。清代吴伟业《赠松郡副守涪陵陈三石》："湖天摇落云舒卷，巫峡萧森路折盘。"陆求可《高阳台》："巫山巫峡萧森，便兼天波浪，接地风阴。"杨世谦《读忠州李芋仙刺史天瘦阁集》："吟魂何处招难复，巫峡萧森日易斜。"

## 征鸿［zhēng hóng］繁体作征鸿

即处在南来北往迁徙征程中的鸿雁，一般是指秋天避寒往南飞的大雁。南朝梁代江淹《赤亭渚》："远心何所类，云边有征鸿。"唐代庾抱《别蔡参军》："性灵如未失，南北有征鸿。"宋代苏舜钦《秋夕怀南中故人》："征鸿急急知何事，断续哀鸣过不休。"金代朱自牧《送鄜州节判任元老罢任东归二首·其一》："欲仗征鸿寄消息，地寒不肯过边城。"元代杨云鹏《雁》："远客思乡未得归，征鸿又见度斜晖。"明代李裕《赵村野望》："霁天秋色远，楚塞度征鸿。"清代王崇简《满庭芳·秋景》："夕照明霞点点，飞无影、几阵征鸿。"

## 嘹唳［liáo lì］

也作"寥戾""寥唳"，常用于形容大雁、鹤等鸣叫声的凄凉清厉。南朝梁代陶弘景《寒夜怨》："夜云生，夜鸿惊，凄切嘹唳伤夜情。"唐代骆宾王《久戍边城有怀京邑》："海鹤声嘹唳，城乌尾毕逋。"宋代梅尧臣《赠狄梁公十二代孙国宾》："鹤性本君子，嘹唳通太清。"金代高永《大江东去·滕王阁》："长空淡淡，去鸿嘹唳谁数。"元代白朴《德胜乐》："听落叶西风渭水，寒雁儿长空嘹唳。"明代唐文凤《鸣雁篇》："雁鸣嘹唳穿云飞，秋风吹老黄芦枝。"清代牛焘《游姚安白塔寺路访鲁氏琴》："又如云中响，嘹唳起哀鸿。"

**按**："征鸿嘹唳"一语，出自宋代赵长卿《眼儿媚·霜夜对月》："那堪更被，征鸿嘹唳，绊惹离愁。"意思是说：在秋霜浸溢的月夜里，哪里禁得起被南飞雁那凄凉叫声搅扰出的离人愁绪？此后"征鸿嘹唳"遂成语典。南宋吴潜《青玉案·其一》："暗蛩啾唧，征鸿嘹唳，憔悴都如许。"家铉翁《九日登瀛台》："孤鹤飞鸣知我在，征鸿嘹唳为谁哀。"清代周翼椿《琴调相思引·送别少华妹》："乍暖还寒雨后天，征鸿嘹唳别怀牵。"方彦珍《新雁过妆楼·秋闺即事》："听凄清、征鸿嘹唳，目送长空。"而唐代王维《奉寄韦太守陟》中的："天高秋日迥，嘹唳闻归鸿"，则是其滥觞。

## 【本句译读】

　　秋天的巫峡满目都是肃杀阴森的景象，南归的雁群里传来一阵阵凄凉清厉的叫声。

# 68. 惨叫巴猿 哀嘶胡骑

## 惨［cǎn］繁体作惨

意为悲痛、凄苦。《唐韵》："音黪，痛也。"战国时期楚国宋玉《九辩》："心闵怜之惨凄兮，愿一见而有明。"汉代王粲《为潘文则作思亲诗》："遗衍在体，惨痛切心。"唐代刘斌《和许给事伤牛尚书》："林薄长风惨，江上寒云愁。"宋代欧阳修《寄渭州王仲仪龙图》："羡君三作临边守，惯听胡笳不惨然。"金代元好问《送李参军》："朔风浩浩来，客子惨在颜。"元代王恽《清苑道中》："剑华寒有晕，山日惨无辉。"明代周是修《再赓酬光远文学》："老鹤惊翔翥，穷猿惨叫号。"清代陶自悦《赠恽子正叔》："赠君芙蓉花，芙蓉惨无色。"

## 叫［jiào］

意为呼喊、虫鸟的鸣叫。《诗经·小雅·北山》："或不知叫号，或惨惨劬劳。"汉代蔡琰《悲愤诗二章·其一》："慕我独得归，哀叫声摧裂。"北朝周代王褒《和从弟佑山家诗二首·其二》："滴沥寒泉溜，叫啸秋猿啼。"唐代宋之问《卧闻嵩山钟》："槁叶零宿雨，新鸿叫晴月。"宋代潘阆《题思归鸟》："高枝枝上鸟，终日叫思归。"金代程自修《痛哭》："精灵聚散岂拘束，山鬼叫呼松柏哀。"元代陈宜甫《寄友人作》：

"边城古路开残雪，夜月孤鸿叫断云。"明代袁凯《邹园十咏·其二·柳堤》："鸥眠雨未歇，莺叫烟初曙。"清代王崇简《满庭芳·秋景》："听蓼花滩畔，叫彻寒蛩。"

## 巴猿［bā yuán］

古称生活在四川东部和重庆一带山林间的猿为"巴猿"。唐代张九龄《巫山高》："唯有巴猿啸，哀音不可听。"宋代赵湘《送周洞之蜀》："峡树参天碧，巴猿向夕号。"元代朱晞颜《题开元商学士所作眉山春晓画壁》："盘空飞磴三百里，彷佛中有巴猿声。"明代史鉴《送王静深还合州》："月冷巴猿啸，人悲蜀道行。"清代阮元《题钱裴山同年使车纪胜图》："蜀才乐得献其秀，巴猿不敢鸣其哀。"

按："惨叫巴猿"一语，源自唐代白居易《和行简望郡南山》："试听肠断巴猿叫，早晚骊山有此声。"意思是说：听听这里巴猿那断肠般的惨叫吧，长安那边的骊山早晚也会有这样的声音。北宋魏野在《寄赠西川御史薛端公益州司理刘大着陕路运使臧殿院梓州提刑唐察院》中的"蜀魄血流啼亦少，巴猿肠断叫应稀"；清代王士禛《药物》中的"巴猿殊造次，凄绝叫枫林"，都是模仿此句语气，突出描写巴猿叫声的惨烈。秋天是容易引发感伤情绪的时节，这时的猿叫声更令人觉得格外悲惨凄绝。

## 哀［āi］

意为悲伤、悲痛。《诗经·小雅·采薇》："我心伤悲，莫知我哀。"屈原《离骚》："虽萎绝其亦何伤兮，哀众芳之芜

331

秽。”汉代赵壹《鲁生歌》：“哀哉复哀哉，此是命矣夫。”南朝宋代王微《杂诗二首·其二》：“弄弦不成曲，哀歌送苦言。”唐代陈子昂《感遇诗三十八首·其二十八》：“雄图今何在，黄雀空哀吟。”宋代穆修《送毛得一秀才归淮上·其二》：“途中猿鸟哀声断，马上云山远碧横。”金代晁会《杜鹃》：“杜宇啼声枕上来，一声哀似一声哀。”元代李溥光《平城秋郊怀古》：“虎踞龙盘化劫灰，登临怀抱动吟哀。”明代刘琏《过湖乐站》：“倾耳聆哀猿，扪萝随鸟迹。”清代汤右曾《卢龙道中》：“下复泥深行不得，我马哀嘶病无力。”

## 嘶［sī］

意为动物的鸣叫声，也特指马发出的高而拖长的鸣叫声。汉代乐府《孔雀东南飞·古诗为焦仲卿妻作》：“其日牛马嘶，新妇入青庐。”北朝周代庾信《和赵王送峡中军》：“胡笳遥警夜，塞马暗嘶群。”唐代韩翃《送客之潞府》：“官柳青青匹马嘶，回风暮雨入铜鞮。”宋代苏轼《眉子石砚歌赠胡訚》：“游人指点小蘩处，中有渔阳胡马嘶。”金代李献能《从猎口号四首·其一》：“景阳钟罢听残漏，万马衔霜不敢嘶。”元代叶懋《古乐府十四首·其六·滹沱河吟》：“君不见昭陵石马嘶青冥，八公草木皆神兵。”明代王偁《蔚林与陈司马言别》：“鹤辔嘶风千嶂里，鹢楼冲浪万滩中。”清代钱谦益《后秋兴八首庚子十月望日·其二》：“啸月岭猿催画角，嘶风胡马咽悲笳。”

## 胡骑［hú jì］繁体作胡騎

本义指古代北狄的骑兵，后来也泛指北方异族的骑兵或战马。北朝无名氏《木兰辞》：“不闻爷娘唤女声，但闻燕山胡

骑鸣啾啾。"隋代杨素《出塞二首·其二》:"薄暮边声起,空
飞胡骑尘。"唐代高适《酬裴员外以诗代书》:"胡骑犯龙山,
乘舆经马嵬。"宋代王安石《澶州》:"边关一失守,北望皆胡
骑。"金代赵秉文《长白山行》:"前年胡骑瞰中原,准拟长城
如削铁。"元代戴良《凉州行》:"汉军西出笛声哀,胡骑闻之
去复来。"明代黄廷用《赠黄友国光主留都兵政》:"今秋胡骑
犯边城,往事伤心梦亦惊。"清代钱澄之《秋兴·其五》:"五
夜楼船航海疾,千群胡骑渡江飞。"

**按:**"哀嘶胡骑"一语,源自宋代吴淑《事类赋·岁时部·秋》
"吟啸成群,感李陵于塞上。"其句下自注引录汉代李陵《答
苏武书》:"凉秋九月,塞外草衰。夜不能寐,侧耳远听。胡笳
互动,牧马悲鸣,吟啸成群,边声四起。"(大意:九月的秋天
充溢着凉气,塞北的大草原一片衰败的景象,我在夜里无法入
睡,侧耳倾听,远方传来几处胡笳的吹奏声,此起彼伏相互和
鸣。牧场里的马匹发出悲哀的嘶鸣,成群成群地低吼长啸,塞
外特有的天籁之音缭绕于大地的四周。)李陵这几句描写塞外
凉秋的话很悲壮也很感人,所以牧马悲鸣也成为了秋季的典型
特征。"哀嘶胡骑"就是取意于此。

## 【本句译读】

在气象肃杀的秋天里,巴山的猿叫声显得非常地凄惨;塞
外的马鸣声听上去更是格外悲哀。

# 69. 沅芷澧蘅　洲茞汀芰

## 沅〔yuán〕

水名，即沅江，在湖南省西部。沅江源于贵州省云雾山，上游称清水江，流经湖南，最后注入洞庭湖。屈原《九章·其二·涉江》："乘舲船余上沅兮，齐吴榜以击汰。"南朝梁代虞羲《送友人上湘》："沅水日生波，芳洲行坠露。"唐代张说《湘州九日城北亭子》："宁知沅水上，复有菊花杯。"宋代王禹偁《和仲咸诗六首·其二》："且欣丹穴一毛在，莫道沅江九肋稀。"金代元好问《湘夫人咏》："秋风秋月沅江渡，波上寒烟引轻素。"元代张师曾《送陈公辅宰新宁》："归来涉沅澧，赠我芷与兰。"明代谢肃《次舍弟忠寄杨胡二守韵》："越山薇露长，沅水雁秋飞。"清代董元恺《满江红·其四》："坐琴堂、高啸海天秋，沅流急。"

## 芷〔zhǐ〕

植物名，即白芷。多年生高大草本，根长尺余，粗细不等，圆柱形；花白微黄，果实长圆形至卵圆形；入伏后结子，立秋后苗枯。屈原《离骚》："畦留夷与揭车兮，杂杜衡与芳芷。"汉代刘向《九叹·其一·逢纷》："怀兰蕙与衡芷兮，行中野而散之。"南朝梁代柳恽《赠吴均二首·其一》："云日自清明，苹芷齐霍靡。"唐代陈子昂《于长史山池三日曲水宴》：
"泛滟清流满，葳蕤白芷生。"宋代寇准《句·其二》："苍芷溪烟
晻霭山，翛然城角起天端。"元代赵孟𫖯《题西溪图赠鲜于伯
几》："绿苹齐叶白芷生，送君江南空复情。"明代郑瑛《题丁
克恭临清轩》："洲头高构凌虚起，春风淡荡吹香芷。"清代徐
枋《怀人诗九首·其五》："隐居不违亲，循陔掇芳芷。"

## 澧 ［lǐ］

水名，即澧水，发源于湖南省西北与湖北省鹤峰县交
界处，流经湖南境内的桑植、大庸、慈利、石门、临澧县、
澧县等地注入七里湖、洞庭湖。南朝梁代沈约《湘夫人》：
"潇湘风已息，沅澧复安流。"唐代皇甫冉《江草歌送卢判
官》："澧之浦兮湘之滨，思夫君兮送美人。"宋代欧阳修
《楚泽》："欲就苍梧诉，愁迷澧浦遥。"元代许谦《遣兴四
首·其二》："猗猗澧有兰，馥馥沅有芷。"明代杨慎《恩遣
戍滇纪行》"楚水萦沅澧，楚岸秀兰芷。"清代陶孚尹《水仙
花》："澧兰沅芷若为邻，澹荡疑生罗袜尘。"

## 蘅 ［héng］

植物名，即杜蘅的简称，古称"香草"。《玉篇》："蘅，
杜蘅，香草。"亦作"杜衡"，又名"苦叶细辛""南细辛"，属
于马兜铃科，多年生草本，花被呈筒钟状，暗紫色；全草可入
药，并能提取芳香油。屈原《九章·其九·悲回风》："蘋蘅槁
而节离兮，芳以歇而不比。"汉代王逸《九思·其七·伤时》：
"堇荼茂兮扶疏，蘅芷彫兮莹嫇。"三国时期魏国曹植《洛神
赋》："践椒涂之郁烈，步蘅薄而流芳。"南朝齐代王融《同沈

335

右率诸公赋鼓吹二首·其一·巫山高》："烟霞乍舒卷，蘅芳时断续。"唐代钱起《县内水亭晨兴听讼》："坐惜寒塘晚，霜风吹杜蘅。"宋代张孝祥《满江红·其一》："秋满蘅皋，烟芜外、吴山历历。"元代欧阳玄《过洞庭》："欲作庙堂迎送曲，杜红蘅碧尽离骚。"明代李昌祺《题山水》："汀蘅渚杜俱逸兴，澧兰沅芷皆离骚。"清代林澍蕃《秋怀寄长实》："公子蘅兰伤楚佩，美人刀剪送秋心。"

**按**："沅芷澧蘅"一语，源自屈原《楚辞·九歌·湘夫人》中"沅有芷兮澧有兰"的诗句，意思是说：沅水与澧水的岸边生长着白芷和兰这样与众不同的香草。后人从这一诗句中提炼出"沅芷澧兰"作为成语，用以比喻高洁的人或事物；但在这里它是作为"袅袅兮秋风"中的岁时景物出现的。因为周兴嗣《千字文》"似兰斯馨"句中已经出现了"兰"字，所以此处将"沅芷澧兰"改作"沅芷澧蘅"，在语意大体相当的前提下做出语词的避让。

## 洲 [ zhōu ]

即河流中由泥沙淤积而成的陆地。《尔雅·释水》："水中可居，曰'洲'。"《诗经·周南·关雎》："关关雎鸠，在河之洲。"屈原《离骚》："朝搴阰之木兰兮，夕揽洲之宿莽。"汉代郦炎《见志诗二首·其二》："灵芝生河洲，动摇因洪波。"晋代陶潜《于王抚军座送客》："洲渚四缅邈，风水互乖违。"南朝宋代谢灵运《郡东山望溟海》："采薇遵大薄，搴若履长洲。"唐代王昌龄《万岁楼》："猿狖何曾离暮岭，鸬鹚空自泛寒洲。"宋代梅尧臣《范饶州坐中客语食河豚鱼》："春洲生荻芽，春岸飞杨花。"金代段成己《临江仙·其四·暮秋有感》：
"秋兰无处采，流水满芳洲。"元代张师愚《送韩默斋》："去
年江边君送客，春洲两岸杨花白。"明代刘璟《芦雁·其二》：
"月明何处云罗远，浩荡湖波水满洲。"清代吴嘉纪《秋日怀孙
八豹人六首·其一》："江洲芳草歇，时序已蹉跎。"

## 苇［wěi］繁体作葦

即芦苇。《说文》："苇，大葭也。"《诗经·大雅·行
苇》："敦彼行苇，牛羊勿践履。"汉代乐府《战城南》："水深
激激，蒲苇冥冥。"南朝梁代陆倕《以诗代书别后寄赠》："葭
苇日苍苍，亲知慎早凉。"唐代张说《同赵侍御乾湖作》："处
处沟泽清源竭，年年旧苇白头新。"宋代文同《崔白败荷折苇寒
鹭》："疏苇雨中老，乱荷霜外凋。"金代党怀英《煦山道中三
首·其二》："吴歌楚语海山间，织苇苫茹便自安。"元代赵世
延《题周曾秋塘图》："枯荷折苇兼葭外，不着黄花喷晚香。"
明代何乔新《景陵书事》．"水国舟为市，渔家苇作樯。"清代
章静宜《金陵》："六宫夜雨棠梨落，万里秋江苇荻多。"

## 汀［tīng］

指水边的平地或平滩。屈原《九歌·其四·湘夫人》："搴
汀洲兮杜若，将以遗兮远者。"南朝宋代谢灵运《白石岩下径
行田》："千顷带远堤，万里泻长汀。"唐代陈子昂《宿襄河驿
浦》："沙浦明如月，汀葭晦若秋。"宋代王安石《泊雁》："漠
漠汀帆转，幽幽岸火然。"金代元好问《鹿泉新居二十四韵》：
"土门西边井陉渡，野日荒荒下汀树。"元代袁易《台城路·和
师言送春》："正鸥渚波宽，柳汀云黯。"明代赵迪《述怀》：

"门掩秋塘枫树清，断猿疏鸟起寒汀。"清代陆求可《隔莲浦》："声声欸乃，惊起汀鸥散乱。"

# 芰〔jì〕

"芰"，即菱的别名，一年生水生草本植物。俗称"菱角"；两个角的叫作"菱"，四个角的就叫作"芰"。屈原《离骚》："制芰荷以为衣兮，集芙蓉以为裳。"晋代夏侯湛《春可乐》："援若流之绿芰，进樱桃于玉盘。"南朝梁代沈约《钓竿》："轻丝动弱芰，微楫起单凫。"唐代骆宾王《棹歌行》："镜花摇芰日，衣麝入荷风。"宋代王禹偁《寄题陕府南溪兼简孙何兄弟》："芰叶巧如剪，萍根密非种。"金代麻九畴《和伯玉食蒿酱韵》："文蒲及屈芰，何乃淡以枯。"元代章功懋《草堂新成》："野服便应裁绿芰，晨炊更喜得黄精。"明代王偁《山居约马自牧同隐》："露巾裁落芰，野饭荐香芹。"清代宋琬《钓台图歌赠马兰台山人》："弹筝叩缶本秦声，裂芰为衣皆楚制。"

# 【本句译读】

在袅袅的秋风中，沅江岸边的白芷和澧水侧畔的杜蘅都渐趋凋零；洲地里的芦苇和水汀中的芰叶也日见枯败。

# 70. 湖飐芙蓉　堞牵薜荔

## 湖［hú］

即湖泊，四周为陆地的广阔水域。汉代刘向《九叹·其九·远游》："济杨舟于会稽兮，就申胥于五湖。"三国时期魏国阮籍《咏怀·其七十五》："吹嘘谁以益，江湖相捐忘。"南朝梁代吴均《和柳恽毗山亭诗》："平湖旷复远，高树峻而危。"唐代长孙无忌《五言春日侍宴望海应诏》："仙湖遥蔼蔼，蜃气远苍苍。"宋代姜夔《湖上寓居杂咏十四首·其二》："湖上风恬月淡时，卧看云影入玻璃。"金代魏抟霄《送河南府尹张寿甫赴阙》："春风已遍湖山外，元气还归鼎鼐中。"元代陈思济《移官淮东别杭州》："湖上云烟百态新，湖边幽趣属闲身。"明代陈献章《秋梦·其一》："山斗英魂在，江湖秋梦深。"清代陈瑚《怀华天御》："怀君秋夜尚湖边，明月微星照不眠。"

## 飐［zhǎn］繁体作颭

意为风吹某物使其颤动。北朝周代庾信《经陈思王墓》："飘遥河朔远，飐飏飓风鸣。"唐代刘禹锡《浪淘沙》："鹦鹉洲头浪飐沙，青楼春望日将斜。"宋代晏殊《渔家傲·其六》："叶下鸂鶒眠未稳，风翻露飐香成阵。"金代王寂《墨竹颂四首·其三·披风》："风过即安闲，风来即招飑。"元代刘诜《忆秦娥·初见桃花》："东风裙湿湘波飑，相逢处处如人面。"明代王恽《吴城春晓曲》："晓风飑户声鸦然，赭罗射日胭脂鲜。"清代钱载《濠梁驿》："杨柳人家外，秋飙飑碧涯。"

# 芙蓉［fú róng］

芙蓉分为水芙蓉和木芙蓉，这里指的是水芙蓉，也叫做"芙蕖""莲花""荷花"，生长于水中，茎极短、叶呈辐射状生长，直径可达三十公分；叶表面为黄绿色、背面为白色，两面均被覆白色透明茸毛。屈原《九歌·其三·湘君》："采薜荔兮水中，搴芙蓉兮木末。"汉代刘桢《公宴诗》："芙蓉散其华，菡萏溢金塘。"三国时期魏国曹植《芙蓉池》："逍遥芙蓉池，翩翩戏轻舟。"南朝梁代刘孝威《奉和晚日诗》："迷迷涵香长，芙蓉逐浪摇。"唐代刘希夷《江南曲八首·其七》："北堂红草盛丰茸，南湖碧水照芙蓉。"宋代张先《菩萨蛮·采莲女》："上湖闲荡桨，粉艳芙蓉样。"金代朱之才《南越行》："太液池内红芙蓉，自怜谪堕蛮烟中。"元代孙辙《拟古四首次杨志行韵·其一》："涉江采芙蓉，江水何澄鲜。"明代郑真《送表兄范执中复任灵寿县知县》："燕马春郊肥苜蓿，淮船秋水映芙蓉。"清代纳兰性德《送荪友》："芙蓉湖上芙蓉花，秋风未落如朝霞。"

# 堞［dié］

即城墙上如锯齿状的薄型堞墙，也叫做"女儿墙"。《说文》："堞，城上女垣也。"古代的城墙一般是用泥土夯筑而成，比较厚实，上面还要用砖砌出女儿墙，既是守城兵士的掩体，也方便向城下射箭，文言中也称之为"陴"或"陴倪"。南朝宋代鲍照《还都至三山望石头城》："攒楼贯白日，摛堞隐丹霞。"隋代薛道衡《奉和月夜听军乐应诏诗》："旌门临古堞，徼道度深隍。"唐代李百药《秋晚登古城》："颓墉寒雀集，荒堞晚乌惊。"宋代杨备《观风楼》："观风危堞与云齐，楼下开门画戟西。"元代尹廷高《高邮道中》："古堞平来春草合，荒田耕遍夕阳多。"明代王洪《舟中杂兴·其十六》："暮鸟投空堞，春苗入废城。"清代曾源昌《登红毛城》："羽旗巡残堞，鼓鼙无乱噪。"

## 牵［qiān］

本义指拉扯着使向前行进或拽引移动。《说文》："牵，引前也。"《广雅》："牵，引也。"引申意为攀牵；蔓延。战国时期楚国宋玉《招魂》："主此盛德兮，牵于俗而芜秽。"汉代庄忌《哀时命》："外迫胁于机臂兮，上牵联于矰弋。"南朝梁代庾肩吾《同萧左丞咏摘梅花》："折花牵短树，攀丛入细条。"唐代王勃《采莲曲》："牵花怜共蒂，折藕爱连丝。"宋代梅尧臣《赋石昌言家五题·其四·怀素草书》："牵缠回环断不断，秋风枯蔓连蒂瓜。"元代贡奎《清河》："藕花红映岸，藤蔓翠牵篱。"明代唐寅《山居图》："短墙甃石牵牵荔，薄酒盈坛共转筒。"清代彭孙贻《水西寺》："墙薜牵人绿，瓶花向佛低。"

## 薜荔［bì lì］

植物名，也称"木莲"，常绿藤本植物，茎蔓生，叶呈椭圆形，茎叶可入药；花极小，隐于花托内；果实球形，胶汁丰富。屈原《离骚》："揽木根以结茝兮，贯薜荔之落蕊。"

汉代乐府《陌上桑》："今有人，山之阿，被服薜荔带女萝。"南朝宋代沈怀远《次绥安》："稺子练葛衣，樵人薜荔屋。"唐代李颀《赠别张兵曹》："不惮轩车远，仍寻薜荔幽。"宋代张嵲《次韵石用之易安斋》："薜荔半崖双屐齿，沧浪何日一纶竿。"元代韩性《阳明洞二首·其一》："草间欲问苗龙坛，薜荔鳞鳞络铜虎。"明代王恭《题扇头》："上林春物仍堪赏，莫负秋风薜荔期。"清代俞南史《怀徐元叹》："远树芳兰渚，空思薜荔吟。"

按："湖飐芙蓉·堞牵薜荔"一语，源自唐代柳宗元《登柳州城楼寄漳汀封连四州》中的诗句："惊风乱飐芙蓉水，密雨斜侵薜荔墙。"意思是说：忽起的狂风使荷花下的水面不断地乱颤，密集的雨丝被风斜刮到满是薜荔的墙上。柳宗元的这首诗是唐诗中描写秋天的名作，其中这两句所刻画的典型岁时景象，常被后人取用为典。宋代朱熹《次刘正之芙蓉韵三首·其一》中的"要看乱飐寒塘水，更待金风满意吹"；明代曹义《小景四幅为竹鹤友人袁州何太守赋·其三》中的"江上芙蓉老素秋，西风乱飐白苹洲"；清代郑云荫《夏夜乘凉限韵》中的"忽然起惊风，乱飐芙蓉水"，都是取意于此诗句的上半句。唐代释延寿《永明山居诗·其五十七》中的"吟经徐傍芙蕖岸，得偈闲书薜荔墙"；宋代曹勋《和泉伯幽思韵二首·其二》中："冷入芭蕉雨，烟轻薜荔墙"；金代马定国《游何氏园》中的"八尺龙蛇薜荔墙，瘦松疏竹更苍凉"；元代华幼武《秋夜有感》中的"蟋蟀泣露梧桐井，络纬缫风薜荔墙"；明代潘榛《戴明府漱江亭·其二》中的"风动荼蘼架，雨侵薜荔墙"；清代钱澄之《重过南园感旧·其四》中的"一雨全倾薜荔墙，人家分住读书堂"，则又都是取意于该诗句的下半句。

## 【本句译读】

秋风使湖水中的荷花摇曳颤动；荒城上的女儿墙挂满了蔓延攀爬的薜荔。

# 71. 羁旅怵惕　迁客陨涕

## 羁旅［jī lǚ］繁体作羈旅

指寄居异乡的人。晋代陆机《东宫作诗》："羁旅远游宦，托身承华侧。"北朝周代庾信《秋日》："苍茫望落景，羁旅对穷秋。"唐代王绩《久客斋府病归言志》："沉绵赴漳浦，羁旅别长安。"宋代柳永《安公子·其一》："游宦成羁旅，短樯吟倚闲凝伫。"元代揭傒斯《送黄五舅得武陵校官还辰州寓居省侍》："宁上山头种禾黍，莫向他乡作羁旅。"明代杨士奇《卧病集杜答黎信十首·其一》："荆扬春冬异风土，终日戚戚思羁旅。"清代黄永《一剪梅·雪阻义井》："少年羁旅若飞花，酒泛桃花，曲奏梅花。"

**按**：指代他乡异客的"羁旅"一词最早见于《周礼·地官·遗人》："野鄙之委积，以待羁旅。"本句中的"羁旅"则是取意于明代吴伯引《感秋赋》："乃有孤身去国，羁旅无家，楚臣泽畔，汉傅长沙。"（大意：在秋季的掌故里还有只身离开国都，沦落为无家可归的他乡异客，如屈原被放逐而吟咏于江河之滨，还有贾谊遭贬谪而远赴偏僻的长沙。）这篇赋在一系列有关秋天景物的描写之后，又用屈原和贾谊"去国""无家"的遭遇，把身在异乡为异客的人和悲凉的秋天联系在了一起，从而使"羁旅"一词也沾染了秋天的岁时色彩。

## 怵惕 [chù tì]

意为戒惧、惊惧。战国时期楚国宋玉《九辩》："心怵惕而震荡兮，何所忧之多方。"三国时期魏国何晏《言志诗》："逍遥放志意，何为怵惕惊。"唐代李白《古风·其二十四》："鼻息干虹蜺，行人皆怵惕。"宋代司马光《八月十七日夜省直纪事呈同舍》："飒飒势将摧，怵惕不成寐。"元代屠性《金粟影》："雨露春深增怵惕，溪山秋晚耐高寒。"明代陶宗仪《永思堂诗为董仲资作》："凄怆怵惕，感时抚己。"清代于成龙《劝民节俭歌》："思之可畏亦可痛，亟宜猛省自怵惕。"

按："怵惕"一词最早见于《尚书·冏命》："怵惕惟厉，中夜以兴，思免厥愆。"但本句中的"怵惕"则是取意于战国时期楚国宋玉写于秋天的楚辞大赋《九辩》："憺容与而独倚兮，蟋蟀鸣此西堂。心怵惕而震荡兮，何所忧之多方。"（大意：我徘徊不止独立寒秋啊，听那些蟋蟀在西堂下悲鸣不休。心中惊惧大为震撼啊，为何萦绕着百般的忧愁？）

# 迁客 ［qiān kè］繁体作遷客

　　古时指流放或被贬谪到边远地区的人，最早见于南朝梁代江淹《恨赋》："或有孤臣危涕，孽子坠心，迁客海上，流戍陇阴。"（大意：还有受到孤立排挤的忠臣伤心垂泪，遭遇冷落疏远的庶子惴惴不安，苏武成了流放北海的异乡之客，娄敬沦为谪戍陇西的戴罪之人。）唐代王昌龄《送薛大赴安陆》："津头云雨暗湘山，迁客离忧楚地颜。"宋代欧阳修《送张生》："江湖我再为迁客，道路君犹困旅人。"金代冯璧《草堂春暮横披》："迁客倚楼家万里，五陵飞鞚酒千金。"元代朱晞颜《题金总管所藏王宰临本长江万里图》："逐臣去国远于天，迁客投荒半为鬼。"明代杨基《七月三十日祖母初度时年八十九》："迁客无家空望拜，孤臣有表竟谁陈。"清代赵本扬《荆州怀古·其一》："迁客何须伤贾谊，才人岁月易蹉跎。"

# 陨涕 ［yǔn tì］繁体作隕涕

　　意为流下眼泪。晋代张协《咏史》："行人为陨涕，贤哉此大夫。"南朝梁代王筠《和萧子范入元襄王第》："行人皆陨涕，何独孟尝君。"宋代苏颂《司徒侍中杜正献公挽辞五首·其五》："恩纪难忘空陨涕，绪言如昨重铭肌。"明代狄冲《临淮思》："临北风兮陨涕，属孤云兮南驰。"清代陆次云《出门二首·其一》："此际心若摧，出门方陨涕。"

**按**："迁客陨涕"一语，源自明代吴伯引《感秋赋》："惟迁客兮多思；因涕泗兮滂沱。"这个赋句取用的是"贾生流涕"的语典。西汉贾谊《治安策》开篇一句就说："臣窃惟事势，可为痛哭者一，可为流涕者二，可为长太息者六。"（大意：我私下揣摩当前的局势，应该为之痛哭的有一项，应该为之流泪的有两项，应该为之大声叹息的有六项。）贾谊的《治安策》被后人视为"西汉第一雄文"。文中的这句话后来成了"贾生流涕"的语典。唐代李白《答高山人兼呈权顾二侯》："未作仲宣诗，先流贾生涕"；宋代宋祁《杜少卿知陆州》："贾谊有才偏陨涕，屈原何赋不思君"；金代王若虚《赠王士衡》："涕流贾太傅，音抗唐衢生"；元代张养浩《赠刘仲宪》："贾生流涕叫虎关，屈叟甘心葬鱼腹"；明代刘基《次韵和石末公漫兴见寄二首·其二》："长沙迁客能流涕，一日须垂一万行"；清代毛奇龄《罗三行》："流离迁客涕泪倾，窈窕新娘怨思迸"，用的都是此典。由于《感秋赋》的渲染，迁客流涕事也有了"秋"的岁时色彩。

## 【本句译读】

秋天特有的萧条氛围，使那些寄居他乡的异客内心更加惊恐戒惧，贬谪到远方任职的戴罪之人也会因触景生情而含悲落泪。

# 72. 放斥三闾　遭谗贾谊

## 放斥 ［fàng chì］

古时对罪臣的一种惩罚，即驱逐到边远的地区或罢官斥退。此词最早见于东汉王逸《楚辞章句》，凡二处：一、卷四，屈原《九章·其六·思美人》"遂菱绝而离异"句下注云："终以放斥而见疑也。"二、卷十六，西汉刘向《九叹·其一·逢纷》"声哀哀而怀高丘兮，心愁愁而思旧邦"句下注云："言己放斥山野，发声而吟，其音哀哀。心愁思者，念高丘之山，阻归故国也。"宋代秦观《精思》："无端拜失仪，放斥令自新。"元代陈秀民《谒贾傅庙》："直士多放斥，佞人每高驰。"明代徐祯卿《于武昌怀献吉五十韵》："故人多放斥，吾道转凄凉。"清代龚鼎孳《春暮集青藤馆送大隐先生·其八》："放斥恩原重，浮沉计屡迁。"

## 三闾［sān lǘ］繁体作三閭

即"三闾大夫"的省称，为战国时期楚国官名，掌管昭、屈、景三个大姓宗族的宗族事物。屈原曾任此职，见于屈原《渔父》："屈原既放，游于江潭，行吟泽畔，颜色憔悴，形容枯槁。渔父见而问之曰：'子非三闾大夫与？何故至于斯？'"（大意：屈原被放逐后，行走吟叹于江边湖畔，面色憔悴，样子很消瘦。渔父见到他问道："您不是三闾大夫吗？是什么缘故让您成了这个样子？"）后世遂常用"三闾大夫"或"三闾"来代指屈原。三国时期魏国阮籍《咏怀·其三十一》："高子怨新诗，三闾悼乖离。"南朝宋代谢惠连《长安有狭邪行》："撰策之五尹，振辔从三闾。"唐代刘沧《江行书事》："寒潮欲上泛萍藻，寄荐三闾情自哀。"宋代王禹偁《放言·其四》："宁可飞鸿随四皓，未能鱼腹葬三闾。"金代郦权《木樨》："托物寄深蕴，古今一三闾。"元代张翔《岳阳楼》："鼓瑟至今悲二女，沉沙何处吊三闾。"明代郑真《秋兴用宋推府韵·其四》："犴户秋清公牒少，远游作赋托三闾。"清代范立齐《书怀》："有人劝我杯中趣，为问三闾肯醉无。"

**按**："放斥三闾"一语，源自屈原生平中遭受放逐的一段史实。屈原是战国时期楚国人，姓芈，"屈"是他所属的氏族，名平，字原。在他的《离骚》中他说自己也叫"正则"，字"灵均"。约公元前340年他出生于楚国丹阳（今湖北秭归），为楚武王熊通之子屈瑕的后代。屈原是中国历史上第一位伟大的爱国诗人，中国浪漫主义文学的奠基人，被誉为"中华诗祖""辞赋之祖"。他是"楚辞"的创立者和代表作家。屈原的出现，标志着中国诗歌进入了一个由集体歌唱到个人独创的新时代。他也是楚国重要的政治家，早年受楚怀王信任，任左徒，兼管内政外交大事。他提倡"美政"，主张对内举贤任能，修明法度，对外力主联齐抗秦。因遭贵族排挤毁谤，被先后流放到汉北和沅湘流域。公元前278年，秦将白起攻破楚都郢（今湖北江陵），屈原悲愤绝望，怀石自沉于汨罗江，以身殉国。屈原生前遭受的放逐，被世人视为千古奇屈。对此他曾揭示其时代性的根本原因："举世混浊而我独清，众人皆醉而我独醒，是以见放。"（大意：所有的人都污浊不堪而唯我一人洁身自好；大家都浑浑噩噩而唯我一人冷静清醒，因此我才会遭到放逐。）这段话被司马迁记录在《史记·屈原贾生列传》中。

## 遭［zāo］

意为遇到（多指不幸或不利的事）。《说文》："遭，遇也。"《诗经·周颂·闵予小子》："闵予小子，遭家不造，嬛嬛在疚。"屈原《九章·其七·惜往日》："心纯庞而不泄兮，遭谗人而嫉之。"汉代王逸《九思·其五·遭厄》："悼屈子兮遭厄，沉玉躬兮湘汩。"晋代曹摅《赠石崇·其三》："嘉我乃遇，遭彼频烦。"北朝周代庾信《拟咏怀二十七首·其三》："倡家遭强娉，质子值仍留。"唐代王勃《陇西行·其三》："田间遭骂詈，低语示乘骣。"宋代文彦博《题韩溪诗·其一》："韩信未遭英主顾，萧何亲至此中追。"金代马定国《雨晴离开化寺》："连城遭雨积，一日得泥干。"元代梁曾《悼鲜于伯几鹤二首·其二》："不见嵇康遭杀戮，令人空叹养生书。"明代韩邦奇《狱中集古十六首·其十四·东岩同扉》："蹭蹬遭谗毁，空怀恋主情。"清代徐釚《满江红·其四·广陵旅感》："画虎志，终消歇；雕虫手，遭摧折。"

## 谗 [chán] 繁体作讒

意为在别人面前说些诬陷、中伤某人的坏话。《说文》："谗，谮也。"《诗经·小雅·巧言》："乱之又生，君子信谗。"屈原《离骚》："荃不察余之中情兮，反信谗而齌怒。"汉代孔融《临终诗》："谗邪害公正，浮云翳白日。"三国时期魏国曹植《当墙欲高行》："众口可以铄金，谗言三至，慈母不亲。"南朝梁代刘令娴《和婕妤怨诗》："宠移终不恨，谗枉太无情。"唐代孙思邈《保生铭》："忍辱为上乘，谗言断亲戚。"宋代范仲淹《滕子京魏介之二同年相访丹阳郡》："莫竞贵高路，休防谗疾夫。"元代杨载《寿杜尊师》："贤才方并用，谗说遽相欺。"明代徐祯卿《古意二首赠刘子·其二》："今日宫中事，不言谗妒深。"清代陆世楷《诸将五首·其二》："岂为明珠谗薏苡，云台不数伏波勋。"

# 贾谊 [jiǎ yì] 繁体作賈誼

历史人物，生于公元前200年，卒于公元前168年；洛阳（今河南省洛阳市）人，西汉初年著名政论家、文学家，世称"贾生"。贾谊少有才名，十八岁时就以善文为郡人所称道。文帝时任博士，迁太中大夫，受大臣周勃、灌婴排挤，于汉文帝四年（亦即公元前176年），贾谊被外放为长沙王吴著的太傅，故后世亦称"贾长沙""贾太傅"。三年后他被召回长安，又做了梁怀王刘揖的太傅。后来刘揖不慎坠马而死，贾谊深自歉疚，抑郁而亡，当时他只有三十三岁。南朝梁代江淹《杂体诗三十首·其十三·左记室思咏史》："终军才始达，贾谊位方尊。"隋代孙万寿《远戍江南寄京邑亲友》："贾谊长沙国，屈平湘水滨。"唐代李白《田园言怀》："贾谊三年谪，班超万里侯。"宋代王禹偁《哭同年罗著作五首·其一》："天生贾谊成何事，只得人间三十三。"金代赵沨《过蕳县董大夫庙》："贾谊长沙晁错死，不须独恨老江都。"元代马祖常《挽黄平山次揭曼硕韵》："西汉满朝伤贾谊，南阳合郡爱宗资。"明代解缙《寄胡敬方》："梁鸿海曲窜，贾谊长沙谪。"清代赵执信《临淄咏古六首·其五·弃繻生墓》："只怜贾谊空流涕，赢得长沙鹏赋成。"

**按**：贾谊生前所遭遇的谗毁，得到后人的极大同情，其"遭谗"的典实也成了千古话题。如：北宋欧阳修《闻原甫久在病告有感》："诸老何为谗贾谊，君王犹未识相如"；南宋张孝祥《和王景文·其二》："大臣谗贾谊，逆旅欠常何"；元代郑东《和郭熙仲》："每爱扬雄能作赋，不忧贾谊易遭谗"；清初钱谦益《戊寅元日偶读史记戏书纸尾·其四》："绛灌但知谗贾谊，可思流汗愧陈平。"本句中的"遭谗贾谊"即是源自这个典实。

**又按：** "放斥三闾·遭谗贾谊"一语，源于明代吴伯引《感秋赋》："乃有孤身去国，羁旅无家，楚臣泽畔，汉傅长沙。"把屈原（楚臣）和贾谊（汉傅）并列，也是古典文化意识中的一个传统。因为二人都是才华惊世而且遭遇略同，所以司马迁在《史记》里为他们写了一篇合传，在后人的笔下遂经常把屈原与贾谊联系在一起。

## 【本句译读】

在秋天这样凄凉悲哀的季节里，真令人联想起遭受放逐的屈原，还有被谗言毁伤的贾谊。

---

# 73. 嫱恨琵琶　班怜箧笥

## 嫱 ［qiáng］繁体作嫱

历史人物，指王嫱。王嫱约生于公元前52年，西汉南郡秭归（今湖北省兴山县）人。王嫱与西施、貂蝉、杨玉环并称为中国古代四大美女。古人用闭月、羞花、沉鱼、落雁定位这四位美女，王嫱是其中的"落雁"。十七岁时正逢汉元帝刘奭诏示天下，普选美女，王嫱因美貌被选入宫。据《西京杂记》记载，刘奭因后宫女子众多，不能一一见面，只好派画师为宫女们画像，然后审阅画像，中意者再点召。王嫱不肯行贿画师，因而画师毛延寿在为昭君画像时，故意丑化了昭君的形象，使她长期深锁后宫。当时汉朝和匈奴常有战事，公元前33年南匈奴呼韩邪单于前往长安朝圣称臣，主动提出愿与汉朝和亲，共保边塞安宁。王嫱毅然"自愿请行"，出塞和亲。为了营造"门当户对"的假象以达到顺利和亲的目的，朝廷临时赐封其为"昭君"，所以后人多称其为"王昭君"。晋代时为了规避司马昭的名讳，改称"明君"，后人又称之为"明妃"。南朝梁代刘孝威《怨诗》："王嫱向绝漠，宗女入祁连。"宋代欧阳修《洛阳牡丹图》："何况远说苏与贺，有类异世夸嫱施。"元代周巽《昭君怨》："三千宫女谁第一，当时王嫱绝代无。"明代徐渭《王右参取今日汉宫人二句为韵作昭君怨十首次之·其三》："或授别传留公案，嫱自请行或为汉。"清代田雯《元祐党籍碑歌答乔子静》："小人假此窃国柄，谬以黛粉涂嫱施。"

# 恨［hèn］

意为怨恨。《说文》："恨，怨也。"战国时期楚国宋玉《九辩》："惟其纷糅而将落兮，恨其失时而无当。"汉代班固《咏史》："自恨身无子，困急独茕茕。"南朝宋代鲍照《拟行路难十八首·其十七》："日月流迈不相饶，令我愁思怨恨多。"唐代白居易《长恨歌》："天长地久有时尽，此恨绵绵无绝期。"宋代苏轼《水调歌头》："不应有恨，何事长向别时圆。"元代马祖常《昭君》："舿车百辆入单于，不恨千金买画图。"明代来复《次韩都事秋怀韵》："岁月无情今我老，江山有恨昔人非。"清代严绳孙《菩萨蛮·其三·托兴》："一时齐望幸，白发偏多恨。"

## 琵琶［pí pɑ］

　　传统弹拨乐器，又称"批把"。最早见于汉代刘熙《释名·释乐器》："批把本出于胡中，马上所鼓也。推手前曰批，引手却曰把，象其鼓时，因以为名也。"（大意：批把本来是北方游牧民族的东西，是在骑马时弹奏的一种乐器。手指向前推送为"批"，手指向后勾挑为"把"。取象于它演奏时的动作，就给它取了这个名称。）在古代，敲、击、弹、奏都称为"鼓"，当时的游牧人喜欢骑在马上弹琵琶，所以说是"马上所鼓也"。南朝宋齐时期的王僧虔在所著《技录》中记载："魏文德皇后雅善琵琶。"可知在魏晋时期，"琵琶"之称已正式出现。晋代傅玄《歌》："唯言琵琶与筝，能娱我心。"南朝梁代吴均《行路难五首·其一》："洛阳名工见咨嗟，一剪一刻作琵琶。"唐代白居易《琵琶行》："千呼万唤始出来，犹抱琵琶半遮面。"宋代苏轼《约公择饮是日大风》："紫衫玉带两部全，琵琶一抹四十弦。"金代刘迎《乌夜啼·其二》："相逢不尽平生事，春思入琵琶。"元代李孝光《寄萨天锡二首·其二》："曲中大半伤离别，马上无人写琵琶。"明代董纪《四时词·其三》："风吹绣帏罗袂薄，琵琶冷落无心弹。"清代笪重光《偶题》："不是浔阳江上客，莫将双泪落琵琶。"

　　**按**："嫱恨琵琶"一语，源自唐代杜甫《咏怀古迹五首·其三》："千载琵琶作胡语，分明怨恨曲中论。"（大意：昭君的琵琶里弹奏着胡人的旋律，其中鲜明地表达着哀伤怨恨的主题。）王嫱与杜甫之间相隔大约800年的历史，所以诗中说"千载"，类似口语中说"千儿八百年"的意思。这首诗的全文是:"群山万壑赴荆门,生长明妃尚有村。一去紫台连朔漠,独留青冢向黄昏。画图省识春风面,环佩空归月夜魂。千载琵琶作胡语,分明怨恨曲中论。"杜诗对后世的影响自然是无可比拟的,所以此后"遗恨琵琶"就成了有关王昭君的诸多语典中的一个。如:宋代欧阳修《明妃曲和王介甫作》:"玉颜流落死天涯,琵琶却传来汉家。汉宫争按新声谱,遗恨已深声更苦";张元幹《贺新郎·其一》:"要斩楼兰三尺剑,遗恨琵琶旧语";明代刘炳《浪淘沙令·寒食》:"苑树忆天涯,遗恨琵琶,铜驼衰草卧龙沙";张泰《明妃怨》:"琵琶泪落边风苦,环珮魂归汉月孤。遗恨沙头青冢草,年年得似渭陵芜";清代王端淑《明妃梦回汉宫》:"一自明妆出未央,空留遗恨在昭阳。琵琶曲尽关山泪,环珮声归塞上霜";湛汎《明妃冢》:"空恃朱颜惜饼金,独留遗恨到于今。琵琶一曲和番泪,芳草千年望汉心",都是取用这个语典。

## 班[bān]

中华姓氏之一,在这里特指班姓历史名人班婕妤。班婕妤生于公元前48年,卒于公元2年,名不详。她出身于功勋之家,是左曹越骑校尉班况的女儿。公元前32年汉成帝刘骜即位,她被选入皇宫,刚开始为下等女官,不久即得到汉成帝刘骜的宠幸,赐封婕妤,所以史称"班婕妤"。她为汉成帝生下一个皇子,但是旋即夭折,之后班婕妤再也没有生育。赵飞燕、赵合德姐妹入宫后,飞扬跋扈,对她们的主要情敌班婕妤加以打击陷害。刘骜听信谗言,逐渐对她冷落。班婕妤为了躲开残酷的宫斗,自请前往长信宫侍奉王太后。这种明哲保身的做法使她没有再受到对手的摧残。汉成帝崩逝后，班婕妤要求到成帝陵守墓，于是王太后让班婕妤担任守陵的职务。大约一年后班婕妤就病逝了，时年约四十余岁。班婕妤是中国女性中集美貌、美德和才华于一身的经典人物。她多才多艺，在中国文学史上尤以辞赋见长。南北朝时期的著名文学批评家钟嵘在他撰著的中国第一部诗论专著《诗品》中，被列入"上品"的诗人共十八位，其中就有班婕妤。她生前的作品很多，但大部分已佚失。现存作品仅三篇，即《自伤赋》《捣素赋》和一首五言诗《团扇歌》。晋代左思《悼离赠妹二首·其二》："才丽汉班，明朗楚樊。"南朝梁代沈约《玩庭柳》："楚妃思欲绝，班女泪成行。"唐代庾抱《卧疴喜霁开扉望月简宫内知友》："色丽班姬箧，光润洛川神。"宋代刘筠《代意》："明月自新班女扇，行云无奈楚王风。"金代王或《和落花韵四首·其四》："却忆班姬浪辛苦，一生都得几专房。"元代任士林《海扇》："汉宫佳人班婕妤，香云一箧秋风初。"明代黄淮《立秋》："班扇行当弃，南冠尚未投。"清代梁清标《春云怨·闺怨》："卓氏孤吟，班姬团扇，无奈情耽误。"

## 怜［lián］繁体作憐

意为哀怜、怜悯。《说文》："怜，哀也。"屈原《九章·其九·悲回风》："伤太息之愍怜兮，气于邑而不可止。"汉代曹操《秋胡行》："夜夜安得寐，惆怅以自怜。"晋代刘琨《胡姬年十五》："花将面自许，人共影相怜。"南朝齐代韩兰英《为颜氏赋诗》："弃置将已矣，谁怜微薄躯。"唐代萧翼《答辨才探得招字》："谁怜失群雁，长苦业风飘。"宋代许景衡《再和张敏叔》："多谢题诗相慰藉，应怜涉世最艰难。"元代李俊民《和新秋》："可见韩檠灯下志，且怜班扇箧中情。"
明代江源《次山阴分司题壁韵》："消愁不恨瓶无酒，排闷应怜
箧有诗。"清代申涵光《风异》："独怜野老嗟何用，夜夜愁看
太白高。"

## 箧笥 [qiè sì] 繁体作篋笥

即藏物的竹器，多指竹箱和竹笼，在古代主要是用于收藏
文书或衣物。三国时期魏国曹丕《代刘勋妻王氏杂诗》："缄藏
箧笥里，当复何时披。"南朝梁代任昉《出郡传舍哭范仆射·其
二》："已矣平生事，咏歌盈箧笥。"唐代杜甫《留别公安太易
沙门》："数问舟航留制作，长开箧笥拟心神。"宋代蔡襄《漳
州白莲僧宗要见遗纸扇每扇各书一首·其三》："珍藏箧笥未
为失，更有明年夏日长。"金代雷渊《济南珍珠泉》："何必秘
箧笥，自贻伊瑕疵。"元代吕诚《白纸扇歌》："谢公高风固足
尚，班女箧笥空悲呻。"明代袁宏道《秋扇》："自甘藏箧笥，
不敢触寒威。"清代万斯同《述旧》："晨夕寒松斋，呼儿捧箧
笥。"

**按**："班怜箧笥"一语，源自班婕妤的五言诗《团扇歌》："新
裂齐纨素，鲜洁如霜雪。裁为合欢扇，团团似明月。出入君怀
袖，动摇微风发。常恐秋节至，凉飚夺炎热。弃捐箧笥中，恩
情中道绝。"这首诗的题目是后人加上去的，所以并不统一，
后世传播中有《扇诗》《咏扇诗》《怨诗》《怨歌行》《团扇
歌》等名称。班婕妤遭遇汉成帝冷落疏远，移居长信宫，以人
生的璀璨年华步入孤独寂寞、刻板单调的退隐生活。她唯一能
做的大概就是写写诗歌，伤悼自怜，借以度过光阴。她在《团

扇歌》中自比秋天来到后被人遗弃的扇子：天热时与主人形影相随；凉秋时节，则被弃置于箧笥之内，人对扇的情谊也就到此中断。暗喻恩爱无据，薄脆不堪。此后世人遂以"班女扇""班姬箧"比喻女子失宠，相袭成典。

## 【本句译读】

在秋意渐浓的日子里，王昭君的琵琶弹奏出的是远离故国的哀怨；班婕妤为自己如同弃诸箧笥的秋扇而自叹自怜。

---

# 74. 拍诉姬愤　赋申后泪

## 拍 [pāi]

意为乐曲中的节拍，计算乐音长短的单位。汉代蔡琰《胡笳十八拍》："两拍张弦兮弦欲绝，志摧心折兮自悲嗟。"唐代李颀《听董大弹胡笳声兼寄语弄房给事》："蔡女昔造胡笳声，一弹一十有八拍。"宋代田锡《李谟吹笛歌》："一斛明珠一索穿，撒落金盘催曲拍。"元代许有壬《题友人所藏明妃图》："后来却有蔡文姬，千古胡笳辱哀拍。"明代陶宗仪《听琴行》："文姬心事果纷纭，拍拍胡笳儿女语。"清代屈大均《凄凉犯》："蔡姬在否，剩胡笳、曲传多拍。"

# 诉［sù］繁体作訴

意为告白、倾吐诉说。《说文》："诉，告也。"汉代刘向《九叹·其四·远逝》："指列宿以白情兮，诉五帝以置辞。"三国时期魏国曹睿《乐府诗》："伫立吐高吟，舒愤诉穹苍。"晋代左芬《感离诗》："何以诉辛苦，告情于文辞。"南朝宋代王微《杂诗二首·其一》："妾悲叵陈诉，填忧不销冶。"唐代孟浩然《书怀贻京邑同好》："当途诉知己，投刺匪求蒙。"宋代穆修《丙寅春雨》："州县责常赋，嗷嗷诉之谁。"金代段成己《秋日牡丹为友人赋·其一》："诉尽中情为两诗，可怜谁识汉文姬。"元代郑元祐《司马图》："仰首斜阳嘶啮膝，一似逢人诉胸臆。"明代沈周《理诗草》："所苦不敢诉，常畏老母知。"清代范承谟《纪梦》："肠断闻残漏，彷佛诉未成。"

# 姬［jī］

本义为古代对妇女的美称，在这里特指东汉才女蔡文姬。南朝梁代沈约《登台望秋月》："文姬泣胡殿，昭君思汉宫。"唐代舒元舆《献李观察》："谁是蔡邕琴酒客，魏公怀旧嫁文姬。"宋代曹勋《有所思二首·其一》："文姬著破去时衣，寂寞愁看汉家月。"元代马祖常《蔡琰图·其一》："文姬此夕穹庐梦，应到春闺旧镜前。"明代陈琏《闻笳》："凄凉蔡姬别房意，哀怨胡儿恋母声。"清代吴绮《闺中杂咏·其七·走马》："凭谁夸出塞，莫作蔡姬看。"

# 愤［fèn］

意为郁结于心中的烦闷、怨气。《说文》："愤，懑也。"屈原《九章·其一·惜诵》："惜诵以致愍兮，发愤以抒情。"

汉代刘向《九叹·其三·怨思》:"征夫劳于周行兮,处妇愤而长望。"三国时期魏国嵇康《述志诗二首·其二》:"愿与知己遇,舒愤启幽微。"晋代曹摅《答赵景猷》:"感物兴怀,愤思郁纡。"唐代储光羲《临江亭五咏·其五》:"京山千里过,孤愤望中来。"宋代张嵩老《题汪水云诗卷》:"怊怅悲愤恩怨眈眈多少情,尽寄胡笳十八拍。"金代元好问《水调歌头》:"长歌一写孤愤,西北望长安。"元代成廷珪《四明张文海母娄节妇诗》:"眼明见此节妇传,胸中愤气为之苏。"明代沈炼《邯郸少年行》:"鸣笳每愤边戎入,折戟常轻汉将权。"清代朱彝尊《风怀二百韵》:"愤奚殊蔡琰,悔嫁失王昌。"

**按**:"拍诉姬愤"一语源自东汉蔡文姬《胡笳十八拍》:"笳一会兮琴一拍,心愤怨兮无人知。"意思是说:胡笳曲的一段啊算作琴曲中的一章,心中的怨愤啊无人可以倾诉。《胡笳十八拍》是古乐府琴曲歌辞,一章为一拍,共十八章,所以就叫了这个名字,其创始者就是东汉的蔡琰。蔡琰,字文姬,生卒年不详,陈留郡圉县(今河南省杞县)人,东汉著名学者、文学家蔡邕之女。蔡文姬博学多才,擅长文学、音乐、书法。公元188年嫁给卫仲道,次年卫仲道病亡,二人又没有子嗣,于是蔡琰回到自己家里。不久中原大乱,诸侯割据,原本归降汉朝的南匈奴趁机叛乱,蔡文姬为匈奴兵所掳。匈奴兵见她年轻美貌,就把她献给了南匈奴的左贤王,左贤王便逼蔡文姬做了他的妻子。蔡文姬在塞外度过了十二个春秋,生了一双儿女。虽然左贤王很宠爱蔡文姬,但她却无时无刻不在思念故乡,渴望有朝一日重归汉土。曹操向来喜爱文学、书法,常与蔡文姬的父亲蔡邕有文学、书法上的交流。公元207年,统一北方后的曹操出于对故人蔡邕的怜惜与怀念，"痛其无嗣"，于是派遣使者用珍稀的金璧将蔡文姬从匈奴赎回国中，并将她嫁给同乡人董祀。《隋书·经籍志》著录有《蔡文姬集》一卷，很早就已亡佚，流传下来的只有《悲愤诗》二首和《胡笳十八拍》。《胡笳十八拍》以真切感人的语言诉说了自己的悲苦遭遇，反映了战乱给人民带来的深重灾难，抒发了对祖国、乡土的思念和不忍骨肉分离的强烈感情。作品中把自己的悲愤表达得十分突出。蔡文姬在《悲愤诗二章·其二》中说："音相和兮悲且清，心吐思兮胸愤盈。"宋代徐钧在《董祀妻蔡琰》中说："十八拍笳休愤切，须知薄命是佳人"；元代陈宜甫在《望乡歌寄卢疏斋》中说："蔡琰悲愤兮儿呼母而失声"；清代林朝崧在《蔡文姬》中说："千古伤心悲愤作，失身漫比白头吟"，都点出了"愤"的情结在蔡文姬创作中的突出地位。

**又按**：南朝梁代沈约《登台望秋月》诗云："文姬泣胡殿，昭君思汉宫。"由于沈约诗的影响很大，所以蔡文姬和王昭君的故事从此也被沾染上了"秋"的岁时色彩。

## 赋 ［fù］繁体作賦

指我国古代的一种文体，始于战国，盛于两汉。它讲究文采、韵律，兼具诗歌和散文性质。古代文学中著名的赋体文章有西汉司马相如的《子虚赋》、三国时期魏国曹植的《洛神赋》、唐代杜牧的《阿房宫赋》、宋代欧阳修的《秋声赋》以及苏轼的《赤壁赋》等，为历代儒客文人所推崇。晋代左思《咏史八首·其一》："著论准过秦，作赋拟子虚。"南朝宋代谢灵运《北亭与吏民别》："贵史寄子长，爱赋托子云。"唐代杨炯《和刘侍郎入隆唐观》："汉帝求仙日，相如作赋才。"宋代丁谓《扇》："九华曹植赋，六角右军书。"金代元德明《送德温同舍赴帘试》："一从唐赋变辽律，仰视折杨犹雅曲。"元代王恽《游琼华岛四首·其四》："不烦细读江南赋，老树遗台倍黯然。"明代蓝智《寄程伯莱教授》："久知杜甫诗徒苦，应笑扬雄赋未工。"清代顾炎武《孝陵图》："低徊持寸管，能作西京赋。"

## 申 ［shēn］

意为陈述、说明、表达、申诉。《淮南子·天文训》："申者，申之也。"屈原《九章·其四·抽思》："道卓远而日忘兮，愿自申而不得。"晋代左思《悼离赠妹二首·其二》："何以为诚，申以诗书。"南朝宋代颜延之《秋胡行·其八》："有怀谁能已，聊用申苦难。"唐代骆宾王《咏怀古意上裴侍郎》："穷经不沾用，弹铗欲谁申。"宋代薛季宣《九奋·其一·启愤》："启愤兮申冤，诉衷情兮陈矢言。"金代赵秉文《明惠皇后挽歌词四十首·其十五》："疾殆申遗命，忧深示永图。"元代虞集《次韵李侍读东平王哀诗》："呕吟申感慨，述作惧荒芜。"明代殷奎《次韵耀州陈九成同知见赠》："未遂笑谈申缱绻，徒劳魂梦走缤纷。"清代张诰《书愤》："屏迹空余世外身，十年怀抱怅难申。"

## 后 ［hòu］

此字始见于殷代甲骨，上古时代与"君"同意，指君主、帝王。《诗经·周颂·昊天有成命》中的"昊天有成命，二后受之"，就是指周文王与周武王。后来演变为帝王的正妻。商代以前天子之妻都称为"妃"，周代开始册立"后"。《礼记》中说"天子之妃曰'后'"，就是这个意思，称为"王后"；秦汉以后始称为"皇后"。汉代王褒《九怀·其四·昭世》："闻素女兮微歌，听王后兮吹竽。"晋代夏侯湛《宜男花赋》："充后妃之盛饰兮，登紫微之内庭。"南朝梁代江淹《清思诗五首·其一》："赵后未至丽，阴妃非美极。"唐代苏颋《奉和圣制登太行山中言志应制》："德重周王问，歌轻汉后传。"宋代文彦博《慈圣皇太后挽词·其一》："仁皇当宁久，圣后配天崇。"元代耶律铸《天香台牡丹》："玉妃醉露足春梦，魏后倚风呈晓妆。"明代张以宁《洗衣辞再同仲宽赋》："忆曾女傅授妾诗，被服浣濯古后妃。"清代吴伟业《永和宫词》："汉家伏后知同恨，止少当年一贵人。"

## 泪 [ lèi ]

即眼泪、泪液。屈原《九章·其九·悲回风》："孤子吟而抆泪兮，放子出而不还。"汉代徐淑《答秦嘉诗》："长吟兮永叹，泪下兮沾衣。"南朝齐代王融《古意二首·其一》："噸容入朝镜，思泪点春衣。"唐代李商隐《无题》："春蚕到死丝方尽，蜡炬成灰泪始干。"宋代范仲淹《御街行·秋日怀旧》："愁肠已断无由醉，酒未到，先成泪。"辽代萧观音《回心院》："为是秋来展转多，更有双双泪痕渗。"金代冀禹锡《闻诛高琪诏下寄聂元吉》："莫向新亭更垂泪，中兴岂止一夷吾。"元代鲜于枢《湖上曲》："低回忍泪并人船，贪得缠头强歌舞。"明代方孝孺《懿文皇太子挽诗十章·其二》："厌世嗟何早，苍生泪欲枯。"清代朱嘉征《黄牛峡》："白雁书难过梦北，清猿泪不到巴西。"

按："赋申后泪"一语源自"千金买赋"的典故。事见汉代司马相如《长门赋·序》："孝武皇帝陈皇后，时得幸，颇妒，别在长门宫，愁闷悲思。闻蜀郡成都司马相如天下工为文，奉黄金百斤，为相如、文君取酒，因求解悲愁之辞。而相如为文以悟主上，陈皇后复得亲幸。"（大意：孝武皇帝的正妻陈皇后，正处于皇上宠幸的时期，由于为人非常善妒，被废掉贬去长门宫幽居，内心很是郁闷悲伤。听说蜀郡成都的司马相如是当今天下最擅长写文章的，就奉送黄金百斤给司马相如和他的妻子卓文君作为润笔之资，请求为自己写一篇申说、舒解悲情愁绪的文章。为此相如就写了这篇《长门赋》并以此感动了皇上，陈皇后也重新获得了皇上的宠爱。）史籍记载，汉景帝刘启之子刘彻的姑妈馆陶长公主刘嫖想把自己的女儿阿娇嫁给太子刘荣，遭到刘荣生母栗姬的拒绝，于是转而把阿娇许给王美人所生的儿子刘彻。刘启认为阿娇比刘彻大了好几岁，表示不同意。有一天，王美人带着刘彻向馆陶公主请安，馆陶公主把刘彻抱过来，问道："阿娇嫁给你做妻子好不好？"刘彻笑道："好！若得阿娇作妇，当作金屋贮之。"刘启认为儿子小小年纪就如此喜爱阿娇，也就答应了。这就是成语"金屋藏娇"的由来。刘彻因为娶了阿娇，并通过姑妈兼岳母刘嫖的种种活动，后来得以立为太子，并做了皇帝，亦即后来的汉武帝。这个故事里的"阿娇"就是前面说到的陈皇后。陈皇后自恃其母有恩于刘彻，骄横擅宠，激起刘彻的反感，对她逐渐疏远。后来，他在姐姐平阳公主的府第见到了有倾城之貌的歌伎卫子夫，顿时为之倾倒。平阳公主便将卫子夫送给了刘彻。刘彻十分宠爱卫子夫，这使陈皇后妒火中烧，多次谋害卫子夫，并在卫子夫怀孕期间请来巫婆在宫中施行巫术加以诅咒。刘彻无法容忍，愤而废去陈氏的后位，把她迁到长门宫，册立卫子夫为皇后。长居冷宫的陈阿娇愁苦不堪，于是就有了"千金买赋"的故事。《长门赋·序》里说的"陈皇后复得亲幸"是虚夸之辞，并非事实。被废数年后，陈阿娇在孤独中离开人世，葬于霸陵附近；只是司马相如所写的《长门赋》和这个千金买赋的典故却流传了下来。

**又按**：由于冷宫生活是相当孤寂凄凉的，所以后人提及这个典故时经常把它和"秋"联系在一起。如：南朝梁代柳恽《长门怨》："秋风动桂树，流月摇轻阴"；唐代李白《相和歌辞·其二·长门怨》："桂殿长愁不记春，黄金四屋起秋尘"；宋代柳永《斗百花·其一》："长门深锁悄悄，满庭秋色将晚"；元代陈肃《题邹忠公墓》："长门生秋草，寂寞金屋闭"；明代韩殿《长门怨》："自闭长门经几秋，泪珠时傍枕函流"；清代汪琬《长门怨》："长门寂寞地，独坐易惊秋。"由于千古都是如此传唱，所以这个典故也带着浓郁的岁时色彩。

## 【本句译读】

　　《胡笳十八拍》里每一段都诉说着蔡文姬的怨愤；《长门赋》中每个字都流溢着陈皇后的眼泪。

# 75. 博望乘槎　季鹰忆脍

## 博望 ［bó wàng］

即"博望侯"的略称，指西汉著名的外交家、探险家张骞。"博望"本为地名，位于河南省南阳市方城县西南三十公里处。它北依伏牛山，南面隐山，西倚南阳白河，为伏牛山延伸于此的漫岗，地势险要，是古代"襄汉隘道"的通衢，素为兵家必争之地。古人认为此地可以"广博瞻望"，所以取名为"博望"。西汉时张骞曾经两次出使西域，功勋卓著，于元朔六年亦即公元前123年被汉武帝封为"博望侯"，领地就在此处，后人遂常以"博望"代指张骞。南朝陈代江总《陇头水二首·其一》："传闻博望侯，苦辛提汉节。"唐代张说《将赴朔方军应制》："从来思博望，许国不谋身。"宋代欧阳修《和圣俞李侯家鸭脚子》："博望昔所徙，蒲萄安石榴。"元代甘立《昆明池乐歌二首·其二》："博望封侯万里还，血流青海骨如山。"明代王九思《画葡萄引》："汉武唯知贵异物，博望常劳使西域。"清代许孙荃《万里》："关到玉门中土尽，槎浮博望使星回。"

## 乘槎 ［chéng chá］

亦作"乘楂"，指乘坐竹筏或木筏。北朝周代宇文毓《贻韦居士》："坐石窥仙洞，乘槎下钓矶。"唐代孔德绍《王泽岭遭

365

洪水》："思得乘槎便，萧然河汉游。"宋代钱惟演《戊申年七夕五绝·其一》："不知一夜支机石，却属乘槎上汉人。"金代元好问《七夕》："谁与乘槎问银汉，可无风浪借佳期。"元代岑安卿《逢秋》："银河万里浸虚白，凌风欲访乘槎仙。"明代王汝玉《太白观泉扇面为周上舍赋》："我欲乘槎上天去，不知何处访诗仙。"清代钱大昕《元史杂诗·其十一》："终古乘槎夸汉使，几人曾到朵甘思。"

**按**："博望乘槎"一语，源自"张骞乘槎"的典故。梁代宗懔《荆楚岁时记》："汉武帝令张骞使大夏，寻河源。乘槎经月而去，至一处，见城郭如州府。室内有一女织，又见一丈夫，牵牛饮河。骞问曰：'此是何处？'答曰：'可问严君平。'织女取楮机石与骞而还。后至蜀，问君平。君平曰：'某年某月客星犯牛、女。'所得楮机石为东方朔所识。"（大意：汉武帝责成张骞出使大夏国，寻找黄河的源头。他乘坐筏子走了一个多月，终于在某个地方出现了一座城郭，规模如同州府。有一个女子在屋子里织布，又看见一个成年男子，在河边饮牛。张骞问对方："这是什么地方？"对方回答说："你可以去问问严君平。"那个织布的女子拿出一块支撑织布机的石头给了张骞，于是张骞带着它返程而归了。后来张骞到了成都，就这件事情去咨询以卜筮为业的严君平。严君平说："某年某月有外来的客星闯进了牵牛星和织女星的天域。"东方朔认得张骞带回来的那块石头正是织女的东西。）这个故事是说张骞乘坐筏子无意间闯进了天河，见到了织女和牛郎，并且带回了织女的信物。作为一个著名的典故，它的表达形态很多，如"汉使槎""张骞槎""乘槎使""槎浮博望"等等，"博望乘槎"是历代都不乏应用的一种。如：唐代唐彦谦《蒲津河亭》："烟横博望乘槎水，日上文王避雨陵"；宋代刘克庄《扶胥三首·其二》："为言博望乘槎至，莫作师襄击磬看"；元代陈基《次韵钱伯行中秋玩月》："坐看博望乘槎处，安得相从万里还"；明代孙承恩《石川行寄赠张子》："博望乘槎去已遥，平子思玄赋当就"；清代庄年《和高方伯韵》："博望乘槎持使节，长乡草檄布纶音。"宋代陈元靓《岁时广记·七夕中·得机石》句下引录梁代宗懔《荆楚岁时记》中的上述故事，收辑张骞乘槎事作为七夕的岁时掌故。

**又按**：乘槎入天河的故事最早见于晋代张华的《博物志·卷十》："旧说云：天河与海通。近世有人居海渚者，年年八月有浮槎去来，不失期。人有奇志，立飞阁于槎上，多赍粮，乘槎而去。十余日中犹观星月日辰，自后茫茫忽忽，亦不觉昼夜。去十余日，奄至一处，有城郭状，屋舍甚严。遥望宫中有织妇，见一丈夫牵牛，渚次饮之。牵牛人乃惊问曰：'何由至此？'此人为说来意，并问此是何处。答曰：'君还至蜀都，访严君平则知之。'竟不上岸，因还如期。后至蜀，问君平，曰：'某年某月，有客星犯牵牛宿。'计年月，正是此人到天河时也。"（大意：旧时的传说里提到：天河与大海是相通的。近代有人居住在海岛上，发现每年的八月份就会有泛海的船只来来去去的，如期不爽。有人暗自好奇，在船上搭了阁楼，存积了很多干粮，架着船追踪而去。十几天里还看得清日月星辰，随后天色就开始浑浊不清，也分不出白天还是夜间。又走了十多天，突然来到一个地方，像是一座城，房屋居舍很密集。远远看到一处屋室里有做纺织的妇女，还看见一个成年的

367

男子牵着牛，在水边饮牛。他发现有陌生人来到，就惊诧地问道："怎么到这里来了？"此人给他讲了来的缘由，并且询问这儿是什么地方。牵牛人说："您回去后到成都，找到严君平这个人问问就会知道了。"此人也就不上岸了，又用了同样的时间回到家。后来他去了成都，就这件事咨询了严君平。严君平说："某年某月，有客星闯进了牵牛星宿的天域。"排算了一下年头、月份，结果正是此人到达天河的时间段。）"张骞乘槎"之说很明显就是脱胎于《博物志》中的这个故事，只是把主人公由那个好奇的无名氏替换成了名人张骞。

## 季鹰［jì yīng］繁体作季鷹

历史人物，即西晋著名文学家张翰，"季鹰"是他的字。张翰生卒年均已不可考知，吴郡吴县（今江苏苏州市）人。西汉名人张良的后代，东吴的大鸿胪张俨是他的父亲。晋惠帝太安元年亦即公元302年，被当权执政的齐王司马冏征召进幕府，授予大司马东曹掾的官职。张翰很有才华，善于写文章，性格放纵不拘，当时人把他和以疏狂著称的三国时期魏国诗人、步兵校尉阮籍作比，号为"江东步兵"。他去世时五十七岁，所写的文章有数十篇流传于世。唐代孟浩然《永嘉别张子容》："何时一杯酒，重与季鹰倾。"宋代苏轼《戏书吴江三贤画像三首·其二》："浮世功劳食与眠，季鹰真得水中仙。"金代党怀英《黄弥守画吴江新霁图》："借问张季鹰，西风几时还。"元代成廷圭《送李教谕避乱归鄱阳》："知几未落季鹰后，对客且放元龙豪。"明代文肇祉《江上怀张幼于》："独卧吴淞上，令人忆季鹰。"清代施闰章《淮南行送张鞠存同年》："张子自是张季鹰，秋风未动思莼羹。"

# 忆［yì］繁体作憶

意为思念、回想。《正韵》："音抑。念也，思也，记也。"汉代蔡邕《饮马长城窟行》："上有加餐食，下有长相忆。"晋代陆机《为周夫人赠车骑》："君行岂有顾，忆君是妾夫。"南朝宋代鲍照《登云阳九里埭》："徒忆江南声，空录齐后瑟。"唐代白居易《忆江南·其一》："日出江花红胜火，春来江水绿如蓝，能不忆江南？"宋代吕端《赠李公》："忆昔僦居明德坊，官资俱是校书郎。"辽代萧观音《回心院》："犹忆当时叫合欢，而今独覆相思块。"金代李之翰《题密云州学壁》："因忆林泉归去好，一灯幽梦绕春潭。"元代马臻《吊崔云山》："忆君出门去，相看泪如雨。"明代周是修《送赵勉耕汉中省亲行》："送君不尽忆君情，瑶琴切切孤鸾调。"清代纳兰性德《临江仙》："点滴芭蕉心欲碎，声声催忆当初。"

# 脍［kuài］繁体作膾

本义指切得很细的鱼或肉。《说文》："脍，细切肉也。"在这里特指切得很细的鱼肉丝，即"鱼脍"。《广韵》："脍，鱼脍。"鱼脍在古代是一道很普及的美食。唐代杜甫《陪郑广文游何将军山林十首·其二》："鲜鲫银丝脍，香芹碧涧羹。"宋代张咏《阙下寄傅逸人》："疏疏芦苇映门墙，更有新秋脍味长。"元代张可久《人月圆·吴门怀古》："洞庭归兴，香柑红树，鲈脍银丝。"明代吴俨《饮陈大理麻姑戏用前韵奉谢》："细斫江鱼成雪脍，旋烧野菜带霜茎。"清代徐釚《摸鱼儿·莼》："恰鲈脍方残，霜柑又好，一样系情处。"

**按**："季鹰忆脍"一语，源自唐代诗人李咸用《和友人喜相遇十首·其五》中"和羹使用非胥靡，忆脍言词小季鹰"这句诗的后半句，用的是"鲈鱼脍"的典故。南朝宋代刘义庆《世说新语·识鉴》记载："张季鹰辟齐王东曹掾，在洛见秋风起，因思吴中菰菜羹、鲈鱼脍。曰：'人生贵得适意尔，何能羁宦数千里以要名爵！'遂命驾便归。俄而齐王败，时人皆谓为见机。"（大意：张季鹰被征召做了齐王的东曹主官，在首都洛阳他看到秋风刮起了，便想起老家苏州的菰菜羹和鲈鱼脍。他说："人生最可宝贵的不过就是能够顺心适意而已，怎么可以用羁身仕途而离乡数千里的代价来邀取功名和爵位呢！"于是就打点车驾归返故乡了。不久齐王势败身死，时下的人都认为他能洞察时事的先机。）"鲈鱼脍"的典故即出于此。《世说新语》辑录这个故事的本意是在称赏张翰佯狂避世，及时脱离了自己的上司齐王司马冏，躲过了一场株连丧命之灾，具有先见之明。但史籍中描述的张翰一贯恃才放旷，行事纵任不拘，无视于世俗礼法的约束，所以他挂印弃官、思乡即归的举动更像是他率意豁达的个性使然。唐代房玄龄等修撰《晋书》，在《文苑列传·张翰》中也录用了这个故事。由于这两部书的影响都很大，这个故事也成了应用率较高的历史典故，其中最著名的应用当然还是南宋辛弃疾《水龙吟·登建康赏心亭》中的那个名句："休说鲈鱼堪脍，尽西风，季鹰归未？"宋代吴淑《事类赋·岁时部·秋》"吴中归思，服张翰之知几"句下、陈元靓《岁时广记·秋》"思莼鲈"条下均收录鲈鱼脍事作为秋季的岁时掌故。

## 【本句译读】

七夕那天，博望侯张骞乘船寻找河源，却闯进了天河；秋风刮起，张季鹰思念起故乡的鲈鱼脍，竟挂印弃官跑回了老家。

# 76. 缑岭乔升　鼻裤咸晒

### 缑岭［gōu lǐng］繁体作緱嶺

即缑氏山，也叫缑山，在河南省偃师县缑氏镇东南。据说修道成仙的王子乔曾经到过这里，所以"缑岭"也常用来代指修道成仙之处。唐代宋之问《奉使嵩山途经缑岭》："毕景至缑岭，岭上烟霏牛。"宋代文彦博《送秘书刘监归嵩阳隐居·其二》："子晋料登缑岭望，待君笙鹤共升天。"金代元好问《鹧鸪天》："汉皋解佩终疑梦，缑岭吹笙恰是仙。"元代陈旅《题李学士嫩竹图》："洞庭春去湘娥老，缑岭人吹紫玉笙。"明代李时勉《白土洞烧丹》："不肯吹笙向缑岭，要将仙术济时人。"清代薛始亨《长歌行》："王乔骖青鸾，缑岭碧云端。"

### 乔［qiáo］繁体作喬

仙人名，指王子乔。据说他是黄帝后裔，生于公元前约565年，卒于公元前549年，为东周第十一代国王周灵王姬泄心的太子，本名姬晋，字子乔，人称"太子晋"，后世多称作"王

子晋"或"王乔""王子乔"。传说他被道士浮丘公引上嵩山
三十余年，得道成仙，是古代神话传说中的"仙人"，亦被认
作是百家姓中"王氏"的始祖。武则天行幸缑山，亲赐封号为
"升仙太子"，改子晋祠为"升仙太子庙"，并书写了著名的
《升仙太子碑》。五代时朝廷敕封他为"元弼真君"，宋徽宗政
和三年即公元1113年敕封其为"元应真人"，宋高宗绍兴年间又
加封为"善利广济真人"。屈原《远游》："轩辕不可攀援兮，
吾将从王乔而娱戏！"汉代贾谊《惜誓》："乃至少原之野兮，
赤松王乔皆在旁。"三国时期魏国曹丕《折杨柳行》："王乔假
虚辞，赤松垂空言。"南朝陈代陈叔宝《独酌谣四首·其一》：
"尔非浮丘伯，安见王子乔。"唐代吴融《和张舍人》："陵迁
谷变如须问，控鹤山人字子乔。"宋代王迈《题弟纲举之奉仙之
室曰小蓬莱》："又有仙人乔，神游八极外。"元代任士林《用
韵酬陈渭叟林伯清》："何用王子乔，相从学长生。"明代朱朴
《题南极老人图寿爱槐王德泽》："赤县王乔同谱系，缑山子晋
亦神仙。"清代查慎行《题声山侄仗剑拥书图》："君不闻王乔
厌世方盛年，飘飘笙鹤缑山巅。"

## 升 ［ shēng ］

意为登临、登上。东汉荀悦《前汉纪·孝武五》："升者，
登也。"《诗经·小雅·吉日》："升彼大阜，从其群丑。"汉代
司马相如《琴歌二首·其一》："时未通遇无所将，何悟今夕升
斯堂。"晋代陆云《赠郡阳府君张仲膺》："斌斌君子，升堂入
室。"南朝齐代谢朓《和萧中庶直石头》："弹冠已籍甚，升车
益英妙。"唐代韩愈《南山诗》："尝升崇丘望，戢戢见相凑。"
宋代徐铉《文献太子挽歌词五首·其一》："此日升缑岭，何因

到寝门。"金代冯璧《同裕之再过会善有怀希颜》："寺僧导升殿，雄深肃瞻仰。"元代洪焱祖《黄岩盛景则来为吾郡征官见示诗文因成一章》："如升泰山顶，朝观海日眩。"明代李昌祺《端午日游少林寺》："升高纵遐观，颇觉痴缘屏。"清代陈恭尹《杂诗·九首·其三》："揖我升丹梯，飞步游天河。"

**按**："缑岭乔升"一语，源于"七月七"王子乔现身缑山的神话。事见汉代刘向《列仙传·王子乔》："王子乔者，周灵王太子晋也。好吹笙，作凤鸣。游伊洛之间。道士浮丘公接以上嵩山。三十余年后，求之于山上。见桓良曰：'告我家：七月七日待我于缑氏山巅。'至时，果乘白鹤驻山头，望之不得到，举手谢时人，数日而去。"（大意：王子乔，是周灵王的太子，名叫晋。喜欢吹笙，能奏出凤凰鸣叫的声音。常活动于伊水和洛水之间的伊洛流域一带地方。道士浮丘公把他接到了嵩山，一住就是三十多年。后来，有人在嵩山上找到他。他对其中一个叫作桓良的人说："请告诉我的家人，七月七日在缑氏山头上等我。"到了那天，王子乔果然乘着白鹤飞来，停在山顶之上，人们只能望见他却不能上到山顶。他向来看望他的人们举手致意，过了几天就走了。）后来这段神话成为了一个与修道成仙相关的名典，历代不乏其用，如：唐代许浑《故洛城》："可怜缑岭登仙子，犹自吹笙醉碧桃"；宋代文彦博《送秘书刘监归嵩阳隐居·其一》："缑山重访吹笙伴，秘省长虚画鹤厅"；金代耶律履《朝中措·寄云中完颜公》："看取酒酣风味，何如明月缑山"；元代张雨《玉笙谣为铁门笙伶周奇赋》："缑氏山头白云起，七月七日来相迎"；明代凌云翰《栖鹤斋诗为丁虚一赋》："七日缑山期一见，千年华表记重来"；清代周映清《壬午七夕焚香静对心境清澈飘飘有凌云之想》："试从跨鹤缑山日，历数骖鸾汉殿时。"宋代吴淑《事类赋·秋》"子乔乘鹤而难追"句下、陈元靓《岁时广记·七夕下》"乘白鹤"条下、清代华希闵《广事类赋·岁时部·七夕》"子晋控鹤以登仙"句下均收辑王子乔缑岭白鹤事作为七夕的岁时掌故。

## 鼻裈［bí kūn］繁体作鼻裈

即"犊鼻裈"的省称。"犊鼻裈"一词出自《史记·司马相如列传》："相如与俱之临邛，尽卖其车骑，买一酒舍酤酒，而令文君当垆。相如身自着犊鼻裈，与保佣杂作，涤器于市中。"（大意：相如与卓文君一起来到了临邛，卖了来时乘坐的马车，兑下一家酒店卖起酒来，并且让卓文君当街售卖，而司马相如自己则穿着犊鼻裈，跟杂役下人们一起在闹市里刷洗酒器。）南朝宋代裴骃在《史记集解》中引用汉代学者韦昭的话解释说："犊鼻裈，今三尺布作，形如犊鼻。"裈，是古时的内裤，有裆，分两种：一种像今天的平角内裤，略长些，一般与膝盖齐，或者在膝盖稍微往上一点儿，有两条明显的裤管。另一种很短，跟现代的三角内裤很像，但它是用布先缠着两胯，再从裆下竖穿过来包遮住下体。这后一种就是"犊鼻裈"，因为它看上去形如牛犊的鼻子，故有此称。唐代刘言史《葛巾歌》："空留桃杖犊鼻裈，蒙蒙烟雨归山村。"宋代梅尧臣《岸贫》："稚子将荷叶，还充犊鼻裈。"明代张萱《茜云歌再为钱唐马稚彬赠妓赋》："意近体远浓淡匀，戏着临邛犊鼻裈。"清代彭孙贻《种兰·其十二》："余馥分脐月，零香渍鼻裈。"

# 咸［xián］

历史人物，即阮咸。其生卒年不详，字仲容，陈留尉氏（今河南省尉氏县）人。魏晋时期文学家、步兵校尉阮籍的侄子，与阮籍并称"大小阮"；与嵇康、阮籍、山涛、向秀、刘伶、王戎并称"竹林七贤"。阮咸为人任性不拘礼节，仕途不顺。担任散骑侍郎时，山涛推举阮咸为朝廷主持选举工作，说他如果担任遴选人才的职位最为合适。晋武帝认为他好酒虚浮，不肯用他。太原人郭奕有识人之量，当时很有名，绝少推服他人，但见到阮咸便倾心佩服，大为感叹。阮咸精通音律，善弹琵琶，时号"妙达八音"，有"神解"之誉。"阮咸"这一乐器，也是因为他擅长演奏而得名。当时的音律学家、开国功臣荀勖每次和阮咸讨论音律，都自知远不如他，而阮咸也经常当面质疑荀勖的音律，因而遭到对方的嫉恨，被借故贬为始平太守，后无疾而终。存世作品有《律议》《与姑书》。唐代陆龟蒙《和袭美江南书情二十韵寄秘阁韦校书贻之商洛宋先辈垂文二同年次韵》："谢才偏许朓，阮放最怜咸。"宋代苏辙《次韵刘贡父西掖种竹》："应怪籍咸林下客，相看不饮作除书。"元代胡布《下山与诸公宿丘愚宅偕刘二绍联句》："咸籍抱异材，过庭美兰芝。"明代朱诚泳《会乐图为宗弟永寿王题》："更喜阿咸从阮籍，且无成义狎宁王。"清代钱谦益《负郭》："阮氏籍咸俱作达，公孙朝穆故堪怜。"

# 晒［shài］繁体作曬

意为在阳光下吸收光和热、晾晒。南北朝苏子卿《朱鹭》："金堤晒羽翮，丹水浴毛衣。"唐代杜甫《独坐二首·其二》："晒药安垂老，应门试小童。"宋代刘克庄《村居即事六言十首·其一》："小杓行鱼羹饭，长竿晒犊鼻裈。"元代马祖常《和王左司韵·其三》："阮籍一生都为酒，步兵当与晒裈郎。"明代祝允明《杂题画景三十一首·其十一》："抛将湿网坡头晒，且旁网边乘醉眠。"清代陆世仪《春日田园杂兴·其三》："稚子凿池浮乳鸭，老翁摊箔晒新虾。"

**按**："鼻裈咸晒"一语，源于"七月七"阮咸晒裈的典故。事见东晋戴逵《竹林七贤论》："阮咸字仲容，与叔父阮籍居道南，诸阮居道北。北阮富，南阮贫。七月七日，法当晒衣。北阮庭中烂然，莫非绤锦。咸时方总角，乃以长竿标大布犊鼻裈，曝于庭中。或怪之，答曰：'未能免俗，聊复尔尔。'"（大意：阮咸字仲容，和叔叔阮籍住在道南，阮氏的其他人家住在道北。住在道北的那一支阮氏都很富有，住在道南的这一支阮氏则很贫穷。"七月七"这天，按习俗要晾晒衣裳。居住道北的阮氏人家，庭院里灿烂光鲜，晒出的无不是丝绸锦绣的衣物。阮咸当时是一个十岁左右的儿童，也用长竿高挑起大土布做的犊鼻裈内裤，晒在自家的院子里。有人看到他拿这种东西来晒很是不解，他回应道："我还没能达到超然脱俗的境界，所以也跟着大家照葫芦画瓢赶个时髦。"）南朝宋代刘义庆在《世说新语·任诞》里也辑录了这则故事。别人都晒炫富的锦衣，阮咸却晒卑贱者才穿的土布内裤。他对世俗的这一近乎"黑色幽默"的调侃，后来就成了一个和贫穷自嘲相关的著名典故。唐代李商隐《七夕偶题》："明朝晒犊鼻，方信阮家贫"；宋代苏轼《刁同年草堂》："不用长竿矫绣衣，南园北第两参差"；明代张凤翔《七夕》："儿童争喜蛛丝网，庭院何惭犊鼻裈"；清代王夫之《读甘蔗生遣兴诗次韵而和之七十六首·其四十一》："俗客晒裈聊尔尔，比邱休夏自如如"，都是取材于这个典故。宋代陈元靓《岁时广记·七夕下》"曝布裈"条下、明代彭大翼《山堂肆考·时令·七夕》"标裈"条下、清代华希闵《广事类赋·岁时部·七夕》"非无挂犊之人"句下均收辑阮咸晒裈事作为七夕的岁时掌故。

## 【本句译读】

"七月七"这天，王子乔登临缑氏山遥望家人；阮咸大晒犊鼻裈调侃世俗。

---

# 77. 嫁看须婆　嬬耐嫦娥

## 嫁〔jià〕

意为女子与人结婚。《说文》："嫁，女适人也。"《诗经·大雅·大明》："自彼殷商，来嫁于周。"汉代刘细君《悲秋歌》："吾家嫁我兮天一方，远托异国兮乌孙王。"晋代陆机《诗·其三》："老蚕晚绩缩，老女晚嫁辱。"北朝周代庾信《怨歌行》："家住金陵县前，嫁得长安少年。"隋代薛道衡《豫章行·其二》："当学织女嫁牵牛，莫作姮娥叛夫婿。"唐代白居易《琵琶行》："门前冷落鞍马稀，老大嫁作商人妇。"宋代苏轼《念奴娇·赤壁怀古》："遥想公瑾当年，小乔初嫁了，雄姿英发。"金代雷渊《梨花得红字》："雪作肌肤玉作容，不将妖艳嫁东风。"元代郯韶《望潮曲》："美人住在东海头，身轻嫁与千户侯。"明代陈伯康《明妃出塞图》："朔风吹动毡车发，万里远嫁单于国。"清代龚贤《浣溪沙》："可惜村头年少女，随船把柁嫁渔郎。"

## 看［kàn］

本义指让视线接触人或物。《广雅·释诂一》："看，视也。"引申义为观察并加以判断。三国时期魏国曹丕《燕歌行二首·其二》："仰看星月观云间，飞鸽晨鸣声可怜。"南朝梁代萧纲《乌栖曲四首·其四》："相看气息望君怜，谁能含羞不自前。"南朝陈代江总《雨雪曲》："绕阵看狐迹，依山见马蹄。"唐代卢照邻《巫山高》："莫辨啼猿树，徒看神女云。"宋代许及之《秋思》："起看河汉畔，星象湿晶莹。"元代王冕《水仙图》："江城岁晚路途阻，邂逅相看颜色古。"明代湛若水《再和桂洲宗伯重叠观莲歌兼呈席虚山院长》："看花看色眼尚尘，看花须看花精神。"清代钱谦益《阁讼将结赴法司对簿口号三绝句·其一》："台阶今夜占星象，先看垣前贯索光。"

## 须婺［xū wù］繁体作须婺

古代星宿名，即须女四星，也叫作"须女""婺女"，为二十八宿之一。它位列北方玄武七宿的第三宿，在织女星的南边，形状如同一个簸箕。唐代张守节在《史记正义》里称须女四星为"天少府也"，意思是说它相当于天宫中管理私财和生活杂务的职能机构。也正是因为这个机构里绝大多数都是女工操作的活计，所以就叫了这个名字。《大周故银青光禄大夫使持节利州诸军事行利州刺史上柱国清河县开国子崔公夫人李氏墓志》："龟图荐象，精灵禀于异离；乌纬垂文，光景发于须婺。"《大唐五通观威仪兼观主冯仙师墓志铭并序》："仙师禀岳渎之秀气，降须婺之星精。"清代彭孙遹《天象赋》："须婺则二女同居，天孙则七襄终日。"施士洁《后苏龛文稿卷二·林母黄太夫人祭文》："拜须婺之星，仰女几之山。"

**按**：须女四星在"七月七"这天比较明亮，除了七夕相会的牛郎和织女之外，还有它依偎在银河之畔，因此它也经常出现在七夕诗歌中。如：唐代许敬宗《奉和七夕宴悬圃应制二首·其二》："婺闺期今夕，娥轮泛浅潢。"李商隐《七夕偶题》："宝婺摇珠佩，常娥照玉轮。"宋代薛映《戊申年七夕五绝·其一》："月放冰轮傍绛河，相期宝婺夜经过。吴文英《六么令·七夕》："婺星为情慵懒，亡立明河侧。"又《惜秋华·其三·七夕》："银河万古秋声，但望中、婺星清润。"明代王彦泓《郑超宗母七月七夕七旬初度》："天上光潜婺女星，人间瑞启康成后。"清代屈大均《七夕咏牛女·其五》："职与婺星皆寡宿，生为天媛更离愁。"彭孙遹《凤凰台上忆吹箫·闰七夕咏牛女》："笑孤明宝婺，独处珠匏。"

**又按**："嫁看须婺"一语，源自唐代张守节《史记正义》："须女，贱妾之称，妇职之卑者。主布帛、裁制、嫁娶。"（大意：须女这个名字，系贱女的称谓，是担当妇女职责的卑微小官。主管染织布料、裁制衣物和男女婚嫁的事宜。）古人认为须女四星的星象变化包含着不同的意蕴。如《隋书·天文志》："星明，天下丰，女功昌，国充富；小暗则国藏虚；动则有嫁娶出纳裁制之事。"（大意：这个星宿明亮，说明各地五谷丰登，妇女们的纺织、刺绣、缝纫等工作完成得很好，国家富足；当它呈现出小而暗淡的时候，就意味着国家的储藏亏虚；如果它运行起来，则有男婚女嫁、财务收支和裁制衣物之类的事宜出现。）又如唐代李淳风《乙巳占》："出入而色黄润，立妃后；白，为后宫妾死。云气入，黄白，有嫁女事；白，为女多病；黑，为女多死；赤，则妇人多兵死者。"（大意：这个星宿出入它的天域而光色润莹发黄，说明有册立皇后或嫔妃的事情；光色发白，就是有后宫的妾婢死掉了。如果有云朵浸入，光色黄白相间，表示要有女子嫁人了；光色发白，说明妇女患病的多；光色发黑，妇女死掉的多；光色发红，则是妇女死于战乱的多。）既然星象能给人间带来启示，所以女子出嫁之际，还是应该观察一下须女星的星象是怎样的，看了须女的"脸色"后再行事比较好些。

## 孀 ［shuāng］

意为女子独身寡居。南朝宋代鲍照《梦归乡》："孀妇当户叹，缫丝复鸣机。"唐代白居易《酬和元九东川路诗十二首·江岸梨花》："最似孀闺少年妇，白妆素袖碧纱裙。"宋代杨亿《戊申年七夕五绝·其四》："神女欢娱一夕休，月娥孀独已千秋。"元代王仲文《驻马听》："可着我半路里孤孀，临老也还行绝命方。"明代王祎《海盐陈节妇诗》："灯前雪满窗，白发几年孀。"清代钱载《录旧二首·其一·王贞女行》："许君是君妇，君妇为君孀。"

## 耐 ［nài］

意为承受得起；忍得住。《广韵》："耐，忍也。"隋代丁

380

六娘《十索四首·其二》："欢情不耐眠，从郎索花烛。"唐代杜甫《兵车行》："况复秦兵耐苦战，被驱不异犬与鸡。"宋代欧阳修《纪德陈情上致政太傅杜相公二首·其二》："风波已出凭忠信，松柏难凋耐雪霜。"金代郦权《木樨》："娟娟耐冻枝，便与群芳殊。"元代林泉生《杂言四首·其四》："但得根本坚，自然耐幽独。"明代夏树芳《醉落魄》："酒边灯下曾相洽，重逢不耐匆匆别。"清代冯溥《行路难·其三》："纫兰不耐久，磨刃空伤手。"

## 嫦娥 [cháng é]

古代神话人物，也称"恒娥""姮娥"。传说她是后羿的妻子，因偷吃了丈夫的长生药，奔上月宫，成为仙女。嫦娥奔月之说最早见载于古代典籍《归藏》，其中说道："昔，常（嫦）娥以西王母不死之药服之，遂奔月，为月精。"后来民间把这个故事进一步发挥，衍化成多种版本。在神话传说中，嫦娥因偷吃了丈夫后羿从西王母那里求得的不死之药而奔月成仙，居住在月亮上面的广寒宫中；陪伴她的还有常年砍斫桂树的吴刚、一只会捣药的白兔，以及一只三条腿的蟾蜍。南朝梁代刘孝威《侍宴赋得龙沙宵月明》："嫦娥望不出，桂枝犹隐残。"唐代薛涛《试新服裁制初成三首·其一》："霜兔毳寒冰茧净，嫦娥笑指织星桥。"宋代钱惟演《秋夜对月》："嫦娥悔媚独，空见海生桑。"金代蔡松年《水龙吟》："看年年玉笛，新传秀句，约嫦娥听。"元代吾丘衍《九月十五月食》："丹桂有阴秋寂寞，嫦娥无梦夜何如。"明代刘基《上清词三首·其二》："自是嫦娥甘寂寞，桂华相对度千秋。"清代王鸿绪《宫词》："嫦娥明镜里，亦自伴人愁。"

**按**："孀耐嫦娥"一语，源自北宋诗人余靖《和王子元中秋会饮》中的诗句："嫦娥耐闲不肯嫁，破鉴再合光荧荧。"此句意思是说：嫦娥耐得住独身寡居的现状，她把象征婚姻毁坏的"破镜"重新弥合，成为了一个闪闪发光的中秋圆月。

## 【本句译读】

出嫁的女子要观察一下须婺星象的启示；孀居的妇人要以耐得住寂寞的嫦娥为自己的榜样。

# 78. 骈舆婵媛　蟾窟婆娑

## 骈舆［pián yú］繁体作駢輿

"骈"，指两匹马驾辕的车。"舆"，本义是指车上可以载人载物的部分，后来也泛指车驾。"骈舆"二字组合在一起，是代指"骈车"。东汉学者刘熙在《释名》中为"骈车"一词做解释说："骈，屏也，四面屏蔽，妇人所乘牛车也。辎、骈之形同，有邸曰'辎'，无邸曰'骈'。"（大意：所谓"骈"，就是屏蔽的意思，把车的四个面都遮挡起来，是一种专门给妇女们用的牛拉车。辎车和骈车的外形是相同的，区别是有负重型下底梁的叫作"辎车"，不带下底梁的叫作"骈车"。）东汉文学家李尤的《天輧车铭》说："奚氏本造，后裔饰雍，轮以代步，屏以蔽容。"（大意：上古的奚仲创造了马车，他的后人又加以改进，车轮用来代步，屏幕是为了遮住面容。）可知骈车之所以要加上屏障，为的是让乘车的女性免于抛头露面。

**按**："骈舆"并非一个成词，这里的"骈舆"只是"骈车"的另一表述方式，因为周兴嗣《千字文》里有"车驾肥轻"一语，特此避让"车"字而已。

## 婵媛 [ chán yuán ] 繁体作嬋媛

指容貌姣好的女子。屈原《九歌·其三·湘君》："扬灵兮未极，女婵媛兮为余太息。"宋代刘克庄《九和·其二》："朝无左右容邹子，家有婵媛詈屈平。"金代党怀英《西湖芙蓉》："岂无桃李媒，不嫁惜婵媛。"元代徐甫《寓言》："燕赵足佳丽，吴楚多婵媛。"明代祝允明《漂母祠》："豪杰与婵媛，万年共一尘。"清代田雯《顺风》："甲胄一将军，环佩一婵媛。"

**按**．"骈舆婵媛"一语，源自郭子仪七夕祈寿的神话。事见唐末五代著名道士杜光庭所撰《神仙感遇集》："郭子仪，华州人也，初从军沙塞间。因入京催军食，回至银州十数里，日暮。忽风砂陡暗，行李不得，遂入道旁空屋中，籍地将宿。既夜，忽见左右皆有赤光，仰视空中，见骈辎车绣屋中有一美女，坐床垂足，自天而下，俯视。子仪拜祝云：'今七月七日，必是织女降临，愿赐长寿富贵。'女笑曰："大富贵，亦寿考。"言讫，冉冉升天，犹视子仪，良久而隐。子仪后立功贵盛，威望烜赫。大历初，镇河中，疾甚，三军忧惧。子仪谓御医及幕宾王延昌、孙宿、赵惠伯、严郢等曰：'吾此疾自知未到衰殒。'因话所遇之事，众称贺忻悦。其后拜太尉、尚书令、尚父，年九十而薨。"（大意：郭子仪，是华州人，早年在沙漠边塞从军当兵。有一次到京城催促军粮，归途中走到离银州还有十几里的地方，已是傍晚。忽然刮起了风沙，天地昏暗，无法向前行走，于是躲进大道旁边的一间空屋里，搭了地铺夜宿。到了夜里，忽然附近一片红光，仰视天空，看见有一辆华丽的骈车，车的锦绣帷帐里有一位美丽的女子，坐在床上垂着脚，从天而降，向下俯望。郭子仪急忙跪拜祝告说："今天是七夕，您一定是天上的织女降临了，请赐给我富贵和长寿吧！"那个女子笑着说："你能大富大贵的，寿命也会很长。"说罢，车子又慢慢升上天空，那女子仍是注视着郭子仪，直到消失在夜空中。郭子仪后来战功卓著，地位尊贵，威望显赫。唐代宗大历年初期，郭子仪镇守河中时，得了重病，三军部下十分忧虑，郭子仪就对御医和幕僚王延昌、孙宿、赵惠伯、严郢等人说："我这个病啊，我自己知道还没到要我命的地步。"接着就把当年在银州遇见织女的事说了出来，大家欣慰地向他道贺。后来他官至太尉也就是最高军事统帅、等同于当朝宰相的尚书令，还被赐予"尚父"的尊号，九十岁那年才去世。）"骈舆婵媛"指的就是坐在骈车里的美人织女。清代曾国藩《贺李瀚章五十寿联》上联："七月诞生，郭汾阳曾见织女"；近代樊增祥《洞仙歌·其二·用前韵寄淇泉》："银州北指，是当年织女，示现仙骈彩云处"，都是取典于这个故事。这个故事是虚构的神话，但郭子仪却是真实的人物。他祖籍山西太原，公元697年出生于华州郑县即现在的陕西华县，唐代最重要的政治家和军事家之一。去世于公元781年，活了八十五岁。宋代陈元靓《岁时广记·七夕中》"赐寿考"条、明代彭大翼《山堂肆考·时令·七夕》"祈寿"条下、清代华希闵《广事类赋·岁时部·七夕》"空中之绣幄还过"句下均收辑了这个故事作为七夕的岁时掌故。

## 蟾窟［chán kū］

　　指月宫、月亮。本义指蟾蜍的窟穴，因传说月亮里有三条腿的蟾蜍，月球上泛白的部分就是它的影子，所以古代文学作品中常以"蟾窟"来代指月宫、月亮。宋代范纯仁《中秋赏月》："醉狂直好探蟾窟，安得陵空万仞梯。"金代赵秉文《就刘云卿第与同院诸公喜雨分韵得发字》："君家南山有衣钵，丛桂分香老蟾窟。"元代耶律楚材《和张敏之鸣凤曲韵》："问渠蟾窟攀仙桂，何似冥山破铁围。"明代黎贞《至郡伯驿见新月》："蛾眉初二夜，蟾窟一痕秋。"清代陈维崧《念奴娇·淮阴阁再彭以破环词索和为缀此章》："淮王城下，有扶疏丛桂，香分蟾窟。"

## 婆娑［pó suō］

　　本义指树叶扶疏纷披的样子，因常用来形容月中的桂树，所以古代文学作品中常以此来代指月桂。宋代杨无咎《点绛唇·其三·和向芗林木犀》："借问嫦娥，当初谁种婆娑树？空中呈露，不坠凡花数。"元代杨维桢《道人歌》："初见蛉精生月腹，前身捣药婆娑阴。"明代刘崧《和子与王征君中秋短歌一首》："晃朗惊浮玉井莲，空明似见婆娑树。"清代尤侗《沁园春·其十四·司农招饮携五苗出揖客复次前调奉赠》："问其岁，是卯君诞降，月窟婆娑。"

　　**按**："蟾窟婆娑"一语，源自宋末元初学者、书法家陈深的《赋月中桂》："天上何年种，婆娑碧树幽。根盘蟾窟古，花落鹫峰秋。"

385

## 【本句译读】

七夕的夜里，织女乘坐骈车在天空中示现仙迹；月亮上的桂树也和人间的一样，都处在无尽的秋意之中。

# 79. 彩绳荡霭　匹练涵波

## 彩［cǎi］

意为集结在一起的多种颜色、彩色。北朝魏代高允《答宗钦十三首·其一》："启基郢域，振彩凉区。"南朝梁代江淹《从建平王游纪南城》："锦帐终寂寞，彩瑟秘音英。"隋代卢思道《神仙篇》："飞策扬轻电，悬旌耀彩霓。"唐代李商隐《无题二首·其一》："身无彩凤双飞翼，心有灵犀一点通。"宋代赵佶《宫词·其六十》："宝辇欲回人仰望，彩绳高处堕星球。"辽代萧观音《回心院》："偏是君来生彩晕，对妾故作青荧荧。"金代王元粹《东楼雨中七诗·其五》："庭中野蔓走青蛇，窗外萱葵乱彩霞。"元代虞集《芙蓉》："终宴清露冷，折花登彩舟。"明代袁凯《置酒》："林花发光彩，飞鸟亦翩翩。"清代纳兰性德《南海子》："七十二桥天汉上，彩虹飞下晾鹰台。"

## 绳［shéng］繁体作繩

本义指可以无限接续延长的索带。《说文》："绳，索也"；《小尔雅》："大者谓之索，小者谓之绳。"后泛指用两股以上的棉麻纤维或棕草等拧成的条状物，俗称"绳子"或"绳索"。《诗经·小雅·采绿》："之子于钓，言纶之绳。"屈原《离骚》："矫菌桂以纫蕙兮，索胡绳之纚纚。"汉代乐府《孔雀东南飞·古诗为焦仲卿妻作》："箱帘六七十，绿碧青丝绳。"南朝梁代刘邈《万山见采桑人》："丝绳挂且脱，金笼写复收。"隋代崔仲方《奉和周赵王咏石》："玉绳随月落，金碑映日鲜。"唐代陈子昂《感遇诗三十八首·其二十》："一绳将何系，忧醉不能持。"宋代范祖禹《石耳》："采之悬绳梯，磴藓滑屐齿。"金代赵元《村居夏日》："呼儿具绳床，不履亦不簪。"元代吴莱《鞦韆行寄赵季良时赵留京邑》："人家欢笑踏鞦韆，杏板丝绳相对悬。"明代宋濂《题花门将军游宴图》："铜龙压脊双角张，彩绳亘空若虹翔。"清代余庆远《箐口》："循壁下绳梯，狼狈携仆手。"

## 荡 [dàng] 繁体作蕩

意为摇动、摆动、晃动。三国时期魏国阮籍《咏怀·其五十二》："轻荡易恍惚，飘飘弃其身。"南朝梁代沈约《八咏诗·其二·会圃临春风》："始摇荡以入闺，终徘徊而缘隙。"隋代辛德源《东飞伯劳歌》："谁家妖艳荡轻舟，含娇转盼骋风流。"唐代白居易《同韩侍郎游郑家池吟诗小饮》："宿雨洗沙尘，晴风荡烟霭。"宋代范纯仁《和子骏》："夏木拥高阴，微风荡轻霭。"元代陈方《涵虚阁》："远近互出没，风霭相摩荡。"明代吴伯宗《送李将军华山归隐》："番湖天东南，云水荡虚碧。"清代蒲松龄《渡河》："飑飑西南风，饱帆荡双桨。"

# 霭 [ǎi] 繁体作靄

即云气、雾气，也泛指云朵。晋代陆机《挽歌三首·其二》："悲风徽行轨，倾云结流霭。"南朝梁代江淹《秋夕纳凉奉和刑狱舅》："虚堂起青霭，崦嵫生暮霞。"唐代李峤《晚秋喜雨》："聚霭笼仙阙，连霏绕画楼。"宋代柳永《雨霖铃》："念去去，千里烟波，暮霭沉沉楚天阔。"金代胡光谦《游延祚寺用前人韵·其二》："龙过山阴拖翠霭，僧眠溪影弄寒晖。"元代薛观《曹娥江候渡》："树黑收岚霭，沙寒集雁凫。"明代高柄《赋得春草碧色送丘少尹归四明》："千里霭晴翠，夕阳烟际深。"清代张实居《雨后》："凉风四面吹，长空荡残霭。"

**按**："彩绳荡霭"一语，源自中秋夜"梯云掣月"的神话。事见唐代张读《宣室志》："唐太和中，有周生者，庐于洞庭山，时以道术济吴、楚，人多敬之。后将抵洛、谷之间，途次广陵，舍佛寺中。会有三四客皆来。时方中秋，其夕雾月澄莹，且吟且望。有说开元时明皇帝游月宫事，因相与叹曰：'吾辈尘人，固不得至其所矣，奈何！'周生笑曰：'某尝学于师，亦得焉，且能掣月致之怀袂，子信乎？'或患其妄，或喜其奇。生曰：'吾不为明，则妄矣。'因命虚一室，翳四垣，不使有纤隙。又命以箸数百，呼其僮绳而架之，且告客曰：'我将梯此取月去，闻呼可来观。'乃闭户久之，数客步庭中伺焉。忽觉天地曛晦，仰而视之，即又无纤云。俄闻生呼曰：'某至矣。'因开其室。生曰：'月在某衣中矣，请客观焉。'因以举衣，出月寸许，一室尽明，寒逼肌骨。生曰：'子不信我，今信乎？'客再拜谢之，愿收其光，因又闭户。其外尚昏晦，食顷方如初。"（大意：唐代太和年间，有个叫周生的人，在洞庭山结庐而居，他经常以道术修炼者的身份周游于吴、楚即长江中下游一带的地方，很多人都很敬重他。后来他打算去陕西的洛水和谷水一带，途径扬州，住宿在一座佛寺里。适逢有三四个游客也都住在这里。当时正是中秋节，到了晚上月光清澈晶莹，大家就聚在一起，一边吟咏辞赋一边观赏月色。其间有人提起开元年间唐明皇中秋节游月宫的故事，于是相对感慨道："我们这些尘世俗人，自然是不能到那个地方去游玩的了，这有什么办法！"周生笑着说："那个法术我曾经向老师学过，也掌握其中的门道，并且能把月亮拿下来放到怀袖当中，各位信不？"听了这话，有人嗔怪他的虚浮狂妄，有人欣赏他的离奇之谈。周生说："我如果不给你们证明一下，那就摆明了是我在胡说瞎话啦。"于是命人腾空一间屋子，把四壁遮住，不让透漏一点点的缝隙；又叫人拿来几百双筷子，命他的童仆用绳子把它们扎捆成绳梯驾了起来，然后嘱咐游客们说："我现在就登着这绳梯取月亮去，你们听到我的召唤就可以进来观看了。"说罢就把密室的门关闭了好长时间，几个游客则一边在庭中散步，一边等着看结果。忽然间就觉得天昏地暗，仰看天空却又不见一丝云彩。不一会儿就听到周生呼喊道："我回来了。"接着打开密室的房门。周生说："月亮已经在我的衣服里了，请各位观看。"于是把衣服掀了起来，月亮刚露出一寸多点儿，一下子满屋通明，寒气渗透肌肤，冰冷刺骨。周生说："你们先前不相信我的话，现在信了吧？"那几个游客再三作揖致意，央求他快点儿把月光收回去，于是周生关上房门。此时室外还是一片晦暗，过了一顿饭的工夫又和平时一样了。）这个故事在古籍引录时也被称为"驾梯取月""梯云取月"。宋代陈与义《中秋不见月》："却疑周生怀月去，待到三更黑如故"；元代马臻

《中秋见月》："我无周生术，安得月在手"；明代倪元璐《徐尔从谒选水部》："贺君尺五云霄近，珍重周生到月梯"；清代周在建《牛首次黄自先别驾壁上韵》："此中宜对月，梯好不须攀"，都是取典于这个故事。宋代陈元靓在《岁时广记·中秋中》"架箸梯"条下、明代彭大翼《山堂肆考·时令·中秋》"上梯取月"条下、清代华希闵《广事类赋·岁时部·中秋》"或梯云而取月"句下均收辑这个故事作为中秋的岁时掌故。

## 匹练 ［pǐ liàn］繁体作匹練

本义指成匹的长幅白绢，后经常用来指代白色的光气、瀑布、水面、云雾等。唐代李白《江夏寄汉阳辅录事》："谁道此水广，狭如一匹练。"宋代李兼《江上》："无声画里更斜阳，匹练光中正秋色。"金代赵承元《探春》："冰底流泉匹练飞，曲尘着柳不禁吹。"元代李源道《题王朋梅金明池图》："银涛激起翻匹练，彩绳突出腾飞仙。"明代邓雅《玉笥十咏·其八·茧溪澄练》："秋光涵映一匹练，天地与我同虚舟。"清代孙元衡《红夷剑歌》："耿耿光明拖匹练，潇潇气势翻长河。"

## 涵 ［hán］

意为包含、包容。南朝齐代萧道成《塞客吟》："兰涵风而泻艳，菊笼泉而散英。"唐代薛据《泛太湖》："万顷波涵一碧秋，飘飘随处任轻舟。"宋代欧阳修《和人三桥·其三》："断虹跨曲岸，倒影涵清波。"金代马定国《怀高图南》："碧海涵万类，青天行四时。"元代尹廷高《中秋钱唐玩月》："两间势隔三万里，一镜光涵几百州。"明代王景《罗盘书屋》："岷山之水向南流，织女机丝涵素秋。"清代梅文鼎《喜晤彭躬庵先生即送归》：“浩荡秋空涵日月，清泠江水辨龙鱼。”

# 波 ［bō］

即波浪、水自身涌动而形成的起起伏伏的水面。《说文》：
“波，水涌流也。”《诗经·小雅·渐渐之石》：“有豕白蹢，烝
涉波矣。”屈原《九歌·其三·湘君》：“令沅湘兮无波，使江
水兮安流！”汉代郦炎《见志诗·其二》：“灵芝生河洲，动摇
因洪波。”三国时期魏国嵇康《答二郭三首·其二》：“朔戒贵
尚容，渔父好扬波。”南朝梁代萧纲《曲水联句》：“岸烛斜临
水，波光上映楼。”唐代庾抱《和乐记室忆江水》：“无因关塞
叶，共下洞庭波。”宋代梅询《叠嶂楼》：“波光滟滟前溪满，
刹影亭亭古寺幽。”金代冯延登《华清故宫》：“游人尚喜风流
在，白石涵波皂荚双。”元代燕不花《和西湖竹枝词》：“郎来
打鱼三更里，凌乱波光与月光。”明代叶泽森《洪山寺影墙双龙
歌》：“沧波千顷亘匹练，回眺长江渐如线。”清代查慎行《晓
晴即目一首·其一》：“一练波光如拭镜，翠烟扶起柁楼人。”

按：“匹练涵波”一语，源自明代彭大翼《山堂肆考·中秋》
所引《酉阳杂俎》中“金背虾蟆”的传说：“长庆中，有人中秋
夜见月光属林间，如匹练。就视之，一金背虾蟇，疑月中者。”
（大意：唐朝长庆年间，有人在中秋的夜里看到月光聚集在一
片树林子里，摇曳如同水面的清波。就近细看，原来是一只背
上闪着金光的蛤蟆，怀疑它就是传说中月亮里的那只蟾蜍。）
宋代陈与义《中秋不见月》：“明年强健更相约，会见林间金
背蟆”；元代叶颙《八月望夕玩月歌》：“金波泻琼液，跃出虾
蟆精”；明代陶宗仪《八月十五夜玩月次韵》：“露华清洒玉毫

兔，林影还浮金背蟆”；清代王邦畿《采茶歌》：“虾蟆趯趯背光湿，飞作金钗鬓边立”，都是取典于这个故事。明代彭大翼在《山堂肆考·卷十二·中秋》“光属林间”条下、清代华希闵《广事类赋·岁时部·中秋》“斯时也，匹练方横”句下均引录了这个故事作为中秋的岁时掌故。

## 【本句译读】

中秋之夜，取月的绳梯在云霄中摇荡；降临凡尘的月宫金蟾像一汪清水闪烁着波光。

# 80. 粟抛桂粒　轮碾冰壶

## 粟 ［sù］

即粟子，北方通称“谷子”，去皮后叫“小米”。《说文》：“粟，嘉谷实也。”在古代诗文中它则常被用作桂花的别名，如：北宋诗人刘子翚《木犀古风》：“凄凉楚山秋，樛枝吐金粟。”诗题中的“木犀”就是桂树。又如南宋诗人范成大《中秋后两日自上沙回，闻千岩观下岩桂盛开，复檥石湖留赏一日，赋两绝·其一》：“金粟枝头一夜开，故应全得小诗催。”诗题中的“岩桂”即少花桂。因桂花色黄如金，花小如粟粒，故称之为“粟”。但历代文人更多地是用它代指月中桂树的花，本句中的“粟”即用此义。宋代向子諲《满庭芳·其一》：

"月窟蟠根，云岩分种，绝知不是尘凡。琉璃剪叶，金粟缀花繁。"元代张雨《木兰花慢·己未十月十七日寿溪月真人》："有溪上金鳌，月中金粟，长驻婴颜。"明代胡奎《赠医士长律十首·其六·兔臼》："金粟树边秋有影，素娥台畔夜无声。"清代龚鼎孳《念奴娇·中秋和其年韵》："金粟含香，银蟾爱影，玉斧休轻折。"

# 抛 [ pāo ]

意为抛、掷、洒。《广韵》："掷也"。南朝梁代萧纲《金乐歌》："开门抛水柱，城按特言家。"唐代欧阳炯《贺明朝》："忆昔花间相见后，只凭纤手，暗抛红豆。"宋代钱惟演《许洞归吴中》："醉抛隋岸杨花白，吟过淮山桂树青。"金代周昂《书斋》："夜雨书斋冷，西风木叶抛。"元代龚璛《再次韵舜中》："闲抛数点雨，凉晕一痕苔。"明代沈启明《珠泉》："花抛一泓水，碧泻四围山。"清代陆世仪《春日田园杂兴·其六》："舍北村南雨又晴，倦抛书卷漫游行。

# 桂 [ guì ]

即桂花树，木犀的通称。常绿灌木或小乔木，叶对生，椭圆形；花黄色或黄白色，极芳香，可作香料；果实为黑色。汉代刘向《九叹·其五·惜贤》："结桂树之旖旎兮，纫荃蕙与辛夷。"三国时期魏国曹植《桂之树行》："桂之树，桂之树，桂生一何丽佳。"南朝梁代沈约《八咏诗·其一·登台望秋月》："桂宫袅袅落桂枝，露寒凄凄凝白露。"隋代孙万寿《行经旧国》："修竹惭词赋，丛桂且淹留。"唐代王绩《古意六首·其五》："桂树何苍苍，秋来花更芳。"宋代刘兼《贻诸学童》：

"劝汝立身须苦志，月中丹桂自扶疏。"金代崔遵《送裕之官邓下兼简仲泽》："一枝仙桂知难拟，千顷黄陂未厌深。"元代王冕《重阳》："黄花衔古色，丹桂发天香。"明代徐贲《中秋夜对月有咏·其二》："毕竟无诗空懊恼，只将身绕桂花行。"清代朱彝尊《满江红·送陆云士宰江阴》："十里秋花春桂粒，一痕春水上河豚。"

# 粒［lì］

本义是谷米的颗粒。《小尔雅·广物》："生曰'谷'，谓之'粒'。"古时也常用以泛指植物的子实。晋代张协《杂诗十首·其十》："尺烬重寻桂，红粒贵瑶琼。"南朝梁代张率《沧海雀》："清晨啄原粒，日夕依野株。"唐代杜甫《茅堂检校收稻二首·其一》："红鲜终日有，玉粒赤吾悭。"宋代梅尧臣《次韵和永叔尝新茶杂言》："石瓶煎汤银梗打，粟粒铺面人惊嗟。"金代元好问《学东坡移居八首·其三》："诸公颇相念，余粒分凫鹤。"元代王祯《围田》："谁念农工苦？惟知粒食鲜。"明代解缙《题刘于京行乐图》："□新衫子青沥沥，细腻棕粒光团团。"清代王图炳《鹦鹉》："有时寻稻粒，无计脱绦笼。"

按："粟抛桂粒"一语，源自八月十五夜里月桂落子的神话。唐代皮日休《天竺寺八月十五日夜桂子》："玉颗珊珊下月轮，殿前拾得露华新。至今不会天中事，应是嫦娥掷与人。"此诗即是八月十五夜里月中桂树子实撒落人间的最早写照。南宋王十朋《东坡诗集注》"鹫峰子落惊前夜"句下引李厚注："天竺山，昔有梵僧云：此山自天竺鹫山飞来，八月十五夜，尝有桂子落。"清代华希闵《广事类赋·岁时部·中秋》"桂子自金蟾而细落"句下把月桂落子事收辑为中秋的岁时掌故。

## 轮［lún］繁体作輪

指车轮、轮子，也泛指平圆形像车轮似的东西。《诗经·魏风·伐檀》："坎坎伐轮兮，置之河之漘兮。"屈原《国殇》："霾两轮兮絷四马，援玉枹兮击鸣鼓。"三国时期魏国曹丕《煌煌京洛行》："虚美难假，偏轮不行。"晋代张载《赠棘子琰》："辀车运在轮，飞骨须六翮。"南朝齐代丘巨源《咏七宝团扇》："裁状白玉璧，缝似明月轮。"唐代马湘《金石诰·其一》："大海东头红日轮，青山几度碾为尘。"宋代周邠《中秋》："桂魄十分澄浪海，冰轮千里碾霜空。"金代蔡松年《满江红》："半岭云根，溪光浅、冰轮新浴。"元代陈宜甫《毡车行》："两轮奔奔如日月，经年辗辘何时歇。"明代唐之淳《自京还越道中杂占六绝句·其一》："脱却双轮换独轮，乘船人作坐车人。"清代陈子升《程周量梁芝五二子同过》："歌罢无车终不出，愧君风雅为扶轮。"

## 碾［niǎn］

意为碾压、碾轧。唐代司马承祯《太上升玄消灾护命妙经颂》："似环蝼蚁转，如毂碾尘埃。"宋代王庭圭《草堂东桥玩月》："坐看冰轮碾太清，赤栏桥下水先明。"金代元好问《送诗人李正甫》："青山碾为尘，白日无闲人。"元代马致远《仙吕点绛唇》："车碾残花，玉人月下，吹箫罢。"明代胡应麟《拟李白蜀道难作梁父吟》："红轮辗辘碾太虚，我欲乘之走八极。"清代汪懋麟《元夜禁中观放烟火歌》："明月如轮碾金殿，蒙蒙玉露垂深院。"

## 冰壶 ［bīng hú］

指月亮。"冰壶"本义是指盛装冰块的玉壶，因为南朝宋代鲍照的《白头吟》有"直如朱丝绳，清如玉壶冰"之句，形容人品的清白洁净，所以后来也用"冰壶"一词比喻人心的光明纯洁。唐代杜甫最早用"冰壶"一词比喻月亮，见《寄裴施州》："金钟大镛在东序，冰壶玉衡悬清秋。"后历代因仍，遂为常语，在本句中即是采用此义。唐代陈陶《赠别》："海国一尺绮，冰壶万缕丝。"宋代辛弃疾《满江红·其四·中秋寄远》："谁做冰壶凉世界，最怜玉斧修时节。"元代胡祗《送宪使李正卿移节江陵》："星移玉节临三楚，露贮冰壶下九天。"明代石珤《题程正郎蟾宫折桂琼林锡宴诗卷》："吴刚倚斧夜不寐，兔毫冷浸冰壶深。"清代黄永《满江红·中秋》："玉露初零，看上下、冰壶清彻。"

按："轮碾冰壶"一语，出自宋末诗人于石《次韵中秋对月》："冰壶碾破一轮秋，杯吸长鲸笔挽牛。"此诗句又系取意于北宋欧阳澈的七律《秋月》，原诗为："碾破鳞云皓月轮，银蟾着意露精神。十分素魄高低印，一样寒光远近均。触目冰壶无点翳，照人水鉴绝纤尘。拟携玉斧乘风御，折桂归荣白发亲。"

## 【本句译读】

秋风中的月桂，如粟粒飘落，使得八月桂花香满人间；一轮秋月，像被碾碎的冰壶，散放出晶莹的寒光照耀着大地。

# 81. 剧萦衾枕　旋到边隅

## 剧 [jù]

意为急促、疾速、匆忙地。晋代左思《娇女诗》："心为茶荈剧，吹嘘对鼎䥶。"南朝宋代鲍照《代蒿里行》："人生良自剧，天道与何人。"唐代王梵志《诗并序·其十六》："身是有限身，程期太剧促。"宋代宋庠《岁晚许昌城隅登楼作》："冬日苦易颓，羲车剧驰骤。"金代蔡松年《七月还祁》："知难不知回，飘流剧飞蓬。"元代许谦《暮过东津馆》："薄暮下东津，滩急舟剧箭。"明代刘崧《病疟述怀六百字》："医师剧攻剿，巫祝妄称咒。"清代胡天游《烈女李三行》："势似宿疹发，骤剧无由医。"

## 萦 [yíng]

本义指回旋缠绕。《玉篇》："萦，旋也。"《广韵》："萦，绕也。"《诗经·周南·樛木》："南有樛木，葛藟萦之。"后也引申指某种心绪或情怀的萦绕牵缠。晋代陶潜《辛丑岁七月赴假还江陵夜行涂口》："投冠旋旧墟，不为好爵萦。"南朝宋代谢灵运《从游京口北固应诏》："曾是萦旧想，览物奏长谣。"唐代许敬宗《奉和七夕宴悬圃应制二首·其一》："两怀萦别绪，一宿庆停梭。"宋代赵炅《缘识·其三十一》："亲亲友爱慈敦睦，凡言俗态谩缠萦。”元代王结《贺新郎·次范君铎诏后喜雨韵》：“万斛清愁萦怀抱，更萧萧、苹末西风起。”明代刘基《姜安所居》：“一枝一叶俱有心，生死长当两萦抱。”清代沈谦《牡丹枝上祝英台·武原舟中值雪》：“料应为我情痴，柔肠萦损。”

## 衾枕 [ qīn zhěn ]

即被子和枕头，泛指床铺或卧具。后也常用来暗喻男女之间的恩爱之情。唐代敦煌曲子《洞仙歌·今宵恩义》：“却再絮衷鸳衾枕，愿长与今宵相似。”宋代柳永《法曲第二》：“未省同衾枕，便轻许相将，平生欢笑。”元代邦哲《双调寿阳曲·思旧》：“初相见，意思浓，两下爱衾枕和同。”明代程本立《宿大柳树驿》：“入室就衾枕，蛩响四壁虚。”清代李锴《王昭君》：“美人在宫中，衾枕宁自移。”

## 旋 [ xuán ]

意为不久后、很快地、随即。唐代沈佺期《神龙初废逐南荒途出郴口北望苏耽山》：“将览成麟凤，旋惊御鬼文。”宋代吕本中《别才仲》：“初看读孝经，旋即绝文字。”金代王寂《上咸平帅耶律寿》：“早登秘阁直清禁，旋陟枢机历要津。”元代张之翰《满江红·送刘叔谦御史》：“白简才辞乌府去，红尘旋被青山隔。”明代王汝玉《逢故人夜话》：“知君试宰古青州，旋闻投绂归林丘。”清代彭孙贻《访蕴虚上人》：“小句偶题旋不忆，闲看鸿爪印寒沙。”

## 到 ［dào］

指达至空间或时间的某一点。《说文》："到，至也。"《诗经·大雅·韩奕》："蹶父孔武，靡国不到。"汉代乐府《长歌行》："百川东到海，何时复西归。"三国时期魏国左延年《从军行》："三子到敦煌，二子诣陇西。"唐代李白《雨后望月》："为惜如团扇，长吟到五更。"宋代苏轼《和子由渑池怀旧》："人生到处知何似，应似飞鸿踏雪泥。"辽代张觉《来熏亭》："林深兰芷香先到，地胜溪山影亦新。"金代刘汲《题西岩·其二》："自古交游少同志，到头声利不关身。"元代王恽《鹧鸪天》："老怀不到凌波梦，要遣琵琶送一觞。"明代屠隆《出塞》："独有流黄机上泪，西风吹不到征夫。"清代潘高《卖花词》："家家有花花未开，春风先到我家来。"

## 边隅 ［biān yú］繁体作邊隅

意为国家的边境或边防一带的地方。唐代杜甫《观兵》："精锐旧无敌，边隅今若何。"宋代石介《过潼关》："田野富农桑，边隅无寇贼。"元代陈高《扫室》："非无四方志，边隅未休兵。"明代郑岳《塞下曲四首·其三》："士马日南侵，发卒守边隅。"清代张鹏翮《通州道中大风》："鸡鸣戴月踏冰河，风起边隅冷更多。"

**按**："剧紫衾枕·旋到边隅"一语，源自古代秋季加强戍边的古老惯例，明代彭大翼《山堂肆考·时令·秋》"匈奴立威"条下亦收此为秋季的岁时掌故。"匈奴立威"语出东汉班固《汉书·晁错传》："欲立威者，始于折胶。"唐代经学家、训诂学家颜师古为这句话做注解时引述汉末魏初学者苏林的话说："秋气至，胶可折，弓弩可用，匈奴常以为候而出军。"可知所谓"匈奴立威"的意思是说，匈奴向大汉朝彰显军威，宣示震慑力，定然要在足可断胶的强劲秋风来到的时候。擅长骑射的匈奴人自北而南，这时候的风力和风向对弓弩等远程击射的武器来说无疑是可资利用的天然助力，怕热但却非常耐寒的匈奴人也的确经常把这个季候当做最佳的时机而出兵犯境。对此，汉地的中央政府也势必要有适时的对应之策。所以自东汉以后历代王朝，都在秋季增兵边隅，加强卫戍，以待来自北方的侵暴之敌。宋代朱熹在《诗经集传》中讲解《采薇》一诗时引录了前辈学者程颐关于秋季加强戍边的一段话："古者戍役，两期而还。今年春暮行，明年夏代者至，复留备秋，至过十一月而归。又明年，中春至春暮遣次戍者。每秋与冬初，两番戍者，皆在疆圉，如今之防秋也。"（大意：古时的兵役制度，是以两年为一个期限。当年的春末出发，第二年的夏季换防部队会来到，但是不能马上返乡，要留在当地参与秋防，过了十一月份才可以归返。再过了一年也就是第三年，仲春到春末又派遣下一批戍边部队。每年秋季和冬初，两批戍边部队实际上都在边境线上，其情形就跟现今的秋季战备差不多。）程颐所说的"两期而还"只是制度的规定，而长年戍边、老大不归倒是历史上更为实际的情况。至于秋季加强边防战备，则确乎是古代汉地中央政府的重要军事举措，一个古老的岁时传统。

例行秋防的时节到了，戍卒们匆匆结束与家人最后的恩爱缠绵，随即就奔赴到了前敌边关。

---

# 82. 闺砧捣杵　戍卒征襦

## 闺［guī］繁体作閨

指女子居住的内室。三国时期魏国曹植《杂诗七首·其三》："妾身守空闺，良人行从军。"南朝宋代鲍照《拟行路难十八首·其十三》："来时闻君妇，闺中嬬居独宿有贞名。"唐代白居易《长恨歌》："杨家有女初长成，养在深闺人未识。"宋代刘兼《征妇怨》："金闺寂寞罢妆台，玉箸阑干界粉腮。"金代韩玉《一剪梅》："梦里兰闺相见惊，玉香花瘦，春艳盈盈。"元代潘音《登楼秋望》："深闺少妇思征戍，何处闻砧不动愁。"明代苏伯衡《送秦待制出守龙州》："一麾出守别金闺，渭水秦原入马蹄。"清代吴锡麒《秋日杂咏八首·其五》："征人远梦惊砧杵，少妇空闺怨鼓鼙。"

## 砧［zhēn］

捣衣时垫在底下的石器具，也叫"捣衣石"。晋代曹毗《夜听捣衣》："纤手叠轻素，朗杵叩鸣砧。"北朝魏代温子升《捣衣》："香杵纹砧知近远，传声递响何凄凉。"唐代王勃

《杂曲歌辞·秋夜长》：“调砧乱杵思自伤，思自伤，征夫万里戍他乡。”宋代魏野《暮秋闲望》：“砧隔寒溪捣，钟随晚吹过。”金代元好问《药山道中》：“西风砧杵日相催，着破征衣整未回。”元代宋无《寄衣曲·其二》：“征衣须早寄，遥忆藁砧寒。”明代张羽《秋日郊居》：“白露雨余砧欲动，黄花风冷扇初收。”清代汪轫《关山行》：“故乡此夜寒砧泪，尽入沙场战士衣。”

**按**：“闺砧”一词，指家中妇女所用的捣衣石，见于明代黄凤翔《秋声》：“戍角三城外，闺砧一水傍。”

## 捣［dǎo］繁体作搗

意为用棍子或木杵等器物的一端撞击某物。《诗经·小雅·小弁》：“我心忧伤，惄焉如捣。”汉代乐府《董逃行》：“采取神药若木端，玉兔长跪捣药虾蟆丸。”南朝齐代谢朓《秋夜》：“秋夜促织鸣，南邻捣衣急。”唐代宋之问《明河篇》：“南陌征人去不归，谁家今夜捣寒衣。”宋代王禹偁《投柴殿院》：“煎茶虎丘井，捣药木兰堂。”金代郦权《闻砧》：“玉关消息到长安，处处砧声捣夜阑。”元代马臻《谩成四十二首·其十》：“燕山楚水曾为客，惯听霜砧捣月明。”明代杨光溥《夏日即景》：“却怪山童惊梦觉，午风吹送捣茶声。”清代朱雅《秋日书怀》：“关河入望愁无际，砧杵谁家捣未央。”

## 杵［chǔ］

指浆洗衣物时用来捶捣衣物的短木棒槌。南朝宋代谢惠连《捣衣》：“檐高砧响发，楹长杵声哀。”唐代孟浩然《秋宵月下有怀》："庭槐寒影疏，邻杵夜声急。"宋代秦观《满庭芳·三首》："又是重阳近也，几处处，砧杵声催。"金代庞铸《晚秋登城楼二首·其一》："牛羊成晚景，砧杵助秋声。"元代吴师道《促织吟》："背壁孤灯照清泪，谁家急杵敲寒衣？"明代李攀龙《闻砧》："拭砧散明月，投杵上清霜。"清代范承谟《闻砧曲》："香杵纹砧素练稠，深闺少妇迥生愁。"

**按**："捣杵"一词，指用手捣舂木杵以捶打某物，见于宋代顾逢《赠吴门造笺》："刿藤光泽净无瑕，捣杵工夫自一家。"

## 戍卒 ［shù zú］

古时指驻守边疆的士兵。唐代高适《蓟门行五首·其二》："戍卒厌糠核，降胡饱衣食。"宋代陶弼《寄沅州新守谢麟》："三千戍卒今无几，十万屯田古未耕。"元代陈旅《题胡氏杀虎图》："沙河野黑秋风粗，枣阳戍卒车载弩。"明代童冀《次德希感时韵一首·其一》："黄屋宵衣严待旦，黑山戍卒罢防秋。"清代顾炎武《重至京口》："城北江南旧军垒，当年戍卒曾屯此。"

## 征 ［zhēng］繁体作徵

意为求取、索求。唐代司马贞《史记索隐》在"故物贱之征贵"句下注解说："征者，求也。"汉代王粲《杂诗》："褰衽欲从之，路险不得征。"三国时期魏国应璩《百一诗·其二》："征求倾四海，雅意犹未康。"唐代李商隐《行次西郊作一百韵》："因失生惠养，渐见征求频。"宋代王禹偁《送冯尊师》："安用征吾句，吾道方龃龉。"元代柳贯

《三月十日观南安赵使君所藏书画古器物》："征诗如见所见者，后有画者传之图。"明代杨慎《南中晓寒曲》："可念无衣客，谁征褰与襦。"清代钱谦益《孙郎长筵劝酒歌》："主人燕客露未晞，千金为寿征歌诗。"

按：此句中的"征"是繁体"徵"字的简化，与前面第67句中"征鸿"的"征"是两个不同的字。"征"最早见于商代甲骨文，本义为征伐，后引申为远行。"徵"始见于西周金文，本义为征召，后引申指求取、索求。如《左传·哀公七年》："夏，公会吴于鄫，吴来征百牢。"（大意：夏，鲁哀公和吴国的使者会见于鄫这个地方，吴国人来此的目的是向鲁国索求百牢的献礼。)

# 襦〔rú〕

本义指短衣、短袄。《说文》："襦，短衣也。"引申泛指衣裳、衣装。汉代乐府《孤儿行》："冬无复襦，夏无单衣。"南朝梁代王僧孺《为徐仆射妓作》："稍知玉钗重，渐见罗襦寒。"唐代韩翃《张山人草堂会王方士》："屿花晚，山日长，蕙带麻襦食草堂。"宋代徐积《姚黄》："杨妃本是倾国身，脱却红襦号太真。"金代元好问《清平乐》："胭脂杏蕾生红，绣襦学弄春风。"元代卢挚《湖南宪幕牡丹》："国风芍药赠，骚客芙蓉襦。"明代江源《美女篇》："弱臂约金钏，纤婑束罗襦。"清代洪亮吉《代书寄汪大端光八十韵》："欲剪湘中霞，为子身上襦。"

按："征襦"一词意为索求衣服，源自《左传·昭公二十五年》中所载的一句童谣："鸲鹆跦跦,公在乾侯,征褰与襦。"(大意:八哥鸟奔行跳跃,外出在乾侯那个地方的国君,索求裤子和短袄。)"征襦"即"征褰与襦"的缩写。

## 【本句译读】

秋寒日益浓重,闺中人在捣衣石上捣舂着洗衣的杵槌,为戍守在遥远边陲的丈夫浆洗所需的衣裳。

# 83. 障邻遮虏　笳弄单于

## 障［zhàng］

即古时边塞险要处为防御敌寇而另筑的小城,有军事障塞的功能。《苍颉篇》:"障,小城也。"唐代卢照邻《横吹曲辞·关山月》:"塞垣通碣石,虏障抵祁连。"宋代苏舜钦《庆州败》:"屠杀熟户烧障堡,十万驰骋山岳倾。"元代马祖常《壮游八十韵》:"列障敕勒塞,万里静烽燧。"明代刘基《送僧家奴参政赴河东宣慰使·其二》:"落日旌麾静,高风堡障闲。"清代毛奇龄《征行曲·其一》:"夜火连边障,天兵识汉家。"

## 邻［lín］繁体作鄰

意为邻近、接近。《小尔雅》:"邻,近也。"《释名·释州国》："邻，连也，相接也。"汉代李尤《河铭》："大汉承绪，怀附逷邻。"晋代湛方生《游园咏》："水穷清以澈鉴，山邻天而无际。"南朝梁代费昶《赠徐郎》："北邻稷下，南接淹中。"唐代虞世南《奉和幽山雨后应令》："肃城邻上苑，黄山迩桂宫。"宋代赵湘《兰汀晚泊》："孤舟愁晚泊，葭苇暂相邻。"金代马定国《送王松年之汶上》："地邻邾子国，天近穆陵关。"元代袁桷《饮酒杂诗·其六》："家邻天台山，云有二子岩。"明代陶安《送汪一初归淳安二首·其一》："地虽邻险要，天独厚仁贤。"清代王材任《追忆梁益旧游》："邻近墓门谁勒石，征西尚有马将军。"

## 遮虏 ［zhē lǔ］繁体作遮虜

即"遮虏障"的省称。"遮虏障"一词出自《汉书·李广苏建传》："诏陵：'以九月发，出遮虏障，至东浚稽山南龙勒水上徘徊观虏，即亡所见，从浞野侯赵破奴故道抵受降城休士，因骑置以闻。'"（大意：汉武帝下诏给李陵说："你的部队务必于九月份开拔，从遮虏障出兵，到东浚稽山南的龙勒水一带反复细致地侦查刺探匈奴兵的动向，若是没有什么发现，就顺着浞野侯赵破奴走过的老路线去到受降城休整部队，并将情况用快马回报给朝廷知晓。"）唐代颜师古为"遮虏障"作解释说："障者，塞上险要之处往往修筑别置，候望之人所以自障蔽而伺敌也。'遮虏'，障名也。"（大意：所谓"障"，就是在边塞险要的地方所修筑的主城之外的一些处所，负责瞭望的哨兵用以隐蔽自己并窥伺敌人。'遮虏'，即是这种处所的名称。）汉代著名军事将领李陵引兵出发的遮虏障在张掖居延县即今内蒙古额济纳旗东南一带的地方，是伏波将军路博德奉汉武帝诏令修建的。它的左、右两侧还各有卫城，也是类似的建筑物。唐代陈陶《续古二十九首·其十二》："秦家无庙略，遮虏续长城。"宋代胡宿《吴兴秋晚郡斋长句》："限戎深得策，遮虏大为防。"明代顾孟林《钟山人昔曾被役西方暇日为予说所见因书以赠之》："曾见西山遮虏塞，云间孤戍为防秋。"

## 笳 [ jiā ]

即"胡笳"。中国古代北方少数民族的一种吹奏乐器，类似笛子。北方"胡人"起初卷芦叶为笳，吹奏曲子取乐，后来改用竹管，将芦叶制成的哨子插入管中，管上有三个孔，饰以桦皮，两端加兽角。这种乐器善于表现凄怆、哀怨的情感，富有悠远的穿透力，与游牧民族英勇慓悍的个性十分契合。三国时期魏国曹植《鼙舞歌五首·其一·圣皇篇》："武骑卫前后，鼓吹箫笳声。"南朝宋代何承天《鼓吹铙歌十五首·其一·朱路篇》："清鞞惊短箫，朗鼓节鸣笳。"隋代胡师耽《登终南山拟古》："钟鼓沸闐阓，笳管咽承明。"唐代陈元光《候夜行师七唱·其五》："报道四更笳鼓响，衔枚袭虏献俘囚。"宋代苏轼《三月二十日多叶杏盛开》："丛台余袨服，易水雄悲笳。"金代王庭筠《水调歌头》："十年长短亭里，落日冷边笳。"元代陈旅《张将军庙堂诗》："凄凉部曲清笳畔，窈窕祠堂绿树间。"明代郑真《客边写怀二首·其一》："城笳声撼芸窗暮，邻火光寒草舍秋。"清代吴锡麒《一萼红》："一样山长水远，更砧催浣急，笳弄吹繁。"

## 弄 [ nòng ]

本义指玩、玩戏。《说文》："弄，玩也。"《诗经·小雅·斯干》："载衣之裳，载弄之璋。"如果引申用于弹拨乐器，它体现为"拨弄""抚弄"的意思；如果用于吹奏乐器，则有"吹奏"的意思。晋代阮修《上巳会诗》："弹筝弄琴，新声上浮。"南朝宋代谢灵运《燕歌行》："对君不乐泪沾缨，辟窗开幌弄秦筝。"唐代李白《夜别张五》："横笛弄秋月，琵琶弹陌桑。"宋代宋祁《腊后晚望》："寒日系难定，鸣筎弄已休。"元代饶铉《闻角》："谁将铁笛三更弄，惊舞鱼龙亦壮哉。"明代黎贞《峡江龙母庙》："一树秋声惊客梦，几腔渔笛弄斜阳。"清代李万青《巴江九日》："何人乘醉兴，风外弄清筎。"

## 单于［chán yú］繁体作單于

即唐代大角乐曲的名称。《乐府诗集·横吹曲辞四》鲍照《梅花落》诗的题下有编撰者宋代郭茂倩所作的题解，说："《梅花落》，本笛中曲也。按：唐大角曲亦有《大单于》《小单于》《大梅花》《小梅花》等曲，今其声犹有存者。"（大意：《梅花落》，本是笛子演奏曲。按：唐代大角曲中也有《大单于》《小单于》《大梅花》《小梅花》等乐曲名目，至今其曲调还有保存下来的。）《单于》曲就是唐代流传下来的乐曲之一，其声调苍茫凄厉、呜咽悲凉。塞上戍边的士卒起初用军中号角吹奏，后来也用胡筎、觱篥、笛子、笙等。唐代李益《听晓角》："无限塞鸿飞不度，秋风吹入《小单于》。"五代时期前蜀韦庄《绥州作》："一曲《单于》暮烽起，扶苏城上月如钩。"宋代苏辙《次韵子瞻送陈睦龙图出守潭州》："明朝鼓角背王城，莫听《单于》吹晓弄。"金代赵秉文《饮马长城窟行》："《单于》吹落关山月，茫茫原上沙如雪。"元代张玉娘

《蕙兰芳引·秋思》："星转晓天，戍楼听、《单于》吹彻。"明代邓云霄《闻笛二首·其二》："莫奏《单于》曲，旌头照夕烽。"清代陆求可《雨霖铃·赏秋》："断续笙歌，总把《单于》小调吹彻。"

## 【本句译读】

秋防戍卒窥望敌情的哨所布满遮虏障的周边；塞上的胡笳吹弄着大小《单于》的苦调悲声。

# 84. 骨攒弩镞　眼闪旌旗

## 骨 [gǔ]

即骨骼，人和脊椎动物体内支持身体、保护内脏的坚硬组织。战国时期楚国宋玉《招魂》："得人肉以祀，以其骨为醢些。"汉代乐府《古出夏北门行》："白骨不覆，疫疠流行。"北朝周代王褒《入塞》："度冰伤马骨，经寒坠节旄。"唐代曹松《己亥岁二首·其一》："凭君莫话封侯事，一将功成万骨枯。"宋代柳永《少年游·其六》："施朱傅粉，丰肌清骨，容态尽天真。"金代师拓《浩歌行送济夫之秦行视田园》："信陵白骨委黄土，夷门谁复知侯生。"元代吴当《谩成·其四》："战骨生尘塞草长，将军已拜右贤王。"明代王恭《塞下曲·其二》："万骨缠沙草，孤魂集戍楼。"清代吴锡麒《莺啼序·金陵怀古》：“叹平沙、骨萦蔓草，尚遗镞、未湔寒血。”

## 攒［cuán］繁体作攢

意为簇拥、丛聚、聚集。汉代乐府《古咄唶歌》：“枣下何攒攒，荣华各有时。”南朝宋代鲍照《还都道中三首·其二》：“愁来攒人怀，羁心苦独宿。”唐代张蠙《吊万人冢》：“可怜白骨攒孤冢，尽为将军觅战功。”宋代郑思肖《八砺三首·其一》：“万刃攒身终莫变，一诚铭骨岂能忘。”金代郑辉《潞公轩即席继和刘巨济秀才》：“山势东南插云碧，人家高下似星攒。”元代柯九思《题赵子昂仿张僧繇笔意》：“寒云淰淰碧峰攒，木叶惊风下急湍。”明代刘基《赠杜安道》：“将军金甲箭攒猬，战士铁衣汗流雨。”清代邹贻诗《公无渡河》：“犀刃穿腰箭攒体，回视后军颜色死。”

## 弩［nǔ］

即古代一种用机械发箭的弓。《说文》：“弩，弓有臂者。”其用法是把箭搭在拉满的弓弦上，弓弦由弩机控制，箭身依托在弩臂上，扣动弩机则箭身射出弓外。它和平常的弓并无本质的区别，只是多出了一个托住箭身的弓臂和安装在弓臂尾部的弩机，所以《说文》把它解释为“带有弓臂的弓”。汉代崔骃《安丰侯诗》：“被兕甲兮跨良马，挥长戟兮彀强弩。”南朝梁代褚翔《雁门太守行》：“月如弦上弩，星类水中鱼。”唐代杜牧《润州二首·其二》：“城高铁瓮横强弩，柳暗朱楼多梦云。”宋代晏殊《送凌侍郎归乡》：“津吏戒船东下稳，县僚负弩昼归荣。”金代王渥《水龙吟·从商帅国器猎同裕之赋》：“快长堤万弩，平冈千骑，波涛卷、鱼龙夜。”元代王冕《漫兴十九首·其九》："忽要千钧弩，寻求百姓家。"明代王汝玉《古砖篆文歌》："蛇奔虺走莫徒夸，剑拔弩张安足数。"清代魏荔彤《马陵道》："荒城夜半喧雷雨，还似当年万弩声。"

## 镞［zú］繁体作鏃

即锐利的箭头。《说文》："镞，利也。"《玉篇》："镞，箭镞也。"唐代杜甫《复愁十二首·其五》："金丝镂箭镞，皂尾制旗竿。"宋代郑文宝《绝句三首·其二》："一夜西风旅雁秋，背身调镞索征裘。"金代赵秉文《庐州城下》："利镞穿吴甲，长戈断楚缨。"元代乃贤《三峰山歌》："至今垄上牧羊儿，犹向草根寻断镞。"明代王彝《露筋娘子诗》："嚼肤攒利镞，洒血乱幽泉。"清代徐兰《雨阻黑河》："天晴曝衣上古原，白骨堆边检金镞。"

**按：**"骨攒弩镞"一语，源自明代张居正《万历六年答词道林按院》："既以忘家殉国，遑恤其他。虽机阱满前，众镞攒体，不之畏也！"（大意：既然以舍家殉国为志向，就决意不计其余。纵使机关、陷阱布满眼前，万箭攒身，依然毫不畏惧！）

## 眼［yǎn］

即眼睛，为人和动物的视觉器官。汉代东方朔《七谏·其七·谬谏》："玉与石其同匮兮，贯鱼眼与珠玑。"三国时期魏国曹丕《诗》："回头四向望，眼中无故人。"晋代陶潜《拟挽歌辞三首·其二》："欲语口无音，欲视眼无光。"南朝陈代沈炯《长安少年行》："泪尽眼方暗，髀伤耳自聋。"隋代慧晓《祖道赋诗》："今朝忽分手，恨失眼中人。"唐代杜甫《秋兴八首·其七》："昆明池水汉时功，武帝旌旗在眼中。"宋代欧阳修《读书》："眼力虽已疲，心意殊未倦。"金代王仲通《送客》："落日惊魂外，孤云泪眼边。"元代王士熙《李宫人琵琶引九首·其三》："拨断冰弦秋满眼，塞天云碧草茫茫。"明代王祎《十一月十日宿陈敬初馆中临别有作》："一自去春与子别，旌旗满眼纷纵横。"清代卢若腾《独醒》："彼醉醒视我，我乃眼中钉。"

## 闪 [ shǎn ]

意为光芒的闪耀、闪烁。唐代杜甫《诸将五首·其一》："见愁汗马西戎逼，曾闪朱旗北斗殿。"宋代孙光宪《浣溪沙·其一》："江边一望楚天长，片帆烟际闪孤光。"元代陈孚《过邕州昆仑关》："老虺忽何来，眼闪电光尾弯弯。"明代李时秀《观洲夕照》："波摇落影明千嶂，鸦闪余光抹半楼。"清代陈子升《梦兄文忠》："他日众看惟庙貌，壁灯犹闪半窗红。"

## 旌旗 [ jīng qí ]

即旗帜的总称。最早见于《周礼·春官·司常》："凡军事，建旌旗。"后世多用于泛指军旗。三国时期魏国曹丕《董逃行》："戈矛若林成山，旌旗拂日蔽天。"三国时期吴国薛莹《献诗》："旌旗备物，金革扬声。"南朝宋代颜延之《从军行》："羽驿驰无绝，旌旗昼夜悬。"唐代刘希夷《入塞》："霜雪交河尽，旌旗入塞飞。"宋代梅询《送夏子乔招讨西夏》："亚夫金鼓从天降，韩信旌旗背水陈。"金代李汾《避乱陈仓南山回望三秦追怀淮阴侯信漫赋长句》："旌旗日落黄云戍，弓剑霜寒白草原。"元代元善《前巡幸歌二首·其二》："铁柱旌旗白昼悬，浔阳烟火上薰天。"明代邓林《平胡诗》："旌旗连云箫鼓叠，万马长鸣鼓其鼍。"清代施世纶《克澎湖》："烟消烽火千帆月，浪卷旌旗万里风。"

按："眼闪旌旗"一语，源自明代李梦阳《除前五更闻习仪鼓角感而有作二首·其一》："枕上忽闻新鼓角，眼中如闪旧旌旗。"表现的是战斗之士的一种精神状态，后人多有袭用，如：明代孟霦《宁夏吟》："边城尽是披甲士，满眼旌旗拂戍楼"；清代龚鼎孳《西泠送别陈灵生·其一》："戍火征旗犹满眼，风尘好为袖吴钩"；赵进美《蔡州行》："欹枕忽闻蔡州角，过眼如闪元和旗。"

## 【本句译读】

顽强搏杀的戍卒们，身躯聚满了敌人的箭簇；怒目中闪耀着战旗的光芒。

# 85. 弯摹弓样　还揣刀铍

## 弯［wān］繁体作彎

意为不直，与"直"相对。唐代赵冬曦《潏湖作》："三湖返入两山间，畜作潏湖弯复弯。"宋代孙仅《赠种征君放》：

"棋残夜石秦云断，琴彻秋岩蜀月弯。"金代李晏《潞州形胜》："削玉远排圭首锐，晕痕轻拂黛眉弯。"元代王哲《得道阳》："教我携将三直柄，请公认取一弯钩。"明代何乔新《倒马关》："路控八盘陁，溪流九折弯。"清代杨守知《咂嘛酒歌》："碧筒不用弯象鼻，龙头屡泻蛟盘珠。"

## 摹 [ mó ]

本义指临摹、照着样子描画，引申为摹仿。晋代何劭《赠张华》："镇俗在简约，树塞焉足摹。"唐代杨师道《咏笙》："短长插凤翼，洪细摹鸾音。"宋代欧阳修《送刘秀才归河内》："朽箧蠹虫篆，遗文摹鸟迹。"金代萧贡《米元章大字卷》："追摹古人得高趣，别出新意成一家。"元代屠约《题高尚书夜山图》："丹青之笔何代无，此夜此山应难摹。"明代杨范《九月旦湖上偶兴》："水面鱼游人可数，沙头鸟迹我能摹。"清代高士奇《聒龙谣》："色夺柴磁，形摹腰鼓，惯贮狸奴鱼饭。"

## 弓 [ gōng ]

发射箭矢或弹丸的兵器类弯形器械。《说文》："弓，兵也，所以发矢。"《诗经·小雅·吉日》："既张我弓，既挟我矢。"屈原《九歌·国殇》："带长剑兮挟秦弓，首身离兮心不惩。"南朝梁代刘孝威《乌生八九子》："尚逢王吉箭，犹婴后羿弓。"隋代李孝贞《听百舌鸟》："未避王孙弹，宁畏虎贲弓。"唐代王圭《咏淮阴侯》："弓藏狡兔尽，慷慨念心伤。"宋代王禹偁《西晖亭》："余霞犹散绮，新月已张弓。"金代邓千江《望海潮·上兰州守》："静塞楼头，晓月依旧玉弓弯。"元代陈宜甫《李陵台》："强弓劲弩百万兵，流血成丹皆战惊。"
明代陈献章《至日病初起·其二》："梅花果解撩诗思，弓影何须落酒杯。"清代钱澧《龙门作寄望峰》："重缄欲寄待明发，倒身被底如弓弯。"

## 样 ［yàng］繁体作樣

意为形状、模样。唐代徐凝《却归旧山望月有寄》："今夜故山依旧见，班家扇样碧峰东。"宋代杨万里《晓出净慈送林子方二首·其二》："接天莲叶无穷碧，映日荷花别样红。"辽代萧观音《回心院》："解却四角夜光珠，不教照见愁模样。"金代刘昂《即事二首·其二》："山花山雨相兼落，溪水溪云一样闲。"元代杨庆源《西湖竹枝词·其二》："采菱儿女新样妆，瓜皮船小水中央。"明代黄佐《南归途中杂诗二十二首·其十八》："舟子持篙弓样弯，天南天北百重滩。"清代周起渭《金陵怀古六首·其六》："寇家姊妹梨花样，魏国王孙玉树枝。"

## 还 ［hái］繁体作還

副词，意为某种情形或状况未发生改变，跟"仍旧、依然"相当。三国时期魏国阮籍《咏怀·其六十七》："亲昵怀反侧，骨肉还相雠。"南朝梁代沈约《悼亡》："去秋三五月，今秋还照梁。"唐代杜甫《兵车行》："去时里正与裹头，归来头白还戍边。"宋代苏轼《念奴娇·赤壁怀古》："人生如梦，一樽还酹江月。"金代蔡松年《水调歌头》："拟穷醉眼何处，还有一层楼。"元代邓文原《危太朴集八大家》："岁月尽从忙里过，文章还向世中传。"明代张孟兼《送郑仲宗听宣》："每听深竹雨，还钓碧川鱼。"清代万廷仕《鹧鸪天·七夕雨》："从来错处都由巧，稳看还输一味痴。"

## 揣 ［chuāi］

意为放在衣服里。宋代释德洪《元正一日示阿慈》："疑我满怀揣佛法，解腰抖擞破裙衫。"元代曾瑞卿《石榴花》："相公你怀揣着明镜掌刑罚，断王事不曾差。"明代刘龙《送王元甫还姚江》："揣酒饯江干，恋恋不忍释。"

## 刀 ［dāo］

即单面长刃用于劈或砍的短兵器。《说文》："刀，兵也。"《诗经·小雅·信南山》："执其鸾刀，以启其毛，取其血膋。"屈原《离骚》："吕望之鼓刀兮，遭周文而得举。"三国时期魏国曹植《当欲游南山行》："锥刀各异能，何所独却前。"唐代李白《宣州谢朓楼饯别校书叔云》："抽刀断水水更流，举杯销愁愁更愁。"宋代曹翰《内宴奉诏作》："曾因国难披金甲，不为家贫卖宝刀。"金代元好问《石岭关书所见》："轧轧舴车转石槽，故关犹复戍弓刀。"元代曹之谦《中条阻雨》："酒醒孤馆里，心折大刀头。"明代徐渭《万里比邻篇赠嘉则》："关山断路不断云，吴刀割水那得分。"清代顾家树《塞上曲》："边马远驰天未晓，提刀直欲靖楼兰。"

## 铍 ［pī］

古兵器名，长柄，类似于长矛，但头部是如同双刃剑的刀。铍这种兵器最早见于《左传·昭公二十七年》："王使甲坐于道，及其门。门、阶、户、席，皆王亲也，夹之以铍。"（大意：吴王派出身着甲胄的武士坐在道路的两旁，一直到公子光家的大门。门口、台阶、室内和坐席上全是吴王的亲兵，他们手持长矛守护在吴王的两侧。）西汉扬雄《方言》："锬谓之'铍'。"而"锬"字，《说文》解释为"长矛也"。晋代左思《吴都赋》："羽族以觜距为刀铍，毛群以齿角为矛铍，皆体着而应卒。"句中以"刀铍"与"矛铍"并提，可知"铍"只是矛的一个变种，不完全等同于矛。南朝梁代费昶《发白马》："弓韬不复挽，剑衣恒露铍。"唐代吴筠《览古十四首·其五》："子胥烹吴鼎，文种断越铍。"宋代白玶《击蛇笏》："非无原壤杖，非无少正铍。"元代王逢《小匕首歌》："鲛鱼室卧缟带影，长铍辟易万雉堞。"明代高启《姑苏台》："从登不用持铍队，自列红妆侍高会。"清代杨万藻《专诸塔二首·其二》："铍纵交胸胆不寒，恩酬公子死何难。"

**按**："弯摹弓弩样·还揣刀铍"一语，源自唐代易静《兵要望江南·其十一·占气第四》；"猛将气，持戟或持刀。林下森森弓弩样，色兼青白若脂膏，将士尽雄豪！"（大意：占望出猛将的气象，战士们或手持长戟或紧握钢刀。他们屈身像弓弩的模样埋伏在阴森岑寂的树林下，草木的青影和兵刃的白光混在一起如同油脂，将官与兵士尽是一群英雄与豪杰！）


## 【本句译读】

准备打伏击的戍卒们猫着腰，身体屈曲彷如弓弩的样子；怀间还揣藏着短刀或长矛。

# 86. 箕摇参没　晨风噫嘘

## 箕［jī］

　　星宿名，指古代天文学中二十八宿里的箕宿，为东方青龙七宿中的第七宿。"箕"的本义是指簸箕，扬米去糠的农家器具。《说文》："箕，簸也。"处于人马座的箕宿四星组成了一个大致的四边形，样子像一只簸箕，所以称之为"箕"。《诗经·小雅·大东》："维南有箕，不可以簸扬。"晋代张协《杂诗十首·其十》："飞廉应南箕，丰隆迎号屏。"南朝梁代吴均《秋念》："箕风入桂露，璧月满瑶池。"唐代刘长卿《游四窗》："箕星分南野，有斗挂檐北。"宋代宋祁《寄襄阳观徐师》："箕风动地云罗阔，谁伴凌空御寇来。"金代萧贡《岢岚》："岢岚地势横三汊，河朔城堭挂一箕。"元代瞿智《白云海歌次文学古韵》："英英不来入我牖，直上璇霄掩箕斗。"明代李梦阳《析薪二首·其二》："箕星乃好风，毕宿复欣雨。"清代朱鹤龄《咏史二首·其一》："南箕谁见簸，北斗本无挹。"

## 摇［yáo］

　　意为物体来回地摆动。《说文》："摇，动也。"屈原《九章·其四·抽思》："愿摇起而横奔兮，览民尤以自镇。"汉代班婕妤《怨歌行》："出入君怀袖，动摇微风发。"南朝梁代刘孝威《和皇太子春林晚雨》："雷舒长男气，枝摇少女风。"隋代虞谦《诗二首·其一》："风从牖中入，酒在杯中摇。"唐代褚遂良《奉和行经破薛举战地应诏》："长剑星光落，高旗月影摇。"宋代释道潜《赠欧阳季默承议》："先公跨箕尾，摇曳旋天关。"金代刘汲《到家》："园林未摇落，庭菊正扶疏。"元代郭豫亨《梅花集句·其八》："自笑自吟还自得，案头摇落小瓶花。"明代汤显祖《京察后小述》："邑子久崖柴，长者亦摇簸。"清代申颋《箕亭坐月》："月满沙溪白，流光摇竹树。"

**按**："箕摇"源自南宋苏泂《秋夜·其一》中的诗句："夜阑忽有风吹动，摇漾南箕北斗星。"意思是说：临近早晨的时候忽然刮起了风，那是因为天上的那只簸箕摇漾起来了。箕宿和人世间最大的关联就是它给凡尘制造了风。簸箕扬米去糠是要借助风力的，于是古人就认定它以掮风为能事，故而早在卜古时代箕宿就以"风伯""风师"的身份存在了。东汉应劭《风俗通义·祀典》："风师者，箕星也。箕主簸扬，能致风气。"（大意：所谓风师，就是箕星。簸箕的功用就是把米粒翻扬起来以招风吹之，所以说天上那只簸箕亦即箕星有招风引气的神通。）箕宿在东方青龙七宿中排序第七，位于龙尾，龙尾摆动也是风的来源，一旦箕宿特别明亮就预示着要起风了。古人所说的"箕宿好风"，就揭示出"箕"与风的这种密切关系。所谓"箕摇"，即指天空中的那只簸箕在摇动翻扬，比喻箕宿的星光摇曳闪烁，也就是说人间起风了。

# 参 [ shēn ]

星宿名，指古代天文学中二十八宿里的参宿，为西方白虎七宿中的第七宿。按现今的说法，参宿有七个星官，都属于猎户座的范围，分别在猎户的肩、腰、足的位置。但古天文中所说的参宿，只包括猎户腰带处的三颗星，又称"将军星"。谚语云："三星高照，新年来到"，说的就是这三颗星。《诗经·召南·小星》："嘒彼小星，维参与昴。"汉代蔡琰《胡笳十八拍》："同天隔越兮如商参，生死不相知兮何处寻。"晋代傅玄《朝时篇》："胡越有会时，参辰辽且阔。"南朝梁代萧绎《乌栖曲四首·其三》："日下城南两相望，月没参横掩罗帐。"唐代褚亮《赋得蜀都》："列宿光参井，分芒跨梁岷。"宋代范仲淹《阅古堂诗》："惟以人占天，不问昴与参。"金代刘仲尹《墨梅一十首·其四》："春寒彻骨角声起，才记参横月堕时。"元代耶律楚材《次韵黄华和同年九日诗十首·其一》："临风望故园，参商二十载。"明代田汝耕《峄峰仙人歌》："攀参历井没金液，丹灶常然守六丁。"清代陆求可《雨霖铃·赏秋》："最宜秉烛，莫问银河外，斗横参没。"

# 没 [ mò ]

本义指沉没水中，引申为沉落下去。《说文》："没，沉也。"汉代乐府《鸡鸣歌》："曲终漏尽严具陈，月没星稀天下旦。"三国时期魏国阮籍《歌二首·其一·采薪者歌》："日没不周西，月出丹渊中。"南朝梁代萧绎《歌曲名诗》："东方晓星没，西山晚日斜。"隋代薛德音《悼亡》："苔生履迹处，花没镜尘中。"唐代张九龄《湘中作》："浮没从此去，嗟嗟劳我形。"宋代梅尧臣《寄酬发运许主客》：
"一浮一没水中鸟，更远更昏天外山。"金代赵秉文《连云岛
望海》："烟中熊岳随潮没，天际辽江入海流。"元代黄玠
《故建昌州判岳德敏哀辞》："三星奄其西没兮，孤参横其谁
待。"明代王沂《安庆谒左丞余廷心祠》："鱼沉芳草没，虎
落坠藤敧。"清代颜光敏《登太华山·东峰》："晨光没河
汉，似有云车痕。"

**按：**"参没"指参星沉落，参星在后半夜消逝于天空，所以"参
没"一词也就是代指后半夜的时分，出自唐代王建《织锦曲》
中的诗句："合衣卧时参没后，停灯起在鸡鸣前。"意思是
说：勤苦的织锦女工常常劳作到后半夜才裹着衣服睡下；鸡叫
之前又赶紧起床，重新点燃灯烛干起活儿来。

# 晨风 ［chén fēng］繁体作晨風

即清晨的风。汉代乐府《有所思》："秋风肃肃晨风飔，
东方须臾高知之。"三国时期魏国阮籍《咏怀诗十三首·其
十三》："晨风扫尘，朝雨洒路。"南朝宋代谢灵运《日出东南
隅行》："晨风拂幨幌，朝日照闺轩。"唐代韦应物《善福阁对
雨寄李儋幼遐》："我车凤已驾，将逐晨风征。"宋代文同《秋
兴二首·其一》："晨风吹茂林，夕露下芳畹。"元代戴良《答
李宁之》："夜雨滴愁梦，晨风飒颓年。"明代滕季达《宿淮安
乘昭化寺见萱花有感》："晨风方拂拂，朝露尚娟娟。"清代王
士祯《浣溪纱·其八·和漱玉词》："不逐晨风飘陌路，愿随明
月入君怀。"

# 噫 ［yī］

意为呼出气息。《玉篇》："噫，饱出息也。"此义最早见于《庄子·内篇·齐物论》："夫大块噫气，其名为'风'。"（大意：大地吐出的气息，名字叫做"风"。）南朝梁代殷钧《大言应令》："噫气为风，挥汗成雨。"唐代李白《感时留别从兄徐王延年从弟延陵》："天籁何参差，噫然大块吹。"宋代王禹偁《酬安秘丞歌诗集》："有时醉起一长噫，八极风清鬼神骇。"金代元好问《观浙江涨》："雷风入先驱，大块供一噫。"元代王恽《游万固寺》："少焉林风振，万壑一气噫。"明代倪谦《听秋为过庭章赋》："大块气一噫，触物皆有声。"清代冯溥《纪异·其一》："造物胡不仁，或是天地噫。"

# 嘘 ［xū］

意为缓缓地呼出气息。《说文》："嘘，吹也。"《玉篇》据引《声类》说："出气，急曰'吹'，缓曰'嘘'。"此义最早见于《老子·第二十九章》："故物或行或随，或歔或吹。"（大意：所以呀，事情往往就是这样：也许本来是想走在别人的前面，却可能落在了后面；也许本来是想缓缓地呵气为某物嘘寒取暖，却可能因吐气太急反而把东西吹凉了。）文中的"歔"与"嘘"通同。汉代刘向《九叹·其六·忧苦》："长嘘吸以于悒兮，涕横集而成行。"南朝梁代王规《大言应令》："嘘八风而为气，吹四海而扬波。"唐代李白《赠僧朝美》："百川随龙舟，嘘吸竟安在。"宋代曾巩《山茶花》："蜂藏鸟伏不得见，东风用力先嘘吹。"金代赵滋《黄石庙》："吹嘘风云遮楚秦，炎精炽然四百春。"元代虞集《赋石竹》："龙嘘石气千年润，鹤过林阴一径斜。"明代祝允明《追赋内相吴公邀往书石山中杂题》："暂拂古风嘘故里，喜逢佳衲过山前。"清代沈天宝《公无渡河歌》："怪云一缕起天末，舟人为语嘘长风。"

**按**："噫"和"嘘"是近义词，组合在一起仍是吹吐气息的意思。如明代杨基《听秋轩为方上人题》："噫嘘万窍西南发，摇落四山风雨鸣。"古人认为无论什么样的风吹起来，都是大地的噫嘘造成的。反过来说也一样：大地一旦噫嘘起来，就造成了各种风的发生与发作。

## 【本句译读】

参星沉落之后箕宿的星光开始闪烁摇荡；清晨的秋风也随之而呼啸起来。

# 87. 响裂窍籁　酸砭肌肤

## 响 ［xiǎng］繁体作響

指回声，《玉篇》："响，应声也。"《列子·汤问》："抚节悲歌，声振林木，响遏行云。"（大意：拍打着能够表现节拍的乐器，引吭悲歌，歌声震撼着山林树木，在空中激起的回应之声遏止了飘动的流云。）屈原《九章·其九·悲回风》："入景响之无应兮，闻省想而不可得。"汉代蔡琰《胡笳十八拍》："十八拍兮曲虽终，响有余兮思无穷。"南朝梁代沈约《听蝉

鸣应诏》：“叶密形易扬，风回响难住。”唐代李峤《琴》：“子
期如可听，山水响余哀。”宋代文同《夜发散关》：“风吹古关
口，万木响如裂。”金代党怀英《睡觉门外月色如昼霜风过廖
然成声作一绝》：“老木经霜众窍空，月明深夜响秋风。”元代
柯九思《中秋醉后偶作》：“长笛叫虚寒，余响裂岩石。”明代
王沂《望南屏山同吕仲铉仲实作》：“辉辉瀑泉落，隐隐天籁
响。”清代华亦祥《希夷道院对月》：“光明荡心胸，钟磬散余
响。”

## 裂 [liè]

意为分开、破成两部分或若干部分。在这里用如动词。汉
代班婕妤《怨歌行》：“新裂齐纨素，鲜洁如霜雪。”南朝宋代
郑鲜之《行经张子房庙》：“七雄裂周纽，道尽鼎亦沦。”唐代
李白《相和歌辞·北上行》：“杀气毒剑戟，严风裂衣裳。”宋
代梅尧臣《阻风寄刁安国》：“江风裂瓦鸣，浦口惊波作。”金
代元好问《朝中措》：“惊弦裂石笔生华，清兴入悲笳。”元代
郝经《长芦舟中遇风二首·其一》：“海风栗栗刮鲸涎，吹裂西
南一半天。”明代苏福《秋风辞》：“又言西风生客愁，砭骨寒
心裂肝脑。”清代爱新觉罗·弘历《风》：“裂叶千峰露，吹林
万窍号。”

## 窍 [qiào] 繁体作竅

即空通的孔、洞穴、窟窿。《说文》：“穴也，空也。”南
朝梁代沈约《游金华山》：“天倪临紫阙，地道通丹窍。”唐代
孟郊《杏殇·其六》：“木心既零落，山窍空呼号。”宋代王安
石《结屋山涧曲》：“秋风动地至，万窍各啾喧。”金代丘处机

《题刘节使所藏显宗御画庄子像》："至人胸中本无待，万窍吹嘘任天籁。"元代成廷圭《再题郜彦清万壑松涛》："秋入空山万窍鸣，山前山后乱潮生。"明代庄昶《龙洞和白沙》："地灵真孔窍，元气古胚胎。"清代屈大均《咏怀·其十五》："大块鼓噫气，众窍为怒号。"

## 籁［lài］

本义指上古时代一种叫作"籁"的三孔管乐器，是籥、箫、竽一类吹管乐器的祖先，其具体形制已不可知。由做为发声物体的"籁"引申为从孔窍洞穴里发出的声音，进而更泛指各种声响，则始见于《庄子·内篇·齐物论》："女闻人籁，而未闻地籁，女闻地籁而未闻天籁夫！"（大意：你知道"人籁"，却可能不晓得"地籁"，即使你知道"地籁"，却不了解"天籁"啊！）这里所说的"地籁"就是指风吹大地山峦的孔窍洞穴所发出的声音，"人籁"就是指人通过吹奏各种竹制编管乐器所发出的声音。"天籁"的意思则是说，无论是自然界的孔窍洞穴，抑或是人为制作的各种乐器，它们所发出的声音都各有不同，而这些差异是发声物体自身的天然本质和属性决定的，不是谁强加给它们的；能够体现发声物体自身天性的声响，就叫作"天籁"。尽管"籁"可以引申为声音、声响，但它做为发声物体也就是声音传播介质的原始意涵依然还是很浓重的。在这里就是用如此义，指发声物体。晋代孙统《兰亭诗二首·其二》："时禽吟长涧，万籁吹连峰。"南朝宋代王韶之《咏雪离合》："曲室寒兮朔风厉，州陆涸兮群籁鸣。"唐代李白《赠僧崖公》："一风鼓群有，万籁各自鸣。"宋代林逋《盱眙山寺》："竹老生虚籁，池清见古源。"元代张翥《衡山福严寺二十三题为梓上人赋·其八·砖镜亭》："法音风万籁，禅性月中天。"明代宋濂《秋夜与子充论文退而赋诗一首》："籁鸣机动孚应速，风声所被来频仍。"清代陆求可《洛阳春》："岁暮星终寒大，朔风吹籁。"

**按**："响裂窍籁"中的"窍籁"一词，见于明代胡震亨《唐音癸签·卷七·评汇三》遁夫评诗语："自刘、郎、皇甫，以及司空、崔、耿，一时数贤，窍籁即殊，于喁非远。"这段评语说的是：自刘长卿、郎士元、皇甫冉和皇甫曾两兄弟，直到司空曙、崔峒、耿湋，这些名擅一时的唐代"大历诗风"的代表人物，虽然在艺术个性和创作手法上各不相同，可他们的艺术理念和审美趣味却呼应互动，还是差别不大的。"窍籁即殊，于喁非远"是一种比喻的说法，本意为："用来发声的'窍籁'不同，但发出的声音还是相应相随的。"其中的"窍籁"即泛指发声的介质。

## 酸 [ suān ]

意为剧烈的疼痛。北朝齐代邢邵《冬夜酬魏少傅直史馆》："况乃冬之夜，霜气有余酸。"唐代释智严《十二时·普劝四众依教修行·夜半子·其四十首》："杖鞭绳缚苦难任，皮肉酸疼连骨髓。"宋代苏舜钦《游山》："自伤干躯大，两股酸不随。"金代李奎报《东明王篇》："潜以针刺舌，酸痛不受饲。"元代周霆震《断臂吟》："黄埃儿啼夫死官，倦游逆旅心骨酸。"明代杨基《送吴居易》："去年谪官向河洛，手脚酸皲双鬓秃。"清代屈大均《烈皇帝御琴歌》："惊风如刀频割弦，欲续断弦双手酸。"

## 砭 ［biān］

本义指治病刺穴的石针，引申为刺进、扎入。唐代韩愈《苦寒》："凶飙搅宇宙，铓刃甚割砭。"宋代孔武仲《入局马上》："愁云惨惨增寒威，冰铓砭骨裘不支。"元代熊鉌《茶荔谣·和詹无咎》："后生无典刑，流风砭人肌。"明代黄公辅《初度自述》："每逢生日蔬为食，回念劬劳骨若砭。"清代戴梓《艾公子明德招饮》："惨雪迂回路，悲风砭病躯。"

## 肌肤 ［jī fū］繁体作肌膚

即肌肉与皮肤的合称，指包住脊椎动物的软层，是保护身体的最大器官。汉代王粲《七哀诗·其三》："冰雪截肌肤，风飘无止期。"晋代陶潜《责子》："白发被两鬓，肌肤不复实。"北朝魏代荀济《赠阴梁州》："肌肤积霜露，膂力倦风尘。"唐代杜甫《哀王孙》："已经百日窜荆棘，身上无有完肌肤。"宋代鲁宗道《题汤泉院壁》："黄山胜地烟霞明，朱砂泉暖肌肤醒。"元代蒲道源《觉和尚庵赏白莲》："冰雪肌肤出淤泥，伶俜寒影照涟漪。"明代彭兰《成皋道中》："肌肤冻皴骨亦顽，日来月往走如丸。"清代陆陇其《田家行》："不怕长吏庭，鞭挞伤肌肤。"

按："酸砭肌肤"一语，源自唐代顾况《从军行二首·其一》中的诗句："风寒欲砭肌，争奈裘袄轻。"意思是说：秋风裹带的寒气刺进肌肤，身上的衣服太单薄了有什么办法呢。明代倪谦《双桂轩为侯给事臣赋》中的："吴刚假斧竞斫取，灏气夜肃砭肌肤"；清代缪公恩《春阴》中的："云掩青山影欲无，东风犹自砭肌肤"，也都是传承顾况诗意，极言寒风肃杀，刺痛肌肤的情形。

## 【本句译读】

秋风呼啸，激越的回声震裂大地山峦的孔窍洞穴；强劲的寒气，像针铓一样刺痛人的肌肤。

# 88. 全欺蓬梗　迅扫茅庐

## 全［quán］

程度副词，意为太、甚、很、最。此义通行辞书未收，但唐代以后诗文应用其实很广泛。唐代杜甫《南邻》："锦里先生乌角巾，园收芋栗未全贫。"宋代苏轼《满庭芳》："亲曾见，全胜宋玉，想像赋高唐。"金代范墀《和高子初梅》："东阁何郎未全老，花枝休笑鬓丝长。"元代邵亨贞《齐天乐·其一·甲戌清明雨中感春》："相如近来病久，纵腰围暗减，犹未全瘦。"明代张以宁《立冬舟中即事·其一》："三秋岭外雨全少，十月邕南天未寒。"清代龚鼎孳《花下同古古作·其六》："季鹰老去全思鲙，丁令归来悔学仙。"

## 欺［qī］

意为欺负、欺凌、侵犯。南朝宋代谢灵运《初发石首城》："皎皎明发心，不为岁寒欺。"唐代李九龄《寒梅词》："留得

和羹滋味在，任他风雪苦相欺。"宋代王安石《鸥》："依倚
秋风气象豪，似欺黄雀在蓬蒿。"金代赵秉文《二月见梅花》：
"纵使风霜欺尔瘦，可能桃李为君容。"元代王冕《漫兴十九
首·其八》："况兼亲已老，无奈病相欺。"明代李梦阳《得冯
御史允中书》："凤凰不识梧桐树，一落蓬蒿鸟雀欺。"清代姚
燮《迟眠三章即示金上舍学纯·其二》："矧此砂砾骄，惯欺秋
原蓬。"

**按**："全欺"这个构词现象自唐代以后诗文中比较常见。如：
唐代丘为《左掖梨花》："冷艳全欺雪，余香乍入衣"；司空
曙《新柳》："全欺芳蕙晚，似妒寒梅疾"；宋代朱熹《满江
红·刘知郡生朝》："两鬓全欺烟树绿，方瞳好映寒潭碧"；元
代方回《左史吕公家传》："虽台谏多其私，人犹未敢全欺理
庙"；明代朱之蕃《梅影》："转盼含情仍逞态，全欺琢玉更蒸
霞"；何吾驺《春日载酒同诸子过友人赏牡丹四首·其一》：
"国色新倾姊妹行，全欺残雪寿阳妆"；清代陈恭尹《边尘》：
"似得风云气，全欺日月晖"；爱新觉罗·弘历《赋得秋香动桂
林》："味静全欺麝，色清那数金。"

# 蓬［péng］

草名，即蓬蒿。《说文》："蓬，蒿也。"《诗经·召南·驺
虞》："彼茁者蓬，壹发五豵，于嗟乎驺虞。"汉代曹操《却东
西门行》："田中有转蓬，随风远飘扬。"南朝梁代王僧孺《古
意》："宁能偶鸡鹜，寂寞隐蓬蒿。"隋代尹式《别宋常侍》：
"无论去与住，俱是一飘蓬。"唐代郑愔《塞外三首·其一》：
"断蓬飞古戍，连雁聚寒沙。"宋代王禹偁《诗一首》："影沉

松坞乱，片响苇蓬焦。"金代边元鼎《晚行》："宿翼飞投空自急，断蓬无计竟何从。"元代王恽《雨中与诸公会饮市楼》："朝来酒醒蓬窗下，依旧春风苜蓿盘。"明代邓雅《到江西》："朔风吹雁不成行，独起掀蓬思渺茫。"清代陈子升《秋野独行因寄茅炼师》："远树亭亭孤鹤起，荒原漠漠万蓬飘。"

# 梗［gěng］

指枝梗，即植物的枝、根、茎。北朝周代庾信《和张侍中述怀》："漂流从木梗，风卷随秋箨。"唐代骆宾王《浮槎》："似舟飘不定，如梗泛何从。"宋代寇准《巴东有感》："长岁天涯悲断梗，逢春无处不伤情。"金代元好问《出京》："半生无根着，飘转如断梗。"元代贡奎《和郑义山韵》："江湖犹泛梗，日月奈飞丸。"明代王汝玉《王孟端写竹木图为院判刘士宾题》："狂风一披拂，蓬梗共吹逐。"清代吴锡麒《忆旧游·大风渡江》："溯前度，笑梗泊萍浮，孤负长风。"

# 迅［xùn］

意为迅速、快。《说文》："迅，疾也。"屈原《远游》："轶迅风于清源兮，从颛顼乎增冰。"汉代刘彻《瓠子歌》："河汤汤兮激潺湲，北渡回兮迅流难。"三国时期魏国阮籍《咏怀诗十三首·其四》："激电震光，迅雷遗音。"晋代李充《送许从诗》："来若迅风欢，逝如归云征。"南朝梁代范云《渡黄河》："河流迅且浊，汤汤不可陵。"唐代贾岛《病鹘吟》："迅疾月边捎玉兔，迟回日里拂金鸡。"宋代刘敞《凤凰篇赠府公给事别》："祥飙卷层云，迅羽凌九天。"元代段成己《寿梦庵张信夫》："人生天地间，迅若驹过隙。"明代祝允明《答黄鲁曾》：“倏忽时候变，星霜迅若飞。”清代戴亨《九日简毛秋岑明复庵》：“志士悲年迅，重阳节又临。”

# 扫［sǎo］繁体作掃

意为清除、消灭、荡涤。《说文》：“扫，弃也。”《广雅》：“扫，除也。”晋代成公绥《正旦大会行礼歌》：“开宇宙，扫四裔，光缉熙，美圣哲。”南朝齐代王融《从武帝琅邪城讲武应诏》：“愿陪玉銮右，一举扫燕然。”唐代高适《塞上》：“总戎扫大漠，一战擒单于。”宋代司马光《杨白华》：“翠鬟婢子不胜愁，扫尽还飞满朱阁。”金代高士谈《春日》：“迟日回轻暖，东风扫积阴。”元代耶律铸《谨上尊大人领省》：“笔头横扫千人军，词源倒卷银河流。”明代乌斯道《丁孝子诗》：“积恨谁知满胸臆，烈风顿扫空中云。”清代陈廷敬《东山亭子放歌》：“尽扫西风万古愁，且倾落日三杯酒。”

**按**：“迅扫”一词意为迅猛地扫除或荡涤，最早见于唐代冯宿《为裴相公谢淮西节度使表》：“豺豕旧穴迎风而迅扫，鸱枭故林应节而黄落。”（大意：豺和野猪之类凶残野兽盘踞已久的巢穴面对强劲的飓风而被迅猛地扫除，猫头鹰之类阴险猛禽藏匿已久的树林顺应着节候的到来而枯黄凋谢。）此词虽未见辞书收录，但历代应用屡见不鲜。宋代晁无咎《中秋》：“长风迅扫太空云，银汉无声斗柄横。”元代吴师道《送刘伯温之江浙省郎中》：“清风迅扫诸曹务，应共宾僚一笑欢。”明代卢祥《铜岭战场》：“腥膻迅扫南海清，翠华竟去无回旌。”清代钱谦益《竹溪草堂歌为宝应李子素臣作》：“退飞六鹢叫鸂鶒，迅扫尘壒回沧浪。”古文中“迅扫”一词的应用亦不胜枚举。

## 茅庐［máo lú］繁体作茅廬

指用茅草盖的屋，泛指草屋。隋代李衍《句》："不缘朝阙去，好此结茅庐。"唐代汪遵《南阳》："若非先主垂三顾，谁识茅庐一卧龙。"宋代欧阳修《下直》："终当自驾柴车去，独结茅庐颍水西。"金代高士谈《村行》："墟落依林莽，茅庐出短墙。"元代周伯琦《太原道中即事》："恍然风物皆吴楚，只欠茅庐对夕阳。"明代谢士元《梦梅》："西风昨夜到茅庐，勾引吟魂会老通。"清代江有溶《山居·其二》："青泉白石坐忘机，新整茅庐待燕飞。"

## 【本句译读】

飙起的秋风，凶狠地凌虐着原野上的断蓬枯草，迅猛地扫荡着村落中的草屋茅舍。

# 89. 衰枫败萚　傲菊战篱

## 衰［shuāi］

本指活力减退，引申用来指草木的枯萎、凋谢。汉代乐府《长歌行》："常恐秋节至，焜黄华叶衰。"三国时期魏国嵇康《四言诗·其五》："含阳吐英，履霜不衰。"晋代陆机《园葵诗二首·其一》："丰条并春盛，落叶后秋衰。"南朝陈代张正见《赋得佳期竟不归》："飞蛾屡绕帷前烛，衰草还侵阶上玉。"唐代王昌龄《赠史昭》："握中何为赠，瑶草已衰散。"宋代王安石《答曾子固南丰道中所寄》："水竹密以劲，霜枫衰更殷。"金代党怀英《和张德远伐松之什》："樛枝饱霜雪，遽与蓬蒿衰。"元代刘因《遂城道中》："冷烟衰草千家冢，流水斜阳一点村。"明代刘基《梦草堂遣怀》："枯荷有余馨，衰柳无残阴。"清代施闰章《寄关中田夫子·其二》："江国多愁思，霜严枫叶衰。"

## 枫［fēng］繁体作楓

即枫树。《说文》："枫，枫木也。"也叫"枫香树"，落叶大乔木，厚叶互生，掌状，秋季颜色变成艳红，所以又叫"红叶"。果球形，树干含有可供药用的树脂。战国时期楚国宋玉《招魂》："湛湛江水兮上有枫，目极千里兮伤春心。"南朝宋代谢灵运《晚出西射堂》："晓霜枫叶丹，夕曛岚气阴。"隋代薛道衡《豫章行·其一》："枫叶朝飞向京洛，文鱼夜过历吴洲。"唐代张继《枫桥夜泊》："月落乌啼霜满天，江枫渔火对愁眠。"宋代柳永《阳台路》："坠冷枫败叶，疏红零乱。"金代许安仁《游法轮院》："萧萧枫叶满山秋，岩峦掩抱云林幽。"元代虞集《写庐山图上》："风吹云气迷谷起，霜堕枫叶令人愁。"明代林鸿《同陈秀才登虎头岩》："地暖初闻雁，江寒已落枫。"清代吴光《泊湘口二妃庙是潇湘二水会处》："苍梧白云去，洞庭丹枫衰。"

## 败［bài］繁体作敗

本义指毁坏、搞坏。《说文》："败，毁也。"引申用来指草木的枯萎、零落、凋谢。南朝齐代王融《在家男女恶门诗》：

"冰开春日，兰败秋年。"唐代骆宾王《幽絷书情通简知己》："霜歇兰犹败，风多木屡摧。"宋代张咏《萧兰》："他日秋风来，萧兰一齐败。"金代李献能《赠王飞伯杂言一首》："东风吹客衣，败絮逐风飞。"元代杨弘道《同袁副使游西城·其一》："乔木苍烟余故国，败荷衰柳更残阳。"明代解缙《题画四首·其三》："开门扫败叶，隔屋供醽醁。"清代何巩道《寄梁子素自吴中归》："横竹答歌喧夜市，败蕉题句哭离宫。"

## 萚〔tuò〕繁体作蘀

即从草木上脱落下来的皮或叶。《诗经·郑风·萚兮》："萚兮萚兮，风其吹女。"唐代耿湋《诣顺公问道》："秋苔经古径，萚叶满疏丛。"宋代苏辙《次远韵齿痛》："日出暵焦牙，风来动危萚。"元代黄玠《感兴》："故萚犹未黄，新荑生已绿。"明代李梦阳《赠苍谷子》："漂萚委川涂，百卉良可叹。"清代汤右曾《澄海楼》："不闻人声闻刃声，霹雳摧枯风扫萚。"

**按**："败萚"一词，虽然辞书未载，却也屡见于清人诗词中，如：黄景仁《抛毬乐·元日病中作》："败萚惊风，今日团圞岂偶"；朱葵之《建滩》："发引千钧危，风卷败萚委。"姚燮《题项易菴招隐第三图》："败萚兹偶存，寒窗坐磨拭"，又《寒夜吟》："一更二更天不晴，扫檐败萚搀杵声。"

## 傲〔ào〕

本义指傲慢，《说文》："傲，倨也。"可引申为高傲不屈。晋代郭璞《游仙诗十九首·其一》："漆园有傲吏，莱氏有逸妻。"南朝梁代江淹《郭弘农璞游仙》："傲睨摘木芝，陵波采水碧。"唐代赵冬曦《答张燕公翻著葛巾见呈之作》："傲然歌一曲，一醉濯缨人。"宋代诸葛赓《归休亭·其一》："栽成傲骨梅千树，呼出栖云鹤一双。"金代王寂《春牛》："漆园傲吏真达者，未肯生为太庙牺。"元代耶律铸《寄郭隐君辅之》："寄傲人间世，潜真计未疏。"明代张以宁《题徐君美山水图》："篷间文人清隐者，傲视沧浪吟太古。"清代陈子升《索王勤中画菊》："便欲恭求写秋菊，好移霜质傲篱根。"

# 菊［jú］

即菊花，多年生草本植物，叶子卵形有柄，边缘有缺刻或锯齿，秋季开花，是重要的观赏花卉之一。屈原《离骚》："朝饮木兰之坠露兮，夕餐秋菊之落英。"汉代刘彻《秋风辞》："兰有秀兮菊有芳，怀佳人兮不能忘。"晋代潘岳《河阳县作二首·其二》："鸣蝉厉寒音，时菊耀秋华。"唐代王绩《赠李征君大寿》："涧松寒转直，山菊秋自香。"宋代叶梦得《鹧鸪天·其七》："携浊酒，绕东篱，菊残犹有傲霜枝。"金代冯延登《兰子野晚节轩》："篱根佳菊分秋色，檐外长松耐岁寒。"元代虞集《赋砀山成简卿心远亭》："归来黄菊有佳色，坐老青山无垢氛。"明代王绂《送叶经历致仕归建宁》："黄菊晚连径，白云秋满山。"清代傅山《秋径》："悠然篱菊老，可不咏荆卿。"

按："傲菊"一词始见于宋代顾禧《徐稚山林出诗见示因书其后》："经霜傲菊依幽径，漾月修篁种曲池。"指不屈于风霜、傲然绽开的秋菊，是由北宋文学家苏轼《赠刘景文》中的"菊残犹有傲霜枝"一语化生出来的。明代卢龙云《梁文学以自寿六十诗见示次和》："清霜傲菊秋仍好，香雪冲梅岁又新"；清代吕敦礼《次韵和幼春内弟岁暮感怀·其一》："半载篱边交傲菊，三春海上泛归槎"，皆袭用其意。

## 战 [zhàn] 繁体作戰

本义指作战、打仗，《说文》："战，斗也。"可引申为对抗、争强斗胜。晋代陶潜《咏贫士七首·其五》："贫富常交战，道胜无戚颜。"南朝陈代徐陵《关山月二首·其一》："战气今如此，从军复几年。"唐代李白《赤壁歌送别》："二龙争战决雌雄，赤壁楼船扫地空。"宋代夏竦《秋日村路》："酒旗降远客，雁阵战秋云。"元代王祯《石笼》："蟛蜞有形横巨浸，鲲鲸无力战秋风。"明代危素《寄题饶氏书楼》："古树战风秋顽顽，乱峰含雨昼萧萧。"清代彭孙贻《胥里一布衣行》："登楼指太白，金风战秋杪。"

## 篱 [lí] 繁体作籬

即篱笆，用竹、苇或秫秸、荆条、树枝等扎编成的用来保护场院、房屋的围栏设施，俗称"篱笆墙"。战国时期楚国宋玉《招魂》："兰薄户树，琼木篱些。"三国时期魏国阮籍《咏怀·其二十六》："下集蓬艾间，上游园圃篱。"晋代陶潜《饮酒二十首并序·其五》："采菊东篱下，悠然见南山。"北朝周代庾信《赠周处士》："篱下黄花菊，丘中白雪琴。"唐代薛光谦《任阆中下乡检田登艾萧山北望》："瓠叶萦篱长，藤花绕架悬。"宋代孙迈《游齐山寺寻陈鸿断碑》："万木参天绕寺篱，一声孤磬彻江湄。"金代边元鼎《村舍二首·其一》："等闲浊酒篱边兴，寂莫寒花雨里愁。"元代麻革《竹林院同张之纯赋二首·其一》："柳色侵寻映短篱，竹梢零乱挂残晖。"明代夏原吉《菊花枕》："采得东篱半亩秋，装成一枕著床头。"清代周亮工《重九同冠五对菊次韵简芝麓·其二》："服食方全好，东篱撷始英。"

**按**："傲菊战篱"一语，源自南宋冯时行《村居》诗句："篱菊何曾忧战伐，夜添寒蕊趁重阳。"意思是说，篱笆下的秋菊何尝惧怕与风霜争斗一番？在重阳的夜里依然绽吐出裹带着寒气的花蕊来。明代张弼《题黄菊为刘职方赋》："篱下幽花有深意，也披金甲战西风"；清代吴绮《九日夜集葛川书室得风池二字·其二》："谁怜篱外菊，开遍战场枝"，语意亦同。

## 【本句译读】

凋谢的枫树在秋风中摇曳，败叶飘零；篱笆墙下的菊花兀自鏖战风霜，傲然绽放。

# 90. 恩沾薏苡　宴衍糗糒

## 恩［ēn］

意为施惠于他人的仁爱行为。《说文》："恩，惠也。"《礼记·丧服四制》："恩者，仁也。"汉代曹操《短歌行》："契阔谈宴，心念旧恩。"晋代陶潜《咏三良》："厚恩固难忘，君命安可违？"南朝梁代刘孝威《半渡溪》："皇恩知已重，丹心恨不纾。"隋代王胄《奉和赐酺》："诏问百年老，恩隆五日酺。"唐代岑文本《奉述飞白书势》："别有临池草，恩沾垂露余。"宋代王禹偁《南园偶题》："天子优贤是有唐，鉴湖恩赐贺知章。"金代王庭筠《被责南归至中山》："亲老家贫官职重，恩多责薄泪痕深。"元代耶律楚材《次云卿见赠》："风云际会千年少，天地恩私四海均。"明代方孝孺《二十九日·其一》："敢承千古托，恐负二亲恩。"清代陈子升《感秋四十首·其一》："座逼千金寿，家悬一饭恩。"

## 沾［zhān］

意为凭借某种关系而沾光、获得。晋代潘尼《皇太子集应令》："沾恩洽明两，遭德会阳春。"南朝梁代范云《赠沈左卫》："伊昔沾嘉惠，出入承明宫。"唐代杨炯《奉和上元酺宴应诏》："仰德还符日，沾恩更似春。"宋代欧阳修《南郊庆成》："恩沾群动洽，庆与一阳新。"金代康锡《按部南阳有赠》："鲁山佳政沾邻邑，白水欢谣见路人。"元代胡天游《修路》："王阳阮籍应无滞，来牛去马皆沾惠。"明代陶安《述寓》："年丰公廪虚，半载不沾禄。"清代施闰章《颁俸纪恩》："月俸重沾及，恩传天语来。"

## 薏苡［yì yǐ］

植物名，一年生或多年生粗壮草本，须根黄白色，海绵质，茎秆直立，叶子呈线状披针形，颖果卵形，淡褐色；它的子粒俗称"薏苡仁"，富含淀粉，可供食用、酿酒，也可以入药；其味甘、淡，其性微寒，有健脾利湿、清热排脓、美容养颜的功能。隋代王申礼《赋得马援》:"唯称聚米势,无惭薏苡情。"唐代王维《送李员外贤郎》:"薏苡扶衰病,归来幸可将。"宋代杨亿《秘阁王校理知柳州》:"薏苡偏防疾,蒲芦善化人。"金代马定国《秋日书事》:"井边薏苡吐秋珠,舍下瓜区杂芋区。"元代陈樵《山庄》:"涧中薏苡绿如蓝,枸杞黄精满屋山。"明代林弼《发安南呈牛典簿王编修》:"蒹葭倚玉惭三益,薏苡明珠有四知。"清代黄叔璥《番社杂咏·种园》:"种时禾秬惊风雨,杂植还教薏苡扶。"

## 宴衎［yàn kàn］

宴,本义指与妻子安逸地共进午餐,后衍生出聚餐、酒席、宴会等义。汉代陈琳《宴会诗》:"良友招我游,高会宴中闱。"衎,意为和乐、愉快、喜乐。《说文》:"衎,行喜儿。"《尔雅·释诂》:"衎,乐也。"《诗经·小雅·南有嘉鱼》:"君子有酒,嘉宾式燕以衎。"这两个字组合而成的"宴衎"一词就是宴饮作乐的意思,最早见于汉代扬雄《长杨赋》:"抑止丝竹宴衎之乐,憎闻郑卫幼眇之音。"(大意:遏止歌吹宴饮的作乐行为,憎恶靡靡之音的邪淫诱惑。)唐代杜甫《陪诸公上白帝城宴越公堂之作》:"英灵如过隙,宴衎愿投胶。"宋代夏竦《奉和御制玉清昭应宫玉皇大殿告成》:"九帐盛仪陈宴衎,六茎清奏助欢康。"明代史鉴《赠汝其通》:"和鸣合琴瑟,宴衎吹笙簧。"清代查慎行《秀野草堂图歌次顾十一侠君原韵》:"宴衎之乐非丝竹,水色烟光八窗绿。"

## 糗粢［qiǔ cí］

糗,本义是指炒熟的米麦等谷物。《说文》:"糗,熬米麦也。"《释名》:"糗,龋也,饭而磨之使龋碎也。"意思是说,把米麦熬煮成熟饭,再加以捣磨成为米粉。这里的"糗"是指用类似的方法制作的"糗饵",不同的是它还要加进豆子的粉屑和大枣,蒸出有枣豆之味的米糕。粢,同"餈"。《说文·食部》:"餈,稻饼也;餈或从米。"意思是说,它是一种把米捣为面粉做成的糕饼食品;也可以把其中的"食"字改成"米"字写成"粢"。这种东西也叫作"粢饼",俗称"糍粑"。这两个字组合而成的"糗粢"一词始见于宋代诗人宋祁的《九日食糕》:"飙馆轻霜拂曙袍,糗粢花饮斗分曹。"诗句中的"糗粢"源自《周礼·天官·笾人》:"羞笾之实,糗饵粉餈。"(大意:祭祀宴享时进献食物的竹制盛器里面装着的,是用糯稻米和黄米做成的糗饵、粢饼这两种黏米糕。)后来"糗粢"(通常也作"糗餈")就成了糕类食品的代名词。宋代岳珂《春晴将游玉渊践吴季谦待制、冯可久武博山行之约先走长句》:"便思供糗粢,更拟焚兰荃。"元代释大䜣《次韵答石室元晦二首·其一》:"糗粢分饷家家似,薯蓣炊香顿顿新。"明代江源《次邵汝学韵谢顾总戎》:"糗粢惠我深将德,谁谓崇儒不在兹。"清代蒋士铨《台湾赏番图》:"都卢咽辘祝唐官,来献都都糗粢团。"

**按**:"恩沾薏苡·宴衔糗粢"一语源自唐代常衮的《重九谢赐糕酒等状》,原文略云:"茱萸清酒,尝闻旧俗之传;薏苡调肠,今睹灵珍之味。……岂伊凡品微生,下沾殊贶。赐宴既联于伯仲,覃恩更及于室家。稠叠宠光,低回殒越。一门同庆,万死何酬?"(大意:重阳节要喝茱萸酒,曾经听闻于古老风俗的传说;薏苡是调理肠胃的上品,如今亲口尝到了它的美味。……像我这样平凡微末的小人物，怎么就沾沐到如此隆重的厚待！皇上开办重阳盛宴招待吃饭，还附带邀请了我的弟兄，浩荡的皇恩更泽及到我的家庭。一次又一次的恩宠光耀，真令我不安和惶恐。我们阖家欢庆所获得的恩典，就算死过一万次又何足以报答呢？）重阳节的时候，常衮受邀出席了宫廷内的赐宴，皇上还恩准他的弟兄们也来参加，不仅得到例赏的薏苡酒，还被赐予作为节日食品的饵糕。他自己也觉得这是难得的殊荣，于是给皇上写了这份谢状。"恩沾薏苡·宴衍糗粢"即是取材于这一历史故实。清代华希闵《广事类赋·岁时部·重阳》："赐薏苡而恩隆"，该句下的自注文就是从宋代谢维新《古今合璧事类备要》中引录的常衮《重九谢赐餻酒等状》："恩赐薏苡酒，人两瓶。"虽然引录的原作文字有误，但明确把它列为了有关重阳节的岁时掌故。

**又按**：九月九日重阳节亲朋们欢宴聚饮和品食黏米糕点，是我国白汉代即已开始广泛流传的一个民族习俗。三国时期的魏文帝曹丕在《与钟繇书》中说："岁往月来，忽复九月九日。九月九为阳数，而日月并应。俗嘉其名，以为宜于长久，故以享宴高会。"（大意：岁月往复，转眼间又来到了九月九日这一天。"九月九"是阳数，而这天所在的日子和月份都应在这个阳数上了。民间都很喜欢"九月九"这个充满阳气的称谓，认为很契合健康长寿的愿望，所以要举办大宴盛会来欢饮庆祝。）事实上自汉以后，上至宫廷皇室下至各阶层人士，在"九月九"这天也确乎都把宴饮聚会作为例行的节日活动。而在这种宴席上最称亮点的节日食品就是平时不常吃到的各种黏米饵糕，也就是所谓的"糗粢"之类。宋代陈元靓《岁时广记·重九·饵饆糕》引录隋代杜台卿的《玉烛宝典》说："九月九日食饵者，其时黍稌并收，以黏米加味，触类尝新，遂成积习。"（大意：之所以在"九月九"这天吃米糕，是因为这个时候黍子和糯稻都已完成收割，用这样的黏米加上味料做成米糕，吃点不同于平常类别的食物也算品尝个应时的新鲜东西，久而久之就成了一个习俗。）其中说到的"黍"，专指一种子实叫"黍子"的一年生草本植物，其子实煮熟后有黏性，可以酿酒、做米糕，也就是北方人所说的黄米；"稌"则特指糯稻，是稻的黏性变种，脱壳后称"糯米"，又名"江米"。前面提到的宋祁《九日食糕》："飙馆轻霜拂曙袍，糗粢花饮斗分曹"，描写的就是"九月九"在宫廷聚会宴饮时大家品尝黏米饵糕的情形。

## 【本句译读】

"九月九"沾沐到御赐薏苡酒的浩荡皇恩；重阳宴上品尝到美味的节日饵糕。

# 91. 茱萸健把　纱帽狂欹

## 茱萸［zhū yú］

植物名，落叶小乔木，开小黄花，果实椭圆形，红色，味酸。茱萸是一种常绿带香的植物，可入药，具备杀虫消毒、逐寒祛风的功能。晋代孙楚《出歌》："茱萸出芳树颠，鲤鱼出洛水泉。"三国时期魏国曹植《浮萍篇》："茱萸自有芳，不若桂与兰。"南朝梁代吴均《行路难五首·其一》："茱萸锦衣玉作匣，安念昔日枯树枝。"唐代王维《九月九日忆山东兄弟》："遥知兄弟登高处，遍插茱萸少一人。"宋代苏轼《明日重九，亦以病不赴述古会，再用前韵》："人间此会论今古，细看茱萸感叹长。"元代白朴《水龙吟·九日同诸公会饮钟山望草堂有感》："登临对酒，茱萸香细，莓苔坐稳。"明代皇甫汸《由定光岩历西竺寺登阁》："江上茱萸节，山中祇树林。"清代尤侗《贺新郎·其十·九日再和》："登山临水，为问诸公高宴会，遍插茱萸有几。"

## 健 [jiàn]

本义指强有力。《周易·乾》："天行健，君子以自强不息。"引申意为身体的强壮、康健。汉代乐府《陇西行》："健妇持门户，亦胜一丈夫。"晋代傅玄《惟汉行》："健儿实可慕，腐儒安足叹。"唐代杜甫《病后遇王倚饮赠歌》："酷见冻馁不足耻，多病沉年苦无健。"宋代周邦彦《六幺令·仙吕重九》："明年谁健，更把茱萸再三嘱。"金代鲜于溥《春日仿旧诗体》："闻身健在须行乐，燕语莺啼春又残。"元代洪焱祖《次韵陈山长送春纪事二首·其一》："相逢且喜身俱健，困厄终胜死道边。"明代郑文康《药名诗赠郑完·其二》："半夏里来知母健，忍冬归去亦忘忧。"清代王时翔《一萼红二首·其二》："健士青衫，幽姿红袖，天意教作愁人。"

## 把 [bǎ]

意为握持、手执。《说文》："把，握也。"屈原《九歌·其一·东皇太一》："瑶席兮玉瑱，盍将把兮琼芳。"三国时期魏国应璩《杂诗》："贫子语穷儿，无钱可把撮。"南朝宋代王微《杂诗二首·其一》："桑妾独何怀，倾筐未盈把。"北朝周代宇文赟《歌》："自知身命促，把烛夜行游。"唐代孟浩然《过故人庄》："开筵面场圃，把酒话桑麻。"宋代孙觌《仙游山九日叹逝二首·其一》："俱飞蛱蝶愁看汝，醉把茱萸欲对谁。"金代王特起《漫作》："北阙上书吾老矣，东篱把菊思悠哉。"元代成廷圭《戊戌年避地吴门九日感怀》："独把茱萸仍独酌，酒酣不用阿孙扶。"明代刘崧《九日卧病戏柬王伯衢》："满眼菊花愁共把，多情药物慰相求。"清代王崇简《舒章至》："天涯兄弟伤摇落，把臂如君今几存。"

**按**："茱萸健把"一语，源自唐代杜甫《九日蓝田崔氏庄》中的诗句："明年此会知谁健，醉把茱萸仔细看。"意思是说：明年再有今天这样的重阳聚会的话，不知道还有谁依然能够像今天这般康健，依然能够醉眼惺忪地捧持着茱萸花兴致勃勃地观赏？后世的重阳诗词经常用它来作语典，如：宋代史浩《七娘子·重阳》："寄语诗翁，茱萸重看。明年此会人人健"；元代韩奕《卜算子·九日》："莫问明年健似今，且折茱萸寿"；明代丘浚《重阳·其一》："茱萸细看今还健，竹叶新醅且预尝"；清代梁清标《贺新郎·其三·九日》："身健喜逢佳客至，把茱萸、仔细看何足。"宋代陈元靓《岁时广记·重九》"看茱萸"条下、清代华希闵《广事类赋·岁时部·重阳》"醉把茱萸，知道明年谁健"句下均收辑杜甫的这个诗句作为重阳节的岁时掌故。

**又按：**"茱萸"作为一种岁时风物由来甚久，汉代刘歆的《西京杂记》中就有记载说："汉武帝宫人……九月九日佩茱萸。"（大意：汉代武帝时候的宫女们……九月九日这天都流行佩戴茱萸囊。）晋代周处的《风土记》也记载："九月九日，律中无射而数九。俗尚此日折茱萸房以插头，言辟除恶气而御初寒。"（大意：九月九日，当月按照十二音律排算则是应在无射律上。民间风俗流行在这天采撷茱萸花插戴在头上，说是能够辟除邪恶之气并可以抵御初秋的寒气。）茱萸是一种既好看又好闻的植物，而在九月九这天它是整个花季中开得最鲜艳、香气最浓烈的时候。中国民间把"九月九"既称为"重阳节"，也称为"茱萸节""茱萸会"。按照古时的风俗，在这天妇女要插戴茱萸簪，儿童要佩系茱萸囊，成年的人们要喝菊花酒、观赏茱萸，认为这么做能够辟除恶气、健康长寿。

## 纱帽 ［shā mào］繁体作紗帽

即古代君主、贵族和官员所戴的一种官制帽子。唐代王维《慕容承携素馔见过》："纱帽乌皮几，闲居懒赋诗。"宋代王禹偁《赠卫尉宋卿二十二丈送前翰长侍郎·其二》："旧赐锦袍多赏酒，新裁纱帽欲归山。"元代吾丘衍《酒醒试野服》："发乱便纱帽，身闲且布衣。"明代沈周《茶坡为刘长宪世熙作》："笼烟纱帽躬执爨，活火何堪托舆走。"清代钱载《王石谷洞山图》："邻州茶事无过此，纱帽棋盘各清美。"

## 狂 ［kuáng］

指纵情、无拘无束的态度。唐代褚遂良《安德山池宴集》："独有狂歌客，来承欢宴余。"宋代苏轼《次韵滕元发、许仲涂、秦少游》："二公诗格老弥新，醉后狂吟许野人。"金代刘迎《徐梦弼以诗求芦菔辄次来韵》："自馈一杯羹，老狂犹故态。"元代王逢《故南台侍御史周公挽辞》："逢也楚狂人，频年展良觐。"明代邵亨贞《渡江云》："今宵到此知何处，对冷月、清兴犹狂。"清代李锴《雨中上仙霞岭》："野客抵掌发狂笑，此游差快殊不料。"

## 敧 [ qī ]

意为倾斜不正、歪向一边。《荀子·宥坐》："孔子曰：'吾闻宥坐之器，虚则敧，中则正，满则覆。'"（大意：孔子说："我听说有座右铭意义的注水敧器，当它不装一点儿水的时候，就只能是歪向一边的；注入中等的水量它就可以端正地摆放在那里，注水满了之后它又会自动倾覆而把水全都倒了出来。"）南朝宋代谢灵运《豫章行》："短生旅长世，恒觉白日敧。"隋代元行恭《秋游昆明池》："敧荷泻圆露，卧柳横清阴。"唐代刘希夷《江上羁情》："卧查冲险狀，敧树压平流。"宋代刘兼《秋夕书怀二首·其一》："夜静倚楼悲月笛，秋寒敧枕泣霜砧。"金代刘瞻《所见》："倾敧石片插涟漪，上有萧萧杨柳枝。"元代王实甫《落梅花》："旅馆敧单枕，秋蛩鸣四野。"明代王履《千尺撞百尺撞》："敧斜朽级难为步，飘忽飞魂只看天。"清代纳兰性德《菩萨蛮》："敧枕数秋天，蟾蜍下早弦。"

**按**："纱帽狂敧"一语，源自宋代诗人米友仁描写重阳节的《念奴娇·村居九日》中的词句："歌狂饮俊，满簪还更盈把"和"玉山颓处，要看敧帽如画"，表现的是友人们在重阳宴上狂放不羁地高歌痛饮、纱帽歪斜而不自知的醉态。原词是："九秋气爽，正溪山雨过，茅檐清暇。篱菊妍英，知是为，佳节重阳开也。色妙香殊，匀浮瓯面，俗状卑金罍。歌狂饮俊，满簪还更盈把。村外草草杯盘，边尘不动，欲买应无价。端使晴霄风露冷，云卷烟收平野。向晚婵娟，半轮斜照，想见成清夜。玉山颓处，要看欹帽如画。"米友仁是北宋文学家、书法家米芾的长子，文词书画深得家法，世称"小米"。他在这首词中所刻划的歪帽高歌的狂野醉态鲜活如画，其后又有欧阳澈在重阳诗作《和前韵纪登高醉中景示世弼诸友》中模仿米诗语意而成的诗句"送目喜观云缥缈，狂歌谁顾帽欹斜"推波助澜，遂成了后人重阳诗词创作中的语典。如：宋代袁去华《念奴娇·其五·九日》："人世高歌狂笑外，扰扰于身何得。短发萧萧，风吹乌帽，醉里从欹侧"；范成大《病中不复问节序，四遇重阳，既不能登高又不觞客，聊书老怀》："骚客颠诗亦狂酒，强惜黄花爱重九。少年习气似陶公，采采金英满衣袖。携壶木末最关情，欹帽风前几搔首"；沈端节《洞仙歌·其三》："有客共登临，醉里疏狂，欹乌帽、从嘲雪鬓"；李廷忠《沁园春·刘总干会饮同寮，出示新词，席上用韵》："有黄花插鬓，何妨欹帽，绿橙醒酒，莫惜空罍。坐上疏狂，帘间姝丽，应想横波一笑回"；杨公远《次韵郑山长九日》："帽任欹斜双鬓白，菊无今古数枝黄。龙山景物自消长，栗里琴书今在亡。往事莫谈添感慨，醒时也作次公狂。"

## 【本句译读】

重阳节里，有的人身体康健，捧持着茱萸仔细地观赏；有的人醉态可掬，歪戴着纱帽纵情高歌，释放自我。

# 92. 荏苒崦嵫　怆凄飙馆

## 荏苒［rěn rǎn］

意为时光的渐渐消逝。此词最早见于汉代丁廙妻的《寡妇赋》："时荏苒而不留，将迁灵以大行。"（大意：时光在不知不觉中推移而无法挽留，逝者出殡的日期已至，灵柩将要发送了。）晋代陶潜《杂诗十二首·其五》："荏苒岁月颓，此心稍已去。"南朝梁代江淹《左记室思咏史》："百年信荏苒，何为苦心魂。"唐代韩愈《陪杜侍御游湘西两寺独宿有题一首，因献杨常侍》："旅程愧淹留，徂岁嗟荏苒。"宋代邵雍《百年吟》："百年嗟荏苒，千里痛萧条。"金代王宾《卫真道中》："年华荏苒心情减，边事仓皇梦寐惊。"元代孙辙《拟古四首次杨志行韵·其二》："白发生镜中，荏苒流年度。"明代徐溥《送黎知州还任》："年光何荏苒，世事亦间关。"清代沈大成《龙池鲫歌》："荏苒五十有余载，食指虽动杳难期。"

## 崦嵫［yān zī］

山名，古时指太阳落下去的地方。《山海经·西山经》："鸟鼠同穴山西南三百六十里，曰'崦嵫之山'。"东晋训诂学家郭璞注解说："日没所入之山也。"屈原《离骚》："吾令羲和弭节兮，望崦嵫而勿迫。"汉代乐府《古八变歌》："浮云多

暮色，似从崦嵫来。"南朝梁代江淹《陆东海谯山集》："日暮
崦嵫谷，参差彩云重。"隋代王胄《敦煌乐二首·其二》："心
期在何处，望望崦嵫晚。"唐代裴迪《辋川集二十首·南垞》：
"落日下崦嵫，清波殊森漫。"宋代张纲《秋夜小酌》："宇宙
秋光老，崦嵫夜色连。"元代邓文原《题开元宫图》："春城日
逝崦嵫暮，幽梦重门锁花雾。"明代桑悦《和朱文公读道书·其
四》："崦嵫山万仞，日落风凄凄。"清代吴镇《黄金台》："夕
阳过客尽，崦嵫浮云没。"

## 怆凄［chuàng qī］繁体作愴悽

意为悲哀、伤感。汉代王逸《九思·其二·怨上》："奔电
兮光晃，凉风兮怆凄。"宋代陆游《寄子虡》："书来动半年，
相望常怆凄。"元代张仲深《过太湖》："旅怀惨不悦，怆凄恨
如雨。"明代宗臣《还至别业五首·其三》："况我同心者，怆
凄何能已。"清代陈梦雷《西郊杂咏·其九》："感此情怆凄，
忧来尤复绪。"

## 飙馆［biāo guǎn］繁体作飆館

飙，指上下翻卷的暴风、狂风。《说文》："飙，扶摇风
也。"馆，本义指华丽的住宅、宫馆，后来也经常指一般住宅。
由这两个字组合而成的"飙馆"则是"商飙馆"的省称。宋代
宋祁《九日食糕》："飙馆轻霜拂曙袍，糗粢花饮斗分曹。"明
代马洪《金菊对芙蓉·九日》："向霜庭看菊，飙馆题糕。"清
代曹尔堪《满庭芳·其五·重九》："飙馆秋浓，东篱烟暮，昨
夜霜信微催。"

**按**：商飙馆是南朝齐武帝萧赜专为"九月九"重阳节登高赏秋、赐宴群臣而修建的皇家别馆。"商飙"的意思就是"秋天的劲风"。《南齐书·武帝本纪》："永明五年九月己丑，诏曰：九日，出商飙馆，登高，宴群臣。辛卯，车驾幸商飙馆。馆，上所立，在孙陵冈，世呼为'九日台'者也。"（大意：永明五年也就是公元487年农历九月七日，齐武帝萧赜下达诏令说；九日，皇上出行商飙馆，依照风俗登高台赏秋色，大宴群臣。到了九日这天，皇上的舆辇驾幸商飙馆。这个别馆，是皇上下令修建的，在孙陵冈，世人称作"九日台"的那个地方就是。）宋代吴淑《事类赋·岁时部·秋赋》"登商飙而为乐"句下、陈元靓《岁时广记·重九中》"登商馆"条下、明代彭大翼《山堂肆考·时令·重阳》"齐祖幸馆"条下、清代华希闵《广事类赋·岁时部·重阳》"试上商飙之馆"句下均收辑商飙馆赏秋事作为重阳节的岁时掌故。

## 【本句译读】

秋日的夕阳已渐渐没入崦嵫之山；当年的商飙馆如今也荒凉得令人感慨哀伤。

# 93. 寅饯圭测　卦占爻断

## 寅［yín］

敬、恭敬。《尔雅》："寅，敬也。"《说文》："寅，居敬也。"晋代王济《诗》："俊明有德，严恭惟寅。"南朝梁代萧衍《藉田》："寅宾始出日，律中方星鸟。"唐代王翰《奉和圣制送张尚书巡边》："宠行流圣作，寅饯照台华。"宋代寇准《天安殿酌献天书》："顾諟钦元命，寅恭达上苍。"元代贡师泰《上京大宴和樊时中侍御》："燕飨存寅畏，游畋戒逸遨。"明代李昌祺《题白海青图》："三司寅送拥冠盖，百骑肃导扬旌旌。"清代宋琬《奉献海宁相公三十韵》："周官需弼亮，舜典重寅清。"

## 饯［jiàn］繁体作餞

意为设酒食送行，也泛指恭敬送行。《诗经·大雅·韩奕》："显父饯之，清酒百壶。"汉代王粲《赠杨德祖》："我君饯之，其乐泄泄。"三国时期魏国邯郸淳《赠吴处玄》："饯我路隅，赠我嘉辞。"晋代陶潜《咏二疏》："饯送倾皇朝，华轩盈道路。"南朝宋代谢惠连《与孔曲阿别诗》："凄凄乘兰秋，言饯千里舟。"唐代苏颋《饯潞州陆长史再守汾州》："道旁多出饯，别有吏民思。"宋代晁迥《游虎丘诗》："饯别阊门复少留，故人邀我浣离愁。"金代王特起《喜迁莺·别内》："素秋晚,听阳关三叠,一尊相饯。"元代傅若金《送孔学文之湘乡州判》:"北极回旋里,东门祖饯时。"明代王汝玉《送同年故人别》:"结轸东郊路,饯子返故乡。"清代厉鹗《闰三月三日同人集湖上续修禊效兰亭诗体二首·其一》:"眷兹余月,饯春迎夏。"

**按**:"寅饯"一词源自《尚书·尧典》:"寅饯纳日。"意思是恭敬地送别落日。它出自上古尧帝向政府职能部门下达的有关确定历法节令的指示中:"分命和仲,宅西,曰'昧谷'。寅饯纳日,平秩西成。宵中,星虚,以殷仲秋。"(大意:又命令和仲,居住在西方叫做"昧谷"的地方,恭敬地为落日送行,辨别测定太阳西落的准确时刻和特点,以此来规范秋收时的各种工作。把昼夜的长短相等、黄昏时虚星出现在南天正中央的这一日确定为"秋分"。)在中国古代有关四时节令的理念中,"寅宾出日"和"寅饯纳日"是两个相对应的概念。汉代古籍《尚书考灵曜》卷二中说:"春夏民欲早作,故令民先日出而作,是谓'寅宾出日';秋冬民欲早息,故令民候日入而息,是谓'寅饯纳日'。春迎其来,秋送其去,无不顺矣。"(大意:春季和夏季老百姓要起早干活,所以要让他们在日出之前就工作起来,这叫作"寅宾出日",也就是用自己的实际行动恭敬地迎接太阳出来;秋季和冬季比较寒冷,老百姓都想早点休息,所以要叫他们等到日落之后再休息,这叫作"寅饯纳日",也就是用自己的实际行动恭敬地送别落日。春季迎接太阳的来到,秋季送别太阳的归去,讲次序方能做事顺遂。)宋代吴淑《事类赋·岁时部·秋》"若夫寅饯纳日,盛德在金"句下将此收辑为秋季的岁时掌故。

# 圭［guī］

也叫"土圭"，一种一尺五寸长的圭形玉器，是古代用来测量日影以定四时或土地方位远近的仪器。南朝宋代谢庄《宋明堂歌九首·其五·歌赤帝》："龙精初见大火中，朱光北至圭景同。"唐代虞世南《奉和咏日午》："玉树阴初正，桐圭影未斜。"宋代宋庠《过汉洛阳故城》："寒日似愁圭影地，秋风真作黍离天。"元代吴会《送别阴阳教授》："乌飞圭表移光影，龙咽筹壶定刻分。"明代胡俨《次韵胡学士内阁新成四首·其一》："编摩十载缃金匮，出入常时候土圭。"清代姚鼐《夏日天长》："立圭占影短，旋式觉天长。"

# 测［cè］繁体作測

意为有关深度或广度的测量、度量。《说文》："测，深所至也。"汉代东方朔《七谏·其六·哀命》："测汨罗之湘水兮，知时固而不反。"南朝宋代谢灵运《入华子冈是麻源第三谷》："险径无测度，天路非术阡。"唐代崔融《拟古》："饮马临浊河，浊河深不测。"宋代梅尧臣《黄河》："浅深殊可测，激射无时壮。"元代耶律楚材《次韵黄华和同年九日诗十首·其十》："测海才盈掬，窥天见一斑。"明代程本立《雪佛碑》："君看东逝波，沧海不可测。"清代彭孙贻《望海·其一》："披图分野星垂尽，测影山河夜不移。"

**按**："圭测"一词意为用土圭来测量太阳投射在地上的影子，源自《周礼·地官·大司徒》："以土圭测日之法测土深，正日景，以求地中。"（大意：用土圭测日影的方法测量南北东西的远近，校正日影，从而求得大地中央的位置。）用土圭测量日影必须是在一个晴天的正午时分，把一根八尺长的表竿树立在选定的场地上，用土圭测量投射下来的日光阴影的长短。上古时期人们根据土圭所测得的日影长短来确定四时、某地的方位和远近。比如说，侧影之地偏向南部，那里距离太阳越近的地方，测出的日影就越短，气候也就越炎热；侧影之地偏向北部，那里距离太阳越远的地方，测出的日影就越长，气候也就越寒冷。确定四时也是同样的道理。周代认为国都洛阳是大地的中央，当这里的日影为一尺五寸也就是与土圭的长度相等时，这一天就是"夏至"了。日影越长，节候也就越发趋向寒冷，到了"冬至"，按照周代的尺度标准，这天正午的日影长度则为一丈三尺了。宋代陈元靓《岁时广记·冬至》"观日影"条下、清代华希闳《广事类赋·岁时部·冬至》"土圭之日影弥遥"句下均收辑圭测日影事作为冬至的岁时掌故。

## 卦 ［guà］

本义指供占卜用的象征自然现象和人事变化的一套符号，也泛指用其他方式或观察标准预测到的吉凶祸福的象征性结果。《说文》："卦，筮也。"意思是说"卦"即占卜、测算。汉代刘向《九叹·其二·离世》："兆出名曰正则兮，卦发字曰灵均。"南朝梁代萧子云《需雅八首·其三》："始诸饮食物之初，设卦观象受以需。"唐代孟郊《叹命》："三十年来命，唯藏一卦中。"宋代文同《送庞中秀才》："临邛复有庞成叔，万事先将入卦图。"金代马钰《黄鹤洞中仙·继重阳韵》："卦象常推渐，功行时时检。"元代马致远《中吕粉蝶儿》："今日里圣旨宣咱，吉和凶索问天买卦。"明代杨慎《生查子·其二》："两朵活莲花，一对相思卦。"清代汪琬《山中游仙诗四十首·其六》：“生年甲子都忘了，略记羲皇画卦时。”

## 占 ［zhān］

本义指通过甲骨的裂纹或蓍草排列的情况取得兆象以推测吉凶，后也泛指用其他方式或观察标准来预测吉凶祸福的占卜行为。《说文》：“占，视兆问也。”意思说“占”就是通过某种兆头卜问吉凶。《诗经·小雅·斯干》：“乃寝乃兴，乃占我梦。”屈原《离骚》：“灵氛既告余以吉占兮，历吉日乎吾将行。”晋代陶潜《命子》：“卜云嘉日，占亦良时。”北朝周代庾信《和张侍中述怀诗》：“时占季主龟，乍贩韩康药。”唐代卢照邻《山行寄刘李二参军》：“狂歌欲叹凤，失路反占龟。”宋代杨亿《郑溥赴汀州判官》：“食檗心常苦，占蓍命未通。”金代王琢《和张仲宗雪诗不用体物诸字》：“天人应卜岁，出此当佳占。”元代曹伯启《寿乔令》：“李白桃红春律仲，熊罴一夕占佳梦。”明代陶宗仪《乐静草堂为卫叔静赋》：“江南定有征贤诏，太史方占外十星。”清代顾炎武《帝京篇》：“溽水收萍实，占龟兆大横。”

## 爻 ［yáo］

在《周易》中由长短横道通过不同的组合而形成的各卦的符号，例如“—”为阳爻，“--”为阴爻。在本句中它指的则是“爻辞”。《周易·系辞上》：“圣人有以见天下之动，而观其会通，以行其典礼，系辞焉以断其吉凶，是故谓之‘爻’。”（大意：圣人对自然万物的运动变化有所发现，进而观察分析其间会合变通的轨迹和道理，并把这些认知施用于管理国家的典章制度当中；还在各爻之下注录了相应的辞语用来判断事态的吉凶，所以称之为"爻"。）《易经》共有六十四卦，每卦有六个爻，每个爻都有一段爻辞，所以一卦之中会有六段爻辞，这些爻辞是对各爻下的断语，所以"爻"也经常地被用作"爻辞"的省称。晋代欧阳建《答石崇赠》："在乾之二，爰著兹爻。"南朝宋代谢灵运《初发石首城》："虽抱中孚爻，犹劳贝锦诗。"北朝周代庾信《园庭》："穷愁方汗简，无遇始观爻。"唐代韩蕴中《火记歌并序·其二》："进时加刻漏，退即卦依爻。"宋代苏轼《治易洞》："自昔遥闻太守高，明爻象象日忘劳。"元代张翥《赠易学李所翁》："蓍龟凶吉占如繇，爻象纵横画有图。"明代王彦泓《寄赠孝先子巨钟陵秋试·其一》："终军自决西游事，肯向君平问卦爻。"清代林云铭《静寄》："参将水月无生话，筮得天山最上爻。"

## 断 ［duàn］繁体作斷

意为判断、裁决。晋代曹毗《晋江左宗庙歌十一首·其四·歌世祖武皇帝》："百揆时序，听断以情。"南朝宋代鲍照《代放歌行》："明虑自天断，不受外嫌猜。"唐代司空图《白菊杂书四首·其二》："四面云屏一带天，是非断得自翛然。"宋代赵炅《逍遥咏·其三》："狐兔几曾能乳马，麦田断定不生禾。"金代李之翰《岁暮》："此生自断无余事，何必区区问大钧。"元代杨维桢《澶渊行》："雄谋独断众勿摇，孤注一掷先成枭。"明代沈周《落花五十首·其二十四》："我问老僧求点断，数声啼鸟夕阳中。"清代王邦畿《闺情·其三》："洛阳城下多灵卜，断得归期意亦疑。"

**按**："卦占爻断"一语源自古时冬季占兆审卦的习俗。《礼

记·月令》："孟冬之月，旦在尾。……是月也，命大史衅龟
筴，占兆审卦，吉凶是察。阿党则罪。无有掩蔽。"（大意：
孟冬十月，太阳运行的轨迹在尾宿的位置。……在这个月里，
命令太史杀牲取血涂在龟甲和蓍筴的上面进行祭祀祈祷，依据
龟甲和蓍筴所示现的征兆和卦象来查阅相应的占卜之辞，裁断
国家诸事的吉凶。那些逢迎上意、徇私枉法的小吏以及比附于
下、结党营私的大官们都要归案论罪，不能让他们有所遮掩、
蒙蔽。）太史是西周春秋时代地位很高的政府官员，掌管史事
典籍、天文历法，在举行重大祭祀典仪时和掌管卜事的官吏一
起占辩吉凶，在一定的范围内还持有执法生杀的大权。上古的
君王很重视神明卜筮的功用，认为通过占兆审卦可以勘察一年
中的所有事情，所以在年底的时候，就责成太史例行上述的活
动。明代彭大翼《山堂肆考·时令·冬》"衅龟"条下将此收
辑为孟冬的岁时掌故。

## 【本句译读】

秋冬时节，人们对落日谨行恭送之礼，土圭上投射的日影
也越来越长；孟冬十月，掌管祭祀的官员要占卦卜筮，勘断关
乎国家吉凶的事项。

# 94. 剥逾七复　灰扬六珰

## 剥［bō］

　　《周易》卦名，指《剥》卦，即六十四卦中的第二十三卦。"剥"，就是剥落衰败的意思。剥卦具有阴柔增进，剥蚀和取代阳刚的特性，诸事不利于向前进行，不可逞强。这一卦体现的是阴盛阳衰，但一切事物，有盛必有衰，消长相转、盈虚互换是宇宙运行的自然法则；大势所趋，只能顺从，谨慎隐忍。剥卦也是十二消息卦之一，代表九月。北朝周代庾信《和张侍中述怀》："阳穷乃悔吝，世季诚屯剥。"唐代柳宗元《游南亭夜还叙志七十韵》："屯难果见凌，剥丧宜所遭。"宋代江休复《王官谷司空侍郎故居》："剥运扇颓风，奸雄比回邪。"金代赵秉文《至日次刘云卿韵》："静中剥复观消长，身外荣枯任纠纷。"元代耶律楚材《和冯扬善韵》："今日穷途虽蹇剥，他时行道自亨贞。"明代高逊志《次陈彦博博士寒斋四咏韵·其二·炽炭烹茶》："霜寒阴始凝，剥尽阳来复。"清代顾炎武《书女娲庙》："剥复相乘除，包牺肇爻象。"

## 逾［yú］

　　意为越过、经过。《诗经·郑风·将仲子》："将仲子兮，无逾我里，无折我树杞。"屈原《九歌·其五·大司命》："君回翔兮以下，逾空桑兮从女。"汉代辛延年《羽林郎》："人生有新故，贵贱不相逾。"三国时期魏国曹睿《种瓜篇》："种瓜东井上，冉冉自逾垣。"南朝宋代谢庄《怀园引》："羌故园之在目，江与汉之不可逾。"唐代杜审言《旅寓安南》："故乡逾万里，客思倍从来。"宋代赵抃《次韵前人见寄二首·其一》："一去蓬莱已逾岁，梦魂长到十洲春。"金代赵元《修城去》："敌兵出境已逾月，风吹未干城下血。"元代陈宜甫《得家书报父病忧闷而作》："亲年逾八十，随分老江村。"明代郑真《用方参政文敏述怀韵五首·其二》："象犀南贡逾银海，骐骥西来度玉关。"清代方拱乾《补窗》："看囊久无钱，纸价贵逾昔。"

# 七［qī］

数目字，最早见于甲骨文。"七"的本义为"切断"，但早在商代甲骨文中"七"就借用为数目词了。《诗经·召南·摽有梅》："摽有梅，其实七兮。"汉代乐府《孔雀东南飞·古诗为焦仲卿妻作》："初七及下九，嬉戏莫相忘。"晋代张华《游侠篇·其一》："龙虎相交争，七国并抗衡。"南朝梁代王僧孺《何生姬人有怨》："宝琴徒七弦，兰灯空自枝。"唐代杜甫《同诸公登慈恩寺塔》："七星在北户，河汉声西流。"宋代吕南公《呈知府内翰即次原韵·其一》："山人何事忽伸眉，新得陈王七步诗。"金代元好问《七贤堂》："总爱山阳竹林好，七贤来了更谁曾。"元代白朴《水龙吟》："八阵名成，七擒功就，南夷胆破。"明代文征明《新秋》："江南七月火西流，残暑萧然一雨收。"清代姚燮《合丈八笺四纸画一巨梅七日而成》："七日来复见消息，十年积愤供发挥。"

# 复［fù］繁体作復

《周易》卦名，指《复》卦，即六十四卦中的第二十四卦。复，就是返回、归复的意思。大自然的规律是周而复始、循环往复的，万物因而得以生生不息和永恒的发展。这一卦阐释的是恢复、归本的原则，亦即必须根绝过去的错误，在错误尚未严重之前，要及时反省改善，重新回复到善道，否则将积重难返。复卦也是十二消息卦之一，代表十一月，当年的阳气经过一个周期的反复从此开始回归大地。唐代陈元光《候夜行师七唱·其七》："灰飞葭管阳初复，拍落梅花歌示残。"宋代李至《至启伏蒙台慈以南至之后见寄佳篇岂曰奉酬辄次高韵》："万物已怜成复象，一阳还见动勾萌。"金代侯善渊《沁园春》："否泰相交，屯蒙复卦，易象还亢出坎离。"元代熊鉌《探梅》："却于坤复间，微微见端倪。"明代陈琛《寓金陵感秋》："易图元有真消息，姤复中间子细看。"清代陈恭尹《题薛孝穆小影》："阴阳剥复理有然，大器从来成在晚。"

**按**："剥逾七复"一语源自《周易·复卦》的卦辞："反复其道，七日来复。"（大意：当阳气被剥蚀殆尽之后，循着物极必反，周而复始的规律，它还会反转过来，经过七日，大地即有最初始的一阳归复人间。）坤下艮上的剥卦和震下坤上的复卦是卦形上下相反、爻位倒置的镜像卦，一剥一复，互为作用。《周易·序卦传》说："剥者，剥也。物不可以终尽剥，穷上反下，故受之以《复》。"（大意：《剥》卦的"剥"，是剥落的意思。任何事物都不可以剥落穷尽，"以终尽剥"就会穷尽于上而归复于下，所以要用象征返回或归复的《复》卦来接续。）由卦形可以看出，剥卦的"上九"剥落，即成为纯阴并代表十月的坤卦，这个时候阳又在下方酝酿着。到了十一月的冬至，一个阳爻又在初爻的位置出现而形成复卦。这就是古人常说的"一阳始复"。由消息卦的角度来看，一阴始于代表五月的姤卦，逐步上升，经过变成全阴的十月的坤卦，到一阳始复的十一月的复卦，前后要经过七个月。按照周代称月为"日"的习惯，这个过程就叫作"七日来复"。还有一种解释法，是从爻象上分析：坤卦六爻全部是阴，把一爻当一日，到复卦的一阳爻生，共计是七日，所以叫作"七日来复"。这两种解释无所谓孰是孰非，因为它们已然是易学理论中传统而又经典的既定说法了，并且都能够说得通。"剥逾七复"表达的就是这个说法。宋代陈元靓《岁时广记·冬至》"一阳生"条下、明代彭大翼《山堂肆考·时令·冬至》"一阳"句下、清代华希闵《广事类赋·岁时部·冬至》"一阳始复"句下均收辑"七日来复"事作为冬至的岁时掌故。

# 灰［huī］

指草木等固体完全燃烧形成的粉尘状物质、灰烬，《说文》："灰，死火余烬也。"在这里特指古代冬至"候气"专用的葭灰。北朝齐代萧悫《奉和冬至应教》："天宫初动磬，缇室已飞灰。"隋代王胄《在陈释奠金石会应令》："时惟岁聿，律变灰迁。"唐代李世民《正日临朝》："条风开献节，灰律动初阳。"宋代夏竦《奉和御制冬至》："玉琯飞灰新节应，璇霄合璧瑞华凝。"元代吴当《九江冬至日》："愁坐孤城对日长，葭灰动处识微阳。"明代刘基《上云乐》："伶伦截竹作律吕，中间实以葭莩灰。"清代嵇永仁《百苦吟·其八十七·至日》：

"铁骨寒梅待雪开，朔风六管正飞灰。"

# 扬［yáng］繁体作揚

本义指簸动、向上播散。《说文》："扬，飞举也。"引申意为飘动、飞起。《诗经·小雅·沔水》："鴥彼飞隼，载飞载扬。"屈原《九歌·其八·河伯》："登昆仑兮四望，心飞扬兮浩荡。"汉代刘邦《大风歌》："大风起兮云飞扬，威加海内兮归故乡。"晋代郑丰《答陆士龙四首·鸳鸯六章·其三》："虽曰戢止，和音远扬。"南朝宋代刘骏《七夕二首·其一》："炫炫叶露满，肃肃庭风扬。"唐代张柬之《出塞》："歊野山川动，嚣天旌旆扬。"宋代梅尧臣《和道损喜雪》："薄厚曾无意，飘扬似有因。"元代凝香儿《天香亭歌》："尘不扬兮玉宇净，万籁泯兮金阶凉。"明代胡应麟《拟古二十首·其二十》："清音顺风扬，四坐畴同心。"清代孙兰《处女吟》："寄言女贞子，霜雪扬其英。"

# 六琯［liù guǎn］

指古时专门用来占验节气变化的装有葭莩灰的竹制六律管。其实"六琯"只是一个简洁举要的象征性说法，在实际应用时，这样的管共有包括六律和六吕在内的十二支。唐代杜甫《小至》："刺绣五纹添弱线，吹葭六琯动浮灰。"宋代朱淑真《冬至》："八神表日占和岁，六琯飞葭动细灰。"元代张仲深《次常山郑明善长至日见柬绝句·其二》："远林旭日晓融融，六琯初阳一脉通。"明代李辕《冬至前日侍父宴胡伯奇济生堂》："天上五云开瑞色，人间六琯候新阳。"清代张湄《和喝能上人长至韵》:"六琯飞灰动一阳,宵分未减昼阴长。"

**按**:"灰扬六琯"一语,源自古代冬至时"候气"也就是占验自然节气变化的岁时活动。候气之举在汉代就有了。《后汉书·律历志》:"候气之法,为室三重,户闭,涂衅必周,密布缇缦。室中以木为案,每律各一,内庳外高,从其方位,加律其上,以葭莩灰抑其内端,案历而候之。气至者灰动。其为气所动者其灰散,人及风所动者其灰聚。"(大意:候气的操作方法是:建造一个有三重墙的候气室,门户关闭严实,把牲口的血涂遍所有的墙缝,在屋子里面密密实实地张挂起橘红色的绢帛幔帐。室内设置好木制的案板,每个律位都有一个案子,靠里面的低,靠外面的高,按照排好的方位把不同长度的律管放置在木案上,再把用芦苇茎中的薄膜烧成的葭莩灰装进律管里,按照农历的时间进程等候代表节令的地气来到。当地气发起了,葭灰就动。如果是被地气所发动的,葭灰是飞扬飘散的,如果是被风或人为所振动的,葭灰则呈现聚集的状态。)地下的阴阳二气随时都在变化当中,到了冬至的时候,一阳始复;阳气一生,第一根九寸长、朝着北面方位被称为"黄钟"的律管里的葭灰就会被这股地气所动而飞扬出来,同时发出一种被律管放大了的吹奏声。这个声音被认定是黄钟的正音,相当于现代音律C大调的第一音;而这个时间就是十二地支中的"子"也就是"子时",此刻的节气就进入了"冬至"。这种候气之法并不一定很准确、很科学。历代都有人质疑它,以致在明代以后便日见式微了;但它作为中国文化史上的一个重要现象毕竟还体现为一个古老并且影响很大的岁时文化概念,历代的文人在从事冬至题材或阳气归复的诗文创作时都经常会想起它来。周兴嗣《千字文》里被清代大学者俞越都认为很"费解"的"律吕调阳"一语其实就和它有关。宋代吴淑《事类赋·冬》"闭芦灰而潜应黄钟"句下、明代彭大翼的《山堂肆考·时令·十一月》"缇室飞灰"条下、清代华希闵《广事类赋·岁时部·冬至》"缇室之葭灰微动"句下均收辑葭灰候气事作为冬至的岁时掌故。

## 【本句译读】

阳气被剥落殆尽之后，经过"七日来复"又回归大地；律管里的葭灰飞扬飘散，昭示着四时节气已来到了冬至。

# 95. 绫袜共献　纹线徐添

## 绫［líng］繁体作綾

即一种细薄而有花纹的丝织品，光面，有点像缎子。汉代乐府《孔雀东南飞·古诗为焦仲卿妻作》："左手持刀尺，右手执绫罗。"南朝宋代谢惠连《代古》："客从远方来，赠我鹄文绫。"唐代韩愈《和席八十二韵》："绮陌朝游间，绫衾夜直频。"宋代王安石《送王郎中知江阴》："持归霄汉青绫被，去看吴都白马潮。"金代宋楫《还紫云寺素扇且题诗其上》："吴绫便面小团团，信手拈来亦厚颜。"元代吕诚《寒食郊行》：

"市桥风旆梨花酒，游女春衫柿蒂绫。"明代陈琏《送姚给事中升湖广参政》："宠命荣加三品秩，诰绫光绚五花纹。"清代黄之隽《杂曲·其十五》："分明窗下闻裁剪，半匹红纱一丈绫。"

## 袜［wà］繁体作襪

即穿在脚上的袜子。《释名·释衣服》："袜，末也。在脚末也。"三国时期魏国曹植《洛神赋》："凌波微步，罗袜生尘。"北朝魏代荀济《赠阴梁州》："纤人重结袜，辱德逾过市。"唐代上官仪《和太尉戏赠高阳公》："翠钗照耀衔云发，玉步逶迤动罗袜。"宋代黄庭坚《借景亭》："竹铺不浣吴绫袜，东西开轩荫清樾。"元代方行《复和五松小龙女歌答卢轩》："琼丝络凤骑紫霞，金帖珑珑水晶袜。"明代李德《春兴六首·其五》："暮年正尔逢知己，布袜青鞋信杖藜。"清代谢瑛《蝶恋花》："绫袜新裁，缓步苍苔早。"

## 共［gòng］

意为一同、共同。《说文》："共，同也。"汉代乐府《陌上桑》："使君谢罗敷，宁可共载不。"三国时期魏国曹丕《于玄武陂作》："兄弟共行游，驱车出西城。"南朝宋代吴迈远《飞来双白鹄》："持此百年命，共逐寸阴移。"唐代庾抱《和乐记室忆江水》："无因关塞叶，共下洞庭波。"宋代李之仪《卜算子》："日日思君不见君，共饮长江水。"金代李晏《游龙门回投超化寺二首·其二》："还邀二三子，共到凿龙游。"元代周权《次韵陈伯和》："共倾郑老灯前酒，细和坡翁海上诗。"明代梁寅《题墨溪桥》："共谈留侯黄石事，人生乐在心相知。"清代王邦畿《杂词·其三》:"天台有路垂垂近,共道红桃绿柳边。"

# 献 [xiàn] 繁体作獻

本义指献祭,后引申为下对上、卑对尊的进献。《广雅》:"献,进也。"《诗经·郑风·大叔于田》:"袒裼暴虎,献于公所。"屈原《天问》:"何献蒸肉之膏,而后帝不若?"汉代东方朔《七谏·其三·怨世》:"悲楚人之和氏兮,献宝玉以为石。"晋代陶潜《述酒》:"神州献嘉粟,西灵为我驯。"南朝梁代王筠《和吴主簿诗六首·其六》:"自陈心所想,献赋甘泉宫。"唐代杜甫《千秋节有感二首·其二》:"仙人张内乐,王母献宫桃。"宋代钱易《西游曲》:"十年辞家勤献书,王孙不许延公车。"金代赵秉文《长白山行》:"伫公功成归庙堂,再献中兴二三策。"元代清珙《天湖卜居》:"又疑天女来献花,玉盘捧出双芙蓉。"明代李梦阳《赠复斋子二十韵》:"岂谓悬弧日,今逢献袜辰。"清代赵执信《舟中观英德瀔江诸山》:"群山似相识,左右献奇状。"

**按:**"绫袜共献"一语,源自古时冬至之日献履贡袜、迎福践长的风俗。三国时期魏国曹植《冬至献履袜表》:"伏见旧仪,国家冬至,献履贡袜,所以迎福践长。"(大意:根据以往的礼仪,国家到了冬至这天,臣民有向君主和长辈敬献鞋袜的传统,以此寄寓迎取长久福气的意愿。)可知这个风俗在汉魏时期即已存在。自冬至起,白昼一天比一天长,阳气逐渐回升,古时人们认为这是一个值得庆贺和祝福的吉日。北魏崔浩《女仪》:"近古妇人常以冬至日上履袜于舅姑,所以践长至之义也。"（大意：近世以来，妇女们常在冬至这一天进献鞋和袜子给公婆，以此寄寓长天到了、福气来了的意思。）说明在北魏时期冬至这天向长辈进献鞋袜之举，不只是民间风俗而已，还把它提升到了女子行为轨仪的规范当中了。宋代吴潜《小至三诗呈景回制干并简同官·其二》："履袜已无亲可献，黍羔犹与俗相宜"；明代朱权《莺啼序》："进履袜欢看妇仪，炷宝鼎对天答谢"；清代钱谦益《冬至日感述示孙爱》："妇女献履袜，儿孙备蒸尝"；说的都是这个风俗。宋代吴淑《岁时广记·冬至》"进履袜"条下、明代彭大翼《山堂肆考·时令》"上履袜"条下、清代华希闵《广事类赋·岁时部·冬至》"还呈履袜"句下均收辑敬献履袜事作为冬至的岁时掌故。

**又按**："绫袜共献"一语依照风俗的实际内容应作"履袜共献"，但周兴嗣《千字文》"临深履薄"句中已有"履"字，尽管这两个"履"字含义并不相同，可字面毕竟重复，所以此处只好做出避让。

## 纹 ［wén］

指丝织品上的花纹。《玉篇》："纹，绫纹也。"南朝梁代沈约《少年新婚为之咏》："锦履并花纹，绣带同心苣。"唐代李峤《诗》："扇中纨素制，机上锦纹回。"宋代谭用之《句》："织槛锦纹苔乍结，堕书花印菊初残。"元代朱晞颜《大圣乐·至日与周晴川兄弟会饮》："喜至景、渐觉迎长，刺绣五纹赢得，儿女情多。"明代袁华《草堂清集·其二》："绣被熏笼护暖云，酒痕曾上缭绫纹。"清代毛奇龄《弹琴妓·其三》："绿绮回长线，红衫映断纹。"

# 线［xiàn］繁体作線

指用棉麻丝毛等材料拈成的细缕。南朝梁代刘孝威《奉和湘东王应令二首·其一·春宵》："回钗挂反环，拭泪绳春线。"唐代孟郊《游子吟》："慈母手中线，游子身上衣。"宋代刘弇《陪王纯父燕历阳连云观》："裁云丽服淮娥踏，熨齿纹线楚客辞。"金代马钰《踏云行·全真堂竹帘》："白刃持籥，青丝作线，一经一纬挨排遍。"元代贯云石《思亲》："细较十年衣上泪，不如慈母线痕多。"明代王绂《题北堂春昼卷》："寸心难以答春晖，手线尚存游子服。"清代惠周惕《敝裘》："丝纹断续难容线，毛理稀疏不受针。"

# 徐［xú］

本义指慢步行走。《说文》："徐，安行也。"后引申用作形容词，意为迂缓地、慢慢地。屈原《远游》："路漫漫其修远兮，徐弭节而高厉。"晋代潘尼《迎大驾》："且少停君驾，徐待干戈戢。"唐代沈佺期《三日独坐驩州思忆旧游》："丽日风徐卷，香尘雨暂收。"宋代韩维《归许道中二首·其一》："最怜杨柳青青色，徐策征骖唱渭城。"金代刁白《物质》："巧宦多成拙，徐行未必迟。"元代蒲道源《西江月·九日南城郊行》："平野大家徐步，此身赢得长闲。"明代文征明《元旦朝贺》："日出鸡人徐唱卯，雪消风伯为驱寒。"清代潘高《忆幼子》："日暮徐来归，持锄趋我前。"

# 添［tiān］

意为添加、增益。《玉篇》："添，益也"。南朝梁代萧纲《大同十年十月戊寅》："荻阴连水气，山峰添月寒。"唐代王绩《山中独坐》："酒中添药气，琴里作松声。"宋代陆佃《登塔》："宫线徐添昼，林花顿减春。"金代刘勋《秋凉》："老病不嫌风露冷，莫教添作鬓边霜。"元代赵孟頫《老态》："老态年来日日添，黑花飞眼雪生髯。"明代智及《次韵答梦堂法兄》："只添束篾腰间重，依旧眉毛眼上横。"清代傅山《青羊庵》："既是为山平不得，我来添尔一峰青。"

**按**："纹线徐添"一语，源于唐代杜甫《小至》中的诗句："刺绣五纹添弱线，吹葭六琯动浮灰。"诗题中的"小至"，一说指的是冬至的前一天，一说指冬至的后一天。这个诗句表现的是古代"冬至添线"的岁时风俗。梁代宗懔《荆楚岁时记》中记载："晋、魏间，宫中以红线量日影，冬至后，日添长一线。"这段文字如果直译的话，它只是一个行为或动作，很难反映这个风俗的实际涵义是什么。愚以为它所要表达的完整意涵是：魏、晋的时代，皇宫中做针线活儿的女子们就习惯用红线测量太阳在土圭上投影的长度。从冬至这天开始，白昼渐长，这些女子们每天的工作指标也要随之提升起来；而工作指标提升的实质性体现就是"用线量"的增加。日影每天都在增长，用来测影的线长自然也日益有所增加。冬至前每天工作所要使用的线加上这段依据日影测量而增长出来的线，就是她们当天所要达成的"用线量"，也就是她们的当日工作指标。随着日影长度的不断增益，她们每天的工作量也自然而然地在逐步递增中。由于这个做法是常规化的，乃至于成为一个恒定的风俗，从魏晋时期一直延续到后来。唐代郑处诲编撰的《明皇杂录》里就有类似的记载："宫中以女功揆日之长短，冬至后，日晷渐长，比常日增一线之功。"（大意：唐代皇宫里的织女绣工们用做活儿的绣线度量太阳在日晷上投影的长短。冬至后，日光投影渐渐长了起来，她们依据这段与日俱增的线来确定每日"女功"的增长量。）冬至刚过的时候，白昼变长的幅度还不是很大，所以这段线还不会太长。北宋黄庭坚的《饮润父家》诗中有句云："宫线添尺余，朝来日未永。"（大意：宫女们要添加的绣线才一尺多，看来这白昼还不算太长。）说的就是这种情况。黄庭坚说杜甫作诗"无一字无来处"，这个风俗就是杜甫"刺绣五纹添弱线"这句诗的"来处"。宋代朱翌《至后饭客》："绣刺五纹添日刻，饼炊十字荐春盘。"元代吴景奎《拟李长吉十二月乐辞·其十一·十一月》："宫沟不寄题红怨，日映五纹添弱线。"明代凌云翰《爱日轩为金华许景和赋》："五纹添线空怜影，三舍挥戈谩纪功。"清代梁清标《庆清朝慢·长至》："共传五纹添线，葭琯阳还。"这些历代诗人都是循用杜甫的诗句来写冬至诗词的。宋代陈元靓《岁时广记·冬至》"添红线"条下、明代彭大翼《山堂肆考·时令·十一月》"添线"条下、清代华希闵《广事类赋·岁时部·冬至》"宫女才添弱线"句下均收辑织女添线事作为冬至的岁时掌故。

## 【本句译读】

冬至到了，民间的媳妇们该向公婆敬献新做的漂亮鞋袜了；宫中的织女们每天要耗用的五彩绣线也慢慢地增添、加长起来。

## 96. 颛顼莅坎　霰雪联翩

### 颛顼 ［zhuān xū］繁体作顓頊

　　华夏人文始祖之一。姓姬，高阳氏，黄帝之孙，上古"五帝"中的第二位。在流传下来的中国古代神话传说中，颛顼是掌管北方和冬季的天帝。屈原《远游》："轶迅风于清源兮，从颛顼乎增冰。"汉代刘向《九叹·其九·远游》："就颛顼而陈辞兮，考玄冥于空桑。"唐代韩愈《苦寒》："隆寒夺春序，颛顼固不廉。"宋代杨简《历代诗·其一·三皇五帝》："三皇之后五帝传，少昊颛顼高辛继。"元代洪希文《初冬述怀十四韵戏简周介福陈仲敷二先生》："颛顼方用事，威节何辛酸。"明代刘基《立冬日作》："岁功不得归颛顼，冬令何堪付祝融。"清代陆求可《万年欢·冬夕》："序届安宁，正北郊车马，先迎颛顼。"

### 莅 ［lì］

　　指走到近处察看。《尔雅》："莅，视也。"后引申为尊者的亲临、来到之意。汉代班固《辟雍诗》："圣皇莅止，造舟为梁。"晋代张载《赠司隶傅咸》："出莅宰守，播化丞苗。"南朝宋代谢灵运《游岭门山》："早莅建德乡，民怀虞芮意。"隋代卢思道《赠别司马幼之南聘》："故交忽千里，辒车莅远盟。"

唐代陈子昂《座右铭》："待士慕谦让，莅民尚宽平。"宋代曹勋《飞龙引》："莅官凛凛风犹在，居里恂恂誉更传。"元代周伯琦《越三日谢恩于咸宁殿入直即事》："九重仙殿拥春云，穆穆天威莅大昕。"明代庞嵩《酌定心泉》："雅歌莅兵甲，端坐波涛颠。"清代戴梓《代张孝廉可宗祝文学使六十寿》："大贤秉鉴莅乡闱，鲲鹏直藉扶摇力。"

# 坎［kǎn］

《周易》卦名，指《坎》卦，即六十四卦中的第二十九卦。在后天八卦图中，坎代表的方位是北，代表的时令为冬，古人认为从冬至起，大自然就进入了万物归藏之季。晋代刘臻妻陈氏《献春》："玄陆降坎，青逵升震。"南朝宋代谢庄《宋明堂歌九首·其八·歌黑帝》："岁月既晏方驰，灵乘坎德司规。"唐代贾岛《纪汤泉》："在卦得既济，备象坎与离。"宋代李复《杂诗·其六》："南北应坎离，东西正昏晓。"金代马钰《西江月》："莫论心肝肾肺，休搜南北东西，勿言震兑坎和离。"元代黄玠《期戴彦季不至》："大哉天地共消息，子北午南分坎离。"明代王世贞《送喻隐云先生归常德》："坎离本天媾，任督宁二脉。"清代鲍俊《丰城三帝庙联》："乃圣乃神，位隆北坎；允文允武，德耀南离。"

**按**："莅坎"一词意为登临坎位，源自南朝梁代沈约《梁明堂登歌五首·其五·歌黑帝辞》："司智莅坎，驾铁衣玄。"黑帝即颛顼，坎位即北方。

**又按**："颛顼莅坎"一语，源自《汉书·魏相丙吉传》："北方之神颛顼，乘坎执权司冬。"（大意：主理北方的神是颛顼，他登临北方的坎位，手里操着能使称量万物的秤杆保持平衡的铁砣，掌管冬季时令的运行及相关的各项事宜。）在中国上古文化中，季节常与方位相结合，因此掌管季节的神，也是掌管相应方位的神，传统上称为"四方帝"或"五方帝"。《礼记·月令》的五方帝系统为：春季，其帝太昊，其神勾芒，治理东方；夏季，其帝炎帝，其神祝融，治理南方；秋季，其帝少昊，其神蓐收，治理西方；冬季，其帝颛顼，其神玄冥，治理北方；四时的中央在夏秋之间，掌管者则是黄帝，其神后土。到了冬天，自然就轮到颛顼走马上任，登临坎位了。他之所以要手中握持着一个秤砣也就是所谓的"执权"，意思是说他将秉持公平公正的原则掌管冬季的各项事宜。宋代吴淑《事类赋·岁时部·冬》："方乘坎而执权"句下、明代彭大翼《山堂肆考·时令·冬》"颛顼执权"条下均收辑此神话作为冬季的岁时掌故。

## 霰雪［xiàn xuě］

霰，是在下雪前或下雪时从空中降落的白色不透明小冰粒，常呈球形或圆锥形，也称作"雹"，有的地区叫"雪子"。"霰雪"即指雪珠或雪花。屈原《楚辞·九章·涉江》："霰雪纷其无垠兮，云霏霏而承宇。"南朝宋代谢灵运《苦寒行》："岁岁层冰合，纷纷霰雪落。"唐代白居易《秦中吟·重赋》："夜深烟火尽，霰雪白纷纷。"宋代司马光《苦寒行》："穷冬北上太行岭，霰雪纠结风峥嵘。"金代赵秉文《和渊明饮酒二十首·其十四》："严风大泽枯，霰雪寒威至。"明代陆卿子《拟李白古风》："霰雪何纷揉，草木尽零落。"清代刘大櫆《吴大椿置酒丁香花下》："一夜东风起苹末，纷纷霰雪铺檐楹。"

## 联翩［lián piān］繁体作聯翩

　　本义指鸟飞翔时的一种姿态，后经常用来形容连续不断、连绵不绝等状貌。三国时期魏国毌丘俭《答杜挚》："联翩轻栖集，还为燕雀嗤。"南朝梁代沈约《永明乐》："联翩贵游子，侈靡千金客。"唐代杨师道《咏饮马应诏》："蹀躞依春涧，联翩度碧浔。"宋代韩维《和子华许昌道中诗有隐逸之思》："新诗来联翩，意韵时高逸。"金代元好问《念奴娇·严陵台畔》："联翩簪组，满门辉映金璧。"元代谢应芳《代简张希尹》："联翩诸侯客，寂寞著书事。"明代金幼孜《次少师姚广孝禁体雪诗韵》："联翩乱洒入衣袖，宛转斜窥投隙穴。"清代朱鹤龄《葛瑞五同呼德下叶九来过访》："有客来衡门，巾屦何联翩。"

按："联翩"一词极少用来形容雪，最早见于南朝宋代文学家谢惠连《雪赋》："联翩飞洒，徘徊委积。"明代的金幼孜在《次少师姚广孝禁体雪诗韵》中有"联翩乱洒入衣袖，宛转斜窥投隙穴"之句，即是循用其意，这里的"联翩"亦本于此。

又按："颛顼莅坎·霰雪联翩"一语，源自明代文学家、河东学派的创始人薛瑄《黄河赋》："霰雪纷其四集兮，颛顼乘坎以奋神。"

## 【本句译读】

　　冬天到了，颛顼大帝登临北方的坎位掌管时令；雹珠雪花也随之连绵不绝地洒向人间。

# 97. 栋甍晶皎　墀庑琼填

## 栋［dòng］繁体作棟

本义指房屋的正梁，引申意为栋宇、楼栋。屈原《九歌·其四·湘夫人》："桂栋兮兰橑，辛夷楣兮药房。"晋代刘琨《答卢谌八首·其一》："乾象栋倾，坤仪舟覆。"南朝梁代刘孝威《都县遇见人织率尔寄妇》："云栋共徘徊，纱窗相向开。"隋代岑德润《赋得临阶危石》："云峰临栋起，莲影入檐生。"唐代王勃《滕王阁》："画栋朝飞南浦云，珠帘暮卷西山雨。"宋代魏野《题鄠县杨氏书楼》："蜗涎缘栋有，鹤迹入泉无。"金代赵可《凤栖梧》："高栋飞云，正在霜林杪。"元代刘因《张燕公读书堂》："缅思白鹿翁，眼中见连栋。"明代史谨《环清楼》："势接星河带远村，曲阑高栋净无氛。"清代黄宗羲《蚤发东明禅院同芝儿》："灰暖梯水田，树广贫居栋。"

## 甍［méng］

本义指屋脊，也泛指房屋顶端的部分。晋代张载《登成都白菟楼》："街术纷绮错，高甍夹长衢。"南朝宋代谢灵运《君子有所思行》："密亲丽华苑，轩甍饰通逵。"唐代卢照邻《长安古意》："复道交窗作合欢，双阙连甍垂凤翼。"宋代文彦博《春晓》:"宿霭藏飞观,晨霞幌绣甍。"金代刘仲尹《龙德宫》:"碧栱朱甍面面开,翠云稠叠锁崔嵬。"元代黄玠《邹一初提点三清阁》:"栾栌交加虎兽伏,甍宇轩嚣龙鸾舒。"明代唐顺之《结客少年场行》:"别有侯王势绝伦,甍甍甲第接天闉。"清代汪文柏《翠微峰》:"宫阙在东南,疏甍成彩绣。"

**按**:"栋甍"一词意为楼宇的脊梁部分,最早见于东汉著名史学家、文学家班固《为第五伦荐谢夷吾表》:"诚社稷之蓍龟,大汉之栋甍。"(大意:[第五伦]实在是国家应有的德望兼备之人,大汉王朝的栋梁之才。)唐代韩愈《城南联句》:"旗旆流日月,帐庐扶栋甍。"宋代黄庭坚《外舅孙莘老守苏州留诗斗野亭庚申十月庭坚和》:"僧构擅空阔,浮光飞栋甍。"金代段成己《寄题张氏雄飞亭》:"大署佳名揭栋甍,相君英气见平生。"元代戴良《咏雪三十二韵赠友》:"骋巧穿窗牖,乘危集栋甍。"清代李宪噩《登伏波岩》:"栋甍戢鳞次,帆橹排云差。"

# 晶 [ jīng ]

本义指光亮;明亮,引申指闪光的晶体。唐代张南史《雪》:"高岭虚晶,平原广洁。"宋代梅尧臣《次韵答黄介夫七十韵》:"独守萤火光,莫揽蟾蜍晶。"金代刘志渊《如梦令》:"淘炼结金晶,迸出圆明珠颗。"元代叶颙《玩月》:"芳砌铺冰雪,疏帘飐水晶。"明代卢宁《答友人惠茉莉花三十四韵》:"白麻一束横彩袖,手擘惊示珠玕晶。"清代王夫之《春山漫兴七首·其二》:"晶含斜日摇余雪,縠长轻风皱浅沙。"

# 皎［jiǎo］

本义指洁白的月光。《说文》："皎，月之白也。"引申为洁白而明亮之意。《诗经·陈风·月出》："月出皎兮，佼人僚兮。"晋代潘岳《悼亡诗三首·其二》："皎皎窗中月，照我室南端。"南朝宋代鲍照《赠故人马子乔六首·其五》："皎如川上鹄，赫似握中丹。"唐代钱起《片玉篇》："试劳香袖拂莓苔，不觉清心皎冰雪。"宋代晏殊《句·其十三》："素花皎霜雪，红艳比瑶琼。"金代元好问《秋夜》："春雷谩说惊坯户，皎日何曾入覆盆。"元代陈樵《待月坛》："广寒宫殿殊清绝，素娥婵娟皎如雪。"明代张瑰《和王宗一咏雪韵》："帘动水晶光皎洁，屏开云母混模糊。"清代倪灿《咏雪》："皎洁应无匹，飘扬莫疗贫。"

# 墀［chí］

本义指古代殿堂上经过涂饰的地面。《说文》："墀，涂地也。"后引申意为台阶或台阶上面的空地。汉代阮瑀《诗》："丹墀自歼殪，深树犹沾裳。"晋代张华《情诗五首·其二》："明月曜清景，晛光照玄墀。"南朝宋代谢庄《怀园引》："轩凫池鹤恋阶墀，岂忘河渚捐江湄。"唐代胡皓《感春》："林暖花意红，墀薰草情绿。"宋代韩维《冬至日作》："初阳动新琯，微霰集前墀。"金代路铎《高唐刘氏驻春园》："安用苦求三径资，明月常满千家墀。"元代傅若金《雪中次元茂才》："北阙今晨雪满墀，腐儒忧国畏人知。"明代杨士奇《题弼侄鹤》："萧闲不是轩墀物，海阔天高万里心。"清代黄景仁《屈贾祠》："雀窥虚幕草盈墀，日暮谁来吊古祠。"

# 庑［wǔ］繁体作廡

本义指堂屋外围的廊屋；《说文》："庑，堂下周屋。"引申用来泛指房屋。屈原《九歌·其四·湘夫人》："合百草兮实庭，建芳馨兮庑门。"晋代潘尼《诗·其二》："鸾鸟栖堂庑，不若翔寥廓。"南朝梁代王筠《北寺寅上人房望远岫玩前池》："浮光曜庭庑，流芳袭帷帐。"唐代欧阳詹《太原旅怀呈薛十八侍御齐十二奉礼》："糊口百家周，赁庑三月余。"宋代韩维《滍城》："呼儿开棘扉，扫榻坐茅庑。"元代钱惟善《次陈君瑞游凤凰山光明寺》："斋近木鱼鸣昼庑，行迟松鼠落晴窗。"明代郑善夫《佳人篇》："腰间碧玉佩，娟娟下兰庑。"清代阎尔梅《访姚文初于绛跗堂，遂哭现闻师》："再返皋桥迷旧庑，重逢市侩失真名。"

# 琼［qióng］繁体作瓊

本义指美玉，后经常用来比喻雪。南朝宋代刘义恭《夜雪》："屯云闭星月，飞琼集庭树。"唐代白居易《对火玩雪》："银盘堆柳絮，罗袖拂琼屑。"宋代王禹偁《对雪》："睡起毛骨寒，窗牖琼花坠。"金代马钰《悟南柯·继重阳韵》："雪里琼花，烂漫不凋残。"元代袁袠《秋雪联句》："单衣呕捣素，黄裳倏飘琼。"明代刘基《题金谷园图》："爨下蜡光宵未歇，楼上佳人碎琼雪。"清代申涵光《匡庐吟问李饶州志清》："我闻匡山天下绝，飞泉百丈吹琼雪。"

# 填［tián］

意为在空缺的地方充塞上或添补上某物。《说文》："填，塞也。"汉代朱穆《与刘伯宗绝交诗》："填肠满嗉，嗜欲无极。"晋代左思《咏史诗八首·其七》："当其未遇时，忧在填沟壑。"南朝梁代范云《望织女》："不辞精卫苦，河流未可填。"隋代魏澹《园树有巢鹊戏以咏之》："畏玉心常骇，填河力已穷。"唐代孟郊《送卢汀侍御归天德幕》："古雪无销铄，新冰有堆填。"宋代苏辙《次韵子瞻题泗州监仓东轩二首·其二》："卧病空看帆度碛，诵诗犹记雪填阶。"金代王琢《辛未九月二十一日雪》："菊花犹泛酒，雪片忽填空。"元代熊鉌《与徐同知》："蚊虻负山力谩苦，精卫填海志未休。"明代林光《再雪八首·其一》："琼花烂满山，玉屑高填土。"清代俞士彪《清平乐·其七》："夜来情事依微。莫教填入新词。"

按："栋甍晶皎·墀庑琼填"一语，源自南朝宋代文学家谢惠连《雪赋》："始缘甍而冒栋，终开帘而入隙。初便娟于墀庑，末萦盈于帷席。"（大意：雪花最初是沿着屋顶洒落进而覆盖了整个栋宇，最终则吹开门帘钻到墙壁的缝隙里。最初是在台阶廊屋之间曼妙飞舞，最终则回旋堆积于幔帐床笫之上。）


## 【本句译读】

楼宇的顶上，雹霰的结晶散放着洁白而明亮的闪光；台阶上和廊屋间，飞琼浮雪纷纷洒落，不断地覆盖堆填。

# 98. 崖巅缟些　村杪皑然

## 崖［yá］

指陡立的山石或高地的侧面。《说文》："崖，高边也。"汉代刘向《王子乔》："挥策青崖，假翰独往。"三国时期魏国曹丕《善哉行二首·其一》："高山有崖，林木有枝。"晋代左思《杂诗》："明月出云崖，皪皪流素光。"南朝梁代江淹《游黄蘖山》："禽鸣丹壁上，猿啸青崖间。"唐代王昌龄《缑氏尉沈兴宗置酒南溪留赠》："春泉滴空崖，萌草拆阴地。"宋代赵湘《天台香柏峰会思上人》："断崖逢积雪，高木露微阳。"金代赵秉文《发枣社》："两崖夹深涧，线路仅容辙。"元代许有孚《渔家傲》："雪后西山崖壁峭，奇观难与他人道。"明代殷奎《过崤陵》："仆木崩崖底，摧轮乱石层。"清代高层云《瞿唐》："惊涛奔紫崖，鱼龙不敢傍。"

## 巅［diān］繁体作巔

指山峰的顶端。《广韵》："巅，山顶也。"《诗经·唐风·采苓》："采苓采苓，首阳之巅。"三国时期魏国嵇康《述志诗二首·其二》："晨登箕山巅，日夕不知饥。"晋代陶潜《杂诗十二首·其九》："日没星与昂，势翳西山巅。"南朝宋代谢灵运《还旧园作见颜范二中书》："浮舟千仞壑，揔辔万寻巅。"唐代李白《蜀道难》："西当太白有鸟道，可以横绝峨眉巅。"宋代崔端《游虎丘》："入寺山光峭倚天，剑池寒色锁危巅。"金代杨庭秀《松岭谒卫公祠》："深居太行巅，绕郭山如带。"元代陈旅《西山诗》："晨兴望云物，皓雪满层巅。"明代杨溥《庐山》："披玩斯图想畴昔，独怜游宦雪盈巅。"清代陈祥士《山居杂说十六首·其十四》："自上玉螺巅，雨淋竟半年。"

## 缟〔gǎo〕繁体作縞

指白颜色。《小尔雅·广诂》："缟，素也。"《诗经·郑风·出其东门》："缟衣綦巾，聊乐我员。"屈原《九章·其九·昔往日》："思久故之亲身兮，因缟素而哭之。"汉代王粲《诗》："缟素易水上，涕泣不可挥。"南朝齐代谢朓《和王长史卧病》："缟衣分可献，琴言暖已和。"唐代李白《鸣皋歌送岑征君》："霜崖缟皓以合沓兮，若长风扇海涌沧溟之波涛。"宋代宋祁《念衰》："朱颜日辞貌，缟鬓飒垂领。"金代吕子羽《广平道中》："昏埃埋故驿，积雪缟修途。"元代王鉴《乔宜中邀看杏花并再和宜中刘禹畴韵》："画堂帘影昼婆娑，伫看娇姿红映缟。"明代文征明《雪夜宿楞伽寺·其二》："积雪缟清夜，幽崖自辉映。"清代陈梓《次雪渔雪春坞看李花韵》："当昼清绝夜更缟，淡烟几缕月半环。"

## 些〔suò〕

没有具体含义的句末助词，最早见于战国时期楚国宋玉的楚辞名篇《招魂》。宋代沈括《梦溪笔谈·卷三·辩证一》："《楚辞·招魂》尾句皆曰'些'。今夔峡、湖湘及南北江獠人，凡禁咒句尾皆称'些'。此乃楚人旧俗，即梵语'萨嚩诃'也。三字合言之，即'些'字也。"（大意：《楚辞·招魂》的句末都用"些"字。现今瞿塘峡、湖南及南北江地区的少数民族，凡是念诵禁咒时句末就都用"些"字。这是楚地人的古老习俗，也就是梵语中的"萨嚩诃"。这三个字合起来说，就是"些"字。）梵语"萨嚩诃"之说肯定是无稽之谈，句尾用"些"字大抵应该与荆楚地方的语言习俗有关。由于"些"作为词末助词是《招魂》中的一个独特的修辞方式，所以它也被后世文人当作楚辞哀音的象征性语词。宋玉《招魂》："去君之恒干，何为四方些？舍君之乐处，而离彼不祥些！"唐代牟融《邵公母》："搔首惊闻楚些歌，拂衣归去泪悬河。"宋代曾会《重登萧相楼》："只鸡斗酒江干市，白首风前楚些吟。"金代朱之才《卧病有感二十韵》："些语不成骚，商歌鼓长铗。"元代吴存《过梅山周公墓下》："重哦天上招魂些，三叫云间蜕骨仙。"明代凌云翰《鸣鹤遗音·苏武慢·其七》："列豹重关，封狐千里，不满楚人哀些。"清代王允持《春风袅娜·江楼》："吊罢湘灵，歌残楚些，横笛何人更上头。"

**按**：虽然"些"字作为助词并无实质性含义，但由于它为楚辞造句所独有，因此后世文人亦经常刻意使用这个助词以作为对骚体句式的一种模仿。如：唐代顾况《朝上清歌》："曼声流睇，和清歌些；至阳无谖，其乐多些"；宋代辛弃疾《水龙吟·其五》："古人兮既往，嗟余之乐，乐箪瓢些"；明末王夫之《读甘蔗生遣兴诗次韵而和之七十六首·其三十一》："归来魂些元蜂塞，若有人兮白马河"；清代项鸿祚《壶中天十首·其十》："饮石泉兮，入修门些，上下悠悠只。"

# 村［cūn］

　　指村庄、乡村、农民生产和聚居的地方。晋代陶潜《归园田居五首·其一》："暧暧远人村，依依墟里烟。"南朝梁代何逊《南还道中送赠刘咨议别》："岸荠生寒叶，村梅落早花。"唐代杜牧《清明》："借问酒家何处有，牧童遥指杏花村。"宋代陆游《十一月四日风雨大作二首·其二》："僵卧孤村不自哀，尚思为国戍轮台。"金代边元鼎《村舍二首·其二》："墙外青山半在楼，山村尽晚雨潇潇。"元代陈益稷《春风楼》："马嘶古渡江村晚，鹤矗孤城海峤风。"明代卞荣《归来吟》："沙洲半江水，杨柳数家村。"清代黎简《杂忆绝句十首寄故乡诸子·其四》："上下江乡三十里，都见村头高木棉。"

# 杪［miǎo］

　　本义指树枝的细梢。东汉服虔《通俗文》："树锋曰'杪'。"也经常引申用来指其它某物的顶端部分。南朝宋代谢灵运《于南山往北山经湖中瞻眺》："俯视乔木杪，仰聆大壑灇。"唐代杜审言《蓬莱三殿侍宴奉敕咏终南山应制》："云标金阙迥，树杪玉堂悬。"宋代刘敞《读邻几泰山十二诗》："宿心慕邹鲁，寤寐泰山杪。"金代王庭筠《狱中赋萱》："婆娑绿云杪，金凤擘未去。"元代朱德润《游玉泉山呈袁伯长学士》："长啸出林杪，振袂扬天风。"明代杨慎《明湖篇赠罗野庭》："岣嵝遥瞻翠霭颠，峨嵋近指青霞杪。"清代万树《踏莎行·春日》："吹箫强欲和啼莺，一声飞去棠梨杪。"

**按**："村杪"指村落树梢的顶端，词虽冷僻，但亦有用者，如：宋代徐元杰《早起玉堂窗前俯方池有感》："村杪亭亭鸦点墨，萍根发发鲤跳金";明代吴鼎芳《和靖祠前晚坐》:"山翠出村杪,祠前芳杜洲。"

## 皑 [ái] 繁体作皚

指霜雪呈现出来的洁白色泽。《说文》:"皑,霜雪之白也。"汉代乐府《白头吟》:"皑如山上雪,皎如云间月。"晋代夏侯湛《寒苦谣》:"霜皑皑怪被庭,冰溏溏于井干。"唐代储光羲《使过弹筝峡作》:"皑皑坚冰白,漫漫阴云平。"宋代郭祥正《同蒋颖叔林和中游郁孤台》:"共游绝境发佳唱,骊珠射目精光皑。"元代王哲《西江月·四时》:"青红黄白黑纯皑,覆焘真金鼎甂。"明代孙作《菽乳》:"顷待晴浪翻,坐见雪花皑。"清代王夫之《咏雪·其三》:"皑光晨射凝脂肥,海日轮孤腻不飞。"

## 然 [rán]

后缀于形容词或副词的句末助词,没有具体含义。《诗经·邶风·终风》:"终风且霾,惠然肯来。"屈原《离骚》:"何琼佩之偃蹇兮,众薆然而蔽之。"汉代乐府《孔雀东南飞·古诗为焦仲卿妻作》:"阿兄得闻之,怅然心中烦。"三国时期魏国阮籍《咏怀·其五十一》:"念我平居时,郁然思妖姬。"南朝齐代刘绘《饯谢文学离夜》:"悠然在天隅,之子去安极。"唐代李白《古风·其十二》:"清风洒六合,邈然不可攀。"宋代秦观《寄钱节》:"茫然极目春千里,尚想愁肠日九回。"辽代刘珂《登黄鹤楼》:"风涛如许相冲激,栋宇屹然无改移。"金代薛玞《白发感怀》:"少年豪举气如虹,今日萧然一病翁。"元代程钜夫《邓教授致仕还江东》:"知几诚可尚,

忽别独凄然。"明代王英《商山四皓图》:"采芝一曲意翛然,
不管人间荣与辱。"清代戴亨《杂咏·其四》:"灿然启玉齿,
含笑相逢迎。"

**按:** "皑然"一词意为雪一般的洁白。宋代韩维《奉答祖印喜雪
二颂·其一》:"细逐流风遍大田,皑然一色绝中边。"清代爱
新觉罗·弘历《题王蒙雪景》:"万嶂皑然一玉如,高人骋望默
吟余。"

## 【本句译读】

霰雪过后,大小山崖的巅峰尽呈缟素;远近村落的树梢上
一片洁白。

## 99. 拟差盐絮　韵押叉尖

**拟**〔nǐ〕繁体作擬

本义为揣度、猜测。《说文》:"拟,度也。"后引申出类
似、比拟的意思。晋代傅玄《有女篇》:"容华既已艳,志节拟
秋霜。"南朝梁代沈约《介雅三首·其一》:"北极永无穷,南
山何足拟。"唐代崔融《拟古》:"班张固非拟,卫霍行可即。"
宋代田锡《览韩渥郑谷诗因呈太素》:"顺熟合依元白体,清新
堪拟郑韩吟。"金代赵沨《分韵赋雪得雨字》:"大儿拟圭璧,

小儿比盐絮。"元代许衡《训子》："俯仰意油然，此乐难拟伦。"明代顾禄《怀思复钱先生》："赋传罗刹盛，诗拟拾遗工。"清代吴绮《除夕前一日哭长儿参成十首·其五》："当年才调拟相如，岂意无端赋子虚。"

## 差 ［chā］

用如副词，意为稍微、比较、大致、尚。南朝宋代鲍照《拟行路难十八首·其三》："持此从朝竟夕暮，差得亡忧消愁怖。"唐代张籍《祭退之》："中秋十六夜，魄圆天差晴。"宋代冯取洽《贺新郎·其九·用前韵自寿》："幸老来、筋力差强，未须扶杖。"金代李献能《题飞伯诗囊》："迂疏差似渊才富，羞涩犹无杜老钱。"元代何吾山《赠琴师赵海月四首·其一》："莫年铁杖身差健，何处铜盘月共将。"明代陈谟《秋日用刘子彦韵·其二》："南亩桑麻差足乐，西江雨露复能偏。"清代杜浚《初闻镫船鼓吹歌》："众人汹汹我静赏，初奏此时差可辩。"

## 盐 ［yán］繁体作鹽

即食用盐的通称，呈粒状或块状的白色结晶体，有咸味，是菜肴加工中重要的调味剂和防腐剂。汉代乐府《古艳歌》："白盐海东来，美豉出鲁门。"三国时期魏国应璩《百一诗·其十五》："岂徒脯与糗，醯醯及盐豉。"南朝梁代刘峻《登郁洲山望海》："下盘盐海底，上转灵乌翼。"唐代沈佺期《度安海入龙编》："邑屋遗氓在，鱼盐旧产传。"宋代黄庭坚《次韵文少激祈雨有感》："终日齑盐供一饭，几时肤寸冒千峰。"金代董文甫《秋夜》："见即如无炉上雪，淡而有味水中盐。"元代傅若金《长芦》：“水国常含卤，沙场业煮盐。”明代李进《春兴二首·其二》：“世味久谙刀上蜜，人情已识水中盐。”清代王士禛《云阳县》：“盐井筒时汲，巴歌酒易醒。”

## 絮 [xù]

本义指破败的丝绵。《说文》：“絮，敝绵也。”后引申指像絮一样轻柔、洁白的东西。三国时期魏国阮籍《大人先生歌》：“阳和微弱阴气竭，海冻不流绵絮折。”南朝梁代刘孝绰《校书秘书省对雪咏怀》：“桂华殊皎皎，柳絮亦霏霏。”唐代许天正《和陈元光平潮寇诗》：“飞絮随风散，余氛向日镕。”宋代文天祥《过零丁洋》：“山河破碎风飘絮，身世浮沉雨打萍。”金代元德明《春雪》：“著柳直疑香絮重，拥阶还似落花深。”元代王冕《九里山中三首·其二》：“敝衣无絮愁风劲，破屋牵萝奈雨何。”明代聂大年《西湖景十首·其二·柳浪闻莺》：“待看三月歌喉老，又见浮波絮作萍。”清代李雯《凤凰台上忆吹箫·次清炤韵》：“江流下，落花飞絮，遍写离愁。”

**按**："拟差盐絮"一语，源自《世说新语·言语》中记载的一则咏雪掌故。原文为："谢太傅寒雪日内集，与儿女讲论文义。俄而雪骤，公欣然曰：‘白雪纷纷何所似？’兄子胡儿曰：‘撒盐空中差可拟。’兄女曰：‘未若柳絮因风起。’公大笑乐。”（大意：太傅谢安在一个很冷的雪天召集家人聚会，给晚辈子女们讲解文章义理。不多时大雪下得猛烈起来，谢安挺高兴地说：“看这白雪纷飞的情形适合作个什么比拟呢？”兄长家那个小名叫“胡儿”的侄子说：“大致可以用撒向空中的白花花的盐来比拟。”兄长家的女儿却说：“不如说柳絮凭借风的势头凌空飘飞。"谢安听了大笑，十分快乐。）文中说的"胡儿"即后来谢氏家族"封胡羯末"四才子中的"胡"，也就是谢安二哥谢据的长子谢朗；而那个女孩则是谢安大哥谢奕的女儿、在历史上和汉代班昭、蔡文姬齐名的东晋才女谢道韫，后来她嫁给了书圣王羲之的次子王凝之。这两个孩子的比拟哪个更好一些，谢安未予置评。唐代李商隐在《令狐八拾遗见招送裴十四归华州》中说道："兰亭宴罢方回去，雪夜诗成道韫归"，可视为对谢道韫的肯定。宋代苏轼在他的《谢人见和雪夜诗二首》中写道："渔蓑句好真堪画，柳絮才高不道盐"，也表现出了对谢道韫比喻的热情称赞。谢朗把雪比作盐，是专注于雪的"白"，谢道韫"不道盐"而说柳絮，则是兼顾了雪的"白而轻"，显得更传神了一些。由于苏轼的影响很大，以致此后对谢道韫的夸赞累世不绝。其实谢朗的比拟也深受后人的肯定，历代都有诗人采用他以盐拟雪的比喻。如：南朝梁代萧纲颠倒用韵的《咏雪》："盐飞乱蝶舞，花落飘粉奁。奁粉飘落花，舞蝶乱飞盐"；唐代李贺《马诗二十三首·其二》："腊月草根甜，天街雪似盐"；宋代黄庭坚《春雪呈张仲谋》："暮雪霏霏若撒盐，须知千陇麦纤纤"；元代王逢《奉寄赵伯器参政尹时中员外五十韵》："万艘盐雪积，千里稻云平"；明代林鸿《和张考功春日早朝遇雪》："吴盐色莹差堪拟，郢曲才高欲和难"；清代沈菜《大梁》："冷雪如盐冲绣帽，漫漫直走夷门道。"在古诗创作中，谢道韫是用柳絮比拟雪的第一人，而谢朗则是以盐喻雪的始创者。

## 韵 [yùn] 繁体作韻

指诗赋中的韵脚或押韵的字。南朝梁代刘勰《文心雕龙·声律》："异音相从谓之'和'，同声相应谓之'韵'。"所谓"同声相应谓之'韵'"，就是指句子的最末一字用韵母相同或相近的字，使音调和谐优美。用韵是古代诗词格律的基本要素之一。唐代以后的近体诗所用的诗韵为平水韵，共计106个韵部。平水韵充分反映着唐人用韵的情况，只是因整理者（或说是南宋刘渊，或说是金代王文郁）原籍为江北平水（今山西临汾）而得名。唐代白居易《花楼望雪命宴赋诗》："素壁联题分韵句，红炉巡饮暖寒杯。"宋代释德洪《次韵思禹思晦见寄二首·其一》："此诗未暇数奇趣，谈笑先看押难韵。"元代方回《次韵文蔚约梅上人来访》："过从未许泥行数，属和多因险韵迟。"明代宋讷《醉中寄霍东崖元方》："有诗次清韵，有酒倾老瓦。"清代钱澄之《李梅公司马七十寿诗·其二》："花矜玉树先时放，韵押香奁逐字吟。"

## 押 [yā]

即"押韵"的简略说法。押韵也作"压韵"，指写作诗词曲赋等韵文时在句末（少数也在句中）用同一韵部的字相押。押韵使诗歌作品声韵和谐，便于吟诵和记忆，具有强化节奏和音调美的作用。从《诗经》的篇章中可以看出，中国诗人在2500年前就已经熟练地掌握了押韵的手段和技巧。宋代晏几道《六幺令·其一》："昨夜诗有回文，韵险还慵押。"元代耶律楚材《和吕飞卿韵》："吟诗校子三十里，押韵输君一着先。"明代袁宏道《灯下观菊花影同社中诸友赋·其五》："押以无弦韵，吟成没字文。"清代陈廷敬《放歌再用坡公韵》："得句浅澹取押韵，哦诗漫浪非和苏。"

# 叉 ［chā］

在这里出现的"叉"字系指平水韵"下平六麻"中的"叉"字韵。在入诗后它可能体现作为下平声"叉"字的多种词义之一：一、动词，手指相交错，也泛指一般的交错、交叉；二、名词，古时一种头上有锋利分杈的兵器；三、动词，刺、扎取。此外也包括人名中最后一字的"叉"。唐代杜牧《别家》："初岁娇儿未识爷，别爷不拜手吒叉。"宋代王安石《读眉山集次韵雪诗五首·其一》："戏授弄掬输儿女，羔袖龙钟手独叉。"金代蔡圭《雪拟坡公韵》："明朝试望东林树，百尺寒梢倚玉叉。"元代王恽《觅风字歙砚诗赠侍其府尹》："若或砥砺用，茫然手空叉。"明代刘崧《奉和梅南刘府推题萧氏隐居》："野雉晴初雏，溪鱼冻可叉。"清代李寄《又池阳咏雪次东坡诗韵二首·其二》："檐下穷黎思曝背，愿为千丈拨云叉。"

# 尖 ［jiān］

在这里出现的"尖"字系指平水韵"下平十四盐"中的"尖"字韵。在入诗后它可能体现作为下平声"尖"字的多种词义之一：一、名词，某物锐利的末端或细小的部分；二、形容词，耳、目、鼻子的灵敏；三、名词，植物枝或叶的末端。唐代杜甫《送张二十参军赴蜀州因呈杨五侍御》："两行秦树直，万点蜀山尖。"宋代梅尧臣《杂诗绝句十七首·其六》："青青老镜叶，下有繁实尖。"元代袁桷《饮酒杂诗·其六》："巍峨太古石，纤修矗云尖。"明代董纪《效香奁体二首·其二》："试将红叶题诗了，闲把金鎞剔指尖。"清代李寄《七和池阳咏雪次东坡韵·其一》："少陵诗更添佳兴，万点山如玉笋尖。"

按："韵押叉尖"一语，源自由苏轼以"叉"和"尖"两个险韵创作的咏雪诗引发的一段诗坛佳话。这两首诗写作于公元1074年，一是《雪后书北台壁二首·其一》："黄昏犹作雨纤纤，夜静无风势转严。但觉衾裯如泼水，不知庭院已堆盐。五更晓色来书幌，半夜寒声落画檐。试扫北台看马耳，未随埋没有双尖。"二是《雪后书北台壁二首·其二》："城头初日始翻鸦，陌上晴泥已没车。冻合玉楼寒起粟，光摇银海眩生花。遗蝗入地应千尺，宿麦连云有几家。老病自嗟诗力退，空吟《冰柱》忆刘叉。"苏轼有新诗出现，自然会引起诗坛关注，当时就有人也以"叉"和"尖"为韵来唱和，于是苏轼用前韵又作了两首诗作为答谢。这两首诗分别是《谢人见和前篇二首·其一》："已分酒杯欺浅懦，敢将诗律斗深严。渔蓑句好应须画，柳絮才高不道盐。败履尚存东郭足，飞花又舞谪仙檐。书生事业真堪笑，忍冻孤吟笔退尖。"《其二》："九陌凄风战齿牙，银杯逐马带随车。也知不作坚牢玉，无奈能开顷刻花。得酒强欢愁底事，闭门高卧定谁家。台前日暖君须爱，冰下寒鱼渐可叉。"这就是方回所说的"再用韵"。第二年他的弟弟苏辙也分别依尖、叉二韵写了两首诗作为唱和。王安石也写了好几首"叉"字韵诗予以回应。清代乾隆皇帝爱新觉罗·弘历在《御选唐宋诗醇·卷三十四》中说："尖叉韵诗，古今推为绝唱，数百年来和之者亦指不胜屈矣。"（大意：苏轼以"尖""叉"为韵的两首诗，从古至今被誉为绝唱之作，几百年来与之唱和的作品也是屈指数不过来的了。）尤其是明清时期，诗人们对尖叉险韵的挑战热情越发炽烈，正如清代徐世勋在《寄费安槎》诗中所说："遥想故人当此日，定搜险韵斗尖叉。"以致于在乾隆皇帝《竹阁四叠苏东坡韵》"从兹拟罢尖叉体"的诗句中，直接给出了"尖叉体"的说法。近代掌故大师郑逸梅在《清末民初文坛轶事·不谙尖叉》中说:"'尖''叉'均旧诗中之险韵,宋代苏轼《雪后书北台壁》诗其一末韵为'试扫北台看马耳,未随埋没有双尖',其二末韵为'老病自嗟诗力退,空吟《冰柱》忆刘叉'。造语自然,无趁韵之弊。其弟苏辙与王安石步原韵所和诗及苏轼再用前韵所作诗,其造语押韵亦复自然。世因以"尖叉"为险韵之代称。'不谙尖叉',以喻人之不懂诗韵。"这个掌故不仅带给人一种佳话的愉悦,而且还创造出"不谙尖叉"这样的成语。

## 【本句译读】

纷飞的大雪尽可以用白盐和柳絮这样意想不到的东西来作比拟;咏雪的诗作更能够在"叉"和"尖"这样冷僻狭窄的韵脚上显现智巧。

# 100. 题渔蓑句　棹访戴船

## 题〔tí〕繁体作題

意为品评、评论。唐代郑谷《读前集二首·其一》:"何事后来高仲武,品题间气未公心。"宋代吕陶《席上咏金橘》:"辛酸甘苦各存味,赖有知者加题评。"金代刘迎《次韵诸园不暇游览》:"胜概须公与题品,杖藜何惜醉中来。"元代张之翰《陪台察诸君养乐园宴集二首·其一》："百篇佳句题评尽，谁似容斋最赏音。"明代欧大任《宣对纪事为李又玄管建初赋》："彩毫气势似神助，山河草木蒙题拂。"清代邵永贞《咏梅》："特向骚坛问题品，圣之清也合斋芳。"

## 渔［yú］繁体作漁

指捕鱼。《说文》："渔，捕鱼也。"晋代傅玄《墙上难为趋》："渭滨渔钓翁，乃为周所咨。"南朝宋代鲍照《观圃人艺植》："善贾笑蚕渔，巧宦贱农牧。"唐代宋之问《缑山诗》："渔樵或迷途，志刻述往迹。"宋代袁默《钓鱼台》："君臣相得渔猎间，廓清八表公名起。"金代高宪《梅花引·其二》："有溪可渔林可缴，须信在家贫也乐。"元代何中《晚兴》："断陇暮归客，寒溪人自渔。"明代王恭《梅城夜泊》："砧杵远村寒事早，市桥残火夜渔归。"清代王庭《蜘蛛》："牵丝恒罢织，结网不为渔。"

## 蓑［suō］

即蓑衣，用草或棕叶等编成的雨衣。《说文》："衰（蓑），草雨衣也。""蓑"字古时也写作"衰"。《诗经·小雅·无羊》："尔牧来思，何蓑何笠，或负其糇。"隋代辛德源《成连》："蓑笠城逾坏，霜落梅初寒。"唐代储光羲《牧童词》："圆笠覆我首，长蓑披我襟。"宋代谢逸《怀吴迪吉》："安得一蓑烟雨里，小船载酒卧芦花。"金代李俊民《雪中寄》："试问希真门下客，衣蓑曾有葛三来。"元代白朴《幺篇·其四》："去路赊，渔叟散，披蓑去，江上清绝。"明代魏骥《郊行二首·其一》："太平无限田家乐，愿杂春农着短

493

蓑。"清代蓝润《草堂落成》:"三间屋外饶余地，自织青蓑学种园。"

# 句[jù]

本义指能够相对完整地表达意思的一段话，引申意为诗词中的一个短语单位、诗句、词句。唐代李白《金陵送张十一再游东吴》:"张翰黄花句，风流五百年。"宋代李建中《春尽偶书七言四韵奉承采览》:"不怕花枝惊老眼，可无诗句送残春。"金代完颜璟《游龙山御制》:"试拂花笺为觅句，诗成自适任非工。"元代赵孟頫《酬滕野云》:"赋诗多秀句，往往含古意。"明代朱升《闻仲节至以去年倡酬韵作诗迎之·其一》:"联句星源夜，持觞岩镇墟。"清代陈确《黄鹤楼听友人吹笛》:"青莲漫道无佳句，万古荒凉鹦鹉洲。"

按:"题渔蓑句"一语源自苏轼品题唐代郑谷咏雪诗的典故。宋代李颀《古今诗话》:"郑谷《雪诗》云:'乱飘僧舍茶烟湿，密洒歌楼酒力微。江上晚来堪画处，渔人披得一蓑归。'有段赞善者善画，因采其诗意为图，曲尽潇洒之意，持以赠谷。谷为诗以谢之云:'赞善贤相后，家藏名画多。留心于绘素，得意在烟波。属与同吟咏，功成更琢磨。爱余风雨句，幽绝写渔蓑。'"（大意:郑谷的《雪诗》写道:"乱飘僧舍茶烟湿，密洒歌楼酒力微。江上晚来堪画处，渔人披得一蓑归。"有段赞善这么个人擅长绘画，就采用这首诗的意境画了一幅画，把诗中飘逸洒脱的韵味描绘得淋漓尽致，并把这幅画赠给了郑谷。郑谷为此写了一首诗以答谢对方，诗云:"赞善贤相后，家藏名画多。留心于绘素，得意在烟波。属与同吟咏，功成更琢磨。

爱余风雨句，幽绝写渔蓑。"）郑谷约生于公元851年，约卒于910年，是唐代末期的著名诗人。因为他做过都官郎中，所以人称"郑都官"；又以《鹧鸪诗》出名，人们又称他作"郑鹧鸪"。他的诗多为写景咏物之作，表现士大夫的闲情逸致。他的这首咏雪诗，在《文苑英华》和《万首唐人绝句》的收录中题作《雪中偶题》，而有画家"采其诗意为图"的事情也见于上述他答谢画家那首诗的序言中："予尝有雪景一绝，为人所讽吟，段赞善小笔精微，忽为图画，以诗谢之。"（大意：我曾经创作过一首描写雪景的七绝，为人们所传诵，赞善大夫段先生作工笔画非常精准细腻，突然说为这首诗作了一幅画，我特意写了此诗来酬谢他。）宋代苏轼在第二次用"尖"字韵所作的《谢人见和前篇二首·其一》里说道："渔蓑句好应须画，柳絮才高不道盐。"其中的"渔蓑句"指的就是郑谷《雪中偶题》里的"渔人披得一蓑归"之句，"应须画"则是说的确应该把这样的诗景画出来。因此，这首诗也藉由苏轼的影响力而流芳千古。宋代韩淲《次韵昌甫》："未成雪片渔蓑句，空对梅花铁石肠"；金代完颜璹《青玉案》："明朝画笔江天暮，定向渔蓑得奇句"；明代杨慎《渔家傲·其十一·滇南月节》："渔蓑句好真堪画，青女素娥纷欲下"；清代爱新觉罗·弘历《郭熙雪景》："著个渔蓑犹钓艇，笑他诗句落艰成"，用的都是这个典故。

**又按：**苏轼《谢人见和前篇二首·其一》中的"渔蓑句好应须画"一句，也经常被人引用为"渔蓑句好真堪画"，系本自宋代王十朋编撰的《百家注分类东坡先生诗》。但本诗的第七句说："书生事业真堪笑"，作为七言律诗，在同一首诗中绝不应有两个重复的"真堪",苏东坡更不可能犯这样的低级错误,疑为分类注本的苏诗搜采者因失察而有所误录。

# 棹 [ zhào ]

本义指长的船桨,引申为动词,指操桨划行。汉代刘向《九叹·其二·离世》:"棹舟杭以横濿兮,济湘流而南极。"晋代陶潜《归去来兮辞并序》:"或命巾车,或棹孤舟。"唐代李白《重忆一首》:"稽山无贺老,却棹酒船回。"宋代秦观《满庭芳三首·其一》:"独棹孤篷小艇,悠悠过、烟渚沙汀。"金代元好问《浣溪沙》:"一片青天棹过,小舟无地受风波。"元代杨果《小桃红》:"采莲湖上棹船回,风约湘裙翠,一曲琵琶数行泪。"明代许继《述怀赠知己》:"驱车即长道,棹舟越广川。"清代张英《题子大滏阳朴园图》:"一曲沧浪棹船去,水云自制芰荷衣。"

# 访 [ fǎng ] 繁体作訪

本义指广泛地征求意见,《尔雅》:"访,谋也。"《说文》:"访,泛谋也。"引申意为访问、拜访。汉代王逸《九思·其三·疾世》:"访太昊兮道要,云靡贵兮仁义。"南朝梁代王僧孺《落日登高》:"宁访蓬蒿人,谁怜寂寞者。"唐代王绩《赠薛学士方士》:"昔岁寻周孔,今春访老庄。"宋代姜夔《雪中六解·其四》:"曾泛扁舟访石湖,恍然坐我范宽图。"金代许安仁《送二道者归汾州》:"介休山下两闲人,来访汾阳旧使君。"元代薛汉《送杜清碧入京二首·其一》:"有书未肯干时宰,命驾惟应访故人。"明代程通《寄彬上人》:"何日乘闲一相访,共听清论说降龙。"清代徐乾学《送待御念东先生·其一》："同时祖饯倾名士，到处溪山访异人。"

## 戴［dài］

中华姓氏之一，在这里特指戴姓历史名人戴逵。戴逵，字安道，谯郡铚县（今安徽省濉溪县临涣镇）人，博学多才，善于鼓琴，又工于绘画人物和山水，是当时著名的美术家、雕塑家，但他为人清高，终身不仕，是东晋时期名气很大的隐士。唐代李白《陪从祖济南太守泛鹊山湖三首·其一》："此行殊访戴，自可缓归桡。"宋代魏野《和薛田察院咏雪三首·其一》："除却子猷当此景，高情偏忆戴逵家。"金代王寂《题雪桥清晓图》："挐舟欲访戴安道，截岸层冰正堆积。"元代张雨《邓学可留谷城戴尧文许雪中书寄二友》："剡水当时元有戴，谷城今日可无张。"明代黄衷《读南皋冬日郊行赋》："何如觅戴翁，雪棹剡溪涘。"清代查慎行《奉送座主大宗伯许公予告归里五十韵》："白家池上寻芳屐，戴氏溪边泛雪舲。"

## 船［chuán］

即水上的主要运输工具。《说文》："船，舟也。"《说文义证》："小曰'舟'，大曰'船'。"屈原《九章·其二·涉江》："船容与而不进兮，淹回水而疑滞。"汉代乐府《悲歌》："欲归家无人，欲渡河无船。"三国时期魏国曹植《当欲游南山行》："大匠无弃材，船车用不均。"晋代清商歌辞《黄竹子歌》："一船使两桨，得娘还故乡。"南朝陈代张正见《别韦谅赋得江湖泛别舟》："涵花没浅缆，带叶动深船。"唐代杨师道《采莲子》："莫言花重船应没，自解凌波不畏沉。"宋代晁迥《仿归去来辞》："明日船中竹一竿，要学江湖钓鱼手。"金

代王仲通《送客》："西归万里梦，今夕到君船。"元代高克恭
《赠英上人》："为爱吟诗懒坐禅，五湖归买钓鱼船。"明代梵
琦《晓渡西湖》："船上见月如可呼，爱之且复留斯须。"清代
赵宾《海口柬李芳洲》："估船经岛国，潮响到城楼。"

按："访戴船"一语，出自唐代钱起《寄袁州李嘉祐员外》：
"雁有归乡羽，人无访戴船。"是指王子猷雪夜拜访戴逵所乘之
船，后历代循用，遂成语典。如唐代皇甫冉《和朝郎中扬子玩
雪寄山阴严维》："闻有招寻兴，随君访戴船"；宋代刘攽《送
隐直》："阴风朔雪河梁别，乘兴仍思访戴船"；明代张宁《雪
景为沃文裕题》："玉山银海夜如年，寂寞山阴访戴船"；清代
张鸿佑《黄美中归自西湖》："半年离思隔江天，河朔初归访戴
船。"

又按："棹访戴船"一语，源自南朝宋代刘义庆《世说新语·任
诞》中记载的王子猷雪夜访戴逵的掌故。原文为："王子猷居
山阴，夜大雪。眠觉，开室命酌酒，四望皎然。因起彷徨，咏
左思《招隐》诗。忽忆戴安道。时戴在剡，即便夜乘小舟就
之。经宿方至，造门不前而返。人问其故，王曰：'吾本乘兴
而行，兴尽而返，何必见戴？'"（大意：王子猷居住在山阴
县的时候，有一天夜里下起了大雪。他忽然醒来，打开房门叫
下人备酒小酌起来，环望周围，一片明亮洁白。于是他起身徘
徊，吟诵起前辈文学家左思的《招隐诗》来。也许是受了诗意
的影响他突然想到了当时著名的隐士戴逵。此际戴逵正住在邻
县的剡溪，就连夜乘小船去拜访他。船走了一宿才抵达戴家，
到了门口却停下脚步打算返回了。随从的人问他这是什么原

因，王子猷说："我本来就是因为兴致高涨而来的，此刻兴致消逝殆尽当然就回返喽，何必一定要见到戴逵才算有趣呢？"）文中的王子猷，名徽之，大书法家王羲之的第五个儿子。他性格不羁，任性放诞，颇具魏晋文人率意而为的作风。

## 【本句译读】

雪中佳景，苏东坡题品过郑谷的渔蓑好句；雪夜乘舟，王子猷乘兴去戴逵的隐庐造访。

# 101. 尧崩鹤记　蔡溃鹅喧

## 尧［yáo］繁体作堯

即传说中上古"五帝"之一的尧帝，大约公元前2377年至公元前2259年在世，姓伊祁，号放勋，古唐国（今山西临汾尧都区）人。据说他是帝喾的儿子，十三岁封于陶（山西襄汾县陶氏村），十五岁辅佐兄长也就是父亲的接班人帝挚，改封于唐地（今山西翼城），号为"陶唐氏"，后世也因此称其为"唐尧"。二十岁时他接替帝挚做了天子，定都平阳。尧帝老了之后，让位给舜来执政。尧让位二十八年后去世。尧在中国古代帝王中是德高望重、万世景仰的典型人物，始终是人们纪念和歌颂的对象。屈原《离骚》："彼尧舜之耿介兮，既遵道而得路。"汉代曹操《度关山》："不及唐尧，采椽不斫。"三国时期魏国嵇康《六言诗十章·其一》："惟上古尧舜，二人功德齐均。"南朝梁代沈约《四时白纻歌五首·其一·春白纻》："佩服瑶草驻容色，舜日尧年欢无极。"唐代李白《赠清漳明府侄聿》："弦歌咏唐尧，脱落隐簪组。"宋代王禹偁《和陈州田舍人留别·其二》："道畔棠阴同召伯，阶前蒉荬别唐尧。"金代元好问《汾亭古意图》："尧氏羲皇去未远，日作日息天机全。"元代王恽《洛中吟》："万方文物洽尧雍，若论声明极洛中。"明代王祎《感兴四首·其三》："天子仁如尧，夙宵念苍生。"清代爱新觉罗·弘历《再题普佑寺壁·其二》："羹墙钦触目，俯仰忆尧年。"

## 崩［bēng］

本义指山体倒塌，后引申指帝王的离世。古代把天子的死看得很重，认为像山塌下来一般，所以从周代开始即称天子的死为"崩"，一直沿用到清代。唐代杜甫《咏怀古迹五首·其四》："蜀主窥吴幸三峡，崩年亦在永安宫。"宋代郭祥正《凌歊台呈同游张兵部朱太守》："尧崩舜立天下治，庙室灵芝最为瑞。"元代郑德辉《耍孩儿》："先君崩愁云冷雾迷坤宙，新君立和气春风满市朝。"明代李梦阳《纪变二首·其一》："忽忆临崩诏，看天泪数行。"清代屈大均《咏古·其三》："帝既崩苍梧，妾亦捐长沙。"

## 鹤［hè］繁体作鶴

禽鸟名。《广韵》："鹤，似鹄，长喙。"鹤是一种美丽而优雅的大型涉禽，头小颈长，嘴长而直，脚细长，后趾小，高于前三趾，羽毛白色或灰色，群居或双栖，常在河边或沼泽地带捕食鱼和昆虫。《诗经·小雅·鹤鸣》："鹤鸣于九皋，声闻于野。"汉代东方朔《七谏·其三·怨世》："枭鸮既以成群兮，玄鹤弭翼而屏移。"晋代陆机《赠武昌太守夏少明》："雍雍鸣鹤，亦闻于天。"南朝宋代刘骏《游覆舟山》："川界泳游鳞，岩庭响鸣鹤。"唐代卢照邻《羁卧山中》："倘遇浮丘鹤，飘飘凌太清。"宋代寇准《赠宝上人》："重城萧寺虽留滞，野鹤由来性本闲。"金代张昻《题天坛二首·其一》："王母洞投龙简日，翩翩鹤驾彩云飞。"元代卢挚《寄博士萧征君维斗》："鸣鹤时一来，似爱孤云闲。"明代袁华《萧元泰先生》："一从骑鹤去，沧海变桑田。"清代董笃行《云溪观》："岭上多闲云，时与白鹤偶。"

## 记［jì］繁体作記

指记忆、把印象保存在脑子里。南朝梁代到洽《赠任昉》："一见口传，暂闻心记。"唐代骆宾王《代女道士王灵妃赠道士李荣》："君心不记下山人，妾欲空期上林翼。"宋代夏竦《感兴》："更有薄游长记得，翠钿遗处绿阴浓。"金代元好问《元夕》："彰阳旧事无人记，二十三年似梦中！"元代范梈《怀南省海棠，感新事作》："海棠花发醉题诗，犹记西垣下直时。"明代张宁《题余不春社诗二首·其一》："记取年年寒食节，大家先办赛神钱。"清代沈皞日《庆清朝·赠别黄俞邰，用张玉田韵》："更须记，曲桥流水，门掩松间。"

按："尧崩鹤记"一语，源自南朝宋代刘敬叔《异苑》中记载的一个神话，原文为："晋太康二年冬，大寒。南洲人见二白鹤语于桥下，曰：'今兹寒，不减尧崩年也。'于是飞去。"（大意：晋太康二年也就是公元281年冬天，雪特别大。南洲地方有人看见两只白鹤在桥下对语，说："今年的雪天真是太冷了，不比帝尧去世那年差啊。"于是飞而离去。）宋代晏殊《句·其五十六》："二龙骖夏服，双鹤记尧年"；宋庠《句·其一》："轩野龙催驭，尧宫鹤厌寒"；明代谢元汴《赋得揽察草木犹未得示诸子五首·其五》："郑客璧知龙死岁，南州鹤语尧崩年"，说的都是这件事。因为《异苑》是名著，影响很大，此后"尧年"（即尧崩之年）就成了雪特别大那种年头的一个借代之辞。如南朝梁代庾肩吾《咏花雪》："瑞雪坠尧年，因风入绮钱"；唐代元稹《有鸟二十章·其二十》："尧年值雪度关山，晋室闻琴下寥廓"；曹唐《小游仙诗九十八首·其六十五》："辽东归客闲相过，因话尧年雪更深"；明代于谦《喜雪》："丰稔何须卜，尧年瑞应频"；袁袠《人日斋居雪霁》："瑞雪逢人日，尧年感物华"；欧大任《同李明府永上人广济寺阁观雪》："瑞已奏尧年，丰谷免饥馁"；清代钱谦益《戏为天公恼林古度》："女勿苦雪霰，不见尧年牛目雪三尺"；吴伟业《代州》："河来非汉境，雪积自尧年"；王夫之《湖外遥怀些翁》："寒深鹤带尧年雪，海阔龙分佛口涎。"

# 蔡［cài］

指蔡州，中国古代行政区划名，即今河南省汝南县，距今已有2700多年的建城史。上古时期汝南属于所谓"九州"中的豫州，春秋战国时代，汝南就有建制，属蔡国。公元317年，东晋的上蔡县治所迁至此处，称"悬瓠城"。北魏地理学家郦道元《水经注》记载："汝水东迳悬瓠城北，形若垂瓠，故取其名。"汝河自东西下，屈曲而流，抱城三面，因为这种地形很像倒悬的瓠瓜，所以称之为"悬瓠城"。隋代改悬瓠城为溱州，大业元年又把溱州改名蔡州。唐朝曾经恢复为豫州，后来因为规避唐代宗李豫的名讳再次改为蔡州。唐代元和十二年亦即公元817年李愬雪夜袭蔡州的著名战役，就发生在这里。战国时期楚国宋玉《招魂》："吴歈蔡讴，奏大吕些。"三国时期魏国曹植《豫章行二首·其一》："不见鲁孔丘，穷困陈蔡间。"唐代上官仪《咏画障》："蔡女菱歌移锦缆，燕姬春望上琼钩。"宋代吕徽之《咏雪用滕字韵》："鹜鹅声乱功收蔡，蝴蝶飞来妙过滕。"元代刘诜《忆昔行送李省掾友仁从李龙川平章定寇》："蔡城夹道拜丞相，归来却作平淮碑。"明代程敏政《西涯学士再和东坡雪韵邀予同作四章·其二》："破蔡奇功收制阃，探梅高兴属诗家。"清代叶方蔼《大雪口号三绝句·其二》："比邻鹅鸭声喧闹，梦里三更入蔡时。"

## 溃 ［kuì］繁体作潰

本义指水冲破堤岸，引申指被打垮、大败。唐代王勃《陇西行·其八》："开壁左贤败，夹战楼兰溃。"宋代欧阳修《送刁纺推官归润州》："是时西边兵，屡战辄奔溃。"金代王元粹《八月二十三日夜走西山》："邓卒一战溃，敌势遂纵横。"元代耶律楚材《用张道亨韵》："边军骄懦望风溃，燕南赵北飞兵埃。"明代胡翰《卧龙冈观贾秋壑故第》："鲁港十万师，闻钲一声溃。"清代严遂成《于忠肃谦·其一》："狼山一溃帝尘蒙，千骑凭凌趁朔风。"

## 鹅 ［é］繁体作鵝

家禽名，它叫起来时发出"鹅，鹅，鹅"的声音，其名自呼，故称为"鹅"。它的羽毛为白色或灰色，额部有橙黄色或黑褐色肉质突起，雄的突起较大。鹅的脖颈很长，嘴扁而阔，脚有蹼，能游泳，耐寒，吃青草、谷物、蔬菜、鱼虾等。汉代东方朔《七谏·其七·谬谏》："鸾皇孔凤日以远兮，畜凫驾鹅。"南朝梁代吴均《和萧洗马子显古意诗六首·其四》："泪研兔枝墨，笔染鹅毛素。"唐代骆宾王《咏鹅》："鹅，鹅，鹅，曲项向天歌。"宋代王圭《宫词·其八十六》："为染浅黄衫子色，金盆添水看鹅儿。"金代蔡圭《简王温父昆仲》："君是山阴换鹅手，可无杰句傲风光。"元代薛玄曦《庆黄晋卿任江浙儒学提举》："道人独宝笼鹅帖，天子曾惊倚马才。"明代梁兰《题画四首·其二·羲之好鹅》："白鹅勿复笼，暇日时来看。"清代汪森《访赠龚半千·其二》："换鹅将乞米，手写代躬耕。"

## 喧［xuān］

意为声音大而嘈杂。《玉篇》："喧，大语也。"汉代蔡琰《胡笳十八拍》："鼙鼓喧兮从夜达明，胡风浩浩兮暗塞营。"晋代陶潜《饮酒》："结庐在人境，而无车马喧。"北朝周代庾信《同州还》："上林催猎响，河桥争渡喧。"唐代乔知之《倡女行》："莫吹羌笛惊邻里，不用琵琶喧洞房。"宋代陆游《喜雨》："蛙蛤徒自喧，蛟龙卧如蛰。"金代李俊民《周昉内人图·其八·按乐》："倚风无力见温柔，初下喧天羯鼓楼。"元代王实甫《后庭花》："空余下杨柳烟，只闻得鸟雀喧。"明代邹奕《和沈诚庄绎韵四首·其一》："花落随风舞，溪喧带雨流。"清代王庭《栈道中作》："日夕留泉声，谁能辨喧静？"

按："蔡溃鹅喧"一语，源自唐代名将李愬雪夜奔袭蔡州的历史故实。其事最早见载于《旧唐书》卷八十三："自张柴行七十里，比至悬瓠城，夜半，雪愈甚。近城有鹅鸭池，愬令惊击之，以杂其声。贼恃吴房、朗山之固，晏然无一人知者。"（大意：李愬率领的偷袭部队自张柴砦休息一下后继续急行军七十里地，等到达叛军的中心老巢悬瓠城的时候，已经是半夜了，这时大雪下得更加凶猛。悬瓠城附近有鹅和鸭子栖息的水塘，李愬命令士兵们惊扰打击它们，用鹅和鸭子的喧叫声混淆敌人的听觉以掩盖部队袭城的动静。守城敌军依仗着吴房和朗山等前敌防线的稳固，戒备十分懈怠，竟然没有一个人察觉到官军已经抵达城下。）历史上的大唐王朝经历了"安史之乱"以后，昔日的辉煌被毁于一旦，开始由盛转衰，出现了藩镇割据的政局乱象。当时中央政府曾经和挑战朝廷权威、对抗中央政府的藩镇发生过几次大规模的战争，国力消耗愈加严重。公元814年，淮西节度使吴少阳去世，其子吴元济自领军务，还勾结河北诸镇，四处侵略并威胁到东都洛阳的安全。这使唐宪宗李纯寝食难安，他先后派遣严绶、韩弘等带兵平叛，结果大量地损兵折将，均以失败告终，而淮西军气焰则更加嚣张。正当朝廷为淮西战事一筹莫展之际，身为太子詹事的李愬自告奋勇，主动请缨。公元817年唐宪宗李豫让宰相裴度亲自领军，李愬为先锋，再次进征淮西。李愬在做了深入详尽的调查研究后，着手制定了一套突袭吴元济老巢蔡州，直捣敌军心脏的作战方案，这个方案很类似今日所说的"斩首行动"。这年十二月十日夜，大雪纷飞，寒风凛冽，李愬突然集结部队向东急行六十里并袭占沿途的军事据点。抵达汝南张柴砦后，李愬才向部队宣布此行的目的是去蔡州城直接捉拿吴元济。据史书记载，当时全军将士听了这个作战意图后大惊失色，因为淮西军的战力和勇猛是天下闻名的。由于地方势力的盘踞，朝廷的官军已有三十多年没踏上过蔡州这块土地。士兵们认为此行凶险万分，有去无还，但又不敢违抗军令，只得带着殊死之心继续前进。当时暴风雪越来越猛，旌旗都为之冻裂，数千兵马冻死者多达十分之二三。经过长途疾行，李愬的突袭部队在夜半时分抵达了蔡州并且顺利破城，轻松地打败了守备松懈的守军，活捉了叛军首领吴元济，从而一举结束了这场历经数载的平定淮西的战争。李愬雪夜入蔡州是中国战争史上最成功的突袭案例，其中导致蔡州守军溃败的条件和因素很多，但在城外起到混淆和干扰作用的鹅喧鸭闹，却格外受到后人的关注。如：明代麻三雍《自平阳还襄陵道》："草深阵阵喧蛙鼓，鹅鸭军声似也非"；清代钱谦益《后秋兴八首九月初二日泛舟吴门而作·其六》："荒陂谁恼眠鹅鸭？午夜喧声似蔡州"；叶方蔼《大雪口号三绝句·其二》："比邻鹅鸭声喧闹，梦里三更入蔡时"；顾嵝《登虔州八境台感赋十首·其五》："雪后鹅声喧午夜，峰头鹤唳怯清钲"，用的都是蔡州鹅鸭的典故。

## 【本句译读】

千载后的仙鹤还记得帝尧去世那年的大雪天异常寒冷；鹅鸭的喧叫促进了李愬雪夜突袭时蔡州兵的溃败。

# 102. 枚延邹召　骚帜词源

## 枚［méi］

中华姓氏之一，在这里特指枚姓历史名人枚乘。枚乘是西汉著名文学家，与邹阳并称"邹枚"，与司马相如并称"枚马"，与贾谊并称"枚贾"。枚乘大约于公元前210年至公元前138年在世，临淮淮阴（今江苏淮安市淮阳区西南）人，字叔，善辞赋，早年担任吴王刘濞的文学侍从，因在七国之乱前后曾两次劝谏刘濞而显名于世。后离开刘濞而成为梁孝王刘武的门客，于汉景帝时被任为弘农郡都尉。在汉武帝刘彻即位后以安车蒲轮征召，于入京途中逝世，享年约七十三岁。枚乘所作的《七发》在辞赋的发展史上具有极重要的地位，是汉代骈体大赋正式形成的标志性作品。今有《枚叔集》辑本三种传世。南朝梁代萧绎《落日射罴》："促宴引枚邹，中园观兽侯。"隋代杨广《季秋观海》："孟轲叙游圣，枚乘说愈疾。"唐代高适《酬庞十兵曹》："怀贤想邹枚，登高思荆棘。"宋代潘慎修《禁林宴会之什》："况当枚马从容地，仍集班扬侍从贤。"金代元好问《江城子》："二更轰饮四更回，宴繁台，尽邹枚。"元代贡师泰《送泾王府蒲司马西还》："鸟声山色不胜情，枚生作赋才难比。"明代陈谟《岁除大雪·其一》："山阴乘兴那无戴，梁苑多才想有枚。"清代鲍皋《复之广陵留别汪近晨》："多景栖高会众宾，晚召邹生与枚叟。"

# 延 [ yán ]

意为聘请、邀请。汉代乐府《古歌》："上金殿，着玉樽；延贵客，入金门。"三国时期魏国应场《公宴诗》："开馆延群士，置酒于斯堂。"晋代陶潜《咏二疏》："促席延故老，挥觞道平素。"南朝梁代刘孝绰《侍宴二首·其一》："清宴延多士，鸿渐滥微薄。"唐代李白《古风·其十五》："燕昭延郭隗，遂筑黄金台。"宋代宋祁《和庞丞相》："论班元后郑，作赋或延枚。"金代刘邦彦《海会寺宴集以禅房花木深为韵得深字》："珍重老僧延倦客，清谈亹亹涤尘襟。"元代盛如梓《游集仙宫》："主人闻客至，尊酒延丈室。"明代陶安《送朱仲良》："远调边江郡，久延中土豪。"清代查慎行《行经贵溪县赴同年王辰帜之招即席分韵》："邑有延宾馆，门停载酒船。"

# 邹 [ zōu ] 繁体作鄒

中华姓氏之一，在这里特指邹姓历史名人邹阳。邹阳是西汉著名文学家，大约生于公元前206年，卒于公元前129年，齐郡临淄（今山东淄博）人。汉文帝时是吴王刘濞的门客，以文辩著名于世。吴王阴谋叛乱，邹阳上书谏止，吴王不听，因此与枚乘、严忌等离吴去梁，为景帝少弟梁孝王刘武的门客。邹阳"为人有智略，慷慨不苟合"，后被人诬陷入狱，险被处死。他在狱中上书梁孝王，表白自己的心迹。梁孝王见书大悦，立命释放，并尊为上客。邹阳有文七篇，现存两篇，即《上书吴王》《于狱中上书自明》。南朝梁代王伟《狱中赠人诗》："赵壹能为赋，邹阳解献书。"唐代李峤《夏晚九成宫呈同僚》：

"枚藻清词律，邹谈耀辩锋。"宋代宋庠《送巢邑孙簿兼过江南家墅》："督租勾簿真沉俊，终冀梁台一召邹。"元代马臻《岁暮偶成》："姜被流离析，邹裾揖让劳。"明代赵迪《题山水人物》："佳句多情追沈谢，闲居有赋胜邹枚。"清代刘榛《雪》："摇笔一弄郢人曲，敢叱司马惊邹阳。"

## 召 ［zhào］

本义指呼唤、用言语叫人来。《说文》："召，呼也。以言曰'召'，以手曰'招'。"引申意为带有敬意的邀请、召延。三国时期魏国曹植《妾薄命行》："召延亲好宴私，但歌杯来何迟。"唐代洪子舆《严陵祠》："汉主召子陵，归宿洛阳殿。"宋代胡宿《上客》："平台置酒召，碣馆侧身迎。"金代王处一《满路花·寄朝元公》："深蒙频见召，惊悚可奔驰。"元代吴师道《十台怀古·其七·望思台》："汉宫楼观连天起，方士熏香召仙鬼。"明代沈炼《偶成》："千金相召轻薄子，膝行蒲伏惊欲死。"清代洪亮吉《摸鱼子·龚克一邀游夕照庵即展其令弟紫树殡》："但肯费茶瓜，时时款客，我辈不须召。"

**按**："枚延邹召"一语，源自南朝宋代谢惠连《雪赋》："岁将暮，时既昏，寒风积，愁云繁。梁王不悦，游于兔园。乃置旨酒，命宾友，召邹生，延枚叟。"（大意：年底的某天，时已黄昏，寒风积聚，阴云密布。梁孝王的心情很差，决定去兔园游玩。于是就命人在兔园摆下酒席，叫门下的食客和好友都来聚会，还特别地召邀了邹先生邹阳，同时也延请了枚老枚乘。）唐代韩愈《忆昨行和张十一》："车载牲牢瓮异酒，并召宾客延邹枚"，取用的就是这个典故。

509

# 骚〔sāo〕繁体作騷

指以屈原所作《离骚》为代表并加以命名的一种抒情韵文体裁，后被引申泛指诗文。南朝宋代谢惠连《夜集叹乖》："诗人咏踟蹰，骚者歌离别。"唐代李白《古风·其一》："正声何微茫，哀怨起骚人。"宋代林逋《历阳寄金陵衍上人》："骚吟未断云生褐，梵偈重开月照香。"金代雷渊《爱诗李道人若愚崧阳归隐图》："我家崧前凡再期，诗僧骚客相追随。"元代宋无《寄翰苑所知》："骚坛先佩印，策阵已搴旗。"明代袁宏道《彭长卿自武陵至公安游甚困便欲由梁之鲁入都歌以送之》："七十老翁健如铁，骚场尚可背城战。"清代叶申芗《春光好·春兰》："越墅曾传禊事，湘乡谁续骚才。"

# 帜〔zhì〕繁体作幟

指旗子。《说文新附》："帜，旌旗之属。"三国时期魏国阮籍《咏怀·其四十七》："旌帜何翩翩，但闻金鼓鸣。"南朝陈代张正见《赋得韩信》："沉沙拥急水，拔帜上危城。"唐代钱起《广德初銮驾出关后登高愁望二首·其一》："汉帜远成霞，胡马来如蚁。"宋代陆游《立夏》："赤帜插城扉，东君整驾归。"元代成廷圭《垂虹亭晚坐》："长桥戎马后，旗帜尚纷纷。"明代王祎《陪枢密高公镇抚吴公宴于亭山席上赋》："小帜大旗斜日照，短箫长笛远天回。"清代金德瑛《雪度井陉关与周石帆学士同用渔洋韵作歌》："峰回渐失韩信帜，出坎更吊兴唐王。"

**按**："骚帜"一语，意为诗坛或文坛的旗帜，比喻诗文领域的领军人物。宋代刘克庄《五言长城》："立帜骚坛峻，降旗敌垒平。"元代卢琦《游龙纪寺和朱原道都事壁间韵》："骚坛贾勇树旗帜，锋刃凛凛谁能摧。"明代申佳允《赠别驾王仁之》："骚坛久竖中原帜，宝气常涵别驾刀。"清代洪亮吉《花朝日独游二闸归适冯编修集梧得田侍郎雯大通桥秋泛卷子索题因率书长句于后》："即论文笔亦殊健，赤帜已植骚坛中。"

## 词源 [cí yuán] 繁体作詞源

意为不断涌出词藻的源泉，最早见于南朝宋代沈约《为齐竟陵王发讲疏》："逮于祇树庵园之妙吼，四谛一乘之正说，垂译而通中土，莫不恒沙之一焉；而词源海广，理涂云奥，虽字流附响，万轸同趣，分条散叶，离文析句，未或暨其万一也。"（大意：至于佛祖在祇树给孤独园里那些精妙的说法，以及苦谛、集谛、灭谛、道谛等四谛真理和引导教化一切众生成佛途径的一乘法理论，能够翻译出来转达给我们中国本土的，不过是恒河沙数中的一点点；而其间深奥的语词滔滔不绝有如大海，那些义理的复杂思路和轨迹像云朵一样奇幻而幽深，虽然也有一些人发表文章或著述来随声附和，变幻各种方式帮助人们理解，或者条分缕析、拆文断句地加以诠释，结果也没能解读好佛理的万分之一。）后来"词源"一词常用以赞美他人的词采之盛。唐代杜甫《醉歌行》："词源倒流三峡水，笔阵独扫千人军。"宋代强至《依韵和公济寄仲灵禅老》："诗力健能支倒岳，词源涌可截奔江。"金代元好问《满庭芳·绛阙凌风》："洒落襟怀万顷，词源壮、三峡波澜。"元代张翔《杜甫祠》："诗律严秦法，词源汲楚骚。"明代张宇初《送郑教授叔度之蜀歌》："仙华山秀浙水东，文薮词源为代宗。"清代汪懋麟《沁园春·赠次功》："羡珊瑚照耀，词源似海，珠玑错落，笔阵如流。"

## 【本句译读】

在雪天的宴会上，梁孝王延请枚乘，召邀邹阳；这二位可是诗文界的旗帜型人物、词采丰富有如泉涌的博学钜儒啊！

---

# 103. 醇醪鲸吸　炉炭貅燃

## 醇醪［chún láo］

指味道浓郁精纯的美酒，最早见于《史记·袁盎晁错列传》："及袁盎使吴见守，从史适为守盎校尉司马，乃悉以其装赍置二石醇醪。会天寒，士卒饥渴，饮酒醉，西南陬卒皆卧。"（等袁盎出使吴国并被围困的时候，袁盎当年做吴国相国时的侍从属吏刚好是指挥监守袁盎的校尉司马，于是这位校尉司马就把随身携带的全部财物变卖了，用这笔钱购置了两石味道浓厚的好酒。刚好碰上天气寒冷，围困的士兵又饿又渴，喝了酒，都醉了，围守城区西南角的士兵也全都瘫倒了。）晋代谢安《兰亭诗二首·其二》："醇醪陶丹府，兀若游羲唐。"唐代张说《城南亭作》："正逢天下金镜清，偏加日饮醇醪意。"宋代杨亿《次韵和昭收寄银台李舍人之什》："华堂宴集应难去，玉斝醇醪满劝谁。"元代刘因《和陶潜饮酒·其一》："诗家有醇醪，酿此松中奇。"明代杜琼《春日》："新刍未熟难成醉，欲借醇醨问比邻。"清代吕留良《次韵寄怀黄晦木·其一》："馅饼废堆盘，醇醨罢洗斝。"

## 鲸吸［jīng xī］繁体作鯨吸

意为鲸鱼吞吸海水，最早见于唐代杜甫《饮中八仙歌》："饮如长鲸吸百川，衔杯乐圣称世贤。"因为杜甫运用的这个比喻是描写"饮中八仙"喝酒状态的，所以后人常以"鲸吸"来比喻狂饮。唐代吕岩《题永康酒楼》："鲸吸鳌吞数百杯，玉山谁起复谁颓。"宋代石懋《生日》："寿语珠联千轴富，贺樽鲸吸百川空。"金代元好问《满庭芳》："福海寿山难老，金尊满、鲸吸沧波。"元代张弘范《晚归》："笑谈尊俎兴何穷，鲸吸琉璃琥珀浓。"明代张和《夜宴曲》："鲸吸流霞恨杯浅，曲阑露寒斜月转。"清代彭孙贻《追和东坡登州海市诗》："狂呼把酒快叫绝，得不鲸吸倾千钟。"

## 炉炭［lú tàn］繁休作爐炭

指供火炉燃烧用的木炭。最早见载于《周礼·天官·宫人》："凡寝中之事，扫除、执烛、共炉炭，凡劳事。"（大意：凡是六寝宫室里的杂务，如清理卫生、夜间的火炬照明、供应火炉的用炭，这些粗重的活儿都由"宫人"负责打理。）南朝宝志《十四科头·其五·静乱不二》："了达淫欲性空，镬汤炉炭自冷。"唐代李敬方《题黄山汤院》："煎熬何处所，炉炭孰司存。"宋代王安石《疥》："搔肤血至股，解衣燎炉炭。"元代何中《壬子元夕》："西林樵客同炉炭，闲试香芳品荈茶。"明代王洪《挽畦乐处士梁先生·其二》："阴阳为炉炭，万物皆

513

土苴。"清代赵由仪《感遇·其三》:"惜哉大宗师,枉司炉炭权。"

## 貙〔chū〕繁体作貙

古书上说的一种其大如狗,皮毛纹理有些像豹猫的虎属猛兽;也有说它像老虎但是长着五只爪的说法。三国时期魏国曹植《鼙舞歌五首·其五·孟冬篇》:"顿熊扼虎,蹴豹搏貙。"唐代李绅《趋翰苑遭诬构四十六韵》:"乱群逢害马,择肉纵狂貙。"宋代苏舜钦《往王顺山值暴雨雷霆》:"震摇巨石当道落,惊嗥时闻虎与貙。"元代方一夔《太湖石狮子笔架》:"携归深山动光彩,黑貙缩爪黑藏迹。"明代郑善夫《画鹰》:"竹兔何愁得,林貙不敢骄。"清代叶士宽《上党二首·其一》:"往恨经貙虎,清时绝鼓鼙。"

## 燃〔rán〕

意为燃烧。三国时期魏国曹植《七步诗》:"煮豆燃豆萁,豆在釜中泣。"南朝梁代刘缓《杂咏和湘东王三首·其一·秋夜》:"烛溜花行满,香燃奁欲空。"唐代韦应物《永定寺喜辟强夜至》:"深炉正燃火,空斋共掩扉。"宋代晁迥《书绅二法辞》:"心似不燃火,所以明无欲。"金代元好问《甲午除夜》:"暗中人事忽推迁,坐守寒灰望复燃。"元代王冕《题申屠子迪篆刻卷》:"岐阳石鼓土花蚀,峄山之碑野火燃。"明代王蒙《题画》:"雕胡炊饭斫鲈羹,一缕青烟燃楚竹。"清代华守谟《鹅湖灯市词》:"日排彩仗夸陌头,夜燃华烛绕街右。"

**按**："炉炭貅燃"一语，源自唐代蒋防《兽炭赋》："彼好奇者，巧与之俱。揉煨烬兮，是谋是度；象猛兽兮，为虎为貅。将以辉烁殊观，焜耀洪炉。"（大意：那些特别喜欢猎奇的人，往往也有相应程度的心灵手巧。有人反复抟捏已成粉末的炭灰，又是筹谋又是揣度；模仿着猛兽的样子，塑成虎形或造出貅形。要用闪烁的奇异景观，辉映整个火炉。）这里所说的"炭"是做成兽形的炭，也叫作"兽炭"。《晋书·外戚传·羊琇》记载："琇性豪侈，费用无复齐限，而屑炭和作兽形以温酒，洛下豪贵咸竞效之。"（大意：羊琇这个人极端地奢侈，花费起来完全没有节制。他用炭灰搅合上水，塑成野兽的形状点燃了来热酒，洛阳都城里的富豪贵人们全都争着效仿。）可知兽炭的始作俑者就是司马师的妻子羊徽瑜的堂弟羊琇，而兽炭则是费用很高的奢侈品。唐代骆宾王《冬日宴》"促席鸾觞满，当炉兽炭然"；李白《幽歌行上新平长史兄粲》"狐裘兽炭酌流霞，壮士悲吟宁见嗟"；白居易《对火玩雪》"鹅毛纷正堕，兽炭敲初折"等诗句，说的都是这个东西。宋代时兽炭曾是宫廷里的常规供应品。宋代王君玉撰著的《国老谈苑》中记载："太宗尝冬月命彻兽炭，左右或启曰：'今日苦寒。'上曰：'天下民困是寒者众矣，朕何独温愉哉？'"（大意：太宗皇帝曾经在冬月里命人撤去兽炭，侍从中有人就说："今天可是太冷了呀。"皇上说："天下百姓困冻于这种苦寒之中的多了，我怎么可以独享温暖快活呢？"）宫廷之外的富贵人家也不乏其用。南宋王沂孙的《声声慢·催雪》就有句云："红炉旋添兽炭，办金船、羔酒溶脂。"兽炭的花样很多，宋代姚勉在《余评事惠龙团兽炭香璎凫实且许以百丈山楮衾而未至》诗中说："鬅鬙兽炭奇形模，辟邪天禄狮熊貀。"不只是狮虎熊貀之类，还包括天禄、辟邪等古代传说中的神兽。五代王仁裕撰著的《开元天宝遗事》中记载有"凤炭"一条，说："杨国忠家，以炭屑用蜜捏塑成双凤，至冬月则燃于炉中。及先以白檀木铺于炉底，余灰不可参杂也。"（大意：唐朝杨贵妃的族兄杨国忠家，用炭的粉屑搅拌上蜂蜜捏塑成一对凤凰的象形，到了冬季就点燃在火炉里。此前先把白檀木铺在炉子的底部，其它的碳灰是不可以参杂其中的。）可知兽炭中也不止有"兽"，也可以有"禽"。明清时期提及"兽炭"的诗文记载有很多，可见其传承之深广。

**又按**：本句"醇醴鲸吸·炉炭貀燃"表现的是冬季的典型岁时景象，取意于梁代萧统《锦带书·十二月宫·黄钟十一月》："酌醇酒而据切骨之寒，温兽炭而祛透心之冷。"（大意：酌饮醇厚的美酒以压制彻骨的凉气，燃燎兽形的炉炭以祛除渗透心头的寒冷。）这句话也是成语"切骨之寒"和俗话"透心凉"的语源。

## 【本句译读】

在寒冷的冬天，人们聚在一起狂饮浓郁精纯的美酒佳酿；围着火炉烧燎起闪耀奇观的貀形兽炭。

# 104. 肉屏座拥　狐貉裘兼

## 肉屏［ròu píng］

即"肉屏风"的省称，意为由人的肉体围成的遮风御寒的屏风。宋代许及之《汤婆子》："醉倚肉屏君莫羡，北邙多少黑头郎。"元代杨维桢《白雪辞》："锦宫肉屏香汗溶，酒如春江饮如虹。"明代沈周《块庵陈太常南轩牡丹》："临轩撩乱难比数，杨家肉屏当面张。"清代严遂成《仙坛唱和即次仙韵二十首·其十八·蔷薇花》："斗色疑输锦步障，闻香知异肉屏风。"

## 座［zuò］

即座位，供人坐的地方，也指位置、座次。汉代乐府《古歌》："出亦愁，入亦愁；座中何人谁不怀忧，令我白头。"晋代张协《咏史》："顾谓四座宾，多财为累愚。"南朝梁代范云《建除诗》："满座咸嘉友，苹藻绝时羞。"唐代刘禹锡《听轧筝》："满座无言听轧筝，秋山碧树一蝉清。"宋代文彦博《河阳寄留守相公》："暂别荧煌座，初为半月期。"金代郑辉《潞公轩即席继和刘巨济秀才》："窗转雄风来座上，雨疏雌蜺挂林端。"元代钱良右《自天平游灵岩次胡古愚韵》："座有词林客，功名尚黑头。"明代陈琏《十台怀古·其十·凌歊台》：

517

"羽盖鸾旌几度来，香风满座琼筵开。"清代章诏《北固山访汪真长》："不睹花间屐，犹闻座上香。"

# 拥〔yōng〕

本义指抱、搂抱，引申意为簇拥、围着。南朝宋代谢灵运《登石门最高顶》："长林罗户穴，积石拥阶基。"唐代苏味道《嵩山石淙侍宴应制》："雕舆藻卫拥千官，仙洞灵溪访九丹。"宋代林逋《湖山小隐·其一》："猿鸟分清绝，林萝拥翠微。"金代任询《永遇乐·月已中秋》："吾庐更、双溪清绕，万峰翠拥。"元代李简《登封台》："珠帘乍卷红云拥，清跸声中翠辇来。"明代李延兴《朝使至雄县理赈民事》："青云拥路随金节，白雪翻歌绕画楼。"清代王朗《浪淘沙·闺情》："为怯游人如蚁拥，故拣阴天。"

按："肉屏座拥"一语，源自唐代杨贵妃族兄杨国忠以"肉阵"御寒的掌故。五代王仁裕《开元天宝遗事》"肉阵"条记载："杨国忠于冬月常选婢妾肥大者行列于前，令遮风，盖藉人之气相暖，故谓之'肉阵'。"（大意：杨国忠过冬时经常在婢女侍妾中挑选形体肥大的列队排立在他的身前，令她们为自己遮挡寒气，因为这样能够借助人体的温度取暖，所以叫作"肉阵"。）宋代类书《锦绣万花谷前集·卷二十四·奢》中引录这个掌故时说："唐宰相杨国忠家富，凡有宾客，设酒则不设抬柈，令妓女各执其事，号曰'肉抬柈'。又，冬月则令妓女围之，号'肉屏风'。"（大意：唐朝宰相杨国忠家非常富有，凡是有宾客来访，招待酒饭时都不摆放桌子，而是令家中的歌舞妓们端举着盛装各种美酒佳肴的餐具供客人用膳，称之为"肉抬柈"亦即"人肉桌面"。又，在寒冷的冬天里则令这些歌舞妓们把自己包围起来，称之为"肉屏风"。）"肉阵"也称"肉屏风"，即从此始。宋代陈元靓《岁时广记·冬》"选肉阵"条下、明代彭大翼《山堂肆考·时令·冬》"国忠列阵"条下均收辑此故事为冬季的岁时掌故。

## 狐貉 [hú hé]

亦作"狐狢"，指狐与貉。狐，哺乳动物，外形略像狼，面部较长，耳朵三角形，尾巴长，毛通常赤黄色。性狡猾多疑，昼伏夜出，吃野鼠、鸟类、家禽等，也叫"狐狸"。貉，哺乳动物，外形像狐，穴居河谷、山边和田野间；杂食鱼、鼠、蛙、虾、蟹和野果、杂草等，皮很珍贵。成语"一丘之貉"就是指它说的。拔去硬毛的狐貉兽皮，质地轻软，是珍贵的毛皮材料，古人喜欢用它来制作衣裳，即如宋代朱熹所说："以狐貉之皮为裘，衣之贵者。"因此"狐貉"一词也代指用狐或貉的毛皮制成的皮衣。南朝梁代萧子显《燕歌行》："夜梦征人缝狐貉，私怜织妇裁锦绯。"唐代韩愈《晚秋郾城夜会联句》："丹掖列鹓鹭，洪炉衣狐貉。"宋代陆游《纵笔四首·其四》："世间见透浑无事，狐貉安能诧缊袍。"金代朱之才《后薄薄酒二首·其一》："粗布可以御冬，不必狐貉蒙茸。"元代赵孟頫《送高仁卿还湖州》："宦游远客非所习，狐貉不具绨袍穿。"明代卢龙云《招隐诗二首·其二》："布褐足御冬，狐貉未为燠。"清代曾灿《秋旅遣怀兼柬易堂诸子·其三》："关山作客同狐貉，风雨招魂半友师。"

# 裘［qiú］

即以动物的毛皮为原料制成的衣服。《说文》："裘，皮衣也。"《诗经·秦风·终南》："君子至止，锦衣狐裘。"战国时期楚国宋玉《九辩》："无衣裘以御冬兮，恐溘死不得见乎阳春。"三国时期魏国曹丕《善哉行二首·其一》："策我良马，被我轻裘。"南朝梁代范云《赠张徐州谡》："傧从皆珠玳，裘马悉轻肥。"唐代李白《鼓吹曲辞·将进酒》："五花马，千金裘，呼儿将出换美酒，与尔同销万古愁。"宋代刘昌言《钓台·其一》："先生独步衣羊裘，咳唾浮云轻富贵。"金代元德明《桃源行》："冬裘夏葛存大朴，小国寡民皆乐俗。"元代黄石翁《寒食客中二首·其一》："明朝便典黑貂裘，寒食宁无数日留。"明代薛瑄《发通州再往湖南》："压岸晓霜明宪节，到船寒雨湿貂裘。"清代方文《水崖哭明圃子留》："里门裘马日纷纷，鸾鹤宁同鸡鹜群？"

# 兼［jiān］

意为相加、叠加在一起。《说文》："兼，并也。"三国时期吴国薛莹《献诗》："礼遇兼加，惟渥惟丰。"晋代支遁《咏怀诗五首·其四》："芳泉代甘醴，山果兼时珍。"唐代司空曙《苦热》："漱泉齐饮酎，衣葛剧兼裘。"宋代张方平《送客游兖海》："正是兼衣御醇酎，如何孤寒逐飞蓬。"元代宋褧《城南道院即事》："风光殊不恶，凉意复相兼。"明代邓雅《观潮有感》："潮去潮来朝复暮，花开花落雨兼风。"清代王士禛《挽天章征君》："予昔事禅悦，兼复慕游仙。"

按："狐貉裘兼"一语源自南朝宋代文学家谢惠连《雪赋》：

"酌湘吴之醇酎，御狐貉之兼衣。"（大意：酌饮来自湘川鄘陵和吴兴乌程的美酒，穿上狐皮与貉皮缝制的加厚了的裘衣。）

## 【本句译读】

座位的周围簇拥着由美女形成的"肉屏风"；身上穿的是用狐貉的毛皮缝制的叠层加厚的裘衣。

---

# 105. 骏蹄蹀躞　豹舄蹁跹

## 骏蹄［jùn tí］繁体作駿蹄

意为骏马之蹄。唐代韩愈《赠别元十八协律六首·其一》："何人识章甫，而知骏蹄跳。"诗中用"骏蹄跳"比喻和赞美桂管观察使裴行立幕府中的协律郎元集虚，后人遂以此代指良驹骏马。宋代柳开《赠诸进士诗》："怒浪航斯济，骏蹄御良辔。"元代于立《题陈阅画唐人呈马图》："大宛直在玉关西，万里风沙入骏蹄。"明代黄衷《得报子章弟落第抵家》："高秋犹报束书归，千里何时试骏蹄。"清代汪懋麟《贺新凉·送周雪客还白下》："平野阔，骏蹄展，天如浓墨光微显。"

## 蹀躞［dié xiè］

指行进艰难的样子。汉代乐府《白头吟》："蹀躞御沟上，沟水东西流。"南朝宋代鲍照《拟行路难十八首·其六》：

"丈夫生世会几时，安能蹀躞垂羽翼。"唐代张仲素《天马辞二首·其二》："蹀躞宛驹齿未齐，掫金喷玉向风嘶。"宋代张耒《六言》："莫问世间蹀躞，须知老境侵寻。"元代萨都剌《题画马图》："四蹄蹀躞若流星，两耳尖修如削竹。"明代徐圹《天长道中》："羊肠萦回黑雨尽，马蹄蹀躞青泥融。"清代田雯《鸡鸣关》："我马亦虺隤，蹀躞失步骤。"

**按**："骏蹄蹀躞"一语，源自南宋诗人陈造《再次韵小雪余言别·其一》中的诗句："蹀躞霜蹄从蹄铁，穿林蹙石赋于京"，意思是说雪后马行艰难，只能顺着马蹄铁一溜一滑地穿行于林野，踢踏着碎石，马上的归客还构思着二京赋那样高水平的诗歌（前韵有"顾我无能邹贾役，放公笔力擅《西京》"之句）。"霜蹄"一词源自《庄子·外篇·马蹄》："马，蹄可以践霜雪，毛可以御风寒。"后人遂以"霜蹄"代指马蹄，如唐代杜甫《韦讽录事宅观曹将军画马图引》："霜蹄蹴踏长楸间，马官厮养森成列。"因为周兴嗣《千字文》"露结为霜"句中已有"霜"字，所以在这里易"霜蹄"为"骏蹄"以作避让。

## 豹舄 [ bào xì ]

即用豹皮制成的鞋子，出自《左传·昭公十二年》："雨雪，王皮冠，秦复陶，翠被，豹舄，执鞭以出。"（大意：天下雪了，楚灵王头戴皮帽，身穿秦国人遗留下的防御雨雪的毛羽大衣，披着翡翠羽制成的背帔，脚穿豹皮做的鞋子，手持马鞭走了出来。）唐代钱起《豹舄赋》："丽哉豹舄，文彩彬彬。"宋代李纲《章华宫用张籍韵》："志窥九鼎轻天王，翠被豹舄垂琼珰。"元代吴莱《秋日杂诗和黄明远·其三》："豹舄既飘飘，蜕旌何翕忽！"明代许应元《赋得章华台送刘给事使楚分封》："皮冠豹舄矜雄武，驰道离宫贮歌舞。"清代蒋士铨《题苗宗甫小照·其一》："复陶豹舄锦褕褕，白玉山身美丈夫。"

## 蹁跹 [ pián xiān ] 繁体作蹁躚

走路时步伐不正的样子、跛行。宋代路振《伐棘篇》："神离气沮走蹁跹，数尺之墙弗复攀。"元代方回《题醉仙图》："生涯无他，糟丘酒船；画史游戏，醉态蹁跹。"明代方孝孺《许氏龟岩行》："士成岁时奉觞为母寿，蹁跹拜舞同孩婴。"清代宋琬《寿黄封翁七十》："春游期汗漫，醉舞任蹁跹。"

## 【本句译读】

在冬天的雪地里，马匹行进十分艰难困顿，人的步履也变得歪斜踉跄。

# 106. 曾耕袁卧　范绨苏毡

## 曾 [ zēng ]

中华姓氏之一。在这里则是特指曾姓历史名人曾参。曾参生于公元前505年，卒于公元前435年，字子舆，鲁国南武城（今山东平邑，一说山东嘉祥）人，孔子晚年弟子，儒家学派的著名代表人物。三国时期魏国曹植《鼙舞歌五首·其二·灵芝篇》：“户有曾闵子，比屋皆仁贤。”晋代夏侯湛《离亲咏》：“苟违亲以从利兮，匪曾闵之攸宝。”南朝梁代刘孝威《乌生八九子》：“永愿共栖曾氏冠，同瑞周王屋。”唐代李白《送赵判官赴黔府中丞叔幕》：“君为鲁曾子，拜揖高堂里。”宋代林希逸《答友人论学》：“逐字笺来学转难，逢人个个说曾颜。”元代陈致虚《判惑歌》：“性与天道有谁明，颜子坐忘曾子唯。”明代吴与弼《题全归诗卷》：“跬步敢忘曾氏教，临深履薄日乾乾。”清代毛奇龄《奉饯汪春坊同年请假觐省还里二首·其二》：“第恐曾参冠不定，禁林重盼早乌飞。”

# 耕［gēng］

本义指用犁翻松田土。《说文》：“耕，犁也”；引申指从事耕种土地之类的农活儿。《诗经·周颂·载芟》：“载芟载柞，其耕泽泽。”屈原《卜居》：“宁诛锄草茅，以力耕乎？”汉代乐府《陌上桑》：“耕者忘其犁，锄者忘其锄。”三国时期魏国应璩《杂诗》：“耕自不得粟，采彼北山葛。”晋代陶潜《桃花源记并诗》：“相命肆农耕，日入从所憩。”南朝梁代刘峻《始居山营室》：“啸歌弃城市，归来事耕织。”唐代杜审言《和李大夫嗣真奉使存抚河东》：“舜耕余草木，禹凿旧山川。”宋代柳永《煮海歌》：“煮海之民何所营，妇无蚕织夫无耕。”金代雷琯《阳夏怀古》：“牧童抬头学楚声，野老扶犁城上耕。”元代尹廷高《严先生祠》：“草荒耕雨地，苔合钓鱼矶。”明代虞堪《题竹树图送陈君玉归吕城》：“归耕布谷应啼晚，好在春阴护子孙。”清代徐夜《东村》：“薄田随众耕，盈室安怀抱。”

**按**：“曾耕”一语，源自曾参农耕遇雪的典故。事见汉代蔡邕

《琴操·河间杂歌·梁山操》:"《梁山操》者,曾子之所作也。曾子幼少,慈仁质孝,在孔子门有令誉。居贫,无业以事父母,躬耕力作,随五土之利,四时惟宜,以进甘脆。尝耕泰山之下,遭天霖泽,雨雪寒冻,旬月不得归。思其父母,乃作忧思之歌。"(大意:《梁山操》这首琴曲,是曾参创作的。曾子很小的时候,就表现出他的善良仁爱、纯朴孝顺,在孔子的学生中颇具美誉。他居家贫寒,没有什么收入来供养父母,便亲力亲为从事农耕。他依据山林、川泽、丘陵、水边平地、低洼地等五种土地的性质种植上各自适宜的作物,取得春夏秋冬四季的时鲜及各种收获,用来进献给双亲。他曾经在泰山附近的一个地方干农活儿,适逢天降大雪,气候十分寒冷,一个月没能回家。曾参很想念父母,于是就创作了这首寄托心中忧思的《梁山操》。)

## 袁 [ yuán ]

中华姓氏之一,在这里则是特指袁姓历史名人袁安。袁安,字邵公,东汉名臣,历任太仆、司空、司徒等职。他不畏权贵,守正不移。汉和帝时,袁安多次弹劾外戚窦氏权臣的种种不法行为,为窦氏党羽所忌恨,但由于袁安民望甚高,始终未敢加害于他。公元92年,袁安病逝。晋代陶潜《咏贫士七首·其五》:"袁安困积雪,邈然不可干。"唐代骆宾王《寓居洛滨对雪忆谢二》:"谢庭赏方逸,袁扉掩未开。"宋代梅尧臣《襄城对雪二首·其一》:"拥扉人莫扫,何似袁家宅。"金代麻九畴《复次韵二首·其二》:"我本寒素士,卧雪袁司徒。"元代戴良《次韵春雪禁体》:"卧庐正慕焦寝安,扫径却嗟袁路断。"明代韩雍《题雪景赠陈雪轩南归》:"僵卧休如袁邵公,迎宾须似王元宝。"清代张若霭《题雪江归钓图送卯君还里》:

"东郭履敝袁未起，行者卧者何为乎？"

# 卧〔wò〕繁体作臥

意为躺着、卧而不眠。三国时期魏国程晓《嘲热客》："闭门避暑卧，出入不相过。"晋代陆机《挽歌三首·其三》："侧听阴沟涌，卧观天井悬。"南朝宋代谢灵运《日出东南隅行》："美人卧屏席，怀兰秀瑶璠。"唐代卢照邻《山林休日田家》："还思北窗下，高卧偃羲皇。"宋代曾巩《发彭泽》："卧闻橹声知雨来，起见江流与天合。"金代刘从益《次韵馈岁》："我贫无往还，闭户但高卧。"元代潘音《友人夜宿》："醉后松堂卧，涛声落枕间。"清代谢徽《卧云室》："朝卧白云东，暮卧白云西。"清代赵进美《冬日田家二首·其一》："初日聚童稚，坐卧杂鸡犬。"

按："袁卧"一语，源自袁安卧雪的典故。唐代李贤注释《后汉书·袁安传》时引录晋代周斐《汝南先贤传》说："时大雪积地丈余，洛阳令身出案行，见人家皆除雪出，有乞食者。至袁安门，无有行路，谓安已死。令人除雪入户，见安僵卧。问：'何以不出？'安曰：'大雪，人皆饿，不宜干人。'令以为贤，举为孝廉。"（大意：某年冬天下大雪，地上的积雪足有一丈多厚，此时地方长官洛阳令巡视灾情，见当地人家都扫雪开路，也有出来讨要食物的。洛阳令来到袁安家的门口时，看到的是大雪封门，无路可行，以为屋子的主人已经冻死或者饿死了呢，就命人清除积雪，破门而入，发现袁安僵卧在床，已奄奄一息。洛阳令问他"为什么不出门弄些吃的？"袁安回答说："大雪天里，人人都吃不上东西，我不想去烦扰别人。"洛阳令认为他具有贤良的品德，于是就保举他做了孝廉。）袁安卧雪的故事在古代传统文化中极有影响，被认为是品德高尚清贫自守的写照。唐代何频瑜《墙阴残雪》："谁怜高卧处，岁暮叹袁安"；宋代魏野《和薛田察院咏雪三首·其二》："门前俱绝行踪迹，还似袁安卧在家"；元代冯子振《题赵鸥波高士图》："洛阳雪深冻阑干，高士僵卧饥袁安"；明代罗登《蒙岭积雪》："何人着意寻高士，定有袁安卧此中"；清代于成龙《中途遇雪》："更憾苍头多怨语，何时高卧学袁安"，取用的都是这个典故。

# 范［fàn］

中华姓氏之一，在这里则是特指范姓历史名人范雎。范雎，字叔，魏国芮城（今山西省芮城县）人，生年不详，卒于公元前255年。范雎本是魏国中大夫须贾的门客，曾随须贾出使齐国，齐襄王很鄙视须贾，却非常敬重范雎。回国后须贾诬陷他通齐卖魏，魏国的相国魏齐对他摧残备至。范雎诈死才得以逃亡秦国，易名张禄，经过一番努力最终当上了秦国的相国。他辅佐秦昭襄王，上承商鞅变法图强之志，下开秦始皇统一天下的帝业，是秦国历史上继往开来的一代名相。北朝周代庾信《同州还》："范雎新入相，穰侯始出蕃。"唐代杜甫《上韦左相二十韵》："韦贤初相汉，范叔已归秦。"宋代李复《答李师载》："辟书拉拭召从军，寒出绨袍怜范叟。"元代麻革《上云内帅贾君》："已客冯驩舍，犹伤范叔袍。"明代李东阳《困暑次韵白洲》："亦有岁寒交，绨袍义思范。"清代何巩道《感事四首·其四》："待向西秦相见日，故人方念范生寒。"

# 绨〔tí〕繁体作綈

古代一种厚实光滑的丝织品。《说文》:"绨,厚缯也。"唐代韩翃《送夏侯侍郎》:"听讼不闻乌布帐,迎宾暂着紫绨裘。"宋代徐积《送宫教郎朝奉》:"门颁锦诏先生入,帝锡绨衣后殿深。"金代朱之才《后薄薄酒二首·其二》:"汉文天子犹弋绨,士服粗布乃所宜。"元代杨弘道《寒江独钓图》:"飒飒霜风乱鬓毛,沄沄溪水照绨袍。"明代郑真《雪诗》:"炉冷频然炭,衾孤急索绨。"清代吴伟业《途中遇雪即事言怀》:"久病人贻药,长途友赠绨。"

**按:**"范绨"一语,源自"绨袍恋恋"的典故。事见汉代司马迁《史记·范雎蔡泽列传》:"范雎既相秦,秦号曰张禄,而魏不知,以为范雎已死久矣。魏闻秦且东伐韩、魏,魏使须贾于秦。范雎闻之,为微行,敝衣间步之邸,见须贾。须贾见之而惊曰:'范叔固无恙乎!'范雎曰:'然。'须贾笑曰:'范叔有说于秦邪?'曰:'不也。雎前日得过于魏相,故亡逃至此,安敢说乎?'须贾曰:'今叔何事?'范雎曰:'臣为人庸赁。'须贾意哀之,留与坐饮食,曰:'范叔一寒如此哉!'乃取其一绨袍以赐之。"(大意:范雎做了秦国的相国之后,在秦国的名字叫"张禄",而魏国人并不知道。魏王听说秦国即将向东攻打韩、魏两国,便派须贾出使秦国。范雎得知须贾到了秦国,便微服出行,穿着破旧的衣服悄悄地来到驿馆,拜见须贾。须贾见是范雎不禁惊诧,说:"范叔你原来没死啊!"范雎说:"是啊。"须贾笑着说:"你到秦国来是有什么要游说的吗?"范雎答道:"不是的。我当初开罪于魏国的相国,所以逃亡到这里,还怎敢谈有所游说呢?"须贾问道:"那你现下做什么营生呢？"范雎回答说："我给人家做佣工。"须贾听了心里有些怜悯他，便留下范雎一起坐下吃饭。也许须贾留意到了范雎的破旧衣裳，很同情地说："范叔竟然贫寒到如此地步啦！"于是就取出了自己的一件粗丝袍送给了他。）接下来范雎谎称能够把须贾引荐给秦国的相国并亲自驾车把他带进了秦相府。须贾在等待范雎"通报"的时候得知所谓的张禄相国原来正是范雎本人，自己已钻进了范雎的圈套，于是袒露肉身跪着行走表示谢罪。范雎则在众多侍者的簇拥下正式召见了他，并历数他的三大罪状。《史记》中描写道："范雎曰："汝罪有三耳。昔者楚昭王时而申包胥为楚却吴军，楚王封之以荆五千户，包胥辞不受，为丘墓之寄于荆也。今雎之先人丘墓亦在魏，公前以雎为有外心于齐而恶雎于魏齐，公之罪一也。当魏齐辱我于厕中，公不止，罪二也。更醉而溺我，公其何忍乎？罪三矣。然公之所以得无死者，以绨袍恋恋，有故人之意，故释公。'乃谢罢。入言之昭王，罢归须贾。"（大意：范雎说："你的罪状有三条。从前楚昭王时，申包胥为楚国谋划打退了吴国军队，楚王把楚地的五千户封给他作食邑，申包胥推辞不肯接受，因为他的祖坟安葬在楚国，打退吴军也是为了保卫自己的祖坟。我的祖坟就在魏国，可是你当初诬陷我有外心暗通齐国并在魏齐面前恶毒地说我坏话，侮辱我的人格，这是你的第一条罪状。当魏齐把我扔到厕所里肆意侮辱我时，你不加阻止，这是你的第二条罪状。你甚至还乘着酒兴往我身上撒尿，我本来是你的门客而你当时是怎么忍心这么做的啊？这是你的第三条罪状。但你之所以到了此刻还没有被我处死，是因为刚才你赠送我一件绨袍，从中我看出你对故人还有点儿恋惜之情，故而我给你一条生路，放过你。"于是结束了会见。随即范雎进宫把事情的原委报告给了秦昭襄王，决定不接受魏国使节的访问，责令须贾回国。）范雎一生中做出的大事很多，而接受了恋旧绨袍这件事却最为后人所乐道，成了比喻寒士接受帮助或缅怀故人情谊的一个典故。唐代高适《咏史》："尚有绨袍赠，应怜范叔寒"；宋代楼钥《游西山次范丞韵》："千里同游逢范叔，绨袍他日未相忘"；元代黄溍《送王君冕同年归长安》："空余绨袍恋，犹轸故人情"；明代龚诩《偶成·其二》："自知非范叔，何敢望绨袍"；清代方孝标《楼喧》："知是天心怜范叔，绨袍尽典不须论"，取用的都是这个典故。

# 苏 [sū] 繁体作蘇

中华姓氏之一，在这里则是特指苏姓历史名人苏武。苏武，字子卿，生于公元前140年，卒于公元前60年，西汉杜陵县（今陕西西安市东南）人。苏武在汉武帝时担任郎官。天汉元年亦即公元前100年奉命以中郎将的身份持节出使匈奴，被扣留。匈奴贵族多次威胁利诱，迫使其投降没有成功，于是将他流放到北海（即今东西伯利亚贝加尔湖）边牧羊。苏武历尽艰辛，留居匈奴十九年，在极为恶劣的环境下，不畏强权，持节不屈，始终保持着崇高的民族气节，是历史上尽忠守节的典型人物。汉昭帝死后，苏武因拥立汉宣帝而被赐爵"关内侯"，拜右曹典属国。南朝梁代周兴嗣《答吴均三首·其二》："李陵报苏武，但令知我心。"唐代皎然《武源行赠丘卿岑》："灞亭不重李将军，汉爵犹轻苏属国。"宋代苏过《和范信中雪诗二首·其二》："谁怜属国苏，取毡卧自餐。"元代王磐《送尚书柴庄卿出使安南》："丹青明著使外国，不减汉朝张与苏。"明代刘崧《三月十四日渡海将北归》："可能欲别仍回首，苏李遗风尚可求。"清代钱澄之《咏史·其九》："苏卿在北海，志岂复望生。"

# 毡 [zhān]

用羊毛等轧成的像厚呢子或粗毯子似的东西，俗称"毡子"。汉代刘细君《悲秋歌》："穹庐为室兮毡为墙，以肉为食兮酪为浆。"北朝齐代裴让之《公馆宴酬南使徐陵》："列乐歌钟响，张毡玉帛陈。"唐代张说《荆州亭入朝》："毡裘吴地尽，髦荐楚言多。"宋代李正民《酬德邵》："三年绝域寄孤身，啮雪吞毡踵昔人。"金代元好问《过应州》："人家土屋才容膝，驿路毡车不断头。"元代周伯琦《上京杂诗十首·其八》："毡帘连雪屋，马酒溢琼罍。"明代袁华《直沽即事·其一》："草地霜寒散驼马，毡庐日夕下羊牛。"清代屈大均《咏苏武·其二》："咽尽毡毛及雪花，羝羊未乳敢思家。"

**按**·"苏毡"一语，源自苏武啮雪吞毡的典故。事见《汉书·李广苏建传》："单于愈益欲降之，乃幽武置大窖中，绝不饮食。天雨雪，武卧啮雪，与毡毛并咽之，数日不死。匈奴以为神，乃徙武北海上无人处，使牧羝，羝乳乃得归。"（单于越发想要使苏武归降匈奴，就把他幽禁起来，放在大地窖里面，不给他提供饮食。正逢下起了大雪，苏武倒在毡毯上嚼雪充饥，连同毡毛都一起吞咽下去，过了好几天他居然没有死。匈奴人觉得很神奇，就把苏武迁移到北海边没人居住的地方，让他放牧公羊，说等到公羊生了小羊才能放他回国。）宋代汪元量《居延》："啮毡曾牧羝，跣足涉沙碛"；元代叶颙《古乐府十四首·其十·牧羝行》："中郎仗节牧群羝，啮雪餐毡土中宿"；

531

明代于谦《苏李泣别图》："啮雪吞毡瀚海头，节旄落尽恨悠悠"；清代揆叙《读秋笳集有感即效吴夫子体》："啮雪吞毡二十春，饱经险阻历艰辛"，取用的都是这个典故。

## 【本句译读】

曾参因为躬耕阻雪而不能归家省亲，袁安因为雪天不肯外出谋食而僵卧在床，范雎因为"一寒如许"而得到绨袍的赠予，苏武因为饮食绝断而啮雪吞毡。

# 107. 摘蔬夸韭　跨寨耸肩

## 摘［zhāi］

意为摭取植物的花、果、叶或者取下戴着或挂着的东西。《说文》："摘，摭果树实也。"《广雅》："摘，取也。"晋代左思《娇女诗》："驰骛翔园林，果下皆生摘。"南朝梁代刘遵《繁华应令》："可怜周小童，微笑摘兰丛。"唐代李颀《魏仓曹宅各赋一物得当轩石竹》："芳菲看不厌，采摘愿来兹。"宋代蔡襄《和吴省副青梅》："那知汴阳墅，青颗摘春月。"金代高逸《游延祚寺留题·其一》："嘉果摘将聊自食，新诗吟就与谁酬。"元代王士熙《别张思圣照磨》："山杯持酒分椰子，石密和浆摘荔支。"明代李时勉《路旁枣树》："人家枣园本无路，未热人来偷摘去。"清代顾岅《即事》："一二素心来往惯，不妨随分摘佳蔬。"

## 蔬 [ shū ]

指蔬菜、可以做菜的植物。《说文新附》："蔬，菜也。"南朝梁代庾肩吾《奉和武帝苦旱》："文衣夜不卧，蔬食昼忘餐。"唐代崔颢《和黄三安仁山庄五首·其五》："君开山海记，共我摘园蔬。"宋代陶弼《醉石》："野蔬沿涧绿，林果映江红。"金代朱自牧《晋宁感兴》："老圃不禁蔬代肉，樵丁还喜炕连厨。"元代黄镇成《山中杂诗·其二》："粱肉致五和，不如蔬味真。"明代黄衷《独坐七首·其二》："幽园不雨动旬余，小甲残蔬晚未舒。"清代方拱乾《驱雀词》："雀莫啄我蔬，我蔬种已迟。"

按："摘蔬"一词意为采摘园蔬或野菜，最早见于中唐诗人羊士谔《永宁小园即事》："宿雨方然桂，朝饥更摘蔬。"但在这里则是取意于北宋诗人周紫芝《次韵韩伯嘉拟陆龟蒙坐眠行倚食学书吟题·其五》中的诗句："平生不识大官余，小摘时寻雪后蔬。"意思是说平生从来都不知道"大官馔"那样的珍馐美食是什么滋味，冬天的雪后时常随意在地里寻找、采摘一些野菜来吃。南宋方岳《夜渴挑菜》："酒醒山月欲侵楼，小摘园蔬雪满沟"，亦属同一意境。

## 夸 [ kuā ] 繁体作誇

意为用溢美之辞予以夸耀、赞美。唐代元稹《哭吕衡州六首·其一》："髀股惟夸瘦，膏肓岂暇除。"宋代梅尧臣《张淳叟献诗永叔同永叔和之》："公答七言夸笋箈，我无千里学骐骦。"金代元好问《古意二首·其二》:"天公亦老矣,何意夸儿童。"元代虞集《谢吴宗师送牡丹并简伯庸尚书》:"云气自随仙掌动,天香不许世人夸。"明代杨慎《一剪梅·戏简西岂宿杏花楼》:"宋玉墙头杏子花,香也堪夸,艳也堪夸。"清代成鹫《病中放言·其五》:"穷来渐觉贫交少,病后犹夸瘦骨轻。"

## 韭 [jiǔ]

即韭菜,多年生草本植物,花呈白色,叶子长扁,供食用,叶和籽可入药。《说文》:"韭,菜名,一种而久者,故谓之'韭'。"古人认为韭菜这种东西一次性种下去即可长久地生长,而久、韭同音,所以称作"韭"。晋代王廙《春可乐》:"濯茆兮菹韭,齿蒜兮擗鲊。"南朝梁代沈约《行园》:"初菘向堪把,时韭日离离。"唐代王昌龄《题灞池二首·其一》:"腰镰欲何之,东园刈秋韭。"宋代文彦博《近闻有真率会呈提举端明》:"颜子箪瓢犹自乐,庾郎鲑韭不为贫。"金代元德明《谢张使君梦弼馈春肉》:"韭芽蓼甲春满盘,走送茅斋慰幽独。"元代郑守仁《和贡泰父待制上京即事二首·其一》:"野韭青青黄鼠肥,地椒细细白翎飞。"明代鲁铎《边汝嘉园亭雨后即事》:"主人为客添清味,旋剪阶东韭叶肥。"清代程先贞《顾亭林从大同来暂过东昌·其二》:"班荆留款坐,剪韭劝加餐。"

按:"夸韭"一词意为夸赞韭菜,取典于北宋杨忆《杨文公谈苑》中的一段记载:"刘经为虏政事舍人,来奉使,路中有野韭可食,味绝佳,作诗云:'野韭长犹嫩,沙泉浅更清。'"

（大意：刘经是辽国的一个政事舍人，出任使节来到大宋，说路上有野生的韭菜可以吃，味道绝佳，他还在自己的诗里描写道：'野地里的韭菜长得很长但依然鲜嫩，沙漠中的泉水涌出得很浅但非常清澈。'）《杨文公谈苑》一书在明清之际就散佚了，上述这段刘经夸韭的记录见于宋代阮阅《诗话总龟》的转载，稍晚一些的叶庭圭《海录碎事》里也有抄辑，只是文字略有小异。杨忆是北宋初期的人，当时辽国都城在中京大定府也就是今内蒙古赤峰市宁城县一带的地方，在宋人眼中正是所谓的"苦寒之地"。在这样的地方还有鲜嫩而味美的野韭，也许真是值得辽人夸耀一下而宋人记载一下的。

## 跨蹇 ［kuà jiǎn］

意为骑着蹇驴或驽马。宋代张景《探梅》："跨蹇度溪桥，处处寻春信。"元代白朴《天净沙·春》："暖风迟日春天，朱颜绿鬓芳年，挈榼携童跨蹇。"明代郑真《题马太守文壁画·其二》："忆曾跨蹇渡临濠，万木云山舞翠涛。"清代尤侗《题韩蕲王庙》："忠武勋名百战回，西湖跨蹇且衔杯。"

## 耸肩 ［sǒng jiān］繁体作聳肩

指肩膀微微向上隆起的动作，所表达的意蕴可能有鄙视、惊讶、疑惑、无能为力、无语等。此词最早见于唐代韩愈《石鼎联句》序："道士哑然笑曰：'子诗如是而已乎？'即袖手耸肩，倚北墙坐。"（大意：道士失声笑道："先生作诗的功力难道只是如此而已吗？"随即抱着手拱起肩膀，靠着北面的墙坐下。）文中的"耸肩"表达的就是一种不知该说什么才好，近乎于无语的内心状态。但在古代诗文中它也经常特指诗人词客在构思时表现出的一种习惯性的潜意识动作，即如南宋诗人赵蕃在《峡江舟中怀徐审知》中所说的"独是嗜诗余习在，耸肩搔发愿求工"。本句中的"耸肩"取用的就是这个词义。宋代洪适《选冠子》："想灞陵桥畔，苦吟缓辔，耸肩寒瘦"；明代费宏《题广东陈氏雪景图》："二人骑驴各袖手，耸肩觅句寒如痴"；清代宋荦《乙亥元日雪同子湘山书试手为长句》："青门客园两诗老，竞呵冻笔吟耸肩"，皆用此义。

**按**："跨蹇耸肩"一语，系取意于北宋苏轼《赠写真何充秀才》中的诗句："又不见雪中骑驴孟浩然，皱眉吟诗肩耸山。"意思是说：您难道没看见吗？雪中骑驴的那个孟浩然，皱着眉头揣摩诗句，肩膀头儿耸得像山峰似的。宋代李复《潏水集·书郢州孟亭壁》中记载："孟亭，昔浩然亭也。世传唐开元间，襄阳孟浩然，有能诗声。雪途策蹇，与王摩诘相遇于宜春之南。摩诘戏写其寒峭苦吟之状于兹亭，亭由是得名。"（大意：孟亭，就是原先的浩然亭。传说唐代开元年间，襄阳人孟浩然有擅长作诗的声誉，他曾在大雪天骑着一头羸弱的驴子，和王维邂逅于宜春院的南边。后来王维特意把孟浩然当时在料峭寒风中苦苦推敲诗句的情状画在这个亭子的墙壁上，这个亭子因此得了个"浩然亭"的称呼。）晚唐诗人唐彦谦的七言绝句《忆孟浩然》说道："郊外凌竞西复东，雪晴驴背兴无穷。"从中可知孟浩然雪中骑驴苦吟觅句的故事，在晚唐时就已经广为流传了。五代时期前蜀孙光宪在《北梦琐言》卷七中记载"唐相国郑綮虽有诗名，本无廊庙之望。……或曰：'相国近有新诗否？'对曰：'诗思在灞桥风雪中、驴子上，此处何以得之？'"（大意：晚唐昭宗朝的宰相郑綮，虽然在诗坛很有名气，但在治理朝政方面就没什么声望可言了。……有人问他："相国近来有没有新的诗作呀？"他回答道："诗的妙思都在灞桥的风雪中或驴子的背上得来，在朝堂这种地方怎么能作出诗来呢？"）郑綮的答语中也明显寓含着一个雪中骑驴的孟浩然，苏诗里说的即是这种情境。由于苏诗的影响很大，此后跨蹇趋雪、耸肩苦吟就成了寒酸文人的典型象形。

## 【本句译读】

在冬天里，只能采摘一些雪后的残蔬，夸耀一下寒地的野韭；清高而贫寒的诗人词客则骑着蹇驴，拱耸着双肩，依旧孜孜不倦地觅句苦吟。

## 108. 负暄耄耉　煨芋嫩残

### 负暄［fù xuān］

"负"，意为享有、受到；"暄"，意为来自阳光的温暖。"负暄"一词指通过接受日光的曝晒以取暖，出自《列子·杨朱》："昔者宋国有田夫，常衣缊黂，仅以过冬。暨春东作，自曝于日，不知天下之有广厦隩室，绵纩狐貉。顾谓其妻曰：'负日之暄，人莫知者。以献吾君，将有重赏。'"（大意：从前宋国有个农夫，常年穿着粗麻絮做成的衣服勉强挨过冬季。到了春天耕种时，他就在阳光下曝晒自身以取暖，而不知道世间还有高屋暖室、丝绸皮裘这些更能御寒的东西。他晒着太阳还转过头对妻子说："接受太阳的曝晒以取暖的法子，是别人都不知道的，我把这个方法献给我们的君主，将会得到厚重的奖赏。）后来"负暄"一词就成了向君王敬献愚忠的语典。《左传》中明确提到负暄故事发生在春季，但由于唐代杜甫在《西阁曝日》诗中说："凛冽倦玄冬，负暄嗜飞阁。"后来"负暄"一词就更经常地被用来指在冬天里晒太阳。如：唐代白居易《负冬日》："负暄闭目坐，和气生肌肤"；宋代李复《冬日》："气温筋骸舒，负暄一饭足"；金代刘从益《腊日次幽居韵》："最爱朝日升，负暄向南荣"；元代张养浩《拟四季归田乐四首·其四·冬》："负暄坐晴檐，煦煦春满袍"；明代李孔修《贫居自述·其五十六》："避雪晚依茅屋下，负暄朝傍竹篱边"；清代龚鼎孳《谷日夜雪和谈长益》："负暄渐爱亲朝旭，卧稳低檐雪亦宜。"

## 耋〔dié〕

古时指年纪到了八十岁的人。《说文》"年八十曰'耋'，字亦作'耊'。"《释名》："八十曰'耋'。耋，铁也，皮肤变黑，色如铁也。"后来也泛指老年。《诗经·秦风·车邻》："今者不乐，逝者其耋。"晋代陆机《拟东城一何高》："三间结飞甍，大耋嗟落晖。"南朝宋代颜延之《赠王太常僧达》："德辉灼邦懋，芳风被乡耋。"唐代王绩《古意六首·其四》："寄言悠悠者，无为嗟大耋。"宋代赵抃《次韵前人见赠》："恩行稚耋增和乐，令下奸豪尽伏潜。"元代吴莱《王涥南太山石室》："从知大耋嗟，肯以淫威挫。"明代周伦《避暑酬顾东岩》："七月七日苦炎热，溽暑蒸人况衰耋。"清代宋琬《祭沈少参岫阳》："杀戮尽儿耋，白骨高于丘。"

# 耇［gǒu］

意为年老者、高寿者。《尔雅》："耇，老寿也。"《释名》："耇，垢也。皮色骊悴，恒如有垢者也。或曰'胡耇'，咽皮如鸡胡也。"（大意：耇，因'垢'而来，是说那些高寿者老得脸色黝黑枯悴，总是像有一层灰垢洗不净似的。也有称作'胡耇'的，因为他们喉咙部位的皮肤下垂，如同鸡嗉子的皮囊。）《诗经·商颂·烈祖》："绥我眉寿，黄耇无疆。"汉代韦孟《讽谏诗》："岁月其徂，年其逮耇。"晋代潘尼《皇太子社诗》："我后迓天休，设社祈遐耇。"南朝梁代萧衍《上云乐七首·其五·玉龟曲》："耇如玄罗，出入游太清。"唐代韩愈《忆昨行和张十一》："殃消祸散百福并，从此直至耇与鲐。"宋代王安石《酬王詹叔奉使江南访茶法利害见寄》："愿君博咨诹，无择壮与考。"元代耶律楚材《醉义歌》："我酬一语白丈人，解释羁愁感黄耇。"明代林俊《寄少司马山斋》："忆昨新朝特起时，耇老仙班共华躅。"清代陈辉《买米》："公廷散未了，挈稚且扶耇。"

**按**："耋"与"耇"这两个近义词一般会组成联合词组"耇耋"，意思仍是老龄、高寿。不过也有例外，如明代孙继皋《祭朱南阳年丈文》："即位陟枢衡，年跻耋耇，顾岂谓过幸者耶？"（大意：即使是官位登上宰辅的职务，年纪进入高寿的行列，又怎能说是蒙受老天过分的宠爱呢？）就是颠倒过来组合成"耋耇"的。

**又按**：宋代吴淑《事类赋·岁时部·冬》"笑田夫之负暄"句下收辑《列子》中宋国田夫的故事为冬季的岁时掌故，本句中的"负暄鬐耇"即脱胎于此。

## 煨［wēi］

本义指火盆中的火，《说文》："煨，盆中火也"，引申意为把食物直接放在带火的灰里烧熟。宋代王禹偁《武平寺留题》："最忆去年飞雪里，煮茶煨栗夜深回。"金代张澄《和林秋日感怀寄张丈御史二首·其二》："乡国归程应岁暮，火炉煨栗话情亲。"元代赵世延《代祀南岳登祝融峰》："何日束书煨芋室，孤峰绝顶看浮云。"明代董纪《宿紫阳观次韵故人辛好礼题壁三首·其一》："铁炉火暖煨山药，石鼎茶香试井花。"清代屠粹忠《宿张道士山房》："煨笋及烹薇，在在皆手泽。"

## 芋［yù］

即芋头，也叫"芋芳"，多年生草本植物，块茎呈椭圆形或卵形，富含淀粉及蛋白质，可供食用。汉代东方朔《七谏·其七·谬谏》："拔搴玄芝兮，列树芋荷。"晋代潘岳《在怀县作二首·其一》："瓜瓞蔓长苞，姜芋纷广畦。"北朝周代庾信《奉和赵王游仙》："白石香新芋，青泥美熟芝。"唐代薛能《西县途中二十韵》："野色生肥芋，乡仪捣散茶。"宋代文同《寄员文饶屯田》："自言从此生事足，可了芋栗及麻枲。"金代赵秉文《栗》："千树侯封等尘土，且随园芋劝加餐。"元代高秉文《海会寺》："藤榻人何在，山蔬芋正肥。"明代谢迁《风雨夜宿山庄怀雪湖》："木榻拥毡供瞌睡，地炉煨芋当加餐。"清代尤侗《虞美人·其四·思归》："扁舟归去未嫌迟，正是纸窗炉火芋香时。"

# 嬾残 ［lǎn cán］繁体作嬾殘

　　人物名，出自唐代袁郊所撰传奇小说《甘泽谣》。原文为：
"嬾残者，名明瓒，天宝初衡岳寺执役僧也。退食即收所余而
食，性嬾而食残，故号'嬾残'也。昼专一寺之功，夜止群牛
之下，曾无倦色，已二十年矣。"（大意：懒残，本名"明瓒"，
是天宝年间在衡岳寺做杂工的一个僧人。收工就吃从别人那里
收来的剩饭，因为他生性极懒又喜欢吃别人的残食，所以被叫
作"懒残"。白天从事整个寺院的劳役，晚上就住在牛棚里，
从没有表现出倦怠的神色，这样已经有二十多年了。）文中的
"嬾"同于"懒"字。《唐韵》解释"嬾"字说："怠也。女
性多怠，故从女。"（大意：即懒惰。女子由于生理的原因大多
表现为行动懒惰，所以采用"女"字偏旁。）唐代以后，"嬾
残"遂被"懒残"所取代。宋代何师韫《自题懒愚室》："君不
见南岳懒残师，佯狂啖残食。"元代陆文圭《送北禅释天泉长老
入燕》："君不见懒残昔住衡山峰，使者召之终不从，天寒垂涕
石窟中。"明代韩上桂《送张无名读书衡岳兼访邓观察》："个
中浪迹多元尚，昔日懒残任豪放。"清代成鹫《丹霞除夕与诸子
守岁》："闲心到处不须安，借得岩居学懒残。"

　　**按**："煨芋嬾残"一语，源自《甘泽谣》中的一个情节："时邠
侯李泌寺中读书，察嬾残所为，曰：'非凡物也。'听其中宵梵
呗，响彻山林。李公情颇知音，能辨休戚。谓：'嬾残经音，
先凄惋而后喜悦，必谪堕之人，时将去矣。'候中夜，李公潜
往谒焉。望席门通名而拜，嬾残大诟，仰空而唾曰：'是将贼
我'。李公愈加敬谨，惟拜而已。嬾残正拨牛粪火，出芋啖
之。良久乃曰：'可以席地。'取所啖芋之半，以授焉。李公

捧承就食而谢。谓李公曰：'慎勿多言，领取十年宰相。'公又拜而退。"（大意：当时邺侯李泌正在衡岳寺读书，他留心观察过懒残的所作所为，说："这可不是个凡人啊。"听到懒残在半夜唱诵佛经，声音穿透山林。李泌平素就通晓音律，能够辨别声音所蕴含的欢乐与忧愁。他说："懒残唱经的声音，先是传达出一种哀伤婉转的情绪，而后又表现出快乐欢喜的心境，他一定是上天谪贬到凡间的仙人，到了一定的时候就回去啦。"于是在某天的半夜，李泌悄悄地前往懒残的住处求见。他在破草席做的房门前通报了自己的姓名，躬身礼拜。懒残大为光火，朝天吐了一口唾沫说："这真是要坑害我呀！"李泌更加虔诚恭谨，只是不停地作揖。懒残此时正拨弄着用牛粪蛋燃着的火堆，取出烧熟的芋头来吃。过了好半天懒残才说："你就席地而坐吧。"他把自己吃的芋头掰开一半，递送给李泌。李泌接过来也跟着吃掉并致谢意。懒残就对他说："你千万不要多说什么了，等着去当十年的宰相吧。"李泌再次作揖礼拜，退了出来。）此后"煨芋"一词就成了表现世外高人清寒风姿的语典。李泌生于公元722年，卒于公元789年，是唐代中期的政治家、谋臣、道教学者。他曾经在衡岳山中隐居，后来他的仕途虽然并不顺利，但在唐德宗时真的入朝拜相，做了十年的首辅大臣。《甘泽谣》中并没有明确记载这个故事发生在哪个季节，但由于北宋苏轼在《次韵毛滂法曹感雨》诗中说："悲吟古寺中，穿帷雪漫漫。他年记此味，芋火对懒残。"从此懒残煨芋之事就沾染上了冬季"雪漫漫"的色彩。如：南宋文天祥《慧和尚三绝·其二·相》："风雪衡山洴满膺，懒残不管自家身"；元代张昱《次韵处士和埂上人诗》："每到炉头忆懒残，十年戎马雪窗寒"；明代吴俨《仁仲斋居和章盛夸僧寺之美复用前韵戏之》：

"铁衣自惯雪山寒，笑杀诗人觅懒残"；清代慧霖《次砚生雪夜见怀韵》："僧家随地置蒲团，雪夜遥知忆懒残。"

## 【本句译读】

在寒冷的冬天里，有热衷于晒太阳的老头儿，还有喜欢烘煨芋头来吃的懒残。

---

# 109. 先啬飨蜡　傩翁禳厉

## 先啬［xiān sè］繁体作先嗇

上古传说中最先教导民众从事耕种的农神之一。最早见于《礼记·郊特牲》："蜡之祭也，主先啬而祭司啬也。"（大意：蜡祭所要祭祀的，以先啬为主，继而是农神后稷。）汉代训诂学家郑玄在注解中说："先啬，若神农者。"意思是说先啬就是如同神农氏那样最先启迪农耕的人物。宋代《郊庙朝会歌辞·熙宁蜡祭十三首·其八》："惠我四国，先啬之功。祭之百种，来享来宗。"《郊庙朝会歌辞·大观蜡祭二首·其一》："谁其尸之，宗子先啬。亿万斯年，怀神罔极。"明代黄佐《招颂补遗九首·其四·立烝民》："乃迎猫虎，奏我笙庸。以乐我先啬，惟禹斯崇。"清代沈德潜《风灾》："忆祈年，祭先啬。"

# 飨［xiǎng］繁体作饗

本义指众人在一起饮酒用餐，由于无论是在世的还是已故的人，都可以享用"飨"，因此祭祀先祖神灵，请他们享用祭品，也用"飨"来表示，引申为祭献、供奉的意涵。《诗经·小雅·楚茨》："先祖是皇，神保是飨。"三国时期魏国阮籍《咏怀·其六十一》："彼求飨太牢，我欲并一餐。"南朝齐代谢超宗《齐太庙乐歌十六首·其二·引牲乐》："崇席皇鉴，用飨明神。"唐代陆龟蒙《野庙碑附诗》："神之飨也，孰云其非。"宋代余靖《过大孤山》："正直鬼神德，非名奚独飨。"元代王哲《满庭芳·未欲脱家》："宗祖灵祠祭飨，频行孝、以序思量。"明代胡谧《题中镇庙》："形胜中原开伟观，英灵历代飨明禋。"清代潘耒《天都峰》："中天开帝廷，万灵此朝飨。"

# 蜡［zhà］

指周代在年底时一种名为"大蜡"的祭祀活动。见于《礼记·郊特性》："天子大蜡八。"（大意：天子的大蜡之祭，所祀奉的有八种神灵。）也称作"八蜡"。据《礼记》记载，这种祭祀活动起始于传说中的上古天子伊耆氏。所谓"蜡"，就是求索的意思，周代历法的岁末第十二月，要聚集那些驱令万物施惠于人类的神灵并恭请他们享用祭品，以报答他们的恩德，这就是大蜡之祭，也叫"蜡祭"。按郑玄的解释，大蜡所祭的八种神灵为：先啬、司啬、农事的管理之神田畯、田间的庐舍之神"邮表畷"、猫虎、管理堤坝之神"坊"、管理沟渠之神"水庸"，还有那些管理各种禽与兽的神。古人认为君子行事的准则是仁和义，对待这些神灵要讲究仁义，既然得到过他们的关照就应该予以仁至而义尽的回报。上古时蜡祭是四方收成的标志，年景不好就不举行蜡祭，以便民众严守财物，免于浪费；年景好就可以举行蜡祭，尽情宴乐，以慰大家一整年里的劳苦。蜡祭之后，人们就把各种收成保存起来，进入冬季的休息期了，国君也不会再征召劳役。晋代裴秀《大蜡诗》："岁事告成，八蜡报勤。"南朝齐代谢朓《黑帝·其三》："关梁闭，方不巡；合国吹，缩蜡宾。"唐代魏征《五郊乐章·黑帝羽音·肃和》："八蜡已登，三农息务。"宋代韩琦《壬子三月十八日游御河二首·其一》："倾城尽作河生日，匝岸皆如蜡祭人。"金代李俊民《群鼠为耗而猫不捕》："受畜于人要除害，祭有八蜡礼颇优。"元代王祯《土鼓》""祈年及祭蜡，齐敬格上下。"明代李贤《和陶诗·蜡日》："农人蜡祭毕，聚饮情偏和。"清代于振《随扈东巡盛京》："即今鸡犬桑麻地，缩蜡吹豳自往还。"

**按**："先啬缩蜡"一语，源自《礼记·郊特牲》："蜡之祭也，主先啬而祭司啬也。祭百种，以报啬也。缩农及邮表畷、禽兽，仁之至，义之尽也。"（大意：蜡祭所要祭祀的，以先啬为主，继而是祭祀农神后稷。同时还祭祀百谷之神"百种"，是为了报答他保佑庄稼的恩德；还要祀奉蜡祭的供品给农事的管理之神田畯并推及到田舍之神"邮表畷"和各种禽兽之神，是为了对所有帮忙过人类的神灵，体现出仁爱之心的周全备至、情义之举的倾尽全力。）宋代吴淑《事类赋·岁时部·冬》"祭本伊耆"句下、陈元靓《岁时广记·腊日》"祭先祖"条下、明代彭大翼《山堂肆考·时令·腊日》"报神"条下、清代华希闵《广事类赋·岁时部·腊日》"祭先祖之灵辰，或名清祀，或号嘉平"句下均收辑蜡祭风俗作为腊日的岁时掌故。

# 傩［nuó］繁体作儺

即一种驱逐疫鬼的仪式。"傩"是一种很古老的神秘文化现象。《周礼·夏官·方相氏》中记载："方相氏掌蒙熊皮，黄金四目，玄衣朱裳，执戈扬盾，帅百隶而时难（同"傩"），以索室驱疫。"（大意：方相氏负责身披熊皮，戴着黄金打造的有四只眼睛的面具，穿着黑色的上衣、红色的下衣，操着长戈举着盾牌，率领众多隶役人员依据时令举行傩祭，搜索房屋中隐匿的疾疫之鬼并加以驱逐。）所谓"方相氏"是傩仪中的主演人员，由四个形貌粗狂的大汉充任，头戴凶恶的面具，手持兵器，率领着一群徒众口中发出"傩！傩！"的声音，进行傩祭表演。这种仪式后来发展成每年农历腊月时举行的常规祭礼。据《吕氏春秋·季冬纪》东汉高诱的注释说："今人腊岁前一日，击鼓驱疫，谓之'逐除'。"（大意：当今世人在腊岁的前一日，击鼓驱逐疾疫之鬼，称作"逐除"。）我国南朝刘宋时期的历史学家范晔在《后汉书·礼仪志》中记载得更为详细："先腊一日，大傩，谓之'逐疫'。其仪：选中黄门子弟十岁以上，十二岁以下百二十人为侲子。皆赤帻皂制，执大鼗。方相氏黄金四目，蒙熊皮，玄衣朱裳，执戈扬眉。十二兽有衣毛角，中黄门行之，冗从仆射将之，以逐恶鬼于禁中。"（大意：入腊的前一天，举行大傩祭礼，称作"逐疫"。其具体的仪式是：选取宫内近侍的子弟十岁以上、十二岁以下的一百二十人充做巫童，清一色的赤色头巾、黑色衣服，手里拿着大拨浪鼓。方相氏戴着黄金打造的有四只眼睛的面具，身披熊皮，穿着黑色的上衣、红色的下衣，操着长戈做出各种扬眉瞪眼的表情。还有十二种驱疫的神兽，皮毛头角俱全，由宫内中黄门近侍饰扮，中黄门的长官冗从仆射指挥着他们，在宫禁中驱逐厉鬼。）傩祭沿袭至历朝历代，在我国民间它还演变成为一种叫作"傩戏"的娱乐活动。唐代卢全《除夜·其一》："傩声方去病，酒色已迎春。"宋代周紫芝《岁杪雨雪连日闷题六绝·其三》："春回九地初颁历，人傍千门复看傩。"金代刘从益《岁除夕次东坡守岁韵》："南邻祭灶喧，北里驱傩哗。"元代李孝光《次三衢守马昂书坌韵》："啸歌聚族无不可，祓除安用索与傩。"明代林光《新年二首·其二》："傩鼓声远闹，屠酥酒未消。"清代虞相尧《除夜感怀·其一》："诗因慵懒无心祭，鬼避清狂不待傩。"

## 翁 ［wēng］

指年老的男子。汉代王粲《从军诗五首·其一》："窃慕负鼎翁，愿厉朽钝姿。"晋代傅玄《墙上难为趋》："渭滨渔钓翁，乃为周所咨。"南朝梁代范云《答何秀才》："已轻淄水鬓，复笑广州翁。"唐代白居易《卖炭翁》："卖炭翁，伐薪烧炭南山中。"宋代李含章《出典宣城三首·其二》："寄语路人休借问，锦衣归去一衰翁。"金代毛麾《和思达兄杏花》："欲传此恨花无语，强对芳时作醉翁。"元代郭翼《渔庄》："野翁归醉晚，水没系船桩。"明代苏伯衡《送曹叔温赴淮安幕》："东华邂逅式相逢，萧骚短发惊成翁。"清代石涛《与友人夜饮》："即今头白两成翁，四顾无人冷似铁。"

**按**："傩翁"一词源自唐代李绰《秦中岁时记》："岁除日傩，皆作鬼神状，内二老人名为'傩翁''傩母'。"（大意：农历除夕这天要举行傩祭仪式，参与表演的人都装扮成鬼神的模样，其中有两个老年人称为"傩翁""傩母"。）可知当时在陕西一带地区的傩祭中，傩翁、傩母是取代"方相氏"而成为主要角色的人物，"翁"和"母"这种关乎辈份的称谓也体现出他们在个中的威望和地位。这两个角色当中，做为男性的"傩翁"必定要担负技巧更高、劳力更重的表演任务，起到主导的作用，因而其象形也更为突出，成了"新方相氏"的代表，并普及到陕西以外的各个地区。明代张萱《丙寅除夕守岁呈郡大父二初余公》："重来佛子鸠鸿雁，更嘱傩翁逐虎豺"，清代汤右曾《莽式歌》："季冬腊日烹黄羊，傩翁侲子如俳倡"，说的都是这个"傩翁"。

## 禳［ráng］

意为通过祷祀活动对某种不祥之物的驱赶、去除。唐代王绩《病后醮宅》："埋沙禳疫气，镇石御凶年。"宋代苏轼《皇太妃阁五首·其五》："仁孝自应禳百沴，艾人桃印本无功。"元代张翥《病店·其五》："邻翁教诵禳灾咒，道士来书禁疟符。"明代李东阳《茶陵竹枝歌十首·其二》："刲羊击豕禳瘟鬼，击鼓焚香赛土神。"清代严遂成《李文达贤·其二》："禳灾九事言之尽，起复三辞制不终。"

## 厉［lì］繁体作厲

指恶鬼。《正韵》："厉鬼。"唐代韩愈《柳州罗池庙词》："福我兮寿我，驱厉鬼兮山之左。"宋代项寅宾《和范至能元日》："桃符禳厉鬼，椒酒劝仙童。"元代王士云《赠人》："厉鬼有灵当两活，史书无愧可千年。"明代贝琼《丁未除夕》："俗传傩逐厉，事类博成枭。"清代屈大均《赠何东滨处士·其三》："招魂应葬梅花岭，为厉难归白下田。"

**按**：岁终傩祭是我国传统民俗文化中的一个重要组成部分，影响深广。宋代吴淑《事类赋·岁时部·冬》"于是先以大傩"句下、明代鼓大翼《山堂肆考·时令·除夕》"驱傩"条下、清代华希闵《广事类赋·岁时部·除夕》"驱厉鬼于傩翁"句下均收辑傩祭驱疫活动作为除夕的岁时掌故。

## 【本句译读】

年终岁尾，人们举行蜡祭供奉丰厚的祭品给先啬享用；还要举行傩祭请威武凶猛的傩翁来驱逐散布疾疫的厉鬼。

# 110. 介胄装丞　翟袆娈婢

## 介胄［jiè zhòu］

本义指铠甲和头盔，引申意为披甲戴盔。南朝宋代何承天《鼓吹铙歌十五首·其一·朱路篇》："嗟嗟介胄士，勖哉念皇家。"唐代杜甫《垂老别》："男儿既介胄，长揖别上官。"宋代程公许《寿制使董侍郎》："胆折栈云不敢向，介胄酣眠宵彻明。"明代郑真《送陈大舍》："当年介胄阵前决，凯歌夜踏明月归。"清代钱载《平定两金川诗十二章》："赐御马以扈，上将介胄；入朝更吉衣，龙绘藻绣。"

# 装 [ zhuāng ]

意为装作、假扮。宋代朱敦儒《洞仙歌·其一》："且落魄、装个老人星，共野叟行歌，太平时世。"元代姬翼《鹊桥仙》："阛阓听诳，天真成妄，俱喜攒头装相。"明代徐复祚《尾》："乔打扮身儿诈，这些时且装聋做哑。"清代钱谦益《仲冬六日吴门舟中夜饮，饮罢放歌为朱生维章六十称寿》："时时排场纵调笑，往往借面装俳优。"

# 丞 [ chéng ]

古代佐官名，泛指帮助主官办理具体事宜的从属官吏。汉代乐府《孔雀东南飞·古诗为焦仲卿妻作》："遣丞为媒人，主簿通语言。"唐代苏颋《奉和崔尚书赠大理陆卿鸿胪刘卿见示之作》："吏部端清鉴，丞郎肃紫机。"宋代刘兼《从弟舍人惠茶》："老丞倦闷偏宜矣，旧客过从别有之。"金代王寂《拙轩》："督责老掾询聋丞，曰畏罪罟空凌竞。"元代熊鉌《赠王典史五首·其二》："丞曹象阴阳，右左各分治。"明代刘宗周《咏姬仆》："贼兵未至官辄逃，纷纷不数丞尉职。"清代宋琬《神鸦行》："送往迎来有疆界，驰驱不异尉与丞。"

按："丞"在这里特指"门丞"，亦即门神。北宋吕原明《岁时杂记》："除夕图画二神形傅于左右扉，名曰'门丞''户尉'。"（大意：除夕时人们绘制两个神形画像贴在门的左右两扇上，其名为"门丞""户尉"。）明代冯应京《月令广义·十二月令》记载："道家谓门神，左曰'门丞'，右曰'户尉'。"（大意：道教人士称谓门神时，把左边的门神叫作"门丞"，把右边的门神叫作"户尉"。）在古代，"丞"是文职佐官的泛称，"尉"是武职佐官的泛称，护佑门户的神祇以"丞""尉"为名，含有一文一武、一阴一阳的寓意。《太上洞渊神咒经卷十四·杀鬼步颂品》中有经文说："道言：百姓官吏，门丞户尉，左右亭长，是诸上下九卿、大夫宅中，……"文中的"门丞户尉"就是护持宅门的门神。这部《太上洞渊神咒经》，据唐末五代道士、道学家杜光庭的序言说是传经于西晋末年，所以这里应该是"门丞"一词最早的出处。在后来的道教或佛教典籍中，"门丞户尉"的说法屡见不鲜。在民间世俗中，"门丞"更是可以独立地代表门神。明代朱橚《普济方·符禁门·禁鬼剋忤气》："三日一治，五日一量；门丞收缚，灶君上章。"明代郭勋辑《雍熙乐府·集贤宾·乔断鬼》："悄促促入的门丞，猛见他恶狠狠高声叫，我这里静巉巉侧耳听，不由我可丕丕早心惊。"康熙刊本《楚雄府志·卷一》："元旦，祀天地、祖先、桃符门丞。"清代陈维崧《贺新郎·乙卯元日十五用前韵》："抖擞门丞秦叔宝，贝带璘斑光射。"又《岁寒词小序》："怅门丞之欲去，饯以粎盆。"蒋超伯《寄唐伯华》："又见门丞换，何尝吠犬惊。"这些都是"门丞"一词普及于民间世俗并直接指代"门神"的确证。

**又按**："介胄装丞"一语，源自宋代孟元老《东京梦华录》："至除日，禁中呈大傩仪，……用镇殿将军二人，亦介胄，装门神。"（大意：到了年三十儿这天，在皇宫内进呈大型傩祭的仪式给皇帝观礼，……用镇殿将军两名，都披甲戴盔，装作门神。）孟元老时代的北宋王朝虽然渐趋末路，但表面上还是一片节物风流、人情和美的繁华景象。年底的宫中大傩祭仪依旧大事铺陈，不仅有教坊的专业演员负责表演，而且还要动用皇家的仪仗、侍从和警卫部队，总人数达上千人。节目编排也有很多花样儿，比如借用皇帝朝会时站立于殿角处的高大侍卫即所谓的"镇殿将军"披甲戴盔，装扮成凶猛威武的门神参与到傩祭的仪式当中，就是其中的一项。清代华希闵的《广事类赋·岁时部·除夕》"门丞去欲空"句下收辑介胄装门神事作为除夕的岁时掌故。

## 翟袆 [ zhái huī ] 繁体作翟褘

袆衣的别称。《周礼·天官·内司服》："掌王后之六服：袆衣、揄狄、阙狄、鞠衣、襢衣、褖衣。"袆衣即是这"六服"之一，是王后跟从天子祭祀先王时穿的祭服，它也是后世皇后最高形制的礼服，既是祭服，也是朝服和册封、婚礼等典礼活动时穿的吉服。因为它上面有彩绢刻成的雉鸡形状和重彩描绘的纹饰，所以也叫"褕翟袆衣""重翟袆衣"，简称"翟袆""翟衣"，后来用以指称朝廷命妇或王公贵妇的华服。宋代李石《巫山凝真仙人词》："七华兮凤羽，五色兮翟袆。"明代张萱《题游中舍寿母卷》："龙章荐翟袆，贲此松楸色。"清代赵翼《邺城怀古》："最是可怜西去后，青裙换却翟袆红。"

## 娶 [ qǔ ]

男子把女子接进家门成婚，跟"嫁"相对。《说文》："娶，取妇也。"屈原《天问》："浞娶纯狐，眩妻爰谋。"汉代乐府《白头吟》："凄凄重凄凄，嫁娶不须啼。"三国时期魏国应璩《百一诗·其十一》："埋葬嫁娶家，皆是商旅客。"晋代张华《感婚诗》："婚姻及良时，嫁娶避当梁。"唐代李颀《送刘十》："三十不官亦不娶，时人焉识道高下。"宋代张元幹

《次聪父见遗韵》："此心毕娶无余事，且向春江理钓丝。"元代关汉卿《太平令》："那里是明婚正娶，公然的伤风败俗。"明代丁晋《大河行》："万化之原夫妇始，禹娶涂山四日尔。"清代宋琬《胡去骄生日并举二子歌》："握别长安君未婚，小弟六郎惊已娶。"

## 婢［bì］

古代受官家或有钱人家雇佣的女子。南朝梁代萧纲《从军行·其二》："小妇赵人能鼓瑟，侍婢初筝解郑声。"唐代韩愈《和侯协律咏笋》："成行齐婢仆，环立比儿孙。"宋代丘浚《赠五羊太守》："碧睛蛮婢头蒙布，黑面胡儿耳带环。"金代元好问《八声甘州》："儿婚女嫁，奴耕婢织，共有住山缘。"元代张玉娘《闲坐口谣》："痴婢不知意，问我心恨谁。"明代王彦泓《追和唐女冠鱼玄机十二韵》："雅谑引经推郑婢，狂诗送抱想吴男。"清代孙枝蔚《自邑中归田作·其一》："贫家无僮婢，日喜牛常肥。"

**按**："翟祎娶婢"一语，源自《新唐书》中的一个故事。原文为："窦怀贞，字从一。……神龙中，进左御史大夫兼检校雍州长史。会岁除，中宗夜宴近臣，谓曰："闻卿丧妻，今欲继室可乎？"怀贞唯唯。俄而禁中宝扇郚卫，有衣翟衣出者，已乃韦后乳媪王，所谓莒国夫人者，故蛮婢也。怀贞纳之不辞。"（大意：窦怀贞，字从一。……神龙年间，晋升为左御史大夫兼检校雍州长史。适逢某年的除夕，唐中宗李显摆设年夜饭宴请那些比较亲近的大臣，席间对窦怀贞说："听说你是丧妻之人，今天我要为你续娶一位新夫人，你看可以不？"怀贞恭敬地连声

553

答应。不一会儿，在漂亮的宫扇遮蔽卫护下，有一位穿戴着命妇华服的女人从后宫走了出来，原来是韦皇后的奶妈王氏，也就是朝廷赐封为"莒国夫人"的那位，她原是一个出自南蛮的婢女。怀贞欣然接纳并不拒绝。）据宋代司马光《资治通鉴》说，这个故事发生在唐中宗景龙二年亦即公元708年，这时韦皇后最小的女儿安乐公主李裹儿都二十二岁了，可想而知韦皇后的奶妈王氏此时一定是个不适合婚嫁的老迈女人。所以李显为窦怀贞张罗的这门亲事，着实具有很浓的戏谑和嘲弄的意味，而窦怀贞却纳而不拒。由于这个故事发生在"岁除"之日，所以明代彭大翼《山堂肆考·时令·除夕》"嫁婢"条下、清代华希闵《广事类赋·岁时部·除夕》："笑煞阿爹迎来蛮婢"句下均收辑这个故事作为除夕的岁时掌故。

**又按**："翟祎"这种服装按《周礼》规定只有皇后才能穿，后世历代也都沿袭古礼把它做为皇后或皇太后的尊服之一。但是"翟祎"一词也可以指称朝廷御赐给命妇的豪华礼服。明代《长洲县志·姚汝辑妻之氏》记载："文氏，卫辉丞元发女。……天启壬戌，弟文震孟为句胪第一人，从京兆府宴归，执手版进谒孺人，具翟祎相迎，一堂登拜，长安士大夫艳称之，年七十余卒。"（大意：文氏是卫辉府丞文元发的女儿。……天启年间的壬戌年亦即公元1622年，文氏的弟弟文震孟考取进士第一名。他从西安官署京兆府的庆功宴上回来，手持朝廷命官专用的笏板恭恭敬敬地拜见文氏老夫人，文氏则穿上朝廷旌表时赐予的礼服迎接他。全家人都登堂礼拜老夫人，一时之间长安城里的大小官员们都艳美称颂这一家人。文氏活到七十多岁时才去世。）文中的"文氏"是明代大书法家、文学家文征明的曾孙女，其弟文震孟则是文征明的曾孙，也是明代第八十二位状元。从文震孟科场夺魁后手持笏板拜谒"长姊如母"的文氏，文氏则穿上"翟袆"盛装依礼相迎的记载中，可知明代朝廷旌表妇女时所赐的礼服，也可以称为"翟袆"。

## 【本句译读】

在大年三十儿的大傩仪式中，镇殿将军披甲戴盔，装扮成威猛的门神驱逐鬼祟；在除夕的赐婚宴上，翟衣盛装隆重出场的新娘，原来竟是一个出身南蛮的老婢。

---

# 111. 爆震山魈  魌嬉小妹

## 爆 [bào]

物质经过烧灼后猛然炸裂并导致发声。《说文》："爆，灼也。"唐代韩愈《答柳柳州食虾蟆》："巨堪朋类多，沸耳作惊爆。"宋代王安石《元日》："爆竹声中一岁除，春风送暖入屠苏。"金代赵秉文《栗》："宾朋宴罢煨秋熟，儿女灯前爆夜阑。"元代杨维桢《张猩猩胡琴引》："划焉火豆爆绝弦，尚觉莺声在杨柳。"明代徐渭《醉人》："几声街爆轰难醒，那怕人来索酒钱。"清代齐召南《除夕前一夜斋宿起居注馆燃烛校书有述》："泼水寒衾经雪后，如雷春爆定更初。"

## 震［zhèn］

本义指惊雷、疾雷。《说文》："震，劈历振物者。"引申用如动词，意为使人或动物心生震骇、惊惧。《诗经·大雅·常武》："徐方绎骚，震惊徐方。"南朝梁代刘孝绰《和湘东王理讼》："禁奸摘铢两，驭黠震豺狸。"唐代元稹《江边四十韵》："隐锥雷震蛰，破竹箭鸣骹。"宋代张方平《沧浪曲》："功大不赏威震主，不去必诛今古同。"金代惠吉《骊山》："直教兵震渔阳地，破碎霓裳羯鼓声。"元代董天吉《项王庙》："威名震列国，斩婴爇咸阳。"明代刘基《赠杜安道》："欢声激烈似雷霆，猛气枭枭震貔虎。"清代潘柽章《拟收京》："天家旌旆下重关，朝会花冠震百蛮。"

## 山魈［shān xiāo］

古代传说中一种居住在大山里的人形怪物。亦称"山臊"。唐代张祜《寄迁客》："溪行防水弩，野店避山魈。"宋代郭祥正《谷帘水行》："我来吟哦不知晚，山云四暗山魈呼。"金代王寂《小儿难夫子辨》："山魈与社鬼，香火未尝冷。"元代吴汉仪《吹箫歌赠金精山人陈天佑》："箫声呜呜响空碧，潜蛟起舞山魈泣。"明代李本《题柴昆陵越山春晓图》："独脚山魈作鬼精，偷向灵岩拾奇草。"清代李邺嗣《得杖》："山魈不敢争，空潭戏蚴蟉。"

**按**："爆震山魈"一语，源自古代民间除夕燃烧竹子以驱逐山魈恶鬼的岁时风俗。最早记载除夕爆竹驱逐山魈的是宋代李畋的《该闻录》，里面记录了一件作者亲历的事情："爆竹辟妖。邻人有仲叟，家为山魈所祟，掷瓦石，开户牖，不自安。叟求祷之，以佛经报谢，而妖祟弥盛。畋谓叟曰：'翁且夜于庭落中若除夕爆竹数十竿。'叟然其言，爆竹，至晓寂然安帖，遂止。"（大意：点燃竹子发出爆裂声能够辟除妖邪鬼祟。我的邻居有个姓仲的老翁，他家被山魈作怪骚扰，朝人扔瓦头、撇石块，不是弄开窗户就是撬开门，很不消停。老翁向山魈祈求停止这些闹腾，许诺为它颂诵佛经祈福作为报答，而山魈作祟却更凶了。我对老翁说："老人家您夜里就在院子的中央，像除夕那样燃爆几十竿竹子就能解决这个问题。"老翁听信了我的话，夜间烧爆竹竿，直到清晨四周都悄无声息很安定，老翁家山魈作祟这个事儿也就至此为止了。）从这段记载中可知，宋代民间已经由"正月初一"早上爆竹发展为除夕夜里爆竹。《该闻录》的作者李畋，字渭卿，号谷子，华阳（今四川成都双流县）人。他生于北宋建隆元年即公元960年，卒于皇祐二年即公元1050年，享年九十岁。后世的花炮行业奉他为行业祖师，也就是因为《该闻录》里记载的这段亲自帮邻家老翁出主意以爆竹驱山魈的故事。宋代陈元靓《岁时广记·岁除》"燎爆竹"条下、明代彭大翼《山堂肆考·时令·除夕》"爆竹"条下、清代华希闵《广事类赋·岁时部·除夕》均收辑爆竹震慑山魈事作为除夕的岁时掌故。

## 馗［kuí］

古代时多用于人名，在这里特指"钟馗"，是专司打鬼驱邪的中国民间俗神。敦煌遗书中发现的写本《太上洞渊神咒经·斩鬼第七》有"今何鬼来病主人？主人今危厄，太上遣力士、赤卒，杀鬼之众万亿，孔子执刀，武王缚之，钟馗打杀得，便付之辟邪"的文字。该写本出自晋末抄经人之手，见录于台湾新文丰出版公司出版、黄永武编《敦煌宝藏》。任继愈主编的《道藏提要》中介绍《太上洞渊神咒经》说："本经前十卷为原始部分，乃晋末到刘宋时写成。"著名学者卿希泰在《中国道教思想史纲》里亦认为该经书出现于晋代，以此可知作为专门打鬼的"钟馗"在晋代时就已经名列于道教神祇当中了。唐代王仁昫所著《刊谬补缺切韵》中有释义说："钟馗，神名。"此书写成于唐中宗神龙二年即公元706年，则此时之前钟馗又已跻身于民间的俗神之中了。唐代玄宗朝大臣张说在他的《谢赐钟馗及历日表》中提到："中使至，奉宣圣旨，赐画钟馗一幅、新历日一轴。"（大意：宫中派出的信使来了，奉皇上的命令宣读了圣旨：恩赐我钟馗的画像一幅和新一年的日历一轴。）说明那时钟馗已有了具体的视觉艺术象形。最早展现钟馗的文学象形、个性特征并勾画出其身世的，则是唐代卢肇《唐逸史》中的一则故事："明皇开元讲武骊山，翠华还宫，上不悦，因痁疾作。昼梦一小鬼，衣绛犊鼻，跣一足，履一足，腰悬一履，搢一筟扇，盗太真绣香囊及上玉笛，绕殿奔戏上前。上叱问之，小鬼奏曰："臣乃虚耗也。"上曰："未闻'虚耗'之名。"小鬼奏曰："'虚'者，望空虚中盗人物如戏；'耗'即耗人家喜事成忧。"上怒，欲呼武士，俄见一大鬼，顶破帽，衣蓝袍，系角带，鞹朝靴。径捉小鬼，先刳其目，然后擘而啖之。上问大者曰：'尔何人也？'乃奏云：'臣，终南山进士钟馗也。因武德中应举不捷，羞归故里，触殿阶而死。是时奉旨赐绿袍以葬之，感恩发誓，与我王除天下虚耗妖孽之事。'言讫，梦觉，痁疾顿瘳。"（大意：唐明皇李隆基于开元年间有一次到骊山的阅兵式观礼，御驾回宫后，心情不太好，因为他犯了疟疾。他白天休息时睡着了，梦见一个小鬼，穿着深红色的犊鼻裈，一只脚光着，一只脚穿鞋，腰上挂着它的另一只鞋，还插着一把竹扇，正在偷杨玉环的绣锦香囊和自己的那支玉笛，环绕大殿上蹿下跳。皇上怒骂斥问它是什么东西，小鬼回答说："我是虚耗。"皇上说："没听说'虚耗'这种名字。"小鬼说："所谓'虚'，就是在不知不觉间偷取人家的东西而如同游戏一般；所谓'耗'，则是专门破坏人家的好事而令他转为忧愁哀苦。"皇上听到如此揶揄不敬的回话不禁更加生气，刚要呼唤侍卫武士，猛然间就看见一个大鬼，头戴破帽，身穿蓝袍，系着有牛角装饰的腰带，趿拉着一双官员上朝时穿的官靴，径直冲过来捉住那个小鬼，先挖空了它的眼睛，接着就把它掰开来大口吞噬。皇上问大鬼道："你是什么人？"大鬼报告说："臣是终南山的进士钟馗。因为武德年间科举殿试没有中第，不好意思回归故里，就在殿试之后头撞石阶而死。当时承蒙高祖［李渊］赐予绿袍加身并安葬了我，我感戴皇恩，立下重誓，要为我大唐皇帝铲除天底下的一切虚耗鬼怪。"话刚说完，皇上就从梦里醒了过来，疟疾也顿时痊愈了。）从此，钟馗亦神亦鬼的个性化形象特征就基本臻于定型。民间的钟馗传说和故事被演绎得日益丰富而且流传广远，致使他成为中国民间最为知名也最受人喜爱的神祇之一。唐代李宣古《咏崔云娘》："不须当户立，头上有钟馗。"宋代苏辙《题旧钟馗》："济南书记今白须，岁节钟馗旧绿襦。"金代石君宝《南吕一枝花》："他管也小鬼见钟馗，腌材料，风短命欠东西。"元代耶律楚材《西域元日》："迂叟不令书郁垒，痴儿刚要画钟馗。"明代沈宣《蝶恋花·元旦》："新画钟馗先挂了，大红春帖销金好。"清代田雯《迎春诗》："钟馗手拍铜绰板，揶揄调笑随白狼。"

# 嬉 ［xī］

意为亲昵而无拘束地游戏、耍闹。汉代乐府《孔雀东南飞·古诗为焦仲卿妻作》："初七及下九，嬉戏莫相忘。"三国时期魏国阮籍《咏怀·其五十一》："松柏郁森沉，鹂黄相与嬉。"南朝梁代萧纲《乐府三首·其一·蜀国弦歌篇十韵》："阳城嬉乐所，剑骑郁相趋。"唐代李峤《月》："愿言从爱客，清夜幸同嬉。"宋代宋祁《春野观农事》："乳雉嬉原隰，歌牛下浦阴。"金代赵秉文《题牧牛扇头》："不如两相忘，人禽相娱嬉。"元代许衡《七月望日思亲》："草窗夜静灯前教，蔬圃春深膝下嬉。"明代龚诩《观梅图》："年年二月三月天，士女嬉游多画船。"清代陈之遴《燕京杂诗·其十二》："塘上水嬉陈百戏，楼头春望出双鬟。"

# 小妹 ［xiǎo mèi］

指姊妹中排行最后，年纪最轻者，最早见于南朝梁代何逊《轻薄篇》："大姊掩扇歌，小妹开帘织。"在这里则特指钟馗的妹妹即"钟馗小妹"，她是随着钟馗故事的广泛流传，逐渐衍生出来的一个民间传说人物。"钟馗小妹"一词最早见载于宋代绍圣三年即公元1096年前后刊行的《法演禅师语录卷上·次住太平语录》："学云：如何是主中宾。师云：钟馗小妹。"最早将她形诸于文字描写的，则见于宋代绍兴四年即公元1134年刊行的《圆悟佛果禅师语录卷第七·上堂七》的一段上堂偈语："上堂云：五月五日天中节，万祟千妖俱殄灭。眼里拈却须弥山，耳中拔出钉根楔。钟馗小妹舞三台，八臂那吒嚼生铁。敕摄截急急如律令。"佛果禅师恰巧也正是法眼禅师的法嗣传人。南宋孟元老《东京梦华录·除夕》记载："至除日，禁中呈大傩仪，……教坊使南河炭丑恶魁肥，装判官。又装钟馗小妹、土地、灶神之类。"（大意：到了"年三十儿"这天，在皇宫内表演大型傩祭的仪式供皇帝观礼，……宫廷教坊的头目"南河炭"面目丑恶而身形魁梧，装扮成地狱里的判官。又有人装扮成钟馗小妹、土地佬、灶王爷之类。）又据南宋吴自牧《梦粱录·十二月》记载："自此入月，有街市贫丐者，三五人为一队，装神鬼、判官、钟馗小妹等形，敲锣击鼓沿门乞钱，谓之'打夜胡'，亦驱傩之意也。"（大意：自打进了十二月份，街市间就有穷人和要饭的，三五成群，装扮成鬼神、判官、钟馗小妹等模样，敲着锣打着鼓逐门逐户地向开设门面店的商家讨要铜钱，这叫做"打夜胡"，也是源于驱鬼避邪的老讲究。）可以看出，钟馗小妹也是打鬼干将，并且宋代时在民俗活动中已然非常地活跃。宋代释居慧《偈二首·其一》："钟馗醉里唱凉州，小妹门前只点头。"元代郑元佑《馗妹图》："妹肯从兄肆屏逐，我亦家富黄金钱。"明代李昱《题钟馗移家图》："随兄小妹脸抹漆，眼光射人珠的皪。"清代赵我佩《虞美人·题钟馗览镜图为闰重午作》："红妆小妹定嘲它，如戟须眉还有、照菱花。"

**按**："馗嬉小妹"一语，源于古代民间流传的钟馗除夕嫁妹的故事。该故事的大致梗概为：唐朝进士钟馗的同乡好友杜平，为人乐善好施，馈赠银两资助钟馗并一同赴京赶考。钟馗高考得中头名状元，却因相貌丑陋而被皇帝剔除，羞愤之下头撞殿阶而死。一同应试的杜平便将其隆重安葬。钟馗做了鬼王以后，为报答杜平生前对自己的恩义，遂亲率一众鬼卒于除夕时返家，将妹妹接出来嫁给了杜平。现存最早的"嫁妹"题材绘画作品是宋代苏汉臣的《钟馗嫁妹图》，今藏台北故宫博物院。苏汉臣生于1094年，卒于1172年，曾经在北宋徽宗朝和南宋高宗朝两度任职画院待诏，其"嫁妹"画作的实物遗存说明最迟在他的那个时代，钟馗嫁妹故事在民间就有了相当广泛而且深入的传播，其强劲的势头并已触及到上流社会的高雅艺术创作。钟馗嫁妹题材的绘画作品自宋以后历代不绝，许多宗师巨匠亦多染指其间。明清以后，这一题材更是形诸于传奇、戏曲和说部，是我国俗文化中民众认知度最高的民间传说之一。故事中的钟馗与小妹，一刚一柔，一丑一俊，一老一少，一喜一臊，这些强烈的反差和对比都营造着无尽的揶揄、嬉闹、欢愉、诙谐的戏剧化氛围，而且"鬼"趣横生，自是不同于一般的婚嫁场景。清代华希闵《广事类赋·岁时部·除夕》"戏看小妹，随去钟馗"句下收辑嫁妹事作为除夕的岁时掌故，"馗嬉小妹"一语亦取意于此。

## 【本句译读】

除夕夜里，人们燃草爆竹，令山魈鬼魅震骇惊惧；钟馗揶揄、嬉戏着他的小妹，并代替父母了结其嫁人的终身大事。

# 112. 躔度穷纪 春雷又至

## 躔度 ［chán dù］

躔，本义为践历、历行。《说文》："躔，践也。"引申指天体的运行。古人把周天分为三百六十度，并划规出若干区域，从而使人能够清晰地辨别日月星辰所在的方位，而"躔度"就是日月星辰经行天体不同区域时的度数。宋代吕陶《再和胡右丞视学》："譬欲考躔度，亦先由浑仪。"元代梅致和《良弓行》："材干坚良胶漆固，圆穹宣精列躔度。"明代郑真《日食诗》："人言七政失躔度，历家推演错昏暮。"清代钱谦益《秋日杂诗二十首·其十五》："躔度起斗牛，天街肃垣墙。"

## 穷纪 ［qióng jì］繁体作窮纪

即农历十二月的代称。《礼记·月令》："季冬之月，……日穷于次，月穷于纪，星回于天，数将几终，岁且更始。"（大意：季冬十二月……太阳运行到最后的位置，月亮也运行到了和太阳最终会合的地方，列宿的星辰也绕天一周回到了初始的方位，一年的时间即将足数而告终，新的一年则要开始了。）既然《礼记》里都明确指出在季冬"月穷于纪"，所以后人就把农历十二月份称作"穷纪"。唐代徐坚等编撰的《初学记》卷三引录南朝梁元帝萧绎《纂要》的一段内容："十二月季冬，亦曰'暮冬''杪冬''除月''暮节''暮岁''穷稔''穷纪'。"文中记录了可以代表季冬也就是农历十二月份的七个别名，最后一个即为"穷纪"。汉代张皓《藏冰赋》："履在岁之穷纪，知层冰之腹坚。"北朝周代庾信《正旦上司宪府诗》："穷纪星移次，归余律未殚。"唐代李峤《奉和杜员外扈从教阅》："杪冬严杀气，穷纪送颓光。"元代郝经《冬至后在仪真馆赋诗以赠三伴使》："新阳复生意，岁律已穷纪。"明代黄姬水《丙辰除夕》："天涯滞客当穷纪，绿酒灯前意不欢。"清代李长霞《黄陂道中作》："穷纪辞乡县，客迹随蓬飘。"

## 春［chūn］

即春季。《诗经·豳风·七月》："春日载阳，有鸣仓庚。"屈原《离骚》："日月忽其不淹兮，春与秋其代序。"汉代张衡《歌》："浩浩阳春发，杨柳何依依。"晋代傅玄《众星诗》："冬寒地为裂，春和草木荣。"南朝宋代何偃《冉冉孤生竹》："徒作春夏期，空望良人轨。"唐代杜甫《春夜喜雨》："好雨知时节，当春乃发生。"宋代王安石《泊船瓜洲》："春风又绿江南岸，明月何时照我还。"金代庞铸《墨竹三首·其三》："待得春雷惊蛰起，此中应有葛陂龙。"元代刘鹗《次韵》："春到谩寻花作友，客来须借酒为欢。"明代李本《经屠氏废宅》："惟有画桥桥畔柳，春来依旧绿依依。"清代李昌垣《瓜洲》："潮声环郭远，春色渡江明。"

## 雷［léi］

自然天气现象，指云层放电时发出的巨响。《诗经·大雅·云汉》："兢兢业业，如霆如雷。"屈原《九歌·其九·山鬼》："雷填填兮雨冥冥，猿啾啾兮狖夜鸣。"汉代郭苍《神汉桂阳太守周府君碑铭》："石纵横兮流洄洄，波隆隆兮声若雷。"晋代郭璞《游仙诗十九首·其九》："登仙抚龙驷，迅驾乘奔雷。"唐代李白《述德兼陈情上哥舒大夫》："浩荡深谋喷江海，纵横逸气走风雷。"宋代王禹偁《栽木芙蓉》："春雷一声动，又长新枝柯。"金代高士谈《道中》："树底树头千点雨，山南山北一声雷。"元代赵孟頫《病中春寒》："始雷发东隅，霁旖阳光披。"明代高启《题董元卧沙龙图》："空潭白日不闻雷，云雾俄随转身起。"清代王士祯《南将军庙行》："范阳战鼓如轰雷，东都已破潼关开。"

## 又［yòu］

表示重复的副词，意为复、再、再次。《诗经·小雅·小宛》："各敬尔仪，天命不又。"屈原《天问》："夜光何德，死则又育？"南朝宋代谢庄《怀园引》："朱光蔼蔼云英英，离禽喈喈又晨鸣。"唐代周弘亮《除夜书情》："三冬不再稔，晓日又明年。"宋代张群《谪袁州寄子美》："今日天涯又春色，却寻高处望吴云。"金代李晏《赠燕》："王谢堂前燕，秋风又送归。"元代陈宜甫《夜闻陇西歌有怀牧庵左丞》："我来陇西成浪游，寂寞春残又到秋。"明代龚诩《闺怨·其一》："啼鸟数声惊梦断，一庭芳草又斜阳。"清代顾云阶《九月十五月下作》："明月今又来，延月山窗开。"

## 至［zhì］

意为到达、来到。《诗经·秦风·渭阳》："我送舅氏，曰至渭阳。"汉代曹操《短歌行》："但为君故，沉吟至今。"晋代陶潜《拟古九首·其五》："愿留就君住，从今至岁寒。"南朝梁代王僧孺《春闺有怨》："愁来不理鬓，春至更攒眉。"唐代魏奉古《长门怨》："长安桂殿倚空城，每至黄昏愁转盈。"宋代徐铉《寄萧给事》："今日城中春又至，落梅愁绪共纷纷。"金代刘汲《不如意》："一欢强欲谋，百忧已先至。"元代傅若金《八月十三日至京》："孟秋凉飙至，驱车出西门。"明代高柄《赋得客中送客》："长空一飞雁，落日千里至。"清代李呈祥《野望·其二》："老松无别态，气至理亦荣。"

按："春雷又至"一语，源自《大戴礼·夏小正》"传文"中"正月必雷"的传统时令说法。《夏小正》是我国现存最早的把天文、气象、物候和农事结合起来进行叙说的时令著述。其中记载："正月：启蛰；雁北乡；雉震呴；……"（大意：正月的物候：猫冬的农人开始有所行动，做春耕的准备了；大雁要向北移居了；野鸡凸耸起它的翅膀开始鸣叫起来了；……）《夏小正》"传文"对其中"雉震呴"所作的诠释是："震也者，鸣也；呴也者，鼓其翼也。正月必雷，雷不必闻，惟雉为必闻之。何以谓之雷？则雉震呴，相识以雷。"（大意：所谓"震"，就是鸣叫。所谓"呴"，就是凸耸起它的翅膀。正月时一定会打雷，但此时并听不到雷的声音。那么凭什么知道有雷呢？是因为我们看到野鸡凸耸着翅膀使劲地鸣叫，野鸡能够感应到地下的雷动所以才使劲鸣叫的。）西汉古籍《洪范·五行传》"雷动，雉呴。正月雷微动，而雉呴，雷通气也"；东汉蔡邕《月令章句》"雷在地中，雉性精刚，故独知之，应而鸣也"，说的都是同一回事儿。古人认为万物都是阴阳的产物，雷也不例外。到了这个时令，阳气的生发会更加强盛一些，雷虽然还没有发声，但已经酝酿于地下。土中的阳气震发，蛰眠的地虫们也就都复苏了。能够敏锐地感知到这股地底内动力的禽虫也包括着会叫的野鸡。这里说到的"正月"，是承袭《夏小正》的用语，白居易《闻雷》中的诗句"穷冬不见雪，正月已闻雷"，就是取意于此。当春雷再次来到人间的时候，前面的一年就结束了，后面的一年则开始了。

## 【本句译读】

天体运行不息，时光来到了十二月份；久违了的春雷也再次返回了人间。

---

# 113. 缱绻绸缪　螭驭畴系

## 缱绻 ［qiǎn quǎn］繁体作繾綣

本义指情意缠绵，引申意为固结不解、留恋不舍。《诗经·大雅·民劳》："无纵诡随，以谨缱绻。"晋代张载《赠虞显度》："畴昔协兰芳，缱绻在华年。"南朝宋代谢灵运《赠安成》："缅邈岁月，缱绻平生。"唐代杜甫《赠特进汝阳王二十韵》："寸长堪缱绻，一诺岂骄矜。"宋代刘敞《题所种金凤花自淮北携子种之云》："按图感形似，览物意缱绻。"元代蒲道源《春晚山茶始开示德衡弟》："抚树三叹息，岁寒同缱绻。"

明代王问《武林登晴晖楼简枭司诸公》："星轺西望荆湘远,犹为名湖生缱绻。"清代吕谦恒《怀浦大云旷》："清宵梦悄悄,何以明缱绻。"

## 绸缪〔chóu móu〕繁体做綢繆

意为情意缠绵、依恋。汉代李陵《与苏武三首·其二》："独有盈觞酒,与子结绸缪。"晋代陶潜《杂诗十二首·其十》："慷慨忆绸缪,此情久已离。"南朝梁代江淹《杂体诗三十首·其十二·陆平原机羁宦》："契阔承华内,绸缪逾岁年。"唐代王建《酬张十八病中寄诗》："见君绸缪思,慰我寂寞情。"宋代陈师道《和酬施和叟宣德》："山阴倾盖两绸缪,十载重来鬓已秋。"金代李俊民《和子播九日谩兴·其二》:"可是凉风添寂寞,更堪缺月照绸缪。"元代冯子振《咏梅三十首·其十二·落梅》："花开花落春不管,清风明月自绸缪。"明代徐如翰《经东山谢太傅故宅》："蔷薇香满洞,春雨正绸缪。"清代赵执信《雨中泛汾水感兴》："群山莽回互,水木相绸缪。"

## 螭〔chī〕

古代神话传说中一种没有角的龙。屈原《九歌·其八·河伯》："乘水车兮荷盖,驾两龙兮骖螭。"汉代王褒《九怀·其七·思忠》："驾玄螭兮北征,向吾路兮葱岭。"晋代傅玄《云中白子高行》："齐驾飞龙骖赤螭,逍遥五岳间。"南朝梁代沈约《和刘雍州绘博山香炉》："蛟螭盘其下,骧首盼层穹。"唐代杜甫《别李义》："猛虎卧在岸,蛟螭出无痕。"宋代李复《乐章五曲·其二·降神》："驾文螭兮张翠羽,兰为旌兮桂为斧。"金代雷渊《爱诗李道人若愚崧阳归隐图》："霜林置酒曳锦障，雪岭探梅登玉螭。"元代陈孚《吕仙亭》："天地茫茫乌兔急，波涛汹汹蛟螭腥。"明代黎民表《送泰泉先生赴召》："螭驾应难弭，鹏霄未易穷。"清代范咸《赤瓦歌有序》："六丁叱驭驱蛟螭，故发狂飙销鬼蜮。"

## 驭〔yù〕繁体作馭

本义指驾驭车马，《广韵》："驭，使马也。"引申指更广泛的驾驭、操縔。战国时期楚国宋玉《九辩》："乘骐骥之浏浏兮，驭安用夫强策？"南朝梁代刘峻《始居山营室》："将驭六龙舆，行从三鸟食。"唐代许敬宗《奉和入潼关》："曦驭循黄道，星陈引翠旗。"宋代晁迥《拟白乐天遣怀》："羲和走驭趁年华，不许人间岁月赊。"金代孟宗献《张仲山枝巢》："异时驭气游太虚，我知枝巢亦蘧庐。"元代姚燧《水调歌头·送徐大山》："轩冕暮涂看，驭日与鞭霆。"明代李之世《送玄阳道人》："庐中丹阙白玉埠，骖驾素鸾驭赤螭。"清代陈之遴《燕京杂诗·其六》："鹃枝血洒春宫六，龙驭魂归夜阙双。"

## 畴〔chóu〕繁体作疇

疑问代词，意为谁。《尔雅·释诂》："畴，谁也。"三国时期魏国嵇康《述志诗二首·其一》："悠悠非吾匹，畴肯应俗宜。"晋代潘岳《关中诗十六章》："畴真可掩，孰伪可久。"南朝宋代谢灵运《赠从弟弘元时为中军功曹住京》："畴鉴予心，托之吾生。"唐代杜甫《九日寄岑参》："安得诛云师，畴能补天漏。"宋代尹洙《皇雅十首·其四·宪古》："天子有命，畴敢不祗。"元代赵孟頫《哀鲜于伯几》："非君有精鉴，畴能萃

569

奇物。"明代乌斯道《病中兴感因成七诗寄蒲庵老禅·其四》：
"鸳鸯好文采，畴能爱怜汝。"清代黄绍统《杜工部》："才士
畴能与节俱，拾遗忠谅古今无。"

# 系［xì］繁体作繫

意为拴、绑、系结、束缚。汉代乐府《陌上桑》："青丝
系马尾，黄金络马头。"晋代傅玄《九曲歌》："岁暮景迈群
光绝，安得长绳系白日。"北朝周代王褒《出塞》："背山看故
垒，系马识余蒲。"唐代骆宾王《陪润州薛司空丹徒桂明府游
招隐寺》："金绳倘留客，为系日光斜。"宋代张咏《柳枝词七
首·其五》："安得辞荣同范蠡，绿丝和雨系扁舟。"金代周昂
《谒先主庙》："尘土衣冠曾系马，岁时歌舞亦称觞。"元代韩
性《兰亭》："今晨天气佳，烟堤系轻舫。"明代邓定《江上送
客》："别酒临行醉未消，绿杨何处系兰桡。"清代钱陆灿《二
月尽移榻西城》："岁岁年年闲赏惯，不曾绳子系东风。"

**按**："螭驭畴系"一语源自《淮南子·天文训》。相关的原文
是："日出于旸谷，浴于咸池……至于悲泉，爰止羲和，爰息
六螭，是谓'悬车'。"（大意：太阳从旸谷这个地方出来，
在咸池沐洗了一下，……［经过一天的奔行］到了悲泉，就让
驾驭日车的御手羲和停止下来，拉车承载太阳的六条神龙也开
始休息，这叫作"悬车"，也就是把日车闲挂起来的意思。）
此时在自然天象中的表现就是日头下山去了。宋代吴淑《事类
赋·日赋》中说的"升咸池而濯秀，奄六螭而息辔"，即是总括
这段记载的。按照古代神话的说法，运行中的太阳是由羲和驾
驭的日车装载着向前奔跑的，而拉车的则是六条叫做"螭"的

神龙。因此，由螭龙拉着的日车在古代传统文化中也就成了诸如岁月、光阴、时光的象征。"螭驭畴系"的意思就是在问：有谁能把奔跑中的螭龙栓住，好让时光停止流逝。

## 【本句译读】

对曾经的岁月真是眷恋不舍，情怀缠绵啊！谁能把羲和驾驭的六螭拴住以令时光不再流逝？

---

# 114. 倏尔数周　熛忽疾驶

## 倏尔 ［shū ěr］繁体作倏爾

意为讯疾、极快地、多形容时间的短暂。南朝陈代沈炯《独酌谣》："倏尔厌五鼎，俄然贱九韶。"唐代孟浩然《送从弟邕下第后归会稽》："疾风吹征帆，倏尔向空没。"宋代吴芾《和鲁漕喜雨二首·其二》："倏尔四郊云气合，霈然一夜雨声长。"元代郯韶《送广德程万户弟从军》："看云倏尔归奉母，如此一门忠孝全。"明代袁凯《置酒》："自我来此居，倏尔已三年。"清代施世纶《寄曾用耿》："何时清兴不君同，倏尔分飞似转蓬。"

## 数 ［shù］繁体作數

意为几、几个。屈原《离骚》："余既不难夫离别兮，伤灵修之数化。"汉代乐府《孔雀东南飞·古诗为焦仲卿妻作》："媒人去数日，寻遣丞请还。"晋代杨方《合欢诗五首·其三》："独坐空室中，愁有数千端。"南朝梁代陶弘景《和约法师临友人》："我有数行泪，不落十余年。"唐代王绩《田家三首·其一》："相逢一醉饱，独坐数行书。"宋代郑起《晚春即事》："门外数枝杨柳薄，一春莺燕不曾来。"金代郭长倩《义师院丛竹》："南轩移植自西坛，瘦玉亭亭十数竿。"元代滕斌《题龛岩十咏·其十·僧寺》："时见楼台烟雾锁，数声钟鼓报朝曛。"明代郭贞顺《牧》："夕阳芳草外，短笛数声寒。"清代王崇简《新秋感兴三首·其三》："怅望高天成太息，数声清角月中残。"

## 周［zhōu］繁体作週

意为绕了一圈。汉代王逸《九思·其一·逢尤》："周八极兮历九州，求轩辕兮索重华。"晋代孙楚《除妇服诗》："神爽登遐，忽已一周。"南朝宋代鲍照《岁暮悲》："日夜改运周，今悲复如昨。"唐代张说《喜度岭》："自始居重译，天星已再周。"宋代柳永《煮海歌》："周而复始无休息，官租未了私租逼。"金代赵秉文《游华山》："上有明皇玉女之洞天，二十八宿环且周。"元代范梈《秋日海康斋居》："江流不复转，岁月已还周。"明代刘基《彭泽阻风》："五更归梦三千里，一日回肠九万周。"清代龚鼎孳《为节母许孺人寿》："秋星未一周，鸾鹄遽辞耦。"

## 熛［biāo］

意为迅速。"熛"字的这项词义最早见于《史记·淮阴侯列传》："天下之士云合雾集，鱼鳞杂沓，熛至风起。"（大意：

各地的优秀人士云集在一起，密如片片相连的鱼鳞，迅速聚合骤然兴起。）晋代成公绥《啸赋》："响抑扬而潜转，气冲郁而熛起。"南朝梁代沈约《和刘中书仙诗二首·其二》："殊庭不可及，风熛多异色。"明代袁华《送友人之明州卫》："轻生蹈巨浸，出没如熛风。"

## 忽 [hū]

意为急速。屈原《离骚》："忽反顾以游目兮，将往观乎四荒。"汉代高彪《清诫》："中年弃我逝，忽若风过山。"三国时期魏国曹丕《大墙上蒿行》："岁月逝，忽若飞。"南朝梁代萧纲《雨后》："散丝与山气，忽合复俄晴。"唐代岑参《白雪歌送武判官归京》："忽如一夜春风来，千树万树梨花开。"宋代魏野《别同州陈太保》："此去几迟留，忽焉还岁月。"金代马定国《怀高图南》："兹来又几日，军檄忽四驰。"元代白朴《水调歌头》："红颜不暇一惜，白发忽盈头。"明代陈谟《寄刘永泰》："一自秦淮同载后，停云怅望忽经年。"清代厉鹗《晚入石人坞还永兴寺》："返景忽难留，苍苍目争赴。"

**按**：本句中以"熛忽"对应"倏尔"，可知在这里是作为一个独立的词汇使用的。"熛"与"忽"组合成词后，仍是迅速、急速的意思。此词颇冷僻，但不乏其用，最早见于明代杨守阯《喜雨次沈侍郎韵》："郁攸复为灾，熛忽不可淹。"继而有清代袁枚《万柘坡〈栾于集〉序》："然而忆日月之熛忽，追缟纻之伊始"；又《许南台〈悼亡诗〉序》："或者伤国朝诸老，熛忽代谢，竹垞南淹，阮亭北逝，不知璧不并耀，骏不双驰"；张荫桓《〈黄鹄山志〉序》中亦有云："茫茫荆墟，熛忽百代；湛湛江水，目极千里。"

# 疾［jí］

意为快、急速。《玉篇》："速也"；《广韵》："急也。"汉代东方朔《七谏·其五·自悲》："徐风至而徘徊兮，疾风过之汤汤。"南朝梁代丘迟《石门山》："疾耸犹马奔，熟视如虹趋。"唐代宋之问《早春泛镜湖》："但爱春光迟，不觉舟行疾。"宋代陆游《醉歌》："横戈击剑未足豪，落笔纵横风雨疾。"金代卫承庆《感兴》："人生只如此，百年疾过鸟。"元代关汉卿《收江南》："乌飞兔走疾如梭，猛回头青鬓早皤皤。"明代莫志忠《题莫状元祠》："浪暖桃花紫阁春，丹墀对策疾如神。"清代朱克生《延平》："江通三水波涛疾，剑合双龙瘴雾生。"

# 驶［shǐ］繁体作駛

本义指车马奔行之快，引申意为迅疾、急速。晋代陶潜《和胡西曹示顾贼曹》："不驶亦不迟，飘飘吹我衣。"南朝梁代沈约《豫章行》："燕陵平而远，易河清且驶。"唐代李世民《琵琶》："驶弹风响急，缓曲钏声迟。"宋代宋祁《硖石乘舟晚归》："晚棹乘余兴，平川不驶流。"金代刘迎《隰川》："刺陵放而南，奔驶不可制。"元代赵孟頫《晓起川上赠友》："感彼岁月驶，悟此人世空。"明代罗玘《德政遗迹》："九年梦寐中，日月去奔驶。"清代叶方蔼《海氛清》："堑山堙谷，马腾舟驶。"

## 【本句译读】

日月的运行周而复始，一晃之间就绕天跑了几个大圈，真是太快了！太快了！

# 115. 逡巡暗忖　恍惚梦里

## 逡巡［qūn xún］

意为由于心存思虑而辗转徘徊。汉代王逸《九思·其四·悯上》："逡巡兮圃薮，率彼兮畛陌。"唐代白居易《新制布裘》："中夕忽有念，抚裘起逡巡。"宋代韦骧《摆绣鸡·其一》："燕堂春昼永，注目屡逡巡。"金代元好问《送诗人秦简夫归苏坟别业》："君诗或者昌晚节，不应道路长逡巡。"元代陈基《绿波亭》："燕子不来秋已暮，倚阑无语独逡巡。"明代顾清《玉堂对月》："青冥无终极，怅望徒逡巡。"清代爱新觉罗·弘历《静宜园二十八景诗·其二十二·芙蓉坪》："到来每徘徊，欲去重逡巡。"

## 暗忖［àn cǔn］

意为在心底里默默思量。元代汤舜民《【南吕】·一枝花·春思》："小生，暗忖：如今的这女娘每一个个口顺心不顺，多诡诈少诚信。"明代张羽《寄衣曲》："含情暗忖今瘦肥，着处难知宜不宜。"清代俞士彪《扫地花》："旧事频暗忖，记带露簪花，和香裹粉。"

**按**："暗忖"一词，通行辞书的书证一般首列明代罗贯中的《三国演义》。上面所列元代汤舜民《【南吕】·一枝花·春思》收录在《全元散曲》中。其实"暗忖"一词在元代通俗文学作品中已不稀见，如元代杂剧《冻苏秦衣锦还乡·第四折·鸳鸯煞》："也索把世态炎凉，心中暗忖：假使一朝马死黄金尽，可不的依旧苏秦，做陌路看承被人哂"；《小尉迟将斗将认父归朝·第四折》："二十年访不出死和存，几千回摆不下愁将恨。心暗忖，甚福也，得见这团圆分"；《【中吕】粉蝶儿·男子当途》："一般儿难主张，两下里自暗忖。"前两种都见录于明代臧晋叔选编的《元曲选》中，后一种收录在元代杨朝英选辑《乐府新编阳春白雪》中。

## 恍惚 ［huǎng hū］

亦作"恍忽"，指一种迷离不清、迷糊、难以捉摸无法确定的状态。汉代高彪《清诫》："恍惚中有物，希微无形端。"南朝梁代江淹《效阮公诗十五首·其四》："变化未有极，恍惚谁能精。"唐代李白《拟古十二首·其三》："仙人殊恍惚，未若醉中真。"宋代周紫芝《梦礼僧伽大士》："心惟昨所为，恍惚如梦事。"金代周昂《晓望》："苍茫尘土眼，恍惚岁时心。"元代张翥《太古楼为豫章傅道士题》："游云宛在洪荒世，探道元居恍惚中。"明代薛瑄《永慕堂为杨大参赋》："仪容切寤寐，恍惚如见之。"清代陈洪绶《长相思》："忽值精神恍惚时，归期定复移。"

# 梦［mèng］繁体作夢

人在睡眠时局部大脑皮质还未完全停止活动而引起的脑内幻象。《诗经·小雅·斯干》："乃寝乃兴，乃占我梦。"屈原《九章·其一·惜诵》："昔余梦登天兮，魂中道而无杭。"汉代蔡邕《饮马长城窟行》："远道不可思，宿昔梦见之。"晋代刘琨《重赠卢谌》："吾衰久矣夫，何其不梦周。"南朝宋代袁淑《效古》："夕寐北河阴，梦还甘泉宫。"唐代杜牧《遣怀》："十年一觉扬州梦，赢得青楼薄幸名。"宋代苏轼《江城子·乙卯正月二十日夜记梦》："夜来幽梦忽还乡，小轩窗，正梳妆。"金代李之翰《题密云州学壁》："因忆林泉归去好，一灯幽梦绕春潭。"元代郭昂《客燕》："昨夜乡关入梦遥，月明魂断更难招。"明代邵亨贞《暗香》："回首江南旧梦，何处觅、黄昏诗笔。"清代杜依中《和黄石斋》："当前过去浑如梦，半榻松风听《法华》。"

# 里［lǐ］繁体作裹

方位词，意为里边、里面，与"外"相对。汉代王璜《题淇河》："表里群山胜，东西两邑分。"南朝宋代鲍照《代朗月行》："靓妆坐帐里，当户弄清弦。"唐代杜淹《寄赠齐公》："此时寸心里，难用尺书传。"宋代邵雍《首尾吟·其一百二十三》："壶中日月明长在，洞里乾坤春不归。"元代李孝光《用群字韵寄伯雨尊师》："蓬莱阁里呼明月，抚掌东边洗白云。"明代徐贲《答故人杨宪副孟载》："自知诗里闲情少，顿觉尊前老态生。"清代齐召南《松吹书堂歌为杭堇浦赋》："八砖影候花厅趋，万壑声闲图画里。"

## 【本句译读】

　　徘徊踱步暗自回想过去的岁月，就像身在一场稀里糊涂的大梦之中。

# 116. 抚今追昔　前型渺矣

## 抚［fǔ］繁体作撫

　　意为抚摩、触摸、轻轻地按着。屈原《九歌·其六·少司命》："孔盖兮翠旌，登九天兮抚彗星。"三国时期魏国曹植《赠白马王彪》："感物伤我怀，抚心长太息。"南朝宋代鲍照《从临海王上荆初发新渚》："抚襟同太息，相顾俱涕零。"唐代武则天《唐大飨拜洛乐章·拜洛》："抚俗勤虽切，还淳化尚亏。"宋代马廷鸾《宿屺瞻夜赋·其一》："咿轧篮舆度晓岑，抚今怀昔泪淋淫。"元代刘宣《飞翼亭》："登临抚陈迹，凄凉与谁语。"明代刘绍《秋怀·其四》："抚襟怅余怀，策驾临海涯。"清代戴梓《哭罗沧来·其一》："今朝抚玩人何处，一点昏灯四壁空。"

## 今［jīn］

　　指现在、当前、此时。《说文》："今，是时也。"《诗经·豳风·东山》："自我不见，于今三年。"屈原《离骚》："虽不周于今之人兮，愿依彭咸之遗则。"汉代徐淑《答秦嘉诗》：“君今兮奉命，远适兮京师。”三国时期吴国孙皓《尔汝歌》：“昔与汝为邻，今与汝为臣。”晋代陆云《答大将军祭酒顾令文》：“义隆自古，好邈在今。”南朝宋代鲍照《松柏篇》："居者今已尽，人事从此毕。"唐代王绩《在京思故园见乡人问》："旧园今在否，新树也应栽。"宋代苏轼《水调歌头》："不知天上宫阙，今夕是何年。"金代刘仲尹《秋日东斋》："筋力只今如老鹤，笔头新爱缩秋蛇。"元代希陵《正元祝赞诗》："明视达聪，通今博古。"明代胡翰《桐谷山房》："寥寥千古意，问子今何如。"清代魏象枢《赠乔文衣》："留客坐山月，床头话古今。"

## 追 ［zhuī］

本义指追逐、追赶、紧跟着，引申意为对以往事物的追溯、回忆。汉代韦孟《讽谏诗》："追思黄发，秦缪以霸。"晋代陆机《燕歌行》："四时代序逝不追，寒风习习落叶飞。"南朝齐代谢朓《咏落梅》："日暮长零落，君恩不可追。"唐代李商隐《锦瑟》："此情可待成追忆，只是当时已惘然。"宋代刘兼《蜀都春晚感怀》："蜀都春色渐离披，梦断云空事莫追。"金代韩汝嘉《寄元真同年》："不堪倚树追前事，更恐临溪见病颜。"元代刘因《秋夕感怀》："耻为时辈群，追思古人迹。"明代文征明《过扬州登平山堂二首·其二》："往事难追嘉祐迹，闲情聊试大明泉。"清代王懋竑《书座右二章·其一》："内省增叹息，已往安可追。"

## 昔 ［xī］

意为从前、过去，与"今"相对。《诗经·小雅·采薇》：

"自古在昔,先民有作。"屈原《离骚》:"何昔日之芳草兮,今直为此萧艾也。"汉代辛延年《羽林郎》:"昔有霍家奴,姓冯名子都。"晋代潘尼《赠司空掾安仁》:"昔闻颜子,今也吾生。"南朝齐代谢朓《答张齐兴》:"川隰同幽快,冠冕异今昔。"唐代李白《古风·其二》:"萧萧长门宫,昔是今已非。"宋代郑文宝《双笋石》:"流水惊前事,清风似昔时。"元代傅若金《琵琶怨》:"感昔奉绸缪,不言生别离。"明代屠应埈《送林佥宪汝雨兵备颍州》:"援琴欲奏商声沉,感时怀昔多哀音。"清代沈寿民《答戴子》:"有道乘昭旷,感昔心忱然。"

**按**:关于"抚今追昔"一词的来源,目前通行的辞书列出的最早书证为清代周亮工的《题菊帖后》:"抚今追昔,泪且浡浡透纸背矣。"周氏生于明朝万历四十年亦即公元1612年,卒于康熙十一年亦即公元1672年。考"抚今追昔"一词的远祖应为"抚今怀昔",见于唐代王勃的《与契苾将军书》,原文是:"知欲以此公碑志,托之下走。夫抚今怀昔,理寄斯文,旌德叙功,事属知己。"(大意:得知要把撰写这位先生墓志铭的重任,委托给我。而感怀当下追思以往,疏理并呈现其文雅的风采,旌表其德行、记叙其功业,这些事本来就是作为知己良朋应该做的。)今知最早使用"抚今追昔"一词的是明代宣德皇帝朱瞻基,他所依重的老臣夏原吉于公元1430年去世时,他所颁赐的《御祭文》中写道:"今朕嗣承大统,方资卿数人者,同心同德,以建治平,而卿遽先殒。抚今追昔,何能为情?"(大意:我如今继承了皇位,正要凭借爱卿等几个能臣,同心同德,共同建设一个天下大治的升平盛世,而爱卿却先自匆匆离世。感怀如今的景况再追念往昔的种种,叫我怎么来承受这份伤痛的情感？）这篇《御祭文》收录在夏原吉之孙夏廷章所辑《忠靖集·附录遗事》中。在这里朱瞻基没有用王勃的"怀昔"而是改用了"追昔"。"追昔"一词最早见于北魏韩延之的《赠中尉李彪》："追昔渠阁游，策驽厕群龙"，而王勃在《与契苾将军书》中的另一处恰恰也有"兴言追昔，良增痛悼"的话。也许正是因为连王勃都把"追昔"和"痛悼"联系在一起，所以朱瞻基就在自己这篇表达"痛悼"的祭文中把"抚今怀昔"的现成语句改为了"抚今追昔"。明代时"抚今追昔"作为一个很定型的词汇屡见于名人笔端。如：著名经学家朱朝瑛《读诗略记·卷六》："'洪水芒芒'数语，依然亲履其地、抚今追昔之词。"文中的"'洪水芒芒'数语"，指的是《诗经·商颂·长发》中的"洪水芒芒，禹敷下土方。外大国是疆，幅陨既长。"号称"东林七君子"之一的周顺昌《送中丞绵贞周公南归序》："抚今追昔，不觉于公之去三叹息也。"东林党"三君"之一的邹元标《大理寺左少卿健斋曾公传》："予自赐坏，同朝两人，抚今追昔，有无穷之感。"著名学者、文学批评家胡应麟《入新都访汪司马伯玉八首·序》："孤航逆流，中夜不寐，抚今追昔，成赋八章。"著名的水利专家陈应芳《论射阳诸湖》："抚今追昔，时势顿殊，则水之为害固宜然耳。"等等。

## 前型 ［qián xíng］

指从前出现的可尊为楷模或典范的人或事。明代邵维棠《题天远堂遗额》："仰溯前型世泽长，眉山芳躅及吾乡。"清代查慎行《周策铭前辈雪后入直武英，叠院长四首韵见投，感旧抒怀，情词斐亹，再次韵奉酬四首·其一》："自入道山称后辈，每从延阁想前型。"

**按**："前型"一词虽然未见各家辞书收录，但它确为一个具有特定涵义的独立词汇，今可见最早的用例是上面列举的明代邵维榤的《题天远堂遗额》，较早的还有明代韩日缵《题李氏世德卷》："舒文展国华，钦范遵前型"；张溥的《班固兰台集·题词》："《两都》仿《上林》，《宾戏》儗《客难》，典引居《封禅》《美新》之间，大体取象前型。"至清代则非常流行，乾隆皇帝就曾以"前型"一词入诗达四次之多，而且此词也屡见于各种文体，如序文有朱彝尊的《授经图义例·序》："岂知前型未坠，尽信，非也，概疑之，亦非也"；跋文有阮葵生的《茶余客话·跋》："今夏从方浦大兄借观，其记前型，搜逸事，考证典物，多有未经人道，为说部诸家所不及者，为选十二卷梓行"；对联有林则徐的《挽陶澍联》："大度领江淮，宠辱胥忘，美谥终凭公论定；前型重山斗，步趋靡及，遗章惭负替人期"；尺牍有郭嵩焘的《与刘坤一书》："江南吏民相谓以稳实精练，度越前型，嵩焘闻而忻快飞扬，不自知其身之沦贱也"，等等。民国蔡东藩的历史小说中也多次出现此词。本句中的"前型"也是作为一个结构固定的词汇使用的。

## 渺 [ miǎo ]

本义指水面辽阔，引申意为邈远、渺茫。晋代陆机《为顾彦先赠妇二首·其二》："借问叹何为，佳人渺天末。"北朝魏代荀济《赠阴梁州》："海曲穷地表，江源渺天际。"唐代王勃《江南弄》："紫露香烟渺难托，清风明月遥相思。"宋代李琳《六幺令》："淡烟疏雨，香径渺啼鸠。"金代王遵古《过太原赠高天益》：“辽海渺千里，风尘今二毛。”元代曹元用《李白酒楼》：“楼头四望渺无际，草木黄落悲清秋。”明代马治《暂违老亲陪履道泛湖归省无锡》：“烟波渺似鸿荒世，舟楫轻宜澹荡人。”清代张穆《送沈朗思还东海》：“寸心惟自爱，秋水渺无涯。”

## 矣［yǐ］

古汉语常用语气助词，相当于现代汉语中的“了”。汉代蔡琰《胡笳十八拍》：“生仍冀得兮归桑梓，死当埋骨兮长已矣。”晋代陶潜《止酒》：“始觉止为善，今朝真止矣。”南朝宋代颜延之《北使洛》：“蓬心既已矣，飞薄殊亦然。”唐代王昌龄《赠宇文中丞》：“为语弋林者，冥冥鸿远矣。”宋代辛弃疾《永遇乐·京口北固亭怀古》：“凭谁问：廉颇老矣，尚能饭否？”金代段克己《满江红·重九日山居感兴》：“醉时眠、推手遣君归，吾休矣。”元代赵孟頫《赠张彦古》：“我今素发飒以白，宦途久矣思归耕。”明代王祎《题高房山画》：“呜呼！斯人往矣不可攀，画图千载遗人间。”清代黄毓祺《轊轲行慰伯清先生丧子》：“苦心一年一易草，茌苒于今十年矣。”

## 【本句译读】

感怀现今的景况，追忆往昔的情形；那些历史上堪称楷范的人和事，离我们越来越遥远了。

# 117. 鹏兮鸺耶　尘埃幻寄

## 鹏［péng］繁体作鵬

即"大鹏"，古代传说中最大的一种鸟。晋代阮修《大鹏赞》："跄跄大鹏，诞自北溟。"南朝梁代张率《玄云》："映日斜生海，跨树似鹏飞。"唐代李白《上李邕》："大鹏一日同风起，抟摇直上九万里。"宋代张咏《酬所知》："海鹏一飞一万里，三尺微风何足谓。"金代贾益谦《赠答史院从事》："莫言老眼昏花满，及见风鹏上九天。"元代孙焕文《送汪叔志赴京会试》："鹏程击水三千里，风诏兴贤第一番。"明代如兰《送曹应则归省》："壮志欲飞腾，扶摇北海鹏。"清代龚贤《西江月·其二》："豹隐南山独雾，鹏搏北海尖风。"

## 兮［xī］

古汉语常用语气助词，相当于现代汉语中的"啊"。《诗经·周南·葛覃》："葛之覃兮，施于中谷，维叶萋萋。"屈原《离骚》："摄提贞于孟陬兮，惟庚寅吾以降。"秦代项羽《垓下歌》："力拔山兮气盖世，时不利兮骓不逝。"汉代刘邦《大风》："大风起兮云飞扬，威加海内兮归故乡。"晋代陶潜《归去来兮辞并序》："归去来兮，田园将芜胡不归？"南朝宋代谢灵运《鞠歌行》："德不孤兮必有邻，唱和之契冥相因。"唐代卢照邻《释疾文三歌·其一》："岁将暮兮欢不再，时已晚兮忧来多。"宋代范仲淹《鹧鸪天·其五》："五行四象全凭土，土要真兮火要真。"辽代萧瑟瑟《咏史》："养成外患兮磋何及，祸尽忠臣兮罚不明。"金代刘昂《吊张维翰维中兄弟》："莲幕清曹粉署仙，福兮祸倚岂其天。"元代李溥光《题平阳龙神张诚叔别业长歌》："宽兮绰兮矩不踰，优哉游哉乐有余。"明代李汛《鹏凤行》："上如鹏兮下如凤，两间风日殊翩翩。"清代王恕《牧牛词》："牛得饱兮安吾心，牛不饱兮愧吾牧。"

## 鷃［yàn］

即鷃雀，庄子称之为"斥鷃"。是一种体型很小的鸟，同属于鹌鹑的一类，生活于蓬蒿之间。虽然名为鸟雀，其实它只能飞一尺多高。汉代王褒《九怀·其二·通路》："痛凤兮远逝，畜鷃兮近处。"三国时期魏国嵇康《述志诗二首·其二》："斥鷃擅蒿林，仰笑神凤飞。"南朝陈代沈炯《独酌谣》："龙蠖非不屈，鹏鷃但逍遥。"唐代孟浩然《送吴悦游韶阳》："安能与斥鷃，决起但枪榆。"宋代苏舜钦《独酌》："一酌浇肠俗虑奔，鷃微鹍大岂堪论。"金代杨云翼《张广文逍遥堂》："鹤凫长短无余性，鹏鷃高低各一天。"元代张师愚《送韩默斋》："会看鲲鹏起霄汉，下视斥鷃犹蓬蒿。"明代李梦阳《田园杂诗五首·其四》："鷃雀跃蓬蒿，啄食不满嗉。"清代韩海《偶然作·其二》："鸿鹄所到处，鸠鷃安能知？"

## 耶［yé］

古汉语中表示疑问的语气助词，大多数情况下相当于现代汉语中的"吗"或"呢"。汉代刘彻《李夫人歌》："是耶非

耶,立而望之;偏何姗姗其来迟?"唐代白居易《问江南物》:
"归来未及问生涯,先问江南物在耶?"宋代郭祥正《奉和广
帅蒋颖叔留题石室》:"岐山石鼓久缺矣,苦县光和真瘦耶?"
金代段成己《临江仙·奉继遁庵先生韵》:"穷通吾有命,不乐
复何耶?"元代张翥《沁园春》:"客问先生,归宜早计,醉后
之言可信耶。"明代唐锦《题韩湘子像》:"仙耶非耶且勿论,
静里悠悠谁似君。"清代冒襄《和阮亭秋柳诗原韵·其三》:
"无复春城《金缕衣》,斑骓踥蹀是耶非?"

**按**:"鹏兮鷃耶"一语,源自《庄子·逍遥游》:"有鸟焉,其
名为鹏,背若太山,翼若垂天之云;抟扶摇羊角而上者九万
里,绝云气,负青天,然后图南,且适南冥也。斥鷃笑之曰:
'彼且奚适也?我腾跃而上,不过数仞而下,翱翔蓬蒿之间,
此亦飞之至也。而彼且奚适也?'此小大之辩也。"(大意:
[天池那个地方]有一只鸟,它的名字叫作大鹏。大鹏的脊背
就像泰山,翅膀则有如垂悬在天边的云朵;它借着卷曲如羊角
的盘旋巨风而飞升了九万里,超越了云层,背负着青天,然后
向南飞翔,将要到南海去。地面上就有鷃雀讥笑大鹏说:"它
这是要飞到哪儿去呢?我腾跳而向上飞跃,不过几丈高就落下
来,在蓬蒿丛中随意翱翔,这也达致飞翔的最大乐趣了,而那
个鸟还要飞到哪儿去呢?"这就是大鸟和小雀在心态上的差异
啊。)本句中的"鹏兮鷃耶"一语,只是两种鸟的罗列。作为
感叹词的"兮"并没有什么可感叹的;作为疑问词的"耶"也
没有什么可疑问的,也就是说"兮"和"耶"不过是附带的虚
字,并不体现具体的含义。

## 尘埃 ［chén nāi］繁体作塵埃

指凡尘俗世。这个词义最早见于《淮南子·俶真训》："芒然仿佯於尘埃之外，而消摇於无事之业。"（大意：无忧无虑地漫行于纷纷扰扰的凡尘之外，逍遥自在地遨游在绝无俗事烦恼的境界之中。）三国时期魏国嵇康《五言赠秀才诗》："自谓绝尘埃，终始永不亏。"晋代石崇《思归叹》："超逍遥兮绝尘埃，福亦不至兮祸不来。"唐代苏味道《和武三思于天中寺寻复礼上人之作》："愿陪为善乐，从此去尘埃。"宋代周绛《太虚观》："骨化黄金鹤化胎，仙翁轻举出尘埃。"金代许古《青柯平二道人》："身世青云上，尘埃大梦间。"元代李齐贤《大江东去·过华阴》："尘埃俗眼，岂知天上人杰。"明代倪谦《春谷为神乐沈道士赋》："别有壶天行日月，全无世路接尘埃。"清代顾景星《答子星读予诗》："放情尘埃外，携手浮丘欢。"

## 幻寄 ［huàn jì］

意为依托于虚空的幻境之中。宋代程俱《陈君学正草堂成，提点大夫梅十五丈有诗，且蒙借示见邀同作，谨次原韵，因以叙怀》："要之皆幻寄，眇矣太仓粟。"明代管讷《赠僧白庵》："净如片月真空性，闲似孤云幻寄身。"清代王夫之《洞庭秋三十首·其十九》："岂必人生方幻寄，足知厚载不功高。"

**按**："幻寄"一词通行辞书未见收录。此词所体现的意涵出自《生经·佛说变悔喻经》："身之所有财物如幻，寄居天地，犹如过客，无一可贪，唯道真正，永可常存。"（大意：众生现有的财产物资都如同一个幻影，寄存于世间，众生就好比是匆匆过客，再喜欢也没有一件是可以真正拥有的，只有佛陀所揭示的"道"才是真实纯正的，能够永世不泯。）也就是说世间的一切东西包括人的身体躯壳都只是依托于虚空幻境中的一个存在。

## 【本句译读】

无论是志趣高远的大鹏，还是小乐即安的鷃雀，其实都不过是寄身于尘世幻境中的一个存在而已。

# 118. 樵欤鹿只　俄顷俱逝

## 樵［qiáo］

《说文》："樵，散木也。"即散碎的用来烧火的薪柴。晋代潘岳《东郊诗》："遵彼莱田，言采其樵。"北朝周代庾信《经陈思王墓》："采樵枯树尽，犁田荒隧平。"唐代王绩《赠李征君大寿》："会稽置樵处，兰陵卖药行。"宋代王禹偁《春郊寓目》："何人樵树和云斫，几处山田带雨犁。"金代郦权《竹林寺矮松》："卧枝老无力，支撑藉樵薪。"元代蒲道源《题钱舜举画烟江叠嶂图》："幽岩梵宫半隐见，老树樵舍相迷藏。"明代高启《萝径》："知当烟暝后，从此荷樵归。"清代宋琬《云峰寺》："借得樵人笠，未过道者山。"

## 欤［yú］繁体作歟

古汉语常用语气助词，用于句末，表示感叹，跟现代汉语中的"啊"相同。晋代郗超《答傅郎》："时欤运欤，遭兹渊人。"唐代孟郊《靖安寄居》："碧芳既似水，日日咏归欤。"宋代王拱辰《史院席上奉和吴相公原韵》："班马才长矣，仁英道伟欤。"金代赵秉文《送麻征君知几》："旁观信美矣，违己非病欤。"元代张雨《读元次山集感而有作》："漫叟古之贤达欤，愤世直言七不如。"明代吴宽《斫蟹》："惟应知味者，或取斯言欤。"清代尤侗《沁园春·其六·梦卿谋》："长太息，曲高而和寡，其信然欤。"

## 鹿［lù］

反刍类哺乳动物，种类很多，有梅花鹿、马鹿等；一般四肢细长，尾巴短，雄的头上有角，有的有花斑或条纹，听觉和嗅觉都很灵敏。《诗经·小雅·鹿鸣》："呦呦鹿鸣，食野之苹。"屈原《天问》："撰体胁鹿，何以膺之？"汉代庄忌《哀时命》："浮云雾而入冥兮，骑白鹿而容与。"南朝宋代鲍照《代边居行》："不睹车马迹，但见麋鹿场。"唐代杨炯《广溪峡》："汉氏昔云季，中原争逐鹿。"宋代王从益《送张无梦归天台》："醉引青鸾曲，闲披白鹿裘。"金代元好问《鹧鸪天》："鹿裘孤坐千峰雪，耐与青松老岁寒。"元代张仲深《上浙东金帅董公孟起》："马系长杨春袅袅，鹿眠闲草午呦呦。"明代刘璟《游赵川清安寺》："当年龙战混玄黄，多少亭台变鹿场。"清代钱肃润《满江红·戴耘野高士六十初度寄赠》："风月江山都是主，鱼虾麋鹿呼为友。"

# 只 [ zhī ]

语气助词，用于句末，表示终结或感叹。《诗经·鄘风·柏舟》："母也天只，不谅人只！"唐代贺知章《郊庙歌辞·禅社首乐章·其二·太和》："肃我成命，于昭黄只。"宋代吕南公《中山感怀》："会得卜终焉，尤难在轻只。"元代揭傒斯《周待制致乐堂诗》："母曰宁只，福禄凝只。升斯堂只，我心平只。"明代张宇初《停云辞》："停云之思兮，思不能已只。予兮斯栖，有山有林有园有田只。"清代钱澄之《椒岭·其三》："叔氏季氏，与姊姻只。惟此山路，二子勤只。"

按："樵夫鹿只"一语，源自《列子·周穆王》所含八个寓言故事中的一个。原文为："郑人有薪于野者，偶骇鹿，御而击之，毙之。恐人见之也，遽而藏诸隍中，覆之以蕉。不胜其喜。俄而遗其所藏之处，遂以为梦焉。顺涂而咏其事。傍人有闻者，用其言而取之。既归，告其室人曰：'向薪者梦得鹿而不知其处，吾今得之。彼直真梦矣。'室人曰：'若将是梦见薪者之得鹿邪？讵有薪者邪？今真得鹿，是若之梦真邪？'夫曰：'吾据得鹿，何用知彼梦我梦邪？'薪者之归，不厌失鹿。其夜真梦藏之之处，又梦得之之主。爽旦，案所梦而寻得之。遂讼而争之，归之士师。士师曰：'若初真得鹿，妄谓之梦；真梦得鹿，妄谓之实。彼真取若鹿，而与若争鹿。室人又谓梦仞人鹿，无人得鹿。今据有此鹿，请二分之。'以闻郑君。郑君曰：'嘻！士师将复梦分人鹿乎？'访之国相。国相曰：'梦与不梦，臣所不能辨也。欲辨觉梦，唯黄帝、孔丘。今亡黄帝、孔丘，孰辨之哉？且恂士师之言可也。'"（大意：郑国有个人在野外打柴，遇见一只受惊的鹿，就迎上去打它，最后把它打死了。他怕别人发现这只死鹿，便急匆匆地把它藏在干涸的池塘洼地里，用打来的柴草覆盖在上面。打柴人为此不胜欢喜。可是过了一会儿他就忘了藏鹿的地方，还以为是自己做的一个美梦。在回家的路上他一直念叨着"梦"里的这件事。路旁有个人听到了他说的这个事儿，便按照他的描述把鹿找到并取走了。回到家里，告诉妻子说："先前有个樵夫梦见自己得到了一只鹿却又不知道那只鹿藏在了什么地方，我倒是确实得到了这只鹿。这家伙做的梦简直就跟真事一模一样啊。"妻子说："樵夫得鹿会不会是你梦到的呢？哪里真有什么得鹿的樵夫？既然你真的得到了一只鹿，是你的梦跟真事一模一样吧？"丈夫说："算了，既然是我真的得到了鹿，何必还要搞清楚是他在做梦还是我在做梦呢？"打柴人回到家后，心里总还是纠结着丢了鹿这件事，夜里就做了一个梦而且梦到了藏鹿的地方，同时还梦见了那只鹿目前的得主。早上天刚亮，他就按照梦中的情形找到了取走鹿的那个人。于是，两人为争夺那只鹿而讼诸公堂，把事情交给士师也就是掌管禁令的执法官来处理。士师对樵夫说："你最初真的得到了鹿，却妄称是在做梦；真是在梦中获知的该鹿下落和得主，却又胡说是真实现状。他真的取走你的那只鹿，所以你要和他争。可他的妻子又声称别人先得到鹿的这个事是他在梦中的幻觉，实际上并没有什么人在此之前曾经得到过这只鹿。这个事令人比较发蒙，好在还有这么一只鹿在，请你们干脆就把鹿平分了吧！"有人把这件事告知给郑国的国君。国君说："哈哈！这个士师可能也是在梦境中给人家分鹿的吧？"为此他咨询了国相。国相说："这里面哪些是梦中的事，哪些不是梦中的事，我可分辨不了。如果要分辨现实与梦境，只有黄帝和孔丘能够做到。如今已没有了黄帝与孔丘，谁还能分辨清楚呢？姑且依从士师的裁决算了。"）这个故事体现了浮生尽如梦幻，得失皆为虚妄的早期道学思想，尤其自宋代以后，它更是诗人词客笔下的常用之典。如：宋代苏轼《次韵刘贡父所和韩康公忆持国二首·其一》："梦觉真同鹿覆蕉，相君脱屣自参寥"；金代段成己《张信夫梦庵·其四》："世味迷人又不知，纷纷蕉鹿竟奚为"；元代耶律铸《题梦斋·其二》："得鹿欢呼事已非，可能蕉覆却空归"；明代文征明《赵丽卿侍御邀游冶城》："有客樽前谈梦鹿，何人天际慕飞鸿"；清代魏裔介《述怀·其一》："兴亡世事同蕉鹿，得失虚名付楚弓。"本句中的"蕉欤鹿只"，关键词只是"蕉"与"鹿"，和上面的"鹏兮鷃邪"句法相同，"欤"和"只"不过是附带的虚字，并不体现具体的含义。

## 俄顷 ［é qǐng］繁体作俄頃

意为须臾之间、片刻。南朝宋代谢灵运《入华子冈是麻源第三谷》："恒充俄顷用，岂为古今然。"唐代杜甫《茅屋为秋风所破歌》："俄顷风定云墨色，秋天漠漠向昏黑。"宋代吴奎《泛照湖游天章·其二》："俄顷万里晴，鬼魅伏清晨。"金代王寂《小儿难夫子辨》："亦尝撩虎须，白刃脱俄顷。"元代揭傒斯《送涂云章访旧武昌却入京师》："毛生入楚庭，颖脱俄顷间。"明代陈献章《对菊》："古今闲计较，俄顷失欢娱。"清代秦宝寅《千秋岁·寿王丹麓五十》："俄顷事，等闲看得都如幻。"

## 俱 ［jù］

表示范围的副词，意为全、都。晋代袁宏《咏史诗二首·其一》："趋舍各有之，俱令道不没。"南朝宋代鲍照《拟行路难十八首·其十七》："君不见春鸟初至时，百草含青俱作花。"唐代欧阳询《嘲萧瑀射》："十回俱着地，两手并擎空。"宋代石介《寄弟会等》："材虽有高下，异日俱甲科。"金代赵元《书怀继元弟裕之韵四首·其一》："回头四十年，言动俱成非。"元代卢琦《题节妇卷》："阁东才俊眉俱白，堂北光阴鬓已苍。"明代袁宏道《乙巳元日》："皓首赪颜俱入市，碧芽新鸟又成村。"清代高珩《小酌示客》："年光俱向歌吹换，山水能将哀乐空。"

## 逝 [ shì ]

本义指行进、前往，《说文》："逝，往也"；《广雅》："逝，行也。"后引申意为时光、水流或生命等的流逝、消失。汉代刘彻《思奉车子侯歌》："皇天兮无慧，至人逝兮仙乡。"三国时期魏国嵇康《思亲诗》："忽已逝兮不可追，心穷约兮但有悲。"晋代潘尼《三月三日洛水作》·"暑运无穷已，时逝焉可追。"南朝宋代鲍照《松柏篇》："东海迸逝川，西山导落晖。"唐代张九龄《登乐游原春望书怀》："既伤日月逝，且欲桑榆收。"宋代晏殊《鹊踏枝·蝶恋花》："门外落花随水逝，相看莫惜尊前醉。"金代张子权《甲申元日》："繁华已逐流年逝，潦倒犹甘昔日贫。"元代刘诜《江上晚兴》："翩翩孤鸢逝，迢递高树没。"明代王洪《舟中望石灰山观音阁》："逝者如斯夫，叹息良悠悠。"清代王士禄《凤凰台上忆吹箫·和漱玉词》"光阴荏苒，纵长绳百尺，逝景难留。"

**按**："俱逝"一词最早见于北魏高允的《答宗钦诗》："年时迅

迈，物我俱逝。"但本句中的"俱逝"一词则是取意于宋代陆游的《避世行》，其结尾处原文是："欲求人迹不到处，忘形麋鹿与俱逝。杳杳白云青嶂间，千岁巢居常避世。"（大意：要找个人迹不到的地方，让列子所说的那只野鹿之类充满诱惑、令人得意忘形的东西在心中全都消逝殆尽。在杳杳白云环绕着的如屏青山之中，结巢而居上千年以永远地避开尘世的陷阱与祸端。）

## 【本句译读】

那些令人争讼纷纭的什么"蕉"呀"鹿"的，只不过是充斥着诱惑的虚幻之物而已，转瞬即逝。

# 119. 仆产贫乏　箪瓢屡缺

## 仆［pú］繁体作僕

即古时男子对自己的谦称，其意相当于古汉语中的"予""余""吾"和现代汉语中的"我"。汉代梁鸿《思友诗》："鸟嘤嘤兮友之期，念高子兮仆怀思。"南朝宋代鲍照《代东武吟》："仆本寒乡士，出身蒙汉恩。"唐代法琳《敕放迁益部临行赋诗》："仆秉屈原操，不探渔父篇。"宋代范仲淹《阅古堂诗》："仆已白发翁，量力欲投簪。"元代陈孚《野庄公年过七十以诗为寿》："仆虽惭驽钝，公每念愚悫。"明代

唐之淳《始食菜》："仆本吴越士，怀归若饥渴。"清代薛始亨
《上巳集林勋卿家赏酴醿》："仆本山中憔悴客，相招把酒当花
酌。"

## 产［chǎn］繁体作產

指拥有的产业、家财。晋代左思《咏史诗八首·其七》：
"陈平无产业，归来翳负郭。"北朝周代庾信《拟咏怀二十七
首·其十三》："惜无万金产，东求沧海君。"唐代沈佺期《答
魑魅代书寄家人》："上京无薄产，故里绝穷庄。"宋代姜特立
《适斋先生续乐天达哉行，因继其后，诗虽不工，聊抒鄙意而
已》："素贫乏常产，晚有屋数椽。"金代王寂《拙轩》："负郭
二顷产有恒，堆盘苜蓿衣粗缯。"元代杨翮《金溪县孝女庙乐歌
三章·其三》："金有赋兮地不遗，竭赀产兮民力罢。"明代王
绂《寄匡世德》："久抛租产难供米，旧积房奁尽卖钱。"清代
陈瑚《自悼·其一》："方丈书巢盘马磨，半生家产钓鱼竿。"

## 贫乏［pín fá］繁体作貧乏

意为穷困。最早见于《战国策·齐策四》："齐人有冯谖
者，贫乏不能自存。"（大意：齐国有个叫冯谖的人，贫穷得自
己都不能养活自己。）宋代赵蕃《喜俞玉汝见过》："病多止酒
家无酿，贫乏赢粮甑罕炊。"金代马钰《添字丑奴儿》："慈悲
道友怜贫乏，设粥三冬。"元代袁介《踏灾行》："太平九月开
旱仓，主首贫乏无可偿。"明代吴俨《送李孟寅下第》："贫乏
故人同卧起，萧条官道独凄其。"清代于成龙《忍字歌》："若
待邻里能以忍，有时贫乏常相帮。"

# 箪瓢 ［dān piáo］

指盛饭的竹篓和盛水的瓢。源自《论语·雍也》："贤哉，回也！一箪食，一瓢饮，在陋巷，人不堪其忧，回也不改其乐。"（大意：大贤之人啊，颜回！用一个小竹篓子盛饭，用一只瓢来喝水，住在陋巷之中。别人都不堪忍受这样的忧苦，颜回呢，却从未改变过他乐在其中的心态。）后来"箪瓢"一词也成了贫士餐饮具的代称。三国时期魏国应璩《杂诗》："箪瓢恒日在，无用相呵喝。"唐代白居易《送刘五司马赴任硖州兼寄崔使君》："笔砚莫抛留压案，箪瓢从陋也销钱。"宋代苏辙《送颜复赴阙》："箪瓢未改安贫性，凫绎犹传直道余。"金代密璘《宴息二首·其二》："日日闲窗下，箪瓢乐不殊。"元代房皞《寄段诚之》："浮云富贵吾何慕，陋巷箪瓢分所甘。"明代唐寅《对竹图》："箪瓢不厌久沉伦，投着虚怀好主人。"清代刘逢源《秋村即事》："箪瓢无外慕，鸥鹭识闲心。"

# 屡 ［lǚ］繁体作屢

表示数量的副词，意为经常、每每。《诗经·小雅·巧言》："君子屡盟，乱是用长。"汉代班固《灵台诗》："屡惟丰年，于皇乐胥。"三国时期魏国王肃《宗庙颂》："屡获丰年，谷我士女。"南朝梁代范云《别诗》："别君河初满，思君月屡空。"唐代窦威《横吹曲辞·出塞》："匈奴屡不平，汉将欲纵横。"宋代司马光《探花桥》："桥边春意近，五马屡徘徊。"金代李夷《古剑》："物犹屡出为时用，抚匣潸然惜壮年。"元代陈显曾《春日郊望》："览物时屡改，怀人候将变。"明代智及《悼楚石和尚诗·其一》："潦倒奚翁的骨孙，高年说法屡承恩。"清代黎士弘《寄倪闇公汪舟次两翰林》："昌黎好在续长编，未要柳州书屡促。"

## 缺 [quē]

意为短少、缺乏。南朝宋代谢灵运《北亭与吏民别》：
"贫者缺所赠，风寒护尔身。"唐代杜甫《雷》："吁嗟公私
病，税敛缺不补。"宋代文同《金凤花》："英英秀质实具体，
文采烂然无少缺。"金代赵秉文《长白山行》："瘦妻曳杷女扶
犁，惟恐官军缺粮给。"元代郑元祐《伏生授经图》："老无牙
齿语音讹，断简残编缺字多。"明代黄淮《念昔游》："几处荒
坟横断碣，雾锁苔痕字残缺。"清代乔莱《确山道中》："居者
不可留，缺者讵可补。"

**按：** "仆产贫乏·箪瓢屡缺"一语，源自晋代陶潜《自祭文》中
的一段文字："自余为人，逢运之贫，箪瓢屡罄，絺绤冬陈。"
（大意：自打我生而为人的那天起，就遭逢到贫穷的命运，饭筐
水瓢之中时常空空如也，冬天里往往还穿着夏季的葛布单衣。）

## 【本句译读】

我家财贫乏生活穷困，锅碗瓢盆里也时常短缺那些应有之
物。

# 120. 萱闱尸饔 荆妻视舌

## 萱闱［xuān wéi］繁体作萱闱

亦作"萱帏"，意同"萱堂"，指母亲。《诗经·卫风·伯兮》中有一句诗："焉得谖草，言树之背？"（大意：哪儿能找来谖草，把它种在北屋前？）《毛诗训诂传》解释说："谖草，合欢，食之令人忘忧者。"《释文》："谖，本又作'萱'。"《嵇康养生论》说："合欢蠲忿，萱草忘忧。"（大意：合欢花令人消除忿怒，萱草令人忘记烦忧。）萱草即忘忧草。之所以要找来萱草种在"北屋前"，就是希望能够减轻居住在北屋的母亲因思念游子而产生的烦忧。因此在中国古代的文化意象里，"萱"以及由它而来的"萱闱""萱堂"即代表着母亲。宋代许应龙《赠林倅》："萱闱朱颜映苍鬓，诜诜兰玉如鸾翔。"元代张伯淳《刘文质母八十》："四子承颜联棣萼，诸孙绕膝奉萱闱。"明代陈献章《纪梦》："欲向萱闱谈此梦，隔帘斜月未闻钟。"清代陈维崧《沁园春·题袁重其负母看花图》："衣着斑斓，躬为痀偻，负得萱闱出北堂。"

## 尸饔［shī yōng］

指操劳于炊事厨务方面的杂活儿，出自《诗经·小雅·祈父》："祈父！亶不聪，胡转予于恤，有母之尸饔。"（大意：

掌管军政大权的祈父啊！你真是昏庸至极。为何要令我陷于深深的忧虑愁苦？家中老母不得伺奉还要亲自下厨操劳。）所以"尸饔"一词后世多用于描写操劳中的母亲。宋代孙应时《挽诸葛寿之·其三》："尸饔犹有母，传业更无儿。"元代郑元祐《刘母丁夫人挽词》："主绩机恒纺，尸饔馔必亲。"明代沈周《石鼎》："味在何妨人染指，餗存还愧母尸饔。"清代彭桂《建初弟来都省视喜极有感三首·其二》："每念尸饔苦，深惭弹铗非。"

**按**："萱闱尸饔"一语即源自上面所引《诗经·小雅·祈父》："祈父，亶不聪，胡转予于恤，有母之尸饔"中的"有母之尸饔"（家中老母不得伺奉还要亲自下厨操劳。）

## 荆妻 [ jīng qī ]

古时对外人称道自己妻子所用的谦词。汉代刘向《列女传》中说："梁鸿妻孟光，荆钗布裙。"（大意：梁鸿的妻子孟光，戴的是用荆枝做成的头钗，穿的是用粗布做成的裙子。）后来人们遂以"荆妻"作为自己妻子的代称。宋代刘克庄《盖竹庙》："寄书报与荆妻说，十袭荷衣莫要焚。"元代叶颙《辛丑二月初八日，予携妻子避乱于北山清修寺，赋一律奉谢山中故旧云》："荆妻稚子频相扰，刻骨铭心甚日除。"明代周是修《田家杂兴五首·其一》："稚子晴探椹，荆妻早种瓜。"清代嵇永福《燕邸卧病口号·其三》："脉脉萱堂正促装，荆妻此日忽云亡。"

**按**："荆妻"一词，《汉语大词典》在释义后首列书证："明无

599

名氏《录亲记·托梦》：'周羽屈受这灾厄，拼残躯便做他乡之鬼，可怜贤达我荆妻，便做有男儿也难存济。'"其中所说的《录亲记》，并无此书，据所引的四句台词可知系明代戏曲《寻亲记》之误。《寻亲记》第十五出戏为《托梦》，里面的《水红花》曲牌戏词的前四句和上面所引全同。而事实上，"荆妻"一词最早可上溯到南宋赵公豫的《夜窗独饮，五叠前韵呈马先生》："独酌亦能消永夜，倡酬殊苦少荆妻。"这个诗句的意思是说，独自一个人静静地小酌，也可以消磨掉漫长的一夜；很想乘着酒兴写几篇夫妻唱和的诗，但非常可惜的是她不在这里。此后，"荆妻"一词经常出现在历代的诗词文中。

## 视［shì］繁体作視

意为看、望、瞅、瞧。《诗经·郑风·女曰鸡鸣》："子兴视夜，明星有烂。"屈原《远游》："视倏忽而无见兮，听惝恍而无闻。"晋代潘岳《关中诗十六章》："虎视眈眈，威彼好畤。"南朝梁代范云《建除诗》："平望极聊摄，直视尽姑尤。"唐代苏味道《九江口南济北接蕲春南与浔阳岸》："归心讵可问，为视落潮回。"宋代徐铉《棋赌赋诗输刘起居》："不如相视笑，高咏两三声。"金代王元粹《西山避乱三首·其三》："愁忧无从诉，仰面视苍天。"元代萨都剌《赠白云》："奔走尘俗客，视君多厚颜。"明代溥洽《山泽居为徐端蒙赋》："芳辰视庭户，嘉木春已敷。"清代朱嘉征《废丘历陈仓山第九盘》："直视千里道，行客泪如雨。"

## 舌［shé］

即舌头。《诗经·大雅·烝民》："出纳王命，王之喉舌。"三国时期魏国曹植《矫志诗》："口为禁闼，舌为发机。"晋代傅玄《墙上难为趋》："吐言若覆水，摇舌不可追。"南朝宋代鲍照《拟古八首·其二》："两说穷舌端，五车摧笔锋。"唐代希迁《参同契》："眼色耳音声，鼻香舌碱醋。"宋代刘兼《诫是非》："巧舌如簧总莫听，是非多自爱憎生。"金代元好问《杨柳》："杨柳青青沟水流，莺儿调舌弄娇柔。"元代王冕《悼止斋王先生二首·其一》："胸中经纬天人识，舌底风雷宰相知。"明代练子宁《寄曾得之》："虎头食肉侯何用，鸡舌含香事已违。"清代刘体仁《赠归元公》："深杯如泻三山海，泛君舌上青芙蓉。"

**按**："荆妻视舌"一语，源自战国时期著名纵横家张仪的一个故事。事见司马迁《史记·张仪列传》："张仪者，魏人也。……尝从楚相饮，已而楚相亡璧，门下意张仪，曰：'仪贫无行，必此盗相君之璧。'共执张仪，掠笞数百，不服，释之。其妻曰：'嘻！子毋读书游说，安得此辱乎？'张仪谓其妻曰：'视吾舌尚在不？'其妻笑曰：'舌在也。'仪曰：'足矣。'"（大意：张仪，是战国时的魏国人。……他曾陪同楚国的国相喝酒，席间，楚相的一块玉璧不见了。相府的门客们怀疑是张仪偷拿了，就说："张仪贫穷，品行肯定也卑劣，一定是这小子偷了国相的玉璧。"于是大伙儿一起把张仪拘捆起来，连抽带打几百下。可是张仪始终不认服，大家只好放他回家了。他的妻子说："唉！你要是不读那么多的书，不立志游说天下，又怎么能受到如此这般的屈辱呢？"张仪对妻子说："你看看我的舌头还在不在？"他的妻子被逗笑说道："舌头当然还在呀。"张仪说："这就足够了。"）据《张仪列传》记载，后来他果然凭着三寸不烂之舌成功地取得了秦国惠文君的认同和信赖，做了秦国的国相。他曾写过一封信给楚国的国相，说："当初我陪着你喝酒，并没偷你的玉璧，你却鞭打我。你现在最好妥善地守护住你的国家，因为我如今反倒真的要偷你的城池了！"这个故事被司马迁写得非常具有戏剧性，深为后人所乐道。张仪那条代表最后一点希望的如簧巧舌也成了语典，历代流传，如：唐代李白《赠崔侍郎》："笑吐张仪舌，愁为庄舄吟"；宋代张耒《岁暮闲韵四首·其一》："未肯伤麟泣，还须视舌存"；金代刘从益《酬李子迁》："却笑张仪夸舌在，不妨巢父有诗留"；元代魏初《满江红·其二·为张右丞寿二首》："自有胸中兵十万，不须更事张仪舌"；明代郑学醇《送梁先孔之韶州》："又不见张仪楚相疑其窃，辛苦还家空视舌"；清代宋琬《舟中病齿效陆放翁体·其二》："骄语山妻犹有舌，非关邻女误投梭。"

## 【本句译读】

　　游子因故在外，老母未能得到伺奉，还要亲自下厨操劳；丈夫尚无所成，能给妻子的最后一点希望，就是三寸不烂的舌头还在。

# 121. 啜菽聊娱　茹斋免谪

## 啜菽 ［chuò shū］

　　"啜"，意为吃；"菽"，指豆类的总称。"啜菽"的字面意思是吃用豆类做成的食物，引申意为吃粗糙的食物。出自《荀子·天论》："楚王后车千乘，非知也；君子啜菽饮水，非愚也，是节然也。"（大意：楚王外出时随从在后的车辇有上千辆，并非因为他有多么聪明；君子吃的是粗食，喝的是白水，也并非因为他有多么愚蠢；二者的差别是受那些不由自主的外在因素的制约而形成的。）由于《荀子》的影响很大，"啜菽"一词也就被后人当作象征君子安于清苦的特定语词。唐代王勃《倬彼我系·其七》："愿言毓德，啜菽饮水。"宋代王之道《寄孙次卿》："归来啜菽得无愁，但觉官身不自由。"元代朱希晦《自况拟古·其四》："啜菽甘有余，饮水清无极。"明代庞尚鹏《感时排律和杨庐山》："啜菽敢忘青玉案，忧天空负白纶巾。"清代屈大均《己巳岁除作·其三》："碧玉甘贫能啜菽，青琴善病未徵兰。"

## 聊 ［liáo］

　　意为姑且、暂且。《诗经·魏风·园有桃》："心之忧矣，聊以行国。"屈原《离骚》："折若木以拂日兮，聊逍遥以相羊。"三国时期吴国陆凯《赠范晔诗》："江南无所有，聊赠一枝春。"南朝梁代任昉《泛长溪》："道遇垂纶叟，聊访问津惑。"唐代王昌龄《代扶风主人答》："依然宿扶风，沽酒聊自宽。"宋代苏轼《江城子·密州出猎》："老夫聊发少年狂，左牵黄，右擎苍。"金代王元粹《叶县赠李长源》："聊斟昆阳酒，为浇胸次平。"元代杨弘道《留别高君玉》："客中把酒聊乘兴，愁里题诗亦强颜。"明代吴与弼《留吴营元氏》："莫怪有孤投辖意，一诗聊慰远迎心。"清代李元鼎《有客》："一尊聊取醉，身世总茫然。"

# 娱［yú］

本义指快乐、欢娱，引申作使动用法，意为使……快乐。屈原《九歌·其七·东君》："羌声色兮娱人，观者憺兮忘归。"晋代傅玄《歌》："唯言琵琶与筝，能娱我心。"三国时期魏国曹植《鼙舞歌五首·其二·灵芝篇》："伯瑜年七十，彩衣以娱亲。"南朝宋代谢灵运《石壁精舍还湖中作》："清晖能娱人，游子憺忘归。"唐代岑参《与鄠县源少府泛渼陂》："怜君公事后，陂上日娱宾。"宋代王迈《呈竹轩张史君二首·其一》："平反阴德堪娱母，清白家风更课儿。"金代张公药《二月》："故山随分可娱老，宦游到处聊为家。"元代吴澄《赠金精丁葬师》："结庐亦欲娱吾老，试为云间觅一峰。"明代梁寅《何伯逊见访赠诗和答》："贫家无物堪娱客，一树寒梅雪映轩。"清代张英《寄木厓》："真能学杜白，岂在娱尘俗。"

按："聊娱"一词，未见辞书收录，但它在古代诗文中多有应用，意为"姑且使……开心、高兴"，最早见于宋代欧阳修《憎苍蝇赋》："聊娱一日之余闲，奈尔众多之莫敌！"（大意：姑且使大家在一日的闲暇间开心一下，可拿这些无穷无尽的苍蝇真的没有办法！）此后历代诗词中都有所袭用，如：宋代周紫芝《野饭》："野饭聊娱老，登盘春物佳"；元代吴澄《送征东儒学提举敖止善荣还高安》："乘桴岂爱九夷俗，奉檄聊娱八帙亲"；明代沈周《元日四首》："笑进三分盏，聊娱八十亲"；清代爱新觉罗·弘历《赋得蓬瀛不可望》："了惜光阴速，聊娱泉石投。"此外，古文中有宋代陈造《寄政府札子》："井水不波，古书遮眼，聊娱老境"；尺牍有清代曾国藩《致王士铎书》："虽片羽未足悉瞻仪象，然箧有传书，聊娱暮境"；文言小说有清代吴炽昌《客窗闲话·双缢庙》："富而无子，惟一女，名之曰'宜男'，饰雌为雄，聊娱膝下"；民国徐枕亚《玉梨魂·第二十二章》："鳏独半生，仅一弱息，膝下依依，聊娱晚景，不愿其远适他乡也。"

**又按**："啜菽聊娱"一语，源自《礼记·檀弓下》。其中有孔子和他的学生子路的一段对话，原文为："子路曰：'伤哉贫也！生无以为养，死而无以为礼也。'孔子曰：'啜菽饮水，尽其欢，斯之谓孝。敛首足形，还葬而无椁，称其财，斯谓之礼。'"（大意：子路说："贫穷真的是很可悲的啊！父母活着的时候没有财力赡养他们，死掉的时候又没钱给他们办一个像样儿的葬礼。"孔子说；"即便吃的是粗食，喝的是白水，但只要让父母尽可能地开心和快乐，这样即可以称之为孝了。父母死时能有遮蔽全身的装老衣服，入敛下葬，即便是没有包裹小棺的大椁，但只要依据自家的经济条件量力而行地去料理后事，这也可以说是守礼了。"）"啜菽聊娱"就是其中"孔子曰"前一句话的翻版。

# 茹［rú］

指吃、食用。《诗经·大雅·烝民》："人亦有言：柔则茹之，刚则吐之。"晋代孙绰《与庾冰》："哀兼黍离，痛过茹荼。"南朝宋代刘骏《四时诗》："堇茹供春膳，粟浆充夏餐。"唐代白居易《过李生》："须臾进野饭，饭稻茹芹英。"宋代张方平《寄鲁平》："舌在居贫乐，情亲茹蓼甜。"金代冀禹锡《赠雷御史兼及松庵冯丈》："见说嵩前茹芝老，白云倚杖待君还。"元代郑元祐《寄张仲敏》："外屡多弗却，束脯干可茹。"明代虞谦《题湘江竹林图》："忽忆山中二三月，茹有紫笋食有鱼。"清代程康庄《武君十》："俯视尘土腥，亡簪茹藜藿。"

# 齑［jī］

本义指捣碎的姜、蒜或韭菜碎末儿，引申泛指粗劣的饭菜。唐代韩愈《崔十六少府摄伊阳以诗及书见投因酬三十韵》："冬惟茹寒齑，秋始识瓜瓣。"宋代梅尧臣《永叔赠酒》："闭户饱于齑，作诗涌如泉。"金代元好问《春日》："贫里齑盐怜节物，乱来歌吹失欢声。"元代许有壬《上京十咏·其六·芦菔》："故园长尺许，青叶更堪齑。"明代陶安《樵隐歌》："不及我樵心寡欲，手束干柴煮齑粥。"清代彭孙遹《诸上人为予劝驾戏答》："少贱无人分冷炙，长贫有妇耐寒齑。"

**按**："茹齑"一词，字面意思是"吃粗劣的食物"，引申作甘于清贫寡淡的象征性语词。此词虽未见辞书收录，但它在古文中多有应用，如：宋代孙觌《宋故通议大夫守吏部侍郎致仕赠宣奉大夫霍公行状》："既冠学成，尽橐其书，诣太学据一席之地，茹藘食粝者十七年"；元代赵孟頫《赠赵虞卿序》："萧然逆旅，无一筐之储，饭豆茹藘，衣褐垢敝，处之无穷愁之色"；明代高宇泰《雪交亭正气录·辛卯纪》："幼安既死，余挈其次子士骧于家，饭粝茹藘，与儿辈读书；于今三年，已逾汪童之岁矣"；清代蓝鼎元《茗南书院公祭内阁学士前学宪归安沈公文》："视学南闽三载，茹藘啜粥，曾不染乎一尘。"

## 免［miǎn］

指避免、免却。屈原《远游》："免众患而不惧兮，世莫知其所如。"汉代曹操《精列》："圣贤不能免，何为怀此忧？"晋代卢谌《赠崔温》："苟云免罪戾，何暇收民誉。"南朝宋代鲍照《答客》："愿赐卜身要，得免后贤嗤。"唐代王昌龄《风凉原上作》："予忝兰台人，幽寻免贻责。"宋代晁迥《拟古人诗》："欲免寻思过，但知学宴坐。"金代翟升《群贤登第诗》："日边诏下免秋试，三英笑指龙门趋。"元代王祯《围田》："本为凭御护，或未免灾愆。"明代冯裕《对酒·其二》："颁白遂安饱，黎黑免饥虐。"清代孙蕙《安宜行》："低头语牛牛且前，官税差完免鞭扑。"

## 谪［zhé］

意为谴责、怪罪、责备。《广雅》："责也。"《玉篇》："咎也，罪也。"《诗经·邶风·北门》："我入自外，室人交遍谪我。"唐代韩愈《县斋读书》："谪谴甘自守，滞留愧难任。"宋代苏轼《赵郎中往莒县，逾月而归，复以一壶遗之，仍用前韵》："王事何曾怨独贤，室人岂忍交谪谤。"金代郦权《竹

607

林寺矮松》："谪重飞举难，堕此蜿蜒身。"明代徐贲《答张来仪嘉予见过之作》："孰知谪余者，而复登君堂。"清代吴敬梓《伯兄自山中来夜话山居之胜因忆去秋省兄未及十日而别诗以志感得二十韵》："幸免家人谪，偏余稚子亲。"

## 【本句译读】

虽然供给父母的是粗粝的饮食，但会尽力让他们多一些开心、快乐；虽然日子过得清贫寡淡，但可以免却世间的许多指谪或非难。

---

# 122. 架插缥签　案排芸帙

## 架 [ jià ]

指用来搁置或支承东西的架具，在这里指书架。唐代王绩《赠李征君大寿》："有书横石架，无毡坐土床。"宋代韩维《答胜之过学舍相访》："不嫌官冷时相过，幸有明窗满架书。"金代赵秉文《吊袁用之》："架上残书灰烬冷，囊中妙药鬼神偷。"元代郭昂《杜季明》："功名未了床头剑，活计空存架上书。"明代黄仲昭《题镇海朱大尹渔樵耕牧图次翠渠韵》："架有琴书尊有酒，何须蓬岛觅仙人。"清代纪逵宜《病中夜吟》："青灯自多情，照我书在架。"

# 插［chā］

意为塞入、挤放进它物之中。《说文》:"插,刺内也。"汉代阮瑀《诗》:"箭细铁丝刚,刀插银刃白。"晋代陶潜《杂诗十二首·其七》:"素标插人头,前途渐就窄。"南朝宋代湛挺《历山草堂应教》:"离离插天树,磊磊间云石。"唐代李白《宫中行乐词·其一》:"山花插宝髻,石竹绣罗衣。"宋代朱长文《次韵彦舒席上有作》:"苍烟寒水满方塘,插架排签典籍场。"金代赵承元《探春》:"杖藜恰到春生处,已有人家插酒旗。"元代潘音《闻鹃》:"妇女寻芳浑不解,鬓云争插杜鹃花。"明代庄昶《九日同吴献臣登定山高》:"登高不把病中休,笑插黄花各满头。"清代王含光《五老峰》:"层城乱插樱桃树,绝顶斜参罗汉松。"

## 缥签［piǎo qiān］

缥,指丝织物呈现出来的淡青色。《说文》:"缥,帛青白色也。"签,即用竹子或木材制成的尖细条状物。东汉服虔《通俗文》:"记识曰'签',与'检'略同。"缥签即是插在书册里作了简要标记以便检索内容的淡青色书签。此词颇冷僻,见于清代李匡师《次令儿未归田九十韵》:"缥签溢万轴,穷赜命理源。"朴圭寿《辛酉孟春之六日,集鹤樵书室,分韵幽赏未已高谈转清,余得转字。时余奉使热河将出疆,聊以长句留别诸公》:"缥签缃帙走海航,岁课动计书万卷。"王式丹《奉诏增修〈皇舆表〉,院中即事,次韵顾书宣前辈·其二》:"理罢缥签方永昼,垂鞭归拂晚风疏。"

# 案 [ àn ]

指长条形的桌子。《说文》："案，几属。"在这里指书案、书桌。晋代张协《杂诗十首·其三》："案无萧氏牍，庭无贡公綦。"南朝梁代何逊《苦热》："习静阕衣巾，读书烦几案。"唐代李白《下途归石门旧居》："羡君素书尝满案，含丹照白霞色烂。"宋代王禹偁《成武县作》："雨菌生书案，饥禽啄印床。"金代辛愿《题游彦明林园三首·其一》："经史日长常满案，鱼虾溪近得供盘。"元代黄玠《赋竹居·其三》："案头二王书，妙不数颜柳。"明代袁凯《溪上诸友谓余终日酣醉寄此见意》："好酒扬雄鬓已星，案头空有太玄经。"清代李因笃《高歌行寄程穆倩》："未携一丝坐相索，倾帙堆案皆所珍。"

# 排 [ pái ]

指一个挨一个地摆放、排列。唐代白居易《春题湖上》："松排山面千重翠，月点波心一颗珠。"宋代宋白《宫词·其二十八》："不用司宫排蜡烛，海人新贡夜明帘。"金代许古《访箕和尚岘山》："苍桧四排严法界，孤松中立殷潮音。"元代马臻《西湖春日壮游即事·其八》："部头教奏金娥曲，尽向船棚一字排。"明代吕渊《商山耸翠》："千寻玉柱排青笋，九叠金屏上锦芜。"清代潘耒《天都峰》："肃穆垂冕旒，森严排甲仗。"

# 芸帙 [ yún zhì ]

芸，一种香草，置于书页内可以祛除蠹虫；帙，即包书的套子。"芸帙"泛指书籍。宋代项安世《又次韵邓汉卿秀才送行》："去钻芸帙翻成蠹，飞下芹泥只愿颜。"元代凌云翰《林泉读书图为徐质赋》："高架香浮芸帙乱，短檠光动竹窗虚。"明代王醇《开元寺送朗道人祝发庐山》："芳草萋迷闭曲房，竹床芸帙一灯光。"清代吴绮《犹记·其五》："甲夜犹传驻御幢，一朝芸帙冷明缸。"

## 【本句译读】

书架里插满了标示卷帙内容的书签；书案上排放着各种应用的书籍。

# 123. 挟椠熙怡　研朱愉怿

挟［jiā］繁体作挾

意为用胳膊肘夹着。《说文》："挾，俾持也。"《诗经·小雅·吉日》："既张我弓，既挟我矢。"屈原《九歌·国殇》："带长剑兮挟秦弓，首身离兮心不惩。"三国时期魏国阮籍《咏怀·其五十三》："良弓挟乌号，明甲有精光。"南朝宋代刘义恭《游子移》："携持玉柱筝，怀挟忘忧草。"唐代卢照邻《长安古意》："挟弹飞鹰杜陵北，探丸借客渭桥西。"宋代彭汝砺《马上读书寄君时·其一》："更行犹挟策，渐老欲捐书。"金代李经《杂诗五首·其三》："挟笈搁管坐书空，咿嚘堂上酧歌钟。"元代胡宽《九日牟成父先生领诸生过弊庐，分韵得白字》："妻孥绩纺赖分灯，童稚耕耘长挟册。"明代吴舜举

《寄淳安徐大年》："安得俗尘长谢却，挟书林下共朝曛。"清代姚鼐《篆秋草堂歌赠钱献之》："经术终当佐天子，挟筴那能归下邑。"

## 椠 [qiàn] 繁体作槧

指还没有书写文字的记事木简。《说文》："槧，牍朴也。谓未书之版。"在尚未有纸张的时代，人们削木为牍用来写字，没有书写过的素面牍板就叫做"椠"。南朝梁代庾肩吾《和刘明府观湘东王书》："松椠芳帙气，柏熏起厨文。"唐代杨巨源《酬令狐员外直夜书怀见寄》："芸香能护字，铅椠善呈书。"宋代梅尧臣《正仲见赠依韵和答》："平生好书诗，一意在抱椠。"元代张仲深《赠萧君》："昔年乌府躬椠牍，俸钱散尽儿啼寒。"明代李时行《送张职方赴边》："摛文频握椠，学武喜谈兵。"清代彭孙遹《春晚书怀次石楼韵·其二》："素椠相依聊意适，朱门欲往已神疲。"

**按**："挟椠"的字面意为"操起简牍"，其寓意系指从事校勘或著述，源自宋代诗人邓忠臣的《敬次无咎来韵抒写素怀兼呈文潜天启伯时仲远》："太乙下照青藜光，要我挟椠弄铅黄。"句中的意思是：夜里太乙真人赐予青藜杖的火光，要我操起简牍借此光亮从事校勘或著述的工作。

## 熙怡 [xī yí]

意为和乐、喜悦，最早见于汉代文学家、学者蔡邕的《太尉乔玄碑阴》："凡见公容貌，闻公声音，莫不熙怡悦怿，思乐模则，来者忘归，去者愿还。"（大意：但凡见过乔玄公本人，听到过他讲话的人，无不觉得开心愉悦，乐于把他奉为楷模加以效法。来到他身边的人留恋忘返，走了的人还想着要回来。）晋代支遁《述怀诗二首·其二》："熙怡安冲漠，优游乐静闲。"南朝宋代鲍照《拟行路难十八首·其十》："为此令人多悲悒，君当纵意自熙怡。"唐代贯休《读唐史》："君臣道昭彰，天颜终熙怡。"宋代晁迥《与道相知最乐篇》："乐道至乐非常乐，宜真造适潜熙怡。"元代萧𡽪《陈受之舟虚亭》："洛人陈天禄受之，与物无竞恒熙怡。"明代王世贞《夏日归庄居即事·其一》："水暖鱼虾俱气色，日长鸡犬亦熙怡。"清代黄宗羲《三月十九日闻杜鹃》："燕山模糊吹蒿薤，江表熙怡卧钟鼓。"

## 研朱［yán zhū］

即研磨朱砂，寓意指用朱笔评点书籍或批改文章。唐代高骈《步虚词》："洞门深锁碧窗寒，滴露研朱点周易。"南朝宋代陆游《斋居书事》："道室焚香勤守白，虚窗点易静研朱。"元代贡奎《读马伯庸学士止酒诗》："研朱课儿书，冥思解群疑。"明代汪枢《早春》："旧句研朱改，新酤写券赊。"清代彭孙贻《归仲木诗卷侑以长句·其二》："茶后阋诗如斗草，倦来枕易罢研朱。"

## 愉怿［yú yì］繁体作愉懌

意为愉悦、欢喜。最早见于唐代柳宗元的《与李睦州论服气书》："心恬而志逸，貌美而身胖；醉饱讴歌，愉怿欣欢。"（大意：心情恬静而神志安闲，面容姣好而体态丰腴；酒足饭饱之后就放声歌唱，真是愉快而欢欣。）后来历代袭用。宋代韩维《讲武池和师厚》："宏哉艰难业，愉怿逮万世。"元代吴景奎《五十自讼示同志》："毋年七帙余四龄，饮食康强喜愉怿。"明代郑岳《过水口》："患至虑烦纡，险过事愉怿。"清代廖树蘅《督植械朴入山拾薪》："眷兹真朴情，良用增愉怿。"

## 【本句译读】

沉浸于校勘和撰著书籍，令人心情喜悦；醉心于评点和批改文章，令人欢欣快乐。

# 124. 牙慧剽拾　蠹编揊摭

## 牙慧 ［yá huì］

指前人已有的观点、见解和说法。"牙慧"一词源自南朝宋代刘义庆《世说新语·文学》："殷中军云：'康伯未得我牙后慧。'"（大意：中军将军殷浩说："我的外甥韩康伯没能领悟到我话语之外更深一些的理趣。"）其中的"牙后慧"后被用作既有说法或见解的代名词，如明代何良俊《四友斋丛说·卷四·经四》："若论其辩才无疑，真得阳明牙后慧者也。"（大意：如果论到他［王龙溪］的雄辩精妙，不给他人留有质疑的余地，还真是领悟到了王阳明的思想和理论精华的样子。）又如：明代郑胤骥《送长蘅偕计北上二首·其二》："得子牙后慧，无复有疑暗"；袁中道《送苏中舍云浦北上》："众里且收牙后慧，行来宜似耳中鸣。"而"牙慧"则是"牙后慧"的简略说法，最早见于明代陈耀文的《天中记·卷十八·舅甥》："牙慧，殷中军云：'康伯未得我牙后慧'。"（大意：牙慧一词，源自"殷中军云：'康伯未得我牙后慧'"这句话。）此后"牙后慧"经常被"牙慧"所取代。如明代祁彪佳《远山堂剧品·逸品·钝秀才》："天才豪放，不一语入人牙慧，当是临川后身，不得复绳以韵律。"（大意：天赋的才情，笔力豪放，没有一言一语是因袭前人的，应该说是汤显祖的后继者，不能用一般的音韵格律这些固定程式来衡量其作品。）清代以后，"牙慧"一词才逐渐活跃，屡见于诗词文和小说作品之中。

## 剽 [ piāo ]

本义指劫取他人之物，《说文》："剽，劫人也。"引申意为窃取、因袭、模仿。唐代韩愈《荐士》："搜春摘花卉，沿袭伤剽盗。"宋代欧阳修《绛守居园池》："孰云已出不剽袭，句断欲学盘庚书。"金代麻九畴《赋伯玉透光镜》："万斛珠玑委俑人，唤得偷儿成鬼剽。"元代杨弘道《赠李正甫》："诗人有佳句，剽盗相因依。"明代娄坚《赠张二丈》："迩来文章敝，剽窃无根源。"清代周起渭《寄答襄城刘太乙》："借口爱前人，其实事剽窃。"

## 拾 [ shí ]

本义指捡取、从地上捡起来。《说文》："拾，掇也。"引申意为收取、采集。南朝梁代吴均《绿竹》："何当逢采拾，为君笙与簧。"唐代沈佺期《被弹》："事间拾虚证，理外存枉笔。"宋代杨亿《集贤宿直寄中书李梁二舍人》："愁心不忍闻宾雁，病眼犹能拾蠹鱼。"金代元好问《自题中州集后五首·其二》："北人不拾江西唾，未要曾郎借齿牙。"元代孔皖《乱后》："故居烧后拾残编，留得陶诗一两篇。"明代虞堪《次韵坚上人秋怀》："好诗都拾奚囊里，得句频过佛寺前。"清代邹祗谟《最高楼·丁亥答文友楚中寄词》："借得世情消酒瓮，拾将奇字衬诗囊。"

**按**："剽拾"一词意为剽取敛集，见于北宋张方平《上时相》："因复剽拾旧籍，铺缀陈迹，采道路之议，成秕稗之说。"（大意：于是又剽取敛集一些以前的书籍，铺列组合一些陈旧的事迹，采用途说巷议，构成内涵轻浮品位低下的论调。）又见于南宋李昴英《再用观入试韵》："近岁词场尚剽拾，文体腐陈难古拟。"

# 蠹编 [ dù biān ]

本义是被蠹虫蛀坏的书本，引申泛指古旧书籍。唐代陆龟蒙《袭美先辈以龟蒙所献五百言既蒙见和，复示荣唱，至于千字提奖之重，蔑有称实，再抒鄙怀用伸酬谢》："归来蠹编上，得以含情窥。"宋代陆游《夏日五鼓起戏书》："开窗清风来穆然，拂几洗研整蠹编。"元代郭钰《山馆二首·其二》："贴石支松榻，闭门收蠹编。"明代文征明《初春书事三首·其三》："窗下蠹编消永日，镜中华发感流年。"清代爱新觉罗·弘历《佳荫室》："不必挥羽扇，耐堪披蠹编。"

# 捃摭 [ jùn zhí ]

意为摘取、搜罗、蒐集。唐代刘禹锡《游桃源一百韵》：

"九流宗指归，百氏旁捃摭。"宋代左纬《次韵呈天台宰》：
"有作盈一囊，无人为捃摭。"元代方回《送徐如心如婺源三十
韵》："诗材工捃摭，意匠极雕锼。"明代张羽《杂诗十一首并
序·其九》："斯道久寂寞，捃摭为此诗。"清代宋荦《孔雀联
句》："西昆刻画余，漫堂更捃摭。"

## 【本句译读】

采撷敛集前辈先贤们宝贵的箴言隽语；搜罗摘取古籍旧文
里珍奇的逸闻轶事。

# 125. 抉奥搜赜　迫窘诘屈

## 抉［jué］

本义指剔出、挑出。《说文》："抉，挑也。"引申意为挖
掘出、搜寻出。唐代齐己《移居》："欲问存思搜抉妙，几联诗
许敌三都。"宋代梅尧臣《依韵答宋中道》："史汉抉精深，文
字光粲粲。"元代丁复《醉歌赠云心子陆华之》："搜玄抉微擘
混沦，进退五纬扶两轮。"明代李延兴《石鼓歌》："平生好古
如古人，直欲搜抉周秦之故实。"清代陈洪绶《怀季栗》："赠
我藏书娱暮齿，为我竖义抉精髓。"

# 奥［ào］

意为内涵深奥而不易理解。晋代曹摅《思友人诗》:"精义测神奥,清机发妙理。"南朝宋代颜延之《皇太子释奠会作》:"物任其情,理宣其奥。"唐代李白《上清宝鼎诗二首·其一》:"归来问天老,奥义不可量。"宋代吕本中《陋巷》:"论文有根柢,落笔清且奥。"金代马钰《遇仙槎·赠清风散人》:"渐渐绝尘缘,细细通玄奥。"元代叶颙《读书山月下》:"研精探玄奥,竭思穷幽微。"明代胡翰《桐谷山房》:"上窥圣人奥,下抉百氏殊。"清代徐乾学《送座主孝感熊公省觐》:"难字进问杨亭陨,奥篇隐帙了不疑。"

**按**:"抉奥"一词意为发掘获取那些深邃奥秘的东西,见于宋代吕陶《长乐冯先生墓志铭》:"稍长遂好学,读五经,尤专诗书,探深抉奥,志其本统。"(大意:〔冯先生〕稍微长大一些后就非常喜欢学习,攻读传统的五经典籍,尤其专注于《诗经》和《尚书》,探索其精深的意趣,发掘其玄妙的底蕴,阐发其中最正统的理念。)

# 搜［sōu］

意为求索、探究。南朝梁代到溉《仪贤堂监策秀才联句》:"贡士光相门,搜贤尽幽塞。"唐代皎然《送穆寂赴举》:"春府搜才日,高科得一人。"宋代王禹偁《谪居感事》:"读书方睹奥,下笔便搜奇。"金代白君举《句》:"欲搜春草池塘句,药裹关心梦不成。"元代王哲《西江月·四景》:"独我摇头不管,内将玄妙寻搜。"明代王履《瀑布》:"白练银河与白龙,竞搜幽语斗新工。"清代陆陇其《光武台》:"方且搜文献,远追先民程。"

## 赜［zé］繁体作賾

意为深奥、玄妙。晋代卢谌《答魏子悌》："妙诗申笃好，清义贯幽赜。"北朝魏代宗钦《赠高允》："悟言礼乐，探赜诗书。"唐代皮日休《北禅院避暑联句》："释子问池塘，门人废幽赜。"宋代王十朋《次韵谦仲见寄》："未窥学藩篱，敢语讨奥赜？"元代卢琦《赠逸岩道人》："何时濯尘缨，从子叩玄赜。"明代石珤《春日郊行》："放浪脱形骸，谈谐钩隐赜。"清代戴梓《赠顾大宗伯》："入理赜易明，阐义该且实。"

**按**："搜赜"一词意为求索探究那些精深隐秘的东西。最早见于唐代李师直《唐嵩岳会善寺敕戒坛临坛大律德塔铭（并序）》："精通《楞伽》，思益搜赜玄微，名贯三秦。"（大意：精通《楞伽经》，深入的思考力越发能够探究其玄妙与精微之处，名声响彻陕北、关中及陕南一带。）嗣后又见于南宋无名氏的《道德真经解卷上·古之善为士章第十五》："则有言也，言合于道而众不能晓；有作也，作契于理而众不能达，以至于搜赜亡形而我以独见，驱役有象而我以独斡。"（大意：那些掌握大道的人，他们也要有所言谈，其言谈符合于大道但一般大众听不懂；也要有所作为，其作为契合于真理但一般大众做不到，以至于他们要用自己独到的真知卓见去探究那些无形的奥秘，要用自己独特的运旋方式来驾驭那些有形的事物。）

## 迫窘［pò jiǒng］

意同"窘迫"，指处境十分难堪、困窘、尴尬。宋代释德

619

洪《饶德操营中客世，与渊才友善，有诗送之，予偶读，想见其为人，时闻已薙发出家矣，因次其韵》："高才固难容，世议久迫窘。"明代黄辉《发白沙驿登鬼愁岭望夷陵怀袁密修及诸子》："路势本直下，迫窘翻成曲。"清代爱新觉罗·弘历《雩祭礼成述事·其一》："未敢遽为迫窘状，要非可尚缓延时。"

## 诘屈 [ jí qū ] 繁体作诘屈

意为屈曲、曲折，最早见于《说文·儿部》所引用的孔子言论："孔子曰：'人在下，故诘屈。'"（大意：孔子说："儿这个字一般都出现在其他字的下面，所以形状屈曲。"）汉代曹操《苦寒行》："羊肠坂诘屈，车轮为之摧。"南朝梁代萧统《开善寺法会》："诘屈登马岭，回互入羊肠。"唐代独孤及《癸卯岁赴南丰道中闻京师失守寄权士繇韩幼深》："诘屈白道转，缭绕清溪随。"宋代刘安世《出游》："诘屈宛是肠九回，缉缀浑如衣百结。"元代王冕《对菊》："世路多诘屈，吾行已悠悠。"明代吴与弼《石井山家》："清溪诘屈逗云萝，白屋青烟绿树多。"清代方象瑛《七盘关》："氐中又复度七盘，诘屈纡回势相引。"

按："迫窘诘屈"一语，源自汉代《柏梁台》联句诗最后一句即东方朔的"迫窘诘屈几穷哉"。据旧题东汉辛氏撰《三秦记》记载，西汉元鼎二年亦即公元前115年的春季，汉武帝刘彻起造了一座豪华的楼台，因为它的建筑是以香柏木为梁，故名"柏梁台"。元封三年亦即公元前108年，刘彻在柏梁台上大排筵宴，规定俸禄在二千石以上而且会作七言诗的官员可以坐于上席。刘彻首先作了一句七言诗："日月星辰和四时"，命亲王、丞相、大将军等按官位高低每人接下去各作一句，都用刘彻所作第一句的韵脚。参与者自梁孝王以下有朝中的文武官员共二十四人，最后结尾一句轮到的是东方朔。他接下来吟诵的就是这句"迫窘诘屈几穷哉"，意思是说：我可不会作什么七言诗，把我也扯进来，此刻真叫我觉得尴尬窘迫，十分纠结，几乎都词穷到说不出话来了！东方朔素以伶牙俐齿、辩才无碍著称，而且他是在场这些人中唯一的专职文学侍从，他用如此谦卑、自嘲且又故作惶恐的言辞作收尾诗句，正反映着他那种嬉戏滑稽无处不在的幽默大师本色。明代都穆在《南濠诗话》中谈论《柏梁台诗》时说："方朔乃云：'迫窘诘屈'，直戏语耳"，即为一语中的之论。东方朔用"迫窘诘屈"这样的话给《柏梁台》联句诗作结尾，而《广千字文》的作者也用"迫窘诘屈"这样的话给全篇作结尾，这同样手法的运用，无疑是一种特意的编排，表现出的也是谦卑、自嘲同时又有些故作惶恐姿态的意蕴。

## 【本句译读】

这篇《广千字文》力图发掘和搜采那些被岁月埋没了的史迹与故实，但我的才学有限，这令我感到困窘，很是难堪与纠结。

# 《广千字文笺释》字词索引

Q